LES PYRÉNÉES.

I.

LES

PYRÉNÉES

OU

VOYAGES PÉDESTRES

DANS

TOUTES LES RÉGIONS DE CES MONTAGNES

DEPUIS L'OCÉAN JUSQU'A LA MÉDITERRANÉE,

AVEC UNE CARTE ET QUELQUES VUES DES PYRÉNÉES;

PAR

M. V. DE CHAUSENQUE,

ANCIEN CAPITAINE DU GÉNIE.

2me ÉDITION, CORRIGÉE ET AUGMENTÉE.

TOME Ier.

AGEN

IMPRIMERIE DE PROSPER NOUBEL.

1854

PRÉFACE.

Bien jeune encore, j'ai vu les Pyrénées. La vive impression que firent sur moi leurs masses sourcilleuses ne s'est plus effacée, et pendant vingt-cinq ans peu d'étés se sont passés sans me revoir dans des lieux où je trouvais santé, plaisir, et un champ inépuisable pour d'intéressantes études. Dans ces voyages multipliés je n'ai dédaigné aucun des points de cette longue chaîne, et plus d'une fois j'ai été surpris que tel groupe dont le nom est à peine connu, ne méritât pas moins les regards du peintre et du naturaliste que ce petit nombre de lieux privilégiés dont l'Europe enfin a connu le chemin. Plus heureusement situés, les monts de l'Helvétie voyaient depuis longtemps affluer dans leurs vallées les savants et les curieux, que nos belles Pyrénées, la seule chaîne de l'Europe centrale et occidentale qui renferme, et à profusion, de véritables sources sulfureuses naturelles, loin des grandes voies que la mode avait tracées, étaient à peine connues. Après Tournefort qui y marqua son passage il y a un siècle, il ne parut guère que des mémoires sur la botanique, la métallurgie, et les eaux minérales des Pyrénées, jusqu'à Palassou et Ramond qui de nos jours ont attiré l'attention sur cette grande chaîne. C'était le coup d'œil du génie qui révélait une mine nouvelle. Dès-lors, les observateurs se sont mêlés à la foule brillante qu'attire chaque été le séjour délicieux de ces eaux, et il en est résulté un grand nombre d'ouvrages, dont plusieurs ont un très-haut mérite. Mais les uns ne sont que des mémoires sur des sujets particuliers de science, ou ne font connaître qu'un espace limité dont le plus souvent les eaux thermales sont le centre ; d'autres, plus étendus, ont été composés dans le cabinet, ou ne se trouvent pas en rapport avec l'état actuel de la géologie ; et tous ont laissé dans un oubli total de vastes parties de la chaîne, remarquables par leur hauteur et tous les phénomènes qui en dépendent. Tant d'éléments épars et précieux laissaient à désirer que ces grandes lacunes fussent remplies, et il restait encore à faire l'ouvrage qui, embrassant la chaîne dans toute son étendue, fît connaître avec exactitude ses groupes de monts les plus importants, et les beautés pittoresques qui y abondent, en y rattachant tout ce qui, sous le rapport des mœurs locales, de l'histoire, des idiômes et des sciences naturelles, devait intéresser le lecteur. Un tel but est trop élevé sans doute pour que j'aie pu présumer de l'atteindre ; du moins me serai-je efforcé d'en marquer la voie.

Un grand attrait de l'étude des montagnes pour ceux qui ont eu le bonheur de pénétrer dans ce sanctuaire que je n'ai pu qu'effleurer, ce sont les faits géologiques, si importants, si multipliés dans les lieux où les révolutions du globe ont mis son écorce à nu. Jusqu'à nos jours, cette partie de la science qui cherche à soulever le voile dont est couverte l'époque obscure où cette écorce s'est formée, n'avait présenté que de vagues conceptions plus ou moins ingénieuses ; mais lorsque des idées plus saines eurent donné pour base à toutes les sciences l'observation, après que Werner eut signalé l'importance des recherches sur les débris fossiles des corps organisés, comme étant très propres à nous éclairer sur la véritable théorie de la terre, Saussure, Buckland, Palassou, Ramond, Cuvier, préparèrent les voies à leurs illustres successeurs, MM. de Humboldt, de Buch, de Beaumont, Brongniart, Cordier, et à tant d'autres naturalistes de notre époque, dont les travaux, poussés avec une généreuse ardeur, ont jeté une vive lumière sur le chaos, avant eux inextricable, des premiers temps de notre globe, sur la formation des montagnes principalement, suite naturelle d'une idée heureuse qui paraît être la vérité.

Les naturalistes sont en petit nombre dans le Midi, et depuis Reboul qui, après le vénérable Palassou, devint le Nestor des observateurs des Pyrénées, on en a compté bien peu qui aient porté leurs investigations dans cette grande chaîne, où les formations successives, généralement apparentes et symétriques sur les deux versants, seraient un champ classique de géologie. Cependant, depuis Ramond, MM. de Charpentier, Dufrenoy et Marcel de Serres, ont assez fait pressentir combien l'étude y serait féconde.

On ne saurait s'étonner de l'élan qui entraîne tant d'esprits distingués vers une science qu'on pourrait dire toute nouvelle, en présence de tant d'ombres et de mystères dont est couvert encore ce monde ancien, rempli de merveilles et de faits gigantesques, comme les êtres qui l'animaient, et qu'elle a pour ainsi dire une seconde fois créés. Indépendamment des secours multipliés que la géologie prête aux arts et aux besoins d'une civilisation toujours croissante, quelle autre partie de l'histoire de la nature tend davantage à élever notre âme, à agrandir nos pensées et à démontrer la sublimité des œuvres de Dieu ? L'illustre Herschell disait que la géologie, par l'importance et la grandeur des objets dont elle s'occupe, devait prendre son rang parmi les sciences à côté de l'astronomie ; et le vénérable Buckland, que l'histoire de notre globe bien comprise devait conduire l'homme aux mêmes résultats moraux et religieux déjà obtenus de l'étude du mécanisme de l'univers, et qui s'accroîtront encore à mesure que des moyens plus perfectionnés permettront à l'intelligence humaine de plonger plus loin dans les profondeurs de la terre, du ciel et des temps. Déjà des recherches, poussées à la fois sur tous les points, ont remis au jour les restes d'une création qui a cessé d'exister, et la pensée qui réunit et féconde ces débris y retrouve la vieille histoire du globe. C'est ainsi qu'on peut dire qu'un temps viendra où la géologie servira de préface aux annales non interrompues de l'espèce humaine. La marche rapide qu'une si noble émulation lui a imprimée, en m'obligeant à rapprocher mon livre de son état actuel, du moins par des aperçus généraux, m'a permis d'essayer de me reconnaître dans la grande anomalie des Hautes-Pyrénées, vaste énigme dont le mot semblait devoir déjouer encore bien des efforts.

Les souvenirs de l'histoire ne jettent pas moins d'intérêt que les faveurs dont la nature leur a été prodigue, sur des monts qui, dès ses premiers temps, ont vu tant de grands faits s'accomplir. Après la nation si peu connue des *Ibères*, qui dans la vieille Hespérie paraît avoir occupé une grande place, et dont le pur sang ne s'y est jamais perdu, les Phéniciens et les Carthaginois, peuples habiles, dont les courses intéressées propagèrent la civilisation dans l'Occident, vinrent les explorer et s'enrichir de leurs mines ignorées. Puis les Romains, après des victoires qu'ils ne durent qu'à leur organisation militaire et à leur tactique perfectionnée, maîtres enfin des délicieuses contrées qui s'étendent à leur pied, se hâtèrent d'y fonder des établissements somptueux, dont les débris, riches encore, ne cessent d'apparaître au jour, même dans des lieux où nulle tradition n'en faisait soupçonner l'existence. Si ces monts durent s'abaisser sous les pas des légions d'Annibal, impatientes de reporter sur Rome la terreur et l'oppression qu'elle promenait sur le monde; s'ils furent forcés de s'ouvrir devant cette suite incessante de hordes, qui du fond du Nord et de l'Asie centrale se ruèrent sur l'Europe, traînant après elles la barbarie malgré quelques éclairs de grandeur; plus tard, ils virent Pélage et le Cid, Charles

Martel et les ducs d'Aquitaine, Charlemagne et ses preux dont la mémoire y vit encore. Tous ces héros du moyen-âge, nouveaux Spartiates qui firent des Pyrénées les Thermopyles de la chrétienté, sous leur barrière formidable surent arrêter enfin ces autres torrents vomis par les bords où fut Carthage, pour rendre esclave l'Europe où renaissait à peine de ses ruines cette civilisation brillante que Rome lui avait jadis transmise, et pour l'avilir sous les molles et lâches mœurs de l'Orient, que le despotisme avait stéréotypées.

En écrivant mes courses dans ce beau champ de près de cent lieues d'étendue, je n'avais d'autre but que de fixer mes souvenirs, et de m'obliger à observer avec fruit. J'étais donc loin de penser à faire un livre. Ce n'est que lorsqu'elles se sont prolongées d'une mer à l'autre ; lorsque j'ai vu que des groupes de monts très importants par leur composition, leurs riches paysages et leur élévation, étaient à peine connus de nom, que j'ai pensé pouvoir être utile à ceux qui comme moi voudraient ne pas se borner aux routes rebattues des eaux. Ce n'est donc que pour les amis des Pyrénées, pour le peintre et le naturaliste qui veulent tout voir, que je les publie, me souvenant que lorsque je les abordai, j'eusse été heureux d'avoir un guide tel que je puis l'être à mon tour. Que de courses hasardées ! que de journées perdues il m'eût épargné ! Si l'on pense que c'est le fruit de plus de vingt étés, et de courses innombrables presque toutes faites à pied, on sera surpris du temps et des fatigues qu'il a coûté, sans comprendre peut-être le vif attrait qui ramène sans cesse dans les hautes chaînes celui qui les a une fois pratiquées.

Quelque sobriété que je me sois imposée, sans doute serai-je accusé parfois d'avoir exagéré mes impressions ; mais en présence des grandeurs des montagnes, lorsque, frappée d'admiration, l'âme s'élève vers leur sublime auteur, le langage peut-il rester froid ? Celui qui comme moi, de la cime des monts, aura contemplé leurs pittoresques déserts, leurs vastes ruines, et des espaces sans bornes, ce monde nouveau où tout est étrange ou sublime, ne m'adressera peut-être pas ce reproche. Sans avoir de prétention à la science, toutes les fois qu'une observation de botanique, de géologie, d'histoire ou de mœurs s'est présentée, je n'ai eu garde de la négliger comme un des traits de la physionomie des lieux, en me rappelant que dans mes promenades une plante nouvelle, une substance rare, ou quelque souvenir des temps passés en avaient souvent doublé le plaisir. D'ailleurs sur ce sol privilégié, où l'écorce du globe est apparente, où tous les termes de la série géognostique sont à nu, le voyageur peut-il passer inattentif devant les traces palpables de ses époques successives, et des révolutions qui l'ont bouleversée?

Au reste, un tel ouvrage, où les descriptions sont nécessairement multipliées, véritable écueil du genre, ne doit être jugé qu'au sein même des montagnes qui en sont le sujet, ou par ceux qui les connaissant déjà y rechercheront une partie des impressions qui leur en sont restées. J'ai la confiance qu'ils reconnaîtront la vérité dans mes tableaux, seul mérite auquel j'aspire, et je réclame l'indulgence des autres. Quoi qu'il en soit, lorsque l'âge du repos sera venu, l'auteur, un moment rajeuni au souvenir de ses courses aventureuses, sera satisfait si ceux auxquels ses récits fidèles auront inspiré le goût des montagnes, y trouvent une partie des vives et pures jouissances qu'il leur a dues longtemps.

INTRODUCTION.

Aperçus généraux. — Vues lointaines des Pyrénées. — Tables relatives aux montagnes. — Échelle végétale. — Vie dure et plaisirs du voyageur dans les montagnes. — Effets des hauteurs. — Conseils aux curieux.

La chaîne des monts Pyrénées est comprise entre les 42° 26' et 43° 23' de latitude boréale, et entre 0° 51' de longitude orientale, et 11° 40' de longitude occidentale du méridien de Paris. On peut s'étonner que la plus simple des chaînes de l'Europe ait été si inexactement indiquée par presque tous les géographes anciens et modernes. Après le judicieux Strabon qui, bien informé, avait dit que les Pyrénées s'étendaient de la Méditerranée aux rivages de la Gallice, Ptolémée assigna pour leur limite occidentale le promontoire d'Œnso, que Danville pense être la *Punta de Figuera*, près de l'embouchure de la Bidassoa, et cette erreur, répétée par Pline et par ceux qui l'ont suivi, quoique relevée par Danville, se retrouve encore dans tous les ouvrages modernes, où leur direction est déterminée suivant une ligne s'étendant de l'est-sud-est à l'ouest-nord-ouest, entre le cap Créous, sur la Méditerrannée, et la *Punta de Figuera*. Cette erreur est d'autant moins explicable qu'il suffit de jeter les yeux sur une carte des contrées pyrénéennes pour la reconnaître. Ainsi, leur faîte géographique, l'arête culminante qui sépare les eaux, se dirige du cap Cerbères, et non du cap Créous qui n'est qu'un appendice méridional, vers l'extrémité de la Gallice où elle subit une bifurcation dont les branches se terminent, l'une au cap Finistère, l'autre au cap Ortegal. Sa direction générale, sur une longueur totale d'environ 220 lieues, de 25 au degré, est à peu près droite, et fait, avec le parallèle du cap Cerbères, un angle au nord de 6° 50'; c'est-à-dire qu'elle est de 16° plus au sud que celle qu'on lui assigne, de l'est-sud-est et à l'ouest-nord-ouest.

Je ne m'occuperai dans cet ouvrage que de la partie des Pyrénées qui, d'une longueur de 90 lieues entre les deux mers, sépare la France de l'Espagne, et que dès longtemps Silius Italicus a caractérisée :

> Pyrene celsa nimbosi verticis arce
> Divisos Celtis longè prospectat Iberos;
> Atque æterna tenet magnis divortia terris.

C'est en effet la plus importante par sa masse et son élévation, les montagnes, en se prolongeant à l'ouest le long des rives du golfe de Gascogne, diminuant progressivement de hauteur et allant à l'extrémité de la Galice abaisser sous les flots leurs derniers rochers.

Quoique cette chaîne paraisse au premier coup-d'œil régulière dans son ensemble, les sinuosités multipliées de sa grande arête, ainsi que la nature des strates latéraux encore en place, comme de ceux qui ayant été soulevés sont toujours parallèles aux lignes obliques entr'elles dont l'ensemble compose le faîte général, font voir qu'elle est loin d'avoir été le résultat d'une action unique; mais, sans s'égarer au milieu des nombreuses évulsions qui l'ont formée, ce que les études géognostiques sont venues démontrer, on doit y reconnaître plusieurs chaînons distincts, dont les principaux paraissent être :

1° Celui, le moindre en étendue, qui, partant du Canigou, croise et enjambe le second entre Montlouis et Prats-de-Mollo, toujours suivi du profond sillon longitudinal que forment à son pied les vallées de la Teta et de la Sègre, réunies à leurs sommets par le col de la Perche, et atteignant presque la hauteur de 1,500 toises dans son point culminant, le Puigmal-de-Cerdagne qui domine Puycerda et sa jolie plaine; sa direction est de l'est-nord-est à l'ouest-sud-ouest.

2° Celui qui du cap Cerbères, après s'être élevé le long de la vallée du Tech, disparaît sous le précédent jusqu'au col de la Perche, approche de 1,500 toises aux sources de l'Ariège, dans le groupe de Montlouis, dépasse cette hauteur aux sources occidentales de cette rivière, où la masse du Mont-Calm s'élève à plus de 1,600 toises, et, conservant toujours une grande élévation, se prolonge jusqu'à la vallée d'Aran pour se perdre au Pont-du-Roi sous les montagnes du versant septentrional du troisième chaînon. Toute cette ligne forme la moitié orientale des Pyrénées françaises, et sa direction, tendant à l'embouchure de la Bidassoa, serait celle qu'on a jusqu'ici assignée par erreur à la chaîne entière.

3° Enfin le chaînon plus méridional et le plus étendu de tous, qui du fond de la vallée d'Aran interposée entre ces deux derniers, se prolonge jusqu'à l'extrémité de la Gallice, à peu près parallèlement au précédent dont il est indépendant. Là, dans une étendue de trente lieues vers l'ouest, jusqu'à la vallée d'Ossau, on remarque les groupes les plus importants où se trouvent Vignemale, le mont Perdu, Clarbide, le pic Posets et la Maladette, cimes culminantes de ce chaînon qui, plus loin, va toujours s'abaissant vers la grande mer.

La simplicité des Pyrénées s'oppose à ce qu'il y ait de grandes vallées longitudinales comme dans les Alpes, qui en recèlent entre les chaînons nombreux et diversement enchevêtrés dont se compose leur masse complexe, et, par suite, les prive de ces grands amas d'eau qu'offrent les bassins inférieurs dans les Alpes; mais elles renferment un plus grand nombre de petits lacs dans les hautes vallées où ils sont quelquefois très multipliés. La plus grande largeur de la chaîne, entre Tarbes et Balbastro, est de 25 lieues, et sa superficie, d'une mer à l'autre seulement, de plus de 1,200 lieues carrées. Depuis les sources de l'Aude jusqu'à celles de l'Ebre, sa crête se confond avec l'arête générale du continent, qui venant de l'Altaï, du Taurus et des Alpes, parcourt l'Espagne en serpentant entre les affluents des deux mers jusqu'au roc de Gibraltar. Quant à son âge géologique, d'après l'ingénieuse théorie de M. Elie de Beaumont, généralement adoptée, l'observation a constaté qu'elle a été soulevée après la formation secondaire, et avant le dépôt de tous les terrains tertiaires qui ont rempli le grand bassin sous-pyrénéen, existant entr'elle et les montagnes centrales de la France.

Dans l'idiôme de la vallée de Baros et d'autres cantons du Couserans, on désigne les hauts paturages et les monts de la crête par les appellations, sans doute celtiques, de *Byren* ou *Pyren*. La contrée elle-même porte quelquefois le même nom. Cette étymologie des Pyrénées est la plus simple et la plus satisfaisante de toutes celles que les érudits ont proposées.

Jusqu'à présent, la plupart des géographes et des marins avaient admis sans preuves que le niveau de l'Océan était plus élevé que celui de la Méditerranée, quoiqu'il eût été reconnu que si les eaux de la grande mer coulent dans le détroit de Gibraltar, le long des côtes d'Afrique, vers la Méditerranée, d'un autre côté, il y existe, le long des côtes d'Espagne, un contre-courant qui porte les eaux de celle-ci vers l'Océan. Ainsi cette question restait toujours posée :

« Les eaux de la Méditerranée et de l'Océan, considérées dans un état de repos absolu, forment-elles une seule et même surface de niveau? »

Ce problème a enfin été résolu *a priori* dans le beau travail de MM. Corabeuf et Peytier sur la triangulation des Pyrénées. C'est le premier nivellement dont les points de station aient atteint et dépassé une hauteur absolue de 3,000 mètres, et pour lequel tous les moyens que donnent de meilleurs instruments, la science et l'observation pratique, ont été savamment combinés. Ainsi, de deux nivellements exécutés, l'un par le colonel Corabeuf, du niveau de la Méditerranée à la cime de Crabère, située à peu près à égale distance des deux mers, et l'autre par le capitaine Peytier, du niveau de l'Océan à la même sommité, il est résulté que l'Océan était plus haut que la Méditerranée de 0,m73. Cette quantité minime étant renfermée dans les limites des erreurs, d'après le calcul des probabilités appliqué à ces grandes opérations, on peut dire que les deux mers sont de niveau, ou que l'inégalité, si elle existe, est très peu sensible.

Il en est de même du nivellement que le célèbre Bolivar fit exécuter en 1828 vers l'isthme de Panama, d'où il résulte que le niveau des deux mers ne différait que d'un mètre, quantité également renfermée dans la limite des erreurs. Toutes les mers voisines par leur situation sur la surface du globe, se trouvant ainsi soumises à une égale pesanteur, doivent en effet être au même niveau. Il ne peut y avoir d'exception que pour les amas d'eau isolés dans l'intérieur des terres où ils occupent les fonds de dépressions considérables de la surface, tels que la mer Caspienne, qui n'est que le résidu de l'ancien bassin uni à la mer Noire, et le lac Asphaltite où il est singulier, en suivant le lit du Jourdain, de penser que l'on marche à ciel ouvert au fond d'une faille inférieure de plus de 400 mètres au niveau de la Méditerranée.

Toutes les grandes chaînes précédemment observées, malgré le désordre apparent qui y règne de toutes parts, avaient semblé offrir une composition généralement régulière, une disposition uniforme dans l'arrangement de leurs matières qui se résumait ainsi : l'arête principale qui y effectue la séparation des eaux, où se trouvent les sommets les plus élevés, est, à quelques exceptions près dans les terrains volcaniques, formée de ce granit à trois substances, que sa dureté, sa résistance aux météores, son étendue, sa puissance et la place qu'il occupe au plus haut des chaînes ainsi que dans les profondeurs, ont fait regarder comme l'élément le plus solide de la croûte du globe, en un mot, de ce granit qu'on a nommé *primitif*. Cependant des observations récentes tendraient à faire croire que l'eau n'a pas été entièrement étrangère à sa formation, ce qui restreindrait ce nom privilégié de *primitif* aux roches porphyriques, trappéennes et basaltiques seules, toujours en masses, où les parties cristallines vont toujours s'effaçant, et qui viennent à la suite du granit. Aux deux côtés de cette ligne centrale qui détermine la direction de la chaîne se trouvent d'autres lignes de montagnes, s'abaissant par degrés, plus ou moins interrompues par les vallées transversales qui prennent leur origine à la grande arête, composées d'abord de roches cristallines et sédimentaires, de granits moins durs, plus mélangés, de schistes siliceux et micacés, de calcaires salins et autres roches de transition où commencent à paraître les débris organiques, et redressant leurs strates vers le faîte jusqu'à affecter la verticale. Plus loin, sont tous ces grès divers de nature et de couleur; ces dépôts crétacés, argileux ou calcaires, qui doivent leur naissance à des sédiments postérieurs, où les restes nombreux des mollusques et des zoophytes se montrent à côté des vertébrés et s'appuient sur les précédents. Enfin le dernier ordre de chaque côté est formé par ces chaînons rabaissés, où, aux calcaires coquilliers qui y abondent, se trouvent réunis les agrégats composés de fragments de rochers plus anciens; d'abord irrégulièrement amoncelés, liés ensuite par un ciment, tels que les poudingues, certains grès et des calcaires arénacés pétris de végétaux et d'animaux marins. Ces derniers, redressés d'un côté, vont s'enfoncer de l'autre sous les bancs horizontaux, manifestement moins anciens, qui constituent les dépôts latéraux des chaînes, tandis que dans ceux-ci on ne trouve plus, à la surface des coteaux comme dans les plaines, que des matières diluviennes, entraînées par les eaux lors des dernières inondations qu'a subies la surface de la terre, et des dépôts récents où tous ces éléments sont brisés, mêlés et confondus. Dans cette manière de considérer comme en bloc la composition de toutes les Cordillères, les faits actuels étaient seuls constatés, sans les relier aux faits antérieurs et aux causes générales, et sans aucune recherche qui eût trait aux âges relatifs des formations en contact.

Cependant la chaîne des Pyrénées, qui joue un si grand rôle dans le dessin de l'Europe méridionale, avait paru faire exception à la règle commune, et de nos jours encore elle était si peu connue, quoique dès longtemps les étrangers affluassent à ses eaux, qu'on doutait qu'elle eût de véritables glaciers, que le granit primitif s'y trouvât, et qu'elle contînt des produits de la mer. Le savant Duluc lui-même soutenait qu'on n'y trouvait pas de corps marins. En un mot, les naturalistes, trompés par quelques variations superficielles, croyaient que la nature s'y était écartée de sa marche ordinaire, et semblaient dédaigner de l'étudier, quoique des anomalies présumées d'une aussi grande étendue eussent dû exciter l'intérêt et piquer la curiosité. Un petit nombre de faits isolés, reconnus à des époques éloignées, avaient bien suggéré quelques doutes. Monge et Darcet avaient commencé à donner des mesures barométriques, en y ajoutant des faits géognostiques certains, et les observations frappantes d'exactitude de Palassou avaient fait entrevoir la régularité de sa structure; malgré cela, tout avait continué à rester dans le vague.

Telles étaient les choses, lorsque Ramond, présumant mieux des Pyrénées, se livra tout entier à l'étude de leur partie centrale. Les belles relations qu'il nous a données de ses courses peuvent être trouvées par des esprits qui ne sont que positifs, même au milieu des scènes grandes et inspiratrices de la nature, trop remplies d'images et d'un brillant coloris, reproche que peu savent mériter; mais on ne saurait trop admirer le courage et la sagacité d'un naturaliste qui a été certainement un des meilleurs observateurs de ces régions jusqu'à présent trop peu étudiées par la science. Résultat de plusieurs années de pénibles explorations, souvent troublées au temps de l'effervescence révolutionnaire qu'il fuyait au sein de la nature, les faits positifs qu'il fit connaître dissipèrent ces préjugés géologiques et justifièrent la nature d'inconstance. Il prouva que les Pyrénées sont fondées sur le granit primitif, semblable au gran** fondamental des Alpes; qu'il se montre à découvert dans le milieu de la chaîne, où il constitue des terrains étendus et fort élevés, dont les éléments partiels, les feuillets qui constituent les sommets, suivent la direction générale. Ces terrains forment une bande qu'il a reconnue sur une longueur de vingt-cinq lieues, depuis les monts Maudits jusqu'aux montagnes moyennes des Basses-

Pyrénées, où elle se perd aux approches de la vallée d'Aspe : c'est ce qu'il appelle l'axe primitif des Hautes-Pyrénées. A cette bande hérissée de pics et de glaciers, qui après la Maladette décline rapidement du point où elle acquiert le plus de hauteur, succède à quelques lieues plus au nord une nouvelle chaîne sensiblement parallèle, où d'autres masses granitiques moins hautes prolongent la crête jusqu'à la Méditerranée. A droite et à gauche de ces terrains primordiaux sont des chaînons moins élevés qu'ils supportent, et qui présentent les mêmes roches et des mélanges analogues sur des parallèles correspondantes et aux mêmes points des séries opposées. Ces roches sont des granits veinés, des schistes siliceux et talqueux, des marbres, des calcaires de transition, précédant toutes les matières sédimenteuses et calcaires, qui présentent des caractères de seconde formation. Enfin, entre celles-ci et les plaines, il a reconnu au nord comme au midi d'autres chaînons parallèles et d'un abaissement progressif, composés d'autres marbres et calcaires coquilliers, de grès et de toutes ces sortes d'agrégats que l'on retrouve partout à la lisière des grandes chaînes. Celle-ci rentre donc dans les règles générales qu'on avait alors posées, dont elle ne s'écarte qu'une fois, quant au relief seulement ; mais l'exception est majeure.

Ainsi, le nom de Ramond est inséparable des Pyrénées, de même que les Alpes n'oublieront jamais celui de Saussure. L'un et l'autre, aidés de vastes connaissances, d'une patience infatigable et d'un goût passionné pour l'étude des montagnes, ont fait faire de grands pas à la science, et jeté beaucoup de jour sur la composition intérieure de ces chaînes. Leurs précieuses observations ont éminemment contribué à en débrouiller le chaos, et servi de base aux idées récentes sur leur formation qui paraissent devoir conduire à la vérité. Les Alpes n'ont cependant pas présenté au naturaliste genévois une anomalie aussi curieuse, un phénomène géologique aussi important que celui que son émule a reconnu dans les Hautes-Pyrénées.

Il y a constaté que la succession des matières, en suivant

la ligne horizontale, était symétrique des deux côtés de l'axe primitif, avec cette différence qu'au midi il y avait une prodigieuse quantité de grès, de calcaires arénacés et de corps marins souvent à l'état siliceux, et de dépôts hors place ou bouleversés, tandis que les couches analogues au nord sont au pied de la chaîne dans leur position régulière, mais que l'ordre y était totalement interverti, quant aux reliefs des masses, par l'énorme élévation que les dépôts secondaires et tertiaires y atteignent. Au nord, la hauteur des cimes se gradue en proportion de leur éloignement du centre : les pics schisteux d'Arbizon, du Midi, du Mounné, sont inférieurs au granit de Neouvieille et de Santché, et laissent au-dessous d'eux tous les monts de troisième ordre qui les séparent des plaines. Sur le revers méridional, au contraire, la progression est inverse : Troumouse, qui se trouve au second rang, se maintient au niveau des sommités granitiques, et Vignemale, sur la même parallèle, les dépasse toutes, tandis que le Mont-Perdu, placé au troisième, le domine à son tour. Ainsi la ligne de séparation des eaux gauchit et s'incline au midi, où un chaînon d'un terrain crétacé devient la haute chaîne; et le faîte primitif, relégué sur les pentes septentrionales, est traversé par les vallées qui ont été ouvertes dans sa masse. Malgré le désordre que ce grand accident, évidemment postérieur à la formation de la chaîne, y a introduit, on reconnaît au milieu des masses déplacées et adventices les dispositions primitives. Telle est l'étrange anomalie qui ne se présente nulle part ailleurs, et que les travaux de Ramond ont livrée aux méditations des naturalistes.

Mais ce qui assure à ce savant un haut rang parmi les géologues de nos jours, c'est d'avoir un des premiers entrevu la vérité sur la formation des chaînes, le soulèvement partiel de la croûte du globe. Dans les œuvres de l'antiquité parvenues jusqu'à nous, chose remarquable, dans Platon, Strabon, Ovide et Pline; dans les écrits d'un célèbre géographe allemand de 1650, *Varénius*; dans les systèmes de *Lazaro Moro*, publié en 1740, et de Pallas vers la fin du siècle dernier, et surtout dans celui de Buffon sur l'état en fusion du globe à son origine, on trouve les éléments de cette idée, et ces prévisions du génie ne pouvaient être encore que des éclairs dans une nuit obscure que l'observation devait percer. Depuis lors, la masse des faits s'est sans cesse augmentée, et Saussure et Ramond y ont considérablement ajouté. Le premier avait dès longtemps reconnu le parallélisme à l'axe général des Alpes des grands feuillets verticaux de granit qu'il regardait comme des strates, et dans les couches fortement inclinées des poudingues de Valorsine, il avait signalé des indices certains de redressement. Plus tard, de la cime du Mont-Blanc, dans son immense panorama, les ordres divers et concentriques des montagnes tournant leurs escarpements vers lui, comme pour s'appuyer sur sa gigantesque pyramide, l'avaient étonné, et peu s'en fallut, peut-être, que le mot de l'énigme ne fût alors trouvé. Ramond, de son côté, dans son voyage au Mont-Perdu, résumant toutes les conséquences des faits constatés par lui et par ses devanciers, a été conduit à dire :

« Supposons que la croûte de la terre se formant ainsi de « concrétions qui prenaient de plus en plus l'apparence de « couches, cette croûte ait été froissée, rompue, soulevée « dans quelques points de son étendue, et que ces saillies « soient l'origine de nos montagnes.

« Dès lors, ce qui était en dessous se trouve au centre de « ces éminences ; ce qui était au-dessus se trouve sur les « côtés. — Là, il y a plus de cristaux que de couches ; « — ici, il y a plus de couches que de cristaux ; et tel « est au moins le mérite de cette hypothèse qu'elle s'appli- « que aux Pyrénées comme aux Alpes, et qu'elle peindrait « fidèlement le phénomène dans le cas même où elle ne « l'expliquerait pas ; » et ailleurs : « nous ne songeons pas que « le plus léger frissonnement qu'ait éprouvé la croûte de la « terre a suffi pour y élever les rides de l'Atlas et des An- « des. »

Ramond pouvait dire davantage, car la voie qu'il a ouverte, parcourue depuis avec succès et agrandie, paraît devoir conduire à la vérité ; et ses aperçus sur la formation des chaînes doivent être classés parmi les premiers jets du système nouveau qui, reposant sur des faits de toutes parts recueillis et convergents, a rallié l'universalité des géologues. Les immortels travaux de Cuvier, les curieuses et importantes observations de Werner, de Dolomieu, de Saussure, de Palassou, de Ramond, n'ont pas été longtemps sans porter leurs fruits; et celles de MM. de Humboldt, l'illustre auteur du Cosmos, le savant universel, de MM. Léopold de Buch, de Beaumont, Dufrénoy, Brongniart, Cordier, C. Prévost, Boué, Boussingault, Ehremberg, Agassis et d'autres naturalistes français et étrangers, sont venus fonder le système du feu central, de l'incandescence originaire et du refroidissement de la terre, formée très probablement d'une portion de l'atmosphère solaire condensée et liquéfiée, de la formation de son écorce par les séries opposées des solidifications intérieures et superficielles, et des soulèvements produits par la réaction de l'intérieur contre cette écorce; système admirable dans sa grandeur et sa simplicité, qui, en donnant à la géologie une face nouvelle, vient tout expliquer avec facilité. Dans le cours de cet ouvrage, entraîné à toucher parfois à ces hautes questions qui jettent tant d'intérêt sur l'étude de la mince voûte qui nous porte avec les merveilles de notre industrie, et dont la parure brillante et féconde semblerait donner un démenti aux catastrophes passées que la science a reconnues, si trop souvent des agitations terribles ne venaient, en la ravageant çà et là, porter témoignage que l'abîme n'est pas entièrement fermé, j'ai cru devoir en présenter ici les idées générales.

Deux savants qui ont largement préparé les pas immenses qu'a fait après eux la géologie, Saussure et Dolomieu, frappés des phénomènes inexpliqués qu'offraient toutes les saillies du globe, toutes les chaînes de montagnes, jettaient sur ce vaste chaos ce coup-d'œil du génie qui devance tous les progrès, lorsqu'en constatant de toutes parts des redressements et des bouleversements, ils émettaient l'opinion que ce serait dans l'énergique et puissante action des feux souterrains qu'il faudrait en rechercher la cause. C'est à Dolomieu particulièrement qu'appartient l'idée heureuse de l'état fluide de l'intérieur du globe, et du foyer des volcans existant sous le granit, comme à Ramond et à Léopold de Buch, celle de la formation des montagnes par le soulèvement. Cette fluidité est due au calorique, et la terre ne serait qu'un astre refroidi qui n'est éteint qu'à la surface, ce que Descartes, Leibnitz et Buffon avaient pensé. L'observation a fait reconnaître au-dessous de cette surface une zône où la température est presque stationnaire. Cette zône doit se trouver à la limite des influences de la chaleur centrale et de la chaleur solaire qui jamais ne se ferait sentir au-delà de 1/400,000 du diamètre de la terre. La profondeur de cette couche de température fixe, qui varie suivant des influences locales, dans les régions tempérées s'est trouvée de 20 à 30 mètres.

Cette chaleur centrale ne peut être révoquée en doute, d'après l'élévation graduelle du thermomètre à mesure qu'on descend dans les mines et dans les excavations faites par les hommes, quoiqu'elles ne dépassent pas 2,000 pieds; d'après la haute température des eaux thermales et les phénomènes des éruptions volcaniques et des tremblements de terre. Ainsi, malgré de fortes variations, l'on a reconnu que dans les mines l'élévation moyenne du thermomètre pouvait se compter de 1° centigrade par 30 mètres de profondeur, et il existe des eaux thermales dont la température égale celle de l'eau bouillante. Les laves, à leur émission indiquent par leur état de fusion parfaite une chaleur bien plus considérable. De cette progression en descendant il s'en suit qu'à une profondeur de dix lieues, le granit serait en fusion si la loi ne s'interrompt point, et qu'à une profondeur de 15 à 20 lieues il n'est point de substance, si réfractaire qu'elle pût être, qui ne fût dans un état complet de fluidité, ce qui serait une donnée pour l'épaisseur de la croûte terrestre. Cette théorie vient de recevoir une belle démonstration par le puits foré dans la plaine de Grenelle, près de Paris, jusqu'à 570 mètres sous la surface, une des plus grandes profondeurs où l'on soit parvenu dans la terre. La nappe d'eau s'y trouve sous l'épais dépôt de craie qui supporte le terrain tertiaire du bassin de Paris, et les eaux qui doivent venir d'au moins 60 lieues, des terres hautes situées au-delà des couches crayeuses, jaillissent à 10 mètres, avec une température de 28° lorsque la surface est à zéro. Dans nos climats la couche de température moyenne ou constante, celle où les variations de l'atmosphère plus ou moins réchauffée cessent de se faire sentir, se trouve de 13 mètres à 19 mètres de profondeur.

Dans l'origine, la chaleur étant à son maximum, toutes les matières dont le globe est composé ont probablement, à l'état gazeux, fait partie de l'atmosphère du soleil dont une cause inconnue les aura séparées et condensées, puis réduites à l'état de liquefactioni gnée par la déperdition dans l'espace de la chaleur rayonnante. Les corps les plus réfractaires et les plus pesants, les premiers condensés, ont formé au centre le premier noyau liquide, tandis que tous les autres étaient tenus encore à l'état de vapeur. Le rayonnement du calorique continuant, des condensations successives se seront opérées suivant des affinités réciproques, au milieu de toutes ces substances gazeuses composant alors l'atmosphère, qui devait être très étendue comme celle des comètes, lesquelles ne sont peut-être à à leur tour que des astres incandescens dans la première période de leur existence. L'oxigène et l'hydrogène de l'atmosphère combinés, se seront précipités en eau; les corps simples se seront oxidés, et alors aura pris naissance sur le bain métallique la première pellicule solide; le granit primordial, que les réactions opérées dans l'intérieur, le dégagement des fluides élastiques, la rotation du globe et les influences solaires et lunaires encore actives, ont dû rendre très inégale. Le quartz, le feldspath, le mica et autres résultats de la sublimation et de l'oxidation de ces corps simples, ont ainsi concouru, avec les premières précipitations, à former les couches de transition qui paraissent avoir été les premières consolidées dans ces premières eaux, particulièrement le schiste argileux qui par l'action métamorphique des mêmes sublimations d'où sont provenus le mica et le feldspath, a été converti en gneiss et en mica-schiste. Ces deux minéraux simples, le mica et le feldspath, seraient ainsi d'origine volcanique ; ce qui a été prouvé par l'inspiration féconde pour la théorie de la formation de l'écorce terrestre et du métamorphisme, qui a donné à Mitscherlich l'heureuse idée de les reproduire *à priori* dans les hauts fourneaux, ainsi que du grenat, du fer spéculaire et autres minéraux qui font toujours partie des déjections volcaniques.

Le refroidissement continuant de la superficie au centre, cette croûte s'est sans cesse épaissie par de nouvelles oxidations et coagulations intérieures, qui venaient se placer les unes au-dessous des autres, de sorte que le sol plutonique le plus voisin de la surface est le plus ancien. C'est ainsi que se sont formés sucessivement et de haut en bas, sous le granit, les porphyres et toutes les roches trappéennes et basaltiques les plus profondes qui nous soient connues ; assertion contestée encore, mais confirmée par ces basaltes des îles Shetland, qui, par des changements successifs, passent à l'état de granit bien caractérisé et parfait, et par d'autres observations pareilles. Mais les oxides occupant plus d'espace que les corps en fusion, ces couches nouvelles comprimaient le liquide intérieur et tendaient à dilater la croûte en même temps que la superficie était contractée par le refroidissement. De cette double action contraire devaient résulter des fractures suivant les régions de moindre résistance, qui peuvent avoir été les bras de mer subséquents, tandis que les portions de la croûte ainsi divisée ont été les éléments des continents. Ces actions lentes et continues ont pu ainsi donner lieu aux premiers reliefs et même aux premiers soulèvements de la surface. C'est cette grande force, la réaction de l'intérieur d'une planète contre son écorce, la *vulcanicité* de Humboldt, qui, sous la marche plus philosophique de la science tendant à tout simplifier, à tout ramener à l'unité, est la cause puissante de la formation de nouvelles roches et de la modification des roches préexistantes, comme celle à laquelle se rattachent la structure et la succession des couches terrestres et la géographie des terres soulevées au-dessus des mers. Un très grand nombre de roches de sédiment paraissent avoir subi l'effet du *métamor-*

phisme par le contact ou le voisinage des masses plutoniques éjaculées, principalement du granit et du porphyre. Tels sont le gneiss (ce que font toucher au doigt les strates de schiste argileux du Fichtelgebirge, qui ne sont convertis en gneiss qu'aux deux extrémités, où ils sont en contact avec le granit), le mica-schiste, la dolomie, les marbres granulaires de la montagne de Rancié et du port d'Oo, au contact du granit provenant du calcaire compacte, ainsi que les marbres de Paros et de Carrare, et tous les marbres statuaires, le gypse, le sel gemme et nombre d'autres qui, chaque jour, viennent agrandir le cercle du métamorphisme.

Les précipitations des substances dissoutes dans l'atmosphère continuant par l'abaissement de la température qui rendait toujours moindre son action dissolvante, la masse des eaux allait toujours croissant et contribuait activement aux premières formations superficielles. Celles-ci avaient lieu au moyen des corps déjà consolidés et de leurs propres débris, sous l'action d'eaux violentes et sans doute rendues acides par les émanations de l'intérieur, mêlés à tous les produits qui étaient lancés par les nombreuses crevasses de la croûte oxidée, et suivant les actions et réactions chimiques qui se développaient et se croisaient au milieu de cette confusion d'éléments. Alors se sont formées par couches superposées de bas en haut, en série inverse des coagulations souterraines, les roches schisteuses, changées plus tard en mica-schistes et talc-schistes, qui, avec les gneiss qu'elles recouvrent, constituent les dépôts primitifs. Dans ces premiers groupes que l'eau a concouru à former, on n'a trouvé encore aucune trace de restes organiques, végétaux ou animaux, parce que la haute température qui régnait alors sur la terre s'opposait au développement de tout être organisé, à toute action des forces organiques dont le principe existait dans la masse du globe.

Ce n'est que dans les formations subséquentes du terrain schisteux que commencent à paraître des débris organisés, ces forces n'ayant acquis qu'à cette époque l'intensité suffisante pour donner naissance dans la mer d'alors aux végétaux et aux animaux les plus simples dont ces débris sont les restes. Viennent ensuite des couches calcaires fossilifères ; les premières roches arénacées, composées sous les eaux de débris arrachés aux terrains précédemment formés; des couches carbonifères, résultat par la voie humide de l'accumulation accidentelle de grands amas de végétaux, alors très développés par l'influence du carbone abondant dans l'atmosphère ; les schistes ardoisiers et tout ce qu'on appelle terrain de transition, dont les éléments sont en majeure partie les mêmes que ceux des terrains primitifs, et appartiennent à cette époque où ont commencé à vivre des animaux tout différents de ceux qui existent aujourd'hui dans nos mers. Dans les premiers dépôts aqueux, l'élément calcaire étant rare, il eût été difficile à de nombreux êtres vivants, comportant des parties solides, d'y trouver la substance propre à les composer, ce qui porte à croire que les animaux charnus et gélatineux y ont été les plus abondants, et même qu'ils ont pu exister avant tous les autres; induction que semble fortifier cette odeur bitumineuse, fétide, particulière à certains calcaires anciens privés de débris organiques ; la destruction de ces animaux ayant pu produire une matière bitumineuse ou animale qui serait entrée dans leur composition.

La force expansive des agents intérieurs et les grandes émissions qu'elle produisait paraissent avoir conservé longtemps leur énergie, quoique avec moins d'influence sur des dépôts qui, dans des eaux toujours croissantes par la marche constante du refroidissement, devenaient de plus en plus considérables et ajoutaient sans cesse à l'épaisseur de la première croûte. Alors ont eu lieu successivement, dans ces eaux devenues immenses, toutes ces formations dites secondaires et tertiaires ; des grès divers, des schistes calcaires et crétacés, des bancs coquilliers dont tous les débris organiques ne sont connus que fossiles, des couches à ossements d'animaux amphibies ou seulement terrestres, des brèches et tous ces dépôts, enfin, sableux, argileux et marneux, qui les composent. Une donnée de l'épaisseur de ces sédiments se trouve dans la quantité dont s'enfoncent des couches carbonifères à Duttweiler, près Sarrelouis, ce que leur direction et leur degré d'inclinaison a permis de mesurer, savoir : 6,710 mètres. Si l'on considère en même temps l'élévation du Dhawalagiri, la plus haute cîme peut-être de l'Himalaya, 8,550 mètres, on trouvera ce résultat curieux que la zone soumise jusqu'à présent aux investigations de la science, a une épaisseur de plus de 15,000 mètres.

Dans le même temps, l'intensité des forces organiques suivait une progression croissante, et par la diminution de la chaleur centrale les climats dus à l'action solaire sur la surface commençaient à être sensibles et différents. Après les invertébrés dont quelques analogues existent encore, on y voit paraître les poissons et ces énormes *sauriens*, reptiles gigantesques dont les squelettes nous effraient : le *Plesiosaurus*, hydre du moyen-âge, au long cou de cygne ; l'*Ichtyosaurus*, autre bête amphibie ; le *Basilosaurus*, de cent pieds, colosse carnassier du terrain de transport de l'Alabama ; le *Megalosaurus*, lézard aux dimensions d'une baleine ; des crocodiles affreux, des tortues immenses ; ce hideux *Pterodactyle* qui vole dans l'air avec des ailes membraneuses ; le colossal *Iguanodon*, peut-être herbivore, et la longue dynastie des mammifères et de monstrueux pachydermes où domine jusqu'à présent le *Dinotherium*, qui succéda à tous ces quadrupèdes ovipares, et qui, de même, a totalement disparu ; ce qui cependant présente quelques doutes. Les mers et les terres se peuplent enfin d'animaux qui commencent à se rapprocher de ceux qui vivent aujourd'hui. La découverte inattendue, faite par M. *Lartet*, dans le grand dépôt de *Sansan*, près d'Auch, d'un singe voisin du gibbon, en reliant les formes diluviennes à celles de l'époque actuelle, serait une induction que certaines espèces mammifères antiques se seraient continuées jusqu'à nous sans modification, ainsi qu'*Ehremberg* l'a déjà constaté pour des coquilles microscopiques qui vivent dans nos mers. L'étude de ce prodigieux gisement fossile, qui, par les travaux persévérants du géologue qui l'a découvert, a déjà doté la paléontologie de plus de 80 espèces d'animaux, la plupart inconnus avant lui, éclaircira sans doute quelqu'une de ces questions obscures.

Mais cet ordre de choses ne s'est point développé sans secousses, et plusieurs fois les mêmes causes perturbatrices sont venues changer la physionomie de la terre. Loin d'avoir été tranquillement progressive, de nombreuses évulsions ont fréquemment troublé la formation de son enveloppe, et alors de nouveaux ordres de faits s'établissaient momentanément sur les points où se portaient ces actions nouvelles. A mesure que les dépôts supérieurs et les coagulations souterraines accroissaient son épaisseur, sa résistance devait croître également, et les agents intérieurs, toujours forcés de réagir par le double effet de l'oxidation intérieure et de la contraction superficielle, ou de la vulcanicité, ne pouvaient plus la soulever au moindre effort. Ce n'était que lorsque leur action longtemps comprimée et aidée de l'expansion des fluides élastiques incessamment formés, était devenue irrésistible, que l'énorme voute se brisait violemment, suivant les régions de moindre résistance qui devaient être les crevasses opérées dans la pellicule première. Alors étaient poussés au jour les granits, les porphyres et toute la série plutonique jusqu'au basalte, à l'état consolidé ou demi-fluide, qui ont formé la charpente des montagnes. Leurs chaînes se trouveraient ainsi reposer sur des failles, des dislocations, sur de vastes fissures remplies par éjaculation de ces matières, et tous ces produits pseudo-volcaniques, ainsi soulevés et sortis à plusieurs reprises du sein de la terre, tantôt suivant des lignes droites, tantôt par centres d'actions qui rendaient l'ensemble sinueux, rejettaient de part et d'autre sur leurs flancs, après les avoir rompues, les formations intermédiaires, secondaires et tertiaires, toute la série neptunienne qui déjà existait, en leur conservant leur ordre de position. Par là ce qui était dessous s'est trouvé porté au faite, et ce qui était dessus a été généralement repoussé sur les côtés, et quelquefois soulevé jusqu'à être la cime. De là l'inclinaison de tous les schistes et strates successifs, et la direction de leurs bancs parallèles aux axes des évulsions relatives. De là vient qu'en avançant vers le centre des chaînes, on retrouve la même suite de terrains qu'en s'enfonçant dans la terre jusqu'aux schistes talqueux, aux granits, aux porphyres, aux trapps et aux basaltes qui composent les sommités les plus élevées comme les assises les plus profondes qui aient pu être explorées.

Dans toute cette période où l'écorce crevassée présentait de nombreuses fissures, les émanations gazeuses souterraines devaient avoir été très actives et ont dû former le quartz que les sublimations de l'acide silicique solidifiaient dans les petites veines, et nombre de cristaux et de filons métalliques solidifiés également par d'autres substances gazeuses repoussées de l'intérieur.

L'apparition des chaînes de montagnes est le phénomène le plus saillant et le plus universel des anciennes périodes géologiques. Quant à l'âge relatif de chacune, c'est-à-dire l'époque géologique où elle a surgi, il se détermine avec exactitude par la nature et le degré d'ancienneté des dépôts qui ont été soulevés et déplacés, comparativement à ceux qui, dans le voisinage, occupent leur position première. Il est évident, ainsi que le dit M. de Beaumont, auteur de cette belle théorie, que l'âge de son apparition est intermédiaire entre la période du dépôt des couches qui y sont redressées, et celle du dépôt des couches qui s'étendent horizontalement au pied de ses pentes. D'après cela, quelques indices de soulèvement se rapportent à l'époque intermédiaire et même primitive ; ils paraissent avoir eu lieu pendant toute la secondaire, et se reproduire à plusieurs reprises à l'époque tertiaire. C'est ainsi que les Pyrénées, qui ont soulevé la craie, tandis que les calcaires grossiers de Dax et de la Garonne s'étendent horizontaux jusqu'à leur pied, ont été soulevées après le dépôt de la craie, avant les terrains tertiaires, et sont ainsi antérieures aux Alpes, qui n'ont surgi qu'après le dépôt de l'étage tertiaire moyen.

La croûte terrestre s'étant toujours épaissie et offrant ainsi des obstacles croissants aux agents expansifs, c'est pendant cette dernière époque que les grandes évulsions

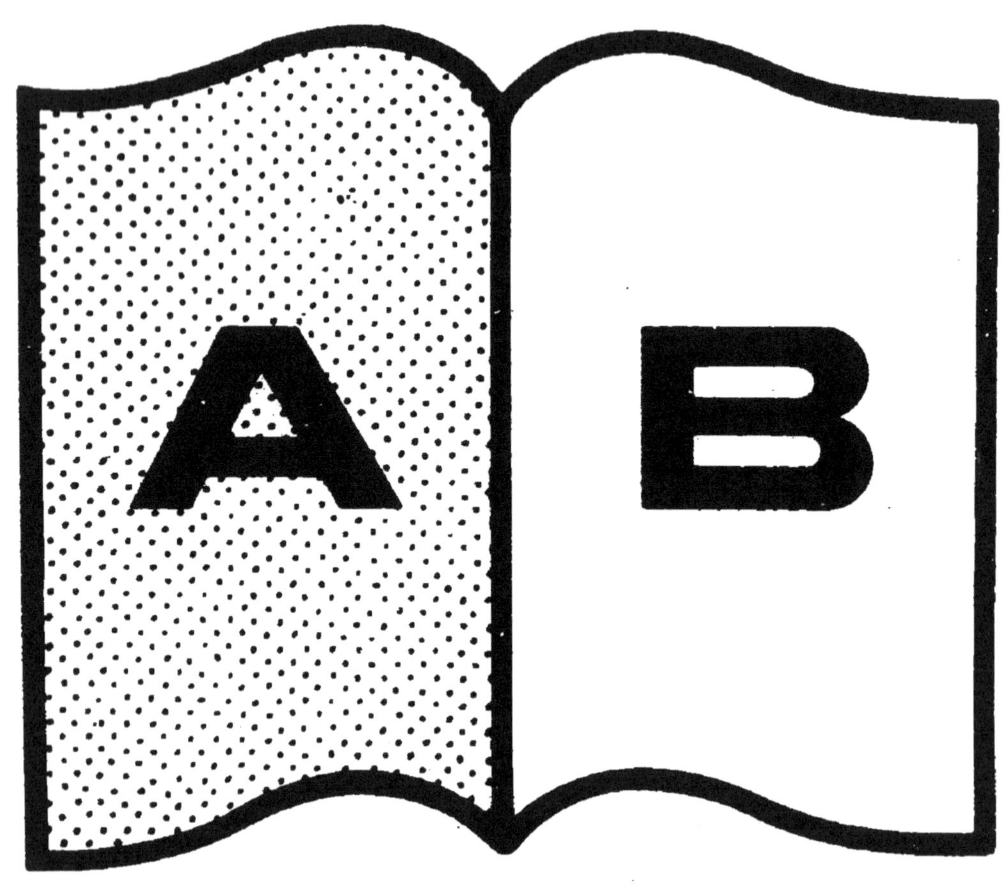

Contraste insuffisant

NF Z 43-120-14

qui avaient produit ces chaînes, paraissent s'être affaiblies et avoir été ensuite remplacées par de simples éruptions volcaniques et des tremblements de terre. C'est alors qu'à ces actions intérieures, autrefois si puissantes, ont commencé à suffire les soupiraux étroits des volcans, véritables soupapes de sûreté, disséminés sur les régions les moins résistantes de la croûte, bien que d'une épaisseur d'au moins dix lieues, et dont les effets sont terribles encore, quoiqu'ils ne soient que l'image presqu'effacée des éruptions anciennes. Ce serait donc par des dégradations successives que ces forces, qui ont autrefois bouleversé la terre entière, ont été réduites à l'état de faiblesse relative auquel on les voit de nos jours, où les volcans beaucoup moindres en nombre comme en énergie, malgré l'énorme profondeur d'où sont arrachées les masses pâteuses qu'ils déversent et les roches qu'ils lancent, établissent seuls encore la communication entre le centre en fusion et l'atmosphère. L'immense quantité de gaz qu'ils y répandaient autrefois, privés de cette issue, eussent donné lieu à des désordres à la surface, tandis qu'au dehors ils étaient utilisés; particulièrement le gaz acide carbonique, qui favorise prodigieusement la végétation. Ce qui est actuellement réduit à l'état d'arbuste ou même herbacé, pouvait atteindre alors à la grandeur des arbres, comme le sont encore certaines fougères de la zone torride, et comme l'étaient sans doute ces roseaux fossiles pris pour des troncs de palmiers. Les animaux devaient avoir une organisation appropriée aux éléments dont l'air se trouvait ainsi composé. Plus tard, des actions violentes par les eaux seront venues submerger, entraîner et accumuler sur certains points des quantités considérables de ces arbres qui, entassés en immenses amas, auront été carbonisés par un très long séjour dans les eaux. C'est ainsi, aux débris des gigantesques fougères d'alors, de ces herbacées grandes comme des futaies, de ces roseaux et de ces bambous semblables à des sapins, que l'homme doit ces couches de houille sans lesquelles les merveilles de l'industrie et la puissance sur les mers ne sauraient exister désormais. Cependant, si vastes que soient ces ressources, elles ne sont pas inépuisables et la prévoyance s'inquiète de l'avenir des sociétés qui ont laissé périr les belles forêts, dont la nature avait paré la terre. L'infertilité, la dépopulation qui est la suite de toute décadence, serait-ce le sort réservé à notre puissante Europe, ainsi que depuis des siècles a disparu de l'Orient cette haute civilisation qui avait fait élever tant de riches capitales dont les restes sont encore l'admiration de notre âge, mais ne s'élèvent plus qu'au désert. Les bassins houillers, par l'absorption de l'acide carbonique, auraient aussi contribué à assainir la terre et à rendre l'air respirable pour des animaux plus raffinés et enfin pour l'homme; merveilleux mécanisme des grandes causes finales!

Marchant parallèlement pour l'investigation du monde primitif, l'étude de la paléontologie, de la Faune fossile qui a produit l'immortel ouvrage de Cuvier sur les races éteintes d'animaux, sorte de création du génie, et de la Flore ancienne que nous révèle M. Ad. Brongniart, grands travaux qui ont fondé la géologie des fossiles par les rapports des types géologiques avec l'ordre de succession et l'âge relatif des terrains, a donné à la théorie des formations de l'écorce, de ces couches fossilifères qui sont les catacombes des Faunes et des Flores antiques, un caractère nouveau de grandeur et de variété. Tout y a démontré qu'à diverses reprises les êtres organisés ont cédé la place à des existences nouvelles (expression provisoire qui accuse les bornes de nos connaissances sur les mystères de la vie), ou éprouvé des modifications majeures; ce qui peut avoir eu lieu par de grandes perturbations et de brusques changements dans la surface et dans l'atmosphère, en un mot par des destructions et des créations subites et alternatives ou par des gradations lentes et consécutives, résultats de variations dans les circonstances extérieures et dans les conditions d'existence. Si l'on observe la Faune primitive comparée avec la Faune actuelle, on y reconnaît des dissemblances dans les espèces, et une tout autre disposition du règne animal. On y voit que plusieurs classes entières, et même des plus élevées dans la série, n'avaient pas encore paru sur la terre ; que la plupart des genres étaient différents des genres actuels, et que les êtres qui peuplent le globe ne sauraient être les restes d'une population plus nombreuse ; toutes choses qui supposeraient des créations successives.

Cependant, d'après des observations récentes, anatomiques et géologiques, l'idée opposée a été émise, que le plan de création avait été primitivement général et les fonctions de tous les êtres organisés appropriées aux circonstances d'alors ; qu'en avançant dans le temps, ils se compliquent et se perfectionnent toujours davantage, de manière qu'un individu plus haut placé sur l'échelle, résume en lui toutes les fonctions des inférieurs ou de ceux qui l'ont précédé ; il y aurait eu ainsi progression dans le développement des formes organiques, et gradation incessante de perfectionnement dans les êtres, toujours en rapport avec l'abaissement de la température et avec les modifications que ne cessent d'éprouver, par l'absorption continue de l'oxigène principalement et des autres éléments gazeux nécessaires aux corps qui se solidifient, les milieux ambiants dans lesquels ils vivent ; de sorte que ceux appartenant à chaque cycle géologique, proviennent des premiers créés et aujourd'hui perdus, au moyen de changements insensibles et progressifs éprouvés par chacun d'eux. Hypothèse ingénieuse et simple, qui ne suppose qu'une création, mais peu admissible, quoique des faits nombreux semblent l'appuyer, et d'où résulterait cependant cette belle loi d'unité de composition des êtres que Cuvier a combattue.

Quoi qu'il en soit, c'est sous des influences quelconques que le règne animal et le règne végétal se sont renouvelés plusieurs fois sur l'ensemble du globe, en se perfectionnant sans cesse. C'est ici la série des êtres qui se déroule aux yeux ; cette immense Genèse, inscrite au sein de la terre, dénote un travail lent, interrompu par des intervalles sans mesure, mais toujours repris et continué toujours. Quant au règne animal, telle est la série chronologique des existences que l'étude des formations superposées a constatée.

Dans les roches primitives ou d'éruption, rien ; le globe, à leur époque de solidification, était désert et nu. Il faut arriver à une phase postérieure pour trouver autre chose que de la matière minérale.

Les premiers de tous les êtres vivants, les *trilobites* et la grande classe des invertébrés existent seuls dans les plus anciennes couches sédimentaires et dans quelques terrains de transition ; mais comme ces êtres, les plus simples d'organisation, se reproduisent dans toute la série des superpositions, ils ne peuvent servir à en déterminer les âges relatifs. On a même reconnu que des couches de craie où gisaient des sauriens et un monde détruit de coraux et de coquilles, n'étaient composées que de crustacés microscopiques dont un grand nombre vit encore dans nos mers ; ce qui fait voir que l'aurore du monde où nous vivons se recule bien plus avant dans les âges passés qu'on ne l'a cru jusqu'à présent.

Les premiers vertébrés, les poissons, se montrent dans les strates siluriens de transition ; les sauriens commencent à paraître dans le calcaire magnésien du terrain secondaire inférieur ; les mammifères dans le calcaire jurassique et les oiseaux dans le plus ancien dépôt crétacé. L'espèce humaine, enfin, qui clôt la série, n'a rien laissé dans les vieilles catacombes géologiques, et ne s'est trouvée jusqu'à présent que dans les terrains d'alluvion

Le règne végétal a suivi des périodes semblables, depuis les premières couches sédimentaires où se trouvent avec les invertébrés des fucus, des lycopodes, des prêles et des fougères jusqu'à ces arbres superbes et couverts de fleurs qui font l'ornement des terres tropicales, à mesure que les forces progressives de la nature allaient compliquant et perfectionnant l'organisation et la vie. L'homme serait ainsi arrivé comme le dernier mot de ces forces, comme la plus parfaite création actuelle de la Providence ; et notre végétation élégante, flexible, riche en sujets à la fibre tendre et facile à triturer par la dent d'animaux délicats, aurait pris la place des monstrueuses et grossières productions végétales qui obstruaient jadis la surface plus échauffée de notre planète, sous une atmosphère plus chargée d'émanations carboniques. Ces deux causes réunies rendaient pro-gieuse la vie végétale primitive, ainsi que peuvent en donner une faible idée les montagnes de bois entassés à l'embouchure du Mississipi, ou des grands fleuves de la Sibérie, et les mines de Saarbrück, où l'on voit 120 lits de houille provenant de ces bois anciens et dont plusieurs ont une grande puissance, tandis que l'accumulation, pendant cent années, des arbres de nos régions les plus boisées, n'en produirait pas une couche d'un pied d'épaisseur.

En résumant ces grandes idées, problèmes pour l'avenir, si tout ce qui vit à notre époque devait être regardé comme la suite des êtres existant dans les premiers cycles géologiques, par quelle filière aurait passé celui qui est devenu l'homme, et des être plus parfaits paraîtront-ils après lui? Ou bien, s'il y a eu progrès seulement par l'apparition successive d'espèces plus élevées, ce qui présente une plus grande probabilité, ces créations nouvelles auraient-elles présenté à toutes les époques cette admirable perfection qui appartient à tout ce qui est sorti plus tard des mains du Créateur, et l'espèce humaine commencerait-elle une histoire zoologique de la terre qui serait sans relation avec les précédentes?

Quel intérêt présentent ces larges questions, aussi attrayantes pour la science que difficiles à résoudre, et dont tant d'esprits sont incessamment préoccupés. Des observateurs, partout répandus, révèlent pour ainsi dire chaque jour des faits nombreux mais isolés, qui ont donné naissance à des hypothèses diverses, soutenues par des hommes dont l'opinion mérite également de faire autorité. C'est que trop peu de données certaines sont encore connues, et que des observations multipliées et surtout comparées peuvent seules permettre d'asseoir des jugements motivés. Les géologues actuels dont la science sérieuse ne fait que commencer, malgré sa marche rapide, continueront à se tenir en garde contre l'attrayante ambition d'élever un monument définitif. C'est à eux de réunir et de disposer des matériaux pour leurs successeurs, de préparer le terrain en le débarrassant des obstacles toujours tenaces, dont l'ignorance, l'erreur et les préjugés l'ont encombré; il y a encore assez d'espace et de gloire pour eux.

Dans les premiers âges, la terre devait jouir sur toutes les zones, par les émanations de la masse intérieure en fusion, d'une chaleur supérieure à celle provenant du soleil, lorsqu'il parvenait à percer une atmosphère immense et presque opaque; ce que prouveraient, d'ailleurs, les rapports intimes des premiers corps organisés, dont les dépouilles existent dans les contrées les plus boréales, avec ceux qui vivent entre les tropiques. Une longue période s'était ainsi écoulée pendant laquelle la terre avait été peuplée d'un grand nombre d'animaux, mais l'homme n'avait pas encore paru; du moins ses restes n'ont été découverts dans aucun de ces terrains anciens qui recèlent tant de débris d'êtres ayant eu vie, pas même encore dans aucune formation contemporaine du dernier déluge; ainsi des recherches multipliées n'en ont pu faire découvrir dans les vastes plaines du nord de l'Europe, qui furent couvertes de sables, de cailloux roulés et de blocs erratiques dont l'origine est peut-être dans les courants subits qu'éprouvèrent les eaux soulevées à l'apparition des chaînes de montagnes de cette région. Les ossements humains qui ont été reconnus, même par Cuvier qui d'abord niait leur existence, dans les brèches osseuses des côtes de la Méditerranée, près de Nice, et dans un si grand nombre de cavernes de la France, de l'Angleterre et d'autres pays du midi de l'Europe, pourraient bien ne dater que de quelqu'un de ces déluges les plus récents, indiqués par des traditions qui toutes se rapportent aux contrées environnant la Méditerranée, ceux de la Genèse, de Deucalion ou d'Ogygès, comme ils sont constatés par l'observation des faits physiques, aussi bien que de quelqu'autre événement infiniment moindre et plus rapproché. L'homme n'aurait donc été appelé à la vie qu'après l'un des derniers déluges causé par des soulèvements, ainsi précédé par une catastrophe épouvantable où toutes les forces vives auraient été en action à la fois. La scène qui se déroule alors de toutes parts confond l'imagination. La terre est ébranlée dans ses fondements; la mince écorce qui l'enveloppe est soulevée, fracturée ; le sein de l'abime est entr'ouvert, et des masses ignées s'élèvent en immenses cônes ou s'étendent en vastes plateaux. L'Océan déplacé se précipite à son tour sur les continents ; tout est bouleversé, et presque tout ce qui existait est détruit. Ce grand cataclysme pourrait être un de ceux qui ont déposé les derniers terrains diluviens, faciles à reconnaître à leurs traits généraux.

Peu de questions ont été plus controversées dans ces derniers temps que celle d'un déluge universel, antérieur au déluge mosaïque, qui n'aurait été que partiel. Ses partisans, à la tête desquels on doit compter le vénérable *Buckland*, alléguaient à l'appui un grand nombre de faits et surtout ces traces, partout largement écrites à la surface du sol, d'une action relativement peu ancienne des eaux, infiniment plus puissante que celle des eaux actuelles, et qui, dans toutes les régions du globe où l'investigation s'est étendue, se présente avec des caractères identiques. Mais ce système d'une inondation ayant couvert à la fois toute la superficie, de cataclysmes attachés à chaque opération créatrice ou séparant des périodes tranchées, a généralement paru peu satisfaisante, et on a regardé la marche du connu à l'inconnu, la succession naturelle des faits, comme plus simple, plus rationnelle et plus philosophique. Ainsi, la plupart des géologues pensent que les mêmes causes qui ont agi autrefois, agissent encore aujourd'hui, et qu'il faut étudier les phénomènes actuels pour en venir aux anciens auxquels ils tiennent par une liaison non interrompue ; que les modifications qu'a éprouvées la croute terrestre ont été généralement lentes et graduelles ; et que certaines espèces d'animaux ont pu disparaître, lorsqu'un état de choses nécessaire à leur existence est venu à cesser dans les lieux qu'ils habitaient ; en reconnaissant toutefois, ce qui ne peut être révoqué en doute, qu'à côté des causes journalières qui ont dû enfouir des corps organisés, d'autres actions subites, provoquées par des forces intérieures, telles que des dislocations du sol, des soulèvements de chaînes, ont bouleversé à diverses fois certaines parties de notre terre et violemment enseveli dans les couches de sa superficie les créations qui la couvraient

Si ces crises violentes, arrivées à des époques diverses, paraissent avoir fait partie, pendant un temps immense, du mécanisme de la nature, rien ne répugne à l'idée que cet événement, ainsi circonscrit, a pu se renouveler depuis l'existence de l'homme, ce qu'appuyeraient quelques faits qui, cependant, peuvent être récusés. L'époque géologique de son apparition ne peut être éclaircie que par l'étude de plus grandes étendues de terrains diluviens, et de grands gisement fossiles comme celui de Sansan, concurremment avec celle des diverses époques de soulèvements. Les plus considérables de ceux-ci ont pu ne pas être étrangers aux causes qui ont amené la formation de ces terrains, car l'exhaussement de la grande chaîne, qui paraît être la plus récente comme elle est une des plus hautes et des plus étendues, les Andes, a été une cause assez puissante pour produire l'inondation subite et passagère dont on trouve la commémoration chez tous les peuples qui ont laissé des annales.

Une science aussi étendue que la géogénie ne s'improvise pas dans un demi-siècle, et dans son état actuel il faut se borner à dire qu'elle est trop peu avancée pour donner des solutions satisfaisantes à des questions aussi compliquées que celles que présente l'histoire de la zoologie primitive ; ce n'est qu'une étude plus étendue des couches terrestres qui pourra les éclaircir ; mais il y a peu de probabilité que l'on arrive aux mêmes conclusions que pour la Flore antique, où les découvertes récentes ont fait retrouver une végétation pareille ou extrêmement analogue à celle qui couvre maintenant les régions tropicales, jusques dans les formations les plus anciennes qu'on ait reconnues dans la partie explorée du sol sous toutes les zônes, et presque démontré ainsi que toutes les classes d'organisation végétale s'étaient développées en même temps.

Ainsi, en résumant, dans les âges primitifs de notre terre, l'effet physique des oxidations et du refroidissement ont suffi pour former la première écorce, par la coagulation des matières d'où sont provenus le granit et toutes les roches inférieures que nous nommons ignées, et par la précipitation atmosphérique où l'eau tient une grande place. Le refroidissement continuant, la réaction de la masse intérieure contre l'écorce contractée, aidée de la force expansive des fluides élastiques comprimés, la vulcanicité en un mot, a brisé et soulevé cette écorce, première cause de grandes mais passagères perturbations, dont la série s'est longtemps continuée dans les périodes suivantes avec des degrés divers d'énergie, et qui ont donné naissance aux chaînes de montagnes. C'est pendant ces époques de convulsions, qu'au contact ou au seul rapprochement des matières ignées d'éruption, se sont produits les effets du métamorphisme ; que tant de roches de sédiment, dont le nombre croît toujours par l'observation, ont éprouvé des changements dans leur texture, des transformations presqu'entières que l'on était loin de prévoir. En même temps, ont été éjaculés dans l'atmosphère une foule de corps gazeux ou dans un assez grand état de ténuité pour pouvoir s'y confondre. Ceux-ci, postérieurement précipités, se sont mêlés aux dépôts des eaux dont la quantité allait toujours croissant à mesure que l'atmosphère perdait de sa chaleur. La série neptunienne se composait ainsi : d'abord les schistes siliceux et ardoisiers, les terrains houillers et les calcaires de transition ; puis, dans les périodes suivantes, successivement, tout ce qui constitue les terrains secondaires et tertiaires. Dans la série inférieure, les cristaux vont toujours s'amoindrissant, et les masses deviennent de plus en plus compactes ; les roches euritiques et porphyriques succèdent au granit ; puis viennent les trapps et les basaltes, où les cristaux sont invisibles, les plus compactes comme les plus profondes de la portion connue de l'écorce terrestre ; résultat d'accord avec les lois de la physique, les molécules des masses minérales fondues se rapprochant d'autant plus que la pression qu'elles ont à supporter devient plus considérable. Les roches des deux séries s'agglomèrent en se formant simultanément au-dessus et au-dessous dans un ordre inverse, les premières formées étant recouvertes par les suivantes. Il existe des rapports de contemporanéité entre certaines d'entre elles qui se trouvent placées symétriquement des deux côtés ; il peut en être, par exemple, entre les granits d'une part et les schistes siliceux et argileux de l'autre ; entre les eurites et le terrain houiller, et enfin, entre les roches porphyriques, trappéennes et basaltiques, successivement, et toutes les dernières formations supérieures. Telle est la série des faits qui ont concouru à former l'écorce de notre planète. Son ensemble géognostique est renfermé dans quatre grandes divisions : les roches d'éruption, les roches de sédiment, les roches métamorphiques, et les conglomérats ou roches composées de fragments agglutinés des précédentes.

Postérieurement à l'époque tertiaire, la tranquillité semble s'être progressivement rétablie. Après toutes les convulsions qui ont eu lieu pendant sa durée, les forces de la nature se sont rapprochées de l'équilibre, et la croûte solide, désormais trop épaisse, ne permet plus à la chaleur centrale de se faire sentir à la surface où le soleil seul règne sur les climats. Une végétation riche mais moins énergique a repris son activité, et comme pour faire oublier les antiques catastrophes et les ruines qui en restaient partout, elle a répandu de nouveau ses charmes sur toute la terre qu'elle embellit de verdure, de fleurs et de fruits. D'autres races d'animaux sont provenues, toutes différentes des premières ou seulement modifiées dans leur organisation par de nouvelles influences, et l'homme enfin, le chef et le prodige de la création, jouit en paix de tous les dons du créateur. Cependant, sa sécurité doit-elle être entière lorsque rien ne porte à croire que la mince écorce que nous sillonnons de nos travaux, que nous surchargeons de monuments, comme l'insouciant voisin du Vésuve ou de l'Etna, ait perdu la propriété de se rider ou de s'entr'ouvrir par une action violente, et que la période de calme où nous vivons ne doive pas être troublée un jour par quelques nouvelles dislocations du sol dont les tremblements qui ne le dévastent que trop souvent, avertissent assez que les fondements n'en sont pas inébranlables. D'ailleurs, dans le nombre des comètes, n'en a-t-on pas reconnu trois qui se meuvent dans notre système planétaire, dont une, celle de Biéla, traverse même, à des époques rapprochées, l'orbite de la terre et peut un jour la choquer ou s'en trouver assez près pour y produire la plus redoutable catastrophe. Ensuite qui nous dira si notre satellite, la lune qui, dans le parcours de son orbite, a laissé reconnaître des perturbations effrayantes, ne se précipitera pas un jour sur la terre ! et si notre terre elle-même dont l'orbite, ainsi que celui de toutes les autres planètes, subit un retrécissement appréciable par la résistance de quelque éther répandu dans l'espace, ne décrit pas autour du soleil une immense spirale, pour aller enfin se perdre dans ce foyer terrible de lumière et de chaleur ; toutes éventualités qui ne sont pas impossibles. De telles conséquences des actions perturbatrices pourraient s'être réalisées fréquemment depuis des milliers de siècles dans l'immensité des cieux, comme si tout ce qui peuple l'univers n'avait qu'un temps d'existence qui finit et se renouvelle, sans que l'or lre général en soit resté troublé. Les motifs de sécurité, empruntés au calcul des probabilités, ne sauraient donner la conviction entière que de tels faits n'arriveront pas, et cette appréhension constante remplace pour nous les vagues terreurs inspirées aux siècles antérieurs par tant de phénomènes célestes maintenant inoffensifs. Mais toutes ces éventualités doivent être reléguées aux dernières limites du possible, et l'homme doit les repousser, afin de jouir sans trouble de cette nature riche et féconde qui est maintenant à lui.

Tel est le précis du vaste et ingénieux système qui, reposant sur l'incandescence originelle de notre planète, sur l'oxidation de ses premiers éléments et sur la déperdition constante de sa chaleur, représente aussi fidèlement les phénomènes généraux de son enveloppe, particulièrement ceux qu'offrent les chaînes de montagnes, qu'il les explique avec facilité, et dont s'étendent sans cesse les applications comme s'en augmentent les preuves. Mais, si l'universalité des géologues ne lui est pas encore acquise, si l'école neptunienne n'a pas entièrement renoncé à ses prétentions exclusives, quoique ses rangs s'éclaircissent tous les jours, des travaux poussés avec ardeur dans toutes les contrées, en maintenant toujours la vive impulsion donnée à la science depuis un demi siècle, n'ont fait que la confirmer dans la ligne qu'elle suit, en y faisant prédominer ces grandes idées fondamentales. Mais que de vague encore sur les plans secondaires : tout ce qui a trait à la succession des terrains et à l'ordre de leurs formations, principalement tout ce qui tient à la succession des êtres animés et à l'ordre de leur apparition et de leur distribution sur la terre, malgré d'ingénieuses théories, est encore pour nous prématuré et à l'état d'aperçu. Tous ces grands faits, dont le voile n'est qu'à demi soulevé, ne pourront être révélés et acquis à la science qu'après de longues investigations sur une plus grande étendue de la surface, après que d'une longue série de faits certains l'évidence pourra enfin jaillir.

Il est un autre ordre de faits d'une haute importance pour l'histoire de la terre, pour lesquels la science ne fait que de naître. Quelle que soit l'origine de la chaleur interne de notre planète, quelle que soit la cause de son accroissement limité ou illimité vers le centre, la connexité des phénomènes primordiaux de la matière et le lien caché qui unit les forces premières, conduisent à rattacher à cette chaleur centrale les phénomènes mystérieux du magnétisme terrestre, cette force nouvelle, depuis peu révélée à l'Europe savante. Plus de mille ans avant notre ère, à l'époque si obscure où commencèrent les annales de la Grèce, les Chinois l'avaient connue, et s'en étaient déjà servis pour se diriger sur les steppes sans bornes visibles de la Tartarie, et, malgré le rôle important qu'elle paraît jouer, il nous faut encore nous résigner à ignorer ses dernières causes physiques. Mais les efforts qui se font à l'env' sur tous les points de la terre, où des observateurs sans nombre sont épars, doivent laisser espérer qu'avant peu quelque lueur sera jetée sur ces phénomènes si compliqués. Je terminerai cet imparfait exposé, en remarquant le curieux rapport qui existe entre l'idée première de ce système et ce qu'on trouve écrit dans plusieurs théogonies anciennes, comme dans les dogmes du christianisme, de cet abîme de feu, lieu de punitions et de tourments, existant au centre de la terre, longtemps avant que la pensée du feu central n'eût germé dans aucune tête de géologue ; et ne serait-ce pas une induction que cette idée féconde et vraie a lui comme un éclair passager dès la plus haute antiquité ?

Sur quelque ligne que l'on s'avance vers les Pyrénées, on les voit à une distance de plus de vingt-cinq lieues, comme une vaporeuse barrière couronnant l'horizon de festons sans nombre. La vue générale, qui en embrasse une étendue de 140,000 toises, ou plus de soixante lieues de 25 au degré, c'est-à-dire, les deux tiers de l'intervalle qui sépare les deux mers, a été prise du château de Séailles, situé au sud d'Eauze, à vingt lieues du Pic-du-Midi, à peu près sur son méridien, sur l'arète qui sépare les bassins de l'Adour et de la Garonne. De là, elles se présentent comme un long amas de sommets obtus ou hérissés, qui tiennent plus du quart de l'horizon, et dont la couleur au-dessus d'une base obscure est d'un gris bleuâtre ou d'un blanc éclatant, suivant que leurs neiges sont dans l'ombre ou frappées par le soleil. Placé en face du Pic-du-Midi, le spectateur, trompé par son rapprochement et par la décroissance apparente des cimes latérales, lui donnerait le premier rang, si, sur des monts plus reculés, de grands amas de neige, alors qu'il en est presque dépouillé, ne révélaient leur prééminence. Le champ de la vue, depuis les montagnes de Saint-Jean-Pied-de-Port jusqu'à celles où naissent l'Aude et la Têta, est compris dans un angle de 101° 50', ce qui est sensiblement le même sous lequel les Pyrénées sont vues de l'observatoire de Toulouse (101° 46'). Mais du point de Séailles, un peu plus éloigné et plus élevé, la ligne visible est plus étendue. Cette ligne se présente obliquement à la vue, Séailles n'étant qu'à trente lieues des montagnes de Roncevaux, tandis que celles de Mont-Louis

[1] D'après le savant minéralogiste M. de Charpentier, auquel est dû le meilleur ouvrage que nous ayons sur la constitution géognostique des Pyrénées et qui en a dessiné la vue générale depuis les montagnes d'Ossau jusqu'au Canigou, que Lapérouse a joint à son Histoire des Plantes des Pyrénées.

en sont à quarante-cinq. Aussi voit-on les Pyrénées-Orientales fuir au loin confusément projetées, à une distance où elles ne seraient pas visibles sans leur élévation qu'atteste une ligne peu interrompue de sommets neigés.

Je vais en préciser les grands traits. La partie de l'ouest qui est obscure, obtuse et sans neige, appartient au pays basque. Du Pic-d'Anie, qui atteint 1,300 toises, les hauteurs s'abaissent progressivement, et vers le fond du golfe elles n'en ont plus que 5 à 600.

Du Pic-d'Anie à Vignemale (douze lieues), la chaîne s'élève rapidement. Au fond d'Aspe, elle a déjà 1,400 toises; au Pic-d'Ossau, 1,500, et au Som-de-Seoube, 1,600, élévation qui se maintient dans la haute chaîne d'Azun jusqu'à Vignemale, et où commencent à paraître les glaciers.

De celle-ci à la Maladette (vingt lieues) est la partie centrale de la chaîne qui comprend les plus hautes sommités, les glaces les plus étendues, et où les hauteurs se maintiennent généralement à la crête entre 15 et 18 cents toises. Là sont les vallées de Cauteretz, de Baréges, d'Aure, de Louron et de Luchon. On peut la diviser en deux portions d'inégale étendue et d'une physionomie très-diverse : les Hautes-Pyrénées, de la vallée d'Azun à celle d'Aure, où existent au midi ces immenses alluvions d'une date postérieure à l'arête granitique dont elles dépassent toutes les hauteurs, et dont le Mont-Perdu est le point culminant; de sorte que sur ce point la crête principale est double. Au troisième rang, les Pics du Midi et d'Arbizon y acquièrent brusquement une telle hauteur au-dessus des basses montagnes, que de tous les points du nord ils masquent les deux hautes chaînes. Puis, de la vallée d'Aure à celle d'Aran, la crête primitive reprend sa prééminence, et la chaîne sa simplicité. Au fond des vallées d'Aure et de Louron, elle atteint presque à 1,600 toises, et, s'exhaussant toujours, approche dans les montagnes de la Garonne de la hauteur de 1,800 toises, qu'elle dépasse même, suivant Reboul, dans la Maladette, point culminant du système entier. C'est là seulement, aux sources de ce fleuve, qu'on voit des glaciers de 6,000 toises d'étendue.

Après la Maladette, la crête s'abaisse brusquement de 300 toises dans la vallée d'Aran, et n'a plus que des hauteurs moindres encore à la source de la Garonne; comme si la nature, après avoir déployé sa plus grande énergie, fatiguée de ses efforts, avait besoin de repos. Ce n'est pas pour longtemps : la chaîne partielle, qui depuis l'Océan avait opéré la séparation des eaux, expire; mais à 10,000 toises plus au nord, un chaînon intermédiaire et sensiblement parallèle au premier s'élève rapidement, pour s'emparer à son tour de cet honneur jusqu'à la Méditerranée. Au Tuc de Mauberme, où l'ancienne crête s'unit en se relevant à la nouvelle et au Mont-Vallier, il approche déjà de 1,500 toises; aux sources du Salat, il les dépasse; et dans le groupe du Mont-Calm, près Vic-Dessos, il atteint à plus de 1,600 toises; revenu à près de 1,500 aux sources de l'Ariège orientale, il n'en descend guère jusqu'au Canigou dont la Méditerranée baigne le pied.

Ainsi, la chaîne des Pyrénées, où la cime la plus élevée est à égale distance des deux mers, ayant des deux côtés des groupes remarquables, est encore régulière dans le sens de son axe; mais aux extrémités cessent les rapports. Dans le pays basque la dégradation est rapide; les pics, les neiges disparaissent pour céder la place à des formes émoussées que couvre la verdure; et, à l'autre bout, où la force expansive a été plus violente, les monts s'avancent, sans perdre de leur élévation et de leur physionomie alpestre, jusqu'au Canigou qui a une hauteur triple des montagnes de la Bidassoa.

Maintenant qu'on se reporte de moitié plus près, sur le promontoire de Villecomtal, qui plus élevé que tous les rangs de collines qui le séparent des monts laisse distinguer nettement l'ouverture des principales vallées, ainsi que les groupes les plus remarquables. Le voyageur, longtemps enfoncé dans les vallons de la Gascogne, d'où quelques cimes éclatantes au bout de son étroit horizon, lui ont déjà fait pressentir des beautés inconnues, s'y arrête émerveillé de cette formidable barrière hérissée de pics qui lui apparaissent tout à coup revêtus de clartés célestes. A l'aspect de tant de grandeur et d'éclat, le peintre admire, le poète s'exalte, et l'ami de la nature, dans son enthousiasme, accuse de froideur les écrits où il en avait cherché le tableau. Impatient de voir de près ces riches oppositions de formes et de teintes, son imagination le transporte sur ce champ fantastique de plaisirs et de fatigues. Déjà, il a pénétré dans ces dépressions qui sillonnent les masses, et dans les forêts qui leur servent de ceinture; de l'œil, il escalade les rochers; il s'élève à ces glaciers éternels d'où le soleil fait jaillir tant de gerbes de feu, et ne s'arrête qu'à ces pics dominateurs dont les têtes altières sont de toutes parts projetées sur le ciel.

La physionomie des montagnes est aussi variée que l'état de l'atmosphère; rien de plus lugubre sous un ciel nébuleux, quand toutes les neiges, se détachant de masses obscures, sont comme des draperies funèbres jetées sur de gigantesques monuments; lorsqu'au matin d'un beau jour les brumes de la nuit, réfugiées dans les vallons, commencent à sentir l'influence du soleil qui les divise et les dissout, toutes ces vapeurs animées à la fois d'un mouvement d'ascension autour des pics et des glaciers, produisent mille tableaux qui varient sans cesse; et quand les plaines et les collines ont disparu sous une couche immobile de brouillards, tous ces monts reposant sur le vide et détachés de la terre, ne sont plus qu'une création idéale, une sublime illusion, où la baguette des fées a épuisé sa magie.

Si de ces poétiques cimes on laisse tomber les yeux sur la plaine du Bigorre, où l'Adour et les villes sont perdues comme au milieu des bois, on reconnaît au bas du promontoire, dans le riant vallon de l'Arros, la villa qui fut l'abbaye de Saint-Sever-de-Rustan, plus ancienne même que celle de Saint-Pé près de Lourde, et qui a longtemps conservé les reliques du martyr Bigorrais son fondateur, et Rabastens qui n'est plus qu'un grand village depuis le siége où le cruel Montluc, terreur des Huguenots, frappé enfin par le plomb ennemi, trouva le terme de son bonheur militaire; ce dont il ne se vengea que trop par le massacre et le ravage. Après quatorze siècles, un canal y rappelle le roi fameux des Visigoths, que Clovis tua de sa main dans les champs de Poitiers, Alaric, qui en 506 le fit creuser pour dévier l'eau de l'Adour et la conduire à un camp voisin de Rabastens, dont les levées de terre de Lescurry, d'origine inconnue, sont peut-être les restes. Ce canal est en même temps un précieux moyen d'irrigation pour la plaine de la rive droite sur une étendue de dix lieues, de Trebons à Castelnau. Plus loin où le monastère de Saint-Lezer désigne la position de Vic, s'élève au-dessus des plateaux diluviens du Béarn, comme une tour de sémaphore au bord de la mer, le donjon de Montaner construit au XIVe siècle, par ce Gaston Phœbus qui seul aurait illustré la maison de Foix. Montaner était, dès le Xe siècle, une riche vicomté dont un des suzerains fonda en 970 l'abbaye de la Reoule; enfin au nord s'élance la haute aiguille d'Auriebat où mourut, en revenant d'un pèlerinage, Saint-Ezzelin, évêque de Sutry, dans ces temps où les plus hauts personnages se livraient à l'envi à ces courses pieuses et lointaines.

Considérées dans leur physionomie et leur structure, les Pyrénées ont avec les autres chaînes des rapports généraux dont je joins ici les aperçus d'après les observations faites jusqu'à ce jour.

DANS LES	ANDES.	ALPES.	Pyrénées.	Montagnes de Laponie.
	mètres.	mètres.	mètres.	mètres.
Limite inférieure des neiges permanentes	4,800	2.300	2,440	1,300
Limite supérieure des mousses et lichens	5,850	3,900	3,300	1,030
Limite supérieure des plantes parfaites	4,600	3,500	3,400	
Limite supérieure des arbres	3,625	2,025	2,400	650
Limite supérieure du granit	3,500	4,800	3,570	
Limite supérieure du calcaire	3,700		3,430	
Hauteur des coquilles pélagiennes	4,200		2,860	
Hauteur moyenne ou des cols	4,480	2,500	2,700	
Largeur moyenne	20 à 60 l.	12 l.	12 l.	

PLUS GRANDE HAUTEUR DES CHAINES.

	mètres		mètres.
Dans Mars et Vénus, crues de.	40,000	Macédoine.- Mont-Athos	2,065
Dans la lune — Mont-Dorfeil. .	8,700	Palestine. - Mont-Liban.	2,730
Dans la lune — Mont-Neroton. .	7,450	Iles Sandwich. - Mona-Roa.	5,023
Dans la lune — Mont-Casatus . .	7,144	Chine.- Le Petcha.....	6,400
Profondeur de la mer. .	8,000	Auvergne. - Mont d'Or.	2,046
Himalaya — Dhawalagiri.	8,556	Laponie. - Sulitelma...	1,850
Himalaya — Jawahir. ...	7,848	Jura.- Le Reculet......	1,717
Andes. — Pic près Sorate Haut-Pérou. .	7,696	Vosges. — Ballon de Sultz...............	1,420
Andes. — Chimboraço. . .	6,530	Écosse. Cairngorum..	1,258
Andes. — Pic du nord du Mont-Ilimani.	7,315	Galles. - Snowden....	1,088
Alpes. - Mont-Blanc. . .	4,808	Irlande. - Macgillicuddys'reeks	1,037
Pyrénées. - Maladette. .	3,500	Karpaths.- Mont Kirvan	2,380
Monts rocailleux. - Pic de James.	3,400	Monts des géans. - Schneekoppe.	1,586 / 1 606
Caucase. - Mont-Elbrous	4,980	Islande. - Snœfialls Jokull...............	1,559
Arménie. - Mont-Ararath.	5,200	Ile Sumatra. — Mont Ophir..............	3,950
Grenade. - Mulahacen. .	3,555	Mont Saint-Élie. - Nord-ouest d'Amérique....	5,500
Sicile. - Mont-Etna. . .	3,314		
Apennins. -- Monte Legnone.	2,800		

On voit que la zone entre la mer et la neige permanente est dans les Pyrénées plus large que dans les Alpes, et de moitié plus étroite que sous les tropiques; que leur hauteur moyenne, c'est-à-dire celle de la masse au-dessus de laquelle s'élèvent les pics, est plus grande que dans les Alpes, et qu'ainsi les cols y sont plus élevés; que leur hauteur absolue est d'un quart moindre que celle des Alpes, environ la moitié de celle des Andes, et les deux cinquièmes seulement de celle de l'Himalaya, grande chaîne du plateau central de l'Asie, dont on ne connaît encore qu'un petit nombre de points. Malgré les obstacles de toute espèce qui concourent à isoler ces régions si lointaines, le vif désir d'étendre le domaine des sciences qui tournent toujours au profit de la civilisation, y reconduit sans cesse de nouveaux, de courageux observateurs, et la France déplore la perte récente du jeune Jacquemont qui vient d'y succomber à la peine. Cependant tous ses travaux ne sont pas perdus; il y a remarqué des fossiles à 2,300 toises, plus haut que dans les Andes, et des vallées transversales profondément creusées sous les cimes, et qui y ont leurs fonds à 2,000 toises d'élévation. Dans sa route à Beckur, il a franchi des cols de 3,000 toises; et après avoir dépassé la haute chaîne, il signale les monts de Kouen-Lun comme le prolongement d'autres chaînes plus septentrionales et d'une hauteur supérieure encore à celle de l'Himalaya, ce que M. de Humboldt contredit. Il est à regretter que le savant explorateur du Nouveau Monde, dans son voyage au nord de l'Asie, n'ait point pénétré dans ces régions peu connues, où l'importance des faits géologiques, ainsi que les phénomènes de l'atmosphère et de la végétation, doivent être en rapport avec leur prodigieuse hauteur. Celle-ci nous donne peut-être la mesure du relief qu'avaient autrefois les Alpes et les Pyrénées, que Darcet croit avoir diminué de moitié, où nous ne voyons actuellement que des ruines, tandis que leurs bases sont obstruées par d'immenses débris. Quelle que soit la suprématie de ces colosses du globe sur les Pyrénées, les cimes de celles-ci plongent encore dans la région de l'atmosphère où il n'y a plus de dégels, et par suite, sur leur superficie se trouvent toutes les températures et toutes les zones végétales qui existent de leur latitude au pôle, de même que leur intérieur présente une infinie variété de formations géognostiques et d'espèces minérales. Elles renferment ainsi pour le naturaliste toutes les sources d'investigation que présentent les grandes chaînes, et de quoi satisfaire largement à tous les genres de recherches. Le fait extraordinaire qui caractérise les Hautes-Pyrénées, les distinguerait seul : l'énorme élévation, postérieure à leur apparition au jour, à laquelle ont été portées des masses crétacées qui dépassent les sommités centrales.

On a cherché par de nombreuses observations à déterminer la loi générale de la limite inférieure des neiges permanentes, qui, d'autant plus élevée qu'elle s'approche davantage de l'équateur, vient rencontrer la surface de la terre vers les pôles, aux points où il n'y a plus de dégel au niveau de la mer. Voici jusqu'à présent le résultat de ces recherches.

La surface qui représente cette limite est élevée ; sous l'équateur,

Aux Andes de Quito, à 6° au nord et 6° au sud, de		4,800 mètres.
Andes de Bolivia, à	16°	5,200
Andes du Chili, à	14° à 18°	5,400
Andes du Chili, volcan de Peuquenes, à.	13°	4,500
Andes de Mexico, à	19°	4,620
Rasant le pic de Teyde, à	28°	3,704
Himalaya, pente nord, à	30°	4,068
— pente sud, à	30°	3,956
— — à	35°	3,500
— — à	40°	3,120
Pyrénées, à	42° à 43°	2,730
Caucase, à	42°	3,300
— à	45°	2,500
Alpes, à	45° à 46°	2,670
Altaï, à	49°	1,950
Norwége intérieure, à	61°	1,656
— à	67°	1,170
— à	70°	1,073
Laponie, à	67°	1,300
Rencontre la terre, à	75°	

Sur la chaîne de l'Himalaya cette limite est beaucoup plus élevée au nord qu'au midi, ce qui provient de plaines voisines très-étendues, le plateau du Thibet, dont le climat est modéré malgré son élévation absolue de 2,500 mètres. Ce n'est point une quantité qui soit uniquement fonction de la position géographique et de la température moyenne, et ce n'est point sous l'équateur qu'elle s'élève le plus. Les inégalités qui sont dans ce tableau se conçoivent en refléchissant que la hauteur des montagnes, leur situation relative au centre de la chaîne, aux grands amas de glace ou à de grandes plaines voisines, et d'autres causes locales, doivent modifier les points de cette surface, qui ne peut être tracée qu'approximativement. M. de Humboldt a fait voir que la diminution de température, en s'élevant dans l'atmosphère, était beaucoup plus faible sous les tropiques que dans les zônes tempérées, ce qui tend à exhausser encore cette limite dans la région équinoxiale. Je rapporte également ici deux autres tables relatives aux montagnes, données par ce savant.

TABLE *des hauteurs barométriques, correspondantes aux élévations*

En France, au bord de la mer, le baromètre est à 337 lig. 80 c. = 28 pouces 1 lig. 80 c.

Toises		Lignes	Centièmes
à 500	il est à	319	03
à 1,000	à	301	18
à 1,500	à	284	28
à 2,000	à	268	24
à 2,500	à	253	05
à 3,000	à	238	06
à 3,500	à	223	50
à 4 000	à	210	20
à 4,500	à	197	55
à 5,000	à	185	40
à 5,500	à	173	84
à 6,000	à	162	95
à 6,500	à	152	38
à 7,000	à	142	61
à 7,500	à	133	36

Cette table suffit, pour ceux qui n'ont pas l'habitude du calcul, pour connaître par approximation la hauteur d'un point où l'on a observé la moyenne barométrique; mais, d'après les recherches faites à Milan par Carlini, qui tendent à démontrer que cette moyenne a décru, l'atmosphère ne pèserait plus autant et diminuerait, ce que la géologie et la physique concourent d'ailleurs à prouver. En la supposant exacte en ce moment, elle ne donnerait par la suite que des hauteurs trop fortes.

TABLE *des distances auxquelles les montagnes peuvent être vues en mer suivant leur élévation, exprimées en degrés, et en lieues de* 31,78 *au degré (ou de poste), abstraction faite de la réfraction.*

Une montagne de 3,600 toises de hauteur, se voit en mer à la distance de 3° 367 millièmes ou 107 lieues.

Celles	de 3,258 t.	à 2,952 t.	se voient	à 2° 763 mil.	ou 88 lieues.
	de 2,829	à 2,722		à 2° 645	ou 84
	de 2,544	à 2,450		à 2° 547	ou 81
	de 2,238	à 2,228		à 2° 393	ou 76
	de 2,101	à 2,000		à 2° 256	ou 72
	de 1,825	à 1,713		à 2° 110	ou 67
	de 1,636	à 1,427		à 1° 954	ou 62
	de 1,397	à 1,282		à 1° 784	ou 57
	de 1,123	à 968		à 1° 596	ou 51
	de 901	à 758		à 1° 382	ou 44
	de 615	à 520		à 1° 128	ou 36
	de 310	à 157		à 0° 798	ou 25

Ces distances sont moins fortes à terre, à cause des reliefs de la surface.

Jusqu'à nos jours, le Mont-Blanc avait passé pour la plus haute montagne de l'ancien monde, quoiqu'on soupçonnât, par l'étendue des cours d'eau et d'autres inductions géographiques, que les chaînes centrales de l'Asie lui étaient supérieures. C'est ce que les voyageurs anglais Webb et Hogson ont mis les premiers hors de doute, en mesurant dans les chaînes de l'Himalaya, entre le Népaul et le Thibet, des hauteurs beaucoup plus considérables que celles des

Andes même. Il reste à connaître les montagnes de l'Afrique, qui doivent être d'une grande élévation, moindre cependant que celle qu'on a constatée dans l'Asie. Pour en trouver de plus élevées, il faudra sortir de notre planète et les chercher dans Mars ou Vénus, où elles ont conservé leur relief primitif, si l'on croit à ces observations bien délicates qui y ont fait voir des hauteurs de dix lieues, des vallées très-étroites et très-profondes, peu d'atmosphère, et par conséquent peu de météores et de liquides, causes premières de la destruction des montagnes. Ces doutes touchent au moment d'être levés avec ces merveilleux télescopes que nous promet l'industrie perfectionnée, qui doivent grossir jusqu'à 6,000 fois. Si avec des verres grossissant seulement 200 fois on a pu mesurer avec certitude plus de mille montagnes de la lune, dont plusieurs dépassent en hauteur le Mont-Blanc, avec leurs cratères et leurs pitons, quelles sublimes découvertes nous promettent dans le ciel des lentilles d'une telle puissance! Ces pics de notre satellite nous apparaîtront comme de Tarbes le Pic-du-Midi.

Mais, sans l'atmosphère, quel serait encore le relief de celles de la terre? En quelque pays qu'on les observe, n'est-on pas frappé du prodigieux abaissement qu'elles ont subi par les actions réunies des météores et des eaux? Quand s'arrêteront ces agens sans repos de la nature? Sera-ce, ainsi que l'a pensé ce physicien philosophe qui montrait la sensibilité de son âme jusque dans ses rêveries géologiques, le savant Deluc, lorsque les sommets auront cessé de descendre vers leurs bases, et les bases de s'élever vers les sommets; quand les pentes auront ce degré d'inclinaison, où il n'y a plus de chute possible; quand l'active végétation, si prompte à s'emparer des surfaces qui jouissent d'un moment de repos, repoussée des flancs des montagnes par leurs éboulements fréquents, s'asseoira enfin en paix sur leurs ruines; lorsqu'en un mot, toutes les forces qui tendent à produire seront en équilibre avec celles qui détruisent? C'est alors que les Pyrénées et les Alpes, le Caucase et l'Altaï, l'Himalaya et les Andes, n'offriront plus à l'œil que ces formes adoucies et verdoyantes, ces fonds nivelés et fertiles, et ces ruisseaux, paisibles images de repos et de bonheur, que nous contemplons avec délices dans quelques heureux vallons dès ce moment privilégiés. Leur état de calme serait ainsi pour nous une apparition anticipée du monde futur ; ou ces aimables tableaux ne seraient-ils que le rêve d'un autre homme de bien?

Les hautes montagnes présentent sur leurs pentes la même succession de plantes et de températures, la même échelle végétale qu'en avançant vers les pôles. Dans notre Europe, entre les parallèles de 38° et 71°, la température diminue respectivement de $\frac{1^\circ}{2}$ quand la hauteur augmente de quatre-vingt mètres, ou qu'on s'avance d'un degré de latitude vers le pôle.

Qu'on se place sur quelque point saillant des plaines voisines des Pyrénées, assez rapproché pour saisir les grands traits des zones horizontales occupées par les différentes familles des arbres et des plantes, et de celles où les neiges et les glaces permanentes ont presque éteint toute végétation; aux bois de chênes, de noyers, de châtaigniers, qui couvrent leurs premières rampes, on verra succéder les hêtres, remplacés à leur tour par les bouleaux, les pins et les sapins qui aiment un air plus froid. Lorsque tout est blanchi par la neige, défiant seuls l'hiver, ceux-ci forment une longue bande noire dont les limites sont parfaitement de niveau. Au-dessus de la région des grands arbres croissent quelques espèces intermédiaires, dont la tige basse et noueuse atteste la sévérité du climat, comme la violence des ouragans. Les pins cembro, les pins rouges, clair-semés et rabougris, y cèdent la place au rhododendron, qui forme au mois de juin de si riches tapis émaillés de fleurs rouges, et celui-ci aux thymélées, aux arbousiers, aux camarines, et à une foule d'arbustes nains moins sensibles au froid, dont le dernier est ce plus petit des saules qui se cache sous l'herbe. Plus haut est le domaine de la Flore alpine, de ces nombreuses familles de pygmées, de ces petites plantes qui poussent et fleurissent dans l'espace de quelques jours, si vives, si jolies, si frêles en apparence, et réellement si bien munies de fortes racines pour résister aux rigueurs de leurs longs hivers; qui ne se plaisent qu'auprès des neiges et que nul effort n'a pu transplanter dans des climats plus doux. Dans les Pyrénées les plantes parfaites montent jusqu'à 1,750 toises, et dans les Alpes elles ne dépassent pas 1,780 toises. Dans les Andes, où une haute température varie peu à une élévation bien supérieure à la zone éternellement glacée de nos climats, M. Boussingault a recueilli à 2,450 toises, sur le Chimborazo, au niveau de la cime du Mont-Blanc, une saxifrage, la seconde de ce genre, si nombreux dans les Pyrénées, qu'on y ait encore trouvée, et qui a reçu le nom de ce savant. Les espèces qui sont considérées comme les plus alpines, comme pouvant vivre dans l'air le plus froid et le plus raréfié, n'avaient été rencontrées jusqu'à présent que dans une zone bien plus basse; et si l'on remarque que nulle autre plante n'a été vue dans une aussi haute station qu'aux environs de Quito, c'est-à-dire presque sous l'équateur, on en conclura qu'il est peu probable que d'autres puissent vivre même à une hauteur pareille sous d'autres parallèles. Aussi l'exiguïté de ses tiges réunies en touffes serrées, la petitesse de ses fleurs solitaires et à peine visibles au milieu de ses petites feuilles exactement imbriquées, et ses racines vigoureuses lui donnent tous les caractères des plantes destinées aux plus rudes climats. Quant à la géographie végétale des montagnes de l'Himalaya, il n'existe encore que des observations isolées, mais le zèle des savants anglais de l'Inde, dont leurs cimes éclatantes bornent l'horizon, fait espérer que cette lacune sera bientôt remplie.

Enfin, les plus hautes sommités composent ces régions où règne une éternelle désolation, qu'occupent les neiges et les glaces qui ne fondent jamais, et ces rocs décharnés dont les flancs sillonnés par les orages ne connaissent que les teintes du deuil. Toute vie n'y est cependant pas éteinte, car sur les derniers pitons on trouve encore ces végétaux microscopiques dont les nombreuses et mystérieuses familles croissent à toutes les hauteurs, à toutes les températures, sous la zone équinoxiale comme dans les déserts des pôles. Ainsi en gravissant un mont du premier ordre, c'est comme si on parcourait un abrégé de la surface de la terre, depuis sa latitude jusqu'auprès du pôle le plus rapproché. On a estimé qu'une zone verticale de 80 mètres répondait à la surface d'un degré; et ce n'est pas un des moindres charmes des courses de montagnes que cette variété de climats qu'en peu d'heures on peut traverser.

En avançant dans la vie, si on cherche à se rendre compte de ses penchants et de ce qui les a fait naître, c'est près de l'enfance qu'il faut remonter pour en trouver l'origine. Ce n'est qu'alors que l'imagination, dans sa fraîcheur, excitée par la curiosité qui caractérise cet âge, est susceptible de recevoir ces impressions vives d'où naissent des goûts qui ne s'effacent plus. L'agitation de la jeunesse, ces années d'effervescence où les passions, s'emparant de nos facultés, répandent tant de charme et trop souvent tant d'amertume sur nos jours, peuvent les réduire quelque temps au silence; mais lorsque l'âme, revenue à elle-même, se replace dans sa position naturelle, ces premiers penchants reparus prennent peu à peu le caractère d'habitudes fixes et de goûts déterminés.

C'est dans un voyage fait aux Pyrénées dans ces premiers temps de la vie, que j'ai senti naître ce goût pour l'histoire naturelle, cette prédilection pour les pays de montagnes qui m'y a toujours ramené avec un vif intérêt. Frappé de leur aspect majestueux, je parcourais déjà d'un œil d'envie leurs sommités neigées, émerveillé de leur éclat et de leurs formes gigantesques. J'écoutais avec avidité les hommes que le désir d'étudier la nature amenait dans un pays où plus qu'ailleurs elle se dévoile aux yeux. Bientôt, dans une célèbre école du midi [1], pas un site pittoresque, pas un lieu remarquable de la Montagne Noire n'échappa à mes recherches; et toutes les fois que du haut de ses plateaux que couvre la bruyère, leurs cimes sourcilleuses venaient à m'apparaître, je m'élançais vers les temps plus heureux où il me serait permis de les parcourir. Conduit par

[1] Sorèze.

la carrière que j'avais adoptée dans les beaux pays qu'arrose la Moselle, toujours ami des excursions champêtres, que d'heures j'ai passées sur ses bords, laissant errer mon imagination dans le vague d'un avenir qu'elle colorait à son gré; me repaissant des sublimes tableaux qu'a su faire Thompson dans un style pompeux et varié comme le sujet immense qu'il avait choisi, l'aspect de la terre aux diverses saisons et dans tous les climats, ou relisant avec charme les voyages de Saussure et de Ramond, et surtout ces pages immortelles où Rousseau n'inspire l'amour de la nature avec une effusion si entraînante que parce qu'il en avait la source dans le cœur.

Avec quel plaisir je me la rappelle, cette modeste société d'histoire naturelle, [1] dont l'amitié et le désir de s'instruire furent les liens, et où les plus habiles donnaient en plein champ des leçons de botanique et de minéralogie. Elles sont présentes à ma mémoire ces courses d'instruction et de gaîté, où, partant au point du jour, impatients de voir lever le soleil, nous gagnions d'un pied léger les hauteurs et les bois que le vieil Ausone a chantés. Que de fois même au milieu de l'été, pour ne rien perdre d'un si riche spectacle, avons-nous poussé le zèle jusqu'à passer des nuits entières dans les grands bois si communs en Lorraine; et je vois encore cette fête champêtre dans le romantique vallon d'Ars, qui, lorsque chacun dut obéir à sa destinée, couronna tant d'aimables réunions. Que de serments alors dictés par l'amitié! serments partis du cœur, auxquels tous furent longtemps fidèles, et que le cours destructeur du temps a seul pu relâcher. Souvenirs aimables et tristes par le terme précoce de tant de destinées qui toutes se berçaient d'un brillant avenir, alors que l'Europe semblait trop étroite pour la gloire de nos armes, et sous l'ambition dévorante d'un chef qui savait la propager dans toutes les âmes. Si plusieurs de mes jeunes amis devaient compter, en effet, dans les plus hauts rangs, parvenir même au pouvoir, que d'autres, moissonnés avant le temps, dont les restes ont

1. A l'école du génie, à Metz.

blanchi sous le ciel de l'Espagne ou sur les bords glacés du Bug ou de la Bérésina! Favorisé par nos études militaires sur une frontière hérissée de places fortes, je pus visiter la chaîne des Vosges et ses usines sans nombre, une grande partie des bassins de la Moselle, de la Meurthe et de la Sarre; et l'Alsace, belle province qui n'est que la moitié du vaste berceau où les Vosges et les montagnes du Brisgau se relèvent en regard, divisé par le Rhin qui depuis les Alpes roule ses eaux rapides au travers des plaines les plus riches. C'est là que, parvenu à me percher jusques dans la lanterne du clocher de Strasbourg, la plus haute des constructions de l'homme après les pyramides d'Égypte dont il approche, le plaisir de promener les yeux sur un pays immense et de voir les neiges de l'Oberland briller à l'horizon, ne pouvait que faiblement justifier une telle témérité.

Mais de toutes ces contrées celle que je parcourus avec le plus d'intérêt fut cette extrémité des Vosges, traversée par la Lauter et la Queich, voisine de Landau, où des yeux français n'étaient pas blessés alors par les couleurs étrangères flottant sur les beaux ouvrages de Vauban, et qui vue de loin n'est qu'une forêt sans limite d'où s'élèvent de toutes parts, perchés sur des mornes, de vieux châteaux plus ou moins ruinés et toujours pittoresques. La force de leur assiette, leurs remparts délabrés et leurs tours massives ayant servi plus d'une fois d'asile, à cette époque, à ces brigands nommés chauffeurs et aux bandes de Shinder-Hannes, alors la terreur de ces frontières, rappellaient la pensée sur les siècles désastreux, d'héroïsme et d'anarchie, où de farouches tyrans, toujours guerroyant entr'eux et ne connaissant d'autre vertu que leur féroce bravoure, fesaient peser des mains de fer sur de malheureux vassaux, et du haut de ces donjons fondaient comme des milans sur le passant inoffensif. Ce pays sauvage est le seul peut-être de France, où existent des villages d'anabaptistes qui se font respecter de leurs voisins par leur simplicité et leurs mœurs patriarchales, et où se trouvent encore établies des peuplades d'une race singulière dont l'origine est ignorée, de ces bohémiens dispersés sur presque tout l'ancien continent, qui se font reconnaître partout à une physionomie étrangère, à des habitudes vagabondes et à des penchants pervers qu'ils n'exercent cependant jamais autour des lieux où leur résidence est tolérée.

Des champs de la Lorraine passant aux rives de la Manche, où s'entassaient alors les armées françaises, impatientes de ne pouvoir que distinguer dans un lointain nébuleux ces côtes ennemies que le nouvel empereur menaçait de ses foudres, les tracas du camp me laissaient quelques loisirs pour observer des régions toutes nouvelles. Je me plaisais à parcourir ces dunes blanchâtres qui, dans les jours d'orage, se détachent comme des voiles funèbres sur les vapeurs de la Manche, et dont les intervalles recèlent des sables mouvants, précipices invisibles et perfides pour l'imprudent qui ne se hâte de fuir. Immobile sur leurs cimes, je m'oubliais quelquefois à contempler la vaste étendue des eaux que sillonnaient seuls les vaisseaux ennemis, ou à reconnaître la marche lente mais certaine des sables qui, desséchés et poussés par le vent d'ouest, s'amoncèlent et s'avancent sans relache, en dérobant pour jamais sous leur manteau stérile des terrains à la culture; effets irrésistibles que la mystérieuse Égypte, menacée aussi dans son existence par ce terrible ennemi, venu sans cesse du désert sur les ailes des vents, avait cachés sous l'allégorie d'un mauvais génie, du géant Typhon qui n'était que l'emblème de leurs envahissements. Ramené auprès des Pyrénées, je pus voir, caché dans leurs vallées qui avoisinent la grande mer, un peuple non moins fameux par sa haute antiquité et le voile qui longtemps a couvert son origine, que par sa constante énergie à toutes les époques où de grands intérêts l'ont ému, comme les grands effets de la mer la plus dangereuse de l'Europe qui vient frapper ses rivages. Je pus pénétrer dans les solitudes des Landes, où le sol, les produits, les habitants, tout a une physionomie différente, et étudier enfin mes montagnes favorites.

Depuis longtemps je désirais voir les Alpes. Du haut des Vosges, du haut de la flèche sans rivale dont Strasbourg s'énorgueillit, qui de tous les travaux des hommes ne voit au-dessus d'elle que la pyramide de Chéops, le pic de la Vierge et ses fiers acolytes avaient seuls frappé mes regards, ainsi que des nuages que le soleil éclaire encore au bout de l'horizon. Il me fut enfin permis de les visiter, et leurs rapports ou leurs dissemblances avec les Pyrénées ne furent pas un des moindres plaisirs de cette grande course. Sous quelque point de vue que l'on considère ces deux chaînes, les similitudes les plus générales doivent exister entr'elles, puisque placées sous des latitudes peu différentes, elles s'élèvent l'une et l'autre, quoiqu'inégalement, dans cette zone inerte de l'atmosphère où tout est désert, où règnent le silence, l'immobilité du néant et un froid éternel, et qu'elles présentent ainsi presque les mêmes degrés de l'échelle végétale. Abstraction faite de leur extrémité orientale, les Pyrénées n'ont rien à céder quant à l'éclat de la végétation, à la vivacité, à la pureté des teintes et au luxe des feuillages. Cependant les Alpes, plus étendues et de climats plus variés, renferment nécessairement plus de richesses botaniques, de celles surtout qui appartiennent au nord de l'Europe, car la végétation paraît suivre la direction des méridiens plutôt que celle des parallèles; ce qui est compensé, en partie, par quelques avantages particuliers aux Pyrénées, indépendamment de tout ce qu'elles ont de commun avec les hautes montagnes qui les avoisinent. Quelques genres, tels que les saxifrages dont les Alpes sont pauvres, y comptent des espèces nombreuses, dont plusieurs sont remarquables par leur élégance et leur beauté, et on y trouve un plus grand nombre de plantes des bords de l'Océan, ainsi que quelques espèces qui leur appartiennent en propre; situées enfin à une latitude plus méridionale, tandis qu'elles dépassent la hauteur où le dégel n'existe plus, la zone végétale y est plus élevée et présente des espèces particulières au midi de l'Espagne et même aux côtes de Barbarie. Que de dissemblances cependant si on les voit de plus près! Moins élevées d'un quart que les Alpes, quoique leurs cols soient généralement de deux à trois mille mètres, on ne trouve point dans les Pyrénées des masses égales au Mont-Blanc, au Mont-Rose, au Pelvoux, la plus haute des montagnes françaises, à ces Andes de l'Europe dont près de la moitié plonge dans la région où il ne dégèle plus ; on n'y voit pas ces étonnants glaciers qui, émanés de vastes amas supérieurs, plongent dans les vallées jusqu'au milieu des pâtus et des bois; ni ces grands fleuves, qui, nés autour du même point culminant, du Saint-Gothard qui est le nœud de tant de chaînons divergents, vont abreuver de leurs eaux intarissables la moitié de l'Europe, et grossir à la fois la Méditerranée, la mer Adriatique, le Pont-Euxin et l'Océan; ni ces grands lacs dont les rives festonnées se répètent dans les eaux les plus pures, et voient de toutes parts des tableaux de fraîcheur et de richesse; tout en un mot dans les Alpes est empreint de plus de grandeur. Mais hors de ces traits principaux qui tous y existent sur une moindre échelle, les Pyrénées, plus gracieuses, plus variées, sous un climat plus favorable, réunissent plus de ces beautés de détail, plus de ces sites riants ou romantiques qui font le charme des vallées, et au lieu des torrents toujours bourbeux des Alpes, les eaux les plus pures, dans toutes les nuances de l'aigue marine, donnent partout le dernier trait à leurs aimables paysages. Une différence capitale, enfin, pour ceux qui veulent explorer les hautes sommités, et qui provient uniquement de la moindre quantité de leurs glaces, c'est l'extrême facilité de l'ascension à des hauteurs qui, dans les Alpes, sont défendues par les plus grands obstacles. Les rochers ne sont certes dans celles-ci, ni plus âpres, ni plus difficiles, et c'est là d'ailleurs que le montagnard aime à exercer son agilité; mais à peine y est-on élevé de 600 toises au-dessus de la mer dans le centre de la chaîne, qu'à l'approche des glaciers, les déserts et les fatigues commencent : des gorges singulièrement ravagées par des torrents toujours grossis et fougueux ; des glaciers de plusieurs lieues d'étendue, tout hérissés, tout criblés de crevasses, où les difficultés, les dangers se multiplient, où il faut sonder sa route pas à pas, où l'agile Valaisan, enfin, qui poursuit le chamois, se traîne lentement sur des pentes qu'à la même élévation le chasseur d'izard peut lestement parcourir. Dans les cas si fréquents où le mauvais temps vient le surprendre, que d'angoisses et de périls sont épargnés à celui-ci par cela seul que les déserts sont plus bornés, les froids de la nuit moins rigoureux, les ouragans moins longs, les brouillards moins opiniâtres, et les habitations plus voisines; aussi combien plus élevé est le chiffre de la mortalité par accident dans les Alpes!

De tels avantages pour l'explorateur des montagnes, qui veut jouir et s'instruire sans exposer à chaque instant sa vie, devraient faire pencher la balance en faveur des Pyrénées, où le riche de l'Europe trouve d'ailleurs, à l'époque où l'on fuit les cités, des asiles délicieux pour la santé et le plaisir. Telles sont les impressions très-générales que m'ont laissé ces belles chaînes, et de ma grande tournée aux Alpes j'ai rapporté la conviction que la nature avait assez richement doté les Pyrénées pour qu'elles n'eussent point à porter envie à leurs rivales. Pour moi, chaque fois que j'y ai été ramené, j'ai cru y découvrir des beautés nouvelles; et maintenant encore, lorsque du haut de nos collines, j'aperçois leurs cimes bleuâtres couronner l'horizon, à l'aspect de ces monts si connus où j'ai passé tant d'heureux jours, mêlés de tant de contrariétés et de plaisirs, je soupire après le moment de les revoir, comme dans mes loisirs, je me plais à retracer les traits de ces nobles et gracieuses beautés pyrénéennes qui dans leur infinie variété ne peuvent être décrites qu'après qu'on les a vues et revues longtemps.

Pour aimer les montagnes, il n'est pas nécessaire d'être naturaliste, de porter le flambeau de la science dans les détours de leurs vallées; il ne faut qu'être sensible aux beautés de la nature et à ces impressions si nouvelles que produit l'aspect des grandes scènes qu'elle y prodigue, et dont le charme indéfinissable les fait placer au-dessus des fatigues, des dangers même que parfois elles coûtent. Mais seul il le comprendra tout entier ce vif intérêt, celui qui ayant fait de l'histoire de la nature l'objet de ses études, ira visiter les grandes chaînes et pratiquera les monts du premier ordre. C'est dans ce champ majestueux autant que varié qu'il trouvera à exercer amplement ses connaissances, c'est-à-dire à multiplier ses plaisirs. Après avoir vu les espèces sans nombre que récèlent leurs débris, et les groupes divers dont se compose la mince écorce livrée à nos investigations, s'il passe à l'observation des phénomènes généraux, son esprit frappé des conséquences qui en découlent, s'agrandissant par degrés, embrassera l'histoire du globe que nous habitons, et planant sur les siècles obscurs, antérieurs à toutes les annales, admirera la création de la vie, sa transmutation de formes à mesure que les circonstances influentes, modifiées, amènent de nouveaux développements, et sa marche progressive vers des organisations toujours plus perfectionnées; série merveilleuse qui séduit l'imagination et dont l'homme ne serait pas le dernier terme; il s'étonnera de cette Flore, de cette Faune souterraines où tant de formes sont étranges, inconnues à notre âge, et qui sous les mains de la science sont devenues le fil d'Ariane dans le dédale de formations si confuses et d'époques si lointaines; il assistera enfin à ces révolutions dont les témoins irrécusables sont épars autour de lui, à ces terribles cataclysmes qui tant de fois ont bouleversé la terre, détruit les corps organisés, modifié les conditions de l'existence et amené des êtres nouveaux, et dont les souvenirs funestes sont restés vaguement empreints dans la mémoire des hommes. Tous sujets, dits à raison sublimes, qui loin de rabaisser notre nature, la rehaussent au contraire en l'opposant à celle des êtres placés plus bas, et qui ne font disparaître l'individu que pour l'absorber dans l'essence de la vie, dans ce souffle immatériel et créateur, dans cette immortalité, pensée de tous les esprits religieux, qui est la source et l'appui de toutes les idées morales.

Le naturaliste, au premier coup-d'œil jeté sur les montagnes, sur leurs pics neigeux, leurs flancs entr'ouverts, et sur ces hautes pelouses cernées de rochers, asiles solitaires de cette Flore si gracieuse, dont les riches tapis sont réservés aux ébats des timides isards, pressentira les jouissances qui l'y attendent; le peintre aussi sait d'avance l'abondante moisson qu'il doit y recueillir de sites gracieux ou sévères, riants ou majestueux, et toujours pittoresques. C'est à l'homme du monde, pour qui l'habitude émousse les jouissances sociales, qu'il faut faire connaître les plaisirs du coureur de montagnes. Parmi tous ceux que la mode, ce tyran des hautes classes, et le besoin de sensations nouvelles amènent chaque été aux eaux, combien peu se doutent du vaste et curieux champ auquel ils touchent, où tout leur serait nouveau, et qui plaît d'autant plus qu'on l'observe davantage. Mais il faut vouloir le chercher, ne pas se rebuter au moindre obstacle et se décourager aux premières fatigues. Au lieu de se borner, comme la foule, à suivre toujours les mêmes voies, s'extasier devant les mêmes sites et s'effrayer des mêmes *horreurs*, il faut pénétrer dans ces forêts romantiques, où naît, vit et meurt le gigantesque sapin; explorer les hauteurs infréquentées, ces stériles déserts où l'œil n'est frappé que de neiges, de glaces, de ruines, et s'élever jusqu'à ces pics sourcilleux d'où la vue s'égare dans un dédale de monts ou sur un horizon sans bornes. C'est là que la nature, en apparence inanimée, se revêt de ses formes les plus augustes, qu'elle fait entendre à l'âme un langage jusqu'alors inconnu, en la pénétrant d'émotions inattendues dont l'attrait ramène toujours dans les montagnes celui qui les a une fois senties. Le moraliste à son tour y trouvera des mœurs bien tranchées, ayant résisté aux causes qui partout ailleurs les ont changées ou rendues méconnaissables, plus prononcées, souvent plus fières et toujours plus franches. Il y reconnaîtra des usages antiques conservés d'âge en âge dans des retraites isolées dont les habitants dépassent rarement les limites, et qui suffisent quelquefois pour remonter à des origines perdues sur des points où, comme dans les contrées Pyrénéennes, les races ont été si souvent croisées et confondues La vie qu'on y mène ne saurait convenir cependant, ni à celui qui redoute la fatigue, ni à l'homme sensuel. Après de longues journées, commencées avant le jour et terminées après lui, où la frugalité a été excessive, on arrive souvent dans des gîtes misérables où le grenier à foin sert de chambre à coucher. Heureux, lorsque poursuivi par l'orage, toujours redoutable dans des lieux où les météores ont leur plus grande énergie, on y trouve un abri, du feu et une nourriture grossière! Comment se fait-il alors que l'on y dédaigne tout ce cortége de douceurs qui peut-être ailleurs seraient le nécessaire? et comment des situations qui paraissent si dures, que se partagent les privations et la fatigue, peuvent-elles avoir autant d'attrait? Je ne saurais répondre qu'en rappelant les sensations et les tableaux qui se succèdent dans les courses de montagnes, et dont l'ensemble en compose tout le charme.

Lorsque, par un beau jour, quelquefois longtemps attendu, dans un équipage leste et muni de mon fidèle bâton ferré, je gravis avant l'aube sur les pas de mon guide, et n'ayant devant moi que des vues alpestres, l'idée des scènes nouvelles qui m'attendent sur ces pics déchirés qui au-dessus de ma tête percent la nue, ou sur ce mont dont la cime neigée resplendit déjà sur le ciel, me fait respirer avec délices, à mesure que je m'élève au-dessus des vallées, l'air tonique et pur du matin, embaumé des émanations des plantes. J'ai dépassé les habitations; à chaque pas je vois les fonds s'abaisser, les champs s'amoindrir, les masses éloignées grandir, et parvenu dans la région pastorale, mes espérances commencent à se réaliser : c'est un vallon d'une herbe douce et rase, où, près des passagères cabanes du pâtre des montagnes, serpentent des eaux aussi limpides que l'air, et où l'ombre des mornes voisins dont le soleil effleure les cimes, entretient une froidure qui me fait traverser avec rapidité les pelouses élastiques; c'est une forêt de vieux sapins où la nuit se cache encore, refuge du silence et du mystère, dont j'aime à parcourir les plus secrètes voies; une esplanade isolée qu'anime un troupeau, laissé le plus souvent sous la garde des chiens qui, vedettes attentives sur des saillies du roc, d'un œil défiant ne me perdent pas de vue; ou des crêtes en ruines, dont les flancs entr'ouverts recèlent des témoins des temps écoulés, et qui cernent une arène herbeuse, émaillée de fleurs alpines toutes brillantes encore d'une rosée prête à disparaître sous le soleil, asyles solitaires réservés aux ébats des timides izards, où la vue se repose avec charme. Ici, c'est une cascade environnée d'accessoires pittoresques, ou un torrent qui descend avec bruit d'une gorge désolée, et dont les brusques ressauts abondent en effets. Plus haut, c'est un lac dont les bords dessinés par le gazon et par des tapis d'une neige sans tache, invitent à les parcourir, ou que cernent d'affreux rochers surplombant sur des eaux immobiles et obscures, indice de grandes profondeurs. Ce sont de vastes champs de neige dont l'éclat assombrit les pics qui les dominent, ou des glaciers que décèlent leurs crevasses et leurs tranches verdâtres au-dessus d'inaccessibles murailles, tandis que le champ de la vue, toujours plus étendu, laisse voir à chaque instant des objets nouveaux et des perspectives dont l'étrangeté fait oublier la lassitude et redoubler d'ardeur. C'est, enfin, une foule de détails partout ailleurs clair-semés qui charment l'observateur, et dont les impressions vivement senties se réunissent toutes lorsque, sur la dernière sommité, on saisit d'un coup-d'œil les détours que l'on a péniblement parcourus, et que la vue planant sur un espace immense, sur des plaines, des vallées ou des montagnes sans nombre, lassée de la multiplicité des objets qui la frappent à la fois, se repose en admirant la magnificence de l'ensemble.

Je n'ai parlé que des aspects, variés à l'infini, d'une nature féconde en beautés pittoresques, tandis que d'autres impressions d'un effet immédiat, résultent d'une cause intime et secrète qui porte son influence sur toutes nos facultés, et dont les effets ont été décrits avec effusion par tous les observateurs doués de sensibilité, qui se sont élevés au-dessus des régions moyennes des montagnes. Je ne sais si c'est la pureté de l'air, sa légèreté relative ou les qualités inhérentes aux atômes qui s'y combinent, qui produisent cette dextérité des membres, cette souplesse du corps, en un mot, cette vigueur générale qu'on n'éprouve que sur les hauteurs au-dessus de mille toises, et qui fait supporter aisément de longues et pénibles marches, dont le souvenir étonne lorsque, dans les plaines, on se sent incapable de pareils efforts. Quant à ces accidents qui arrivent à certaines hauteurs variables suivant les individus, ils paraissent dûs à la diminution du poids de l'atmosphère. Je n'en ai jamais ressenti qu'une extrême lassitude que le moindre repos fesait disparaître, et qui revenait également bientôt; mais dans ce cas, il faut rester debout pour éviter la fatigue très-sensible de se lever. La pression moindre que fait subir une colonne d'air plus courte, en laissant se dilater les fluides, peut être la cause de ces vertiges, de ces hémorrhagies, de ces défaillances jusqu'à l'évanouissement, qui n'épargnent guères à de grandes hauteurs, et dont j'ai vu éprouver quelques atteintes même à 1,200 toises. On sait qu'en 1741, l'académicien Plantade, dont la canne et la perruque se sont vus longtemps dans l'église de Campan où il fut enseveli, mourut à 70 ans sur la Hourquette des Cinq Ours, et que Dolomieu y fut très-incommodé, quoique ce point ne soit qu'à 1,244 toises. La cause ne peut en être la composition différente de l'air aux diverses zônes, ainsi qu'on l'a cru longtemps, puisque d'après des expériences faites par Berthollet et MM. de Humboldt et Gay-Lussac, en France, en Espagne et en Afrique, et jusqu'à près de 4,000 toises d'élévation, il a toujours été trouvé composé d'oxygène et d'azote, avec quelques légères quantités variables d'acide carbonique et de vapeur d'eau, dernier élément auquel, d'après Saussure, serait due la couleur bleue du ciel, toujours plus intense en s'élevant, et qui devient enfin d'un noir pur, lorsqu'il n'en existe plus pour réfléchir la lumière.

Tous ces effets sont physiques; mais il en est d'un autre ordre qui ne sont pas moins marqués. L'influence du monde physique sur le moral, cette action réciproque et mystérieuse du matériel et de l'immatériel, donnent à l'étude de la nature, contemplée de ce haut point de vue, un attrait particulier trop peu connu. Lorsqu'après une longue ascension, on se repose sur une pelouse alpine, ou sur un pic dominateur, d'où les yeux planent sur les monts voisins et les profondes vallées, la fatigue, bientôt dissipée, ne laisse qu'un bien-être général que des impressions intérieures concourent à rendre plus intime. En s'élevant dans l'atmosphère, on croirait avoir acquis de nouvelles facultés : comme dégagée d'un fardeau qui l'oppressait, l'âme se dilate et semble s'être étendue en proportion du champ immense où s'égarent les yeux, pour embrasser dans sa douce expansion une foule d'êtres et de choses qui, jusqu'alors, avaient été indifférents ou inaperçus. Jouissant d'une sérénité dont on ignore la cause, on jette sur son sort des regards plus rassurés; les difficultés qui avaient aigri ou embarrassé la vie, sous un point de vue plus favorable, s'effacent ou perdent de leur amertume, et on se sent animé d'une raison bienveillante, qui contribuerait puissamment au bonheur, si l'on pouvait la conserver dans sa pureté loin des lieux qui l'ont fait naître. En perdant de vue les demeures des hommes, éternels foyers d'intrigue et d'agitation, en repaissant ses yeux de ces grandeurs incorruptibles dont la nature se revêt sur les hautes montagnes, on regarde en pitié les petits intérêts qui tracassent et usent toutes les destinées, et les idées, changées en méditations, prennent je ne sais quoi de grave et de doux, de solennel et de suave, qu'une imagination exaltée pourrait prendre pour un avant-goût des plaisirs célestes. C'est dans de tels lieux, où une nature imposante élève l'esprit vers le créateur des mondes, que les vérités d'une religion bienveillante et consolatrice, que les leçons d'une haute philosophie laisseraient dans le cœur, éminemment disposé à les recevoir, de ces germes précieux dont l'influence est certaine sur le bonheur de la vie. Qu'il connaissait bien celle qu'exercent sur la faculté de penser et de sentir les grandeurs de la nature, cet illustre écrivain[1] qui choisit un paysage enchanteur pour y développer cette profession de foi, chef-d'œuvre d'analyse et d'éloquence religieuse, s'il n'y portait atteinte à ces dogmes immuables qui, dans les desseins de la divine Providence, paraissent destinés à être pendant les temps le pivôt le plus sûr de la civilisation, l'inébranlable fondement des sociétés humaines.

Comment des résultats si singuliers, mais réels, ne seraient-ils pas quelquefois taxés d'exagération? Ramond, sur la cime du Mont Perdu, éprouvant un état extraordinaire du pouls, une vivacité qui loin de produire de l'abattement

[1] Rousseau.

semblait soutenir les forces et exciter les esprits, était resté persuadé qu'à cette sorte de fièvre nous devons souvent cette agilité des membres, cette finesse des sens, cet élan de la pensée, qui dissipent tout-à-coup l'accablement de la fatigue et l'appréhension du danger; et qu'il ne faut peut-être pas chercher ailleurs le secret de l'enthousiasme qui perce dans les récits de tous ceux qu'on a vus s'élever au-dessus des hauteurs ordinaires. Mais on en sera moins étonné, abstraction faite des effets positifs de l'air des hauteurs, si l'on réfléchit que le caractère de l'homme, naturellement aventureux, le porte à vaincre des obstacles, même à braver des périls; que sa curiosité innée, développée et agrandie par l'instruction, lui donne ce désir de voir de nouvelles choses, et d'étendre la sphère de ses sensations, qui est la base de toute perfectibilité; et qu'il jouit d'autant plus, lorsque ses efforts sont couronnés de succès, qu'il en a eu davantage à faire. Peut être même on les concevra, si l'on remarque la multiplicité des impressions, et leur extrême variété dans les hautes montagnes, où s'offrent à l'observateur des aspects qui n'appartiennent qu'à des pays divers, séparés sur la surface de la terre par de grands intervalles, des phénomènes et des productions qui caractérisent des climats très distants les uns des autres, et des plantes et des animaux étonnés de se rencontrer sous le même ciel. C'est dans de tels lieux, où sont réunis des événements et des aventures qui ne se rencontrent que clair-semés dans la vie commune, où la nature et la science ne laissent jamais l'imagination en repos, qu'il est abondamment pourvu à ce besoin d'émotions, à cette soif insatiable de connaître qui, pour l'homme civilisé, devient bientôt une passion toujours accrue par son activité, et qui, bien dirigée, devient la source féconde d'utiles résultats et le motif de ses plus nobles prérogatives.

Pour ceux qui se proposent d'explorer les montagnes, je joindrai ici quelques conseils puisés dans ma propre expérience et dans celle de mes devanciers. Dans les Alpes et dans les Pyrénées, chaque été ramène des voyageurs qui, dédaignant des commodités embarrassantes, les parcourent à pied avec le plus léger bagage ; c'est la bonne manière. Voyager à pied est fatigant, mais il est une sorte de gaîté, de jouissance, attachée à ce mode d'aller, dont on n'a point d'idée si on ne l'a pratiqué. Ce n'est qu'ainsi, en effet, qu'on peut mettre tout le temps à profit, passer partout sans obstacle, et tout voir de la manière la plus favorable. Dans les montagnes, aller à pied est indispensable au naturaliste, au véritable amateur. Leurs sites les plus instructifs, leurs plus grandes beautés, ne sont connus que de ceux qui savent ne point se laisser abattre par la fatigue, braver le mauvais temps, affronter les glaciers, et escalader les crêtes les plus menaçantes ; ainsi de bons jarrets, bonne tête et pied sûr sont le meilleur bagage du coureur de montagnes. Un tel genre de vie, en augmentant les forces et en entretenant la santé, fait trouver du plaisir dans l'exercice au sein d'un pays curieux, où à chaque pas il faut s'arrêter pour quelque observation nouvelle. Cette liberté dont on jouit pleinement, cette idée qu'on ne dépend ni des hommes, ni des chevaux, ni des voitures, rassurent et donnent le sentiment agréable d'une entière indépendance. Si l'on perd beaucoup dans ces longues courses chaque jour répétées, et sous le soleil ardent qu'elles réclament, la réparation est en rapport avec un repos toujours plein de charme, et un appétit énergique qui sait assaisonner les mets les plus grossiers. Le corps gagne toujours à cette circulation rapide, et au bout de quelque temps, en voyant que les forces s'affermissent au lieu de faiblir par des fatigues dont la première idée avait presqu'effrayé, la confiance en soi augmente, et on entreprendrait gaîment le tour entier de l'Europe. Mais, je l'ai dit, l'amour de la nature s'allie peu avec la sensualité. Il faut savoir faire comme un pair de France bien connu[1], qui, au sein de l'opulence, a conservé des goûts simples, et que j'ai vu voyager le bâton sur l'épaule ; ou comme cet autre *Socrate*, ami de *Pétrarque*, qui, ayant acquis une grande fortune, disait : « Quant à moi, je conserverai précieusement toute

[1] M. de P.....t.

« ma vie la simplicité à laquelle je suis heureusement ac-
« coutumé. Je jouirai du bonheur de pouvoir dans toutes
« les situations me suffire à moi-même, et me passer gaie-
« ment de toutes les superfluités que la mollesse appelle le
« nécessaire; et j'augmenterai en les exerçant toutes les
« facultés que j'ai reçues de la nature. Ainsi, je vais faire
« seul à pied, avec mon parapluie et mon chien, le tour
« entier de l'Italie. » Les princes eux-mêmes, et heureux ceux qui se délassent dans de semblables goûts, ne dédaignent pas toujours ce qui est nécessité pour le naturaliste. Parmi ceux qui protègent autant qu'ils cultivent les sciences, se distingue l'archiduc Jean d'Autriche que l'on voit chaque été accepter le bâton ferré, et, marcheur infatigable, prendre part à tous les travaux scientifiques qu'il fait exécuter dans les Alpes orientales.

Il faut se munir des moyens d'écrire, et prendre avec soin des notes sur les lieux; l'idée qu'on les rédigera ensuite à loisir, fait qu'on observe tout et qu'on ne se laisse point aller à cette sorte d'indifférence qu'on éprouve souvent après avoir beaucoup vu, à cette lassitude de l'esprit causée par celle du corps ou par les intempéries du moment, qui donnent plus tard bien des regrets lorsqu'on s'aperçoit d'une lacune. Une observation négligée fait perdre quelquefois le fruit d'une course entière.

Il est essentiel d'avoir une chaussure convenable. On rencontre dans les montagnes trois sortes de pentes difficiles: les rochers, les neiges dures ou la glace unie, et les pelouses sèches aussi glissantes qu'elles. Les crampons au talon, ou en travers sous le pied, comme les emploient quelques montagnards des Alpes, ou en croix avec quatre pointes comme on s'en sert dans les Pyrénées, assurent jusqu'à un certain point la marche sur ces diverses pentes; mais il faut les mettre et les ôter fréquemment, parce qu'ils gênent beaucoup sur les sols durs et sur les pierres. Je me suis si bien trouvé des clous carrés que leur ont substitué *Saussure et Ramond*, que j'en recommanderai l'usage. Il faut avoir de forts souliers dont la semelle ait au moins six lignes d'épaisseur, dont l'empeigne soit d'un cuir souple qui ne blesse point, et qui aient été portés par essai dans de petites courses. On fera préparer des clous d'acier trempé, dont la queue soit à vis, et dont la tête de cinq lignes de diamètre soit taillée en pyramide carrée. On mettra douze de ces clous à chaque soulier, savoir : sept à la partie antérieure, et cinq autour du talon, tout aussi près du bord qu'il soit possible, sans que le cuir échappe. On garnira l'intervalle d'un clou à l'autre de clous ordinaires à têtes larges, et assez serrés pour qu'elles se touchent. Cette chaussure donne le sentiment d'une sûreté parfaite dans tous les lieux difficiles ; elle mord sur le granit comme sur l'herbe ; elle n'incommode point dans la plaine, et se conserve longtemps. Quand les têtes d'acier se sont émoussées, on en est quitte pour en substituer d'autres qu'on doit avoir en provision.

Un bâton sûr, léger et bien ferré, d'environ cinq pieds de long, est très-utile quand on sait s'en servir sur toutes sortes de pentes. Il faut s'exercer à le tenir dans toutes les positions du côté de la montagne, et être bien prudent quand dans les rochers on le jette en avant pour trouver un point d'appui. Sur les neiges inclinées, il sert à glisser avec une rapidité qui amuse, en s'appuyant légèrement sur lui et se penchant en arrière ; mais c'est un jeu dangereux ; et, sur les glaces, il est indispensable, soit pour y ouvrir des marches ou pour s'assurer au milieu des aspérités et des crevasses, soit pour sonder les neiges perfides dont celles-ci sont souvent recouvertes.

Lorsqu'on doit monter longtemps, c'est un très-mauvais calcul que de vouloir presser la marche ; on s'échauffe, on s'essouffle, et le repos plus long qu'on espère ainsi se procurer, ne profite point. Il faut suivre le guide, dont le pas mesuré est comme cadencé ; s'arrêter de temps en temps peu de minutes, sans s'asseoir et sans se donner le temps de prendre froid, et surtout conserver la respiration libre. On peut monter de ce train environ deux cents toises de hauteur perpendiculaire par heure, et c'est assez. Il faut ôter son habit dès que la sueur commence, et le porter plié sur l'épaule ; on modère ainsi la chaleur produite par la marche, et on retrouve, quand on s'arrête, le bénéfice d'un vêtement additionnel, sans en avoir eu l'incommodité. Il est très-essentiel, lorsqu'on part pour quelque haute cime ou pour quelque glacier, quelle que soit la chaleur qui règne dans la vallée, de se munir de précautions contre le froid, que ceux qui n'en ont pas l'expérience sont bien éloignés de prévoir, et de ne jamais oublier le flacon d'*eau de feu*, qui dans de telles courses est un vrai baume de force et de vie. Les accidents fréquents arrivés à des voyageurs inexpérimentés, surtout dans les Alpes, montrent qu'on ne saurait user de trop de prudence sur les montagnes. Il ne faut point entreprendre des courses difficiles sans être conduit par un bon guide, robuste et prudent. Rien de plus trompeur, de plus traître que ces facilités, vues de loin, comme j'en ai fait trop souvent l'expérience. Dans ces passages apparents, on s'engage peu à peu sans songer que si l'on est finalement arrêté par la crainte ou par l'impossibilité d'aller plus loin, cette même crainte double la difficulté de la retraite, parce qu'elle ôte le sang-froid nécessaire pour se tirer des mauvais pas. Je me suis toujours bien trouvé du conseil que donne Saussure, de considérer attentivement ceux-ci, et de s'habituer pour ainsi dire à leur vue, avant de s'y engager. Je contemple donc le précipice et ses profondeurs, jusqu'à ce qu'il ne fasse plus d'effet sur l'imagination et que je puisse le voir avec indifférence. J'étudie en même temps la marche que je dois tenir, et je marque à peu près de l'œil tous les pas que je dois faire ; dès-lors j'oublie le danger et je ne pense plus qu'à suivre la route que je me suis prescrite. Mais, si la tête n'est pas sûre et qu'on ne puisse regarder froidement le précipice, il faut renoncer à passer, car il est presque toujours impossible de regarder où l'on doit mettre le pied, sans voir en même temps le fond, et cet aspect imprévu peut causer des vertiges et mettre la vie en danger. Au reste, l'habitude y fait beaucoup pour ce sang-froid et cette assurance qui sont indispensables. Enfin, il faut avoir pour les avertissements du guide la confiance la plus entière. Dans les lieux fréquentés par les voyageurs, les guides sont mus par leur propre intérêt à ne donner que de bons conseils, pour conserver leur réputation, qu'un accident arrivé par leur faute détruirait infailliblement.

J'ai divisé l'ensemble de mes courses en quatre parties, relatives aux grandes divisions des Pyrénées, que j'attaquerai de l'ouest à l'est : les *Basses-Pyrénées*, les *Hautes-Pyrénées*, les *Pyrénées-Orientales*, pour finir par les *sources de la Garonne*, où se trouvent à la fois le centre de la chaîne, ses plus hautes cimes et ses plus grands glaciers.

PREMIÈRE PARTIE.

BASSES-PYRÉNÉES.

CHAPITRE PREMIER.

Plateau de landes. — Bétharram. — Oleron.

La première fois que je visitai les montagnes du Béarn, c'était à l'époque où Napoléon, oubliant les chances de la fortune et se croyant inébranlable, ne voulait plus d'Alpes ni de Pyrénées, et faisait partout à la fois ouvrir des voies de communication avec l'Espagne et l'Italie. Mon ami, M. Lefranc, dirigeait alors les travaux de la route de Pau à Sarragosse, par la vallée d'Aspe. C'est avec un tel compagnon, depuis longtemps éprouvé dans les montagnes, que j'ai fait une partie de mes courses dans cette vallée et dans celle d'Ossau, les deux plus considérables du Béarn.

Pau est la clef des Basses-Pyrénées, comme Tarbes est celle des Hautes. En partant du chef-lieu du Bigorre, dont les alentours bien connus ont toujours pour moi le charme d'une seconde patrie, on remarque sur la haute plaine l'église d'Ibos, seul monument qui rappelle l'ancienne importance de cette ville, déchue depuis les guerres de religion qui couvrirent de cendres ce malheureux pays. Après les longues allées des vieux chênes de la Souy, agrestes avenues du bois de Bordères, à la cime du rideau qui précède le grand plateau de Ger, le soleil frappait de ses premiers rayons l'obélisque éphémère élevé en 1808, pour marquer le passage du terrible météore qui du fond du nord allait porter la désolation sur l'Espagne, par un ex-républicain, implacable ennemi des rois à la Convention, transformé alors en humble préfet du despote, en courtisan obséquieux. La beauté du coup-d'œil sur la plaine de Tarbes et sur les montagnes arrête ici le voyageur. On voit la jolie vallée de Campan et ses verdoyants talus se prolonger vers les forêts de l'Arbizon, entre la tête chauve du Lhiéris, au-dessus des bois de l'Arros, et le cône élancé du Pic-du-Midi, qui la menace. Au bas de l'humble Bédat, j'assignais sa place à Bagnères, et plus près celle de Lourdes, au pied du Ger, où l'écartement des hauteurs indique le riche bassin d'Argelez, et laisse voir au-dessus des pentes croisées du Lavédan, le Piméné et quelques cimes voisines du Mont-Perdu. A l'ouest, le tableau est changé, et l'on n'a devant soi qu'une vaste lande sans limite apparente au midi, que les sommets rapprochés des Basses-Pyrénées, où la tête carrée du Pic-de-Ger, sur les ternes hauteurs d'Asson, indique au loin la position des Eaux-Bonnes. Ce plateau de bruyères qui, sous le nom de Pont-Long, se prolonge de Lourdes jusqu'auprès de Dax, dans une étendue de 50,000 toises, est le pendant de celui de Lannemezan. Lieu des sources de tous les ruisseaux qui se jettent dans l'Adour, depuis Maubourguet jusqu'à sa réunion avec le Gave, il est pour ce fleuve ce que l'autre plateau est pour la Garonne, mais sur une moindre échelle. Le sol y est formé d'une terre noire, graveleuse et infertile, sur une couche d'argile qui, retenant les eaux, le rend marécageux, même tourbeux ; au-dessous sont des cailloux roulés. Les essais que l'on a faits auprès de Pau pour le rendre à la culture n'ont point réussi ; cependant le village de Ger-sur-Lande, véritable oasis dans le désert, prouve par ses champs productifs et ses robustes chênes que les arbres prospéreraient sur ce sol humide, si souvent arrosé par les pluies des montagnes. En parcourant les landes stériles du Béarn et de la Guienne, on ne peut oublier qu'en 1610 les Maures, chassés d'Espagne, demandèrent au roi de

France d'habiter ces landes, et qu'ils n'éprouvèrent que le plus impolitique des refus. Sans ports, sans positions militaires, ils n'eussent pu devenir dangereux ; et ces malheureux débris d'un peuple, qui fut un temps le plus éclairé de l'Europe, en creusant des canaux, ouvrant des routes, évacuant les lacs, desséchant les marais, fixant les dunes et changeant à la longue des sables en terres fertiles, eussent assuré la prospérité d'une vaste étendue de pays, qui est resté presque désert. Ainsi repoussés, l'Afrique ennemie les reçut avec leur courage, leurs capitaux et leur industrie.

Les atterrissements qui obstruent les débouchés des grandes vallées des Pyrénées ou qui forment à leurs pieds des plateaux étendus, quoique moins que ceux de la Craou, de la Champagne, du Dauphiné et autres grands dépôts diluviens, ne paraissent point être venus de distances très éloignées, et on n'y a point trouvé, ainsi que dans ceux-là, des productions de pays lointains. L'idée a été émise que de tels amas de cailloux roulés, lorsqu'ils sont à un grand éloignement de tout terrain primitif, peuvent avoir été formés par éjection souterraine qui aura mis au jour tous ces débris, ce qui n'est point le cas ici. Le Pont-Long, le plateau de Lannemezan, et tous les dépôts de galets des plaines de l'est jusqu'à la Méditerranée, s'étendent au pied des montagnes dont les faîtes présentent partout des roches analogues. Ces amas, composés de fragments divers arrachés aux formations centrales, pourraient être dûs à des eaux acides et d'une grande action chimique, sorties de l'intérieur de la chaîne, qui auraient entraîné et roulé toutes les parcelles désagrégées de ces roches, aux époques du soulèvement qui l'ont formée, de celui peut-être où les chaînons crétacés du versant méridional furent portés au faîte des Hautes-Pyrénées par le résultat d'une convulsion particulière et plus récente ; mais plutôt à l'entraînement subit de toutes ces matières par les eaux soulevées en même temps que la chaîne. Ces eaux alors, en surmontant cette formidable barrière, se précipitant le long de ses flancs opposés, et avec plus de violence vis-à-vis des points qui étaient au midi les centres de cette action nouvelle, auraient creusé à sa base, dans ces dépôts qui en seraient ainsi restés isolés, les larges tranchées longitudinales qui existent d'Arudy vers Oloron, de Lourdes vers Pau, et de Labarthe vers Monréjeau, où les torrents amoindris se seraient postérieurement jetés. Ces longues traces de landes et de graviers doivent nous désigner encore le cours de ces eaux douées momentanément d'une grande puissance. Ainsi, le Gave béarnais, descendu de hautes sommités, grossi par tant d'eaux tombantes à la fois, large et haut, aurait d'abord coulé sur le plateau de Poyferré où une grande mare, portant le nom ambitieux de lac de Lourdes, date probablement de cette époque, et se serait étendu dans la direction du Pont-Long sur de vastes terrains tous formés de ses transports, en déviant à l'ouest, suivant la pente générale, vers la basse vallée de l'Adour; puis ses eaux baissées et forcées d'abandonner les hauteurs, ne se seraient plus élevées qu'au dessus du col de Strada et du vallon d'Adé, pour aller par Ossun et Bénac remplir et niveler la plaine de Tarbes, où l'Adour, sortie des basses montagnes, n'aurait pu former qu'une étroite vallée en rapport avec ses eaux; et enfin par des abaissements successifs, obstruées par leurs propres dépôts, elles auraient été forcées de chercher au long des montagnes les voies déjà faites ou les érosions faciles, d'où aurait pris sa physionomie actuelle le tortueux canal de Saint-Pé, par où elles s'échappent à présent. Des circonstances semblables auraient amené de pareils effets aux débouchés des vallées d'Ossau et d'Aspe, comme d'Aure et de Luchon. Le soulèvement peu ancien des ophites existant sur cette ligne, peut avoir aussi contribué à l'exhaussement de tous ces plateaux; et voilà comment, par toutes ces causes réunies, dès leur sortie des montagnes, les gaves de Pau et d'Ossau sont forcés de fléchir à angle droit vers l'Océan, et la Neste et la Garonne vers l'est. Un tel résultat, en détournant les eaux de leurs directions naturelles, n'a point été favorable au Bas-Béarn et à la Gascogne. Ce grand territoire, ainsi privé des eaux des montagnes qui devaient lui revenir, et uniquement arrosé par des ruisseaux qui, nés sur les landes de Lannemezan et du Pont-Long, voient chaque été leurs sources se tarir, gémit sous des sécheresses annuelles, lorsque son sol généralement bon ne demanderait que de l'eau pour rivaliser de fécondité avec les meilleurs du midi. Mais combien il serait facile de réparer cette disgrace accidentelle, au moins pour la Gascogne. Le grand plateau de Lannemezan, exhaussé en face de la vallée d'Aure, voit naître sur ses flancs une douzaine de petites rivières qui, de là, divergent dans toutes les directions de l'Adour à la Garonne par le nord, et dont les plus remarquables sont l'Arros, le Bouès, les Baïses, le Gers, la Gimoné, la Save et la Louge, et les deux fleuves très rapprochés passent à ses pieds. C'est donc un point bien indiqué par la nature pour former le nœud d'un système de navigation et d'irrigation qui intéresserait un vaste territoire où 60,000 hectares de terres incultes peuvent être fertilisés. Cette observation est ancienne et a été la base de nombreux projets dont le plus large serait de prolonger le Canal du Midi de Toulouse à Bayonne, par un nouveau canal qui aurait son bassin de partage sur ce plateau, d'où se détacheraient des cours d'eau descendant dans les principales vallées disposées à l'entour, soit des canaux de petite navigation, soit des rigoles d'arrosement, et dans la vaste plaine de Saint-Martory à Toulouse, un grand canal d'irrigation. Pour cela, il suffirait d'y ramener par une simple rigole de peu d'étendue les eaux de la Neste qui, réunissant toutes celles des grandes vallées pyrénéennes d'Aure et de Louron, peut fournir 800,000 mètres cubes d'eau par jour. Cette quantité est déjà considérable; et combien pourrait-on l'accroître encore au moyen de réservoirs établis par des barrages dans les gorges des montagnes, et qui retiendraient une partie des eaux surabondantes qui, à la fonte des neiges, vont porter le ravage dans les plaines de la Garonne. Ce surcroît, habilement distribué, offrirait de précieuses ressources pour l'arrosement des terres échauffées par le soleil du midi, et qui ne sauraient avoir de meilleur engrais que l'eau. Un tel projet qui, en complétant le Canal du Midi, satisferait à de pressants besoins d'une province entière, a autant de grandeur que d'utilité, et la nature s'y prête avec générosité. Déjà présenté, mais partiellement, au gouvernement, il a été de nouveau étudié dans son magnifique ensemble, et présenté par M. Dumon aux Chambres qui l'ont converti en loi. Ainsi, c'est à cet habile ministre qu'il était réservé de réaliser une idée grande et ancienne, et que de nombreuses populations devront un si grand bienfait.

Ces vastes dépôts symétriques de Lannemezan et du Pont-Long offrent des faits remarquables; formés à une époque très ancienne par les courants de la Neste et du Gave, il a dû s'y établir des contre-courants et des remous qui, en y accumulant les graviers et les cailloux, tendaient aussi à rassembler de préférence sur quelques points, les cadavres flottants qui se déposaient en même temps que les sédiments qui devaient les envelopper et les conserver. Telle est sans doute l'origine du fameux dépôt fossilifère de Sansan, découvert par M. Lartet non loin de Lannemezan, où sont réunies les dépouilles d'animaux si différents par leurs formes, leurs dimensions et leurs habitudes, et dont les conséquences géologiques paraissent devoir être si importantes et si nouvelles.

Au bout de deux heures, le riant vallon de l'Ousse annonce le Béarn, et une forêt de chênes s'étend jusqu'aux portes de Pau. On est descendu du plateau : la route s'enfonce à perte de vue dans une futaie où l'on brave le soleil sous le feuillage de chênes druidiques dont les branches se croisent d'un bord à l'autre. Pau est une charmante ville. Ses agrestes promenades, reste de l'ancien parc de ses rois, où sont encore quelques pans de mur de ce joli *Castel-Bésiat* que Jeanne avait fait bâtir pour Catherine, sa fille; son doux climat, la bonté de ses vins, l'abondance de ses fruits, l'aménité de ses habitants et sa délicieuse position au-dessus de la plaine du Gave, en face des majestueuses Pyrénées, le rendent un lieu de prédilection pour les étrangers qui y abondent. A la vue de ce vieux et pittoresque édifice qui domine la basse ville, le Français pense au bon Henri qu'il a vu naître, ce père de ses sujets, de toujours grande et populaire mémoire. La ville est peu ancienne : le village de Lescar, autrefois résidence de l'évêque de Pau, et lieu de la sépulture des rois de Navarre et des anciens comtes de Béarn, situé à demi-lieue vers l'ouest, a été bâti, suivant Oïhénard, sur l'emplacement de l'antique *Beneharnum*, située sur la voie qui d'*Aquæ Tarbellicæ* (Dax) conduisait à Toulouse. M. Du Mége, auteur de savantes recherches sur les antiquités des départements pyrénéens, pense que son vrai site est vers Castelbou. Le château des rois de Navarre, masse irrégulière, flanquée de tours et de pavillons inégaux, serait peu remarquable sans ses souvenirs et ses superbes points de vue sur la plaine du Gave et l'amphithéâtre des montagnes. Les coteaux qui produisent le bon vin de Jurançon, entrecoupés de vallons frais et ornés de *villas*, sont le premier degré ; des masses obscures leur succèdent, et au-dessus s'étend une longue suite de cimes, depuis le Pic-du-Midi de Bagnères, formant promontoire à l'est, jusque aux hauteurs moins âpres qui, au-delà de la vallée d'Aspe, vont toujours s'abaissant vers la mer. Au fond du vallon de Néiss, ouvert en face, le Pic-de-Ger, les masses nues des Eaux-Bonnes et la gigantesque fourche du Pic-d'Ossau se font remarquer dans cette longue couronne qui termine admirablement le tableau.

C'est dans la grande tour carrée, construite en briques, qui surcharge la porte principale, bâtie par Gaston Phœbus, qu'est né Henri IV. C'était alors une prison ; et le reste, livré à des soldats qui n'avaient pas appris le nom du bon roi, du brave guerrier, était dans le plus triste état de dégradation. Je ne sais comment avaient pu se conserver de très-jolies arabesques sculptées sur des pieds-droits dans la cour. Si ses vastes appartemens n'offrent plus de traces de leur ancienne magnificence, on ne les parcourt qu'avec un sentiment religieux. L'air qu'on y respire et leurs murs dépouillés sont pleins de Henri, dont le nom révéré passera à la postérité la plus reculée, toujours chéri, toujours comblé des bénédictions de ce peuple qu'il aimait, et dont il cherchait sans cesse à améliorer le sort. Bon Henri ! le souvenir de tes qualités aimables et de ta belle âme, de cette âme fortement trempée aux longues épreuves de l'adversité, que ne terniront point quelques faiblesses inhérentes à l'humanité, se transmettra de race en race dans le cœur des hommes, pour servir de modèle aux princes et de point de comparaison aux jugements des peuples.[1]

L'étranger qui parcourra les charmants environs de Pau, trouvera partout de ses souvenirs. Ira-t-il à la fête de Billères, voir sur des pelouses ombragées des danseurs animés de toute la vivacité du pays, on lui montrera la maison où Henri suça le lait d'une robuste paysanne dont la postérité l'habite encore. Voudra-t-il avec la foule des pélerins, aller à Bétharram, qui le dispute en célébrité à Héas et à Sarrance, il verra le beau pays de Nay, petite ville industrieuse que dévora jadis le feu du ciel (en 1548), et Coarrase où il a passé son enfance. A l'aspect de cette vieille porte où l'on a gravé : *Lo que ha de ser, no puede faltar*,[2] allusion sans doute à sa haute destinée, de cette fontaine ruinée qui porte son nom, et de cette tour, seul reste du château où il reçut les leçons de la comtesse de Miossens, il dira dans sa pensée : « Les murs qui l'ont abrité, les édifices qu'il a « construits, disparaîtront ; mais la mémoire de ses hautes « qualités, de ses bienfaits, ne s'effacera plus en présence « des monuments de la nature. Voilà le sol qu'il a longtemps « foulé de ses pieds nus ; les montagnes, les bois qu'il a sou- « vent gravis, haletant et couvert de sueur ; et les hameaux, « où pressé par la faim, il se réfugiait pour manger la pâte ou « la millade du paysan béarnais, qui partageait gaiement avec « son Henri ? » C'est ainsi que ce grand prince a mené dans ses premières années la vie dure qui trempait son corps pour les fatigues que le sort lui destinait, résumées dans trois

[1] De grands travaux de restauration ont déjà été exécutés (1847) au château de Pau par les ordres du Roi. Il faut voir en détail la salle à manger de cent couverts, les vastes salons, la pièce où naquit Henri IV, la chambre à coucher de Jeanne d'Albret, le boudoir de Marie de Navarre, tous ornés de plafonds à compartiments dorés, de tapisseries de Beauvais, représentant des épisodes de la vie du grand Roi, de meubles, de statues, de pendules et de riches coffreforts de l'époque, en un mot, restaurés dans toute la magnificence du seizième siècle.

[2] Ce qui doit être, ne peut manquer.

grandes batailles, 35 rencontres d'armes, 140 combats et 300 sièges auxquels il prit part en soldat intrépide, et son âme pour tant de rudes épreuves où jamais elle ne faiblit. C'est enfin dans tout le pays qui est sous les yeux, qu'en voyant de près les besoins du pauvre, il acquit le germe des vertus bienfaisantes qui devaient faire un jour le bonheur de ses sujets.

L'habitant du Béarn a conservé son caractère aimable; bien constitué, alerte et sobre comme le Basque son voisin, mais moins rude et moins violent, ses mœurs sont hospitalières et bienveillantes. La coutume du Béarn prohibait pendant dix jours la saisie dans la maison d'une femme en couches. Comme tous les montagnards, lorsque d'autres influences n'ont pas altéré leur caractère, il est naturellement fier; cependant, doué d'un esprit fin et adroit, ses détracteurs le lui reprochent. Le sang y est beau : un teint frais, des yeux vifs, et de jolis traits, joints à une tournure leste, sont, chez les Béarnaises, des agréments assez communs. L'esprit enjoué des deux sexes, et porté au plaisir, anime singulièrement leurs foires, leurs fêtes votives, toutes leurs réunions, où le froid habitant du nord s'étonne de leurs danses animées et des éclats de leur gaité.

C'est à Betharram qu'il faut les voir, lorsque la fête de la Vierge les y attire de tous les cantons voisins. Je m'y étais rendu, *en partie*, avec des amis également curieux d'assister à ce pélerinage plus curieux que dévot, dont le calvaire fut fondé dans le XVIIe siècle par le saint homme Hubert, charpentier, qui, plus tard, fonda celui du Mont-Valérien, près Paris. Sur la route, c'était comme une foire; et le village de l'Estelle qui précède le couvent, était tellement encombré de bêtes et de gens qu'à grand'peine y pûmes-nous trouver place. Au bout d'une longue table, où une vingtaine de paysans et paysannes étaient chantant à gorge déployée, et buvant sec au refrain, nous pûmes enfin procéder à l'ouverture d'un pâté dont chacun était impatient de sonder les larges flancs. Bientôt confondus dans les rangs de la foule bruyante et dévote, nous la suivîmes jusqu'à la place qui précède l'église du séminaire, où était une cohue à ne pouvoir ni passer ni s'entendre; et pour entrer dans le saint lieu, il fallait livrer combat. Je fus étonné de la quantité de peintures, rappelant aux fidèles les miracles de la Madone, qui couvraient les murs, la voûte et jusqu'aux piliers. Un prédicateur dans la chaire expliquait à ses rustiques auditeurs, en patois béarnais, la vie de la sainte Vierge; et je compris que la manière dont le sujet était traité et le raffinement de la congrégation étaient en parfait rapport; mais je ne pus qu'être scandalisé de la conduite irrévérente de ces prétendus pèlerins. Les éclats bruyants de la foule joyeuse qui entourait l'église, les cris des marchands de chapelets, de mirlitons et de gâteaux; les disputes de ceux qui se cognaient à l'entrée, et le bruit confus qui s'élevait de tous les points du temple, tout cela faisait un tintamarre, un bourdonnement insupportable, qui permettait à peine de saisir quelques mots du sermon. Il paraît que dans sa prévoyance le supérieur avait choisi pour la chaire un robuste Stentor, et vraiment il ne s'épargnait pas. Sans tenir compte du vacarme, en sueur et l'œil en feu, il procédait toujours, prêchant à tue-tête; et se démenant dans la chaire comme un moine italien, par ses grands gestes expressifs, dirigés vers la sainte image, il parvenait mieux que par ses paroles à instruire du sujet de son discours. Quelquefois même, aux moments pathétiques, rassemblant toutes ses forces, il couvrait tout de sa voix vigoureuse. En même temps d'autres scènes se passaient à l'autel : deux bedeaux, armés de longues perches, promenaient alternativement sur la figure de la Madone les chapelets qui y étaient suspendus, les bénissant ainsi moyennant rétribution; ce qui amenait des altercations assez vives, et un prêtre en surplis avait de la besogne pour y maintenir l'ordre.

Suffoqués par la chaleur, assourdis par le bruit, nous sortîmes de l'église à nos risques et périls, et montâmes au calvaire. Les rochers retentissaient du chant des cantiques; et ces beaux lieux s'embellissaient encore des jeunes Béarnaises et Bigorraises qui, précédées de la croix pastorale, en parcouraient les sinueuses rampes. La foule des pèlerins s'arrêtait aux chapelles où sont représentées les scènes de la Passion. Ces tableaux, restaurés depuis peu, étaient admirables pour imprimer la terreur et la pitié, car rien de plus affreux que ces figures de Juifs et de soldats romains. Au sommet enfin, sur un plateau ombragé de grands arbres, nous respirâmes; et dans ce site charmant, le repos semblait plus doux en vue de la jolie plaine de Nay, du défilé où la petite ville de Saint-Pé se glorifiait de son riche et antique monastère, et de l'amphithéâtre des montagnes d'Asson. Dans ce défilé long de deux lieues, le Gave encore bruyant résonne sous des hauteurs aux formes arrondies et de rapides pentes couronnées de grands bois qui seuls peut-être recélent encore des sangliers. Les aspects y seraient monotones si des tapis de verdure humectés par le torrent et quelques fermes sous des châtaigniers n'y reposaient les yeux. A demi-lieue est l'interminable bourg de Saint-Pé que désignent de loin ses longues palomières et les ruines de Castelmaure, ancien fort des Sarrasins. Son monastère, moins ancien que celui de Saint-Sever de Rustan qui lui fournit son premier abbé, fut fondé en 1032 par Sanche Guillaume, duc de Gascogne et Garcie Arnaud, comte de Bigorre, sous la garantie d'un grand nombre de seigneurs de ces provinces qui composaient leurs cours. Sa charte est ainsi un document précieux pour les anciennes familles qui en descendent. Avant de quitter la butte qui porte le calvaire, la géologie eut aussi son moment, car dans ses arrachements se voit l'ophite signalé par Palassou, contigu à des masses de calcaire et de schiste argileux.

Rentrés au cabaret, où buveurs et chanteurs s'étaient vingt fois renouvelés, nous trouvons pour surcroît des mirlitons criards dont tous les enfants s'étaient munis; et dans la chambre commune, ayant tiré des rideaux, je vois avec surprise un dormeur sur le lit étendu, un bon curé qui, la face enluminée, ronflait de son mieux. De quelle heureuse faculté était doué ce brave homme, pour reposer paisible au milieu d'un tel charivari! Notre provision de chapelets bénis était faite; nous reprîmes la route de Pau. La chaleur remplacée par la plus douce température; la richesse de la plaine et les jolis aspects des coteaux du midi, nous reposèrent des fatigues du jour. C'était la Saint-Napoléon : un feu d'artifice, des illuminations, des jeux publics et toute la population en mouvement, le soir, nous offrirent d'autres scènes. Mais que ces plaisirs de commande ressemblaient peu à la grosse gaîté, à ce vif et bruyant naturel, à ce plaisant grotesque, qu'offrent toujours les pélerinages du Béarn!

La langue du pays, commune à une partie du Bigorre et du Gers, porte le cachet du caractère des habitants, en ce qu'elle est bien plus expressive et plus riche pour la plaisanterie, la bienveillance et la gaîté, que pour la colère et les passions violentes. C'est le peuple qui l'a faite pour lui ; et son doux climat, la vie facile qu'il lui donne, l'ont de tout temps rendu plaisant et joyeux. Il est remarquable combien il y a de l'euphonie dans les noms propres des lieux : *Gelos*, *Bisanos*, *Bouros*, *Lagos*, *Vidalos*, ne semblent-ils pas continuer la nomenclature de l'archipel grec ? La langue des Marseillais et de leurs colonies, en gagnant de proche en proche les Volsces et leurs voisins, dut leur devenir familière ; et elle avait jeté tant de racines que, malgré l'influence postérieure de celle des Romains, au VIe siècle, on chantait encore en plusieurs lieux les offices en langue grecque. D'après les chartes du moyen-âge, le langage commun était à peu près le même dans toute la Guienne ; mais depuis, des nuances infinies se sont introduites dans chaque canton.

La route des montagnes descend sous le château à la basse ville que protége du Gave une forte digue construite par l'ingénieur Flamichon, auquel on doit quelques mémoires sur les Pyrénées et la mesure de plusieurs points. Mais avant d'entrer dans le vallon du Neiss, jetons un coup-d'œil sur la ville qui couronne la hauteur de ses édifices mêlés d'arbres, et sur les masses verdoyantes du parc, car c'est leur beau côté. Une route ombragée où des eaux toujours vives entretiennent la fraîcheur, et sur des pentes redressées des bois, des pelouses et des habitations, font du chemin de Gan une agréable promenade. Le vin de Gan rivalise avec celui de Jurançon. La bonté et le spiritueux de ces vins du Béarn fait ressortir la qualité mauvaise de ceux du Bigorre, dans des situations semblables en apparence au pied des montagnes ; ce qui peut provenir du voisinage du chaînon très élevé et neigeux du Pic-du-Midi, et des amas glacés plus intérieurs qui entretiennent plus longtemps dans le Bigorre les brumes, les pluies et le froid ; mais plus encore de la nature du sol graveleux ou calcaire sur lequel ils croissent. Après cette petite ville, on monte pendant deux heures sur cette masse de coteaux, entre les deux Gaves, qui sur leurs pentes tourmentées produisent des vins justement renommés. A chaque détour se montrent de nouvelles perspectives dans de profondes combes ou sur les sommités du midi, jusqu'au point culminant de Belair, d'où l'on plane sur une de ces larges tranchées qui existent au pied de la chaîne. Devenue plaine fertile, le Gave d'Ossau qu'elle entraîne à l'ouest, y circule sous ce chaînon rapide et sombre qui forme entre les vallées d'Aspe et d'Ossau le premier gradin des Pyrénées, et d'où se sont précipitées les anciennes eaux qui ont creusé le canal où maintenant il s'enfuit vers Oloron. La vue se termine aux mornes boisés du pays basque, se perdant bleuâtres vers la mer, ou s'élevant jusqu'au Pic-d'Anie, le dernier qui conserve à la crête quelques formes alpestres.

Au bas de Belair est auprès d'Ogeou une source thermale que les paysans seuls fréquentent. On traverse des bois, des landes, les fraîches prairies de Herrère et d'Escout dont le petit château est précédé d'une allée remarquable par ses hêtres aux larges voûtes, au feuillage sombre, d'où s'élancent les flèches de peupliers intercallés. La lande de Gabarn vient ensuite, reste de la plaine haute, antique, dont la lande d'Ogeou, celle dite Lannelongue, et d'autres sont des lambeaux, tous atterrissement de granits, de schistes, de grés et de calcaires en fragments mêlés, formés par les débris des montagnes que les eaux en évinçaient au temps de leur puissance, comme les landes de Pau, de Tarbes et de Lannemezan, et que ces mêmes eaux, réduites à des torrents, ont ensuite lacérées et isolées ; plateaux incultes toujours, mais séparés par des fonds riants et d'une grande fécondité sur ces débris confondus où le calcaire abonde. Tout au bout se découvre le monticule escarpé qui semble porter encore la cité d'*Iluro*. Là m'attendaient, pour visiter les montagnes, des amis avec qui j'avais longtemps exploré les Hautes-Pyrénées, courses aimables dont l'amitié, la bonhomie et l'accord des goûts rehaussaient le prix. Ce souvenir se liera toujours pour moi à celui des plaisirs que j'ai trouvés dans l'observation de la nature.

L'antique cité des Elloronenses, peuplade qui faisait partie de la Novempopulanie, très forte d'assiette, sur une butte calcaire escarpée, au confluent des gaves d'Aspe et d'Ossau, fut ruinée par les Normands et rebâtie en 843 par Centulle, comte de Béarn. Depuis elle a éprouvé les vicissitudes communes à toutes les villes de ces contrées, tant de fois parcourues par des bannières diverses, et tant de fois ravagées. La ville nouvelle, dont la partie méridionale porte le nom de Sainte-Marie, borde les gaves et s'étend en rues interminables le long des routes qui s'y réunissent. Ce plan étoilé, ce site inégal et les deux torrents qui mugissent dans ses murs lui donnent une physionomie toute singulière. Du haut de la cité la vue se porte sur la plaine peuplée où les gaves réunis s'avancent vers Navarreins et sur la vallée d'Aspe qui s'ouvre au midi. A portée de l'Aragon et de Saragosse, Oloron a toujours été une des villes les plus commerçantes de cette frontière, et la contrebande, excitée par la guerre de l'indépendance et le système continental, s'y faisait alors avec ardeur, malgré les décrets fulminés par Napoléon. Une nuit à l'auberge de Sainte-Marie, réveillé par un bruit extraordinaire et croyant le feu au logis, j'accours : Ce n'est rien, me dit-on; c'est la contrebande qui vient d'arriver. En effet, la maison, les écuries, le quai, tout était encombré de mulets chargés de sucre et de café, et d'aventuriers des deux nations armés jusques aux dents. De tels convois se renouvellaient plusieurs fois par semaine; et d'Oloron, tout se répandait dans l'intérieur. Cette audace de braver à main armée ce qui était la loi du pays, sous un despote inflexible, alors dans la ferveur de son système de prohibition, m'étonna beaucoup. Je ne savais pas que la foudre grondait dans le lointain.

Les Sarrasins qui entrèrent en Béarn par Jacca et la vallée d'Aspe, ont laissé un souvenir de leur passage dans le nom du village de Moumour (mont des Maures), situé sur un promontoire, au débouché de la vallée de Barétous. De la belle habitation de M. Lamotte, le bassin où les yeux plongent sur des usines mues par le Vert, mêlées à des bois et à des rochers, et les hauteurs de Barétous s'élevant par étages noirs de forêts jusqu'au Pic-d'Anie isolé comme une tour, forment un romantique paysage. Le vallon d'Issor et les autres affluents de cette vallée, comme ceux de la Soule, sa voisine, tout bois ou prairies, offrent des sites de la plus grande fraîcheur et de charmants détails, mais on y chercherait vainement le grandiose des montagnes. Si on pousse ses reconnaissances jusqu'à Navarreins, on verra dans une plaine des plus fertiles du Béarn, où le Gave partout profond n'inonde plus ses rives, de nombreux villages alternant avec d'arides plateaux de cailloux que les gaves d'Aspe et d'Ossau ont jadis arrachés de leurs montagnes, où le granit, le marbre, les roches ignées et toutes les autres analogues se retrouvent; une place forte dont Henri d'Albret jeta les fondements, régulièrement construite au débouché de la Soule, ancien pays des *Sibillates* et patrie d'*Oïhénart*, naïf historien de ces contrées, avec un pont sur le Gave, élégant et léger, le seul peut-être en France qui soit construit en petit appareil. Dans un de ces villages, Ogenne, vivait alors le Nestor des géologues, le vénérable Palassou, presqu'aveugle, et, toujours semblable à lui-même, du petit nombre des savants qui ne croient pas déroger sous des formes aimables. La minéralogie des Pyrénées ne se composait que de notices isolées, quand il en entreprit la description générale ; et ses observations, d'une exactitude rigoureuse, n'ont pas été un des moindres appuis du système des soulèvements. Il a reconnu le premier, au pied des Pyrénées, une longue suite de gisements d'ophite, roche plutonienne, qui paraît due à des éruptions particulières.

Il s'est conservé aux environs d'Oloron beaucoup de coutumes populaires, qui retracent les mœurs et les croyances des Celtes. La veille du premier jour de l'an, les jeunes paysans exécutent, sans s'en douter, une joyeuse commémoration de la fête solennelle où les druides, armés de serpes d'or, allaient couper le gui sur le chêne des forêts. Dans le but d'obtenir des présents qu'on ne leur refuse guères, ils vont de porte en porte chanter de gais refrains en l'honneur du gui qui vient d'être cueilli. Ce reste si vénérable des mœurs de nos ancêtres, dont les croyances religieuses étaient comme leur caractère, empreintes de rudesse et de grandeur, se retrouve dans presque toute la France. A Oloron, à Tarbes, on chante le *gui-ron-deou*; dans l'Agenais, le *gui-l'an-neou*; dans l'Orléannais, la *gui-l'an-leu*; dans le Laonnais, le *gui-l'an-neuf*; et c'est toujours le gui sacré de l'année nouvelle. Pendant la nuit qui précède le premier de mai, les amis de la maison, les amants surtout, ont soin de couvrir la rue de jonchée, et les toits de branches d'aubépine, qui y restent pendantes jusqu'à l'année suivante pour en éloigner les génies malfaisants; et la nuit de la Saint-Jean, on jette dans les ruisseaux de l'argent, des aliments, et on y lave les yeux et les parties infirmes. Il est peu de pays où ces deux époques ne voient encore quelque usage dont le mot est perdu. C'est ainsi que dans quelques cantons du midi on plante des pins, qu'on nomme *Mais*, ornés de couronnes et de banderolles, devant la porte des Maires ou des nouveaux époux; et qu'à Metz, les jeunes filles vont dès le point du jour parcourir, jambes nues, les ruisseaux de *la bonne fontaine*; singulière cérémonie se rattachant sans doute au culte des ruisseaux, généralement répandu avant le christianisme. La plupart des usages qui ont pour but de célébrer le retour de la plus aimable des saisons, où tout renaît à la vie et au plaisir, descendent de ces temps reculés où les époques et les forces de la nature personnifiées étaient solennisées par la religion. Les conquêtes qu'on a faites successivement dans la connaissance de la mystérieuse antiquité, portent à croire que ce culte tout allégorique a été le premier formé en corps de doctrines, quoique sous des emblêmes divers, chez les peuples qui à ces temps reculés commençaient ou renouvellaient la civilisation commune où les modernes ont puisé. A Oloron, les morts sont portés à l'église revêtus de leurs plus beaux habits et le visage découvert. Dans les campagnes voisines et dans la vallée d'Aspe, ils sont de plus accompagnés par de vieilles femmes, chantant leurs louanges en vers composés *ex tempore,* sur un mode lent et lamentable. Aux funérailles d'un homme qu'un médecin d'Oloron avait traité, on les entendit chanter, au nom de la famille :

Mous de Larrabère, medeci d'Oulourou,
Qu'etz a tuat lou nouste pay bou

Toute la France abonde en usages singuliers, sur lesquels tant de zélés scrutateurs de nos vieilles annales jetteront sans doute la lumière ; travaux dignes d'un grand intérêt, puisque c'est l'histoire de nos ancêtres qu'ils fouillent, et qu'il en résultera la solution d'une foule d'énigmes dont les mots sont dès longtemps perdus.

CHAPITRE II.

Vallée d'Ossau. — Eaux-Bonnes. — Iscos. — Baleurd. — Aouillasse. Cot de Lordé.

La route des Eaux-Bonnes est principalement fréquentée par les hautes classes, où des habitudes de vie moins salutaires multiplient les poitrines affaiblies, les constitutions altérées, et ce n'est pas en vain qu'elles viennent porter leurs vœux à la nayade du *Trésor,* si une fausse sécurité ne les a pas rendus trop tardifs. A la source d'Ogeou on laisse la route de Pau pour remonter ce large berceau que j'ai signalé de Bélair, tranchée profonde, creusée autrefois sous la chûte des grandes eaux qui, dans le soulèvement, ont dû se précipiter du haut de la digue de marbre, maintenant nuancée de verdure, qui la longe au midi. C'est maintenant sur tous les points un luxe d'habitations et de cultures, si ce n'est au pied de ce grand deversoir, où des buttes et des roches confusément mêlées semblent un dernier témoignage de l'état où ces eaux tombantes ont dû laisser le sol qu'elles frappaient. Après la petite ville d'Arudy et sa jolie plaine, tournant droit au sud, on entre dans la vallée d'Ossau (*ursis saltus,* bois des ours), ancien pays des *Osquidates Montani*, ouverte entre des hauteurs dont la monotonie fait ressortir la beauté des villages. Iseste et sa haute tour, patrie du médecin Bordeu, avec ses bois où sont encore des chevreuils et sa belle grotte, située près du lieu où le gave, précipité dans une fissure profonde, disparaît presqu'à la vue au milieu du chaos calcaire qu'il ne cesse de ronger; Loubie, avec son pont de bois ombragé de grands arbres, et Castets, caché dans la verdure au pied du roc qui porte la tour et quelques murs du château de Casteljaloux que Gaston-Phœbus fit bâtir, et où se tenaient autrefois les assemblées d'Ossau. Dans les hauteurs de l'est, on exploite une très-bonne mine de fer qui fournit aux forges de la vallée d'Asson située au revers, et qui doit être ancienne puisqu'on y voit des galeries profondes de plusieurs centaines de toises. Auprès de Vielle, dont les verdoyants talus annoncent le grand pâturage du Bénou, est, au bord du gave, la forge de Béon qui, faute de charbon, avait longtemps chômé. Jusqu'à Laruns, ce n'est que pentes uniformes et cimes émoussées, comme si on n'était déjà plus sur la route des monts du premier ordre; cependant, à la crête se retrouvent tous les traits alpestres. Son petit bassin, où descend de l'est le val des Eaux-Bonnes, tout riant de verdure, de bois et de villages, dont l'un, Loubie-Dessus, possède une carrière de marbre blanc qui serait un beau marbre statuaire s'il n'était trop sillonné de veines grises, est barré au midi par des rochers où l'œil a peine à découvrir l'issue que s'est ouvert le gave supérieur, et la coupure où passe la route des Eaux-Chaudes. De larges traces de débris y rappellent les ravages de cette affreuse nuit de 1801, lorsqu'au milieu de l'incendie et des eaux de l'Ariousé, précipitées des âpres montagnes de l'ouest, Laruns fut en danger d'une dévastation totale. Celle de Bonnes s'élève d'écharpe au travers de la forêt d'Assouste qui couvre toutes les pentes du midi jusqu'au sombre précipice, dominé par une futaie, que sous le château d'Espalungue s'est creusé le Valentin. La vue s'arrête aux belles masses du Pic de Ger, et au col de Portes qui conduit dans les vallées d'Asson et d'Azun, en tournant autour des pics aux flancs nus de Gabisos.

On cherche en vain à deviner Bonnes ; la route toujours ondoyante sur des pentes rapides où tout n'est qu'atterrissements et débris mal liés de calcaire et de granit, ainsi qu'à Barèges, ne laisse voir que des bois, de nouveaux ravins et les profondeurs croissantes du torrent qui inquiéteraient la vue sans le parapet continu qui borde le chemin. Tout-à-coup, en face d'une porte de rocher qui ouvre une perspective inattendue, on se trouve à quelques pas des bains, au débouché d'une gorge noire de bois, fermée par la cime hardie du Pic de Ger, subite apparition qui donne à ce point de vue quelque chose de la magie du Diorama. Une retraite que des monts et des forêts serrent de si près, des maisons élégantes, des promeneurs sur toutes les buttes, en contraste avec la sauvagerie du lieu, et un mont chauve qui porte haut sa tête menaçante, au moment où le soleil près de son coucher n'éclairait plus que des sommités pelées, tout était romantique dans ce site aussi singulier qu'imprévu. Les sources thermales sortent du granit qui porte toutes les masses calcaires et schisteuses de transition dont sont formées les montagnes voisines, et leur température est de 26° à 27°. Bonnes, bâti sur le lieu des sources, au pied même du roc escarpé d'où elles surgissent, que couronne un belvédère agreste, et qu'à bon droit on a nommé la *butte du Trésor,* au confluent de la Soude et du Valentin, s'était beaucoup embelli sous l'administration de M. de Castellane, et depuis lors plus encore. De vastes et élégantes maisons et une jolie chapelle ont remplacé les barraques qui naguères ne défendaient pas des intempéries de l'air ; mais le spectacle de l'humanité souffrante y afflige plus qu'ailleurs. Ces jeunes femmes, ces hommes à la fleur de l'âge, dont le teint pâle et la maigreur ne disent que trop le mal qui les amène, serrent le cœur, et jamais Bonnes ne deviendra un lieu de plaisir comme Saint-Sauveur, où, dans un séjour charmant, les vaporeuses de bonne compagnie viennent chercher un remède à des maux qu'elles ne veulent pas toujours guérir Des sentiers faciles dans tous les bois qui cernent Bonnes de si près, et sur les rapides pentes qui descendent au torrent, peuvent conduire le baigneur affaibli à la Sabotière, agreste atelier sous des huttes de feuillage; à des fabriques improvisées de pelles et de huches, ou à des scieries nomades parmi les hêtres séculaires d'Assouste et les sapins de Balourd, et à la cascade du Valentin, scène sauvage où du fond du précipice on n'entend qu'un tonnerre continu, on ne voit que des rochers, de sombres feuillages et l'éblouissante gerbe qui tombe du ciel.

Les environs de Bonnes ne sont ni assez connus, ni assez parcourus. Combien de buveurs valides qui, fatigués des sentiers de la cascade, de la butte et de Grammont, lassés même des pelouses et du panorama de la montagne Verte, ne savent pas tout ce qu'ont de gracieux et d'idyllique les prairies de Bagès et du Valentin; ignorent les beautés natives des solitudes de Ley, de Gesque et de Balourd, les hautes savanes de Gourette et d'Anouillasse; et n'ont jamais approché des sourcilleuses pyramides de Ger, d'Amoulat et de Penneméda, où sur des neiges qui défient l'été se plaît toujours l'izard malgré la rude guerre qu'il y subit. De tous les sites dont l'abord est facile, celui qui plaît le plus est le charmant vallon d'Iscos, asile pastoral où les granges sont éparses au milieu de prairies que dessine le buis, sous les masses nues de l'Arcasque, et sous ce long contrefort boisé du Ger qui vient expirer sur Bonnes, ayant pour perspective ou pour rideau de fond le pittoresque amphithéâtre des sapins de Ley, des verts tapis de Gourette, et des crêtes du port d'Azun. Sur ces vastes pelouses longtemps désertes, au mois de juin, des troupeaux innombrables répandent une vie et une activité dont on se ferait difficilement l'idée, mais leurs terribles gardiens peuvent en rendre l'approche dangereuse. Souvent je me bornais, sur quelque mamelon de l'Arcasque, à voir de loin ces fonds où fourmillaient tous les animaux de la vallée, depuis le plateau de Gourette jusqu'aux pics de Latte et d'Esquerra, avant-corps du Gabisos, jusqu'aux sources du Valentin, derrière Penneméda, où sont les lacs des Deux-Ours, de Sourince et d'Anglas, grande colonie d'été qui faisait la richesse d'Aas longtemps avant que le beau monde n'affluât à ses eaux. Leurs cris confondus avec ceux des pasteurs, avec les tintements des clochettes, et les fortes voix des chiens, montaient vers moi en un bourdonnement confus, en harmonie avec tout ce qui frappait mes yeux dans cette scène alpestre et pastorale. Après la Saint-Jean, troupeaux, chiens, pasteurs, tout disparaît pour gagner vers la haute chaîne les pâturages de Sousoueou et du lac de l'Ours, où, jusqu'à la fin d'août, ils vivent de leurs herbes succulentes, pour revenir occuper leurs stations du printemps. Tous ces bruits adoucis par la distance me portaient l'expression d'une vie égale et calme comme le cercle solennel d'où ils s'exhalaient. L'âme sous cette impression, remplie d'amour pour cette nature dont les œuvres sont empreintes de sagesse autant que de grandeur, se sent pénétrée d'idées paisibles et élevées, et si, par intervalles, quelque chant agreste vient à résonner, il semble que c'est la voix de l'homme s'élevant au ciel avec ses joies et ses douleurs, quoique le pâtre n'y mette pas plus de pensée que l'oiseau qui chante sur le rocher. Descendu au bord du Valentin, et cherchant la fraîcheur à l'ombre des sapins, souvent aussi je m'abandonnais au sommeil, au murmure du torrent, qui sous moi avait creusé dans le granit de profondes cavités où les eaux s'engouffraient, des conques arrondies, baignoires naturelles pour les Oréades dont je voulais croire encore peuplés les vieux bois qui, de l'autre rive, projettaient leur ombre mystérieuse. On a peine à s'arracher au repos de ces retraites agrestes, que la nature s'est plue à décorer avec sa grâce ordinaire et une majesté sauvage. En voyant de près ces bois tels qu'elle les a faits, où les branches de sapins, qui sur un sol à pic semblent croître bout à bout, cent fois entrelacées avec celles des hêtres inférieurs et des arbres que la vétusté ou les ouragans ont abattus, forment des fourrés impénétrables, on conçoit l'assertion des pasteurs que les ours y trouvent en tous temps des asiles certains. Un jour un d'eux s'en vint à Bonnes, amenant un oursin de quatre à cinq mois, qu'il avait pris près de Gabas, et même bien acheté : ayant découvert la tanière dans le bois, et emporté le seul petit qui s'y trouvait, il fut suivi à la piste par la mère jusques dans sa grange, dont elle fit le siége en essayant toutes les issues avec une fureur et des hurlements épouvantables. Ses angoisses, qu'il racontait lui-même, ne prirent fin que lorsque des voisins, accourus à ses cris, furent parvenus à la chasser à coups de fusil.

Un matin, je m'enfonçai dans la gorge pour aller reconnaître les hauteurs calcaires du midi dont les grands étages et les formes régulières, sans apparence de décrépitude, annoncent que la destruction ne marche qu'à pas lents dans cette région. Après quelques pas, Bonnes disparaît derrière la butte du Trésor ; on ne voit que des bois sur les pentes escarpées et les cimes grisâtres qui les couronnent. Dans le fourré, circule un sentier scabreux sur le bord d'un ruisseau, dont l'eau pure et cristalline fait à peine entendre un léger murmure, et, çà et là, sont des retraites tapissées d'une fine pelouse et ceintes d'un buis que les ciseaux semblent avoir taillé. Que de fois je me suis échappé pour y passer quelques moments dans un calme parfait. Dans ce vallon caché, dont la solitude est rarement troublée, dont le silence n'est interrompu que par les cris du pic ou le fracas des arbres que le bucheron précipite, tout dispose à la rêverie, et le repos y devient forcément méditation.

La gorge se divise : laissant à gauche l'embranchement principal nommé *Coume d'Aas*, qui monte au pied du Ger, on s'élève entre deux masses menaçantes, la montagne d'Ispe et celle du *Pas-de-l'ours*, ainsi nommée d'un passage dangereux par où l'on a vu quelquefois les ours échapper aux poursuites des chasseurs. Pendant une heure, je gravis un pénible sentier près du lit desséché du torrent, dans ce sombre couloir, dont les berges n'offraient sous de hautes parois qu'un impénétrable fouillis, ouvert quelquefois par des trainées d'arbres destinés à pourrir sur la place où les avalanches les ont renversés. M'arrêtant souvent pour prendre haleine, j'étais frappé du sauvage aspect de cette gorge, et me plaisais à pousser des cris pour les entendre retentir sous les voûtes des sapins, et répéter par les rochers qui surplombaient ma tête. Enfin, le ravin perd de son âpreté ; je respire plus à l'aise dans une combe riante, où des ouvriers s'occupaient à scier des bois, bientôt convertie en une tranchée obscure sous des rochers percés de cavités. C'est là qu'était le campement des scieurs, et ce qu'on nomme *las Quebas* (cavernes) de *Balourd*, asile bien connu des troupeaux dans le mauvais temps. Après ce boyau enfoncé, l'espace reparaît, et je vois s'ouvrir une clairière dont l'aspect calme et l'étendue soudaine me surprennent agréablement. Il me semblait que, le premier, j'allais fouler ces verts et frais tapis, lorsque deux cabanes, des moutons et des chevaux, vinrent arrêter mes idées de découverte. Quels plaisirs doivent être ceux des hardis voyageurs, qui pénétrant dans des régions inconnues, y découvrent une nature nouvelle et des productions ignorées que déjà, dans leur esprit, ils font tourner au profit de leurs semblables ! J'avance ; et me reposant sur la mousse au pied d'un sapin, je contemple l'aimable solitude de Balourd.

Qu'on se représente une enceinte ovale, une petite plaine de verdure, entourée de pentes douces, où les arbres sont épars, se relevant d'un côté jusqu'à la crête que couronnent les premiers bois d'Assouste, où un filon ferrugineux fut jadis exploité, et de l'autre jusqu'aux flancs calcaires du mont Cuye, unis comme des murs. Le vert foncé de la pelouse qui s'étend avec sécurité au pied des escarpements, où nul débris n'interrompt sa teinte amie de l'œil ; la longue ceinture des bois ; ces cabanes, dont la construction facile et prompte répond aux premiers types de l'architecture ; ces troupeaux dispersés, ces masses inaccessibles et nuancées, et ces imposantes murailles où se projettent les têtes des sapins, tout donne à ce site romantique un air de grandeur ensemble et de suavité. En avançant vers les cabanes, je fus assailli par deux chiens assez forts pour se défendre des ours qui abondent dans ce canton. Hardis et obstinés, je m'en serais difficilement garanti sans le secours des pasteurs qui accoururent. Ces braves gens, dont je mis l'obligeance à l'épreuve, étaient affables et désintéressés, comme le sont en général tous les Ossalais; éloge que ne méritent pas au même degré leurs voisins d'Aspe et d'Azun. Puisse la fréquentation des étrangers ne pas leur faire perdre leurs qualités natives! car ce n'est guères plus que dans les vallées éloignées, où le tableau du luxe et de ses jouissances ne s'est pas encore montré, que l'on retrouve les manières simples et la cordiale hospitalité qui régnaient autrefois dans toutes ces montagnes, et y donnaient tant de charme aux mœurs antiques.

Continuant à remonter le vallon, pendant une heure on s'élève dans les bois qui font barrière au midi jusqu'à un espace découvert, où sous l'abri des rochers est le *Courtaou* de *Gourziot*. Plus loin, un monticule précède un entonnoir, tout pelouses ou rocailles, que la bonté de ses herbes fait rechercher des pasteurs dont les cabanes sont en bas près d'une maigre source. Descendu dans le fond, je foule rapidement l'épais gazon tout émaillé, je jette un coup-d'œil sur un puits demi caché sous des plantes dont rien ne décèle le danger, et remontant une raillère de granit qui n'est qu'une saillie de la roche inférieure disjointe et fracturée par le temps, j'atteins enfin le chemin des troupeaux, lorsqu'aux derniers jours de juin, quittant les basses vallées par la forêt d'Assouste, ils gagnent de plus hauts pâturages. C'est là que peu à peu se développe un vaste et verdoyant plateau aux surfaces inégales, baissant d'un côté dans le vide où paraissent les premiers sapins des Eaux-Chaudes, fermé au midi par la montagne d'Arcisette et la double tête du mont Césy sur le cot de Lordé, et relevant à l'est ses longs talus vers une ligne de beaux rochers, les cimes d'Arre, la crête d'Aucupat, le cône aigu d'Amoulat, et enfin le pic de Ger brillant de neige par delà les masses dépouillées de Moncaye et de Pembécibé. Toute cette région de pâtures et de courtaous porte le nom d'Anouillasse.

Mes pas se hâtaient sur ces tapis si doux, lorsqu'à ma

gauche je vois l'espace s'évaser, s'approfondir, et au lieu d'un précipice me présenter une arène élargie, tapissée de verdure et cernée de murailles qu'interrompent seuls quelques éboulements. Il semblerait qu'une partie du plateau se soit tout à la fois abaissée de 300 pieds, et si, comme en d'autres lieux, le hazard eût façonné ses murs en gradins, ce serait un beau cirque de mille toises dont la nature eût offert le modèle. Sans des issues souterraines ce serait un lac, car le ruisseau qui vient de Ger et d'Amoulat, ne fait que s'y étendre dans les grandes eaux pour se perdre çà et là dans des cavités, origine sans doute des belles sources de Bonnes et des Eaux-Chaudes.

Ce grand plateau pastoral où l'air est vif et pur, où tous les points de vue sont alpestres, m'attirait souvent, et par un hazard heureux, je m'y trouvai le jour même où les troupeaux émigraient vers la haute chaîne. Mollement couché sur un mamelon qu'embaumait la thimelée, je les voyais déboucher à la file du petit col d'Assouste, ceindre de longues lignes les flancs du Gourzy et se répandre sur Anouillasse, ceux-ci sur les plans élevés, ceux-là dans le fond de l'arène, tandis que d'autres poursuivant leur route vers Sousoueou, allaient disparaître derrière le cot de Lordé. Chacun gagnait ainsi sa station désignée auprès de la source indispensable, et aussitôt l'âne déchargé et le simple butin mis à bas, le vieux courtaou était nettoyé et à demi restauré pour offrir au moins un asile dès la première nuit. Tous étaient à l'œuvre; la colonie établissait son modeste campement, et la solitude peu à peu animée, se peuplait au bruit confus des voix, aux aboiements des chiens qui, contents de revenir à la vie qu'ils aiment, s'agitaient à l'entour et faisaient retentir des rocs longtemps muets de leurs joyeux abois. Ces premiers soins remplis pendant qu'un peuple de moutons avides des succulentes herbes dont ils avaient jeûné, s'éparpillait sur les vastes pâtures, des groupes couraient dans les fonds aux premiers bois des Eaux-Chaudes pour s'y pourvoir de cet autre objet de nécessité première qui fait encore la richesse du Béarn, lorsque tant de montagnes en sont peut-être à jamais dépouillées. Tout cet ensemble si loin du bruit et des mille besoins des villes, ce tableau simple d'une vie nomade a quelque chose d'antique et de très-attachant.

Du haut du cot de Lordé, à trois heures de Bonnes, on se trouve tout-à-coup en face de la haute chaîne d'Ossau, et de ce grand et alpestre ensemble, une pyramide de l'aspect le plus fier est le centre majestueux. Subitement élancée au-dessus d'un cercle de monts qui semblent s'incliner vers elle, aux forêts qui couvrent sa base, à l'isolement de sa tête fourchue, on reconnaît le Pic du Midi de Pau. Cette belle masse où le granit expire, qui ne voit plus de rivale jusqu'à l'Océan, à ce premier coup-d'œil serait jugée inaccessible, et elle l'est en effet si l'on n'a la tête et le pied de l'isard. Un grand vallon transversal, dont la profondeur m'était cachée par une large terrasse herbeuse étendue sous mes pieds, ne laissait voir que les grands bois d'Héréna sur le rein opposé, et le torrent qui, muet pour nous, y brillait plus haut, après s'être épuré dans les lacs d'Artouste et d'Ormielasse Ses premiers filets descendent des cimes ardues de Som-de-Seoube, que les pasteurs nomment aussi montagne d'Artouste, où se trouve le port difficile et peu fréquenté de Lavédan. Les montagnes d'Arrious peu inférieures les suivent à l'ouest vers le val plus éloigné de Broussette que le vide dessine, de Gabas à la crête, par-dessus le contrefort revêtu de sapins et de verdure, qui d'Héréna s'élève, en ses ressauts nombreux, Soques, Gabardère, Costecampe, jusqu'à leurs roches culminantes. C'est sur les flancs sinueux de ce chaînon et ses plateaux inférieurs que sont les pâturages renommés de Sousoueou, où fourmillent les troupeaux en juillet et août. La crête s'abaisse ensuite et s'adoucit aux ports de Peyrelue et d'Anéou dont les hauteurs émoussées se cachent derrière le large soubassement du pic d'Ossau. Tous ces ports versent à Salient et Penticouse dans la vallée du Gallego, mais les deux derniers d'un abord toujours facile, celui d'Aneou surtout, sont seuls habituellement fréquentés, et on y trouve au pied une bonne auberge de montagnes, la case de Broussette, qui est également le rendez-vous de tout explorateur hardi qui veut affronter le grand pic.

C'est là que mes yeux se reportaient toujours, ayant en face l'arète élevée de Suson, qui conduit à la seule ligne accessible. Cette cîme élancée, ce roc si fier, but constant des orages que tous les points de l'horizon lui envoient pour ajouter sans cesse à ses ruines, la vue sublime que doit offrir la cime, planant à la fois sur les deux versants de la chaîne et sur des monts de toutes parts abaissés, l'extrême difficulté de son ascension, enfin, dont peu osent courir les risques, tout se réunit pour me décider à l'attaquer encore après y avoir deux fois échoué par l'effet d'un temps contraire. Bien loin sous moi se voyait Gabas, petit champ de maisons et de verdure au milieu des sapins, d'où je suivais de nouveau le val de Bious, ses clairières et ses bois, jusqu'aux hauteurs neigées d'Agous et d'Ance et au col extrême des Moines; ce vallon achevant ainsi, avec le val de Broussette qu'il rejoint à son origine auprès d'Aneou, de contourner la base entière du pic.

Assis sur la pelouse que réchauffait le soleil, nous y fûmes joints par deux jeunes gens employés à la mine de cuivre depuis peu découverte sur le flanc méridional du mont Césy. Ce filon, renfermé dans les couches calcaires qui portent la double cime, est situé à mi-montagne à la hauteur de la terrasse herbeuse, vers son extrémité inférieure et peu au-dessus de la masse granitique qui compose la base. Le temps nous manqua pour le visiter, et nous regagnâmes Bonnes par le chemin des troupeaux qui nous ramena aux cabanes d'Assouste, cachées dans un fond pittoresque à la lisière de la forêt, d'où nous dévalâmes par l'unique sentier qui la traverse, à l'usage des scieurs et des charbonniers. De superbes sapins, tombés de vétusté, ou renversés par les vents, y gissent de toutes parts faute de moyens d'extraction, et de précieux matériaux s'anéantissent ainsi à quelques pas des plaines où leur rareté s'accroît tous les jours. Après une rapide descente, je me trouvai au milieu d'une sabotière que des baigneurs étaient venus visiter. Le bruit du travail dont retentissait la forêt, la cabane rustique, les vieux hêtres abattus, et toute cette activité dans la solitude, y formaient [illegible] agreste, à quelques pas du plateau de G[illegible]

Les sources de Bonnes appartiennent aux habitants du village d'Aas, auprès duquel Diétrich a indiqué vaguement du minerai contenant de l'or. Comme ils s'en sont réservés l'usage pendant le jour de la Saint-Jean, par l'idée des grandes vertus qu'ils attribuent aux bains ce jour-là, dès le matin on les voit occuper toutes les baignoires, et jusqu'au soir ce ne sont que danses, jeux et querelles, où se montre à découvert le caractère de ces bons et vifs montagnards. Leurs éternels ronds de danse sont monotones; mais le costume des Ossalaises, tout-à-fait espagnol, a une sorte d'élégance, avec leurs jupons plissés, leurs corsets brodés et tailladés, et l'obligé capuchon. Les hommes ont conservé l'ancienne cape de Béarn, la même que le *Sac'h* gaulois, origine du *Sagum* des Romains. Cet ample manteau blanc, dans les jours de cérémonie, leur donne un air de représentation, tandis que les femmes ne portent qu'une cape très-courte de même couleur, brodée en noir et d'un fort bon effet. L'après-midi fut exclusivement consacrée à des exercices d'adresse et de légèreté : ce saut composé de trois enjambées qu'on nomme le saut basque; le jeu de barres qui consiste à lancer une pesante barre de fer; la course aux sacs, où des garçons rangés sur une ligne et enfermés dans un sac jusqu'au cou, ne peuvent avancer que par sauts grotesques et par chûtes fréquentes, à la grande joie des spectateurs; le jeu des bouteilles, où de jeunes filles, les yeux bandés et armées d'un bâton, doivent casser une bouteille suspendue à vingt pas pour gagner des prix souvent promis d'avance; la course aux œufs, où tandis qu'un coureur va poser un à un, sur une seule ligne, 80 œufs à un pied l'un de l'autre, tous ses concurrents doivent aller et revenir du village d'Aas, éloigné d'un quart de lieue. A ce dernier jeu, celui qui toujours courant posait les œufs, ne gagna le prix que de quelques secondes. Enfin la course à la montagne Verte où les vingt-cinq meilleurs coureurs des cinq villages prochains luttent de vitesse pour gravir la pente rapide qui fait face à Bonnes, jusqu'au plus haut point où sont plantés trois drapeaux. Il faut une grande heure pour y atteindre d'un pas hâté, et au jarret de fer du montagnard il suffit de 15 à 20 minutes. Les trois vainqueurs redescendent aussitôt, et musique en tête, portant chacun le drapeau qu'il a conquis, ils reviennent, couverts de sueur et glorieux, recevoir les prix des mains des dames.

Après cette grande lutte qui termine les jeux, ce fut une autre scène de mœurs locales : deux jeunes gens, l'un de Bonnes et l'autre étranger à la vallée, s'étaient fait remarquer au saut basque. Également lestes et piqués au jeu, ils voulurent lutter encore; l'étranger dépassa enfin d'une semelle l'Ossalais qui, malin et la tête échauffée, prétendit qu'il n'avait pas fait franc jeu, lui chercha noise et engagea aussitôt le combat. Grande rumeur alors; on accourt, on les sépare, on les tient à quatre, et pendant deux heures ce ne furent qu'efforts des combattants pour se joindre et des amis pour les éloigner, ce qui amena des scènes très-amusantes. Enfin, les bonnes têtes s'en mêlèrent et je remarquai avec quels soins on conduisit en même temps les fiers rivaux bien entourés et maintenus jusqu'à ce qu'ils fussent attablés dans le cabaret prochain. Là, toute précaution est désormais inutile, car ce serait blesser toutes les convenances ossalaises et irriter les assistants, que de renouveler une querelle quand on a eu le verre en main.

CHAPITRE III.

Vallon du Néisa. — Pic de Ger. — Pénemédà. — Pic Amoulat. Chasse aux isards.

L'abondance des neiges avait mis obstacle à mes projets, et ce n'est que longtemps après ce voyage, que j'ai pu exécuter la course au pic de Ger, tant il est rare dans les montagnes de trouver réunies toutes les circonstances favorables. Que de changements s'étaient opérés dans la secousse qui venait d'ébranler l'Europe ! Le sabre entouré d'auréoles de Napoléon avait fait place au sceptre des Bourbons ; la nature seule avait été immuable.

Par une belle soirée de juin nous étions sur la route de la Loubère, près de Tarbes, où tant de fois la nuit m'avait surpris à contempler le pic du Midi et ses fiers acolytes. Leurs sommités blanchies réfléchissaient les dernières lueurs du couchant, lorsque depuis longtemps leurs bases étaient plongées dans l'ombre étendue sur la plaine. Ces derniers moments du crépuscule qui s'éteint, où se réveillent les souvenirs du passé, me rappelèrent combien de fois dans les mêmes lieux, avec des amis auxquels m'unissait parité de goûts et de pensées, j'avais admiré les beautés du couchant, cette infinie variété de formes, de tons et de couleurs, et ces effets éblouissants de lumière qui, plus qu'ailleurs, en font pour l'habitant du pied des Pyrénées un si pompeux spectacle.

C'était un jour de foire à Pau ; nous y entrâmes au milieu de groupes animés et de scènes caractéristiques des mœurs du pays : des groupes de garçons au costume leste, et de jeunes filles à l'œil vif, à la mise gracieuse, chantant, folâtrant, et même dansant sur la route, indiquaient le peuple spirituel et gai qui avait donné au roi béarnais ses qualités aimables. La restauration avait fait reparaître son berceau qu'un pieux royaliste, M. Beauregard, avait pu conserver en en substituant un autre. Le château aussi avait été restauré ; dans une de ses salles, sous un trophée chargé d'or et d'azur, sous des panaches blancs, étaient exposés la célèbre carapace où avait reposé Henri et quelques ustensiles jadis dorés, maintenant rongés de rouille. Je me plaisais à voir la chambre même où la *Brebis avait enfanté le Lion* ; et il me semblait que ces vieux murs résonnaient encore de ce chant de douleur que la courageuse Jeanne adressait au ciel :

Nouste Dame deou cap deou poun,
Ajudat-me ad'aquest'hore !
Prégats aou Diou deou ceou
Que'm bouillé bié délioura leou ;

D'u mainat que'm bessi lou doun !
Tout dinqu'aou haou des mouns l'implore :
Nouste Dame deou cap deou poun,
Ajudat-me ad'aquest'hore !

En passant sur le balcon, d'où la vue s'égare sur le plaines et les montagnes, on ne peut échapper à une mélancolique réflexion : auprès de ces dépouilles d'un grand Roi, qui n'a paru qu'un instant pour le bonheur des peuples, que ses hautes vertus n'ont pu sauver d'un sort déplorable; à côté de ces produits brillants des arts qui ont l'éclat des fleurs et guères plus de durée, le plus magnifique tableau de la nature, sous un soleil qui n'a point vieilli, la montre aussi resplendissante de fraîcheur et de grâces que dans les premiers jours de sa fécondité.

Après Gan, qui fut la patrie de Marca, savant prélat, historien du Béarn, le vallon se resserre, les riants points de vue se succèdent sur les côteaux plus exhaussés, et toujours les eaux limpides du Néiss animent par leur murmure les retraites ombreuses qu'il parcourt. Bruyantes et rapides, elles fuient et tombent sous de longs berceaux que le soleil perce à peine en se jouant dans le feuillage, joyeuses, comme à Vaucluse, d'avoir quitté leurs routes souterraines. Au village de Rébénac, que domine l'élégant château de M. Bitaubé, traducteur de l'Iliade, à la base du mamelon de marbre gris que les habitants décorent du nom de pic, on s'arrête pour voir leur origine. Cette belle source surgit, au fond du vallon, du calcaire primitif, comme celle d'Aulus, s'élançant à gros bouillons du sein de cavités qu'on ne peut sonder. Son abondance et sa régularité ont donné l'idée qu'elle provenait d'un écoulement souterrain du gave d'Ossau, dont la sépare le côteau de Sévignac contre lequel il vient heurter; opinion qui serait très-probable, le gave au point le plus rapproché paraissant plus élevé que la source, si celle-ci ne restait pure lorsque le torrent est troublé. Cependant on regarde comme certain que l'eau du moulin, qui est plus haut dans le vallon, vient du gave. On connaît même auprès d'Iseste le trou où elle s'engouffre. Alors, elle pourrait bien avoir la même origine et se purifier dans le trajet.

Depuis les amas de matières diluviennes sur lesquels Pau est construit, le géologue a peu d'observations à faire. Au sud de Gan, des couches régulières de pierre calcaire, de grés, de schistes argileux et de marbre gris, se montrent partout dirigées parallèlement à la portion correspondante du faite de la chaîne, et relevées au midi, comme pour s'appuyer sur les hauteurs centrales. Un tel arrangement, que Palassou a le premier constaté d'une mer à l'autre, a fortement appuyé les idées nouvelles, et ne pouvait se concevoir, en effet, que par les soulèvements verticaux qui auraient eu lieu suivant les lignes dont se compose l'axe général. J'y ai vu des couches cassées net et redressées à angle droit, sans que leur parallélisme en fût dérangé, et du grés micacé inférieur au terrain de craie alternant avec un calcaire blanc qu'on exploite pour bâtir.

Le haut du vallon s'épanouit en une multitude d'ondulations de l'aspect le plus frais, où sont épars des blocs erratiques de granit qui datent sans doute de l'époque où les glaciers d'Ossau étant au niveau du col de Sévignac, les y ont transportés. Le soleil s'était abaissé, et l'air du soir déjà vif comme l'air des montagnes où nous allions entrer, donnait cette élasticité de mouvement, cette force de bien-être qu'on ignore ailleurs. Nous montâmes à pied la longue rampe qui précède le village, autrefois sanctifié par une Madone révérée de tous les cantons voisins, et où se trouve une source sulfureuse froide, escortés d'une troupe de jeunes filles gaies comme le matin, charmantes comme leur pays, qui, la tête chargée d'un énorme seau en bois d'if, auquel le temps avait donné la couleur de l'acajou, rapportaient de la fontaine la provision de la nuit. A la vue subite des montagnes et du bassin d'Arudy, sur lequel planent les yeux, on s'arrête en face de la vallée d'Ossau, large et profonde avenue vers de hautes cimes toutes neiges et bois, groupées à l'entour du roc pyramidal qui domine tout de son front orgueilleux. Le gave, enfant de ces monts éloignés, brille pour la première fois sous la tour de Castets, baigne des bords riants et des villages, et par un vaste demi-cercle, vient au pied du côteau étaler ses eaux d'aigue-marine, avant de disparaître de nouveau au-delà du vieux pont d'Arudy.

Ce qu'on m'avait dit à Bonnes des dangers du Pic de Ger avait piqué ma curiosité. Je l'examinai de divers points, surtout de l'Arcasque, d'où ses flancs à pic et sa cime hardie s'élancent au-dessus du rein boisé d'Iscos. Des trois côtés visibles il faudrait des ailes pour franchir ses épouvantables escarpements ; mais le vallon de neige qui longe ses flancs à l'ouest me présenta une chance de succès, en ce que de la crête où il remonte, isthme fort élevé entre le pic et Pembécibé, il paraissait aisé d'en atteindre la cime. Dès que mon projet fut connu, il trouva des contradicteurs ; chacun n'y voyait qu'une tentative téméraire, inutile, et ce fut à qui me conterait des aventures funestes pour m'en dissuader. Le docteur Darralde, entr'autres, me raconta la mésaventure de M. Léon Dufour, naturaliste intrépide qui, disait-il, avait failli périr dans les rochers du Pic-de-Ger, tandis que c'était sur le pic Amoulat, cime à peu près inaccessible située à son midi, que son guide et lui avaient, en effet, couru le risque de leur vie, ce que je n'appris que plus tard. Mais je n'avais pas oublié les contes populaires qu'on m'avait débités au pied du Canigou ; aussi, comptant sur mes observations et mon habitude des rochers, je ne fus que plus impatient de voir de près ce mont redoutable, et de lui faire perdre sa réputation d'inaccessibilité.

Dès trois heures du matin je fus en marche avec le jeune chasseur qui avait fait des siennes le jour de la fête, en se querellant avec l'étranger, et sur qui je pensais pouvoir compter, mesurant de l'œil l'espace jusqu'au pic sourcilleux qui déjà brillait des clartés de l'aube. Après la gorge de Balourd on suit longtemps une pente rapide dont l'aspect dépouillé m'étonna. Des beaux sapins que j'y avais vus, il ne restait que quelques troncs mutilés parmi les hêtres qui naguères rampaient à leurs pieds. L'ami des hommes s'afflige, non moins que celui de la nature, de cette dépopulation des bois qui marche avec tant de rapidité dans les Pyrénées et partout. J'aperçus plusieurs de ces ateliers où l'on rassemble des troncs d'arbres en les faisant rouler des hauteurs pour scier les plus gros et transporter le reste à Bonnes. Ce sont des femmes qui font tous ces transports sur la tête. On est peiné de les voir chargées de lourds fardeaux sur des sentiers si dangereux et toujours de plus loin à mesure que se détruisent les bois. Ce n'est qu'à une heure de chemin qu'on retrouve des sapins et de belles clairières sous les flancs escarpés du Pembécibé, cachés à leur base par une ceinture de forêts dont on aimerait la profonde solitude, si l'on ne savait que les ours y sont communs. Le seul bruit qui de loin en loin troublât leur silence, était causé par un pic noir qui, à coups redoublés, frappait sur les troncs secs et caverneux pour y chercher sa nourriture. Ces bruits étranges qui aux premières heures du jour se répondent de divers points, sont singulièrement retentissants dans ces fonds entourés de rochers; et l'on a peine à croire qu'ils soient produits par un oiseau de la grosseur d'une perdrix. Quantité d'arbres gisant de tous côtés, abattus par les vents impétueux qui s'engouffrent dans ces gorges, embarrassaient notre marche. Nous touchions cependant à l'origine du vallon nommé la *Coume d'Aas*. Nous nous arrêtâmes à une source dégouttant du rocher dans de grandes auges, qu'on nomme les *Tos de Gesque*, la seule de ce canton qui ne soit pas tarie au mois de septembre pour les troupeaux alors revenus. Laissant à gauche le vallon supérieur qui monte au plateau de Bouïs, nous rentrons dans le bois à la base immédiate du pic qu'il faut gravir d'écharpe. Les arbres étaient sous nos pieds, lorsque d'une étroite corniche nous fîmes partir un isard qui dans ses bonds vigoureux fut en un instant hors de vue; mais sa tête élégante reparut bientôt au sommet d'une butte, d'où, immobile et le corps caché, il nous observa longtemps. J'ai vu maintes fois que lorsque ces animaux sont en troupe, il y en a toujours ainsi quelqu'un au guet qui, par une espèce de râlement, avertit les autres de l'approche du danger.

Le vallon de neige était tout entier devant nous, partout d'une forte inclinaison, et relevé dans sa partie supérieure vers ce col qui m'avait paru la seule voie pour parvenir à la cime. Ce n'était qu'un uniforme berceau depuis les flancs du

Ger, redressés comme des murailles qui toujours grandissaient, jusqu'à une arête à l'ouest portant une tour nommée le *Roc-du-Capérat*, déjà frappée du soleil et se détachant sur le ciel. Nous espérions le franchir dans la grande ombre du pic avant que ses rayons n'en eussent ramolli les neiges. Les premières alternaient avec quelques portions de sol où l'hiver régnait encore, excepté de frêles soldanelles qui çà et là perçaient la terre humide. Nous avions abordé la grande neige où l'air était vif et froid, et à une saillie de roc d'où un filet d'eau allait se perdre dans des trous glacés, le guide s'arrêta, déclarant qu'il ne pourrait aller plus loin sans mettre la fortifiante *boute* à contribution.

Les premiers pas furent faciles ; mais arrivés en face de ces gigantesques murs, semblables à une forteresse des Titans, là où le soleil de la veille, fortement réverbéré, avait pénétré la neige, nous éprouvâmes une difficulté inattendue. Le froid de la nuit avait formé à la superficie une croûte glacée qui, cédant sous nos pieds, nous laissait enfoncer jusqu'au genou, et souvent davantage. Tantôt, me faisant aussi léger que possible, je l'effleurais d'un pas égal jusqu'à ce que la croûte perfide se rompît, et tantôt, l'enfonçant à chaque pas, je triplais la fatigue en gagnant fort peu d'espace. Quelquefois même, me traînant sur la neige, j'avançais sans la rompre ; mais un tel moyen, que l'impatience seule me suggérait, ne pouvait me mener loin ; et tout avait pour moindre inconvénient une lenteur extrême qui faisait perdre un temps précieux. Que de fois mes yeux scrutateurs ne cherchèrent-ils pas à découvrir quelque autre route sur l'arête du Capérat qui était visiblement impraticable ! Résolus de ne reculer que devant d'insurmontables obstacles, nous continuâmes patiemment à ramper sur l'espace dont nous seuls interrompions l'uniforme blancheur. Dans les haltes forcées que la fatigue rendait fréquentes, j'observais les murailles qui s'élevaient sur nos têtes, où nulle plante, pas un brin d'herbe n'avaient trouvé prise, et qui partout présentaient l'apparence d'un calcaire homogène, excepté en amont où des roches noires indiquaient la présence du schiste. Exposées aux vents d'ouest, elles étaient sillonnées par les pluies, parfois même en surplomb ; et au-dessus du schiste, des masses fracturées avaient un aspect peu rassurant, lorsque, rampant à leur pied, on les voyait suspendues sur la tête.

Nous avancions cependant, mais le soleil plus encore. Déjà il donnait sur les neiges supérieures qui montaient à la crête, et bientôt il devait les ramollir davantage, ce qui équivalait à l'impossibilité de les franchir. Cette voie que j'avais cru la seule m'étant ainsi fermée, je fus un moment découragé. Les avis du docteur et tout ce qui avait été dit pour me détourner de ma course, me revinrent à l'esprit. L'idée d'échouer par des obstacles passagers, tout différents de ceux qu'on m'avait annoncés, et que j'eusse évités seulement en partant une heure plutôt, m'était si pénible, que reprenant ma résolution, je recommençai à suivre de l'œil avec la plus grande attention toute la partie de l'est encore dans l'ombre, et cette fois ce ne fut pas en vain. Du flanc des murailles supérieures se détachait une arête schisteuse fort inclinée qui, en bas, se perdait sous la neige, et par le haut touchait à des aspérités prolongées jusqu'à la crête. Je ne me dissimulai pas le danger de cette voie, mais je n'avais pas le choix, voulant à tout prix sortir de notre désagréable position. J'encourageai donc mon jeune chasseur que je fus étonné de voir fort peu disposé à tenter l'aventure, en lui montrant plus de confiance que je n'en avais réellement.

Au pied de l'arête nous enfonçions dans la neige jusqu'à la ceinture ; sur le roc ce furent d'autres difficultés. L'inclinaison était si forte que l'ascension n'eût pas été possible sans les aspérités qui partout offraient prise aux pieds comme aux mains. Je vis alors que mon compagnon, quelque adroit et leste qu'il fût, était peu familiarisé avec les rochers, ce qui m'obligeait souvent de m'arrêter de peur de l'atteindre avec les débris qui se détachaient sous moi et allaient rouler sur le talus de neige, ressemblant aux corneilles qui en rasaient la surface. En gravissant ainsi j'étais presque inquiet du formidable aspect d'une masse fracturée qui semblait prête à crouler sur nous ; et ce ne fut pas sans plaisir qu'après une escalade des plus fatigantes, j'atteignis les murailles. J'y trouvai, en effet, d'étroites saillies qui pouvaient nous conduire à notre but; mais ici, surtout, il fallait tête bonne et pied sûr. Sous nous, la roche constamment battue par les vents pluvieux était devenue très-polie; et de ces aspérités, par fois assez éloignées, un faux pas eût fait glisser avec la vélocité de la flèche jusqu'à la neige où on se serait enseveli. Mon compagnon muet, regardait, étonné. Je pris encore l'initiative, après avoir suivi le conseil de Saussure, de familiariser la vue avec le précipice avant de s'y hasarder. Habitué à ces sortes de difficultés, j'avançai avec précaution, et franchis ainsi le pas le plus dangereux; mais là où mes guides de Barèges ou de Cauterets n'eussent pas hésité, l'embarras de mon compagnon fut tel qu'il me fallut retourner pour prendre le havresac et le fusil. Libre et pieds nus, il parvint à passer. Dès-lors, plus d'obstacles : la vive satisfaction d'une réussite longtemps douteuse, les doux rayons d'un soleil que je ne craignais plus, et une vue déjà étendue, m'attendaient sur la crête. C'était beaucoup à la fois; il fallait se reconnaître. Assis sur un tas de pierrailles au milieu de la neige, nous procédâmes à un déjeûné qu'assaisonnait un appétit bien motivé, heureux d'être enfin sortis du malencontreux vallon où notre longue route était tracée, et de la certitude désormais acquise, du succès.

Le tableau que j'avais sous les yeux m'était nouveau, et partout de la neige. Je plongeais au midi dans le vallon qui derrière Pembécibé se dirige sur Annouillasse, en descendant du col de Plassegonné et du pic Amoulat, dont les flancs noirs comme ceux du cylindre de Gavarnie étaient imposants au milieu de toutes ces surfaces étincelantes; et, au-dessus de nous, se relevait la tête du Ger, dont les contours purs et l'éclat incomparable, se projetaient sur un ciel bleu foncé. La neige peu profonde nous laissa gravir sans difficultés jusqu'au plus haut de la coupole, d'où j'eus enfin le plaisir de voir mes observations justifiées, et de prouver que, sans des circonstances extraordinaires, l'ascension du Pic-de Ger n'eût été qu'une facile course.

La cime n'est qu'une crête parallèle au vallon neigé et dominant à l'est d'effrayantes profondeurs où l'œil plongeait d'un trait sur les combes et le couloir de Plassegouné. La neige qui y était amoncelée, se détacha plusieurs fois par l'effet du soleil pour s'y perdre en poussière. Cette crête inégale et interrompue allait s'abaissant au nord jusqu'au cône tronqué, qui, de Bonnes, paraît être le point culminant, tandis que nous étions sur la véritable cime, ainsi qu'on le voit très-bien de Laruns et de toutes les hauteurs. Si de Bonnes on eût alors braqué une lunette sur le pic, les incrédules eussent pu se convaincre, car j'en voyais les maisons blanches se détacher comme du fond d'un précipice de verdure.

Le panorama, dont j'étais le centre, se partageait en deux tableaux distincts; au midi, les perspectives du pôle, au nord la verdure et la vie. Je plongeais bien bas sur les fonds de Gourette, avec leurs milliers d'êtres vivants, épars comme les étoiles dans le ciel, et sur les pâturages, en apparence à leur niveau et non moins peuplés, d'Arbas et d'Asson, petite vallée, qui, née au pied du Gabisos, va déboucher dans la plaine de Nay; ses forges, comme celles de Béon, tiraient leur minerai des montagnes de Loubie et ont également cessé leur travail. Toutes ces hauteurs, jusqu'aux obscurs mamelons du pays basque, se développaient en chaînons monotones, et les teintes sombres qu'elles doivent aux bruyères et aux taillis, faisaient ressortir les nuances variées des plaines du Béarn et de la Bigorre étendues jusqu'aux vapeurs de l'horizon. Seulement les yeux s'y arrêtaient sur le plan du Benou, riche pâturage au-dessus de Bielle vers la vallée d'Aspe. La ville de Tarbes était visible; mieux encore celle de Pau, coupée en deux par la pointe de la montagne de Loubie, qui me cachait justement le château.

Mais de quelque intérêt que soient ces beaux pays où toujours se plaisent mes souvenirs, les aspects étranges du midi absorbèrent bientôt la vue et l'attention. Sur la chaîne centrale, revêtue à la fin de juin de son manteau d'hiver, ce n'étaient que neiges et rochers, que la dure opposition des deux teintes les plus tranchées. Seulement, autour du Pic du Midi, les forêts de Broussette et de Gabas étaient comme des taches noires qui ne sortaient pas de l'effet général; il semblait que la nature s'était trompée de solstice. De l'autre côté des fonds de Sourince et d'Anglas que je découvrais par-dessus les crêtes de Péneméda, au-delà du chaînon de Latte et d'Esquerra, le pic de Gabisos, de niveau avec le Ger et l'emportant sur lui en formes hérissées, m'opposait ses pics aigus, et ses crêtes qui menacent les talus en repos et les riches verdures d'Azun, sans me cacher rien du Mounné et des montagnes de Cauteretz, toutes commandées par les fleurons de Vignemale. Au midi, la barrière formidable de la haute chaîne se déployait devant moi : les monts élancés des ports d'Azun, Costerillou, dont le glacier avait disparu sous les neiges, Pène d'Aragon, Arieugrand, Som de Seoube hauts de 1,600 toises, les masses d'Arrious qui ne leur cèdent guères, celles de Peyrelue et d'Anéou plus rabaissées auprès du pic d'Ossau, qui tout-à-coup se redresse à la hauteur des plus fiers, et tous les ports de cette région plus faciles, plus fréquentés que ceux du centre, désignés seulement alors par les intervalles des montagnes et par leurs rampes allongées dont le triste éclat faisait regretter les teintes amies qui devaient bientôt les revêtir. Dans les vallons supérieurs de Broussette et d'Artouste, sur les plateaux de Gabardère et de Sousoueou, tout était confondu; mais l'uniformité des plans y désignait les bons pâturages qu'attendaient impatiemment les troupeaux ossalais, autour des lacs d'Ormiélasse, de l'Ours et d'Artouste, qui porte une roche isolée à son centre. Derrière la grande fourche d'Ossau, les pics d'Aspe et de Bernères, voisins du charmant lac d'Astains, et celui d'Anie, dernier sommet remarquable des Pyrénées, qui voit à ses pieds leurs plus vastes forêts et les restes toujours vivaces de la race cantabre, terminaient à l'ouest la perspective.

Après deux heures passées à observer une étendue de monts qui m'étaient tout nouveaux, glissant avec rapidité sur l'éblouissant manteau qui couvrait le pic au midi, en quelques minutes nous nous retrouvâmes sur le col, d'où mon guide se mit à poursuivre les isards, très-nombreux dans ce canton. J'admirai leur force, leur vélocité, comme la hardiesse des sauts que, pressés par le chasseur, ils faisaient pour se sauver. Un d'eux ne balança pas à sauter de trente pieds de haut sur une neige amollie où, enfoncé, il disparut un instant; de là bondissant de nouveau, il alla se réunir à d'autres au bas du vallon. Pour lui, si peu payé de ses efforts, pendant qu'il s'irritait de sa chasse inutile, j'étais heureux que notre présence ne fût point nuisible à ces timides animaux dont l'espèce a bien diminué. Des hauteurs du Pembécibé nous descendîmes vers Annouillasse, sous des masses calcaires toujours nues, où aux neiges succédèrent d'interminables talus de menues pierrailles fuyant sous les pieds. J'étais resté sept heures sur la neige, ne me doutant guères des suites désagréables qu'aurait pour moi cette course où, à part quelque temps d'anxiété, je n'avais eu que du plaisir. L'air vif des hautes montagnes hâle toujours beaucoup, et la présence constante de la neige, en refroidissant l'air et renvoyant les vifs rayons de lumière dont sont frappées tant de surfaces éclatantes, produit sur la peau les plus singuliers effets. Après avoir promptement hâlé la figure, cette reverbération rougit et tanne la peau qui se recouvre de petites pustules, non sans douleur, mais faciles à guérir, et dont le dernier effet est d'enlever sur tous les points l'épiderme desséché. La neige irrite encore les yeux et produit à la longue ces ophtalmies si rebelles chez les habitants des pays polaires. Aussi le voile de crêpe noir doit-il toujours faire partie du bagage du voyageur dans ces hautes régions. Je l'avais négligé; je dus en subir les conséquences.

Sous le dernier lambeau de neige sortait un petit cours d'eau destiné à devenir torrent, lorsque des soleils plus ardents auront combattu les amas supérieurs. Ayant suivi ses bords, puis quelques rampes émaillées des premières fleurs, nous nous trouvâmes au-dessus de la combe de Gourzy où nos yeux fatigués revirent enfin de la verdure. L'ayant tournée, nous gagnâmes les hautes pelouses de la forêt, et là je prenais un voluptueux repos sur un gazon où la thymelée est commune, en vue des profondeurs des Eaux-Chaudes et en face du pic d'Aule, rival du pic d'Ossau, lorsqu'un aigle faillit payer cher l'imprudence de nous avoir approchés. La balle atteignit son aile et une de ses plumes descendit jusqu'à moi, tandis que le fier volatile, insouciant à l'attaque, poursuivit tranquillement son vol. Par les cabanes d'Assouste, à l'entrée du bois et par les traînées plongeantes qui le percent, nous descendîmes sur Bonnes.

Ainsi, l'ascension du pic de Ger n'est plus qu'une course ordinaire par la route que j'ai suivie, lorsque l'état des neiges, plus résistantes ou plus réduites, n'y met pas obstacle; et, dans tous les temps, par les vallons de Balourd et d'Annouillasse. Le curieux qui la tentera, sans y chercher d'autres plaisirs que ceux de la vue, ne regrettera pas ses fatigues à l'aspect des belles solitudes qui le précèdent, de ses masses pittoresques et du superbe tableau dont il est le centre.

Chaque été ramène à Bonnes des amateurs de la chasse à l'isard, même à l'ours, qui trouvent amplement à satisfaire leurs goûts dans les montagnes et les forêts voisines, où ces animaux se conservent dans d'inaccessibles retraites. Avec un entomologiste chasseur, M. de Rippert, connu par plusieurs mémoires savants, la partie fut faite de monter par Gourette vers Pèneméda et le pic Amoulat où abondent les insectes alpins et les chèvres sauvages. Au petit jour donc, avec un troisième compagnon, suivis d'un guide-chasseur et d'un leste galopin pour courir après les papillons, nous passions à cheval auprès de la cascade du Grand Hêtre, où s'unissent au gave les eaux des sources qui surgissent à quelques pas dans le bois. Au premier ruisseau qui traverse le chemin d'Iscos, sous une longue et maigre chute, est le sentier qui, par des ressauts herbeux, conduit aux grands pâtis du col d'Arbas, vers la vallée d'Asson. L'ombre du matin ne laissait arriver sur les plans variés du vallon d'Iscos, sur ses bois inabordables, comme sur la butte noire qui les termine, qu'une lumière vague et fondue qui glaçait tous les verts de fraîcheur. Après le dernier pont où le torrent s'engouffre et mugit dans de sourdes cavités, le clair-obscur était glacial sous de vieux arbres, au long d'un canal riche en détails par ses eaux cérulées, ses rochers et ses voûtes obscures. La rampe est franchie, le bois s'écarte, et l'œil peut s'étendre sur un large espace, un ovale de pelouse, cerné de murs nus ou de tentures de sapins, et de pentes herbeuses semées de hêtres. C'est le *Clot de Ley*, charmante arène aimée des pasteurs, où le repos est doux quand le soleil l'échauffe, comme au murmure de la belle cascade qu'on voit au fond pourfendre le mur d'enceinte. Au midi, sur les sapins pressés, les têtes de Ger et de Péneméda apparaissent nues et fières; et on jouit à pas lents de ce site large et calme, avant de s'exhausser sur les vieux éboulements où surplombé par la roche et le lierre, se cache le courtaou de Lahite. Nous sommes enfin sur les pelouses de Gourette : on les voit se dérouler dans des fonds inégaux, semés de cabanes et tourmentés de saillies pierreuses, entre les masses de Latte et d'Esquerra, et celles opposées de Ger et de Péneméda; ces deux derniers, majestueux rochers dressés sur une base commune, sont séparés par un large couloir, qui, droit et raide, monte aux hauteurs de Plassegouné, retraites des isards. Sur les faces des montagnes se dessinent les couches argileuses et calcaires qui, de différente puissance, mais toujours parallèles, se relèvent fortement au sud.

Aux cabanes de Pampelone se dévie le sentier du col de Portes, visible de Bonnes, route de Cauterets par Azun. Moins d'une heure suffit pour cette montée praticable aux chevaux. Le port est précédé d'une masse éboulée d'un grès schisteux et calcaire, brisée à grands fragments, et dont la place est visible sur une crête en ruine, toujours menaçante pour le courtaou qu'on a osé construire en bas. De l'arête culminante l'œil plonge au revers sur une combe herbeuse, origine d'Asson, qu'il faut traverser jusqu'au col de Soulort pour avoir vue sur la vallée d'Azun.

Continuant sur le sentier horizontal d'où le vallon d'Iscos, vu à rebours, présente un charmant point de vue jusqu'aux montagnes de Laruns, nous passons le ruisseau coulant paisible sur un sol aplani avant d'aller se précipiter sur Ley, et quittant nos chevaux aux cabanes de la Récuèche, nous nous dirigeons vers le couloir de Plassegouné. Planant déjà sur l'ensemble de Gourette, je voyais ses longues pelouses, alors presque désertes, ondoyer sous Esquerra et Péneméda, et tourner au midi vers ses dernières dépendances, où sont autour des lacs de Deusons et d'Anglas des pâtis élevés que les moutons fréquentent tout l'été, jusqu'au col de Sourince versant dans la région d'Artouste. Le sol que nous gravissions, si aride de loin, n'est qu'une suite de buttes calcaires que les fleurs alpines commençaient à décorer, et de petits fonds où des vaches et des chèvres paissaient une herbe savoureuse. Cette espèce de soubassement se continue de niveau vers l'ouest, entre les bois inférieurs et les escarpements du Ger, jusqu'au plateau de Bouïs à l'origine de la combe d'Aas. Tout cet espace, où les roches même sont chargées de plantes, offrirait de fructueuses promenades au botaniste, comme il est bien connu des chercheurs de fraises qui y abondent jusqu'en septembre. Sur plusieurs points on y voit à la superficie de singulières masses, composées d'un empâtement dans un ciment calcaire de fragments anguleux ou roulés, et percées parfois de cavités assez grandes pour abriter les animaux, comme sous les cabanes de Bouïs, à ce qu'on nomme *las québas de Gesque*. C'est un pouddiug grossier, dont j'ai vu les analogues dans la gorge de Rioumajou, vallée d'Aure, à Broussette, et à Bious, autour du pic d'Ossau. Ces agglomérations récentes, que l'on trouve fréquemment sur les pentes et au pied des montagnes calcaires, sont dues à des dépôts erratiques remaniés par les vagues, et agglutinés peu à peu par les parties calcaires qu'y déposent les eaux en filtrant au travers. Aux Québas de Gesque, la roche bréchiforme est composée de ses propres fragments empâtés, ce qui porterait à croire que ce fut une rive marine que les flots détruisaient et qui se reformait à mesure. C'est à Bouïs que le rein boisé de Bonnes, dont la butte du Trésor est le dernier gradin, va se perdre contre les flancs du pic de Ger, de sorte qu'en une heure et demie on peut en descendre par les fonds romantiques de Gesque, comme par un sentier qui suivant toujours le haut du rein, ne cesse d'offrir de beaux points de vue.

En même temps que le soleil, nous arrivions au plus haut courtaou du canton, où une halte restaurante fut décidée avant d'attaquer la forte rampe du couloir que nous mesurions de l'œil. Les pasteurs avertis par leurs vedettes bruyantes nous voyaient approcher, et le beurre et le lait sortis de leurs cachettes furent bientôt portés sur l'herbe, où chacun pût s'établir à l'aise. Près de là, étaient des plaques minces de 20 pieds de côté, d'un schiste argileux dont la couche mère se dessinait en longues tranches aux flancs du pic de Ger. Ses vastes pans, de la base à la cime, frappés d'un vif soleil et élancés d'un trait vers un ciel qui se fonçait de leur éclat, faisaient contraste avec Péneméda surgissant en face terne et sévère dans l'ombre qui l'enveloppait. Nous touchions aux galeries des Chasseurs, et M. de Rippert nous y montra un point où l'année précédente deux isards avaient été pour lui le fruit d'un double coup.

Le court repas est terminé, et nous nous mettons à gravir sur le gazon et sur de vieux éboulements, qui cachaient à demi leurs ruines sous l'herbe gracieuse et sous les fleurs de la montagne. Le soleil avait ranimé les papillons alpins, et les petits filets aux mains, on leur donnait la chasse; jolies fleurs volantes que de cruelles boites attendaient. Au bout d'une heure, au plus haut des pelouses où de farouches cavales s'enfuyaient devant nous, après un petit col, le coup-d'œil est changé; c'est un cirque au fond plane sous des berges désertes. Les verts tapis, la région des troupeaux sont dépassés, et si l'été fait pousser quelques gazons à ces froides hauteurs, ils sont abandonnés aux faibles enfants des monts, deshérités des riches pâtis que la nature leur avait destinés. C'était partout neige et éboulis sous des masses rocheuses étendues au pourtour, où nous cherchâmes en vain les isards qui les hantent d'ordinaire. Nous les espérâmes plus haut, car dans ces âpres lieux, loin des chiens et des pasteurs, ils ne manquent jamais. Sur le sol de l'arène, parmi les graviers humectés, quelques soldanelles et des arétties épanouies de la veille, levaient timidement leurs corolles purpurines ou jaunes ; frêles et dernières grâces de ce froid désert.

Une rampe facile nous conduisit à l'autre crête qui cache un autre fond plus sauvage, plus ruiné. Ce sont deux bassins successifs dont les eaux ne peuvent s'écouler que par des voies souterraines. Au delà, des masses brusquement redressées et d'un aspect repoussant, semblent fermer toute issue, dominées par un roc énorme et pyramidal qui fixe forcément les regards. C'est le pic Amoulat, bien digne de son nom par sa forme effilée. Tous ses pans en vue, légèrement corrodés, sont absolument inaccessibles, et pour nous, rampant sous lui bien bas, son aspect était grand et fier. « Des isards ! » s'écrie le chasseur en pointant au midi vers une crête très-élevée ; en effet, cinq ou six y dessinaient sur l'air leurs formes délicates, mais ce fut tout, car de les joindre, nul n'en eut la pensée. Cette crête sourcilleuse, jointe à celle qui au levant finit Sourince, est ainsi le plus haut point de Plassegouné, et tous ses revers vont plonger sur les fonds d'Ormielasse et d'Artouste.

Pour sortir de l'impasse où nous étions engagés, le chasseur nous dirigea à droite vers un plan très-allongé, très-rapide, composé de neige et de menus débris tombés d'Amoulat, et montant à une brèche au nord de ce dernier, nommée col de Plassegouné. Rien n'est pénible comme de gravir sur ces mobiles débris sous un soleil ardent, et la neige était d'une trop forte inclinaison pour offrir une meilleure voie. Dans de tels cas, il faut suivre exactement ses bords où les fragments mouillés sont moins coulants. La roche du pic Amoulat paraît homogène, ainsi que celles de la brèche. C'est un grès calcaire jaunâtre, se débitant aisément en menues parcelles qui vont obstruer les plans inférieurs. Toutes ces masses, quoique sillonnées de gouttières et d'aspérités, conservent des formes entières, bien différentes de ces grandes lézardes, de ces déchirures qui, attaquant au cœur les montagnes de granit, n'en font que de hideux squelettes. Du haut du col, où sur le roc solide on peut enfin prendre pied, le pic de Ger restait à droite, et tout était neige au revers comme dans le vallon qui fuit vers Annouillasse, et par delà l'œil s'étendait sur les montagnes d'Aspe et d'Ossau, de toutes parts comme inclinées vers le pic dont le cône orgueilleux se dresse sur l'Espagne.

Glissant sur la neige jusqu'au fond, nous suivons de niveau les pentes du Ger, d'où les revers occidentaux d'Amoulat se présentent non moins inaccessibles. Seulement la crête d'Aucupat qui au sud-ouest le lie à la montagne d'Arre, en s'élevant vers lui, est le seul point par où on puisse espérer d'y monter. En effet, ce fut la route suivie en 1819 par M. Léon Dufour, savant médecin de Dax, qui vit ses efforts couronnés de succès; témérité aussi que son guide et lui faillirent payer de leur vie. Tandis que j'explorais de l'œil avec intérêt les redoutables roches où cet intrépide naturaliste avait éprouvé jusqu'aux angoisses du désespoir avant de se lancer dans les précipices dont il était environné, et où il n'avait pu reconnaître sa ligne de montée, les yeux de nos chasseurs n'étaient pas oisifs. A la fin deux troupes d'isards en repos furent découvertes sur une grande neige montant à l'opposite à la crête d'Aucupat. Aussitôt les dispositions sont prises : le jeune montagnard et deux pasteurs qu'on avait ralliés, vont, par un grand détour, se porter sous Amoulat en amont des isards; M. Rippert reste sur la pente du Ger, sur l'avis général qu'une fois lancés, ils chercheraient à gagner ses hauteurs; le chasseur descend au fond du vallon pour remonter sur une saillie opposée, tandis que notre compagnon et moi, simples spectateurs, restons à l'écart et comme galerie. Ces dispositions prirent du temps; les isards nous ayant aperçus, s'étaient réunis au milieu de la neige, immobiles et l'oreille au guet. Le signal est enfin donné : au premier cri, la troupe timide se meut, incertaine; mais ayant vu que le bas du vallon n'était pas gardé, tous s'élancent dans cette direction en dévalant comme des traits. A ce désappointement les postes sont en rumeur : plus rapproché, je m'élance en courant sur la pente gazonnée, tandis qu'en face le chasseur glissait et bondissait sur la neige pour leur barrer le passage, ou du moins arriver à portée. Mais en vain : les rapides fuyards, repoussés du chasseur par l'instinct, devièrent de mon côté et j'arrivai haletant comme le premier passait à trente pas. Je m'assis alors, immobile, enchanté de les voir d'aussi près. Il y en avait quinze de toutes tailles, et c'était plaisir de les voir voler et bondir à la file sans que les plus petits perdissent un seul pas, bien plus pour moi que si, tout sanglants, je les eusse vus rouler. Le coup manqué, les chasseurs ne reprirent espoir qu'en voyant le troupeau sauvage arrêté de nouveau sur les longs éboulis qui sont au bas du vallon. M. Rippert ayant rallié son monde, tous s'acheminent vers Annouillasse et d'autres postes sont repris. Mais on jouait de malheur : les isards relancés gagnent cette fois les hauteurs, et escaladent à la course le Pembécibé, où je vis avec surprise un aigle fondre sur eux jusqu'à les raser de l'aile, et les disperser épouvantés. En quelques minutes, ils eurent disparu dans les anfractuosités supérieures.

La chasse infructueuse avait pris quelques heures. Pendant ce temps le ciel s'était troublé et un tonnerre sourd résonnait au lointain. La troupe réunie prit le chemin des cabanes les plus rapprochées, celles du clot d'Annouillasse ; de nombreux troupeaux erraient alors sur cette arène plane, uniforme et toujours grandiose sous ses hautes parois. Il était temps de s'arrêter ; nos forces étaient à bout, et la pluie commençait à tomber ; dans la cabane bientôt comble, pressés et blottis, chacun se hâta d'attaquer le bissac. L'orage passa vite sur nos têtes pour aller verser sur la plaine de bienfaisantes ondées ; nous en fûmes quittes pour une pluie fine qui ne nous quitta plus dans la longue descente de Balourd. Dans cette course facile, malgré quelque fatigue, le curieux peut voir de beaux aspects de montagnes, la physionomie des hautes régions calcaires et la race timide des *Sarris*, qui ne trouve plus que de précaires asiles, même dans ces déserts.

Au retour de Bonnes, Pau devait m'offrir encore quelques scènes aimables : après une soirée où nous étions allés chercher des souvenirs auprès des ruines de Castelbésiat, dans ce qui reste du parc royal où Henri essaya ses premiers pas, des fanfares militaires, qui ont tant d'attrait en plein air et la nuit, nous attirèrent sur la place Royale, alors le rendez-vous d'une brillante cohue. Bientôt la musique cessa, les rangs s'éclaircirent, et la lune qui parut à l'horizon vint donner plus de charmes aux tendres à-parté de quelques couples qui, ainsi que des ombres, erraient encore sous les arbres. Du haut de la terrasse, le Pic du Midi de Bagnères, laissant échapper quelques rayons réfléchis par ses neiges, paraissait comme une tour sur le ciel plus éclairé de l'est; et les lointaines perspectives, sous les voiles mystérieux de la nuit, vagues et indécises, plaisaient plus encore que dans tout l'éclat du jour. Dans la plaine de Nay, où les objets étaient confondus, le gave seul resplendissait dans ses nombreux contours; et ces points brillants rendaient plus sombres les basses montagnes, tandis que les neiges des cimes éloignées participaient aux douces clartés du ciel. Qui ne s'y serait oublié comme nous!

CHAPITRE IV.

Eaux-Chaudes — Gabas. — Col d'Ance. — La Baraque de l'Ingénieur.
Le Somport ou port d'Aspe — Lac d'Astains.

M. Lefranc ayant une tournée à faire au fond de la vallée d'Aspe pour visiter ses travaux, nous arrêtâmes de remonter celle d'Ossau jusqu'au Pic du Midi, et de franchir de là les montagnes intermédiaires. Par un beau jour de septembre, nous prîmes ainsi avec deux guides le chemin des Eaux-Chaudes par Laruns, le seul qui existât alors. On vient enfin d'exécuter le projet depuis longtemps conçu d'en ouvrir un direct en suivant à peu près de plein pied le bas de la forêt d'Assouste, ce qui, en abrégeant de moitié la distance, établit une communication agréable et facile entre les deux bains. A la sortie de Laruns on passe devant la Mâture, établissement destiné à l'exploitation des forêts supérieures, d'où les mats qu'on en extrait sont transportés jusqu'à Oloron, où on les fait flotter. La marine a autrefois tiré beaucoup de bois de construction des vallées d'Ossau et d'Aspe, qui y ont gagné de bons chemins. C'est ainsi qu'a été pratiquée, dans les rochers d'un calcaire blanc-gris presque compacte qui ferment le bassin de Laruns, pour l'exploitation des forêts supérieures, cette profonde coupure de cent pas de long, nommée le Hourat, où le chemin des Eaux-Chaudes n'était autrefois qu'un sentier dangereux. Alors furent détruites la chapelle et les inscriptions pompeuses destinées à rappeler le passage de Catherine, sœur de Henri IV, lorsqu'en 1591 elle y alla prendre des bains. La tradition les a conservées, comme pour donner un échantillon de la poésie flagorneuse du temps, qui avait fait de cette princesse une héroïne pour avoir eu ce mince courage, quoique dès longtemps, elle y eût été précédée par la spirituelle Marguerite, sa grand mère. Plus tard la cour de Pau, sans doute aguerrie, s'y rendait tous les ans.

En débouchant du Hourat tout change d'aspect; la vallée prend enfin une physionomie alpestre et s'enfonce entre des montagnes inaccessibles, dont les flancs à peu près verticaux et drapés d'arbres, présentent jusqu'au plus haut de leurs parties visibles des accidents pittoresques. Le gave, coulant encore sur le granit prêt à disparaître, arrive assez paisible; mais repoussé par les masses du Hourat, il se dévie pour se précipiter dans le gouffre presque souterrain où il mugit invisible et qui ne le rend au jour qu'auprès du pont, au niveau de la plaine de Laruns. Par une route plane, serrée entre le gave et la montagne, au bout de demi-heure on arrive aux Eaux-Chaudes, long village tristement situé sous des escarpements qui le menacent, dans un fond où le soleil ne paraît que quelques heures. Les eaux thermales y surgissent aussi du granit, et traversent ensuite du calcaire primitif superposé; elles varient de 26° à 30° de chaleur. Cet établissement, beaucoup moins agréable que son voisin, est plus ancien et plus considérable. Cinq sources y fournissent à de nombreuses baignoires. Depuis que des maisons confortables, des hôtels, une église et quelques promenades y ont été construits, les étrangers commencent à s'y mêler aux gens du pays qui seuls y affluaient, et on dédaigne maintenant les vieilles et simples demeures qu'habitèrent deux reines, Marguerite et Jeanne sa fille, et Catherine, sœur d'Henri IV.

Après les bains, les montagnes moins rapprochées laissent parvenir un peu plus d'air; mais, sans un sentier tracé en zig-zag sur la pente de l'ouest, on ne devinerait pas le plateau à l'écart et riant sous des masses incultes, bien connu des baigneurs, où dans une vaste anfractuosité se cache le hameau de Goust, composé depuis des siècles de douze maisons qui abritent souvent des hôtes centenaires. La rive opposée n'est qu'un long rideau de bois montant jusqu'à une caverne qui vomit un petit torrent, venu sans doute des eaux qui se perdent au clot d'Annouillasse, et où sont réunies presque toutes les espèces d'arbres du pays. Les grappes rouges des sureaux et des sorbiers, suspendues sur le gave ou brillant sur les teintes nuancées des divers feuillages, y formaient des broderies où les eaux de la grotte, en se précipitant, ajoutaient de nouveaux effets. La vallée est longtemps monotone, mais les fonds s'exhaussent en un majestueux amphithéâtre de forêts. Dès la sortie des bains, un granit contenant de l'amphibole paraît au jour dans les parois de la route et, s'exhaussant plus loin, va occuper tous les flancs des montagnes, depuis les masses où se brise le torrent jusqu'aux plus hauts éboulements que la mousse et les arbres ne cachent qu'à demi. C'est le commencement de l'évulsion de granit la plus occidentale qui, après avoir formé le vaste groupe d'Ossau, Som de Seoube, Arrious et le Pic du Midi, s'abaisse ensuite tout-à-coup si considérablement que le granit ne paraît plus même au fond des vallées, abandonnant ainsi le faîte de la chaîne au calcaire, aux schistes et au grès rouge, si ce n'est vers la vallée de Baigorry où le granit ne se remontre qu'un moment à des hauteurs médiocres.

A une demi lieue des Eaux-Chaudes, une ouverture à droite, où monte une bonne voie sur des pentes sauvages, est le val de Sahuts renfermant les grands bois de Cujelatte qui ont été exploités, et des sites remarquables où l'on peut aller à cheval. Plus loin l'espace s'étend et les masses s'écartent au-dessus d'un pittoresque amphithéâtre de buttes granitiques et de bois, entre le mont Césy et un chaînon noir de sapins. C'est le val d'Héréna, avenue des régions d'Artouste et de Sousoueou. A mi-hauteur du Césy, les bois cessent, et l'on voit les couches calcaires des cimes reposer nettement sur un plan de granit horizontal. C'est un peu au-dessus de ce dernier qu'est la mine de cuivre du col de Lordé. Si les espérances qu'elle a données se réalisent, elle se trouvera heureusement placée, ayant, comme à pied d'œuvre, des eaux puissantes et des forêts où les tiges meurent et se détruisent sur place. Un nouveau défilé vient ensuite, et de toutes parts l'œil n'apercevrait que des sapins, depuis le précipice où mugit le torrent jusqu'aux sommets visibles, si le Pic du Midi, jusqu'alors caché, n'y montrait sa fourche sourcilleuse au-dessus des pentes croisées. Placé sur son méridien, je ne voyais que ses faces ombrées; et les vapeurs de l'atmosphère, vivement éclairées autour de son cône obscur, le revêtaient d'un voile diaphane et brillant qui, au-dessus des bois, le faisait paraître gigantesque. Cette illusion était d'un bel effet.

A 3,500 toises des Eaux-Bonnes, nous voici au triste hameau de Gabas, situé à la jonction des deux routes d'Espagne par les vallons de Broussette et de Bious, qui décrivent autour du Pic du Midi une circonférence en l'isolant de la crête. Le premier s'enfonce dans des bois très-étendus, où sont encore à milliers des mâts de première grandeur et une infinité de qualités inférieures, jusqu'au dernier bassin, sous les derniers bois, où se trouve un cabaret nommé *case de Broussette*, fréquenté par ceux qui passent les ports d'Aneou et de Peyrelue, versant dans la vallée espagnole de Salient. Depuis les sites de la grande Chartreuse, si lugubres au milieu des sapins qui l'enveloppent, je n'avais rien vu d'aussi sombre et d'aussi triste que ce fond de Gabas où tout est forêts. Il y a existé longtemps un hospice fondé par Gaston IV, ainsi que celui de Sainte-Christine, au revers d'Espagne, dont il dépendait.

Du côté de Bious, le vallon s'élève sur la base même du pic où la voie du traînage n'est qu'un étroit sentier. Le bois s'éclaircit, et on traverse une suite de plateaux sur des gradins qui se succèdent; jolies clairières, qu'ornaient les grappes écarlates des sureaux, où le gave, fatigué de ses chutes, se repose un moment. Ces mêmes lieux si plaisants alors, combien ils furent affreux pour cet infortuné curé d'Ogenne, M. Darippe, dont on n'a pas oublié le triste sort. En 1793, fatale époque qui souille notre histoire, effrayé des dangers qui le poursuivaient et voulant gagner l'Espagne, suivi de sa servante, il s'obstina à tenter le passage du col des Moines malgré les instances de son guide et les présages de mauvais temps. Celui-ci voyant tous ses efforts repoussés revint à Gabas, et il paraît que M. Darippe en reprit aussi la route, mais trop tard. Ce ne fut qu'après la fonte des neiges, que le corps de la servante fut trouvé sous les rochers du Castraou, voisins du col, et celui de son maître, bien en deçà dans les bois de Bious-Houmet, non loin de la voie de Gabas que la neige lui avait fait perdre. On ne saurait se faire une idée de la violence de ces tourmentes, qui agitent et soulèvent les neiges nouvellement tombées dans les hautes vallées, les transportent comme en nuages immenses, obstruent en peu d'instant les enfoncements et les gorges, effacent toute trace des chemins et ensevelissent même les perches et les longues pierres qui, sur plusieurs ports, les indiquent. Le voyageur engagé dans la sphère d'activité de ce redoutable météore, court des dangers dont nul effort humain ne peut le tirer. La violence des flocons de neige lui frappant le visage et les yeux peut l'aveugler, et s'il lutte en continuant d'avancer, il s'épuise, s'égare ou tombe dans quelque fondrière. Si par bonheur, au contraire, il trouve une place un peu tenable, il n'a rien de mieux à faire que de s'y arrêter jusqu'au retour du calme de l'air, le dos tourné contre le vent, les yeux fermés, et la figure couverte d'un voile, s'il a eu le temps de l'y appliquer. Mais le plus souvent les précautions les mieux prises sont déjouées, et il n'est pas de haute chaîne qui chaque hiver ne compte de nombreuses victimes.

Un dernier ressaut était devant nous : nos guides qui paraissaient glorieux de leurs montagnes, nous dirent que d'en haut nous verrions de *belles choses*. Nous gravissons, et en effet ils disaient vrai. Comme si un voile fût subitement tombé, la masse entière du Pic du Midi, que rien encore n'avait décélé, s'offre à nous à la fois; mais ils ne nous avaient pas préparés à la majesté de son aspect, à la beauté du paysage dont il est le centre colossal. C'est une de ces scènes de la jeunesse de la terre, telle que l'imagination aime à se la représenter, où la grâce s'unit à la fraîcheur, où le grandiose des formes n'exclut point l'agrément des détails, et où la suavité s'allie partout avec la hardiesse. Une herbe fine et douce nous offrit un repos voluptueux sur un petit tertre ombragé, en face de la montagne et de ses tranquilles solitudes.

Une vaste pelouse partout ondoyante et du vert le plus frais, que nuançaient des fleurs alpines, s'étend en demi-cercle sur l'autre rive du gave, qui maintenant, ruisseau paisible, roule ses pures eaux sur un lit de roche que le gazon dessine. Quelques bouquets d'arbres rompent l'uniformité de cette prairie alpestre et varient ses aspects, tandis qu'une zone de hêtres séculaires la ceint de toutes parts. Les flancs redressés de la montagne se revêtent ensuite d'une forêt de sapins de plus en plus éclaircie, jusqu'à des mamelons isolés que ces enfants des monts couronnent de leurs noires pyramides. Enfin, par-dessus ce sombre amphithéâtre, s'élance, fier et majestueux dans sa nudité, le cône entier du pic. Ce colosse de granit, le dernier de la chaîne, divisé en deux pointes, dont celle du nord est la plus haute, était alors saupoudré d'une neige récente que le soleil du jour fit disparaître. Son isolement le rend plus imposant encore, nulle cime voisine ne venant rivaliser avec lui, et sa singulière fourche, plus rapprochée, m'apparaissait gigantesque. Son ascension, longtemps problématique, n'est plus qu'une course hasardeuse, depuis que MM. Delfau et Dangosse en ont trouvé la voie en l'abordant par la case de Broussette, seul côté où il soit accessible. Une telle entreprise aurait eu de quoi nous tenter, si nos projets l'eussent permis.

Couchés, nouveaux Tityres, à l'ombre de nos hêtres, et goûtant avec sensualité les plaisirs d'un repos longtemps acheté, nous eûmes peine à nous arracher à ce tableau si grand, si calme. Cette arène de verdure où naissent et circulent de minces filets d'eau qui vont grossir le gave jeune encore, où les yeux errent charmés sur ses douces inégalités; cette enceinte arrondie de robustes hêtres qui, respectés par la coignée, sont doués de la vigueur des anciens temps; ces étages de forêts, noir soubassement du colosse qui porte si haut sa double tête; l'absence enfin de tout être vivant, et le silence absolu qui plane sur les montagnes et les bois, tout donne à cette scène romantique et grandiose cette impression profonde, cet attrait inexprimable que m'ont seuls fait éprouver les beaux sites infréquentés des Alpes et des Pyrénées. La vallée se prolonge au midi jusqu'au col des Moines par les bois et les patures de Bious que nous avions en vue; tout y était non moins empreint de cette grâce simple que la nature livrée à elle-même répand partout; mais dans ces bons pâturages, je regrettais des troupeaux. Ces grands tableaux, où la variété des objets est remplacée par des masses et des teintes uniformes, finissent par inspirer des idées en harmonie avec leurs aspects sévères ou monotones, si le gazouillement des oiseaux, les animaux épars, la vue de l'homme surtout, en un mot si la vie elle-même ne vient pas y porter son charme et sa gaîté.

Tout-à-coup, un des guides qui s'était écarté nous appelle à grands signes, hâtés et mystérieux. Nous accourons: c'était un ours qui traversait une clairière dans les bois de l'ouest. Ces terribles animaux, vrais rois de ces forêts, sont communs dans ce canton, mais inspirent peu de crainte à l'époque de l'année où les troupeaux de toute espèce, épars sur les montagnes, satisfont amplement à leurs besoins. Les chasseurs s'accordent même à dire que l'ours n'attaque jamais s'il n'est provoqué, ou si on lui laisse la voie libre.

Nous reprîmes notre route en montant droit au col d'Ance, où nous parvînmes en deux heures, au travers d'autres bois et de pâtis desséchés. Croyant toucher à la vallée d'Aspe, j'y fus désappointé en m'en voyant séparé par l'origine du vallon du Pact, aussi nu que tout ce qui est en vue, combe profonde qui, fuyant au nord, nous força à faire un pénible contour au midi pour la franchir de niveau. Ce n'est que du col opposé, par un couloir de bois plongeant sur les fonds d'Urdos, que nous eûmes une première vue de cette vallée approfondie entre des montagnes assez hautes et escarpées, mais dont les cimes, déjà sans neige au mois de juin, ont perdu en âpreté comme en élévation, et sont marquées çà et là de fortes teintes rouges. A la crête, les pics d'Aspe et de Bernère portent encore avec fierté leurs têtes chauves. Les niveaux s'y maintiennent à peu près jusqu'au pic d'Anie, pierre angulaire du dernier groupe considérable, qui porte les forêts les plus étendues des Pyrénées françaises, celles d'Itseaux et de Saint-Engrace. Plus loin, les masses arrondies diminuent graduellement de hauteur jusqu'à celles dont les racines plongent dans le golfe de Gascogne. Sur les montagnes de la crête et sur d'autres plus voisines, je distinguai de fortes teintes de rouge dues à des grès ferrugineux, et tout y prenait une apparence de transition. Diétrich a trouvé d'abondantes mines de fer à l'origine de la vallée d'Aspe, et une de cuivre au pied du pic qui porte son nom.

Nous ne mîmes qu'une heure pour descendre du col par des voies de traînage, dont l'inclinaison était tellement forte que notre marche dégénérait souvent en courses forcées, toujours dangereuses à cause du ravin que nous longions. Nous pûmes enfin prendre haleine sur un petit plateau hors du bois. « Voyez-vous, me dit mon compagnon, cet édifice « qui se détache sur la verdure? C'est mon château... » Ce nom pompeux était donné à une grande baraque en planches, où tout le monde, ingénieurs, entrepreneurs et ouvriers, passait la nuit. La portion de la vallée à découvert, depuis le défilé du Portalet jusqu'au roc pyramidal d'Arêt, n'offrait que peu de prairies autour du village d'Urdos, le dernier de France, position qui donne nécessairement à ses habitants pour principale industrie la contrebande. Plus haut, tout est bois à la base des cimes pelées qui forment la limite de l'Aragon.

Le soleil depuis longtemps couché avait donné le signal de la retraite aux ouvriers qui de toutes parts regagnaient la baraque. A l'arrivée du chef tout fut en mouvement, et bientôt assis au coin d'un feu brillant, dont la chaleur plait toujours dans ces vallons refroidis, nous eûmes le plaisir de voir, comme aux temps héroïques, tourner dans la vaste cheminée un chevreau tout entier. Pendant le souper général, les courses furent délibérées ; et il fut arrêté que le lendemain nous visiterions le haut de la vallée jusqu'au Somport ou port de Canfranc, en laissant pour le jour suivant le lac d'Astains et le pic de Bernère, d'où la vue s'étend sur l'Aragon. Les ouvriers mon ent ensuite dans leur dortoir commun, et moi j'eus pour mon lot une chambre en miniature, comme le marin sur l'Océan. Qui pourrait en désirer davantage, campé dans les dernières gorges et les forêts des Pyrénées ?

A la voix puissante de Napoléon, le mot du grand Roi : *plus de Pyrénées !* était prêt à se réaliser. De grands travaux étaient en pleine activité dans les vallées d'Aure et d'Aspe, pour ouvrir entre les deux peuples limitrophes de larges communications qui convenaient à sa puissance alors à son apogée ; mais c'était le colosse aux pieds d'argile, et tous ces travaux sont restés longtemps suspendus. Les Pyrénées, malgré le pacte de famille, n'ont cessé d'opposer un obstacle insurmontable aux relations entre la France et l'Espagne, puisque deux bonnes routes y existent seules encore à leurs extrémités opposées, l'une par Perpignan, l'autre par Bayonne. Tout le reste de la chaîne, sur une longueur de plus de 80 lieues, n'est coupé que par quelques voies difficiles, à peine praticables aux mulets pendant la belle saison, et par des sentiers escarpés et dangereux, où les contrebandiers seuls osent s'aventurer. Jusqu'au voyage de Napoléon en 1808, on ne pensait pas qu'il pût y avoir d'autres chemins. A Toulouse, un homme recommandable par la justesse de ses vues, M. Janole, lui soumit un plan de communications pyrénéennes par terre et par mer, qui le frappa vivement. Des études détaillées furent aussitôt ordonnées, et des tracés indiquant les directions possibles des routes futures furen même exécutés sur les points les plus difficiles. Celles qui concernaient la vallée d'Aspe furent confiées à M. Lefranc. Mais de 1814 à 1837, entièrement oubliés malgré leur importance, ces projets n'obtinrent même pas les honneurs d'études continuées.

Le plan proposé par M. Janole et adopté en principe par Napoléon, admettait trois grandes routes au travers de la chaîne centrale. La première partant de Pau se dirigeait sur Oloron et Urdos, en remontant la vallée d'Aspe jusqu'au Somport pour descendre au revers, par Canfranc et Jacca, vers Saragosse.

La seconde, de Toulouse remontait les vallées de la Garonne et de la Neste d'Aure, montait par le val de Rioumajou à la crête qu'elle traversait au col d'Ourdisset à l'ouest du port de Plan, et descendait en Espagne par la haute vallée de la Cinca, d'où elle se déviait à l'ouest aussi sur Saragosse.

La troisième, de Toulouse encore, par la vallée principale de l'Ariège où se trouvent Ax et l'Hospitalet, gagnait la crête au col de Puymorin, descendait par le val de Carol à Puycerda et dans la vallée de la Sègre, d'où par un col sur le chaînon du mont Puigmal elle pouvait suivre en Espagne la vallée du Llobregat jusqu'à Barcelonne.

Ces projets ont été repris depuis 1837; la route d'Aspe est en construction et les études définitives de celles d'Aure et de l'Ariège sont achevées. Bientôt sans doute, à cette époque de grands travaux, l'exécution s'en suivra au grand avantage de toutes les contrées pyrénéennes, par les relations qu'elles ouvriront, et qu'on verra rapidement grandir dès que la tranquillité sera rétablie chez nos voisins, entre Bordeaux, Toulouse et tout le midi, et les deux centres importants des provinces septentrionales de l'Espagne, Saragosse et Barcelonne. Les forges catalanes en particulier, que l'antique mine de Vicdessos cessera un jour d'alimenter et que menace dans leur existence la rapide disparition des bois, trouveraient dans les hauteurs à l'ouest du col de Puymorin, d'autres riches mines de fer, et dans les lignites d'Estabar et de Sanabastre de la Cerdagne française, comme dans les houilles de Surocca et d'Ogassa de la haute Catalogne, d'inépuisables combustibles. Quels beaux travaux pour nos ingénieurs qui ne connaissent plus d'obstacles naturels, dans ces routes forcément suspendues au-dessus des précipices, dans ces ponts élancés vers les cimes, et dans ces longs tunnels que le redressement des crêtes extrêmes obligera d'ouvrir dans l'impossibilité de les surmonter. En perçant ainsi par des voies faciles, pour l'avantage des deux pays, cette antique et formidable barrière, la prudence politique n'oubliera point ses précautions, car les nations ont des alternatives de force et de faiblesse qui rendent leurs intérêts très-divers suivant les temps. Mais dans ces défilés déjà si bien défendus par la nature, quelques forts, quelques coupures et des moyens faciles préparés pour obstruer au besoin les tunnels, seront toujours une défense suffisante. Revenons à 1810, aux premiers travaux de M. Lefranc.

Dès le point du jour tout fut prêt : le sucre, le café, le chocolat, dont toute la France était en disette, abondaient dans ces lieux reculés, grâce aux amis les contrebandiers d'Urdos ; et le conducteur Andro avait confectionné une chaudronnée de chocolat largement assaisonné à jointées de sucre. L'estomac ainsi lesté à l'espagnole, nous nous mîmes en route, M. Lefranc, un jeune ingénieur et moi, accompagnés de Johannès, fils d'Andro, jeune basque leste et vigoureux, et de deux ouvriers pour porter les provisions. Aux premiers ateliers les escarpeurs avaient préparé des mines qu'ils firent jouer devant nous. Quelques jours avant, un malheureux Basque y avait été tué sur place par un éclat. Après le court défilé de Pène-d'Aret, se déploie le fond pittoresque et sauvage de la vallée, avec ses forêts partout étendues, et ses masses accidentées jusqu'aux cimes grisâtres de la crête. Là commençaient les *traces* que l'on avait ouvertes des deux côtés pour régler les pentes, et juger dans quelle direction se trouvait le moins d'obstacles pour monter au Somport. Ces jolis sentiers en pente douce, au travers des bois, facilitèrent beaucoup notre marche jusqu'à l'auberge de Peyrenère où ils se réunissent. Lefranc me montra, dans le fond d'Anglus, au confluent du gave d'Espalunguère descendu du lac d'Astains, les ruines de la forge où l'hiver précédent, sans la neige qui l'en chassa, il eût été surpris par un parti d'Espagnols qui était venu pour la détruire ainsi que Peyrenère, en représailles de l'incendie par les Français de l'auberge de Sainte-Christine, seul reste d'un établissement pieux, vaste et très-ancien. Détestable suite d'une guerre injuste envers une nation lente à s'émouvoir, mais implacable dans ses vengeances, et dont cette lutte a remis au jour la terrible énergie.

Ne fallait-il pas être animé de la plus aveugle rage pour détruire des refuges si utiles, qu'un respect sacré eût dû protéger? Il faudrait s'être trouvé dans les détours du Somport, lorsque la neige en remplit toutes les fondrières, y avoir été surpris par un de ces ouragans, qui dans la mauvaise saison promènent sur les Pyrénées la pluie, la grêle et leurs sifflements affreux, pour concevoir les angoisses du voyageur, luttant contre les éléments déchaînés, et s'épuisant d'efforts pour atteindre un de ces toits hospitaliers. L'idée d'un asile assuré, de ce coin du feu dont il a déjà éprouvé la bienfaisante chaleur, soutient son imagination qui s'abat, ranime ses forces chancelantes; et sans cet espoir d'un secours prochain il eût succombé peut-être à l'excès du froid et de la fatigue. Avec quel sentiment de joie, avec quel bonheur il arrive; il passe le seuil tant désiré, et se voit enfin auprès de ce doux foyer auquel ses souvenirs prêtaient tant de charme, et d'où il entend avec un sentiment délicieux de sécurité, les mugissements des vents qui naguère menaçaient de le précipiter dans les abîmes. Pourrait-on nombrer les Espagnols, les Français, qui, sans Peyrenère et Sainte-Christine, eussent trouvé leur fin dans ces lieux redoutables? L'aubergiste ne s'était cependant pas découragé; il avait rétabli une chambre, où l'on montait à travers les décombres par une poutre toute noire du feu. Peyrenère était encore un asile.

Par une route seulement inégale et qui ne monte que peu, en une heure on gagne le Somport, *summus Pyrenæus*, passage largement ouvert entre des hauteurs médiocres sur la voie romaine qui de *Cæsarea Augusta* (Saragosse) conduisait à *Beneharnum*, par *Iluro*, *Aspaluca* qu'on croit être Accous, et *Forum-Ligneum* qu'on croit être Urdos. C'est par ce port et ceux de la Navarre qu'Abdérame fit passer cette redoutable armée qui menaçait toute la chrétienté. Ainsi dans tous les temps la vallée d'Aspe a été une des grandes communications avec l'Espagne. Une croix sur le roc y marque la limite des deux empires, ici limite naturelle entre les affluents de l'Ebre et de l'Adour, entre le Gave et l'Aragon qui, né sous le col des Moines, brillait dans un vallon aride, et passant sous les ruines de Sainte Christine et du fort Saint-Antoine, allait se perdre dans les gorges nues de Canfranc. Ce bourg a un souvenir : en 1288, Alphonse III roi d'Aragon y reçut Edouard 1er roi d'Angleterre, qui obtint d'Alphonse et de son frère Jacques, roi de Sicile, la liberté de Charles de Naples, dit le Boiteux, à des conditions que celui-ci se garda bien de tenir. Sainte Christine, fondé en 1120 par Gaston, vicomte de Béarn, n'était pas seulement un de ces nombreux hospices bâtis par les chevaliers du Temple et de Saint-Jean de Jérusalem sur toutes les routes de la Cité sainte, mais un monastère fondé et richement doté par les vicomtes de Béarn, dont les religieux étaient chargés par leurs statuts d'accueillir tous les voyageurs et de leur fournir les secours de première nécessité. Innocent III l'appelait un des trois hôpitaux du monde ; mais, depuis, les Dominicains de Jacca et les Barnabites français s'étaient emparés de presque tous ses biens.

Le plateau du port entre le mont Astu et le pic d'Aspe, nommé le Kosia, est un grand pâturage en pente douce vers l'Espagne, qui ne nous présentait, dans la direction de Canfranc et de Jacca, que de ternes hauteurs à peine verdies et des masses de transition. Les couches s'y distinguaient sur plusieurs points redressées dans le sens opposé du versant septentrional, et les teintes du grès rouges continuaient à s'y montrer. Le minerai qui produit ces colorations devient très abondant auprès de Canfranc où il y a une mine de fer en exploitation. A l'opposite, le Kosia se termine aux bords d'un précipice des plus sauvages, qui est l'origine de la vallée d'Aspe. Cette grande dépression, où l'on est surpris de voir le sol manquer tout à-coup, est creusée en forme d'*oule* dans les racines du pic d'Aspe comme par l'effet d'un affaissement subit, et son aire est encombrée de fragments écroulés. C'est du milieu de tous ces rocs que naissent les premières sources du gave, et de vieux sapins, élevant vers nous leurs têtes effilées, en couvrent la partie inférieure. Nous nous y arrêtâmes : ces escarpements où nul pied ne se hasarde, leurs grandes ruines, et ce bois si sombre qui, défiant la coignée, tombe lui-même sur ses propres débris, offraient une de ces scènes désolées d'où s'éloignent tous les êtres vivants, à l'exception des ours qui y trouvent d'inviolables tanières. Dans les roches opposées au Kosia, d'un calcaire noir et dur, a longtemps été exploité un bon filon de cuivre, prolongement sans doute de celui de Sainte-Christine au revers espagnol. L'éloignement de la fonderie, qui était à Pierrefitte en Lavedan tandis que les bocards étaient à Atas en Aspe, et la mauvaise direction firent abandonner des travaux regrettables, comme tant d'autres richesses minérales des Pyrénées.

Le plaisir que nous avions de parcourir ces solitudes n'était cependant pas sans mélange ; la tranquillité et la paix que tout inspire dans les hautes vallées y étaient troublées par des craintes de toute espèce. Le bruit de la guerre qui désolait les plaines de l'Èbre retentissait dans ces montagnes,[1] et ces prairies alpestres étaient désertes ; l'épouvante les avait fait abandonner. Tous nos guides avaient des faits sinistres à rapporter : l'un nous montra sur le Kosia la place où il avait trouvé un bâton et une veste ensanglantée ; l'autre avait vu au col de la Gargante, entre les pics d'Aspe et de Bernères, un cadavre saignant encore ; et Lefranc, lorsqu'il piquetait la trace, avait été fusillé par des Espagnols. Plusieurs faits semblables les avaient tellement effrayés, que ce n'était pas sans inquiétude qu'ils se hasardaient jusqu'au port, et il nous fut impossible de les déterminer à monter sur le pic d'Aspe d'où Jacca est visible,

[1] En 1810, guerre de l'indépendance.

ainsi qu'une grande étendue des monts abaissés de l'Aragon et de la Navarre, cette partie de la crête formant promontoire au midi. Nous revenions donc vers Peyrenère, lorsque nous fûmes joints par un *mozo del escuadra*,[1] qui nous annonça l'arrivée, sous une heure, d'un convoi de blessés et de prisonniers faits à Reuss par l'armée de Suchet. A peine rendus, il survint deux hommes qui n'avaient rien de Français : l'un, que sa mine sombre et taciturne, son œil hagard sous de noirs sourcils, faisaient reconnaître pour Espagnol, était contrebandier de profession, et se rendait à Oloron pour son commerce; l'autre, baragouinant un mauvais italien mêlé de français, se dit enfant de Naples, et je le crus aisément. Hâlé par le soleil et bizarrement vêtu, la mobilité de sa physionomie, ses mouvements vifs et ses gestes tout lazzis, dénotaient suffisamment le lazzaroni. Enrôlé par les Espagnols à Saragosse, il avait été un des défenseurs de cette noble cité pendant le siége à jamais mémorable qui la couvrit de gloire et de ruines; et en preuve de ses hauts faits était sur sa poitrine une médaille d'honneur qui en portait la date. C'étaient de ces figures qui caractérisent deux peuples du midi, où, malgré des institutions illibérales, se conservent toujours l'énergie et les passions qui, tournées vers le bien du pays, les rendirent jadis illustres.

« Dites-donc, bourgeois, sommes-nous enfin en France? — Oui, messieurs. — Ah! tant mieux!... Eh bien! donnez-nous du vin de France; il y a trois ans que je n'en ai bu. » Ainsi parlaient deux soldats de l'avant-garde qui, joyeux de se retrouver sur le sol ami, se mirent à exprimer énergiquement leurs avis sur la guerre d'Espagne, en maudissant les poignards qui sans cesse y étaient levés sur eux. « Quelle différence des Allemands, dit l'un; ce sont de si bonnes gens qu'il n'y a qu'un plaisir à leur faire la guerre. » Voilà bien le soldat français; gai, insouciant, et brave à toute épreuve, mais ne sondant jamais sous les surfaces, au milieu des peuples où le conduit le sort des armes.

[1] Sorte de gendarme à pied espagnol.

Le convoi commençait à défiler; montés sur des mulets, des blessés laissaient voir sur leurs figures amaigries le plaisir de respirer enfin l'air bienfaisant de la patrie; et de tristes veuves, avec des enfants dans leurs bras, semblaient ne s'éloigner qu'à regret de la terre étrangère où dormaient avant le temps leurs époux moissonnés par le fer. Les prisonniers occupaient le centre de la colonne, sous l'escorte de chasseurs de montagnes levés sur les deux versants. Il était pénible de les voir gardés par leurs compatriotes que distinguaient leurs manteaux courts, et cette chaussure d'un morceau de peau de bœuf qui fut celle des Goths leurs ancêtres Quels regards ces fiers Castillans, alors courbés sous le joug du destin, leur jetaient de côté! Malheur! malheur à eux quand l'heure des vengeances sonnera! Nous suivîmes le convoi jusqu'au bas de la vallée: cette longue file d'hommes dont le cordon mouvant se perdait sous les arbres, l'éclat des armes, l'activité des soldats qui redoublaient de surveillance, et les cris dont retentissaient le vallon, tout dans ce tableau animé était étrange au milieu de ces bois sauvages. Tout-à-coup une grande rumeur éclate vers la tête, et des coups de fusil se font entendre: c'était un prisonnier qui venait de s'enfuir. Le malheureux entendit sept balles siffler à ses oreilles. J'appris avec plaisir que l'officier avait arrêté le feu en disant: « Laissez-le; il a acheté sa vie assez cher. »

Parmi les ouvriers de la baraque était un vieux mineur allemand, nommé Nicolas Tuss, que le comte de Beust avait amené, lorsqu'il vint dans les Pyrénées à la recherche de leurs mines, et qu'il établit la fabrique de safre de Bagnères de Luchon. Ayant servi de guide à Ramond et à d'autres naturalistes, il connaissait bien ces montagnes; nous l'arrêtâmes pour la course du lendemain au lac d'Astains.

Je dormais, lorsque le basque Johannés vint m'éveiller en criant dans son jargon: « Mouzié! mouzié! le contrepante y va passer; lever tousuite, tousuite.» Curieux de voir ces fameux convois dont j'avais tant ouï parler, j'accours au-devant de la cabane où tout le monde était rassemblé. Vers le haut de la vallée un long cordon de feux, souvent cachés dans les bois ou par les plis du terrain, descendait en serpentant. Bientôt toute la caravane se déploya sur la route depuis les granges de Portalieu, et vint défiler sous la baraque. En tête marchait un groupe d'hommes armés de carabines, et à leur suite les conducteurs de mulets portant des torches, et en menant chacun six à sept à la file. Un autre peloton faisait l'arrière-garde. Nous comptâmes plus de trente torches, environ deux cents mulets, et une cinquantaine d'hommes d'escorte. Cette ligne de feux mobiles, éclairant par places tous ces hommes et ces animaux qui se mouvaient en silence, avait au milieu de la nuit quelque chose de mystérieux et d'imposant. Une contrebande ainsi organisée se faisait respecter. D'ailleurs, on disait tout bas qu'il y avoit connivence avec certaines autorités, et qu'un écu par mulet formait le bandeau qui les rendait aveugles. Le pays se trouvait ainsi inondé de denrées coloniales alors si rares et si chères dans l'intérieur; mais l'orage grondait et ne tarda pas d'éclater.

Le lendemain, aux premiers clartés de l'aube, Andro avait déjà préparé le restaurant chocolat, et nous nous remîmes en marche, accompagnés du mineur Nicolas qui nous amusait de son bavardage gallo-tudesque. Après le roc de Pène-d'Aret la cime du pic d'Aspe, détachée sur un ciel pur, était belle au-dessus des croupes sombres d'Anglus, où la nuit semblait se réfugier. Sautant de roche en roche, nous passâmes le gave aux granges de Couret, solitude riante auprès des bois où la trace de l'ouest s'élevait doucement comme une jolie promenade. Nous la quittâmes au vallon d'Espalunguères, pour gravir pendant une heure au travers des sapins et de clairières qui nous invitaient à de courtes haltes. Sur le mont Conèque qui s'élevait à droite, se trouve une masse d'albâtre gypseux dont l'exploitation commençait à peine, et que sa beauté ferait rivaliser avec l'albâtre d'Italie, auquel il ressemble par sa blancheur et l'absence de toute concrétion, faisant ainsi exception aux vrais albâtres dont le caractère est d'être concrétionné et stallagmitique. Les Pyrénées ne sont étudiées que d'hier, et abondent en richesses minérales qui n'attendent que des capitaux.

Les bois cessent; on monte au midi une pente très-rapide, jusqu'à un plateau de pâturages, au sol tourmenté et entrecoupé de roches, qui sert de soubassement au pic de Bernère, voisin du pic d'Aspe et son égal en hauteur. Ces pâturages touchaient à ceux du Kosia avant que l'oule sauvage, que nous avions vue la veille, n'eût été creusée entr'eux. Impatients de voir le lac d'Astains, nous franchissons plusieurs monticules, et son beau miroir, dont aucun zéphir ne ridait la surface, nous apparaît aussi pur que le ciel qu'il réfléchit. Excepté au midi où des roches le surplombent, des tapis de gazon dessinaient ses rives sinueuses et se développaient sur des mamelons parallèles comme les ondes d'une mer mollement agitée. De ce haut plateau la vue s'étend sur Peyrenère, le Somport et sur les montagnes où naît le torrent de l'Aragon, et à l'opposite, sur des pâtures indivises nommées *Aigues tortes,* aboutissant à un col facile qui verse dans la vallée navarraise d'Echo, dont les hauteurs arides se montraient plus loin. Quoique par le traité de la Bidassoa de 1659, la ligne de séparation des eaux dût former la limite entre les deux états, on a fréquemment dérogé à ce principe naturel, et ces territoires indivis ne sont que trop souvent, d'un bout de la chaîne à l'autre, le lieu et la cause de rixes sanglantes entre les voisins des deux versants.

Au bord de l'eau, les guides s'empressent de préparer le simple repas du coureur de montagnes. Assis sur ce gazon élastique où le repos est si doux, n'apercevant que le lac et ses collines, on se plait à promener ses regards sur le miroir immobile, qui répète avec pureté les rochers et la verdure, et sur le groupe animé qui n'interrompt qu'un instant sa solitude ordinaire; scène tranquille, digne des pinceaux de Potter. On ne s'attend guère à trouver à une telle hauteur une aussi grande nappe d'eau et des formes si moelleuses. Quelques pas suffisent pour sortir de cette enceinte, où l'œil et l'imagination sont satisfaits; qu'on monte sur ces buttes qui ne rappellent que les ondulations des plaines, et on se trouve en face des dernières crêtes des montagnes qu'on avait un moment oubliées.

Dans un parfait repos, au milieu d'images paisibles, lorsque sans réflexion on jouit du bien-être que ces hautes solitudes finissent toujours par donner, le temps inaperçu coule rapidement. C'est ce qui nous arriva : nos guides, étendus comme nous sur le gazon, écoutant les interminables récits de Nicolas, ne songeaient guère aux heures qui fuyaient. Le pic de Bernères me revint en pensée, et je rappelai tout le monde au but principal de notre course; mais ici je trouvai des obstacles jusqu'alors dissimulés. Les guides, déjà peu rassurés de se trouver sur un territoire indivis, répugnaient à s'avancer encore d'une lieue vers une cime bordant la Navarre, où toute la population était insurgée et les pâtres même armés, tandis que l'Aragon, soumis aux armes françaises, était sans cesse troublé par les incursions de Mina, dont l'audace et l'activité étaient pour tous un sujet d'épouvante. J'étais cependant parvenu à les remettre en marche, et nous nous élevions par de petits plateaux herbeux, entrecoupés des couches fracturées d'une sorte de pouddingue calcaire, vers le pic qui se dressait devant nous, lorsque je m'aperçus que les guides conféraient mystérieusement ensemble, et que Nicolas qui s'était chargé de nous conduire prenait beaucoup trop à gauche, dans l'intention sans nul doute de perdre du temps. Sur mes reproches, un d'eux déclara que *Mina*, qui en ce moment assiégeait le château d'Ayerbé sur la route de Saragosse, étant survenu à l'improviste, avait surpris un détachement de Français presqu'aux portes de Jacca, et que ses coureurs avaient paru dans le val d'Echo au revers du pic de Bernères, toutes choses qu'il garantissait sur la foi d'un déserteur. A cette nouvelle ainsi affirmée, l'opposition dont Nicolas était l'âme se fortifia et devint absolue; tous déclarèrent qu'ils n'iraient pas plus loin, mes compagnons même en furent ébranlés. Pour moi qui me doutais que l'orateur mentait, et qui ne pensais pas d'ailleurs le danger réel sur une cime isolée d'où la vue commande de partout, je m'irritai de la poltronnerie des guides, et leur dis que j'étais décidé à y monter si l'un d'eux voulait m'y suivre. M'adressant alors à Johannès, le seul qui n'eût point parlé : « — Veux-tu venir avec moi, lui dis-je? — Oui, mouzié, tousuite. — Eh bien partons. »

Je pars en effet avec ce brave garçon, et nous voilà marchant du pas le plus hâté, n'écoutant plus les observations qu'on nous criait. Cependant la troupe nous suivait de loin; le bon Lefranc ne voulait pas nous délaisser. Nous étions déjà loin lorsque je le vis courir et nous appeler à grands cris; il fallut s'arrêter. « — Vous n'y pensez pas, me dit-il, dès qu'il « fut à portée; il est trois heures; il faut au moins une heure « et demi, pour monter au pic et presqu'autant pour en des- « cendre; ce ne sera que vers sept heures que vous vous retrou- « verez ici, et il en faut plus de trois pour regagner la barra- « que. Vous n'avez pas assez de temps.... » Il disait vrai; force nous fut de retourner, et de renoncer à atteindre un point d'où la vue s'étend jusqu'aux plaines de Sarragosse, par-dessus le chaînon longitudinal du mont Uruel, qui domine Jacca. D'après les traditions locales, c'est là que quelques Espagnols, rassemblés pour les funérailles d'un hermite, choisirent pour leur chef le premier roi de Navarre, don Garcie de Ximenès, qui partage avec Pélage l'honneur d'avoir chassé les Maures. J'en voulus longtemps au bavard et poltron mineur qui m'avait fait manquer cette course intéressante.

Tout porte le caractère de transition dans cette région, où depuis le col des Moines le grès rouge se montre fréquemment sur toutes les crêtes, en forme de poudding composé de fragments arrondis de diverses roches primitives agglutinées par un ciment argileux et sablonneux fortement coloré par l'oxide de fer. Ce terrain, le premier des dépôts intermédiaires dans les Pyrénées, qui se retrouve au versant du midi jusqu'à la Maladette, se prolonge à l'ouest par les montagnes de Sainte-Engrace et de la haute Soule jusqu'au delà de Baïgorry. Les formations primitives en sont en parties recouvertes et tout le système plutonique a disparu. Nous étant dirigés vers la grande oule qui nous séparait du Kosia, et ayant atteint ses bords, nous les suivîmes en descendant sur la clairière d'Anglus qui, semée de bouquets d'ifs et de sapins, présente à l'œil de charmantes retraites. De là la vallée inférieure est dominée de très haut, mais sans autre vue en amont que de tristes bois et les masses pelées du pic d'Aspe. Ce plateau qui barre entièrement le bas de l'oule n'est séparé de Peyrenère que par une très profonde coupure, où, d'après le projet de route, devait être jeté un pont qui, des fonds éloignés de la Pène d'Aret, paraissant dessiné en l'air au-dessus des étages des bois, eût produit un grandiose et singulier effet. Les roches très rapprochées y laissent entre elles un noir abîme où murmurait un torrent invisible. Nous eûmes la curiosité d'y descendre en faisant un détour. C'est une tortueuse tranchée entre deux masses de nature calcaire, d'où le ciel, à peine aperçu au travers d'une haute voûte de feuillage, ne laissait entrevoir sa vive clarté que pour rembrunir davantage cette scène profonde. Vues d'en bas, ces roches, tapissées de mousses et entassées à une hauteur menaçante, cette voie inconnue où le gave s'élance avec bruit, ces vieux sapins qui couvrent tout de leur ombre sinistre, composent un de ces sites mystérieux et sauvages qui portent dans l'âme une émotion irrésistible : c'est un palais digne des ours, sombres monarques de ces bois.

Depuis longtemps l'ouest paraissait se charger : quelques gouttes de pluie et un tonnerre lointain furent le signal d'une prompte retraite vers la trace d'Espalunguères ; mais déjà le vent agitait la forêt, et un épais nuage de pluie, que nous voyons courir sur Aiguestortes, fut en quelques minutes sur nous. C'est alors que nous assaillit une averse des tropiques : des torrents d'eau se précipitaient de tous les points du ciel, pendant que le tonnerre, maintenant sur nos têtes, faisait trembler les monts sous ses coups formidables que cent vallons répétaient. Tapis sous les plus gros hêtres, nous y fûmes bientôt inondés ; n'ayant ainsi plus d'abri, et nous excitant l'un l'autre à braver la tempête, nous nous lançames par la ligne la plus courte sur une forte pente qui n'était qu'un long déversoir. Tantôt marchant ou roulant entraînés par cette onde improvisée, trouvant même le rire pour les chûtes inévitables sur un tel terrain, nous arrivâmes au bas de la forêt. L'orage rapide avait déjà porté au loin ses sourds roulements et nous eûmes du répit pour passer le torrent sous la forge, avec de l'eau jusqu'à la ceinture ; mais que nous importait ? Nous ne joignîmes la baraque qu'à l'entrée de la nuit, et il était temps; car le froid m'avait gagné, et mes membres roidis commençaient à me refuser le mouvement. Un feu des temps anciens, un souper copieux, nous firent oublier une mésaventure qui n'est qu'un évènement ordinaire pour des coureurs de montagnes.

CHAPITRE V.

Basse vallée d'Aspe. — Notre-Dame de Sarrance. — Le Benou. — Exploitation des forêts.

L'orage de la veille n'avait laissé aucune trace, et le soleil se levait pur, lorsque nous quittâmes la barraque pour descendre la vallée, et repasser dans celle d'Ossau par le col de Marie Blanque. A Urdos, le cimetière avait été récemment labouré; on me dit que cela se faisait tous les ans à certaines époques, sans me rendre raison de cette coutume singulière. Au petit défilé du Portalet, on voit les restes du mur crénelé qui défendait autrefois ce passage contre les incursions des Espagnols; et, peu après, une gorge sauvage, débouché du vallon du Pact, dont nous avions vu l'origine au col d'Ance, s'enfonce entre d'énormes escarpements calcaires. La marine est parvenue à y exploiter une forêt de petite mâture, malgré tous les obstacles que les lieux opposaient, et que la force de la poudre a vaincus Dans le mur gigantesque qui l'encaisse au nord, on a percé un chemin de 800 toises, à quatre ou cinq cents pieds au dessus d'un abîme, où le torrent est toujours furieux. Je voyais cette étrange voie, qui peut être comparée à ce qu'on a fait de plus difficile dans les montagnes, circuler dans les flancs du rocher comme un long boyau ouvert du côté du précipice.

La vallée moins profonde n'offre que peu de prairies et

de maigres pâtis sur les hauteurs. On traverse le village d'Estaut, que le gave menace ; on jette un coup d'œil à Borce, situé sur une terrasse près des bois, et on se trouve en face d'une petite vallée, serrée entre des rocs abruptes, qui remonte vers le pic d'Anie, composé comme tous ses voisins d'un calcaire très fracturable semant ses abords de débris. Ce point culminant est ici très rapproché par la flexion au nord que la crête subit depuis Aiguestortes. C'est le val de Lescun, autrefois une des douze premières baronnies du Béarn, qui renferme de bonnes cultures et un village dont les habitants, placés au débouché des ports faciles de la Navarre, ont la même industrie que ceux d'Urdos et de Saint-Engrace, et passent pour les moins traitables de tous les Aspais, bien différents à leur tour des bons Ossalais. Le pic d'Anie, dont la vue est magnifique sur les plus vastes forêts des Pyrénées et sur la plaine du Béarn, avec sa tête blanchâtre au-dessus des bois, dominant tout jusqu'à la mer, est comme un géant qui surveille la contrée ; aussi tout est redoutable pour ses voisins sur ce mont fantastique. Un mauvais génie y réside, veillant sur un jardin dont il est très-jaloux ; et les tempêtes qui ravagent le pays ne sont que l'effet de sa colère, lorsque quelque téméraire a osé l'aborder. Situé à l'ouest de la vallée, tous les orages semblent en effet s'y former, et de là les contes. Tous les observateurs qui y sont montés jadis, Borda, Flamichon, Palassou, y ont été vus de mauvais œil ; et récemment encore M. L. Dufour excita de violents murmures parmi les gens de Lescun ; les femmes surtout semblaient conjurer contre lui les mauvais esprits de leur montagne.

Plus loin un portail gigantesque, formé par deux pyramides de marbre, les pènes d'Esquit et de Lées, donne entrée dans le populeux bassin de Bédous, à la hauteur de celui de Laruns, dont le sépare la rude montagne d'Aydious, où git un bon filon de cuivre attendant l'exploitation. Partout de riches cultures y ont remplacé les eaux qui le couvraient autrefois. Sur la rive gauche du gave, plusieurs buttes coniques, dont une est le morne isolé de Théis, composent la formation de ce porphyre amphibolique vert et noir, que Palassou d'après Pline a nommé ophite, la plus considérable peut-être de toutes les formations semblables qui longent le pied des Pyrénées. Cette évulsion particulière a percé les calcaires de transition dont elle est enveloppée, postérieurement à leur premier redressement. Toutes les berges peuplées de hameaux, de granges éparses, plaisent à l'œil, et une nombreuse population y est répartie dans huit villages, de tout temps pépinières, comme ceux d'Ossau, des chevriers, qui, pendant l'hiver, se répandent dans toutes les provinces voisines. Le village d'Accous, au centre, occupe, croit-on, la place de l'antique *Aspaluca*, qui a donné son nom à la vallée.

Au village d'Atas est l'établissement de la marine dans la vallée d'Aspe. On y a construit un large bassin pour assembler les radeaux, qui de là sont conduits dans le port de relâche d'Estos, au-dessous d'Oloron. Pour parvenir à la forêt d'Itseaux, qui fournit les bois, on a pratiqué à grand'peine un chemin de charrettes montant presque toujours sur le bord d'un précipice, jusqu'à un col élevé de près de 300 toises au-dessus du bassin de flottaison, d'où l'on descend au pied de la forêt. Les bois d'Itseaux sont très-vastes : ils couvrent les revers des montagnes de *Lescun*, remplissent les fonds de la vallée de Barétous, et se réunissent avec ceux de Saint-Engrace, à l'origine de la vallée de Soule. C'est la plus grande forêt des Pyrénées françaises. A Bedous il fallut passer sous les yeux des douaniers, dont le chef vint se plaindre à Lefranc de tout le mal que leur causaient les contrebandiers, avec qui la fusillade avait été engagée l'avant-dernière nuit. Que sa colère fût vraie ou fausse, il me tardait d'être loin, car il avait la main sur le porte-manteau de Lefranc qui, ainsi que le mien, était tout gonflé de cassonade espagnole.

La vallée redevient étroite et tortueuse; les monts y offrent peu d'agréables points de vue jusqu'au pont Suzon qui précède le couvent de Sarrance, dont la Madone le dispute en célébrité à celle de Héas et de Betharram. Dans tout le midi les sentiments religieux ont conservé leur empire; mais par le progrès des mœurs qui ont amené une heureuse tolérance, les haines de secte, autrefois si violentes, ont presque disparu. Au milieu des travaux, des jeux et des danses, si la cloche du hameau annonce la prière, tout cesse à l'instant, et chacun, prosterné, élève ses pensées à Dieu. Ainsi qu'à Héas il est ici un rocher que les dévots ébrèchent à l'envi. Un édifice d'assez belle apparence annonce le couvent, et une prairie qui borde un bois, de la verdure sur les hauteurs, donnent de la grace au site qui l'entoure. Le village qui suit est considérable, mais aux jours de solennité il a peine à contenir l'affluence des pèlerins. On se rappelle que le dévot Louis XI, visitant Sarrance, fit baisser l'épée qu'on portait devant lui, en disant qu'en Béarn il était hors de son royaume. Nous fîmes halte aux eaux d'Escot, où ne sont encore que deux maisons, et plus bas, au bord du gave, le bâtiment des bains dont l'eau est à 20 degrés. On a trouvé à Escot quelque trace des Romains, et sur les flancs d'un rocher, à vingt pas au-dessus de la route, une inscription pour constater la restauration de la voie qui y passait, par le duumvir Lucius-Valerius-Vernus.

Parmi les convives de la table d'hôte se trouva un personnage caractéristique du pays, le curé d'un village basque le plus reculé de la Soule, colosse de six pieds, dont la figure ouverte peignait la franchise et le caractère jovial. Pour des paroissiens chasseurs et contrebandiers, il fallait un pasteur en rapport avec leurs habitudes; aussi M. Arrichev.... nous dit-il lui-même qu'il passait son temps, le dimanche excepté, à poursuivre les *sarris* [1] sur les rochers, ou les ours dans les vastes bois de son canton. Autant ennemi de l'eau qu'amateur de poivre et de piment, les mets dont il avait dirigé l'apprêt se ressentaient fortement d'un goût commun à ses compatriotes. Sa grosse gaîté animait la conversation, et entre nous la connaissance fut bientôt accomplie. L'ayant mis sur le chapitre de ses chasses à l'ours, il nous conta beaucoup d'aventures en un patois moitié français, moitié béarnais, qu'il composait, ne connaissant bien que le basque, sa langue maternelle. Un de ses com-

[1] Nom des isards dans le pays basque.

pagnons n'ayant que blessé l'animal qu'il guettait, celui-ci courut sur lui les griffes hautes, auxquelles il n'échappa que par son agilité en s'élançant à une branche d'arbre. Ses amis étant arrivés à temps pour le sauver, il en fut quitte pour un morceau de culotte que l'ours s'appropria en lui laissant l'empreinte de ses ongles. Un autre, nommé Varingas, bien connu dans le pays, en débouchant d'un fourré s'était trouvé face à face d'un ours de première taille qui, se dressant aussitôt, ne lui permit pas de le tirer : il n'eut que le temps de lui abandonner son bras gauche, pendant que de l'autre il lui donnait des bourrades dans le ventre avec le bout du fusil. Cette horrible situation nous fit frémir. « Moi, qui n'é-« tais pas éloigné, continua le curé, entendant les cris de « Varingas et l'ours qui faisait comme ça, » (alors sortit des cavités de la poitrine de l'Hercule en soutane un rugissement profond qui fit fuir tous les animaux de la chambre et nous étonna grandement), « j'accours avec deux autres, et « appliquant le bout de nos fusils sur l'oreille du monstre « qui, sans lâcher prise, tournait toujours avec notre ca-« marade aux abois, nous le tuâmes sur la place. Varingas, « guéri et un peu estropié, n'en continue pas moins à chas-« ser, pour prendre, dit-il, sa revanche. »

La nappe ôtée, on avait mis respectueusement devant le conteur une bouteille d'eau-de-vie pour qu'il en fît les honneurs. « Parbleu, dit-il, en sablant le premier verre, il faut « que je vous dise la bonne aubaine qui m'est survenue il y « a une quinzaine de jours. J'étais seul à chasser sur la « montagne d'Atas, et comme je gravissais une crête de ro-« chers, j'aperçus deux hommes descendant chargés de « sacs : c'étaient des contrebandiers. Je m'arrêtai pour les ob-« server : m'ayant vu aussi, ils s'arrêtèrent, me prenant « sans doute pour un douanier. Je leur criai plusieurs fois « d'avancer sans crainte, mais ils restèrent immobiles. « Ayant alors continué de monter vers eux, la peur les prit, « car jettant leurs sacs, ils s'enfuirent aussi vite que l'âpreté « des lieux pouvait le permettre. Un d'eux disparut dans le « bois; mais l'autre, moins heureux, fit une chute ; je le vis « rouler en bas des roches dont les sapins cachaient le pied,

« et sans perdre temps, je lui criai de toutes mes forces : « *absolvo te à peccatis tuis !*... Mes devoirs ainsi remplis, je « courus sur la place où je trouvai deux sacs de sucre et de « café, qui sont maintenant en sûreté au presbytère. » Sur l'observation qu'il eût été plus pressant de porter du secours au malheureux qui s'était précipité, il répondit : « Je con- « nais trop bien les lieux pour croire qu'il ait pu arriver en « bas vivant ; et j'avais satisfait à temps, j'espère, à mes de- « voirs de pasteur. » Le bonhomme avait dit toute sa pensée ; fermement convaincu que le contrebandier était mort, il avait jugé tout-à-fait inutile de descendre jusqu'à lui... M. Arri...... nous fit promettre d'aller goûter à Saint-Eng.... le café et le sucre dont il remerciait sincèrement la providence.

Laissant la vallée, flanquée à son débouché vers Oloron par la pène d'Escot, auprès du Pont-Neuf nous remontons le val aride de Maillerouge jusqu'au col de Marie Blanque, où gît encore l'ophite, par un bon chemin ouvert pour l'exploitation de la forêt qui l'avoisine. Ici, les aspects changent ; le col se revêt de pelouse, les pentes se couvrent de sapins, et l'on voit s'étendre devant soi le pâturage renommé du Benou. C'est un bassin ovale d'une demi-lieue de long, dont les prairies fauchées pour la seconde fois fourmillaient alors de gens et d'animaux ; vaste tableau pastoral plaisant à l'œil, à côté du grand bois qui s'élève au midi, où aux heures brûlantes de la journée tous les êtres vivants peuvent chercher l'ombre et le frais. La forêt du Benou, qui ne fournissait que de la petite mâture, est une espèce de phénomène : il y a deux siècles que tous les arbres, suivant l'usage d'alors, furent coupés à la hauteur de quatre pieds. Le bois qui existe a repoussé sur ces vieux troncs, où l'on a vu quelquefois sur le même jusqu'à douze tiges d'une belle élévation. A l'extrémité de la plaine, sous le village de Billères, on descend à Vielle en Ossau, par des rampes tracées sur des schistes en décomposition.

Nous n'avions pu traverser le Benou sans perdre quelques moments à jouir de cette scène vivante des montagnes. Ce temps nous fit faute : le jour avait disparu quand nous traversâmes Laruns, et la nuit s'annonçait orageuse. En effet, nous n'eûmes pas monté le ressaut d'Espalungue, que le vent fraîchit, le tonnerre gronda, et les éclairs furent les seuls flambeaux qui nous guidèrent sur cette route bordée de précipices. C'est ainsi que nous rentrâmes à Bonnes, escortés par l'orage qui, durant plusieurs jours, nous fit plus apprécier le ciel serein qui avait présidé à nos courses.

Bonnes, privilégié par son air vif et pur, par l'efficacité de ses eaux pour ces maux qui affectent particulièrement les hautes classes, par les belles montagnes qui l'environnent, et, pourrait-on dire encore, par la mode qui y fait affluer les familles opulentes, malgré son site resserré, va toujours croissant en étendue et s'embellissant. Pour créer de la place à de nouvelles constructions, on escarpe des masses de rochers ou l'on va sonder les profondeurs du Valentin. Tout y est neuf maintenant (1852), la chapelle, l'Etablissement des sources, de spacieuses maisons, de somptueux hôtels au long du grand espace converti sagement en promenade ombreuse. C'est une superbe petite ville, enchassée comme un saphir sous des monts boisés qui l'étreignent et de l'aspect le plus fier. D'autres promenades ont été ouvertes dans les bois : les allées *Jacqueminot*, toujours fraîches et sombres qui, par cent zig-zags, permettent d'escalader à cheval la montagne tout entière jusqu'aux vastes pelouses de Gourzy, d'Annouillasse et de Lordé, interdites jusqu'alors à tout autre qu'au robuste piéton, et dont les aspects sont si beaux sur les montagnes de la crête et de l'ouest; et la *Promenade horizontale* largement tracée sous le bois, promenoir précieux pour les baigneurs qui, sans fatigue, vont y jouir de gracieux points de vue, et peuvent chaque soir s'y passer réciproquement en revue.

Les environs de Bonnes offrent d'autres courses à cheval que ne doit point négliger celui qui veut connaître ce beau canton des Pyrénées.

Par la Montagne-Verte et les hauteurs de *Zibe* et d'*Arcasque*, en traversant l'étendue des pâtures qui revêtent tous les plateaux vers Asson, on atteint avec facilité le col d'Arbas, situé au nord du col de Tortes. Là, que l'on grimpe sur le pic aigu qui, à gauche, domine de si haut, pour jouir d'une vue étendue sur les fonds d'Asson, d'Azun et d'Argelez, et sur un fouillis de montagnes jusqu'au Montaigu de Bagnères, isolé du beau groupe que couronne le Pic-du-Midi dont il n'est que l'humble acolite. Le chaînon qui sépare Luz de Cauteretz et la masse hérissée du Pic de Gabisos auquel on touche, cachent toute la haute chaîne de Barèges; seulement au dessus d'un col se détachent la pointe tronquée et le glacier de Neouvieille, où des souvenirs de prédilections me reportaient, car longtemps attaqué en vain, j'avais eu le premier, naguère, le plaisir de voir enfin ses derniers pitons sous mes pieds.

Dans la vallée si alpestre de Gabas, à demi-heure des *Eaux-Chaudes*, si l'on prend le chemin qui monte à droite dans la gorge de Bitet, que des bois revêtent partout, et creusée dans le groupe dont le mont Scarput est le point culminant, on verra le torrent coulant toujours ou se précipitant sous d'épaisses voûtes que le soleil a peine à percer, donner lieu à des accidents pittoresques dont le moindre serait l'honneur d'un parc, et la belle cascade de *Sesque*, tombant en longs replis des hauteurs de *Cujelatte*. Si l'on ne redoute pas de gravir pendant trois heures jusqu'au col terminal, on sera dédommagé par une belle vue du riche bassin de Bédous étendu sous les pieds et d'une partie de la vallée d'Aspe.

Enfin, si plus loin, vers Gabas, on prend la voie du vallon d'Héréna dont le haut et pittoresque ressaut, où le granit interrompt seul le noir des sapins, n'exige pas moins de trois heures pour franchir ses étages toujours renaissants, au sortir de ces vastes bois qu'affectionnent les ours, on se trouvera tout-à-coup en vue de la magnifique plaine alpestre de *Sousoueou*. Fatigués de rocs et de sapins, comme les yeux se posent avec charme sur cette étendue verte et veloutée de plus d'une lieue, large et unie, où le Gave s'étend et serpente en moelleux replis, dominée d'un côté par des masses nues, escarpées et brûlées par le soleil d'Espagne, et de l'autre s'étendant en délicieuses clairières parmi les bois qui couvrent le chaînon vers Broussette. Des troupeaux de toute espèce émaillaient ces verts tapis, dont les chiens qui m'avaient vu se mirent à aboyer en venant vers moi, ce qui m'obligea à gagner au plus vite les cabanes où je devais trouver protection, du pain et du laitage, c'est-à-dire tout le confortable du lieu.

Cette prairie des montagnes se termine au loin contre des masses neigées du côté d'Azun, et le vallon tournant au sud, remonte vers le lac d'Artouste, encore éloigné de quatre heures, sous les hautes cimes de *Som-de-Seoube*, région reculée qui ne voit guère que quelques pasteurs pendant l'été et les pêcheurs qu'attirent les truites saumonées de ce lac, rival en grandeur de celui de Gaube. L'aspect de ses montagnes qui atteignent 1,600 T., et l'extrême difficulté du port de Lavédan, seul passage qui les traverse vers *Salient*, oblige les passants des deux nations à aller chercher plus à l'ouest, à *Peyrelue* ou à *Aneou* des voies détournées plus faciles. Mais ses monts du premier ordre et un champ nouveau d'investigation auraient assez d'attrait, s'ils n'étaient ignorés, pour y attirer les observateurs et les curieux. On peut s'y rendre en un jour de Bonnes, et trouver un asile pour la nuit dans les cabanes d'Artouste.

Des hauteurs dépouillées de gauche qui séparent Sousoueou de Sourince et Gourette, on voit descendre un vallon triste et nu, où a été découverte depuis peu une mine de cuivre dont l'exploitation est commencée. Puisse cette nouvelle entreprise avoir plus de chance que la mine du mont Césy, maintenant abandonnée. Sur les pentes sèches voisines croissait la jolie jacinthe améthyste qui se trouve aussi au clot d'Aannouillasse. Je terminai ma course aux cabanes, voulant retourner à Bonnes, en franchissant la montagne qui m'en séparait, par le col de Lordé, dont j'étais cependant éloigné de trois heures d'une ascension des plus rudes; mais les pasteurs me montrant les nues qui avaient envahi les cimes, me dirent qu'aucun d'eux n'était capable de se reconnaître sur les plateaux d'Annouillasse au milieu des brouillards, et me citèrent des hommes qui y avaient erré toute la nuit, même qui y avaient péri. Force me fut alors de retourner à Bonnes par la même voie des *Eaux-Chaudes*.

Au hameau de Bagès, près d'Aas, habite un botaniste qui excite tout l'intérêt de ses nombreux visiteurs, en ce que simple pasteur, il s'est instruit lui-même et qu'il possède d'ailleurs des connaissances étendues. M *Gaston Sacaze* appartient à une de ces familles patriarchales, où la piété et toutes les vertus antiques se sont conservées, que l'on rencontre encore dans les Pyrénées et plus qu'ailleurs dans la vallée d'Ossau, renommée par les bonnes mœurs de ses habitants. Doué par la nature d'un esprit observateur et exact, comme du besoin de s'instruire, et voué dès son enfance aux soins de ses troupeaux, il voulut savoir pour son usage quelques principes de l'art vétérinaire, ce qui le conduisit à connaître les plantes médicinales les plus usuelles. Ayant ainsi mis le pied dans la botanique, son goût se prononça. Tous les moments que lui laissait son travail étaient consacrés à son étude favorite et à des herborisations sur les montagnes. A l'aide de quelques livres il parvint ainsi en peu d'années à connaître toutes les plantes de sa vallée, dont plusieurs étaient nouvelles. Il en est une qui lui a été consacrée par l'auteur de la *Flore de France*, le *Grémil* de Gaston (*Lythospermum Gastoni*). Mais les botanistes écrivent souvent et nomment toujours en latin; il lui fallut apprendre cette langue. Puis ayant remarqué que telles plantes ne croissaient que sur certains sols, il se mit à étudier la géologie dans ses rapports avec la végétation. Enfin Gaston dessine un peu, est un peu musicien, et se livre constamment à des observations météorologiques. Il peut fournir aux étrangers qui le désirent, de jolis herbiers, suffisants pour faire connaître l'ensemble de la flore d'Ossau. Si l'on réfléchit à la difficulté extrême de s'instruire seul et sans secours, on doit croire que si Gaston eût eu le bonheur d'entendre les leçons des maîtres, il se fût fait un nom dans les sciences naturelles. Mais il est resté, et qui peut dire s'il y a perdu, un homme honnête, simple, pieux, jouissant de l'estime de sa vallée, travaillant ses champs ou soignant ses bestiaux avec sa nombreuse et excellente famille, et ne s'occupant des sciences que comme un délassement devenu pour lui un besoin.

Les guides de Bonnes plus exercés sont devenus meilleurs. Les principaux sont en ce moment (1852) *Esterle*, le doyen, qui, seul dans une course au prix, est monté en 15 minutes sur la montagne Verte ; *Lanusse*, son neveu, et *Maucors*, qui méritent toute la confiance des étrangers. C'est à de tels hommes que ceux-ci doivent s'adresser pour les courses difficiles, et non pas à ces premiers venus qui se vantent toujours de pouvoir conduire partout, au hasard de ce qui peut en arriver. Les récits des montagnes sont remplis de mésaventures causées par des guides ignorants et téméraires.

Nous reprîmes le chemin de la plaine, lorsque les troupeaux descendus des hautes vallées vinrent camper autour des villages avec leurs terribles gardiens, redoutés du promeneur. A Oloron, tout était bien changé : le gouvernement, instruit de l'audace avec laquelle on violait à main armée les lois prohibitives du fameux système d'oppression nommé continental, y avait envoyé le général Quesnel, avec 1,800 hommes et six pièces de canon, pour châtier une ville qu'on regardait comme un foyer de révolte. Sans la prudence du chef, les soldats excités contre les habitants les eussent sans nul doute traités en rebelles. Il n'y eut point de rigueurs exercées, mais la contrebande désorganisée se réduisit, comme devant, à de petits partis et à des hommes isolés.

Je ne quitterai pas les montagnes où sont les plus belles forêts des Pyrénées, sans donner une idée de leur pénible exploitation, et des grands travaux qui ont procuré tant de ressources à notre marine[1]. Il y a environ deux siècles que, sous le ministère du cardinal de Richelieu, on commença à en extraire des mâts, des bordages, et autres pièces pour la construction ; mais le défaut de chemins rendant ces bois très-chers, on s'en dégoûta. En 1765, on nomma des ingénieurs et des officiers de la marine pour diriger les travaux

[1] D'après un mémoire de l'ingénieur Leroy, qui les a longtemps dirigés.

qu'une compagnie de capitalistes béarnais avait recommencés dès 1756. Dans toutes les Pyrénées, les chênes et les pins propres aux constructions sont en petite quantité, et disséminés, les premiers au bord des plaines, et les autres dans l'intérieur des montagnes; les hêtres et les sapins sont ceux qui y abondent le plus. Les forêts que l'on a exploitées sont celles d'Itseaux, de Gabas, du Benou et d'Irati, au revers méridional de la Soule et dont la moitié est espagnole. D'autres fort belles, comme celles de Saint-Engrace, ne l'ont pas été encore. Il y a environ un siècle que celle d'Itseaux était si fourrée et si peu connue dans sa vaste étendue, qu'on y prit une fille sauvage, de 16 à 17 ans, qui l'habitait depuis sept à huit. On sut qu'elle y avait été laissée par d'autres petites filles que la neige y avait surprises. Les pasteurs la conduisirent à l'hôpital de Mauléon, où elle ne parla jamais et ne donna aucun signe de souvenirs. Elle y vécut quelque temps d'herbages, et mourut de chagrin d'avoir perdu sa liberté. Plus de vingt ans après, on y vit plusieurs fois, dit-on, un homme sauvage, très-grand, velu comme un ours, leste comme un isard, et ne faisant mal à rien. Son plaisir était de courir après les brebis, et de les disperser en riant aux éclats. Les pasteurs lançaient quelquefois les chiens après lui, mais il ne se laissait jamais atteindre. C'était sans doute aussi quelque enfant abandonné, comme le sauvage de l'Aveyron qu'on a vu à Paris.

L'air froid convient au sapin; du côté exposé au nord, le bois est plus dur et le cœur plus rapproché de l'écorce. Celui des plaines du nord, où l'air froid circule tout autour du tronc, est plus également bon que celui de nos montagnes, où les expositions sont très-variables. C'est sur les sols médiocres et dans les rochers que croissent les meilleurs et les plus élastiques, qualité qui distingue ceux des Pyrénées, et les rend très-propres à faire des mâts. Si on compte leur âge par les couches concentriques qu'ils offrent dans leurs coupes, on en trouvera qui ont jusqu'à 800 ans. C'est dans le mois d'octobre, et quand le vent d'Espagne ne souffle pas, disent les ouvriers, que l'on doit abattre. Il faut des précautions inimaginables pour qu'ils ne se cassent pas en tombant;

car, une inégalité dans le sol ou le moindre porte-à-faux les briserait. On tache de les diriger sur un terrain uni, ou sur d'autres sapins qui amortissent la chute. Ce moment est curieux; le fracas des arbres qui tombent, des rochers qu'ils font rouler, et les cris de joie des ouvriers, répétés par les échos, produisent, dans des gorges sauvages, un bruit imposant qui fait fuir les bêtes fauves. Que de peines, que de dangers ensuite pour faire descendre de 150 à 200 toises des troncs de cent pieds de long; pour les faire parvenir sains et entiers au chemin de voiture, à travers des ravins profonds, hérissés de pointes de rochers, et sur des pentes où les ouvriers ont peine à se maintenir. Ce n'est que l'expérience qui a pu donner l'idée des moyens ingénieux que l'on emploie pour atteindre ce but.

Les étrangers les plus robustes sont impropres à ces travaux à cause des rudes pentes qu'il faut sans cesse gravir, et de la vie pénible qu'on mène à la forêt; il n'y a que les montagnards qui puissent y tenir. Chacun porte avec soi, le lundi, la farine de maïs qu'il lui faut pour la semaine; aux repas, ils en délayent un peu dans une gamelle de bois, ou même sur un copeau, pour en faire un gâteau qu'ils cuisent sous la cendre. D'autres font le soir de la soupe avec de l'eau, du sel et des feuilles d'orties blanches ou de mauves sauvages. Ils y couchent dans des huttes construites avec de mauvaises planches, des écorces ou des débris de sapins, et adossées aux rochers, s'il y en a. Cette vie si dure et des dangers continuels ne sont compensés que par la pureté de l'air et la salubrité des eaux qui donnent à ces ouvriers une santé ferme : il n'y en meurt guère que par accident. Rendus aux chemins de voitures, les arbres sont chargés sur deux trains de roues placés à la distance convenable, et conduits aux ports où se font les radeaux; savoir : ceux d'Ossau à Estos, et ceux d'Aspe à Atas. Chaque exploitation a fourni souvent des arbres de très-fortes dimensions : le plus gros qui soit sorti des Pyrénées est peut-être celui qu'on trouva en 1767 à Itseaux, au quartier de Balagué, qui avait cinq pieds de diamètre à la culée, et quatre-vingt-dix-huit pieds de service. Sa souche renfermait celle d'un sapin de six pouces qu'il avait enveloppé en croissant. On y reconnaissait encore les coups de hache qui l'avaient abattu à huit ou neuf cents ans de là, à en juger par l'âge du gros arbre. Il fut employé à Toulon pour un mât de misaine d'une seule pièce.

Les torrents n'ayant en général qu'un pied d'eau en été et trois pieds au temps de la fonte des neiges, la navigation présente des difficultés aussi grandes que l'extraction. Les radeaux de quatorze pieds de large sur cent de long, exigent un passage de vingt pieds : il a donc fallu nettoyer les gaves pour leur donner partout cette largeur ; unir les cascades pour qu'ils pussent passer dessus ; faire des digues, etc. Quant ils sont construits dans le bassin d'Atas, on les lance dans le torrent où ils font ordinairement deux lieues à l'heure. Il est des exemples de n'avoir mis dans les grandes eaux que quatre-vingt minutes pour faire le trajet d'Atas au bassin d'Estos, distant de cinq lieues. Les radeleurs, une fois dehors ont besoin de toute leur tête, car ils n'ont plus de repos qu'au mouillage. Il arrive sans cesse des accidents : on échoue sur le sable, sur les rocs ou sur des digues, et il faut y remédier sur le champ, car les bois souffriraient vîte dans une mauvaise position. Comme les paysans de Saint-Bertrand et de Montréjeau étaient depuis longtemps habitués à construire dans ce dernier port des radeaux avec des billons de vingt-cinq à trente pieds qui y arrivaient à bois perdu, et à les conduire sur la Garonne, c'est parmi eux que l'on prenait les radeleurs en les classant comme pour la marine. A Navarreins, les gens du pays formés peu à peu à leur exemple, les remplaçaient jusqu'à Peyrhorade, où les eaux, étant profondes, on en amarrait une douzaine ensemble, et un bateau remorquait le train jusqu'à Bayonne. Un radeau de mâts ordinaires portait six cents pieds cubes de bois ; ceux de bordages, chargés de planches, avirons et autres matériaux cubaient de quatre à six cents.

C'est au commencement d'avril, lorsque que la neige est reléguée sur les cimes, que l'on monte à la forêt ; et on y reste jusqu'au 15 décembre. Ces époques varient suivant les températures ; dans les hivers doux, les travaux ne sont pas interrompus. Les forêts des Pyrénées bien aménagées fourniraient encore d'immenses ressources, malgré les dégradations déplorables qu'elles ont souffert sur tous les points. Les revers méridionaux ne renferment pas moins de richesses forestières dont l'Espagne exploite également une partie pour sa marine. Ces grands travaux sont suspendus dans les vallées françaises; des temps meilleurs les feront sans doute reprendre.

On voit par cet aperçu combien il faut de soins et de dépenses; combien toutes les ressources de l'art et de l'industrie doivent être mises en jeu, pour faire arriver un mât sain et sauf jusqu'aux chantiers de construction.

CHAPITRE VI.

Case de Broussette. — Port de Peyrelue et d'Aneou. — Pic du Midi d'Ossau.

Toutes les fois que de quelque cime éloignée ou des plaines du Béarn, j'apercevais par-delà les premiers monts la grande fourche du pic d'Ossau comme une gueule béante, fantastique, je me reprochais de ne l'avoir pas encore vu sous mes pieds. Cette belle sommité, dernière émanation des masses plutonniennes, que ceignent des forêts où l'ours abonde et dont les rocs inabordables servent en tout temps de refuge aux isards, mérite en effet sa renommée. Élevée de 1,500 toises, elle voit sous son horizon le pic du Midi de Bigorre, et de tout point prééminente sur ce qui l'entoure, même à la crête, sa vue est admirable sur toutes les Pyrénées de l'Ouest et des plaines de l'Èbre à celles de l'Adour. Mais combien de voyageurs épris des grandes scènes de la nature, ou que l'amour des sciences attire vers ce colossal observatoire, voit-on se rebuter devant ses voies aériennes, sur ses murs superposés, sur ses roches mille fois fracturées et toujours prêtes à tomber dans les gouffres ouverts sous ses flancs qui déjà ont dévoré la moitié de sa masse. Je savais que la seule ligne d'ascension était du côté de l'est, et je tenais des pasteurs qui fréquentent les pâturages de Pombie et de Maillebats, que parmi tous les curieux que chaque été y amène, le plus grand nombre, parvenu au pied de la Pyramide, s'arrêtait et se décourageait; que bien peu osaient tenter la périlleuse escalade, et moins encore parvenaient au sommet. Déjà deux fois parti dans ce but vers Bious et Maillebats, le mauvais temps et des brumes perfides étaient venus m'arrêter. Ces obstacles, tous ces délais avaient ajouté à ce qu'une telle course avait déjà d'attrayant; et revenu à Bonnes pendant l'été de 1837, je résolus à tout prix de mettre l'entreprise à fin.

Fidèle à mon usage de préférer les hommes qui vivent sur les montagnes à ces guides renommés que plus d'une fois j'ai trouvés en défaut, et sachant que quelques bergers de Broussette étaient parvenus à la cime sous la conduite de l'un d'eux qui déjà y était monté, je ne doutai pas de trouver sur les lieux un bon guide. Je partis donc de Bonnes, le 24 juillet, avant le jour avec un compagnon que je croyais assez habitué aux montagnes. Après des jours brûlants la matinée était délicieuse; il faisait même plus que frais à la coupure du Hourat où nous trouvâmes une petite colonie de mineurs et d'ouvriers allant commencer les travaux à la mine de cuivre du mont Césy. Dans ces fonds des Eaux-Chaudes toujours pittoresques, sous de hautes et sévères masses, l'air du matin nous portait les effluves aromatiques des sapins, et les sureaux dans toute leur parure jetaient leurs vives teintes sur les clairières où le granit était à nu. Au hameau solitaire de Gabas, le complaisant douanier qui, au bruit soporifique du gave, faisait sa faction dans son lit d'où la route était en vue, se contenta de nos promesses de ne pas aller voir don Carlos, rassuré sans doute à l'aspect de nos montures qui lui parurent peu dignes de monter ses actives guérillas.

De Gabas deux voies mènent au pic : l'une par l'entrée du val de Bious, d'où l'on prend à gauche au travers des bois et des grands pâtis de Maillebats jusqu'à la haute crête qui verse à Pombie, nommée col de Suson, point commun aux deux routes au pied même du Pic; l'autre par le val et la case de Broussette, située à l'est au bas des pâturages de Pombie. Je préférai cette dernière comme offrant un point de départ plus rapproché de plus d'une heure, et nous nous engageâmes dans la gorge de Broussette, où le bon chemin se continuait pour l'exploitation des vastes bois de ce canton, repaires assurés des ours qui obligent souvent les pasteurs à quitter avant le temps les herbages voisins. Les montagnes tout hérissées d'arbres et de rochers se rapprochent encore, et là plus de frais gazon, plus de détails riants pour égayer la plus sombre des solitudes. De vieux sapins, dominateurs de la forêt, dès longtemps dédaignés par la hache qui les a sondés au cœur, se dressent dans leur décrépitude au milieu de la foule des tiges surgissant du granit, jusques dans des fonds où le torrent sans verdure ne cesse de mugir contre les blocs et les arbres tombés dont il ne se dégage un instant que pour se précipiter encore dans le canal toujours obstrué et qu'il creuse toujours. Seulement quelques digitales font reluire çà et là leurs épis rouges. Ces belles plantes se mouvant seules et abandonnées au vent de la forêt, ne font que plus sentir tout ce que le site a de triste et de sauvage.

Au bout d'une heure le bois cesse ainsi que la voie péniblement tracée sur le roc; le vallon s'élargit et les tentures de sapins entremêlées de clairières sont rejetées sur les hauteurs où l'œil peut se reposer sur de vertes étendues qui sont, d'une part, les postes avancés des grands pâtis de Gabardère et de Sousoueou, et de l'autre l'extrémité des appuis rayonnants qui sont le piédestal du pic. On tourne doucement au midi, et pendant une heure encore on chemine aisément sur un sol ondulé, parsemé des cabanes volantes des ouvriers qui vont sur place exploiter les sapins. Du haut d'une butte où des Espagnols faisaient halte, paraît enfin dans un fond inégal, auprès du jeune gave, la solitaire case où nous tendions, vrai lieu d'exil pour tout ce qui l'habite. Les bois ont cessé d'orner les pentes, et le fond où l'on touche se relève âpre et dépouillé jusqu'aux cimes terminales, où, tout au bout d'un couloir redressé, une échancrure est le port d'Arrious. Toute cette âpreté de la crête cesse bientôt vers l'ouest, et entre des masses obtuses s'y laisse deviner le port de Peyrelue. L'axe granitique, qu'on peut dire également l'axe de la chaîne, quoiqu'il ne soit pas toujours la limite des bassins, mais le centre de l'évulsion, est ici rejeté au nord du Pic d'Ossau, qui n'est pas de granit pur, vers Gabas où il s'enfonce pour ne plus se montrer jusqu'à Baigorry. A l'approche de la case, le schiste et le calcaire de transition reparaissent, et vont former, le premier, quelques crêtes d'Arrious, et le second, les hauteurs émoussées de Peyrelue et d'Aneou.

Cette auberge de montagne, appartenant à Larus, est plus propre et mieux pourvue que je ne m'y attendais. Au lieu de lits de camp ordinaires, on y trouve de vrais lits, et les provisions comme les produits de la laiterie y sont abondants, particulièrement le *Breuil*, cette espèce de fromage de brebis porté chaque jour des couïlas voisins, onctueux et nourrissant qui, au besoin pourrait servir d'aliment unique. Le naturaliste surtout doit se féliciter d'un si bon gîte, au centre de ses explorations, et n'ayant pour visiteurs que de paisibles nomades, car à deux heures de Gabas et trois de Salient, il n'est point d'habitation intermédiaire. Pierre, l'hôte, a une autre industrie : il a converti la moitié du rez-de-chaussée en une fromagerie à l'usage de tous les pasteurs du canton, où 1,800 fromages sont rangés par étages, et qu'un courant d'eau vive entretient toujours fraîche. Les fromages faits sur la montagne lui sont apportés à mesure pour les saler et les soigner, et, au bout de quinze jours, qui suffisent, chacun reconnaissant sa marque, vient retirer les siens en laissant à maître Pierre le dixième pour ses soins.

Après un déjeuner bien gagné par cinq heures de marche, il fut question du pic. Deux faucheurs s'offrirent aussitôt; mais ils n'étaient montés que sur le col Suson, et ils pensaient que, comme tant d'autres, nous nous bornerions à voir de près le colosse. Pierre me dit alors qu'aux cabanes de Peyrelue il y avait un berger qu'il savait avoir atteint la cime, et offrit de l'envoyer chercher. Nous préférâmes d'y aller nous-mêmes, afin de visiter en même temps les deux ports voisins. Une heure suffit pour monter à Peyrelue : le vallon continuant son contour, maintenant vers l'ouest, entre le pic et la crête, s'exhausse par ressaut où quelques cascades, des bouquets d'arbres et des moutons épars, jetaient de la variété. Laissant à droite le sentier d'Aneou, le seul que suivent les chevaux, une montée rapide conduit à l'entrée du petit vallon du port prolongé de niveau entre des hauteurs médiocres qui, sur tous leurs étages, n'offriraient qu'une verdure uniforme, sans les colonies momentanées qui viennent les animer. A l'extrémité opposée, une croix entaillée sur la roche marque la limite, et le sol s'abaissant au revers laissait voir d'autres vastes pâtures non moins peuplées de moutons et de cavales.

C'est le grand vallon du Roumiga, affluent du val de Thène, qui du port d'Aneou descend obliquement à la crête vers le village de Salient, à une heure de distance, caché sur le bord du Gallego. Pour l'apercevoir il faut monter une demi-heure à l'est du port. Ici tout est déjà bien loin de l'âpreté centrale; aux formes arrondies, à la largeur des plans on se croirait au milieu des bas chaînons. A peine le Rein opposé du Roumiga, qu'un grès fortement coloré a fait nommer *Canaou-Rouge*, montre-t-il quelque fierté dans ses crêtes ravinées. Dans ce canton riche en pâtures, où Français et Espagnols sont toujours en contact, la bonne harmonie est rarement troublée, et des bergers des deux nations se tiennent constamment sur la ligne idéale pour faire rentrer les animaux qui la dépassent. Le vallon du Roumiga mérite d'être visité par le botaniste avant que les troupeaux s'y répandent, car cette terre vierge, où croissent les plus belles plantes sous-alpines, est un des riches parterres des Pyrénées.

Le soleil avait passé le méridien, et sur toutes les saillies les vaches immobiles humaient le frais que leur apportait une brise du nord insensible dans les fonds. Assis près des bergers gardiens, en vue de tout ce domaine pastoral, mi-partie entre les deux pays, un sommeil longtemps combattu finit par l'emporter, et voluptueusement j'aurais dormi sur la pelouse sans cette brise qui, croissant de force et de fraîcheur, m'obligea d'aller chercher quelque abri sous une roche d'un schiste calcaire surgissant à quelques pas ; vain espoir ! Le soleil d'Espagne m'y brûlait, et dans l'ombre du nord j'étais glacé du vent. Je fus heureux d'y découvrir une fissure, ombragée d'une touffe de chèvre-feuille des Pyrénées en fleurs, qui sur un tel roc vif ne pouvait vivre que d'atômes pompés dans l'air. Dans ce réduit je dormis une bonne heure, pendant que mon compagnon se reposait de son côté. Revenus à notre but principal, au grand pic, que je voyais derrière moi, fier et majestueux, s'élancer au-dessus de ses bases, sur l'indication des gardiens nous montâmes à des cabanes, où nous trouvâmes, en effet, un pasteur nommé Jean Sassous, du village d'Aste, qui connaissait le chemin du pic. Sa tournure agile, son air déterminé me donnèrent confiance, et il fut convenu qu'il viendrait coucher à la case, afin d'être en route au point du jour.

Peyreiue n'est séparé du port voisin que par une masse de calcaire et de schiste argileux presque entièrement herbue au midi, qu'en une heure de marche sur la pente espagnole nous eûmes tournée, et les plans d'Aneou, qui avec ceux du Benou, de Sousoueou et de Bious passent pour les meilleures pâtures d'Ossau, s'étendirent devant nous avec leurs autres populations. Le tableau en est agréable, à ce beau temps de l'année où ils sont partout mouvement et bruits confus, mais dans les mois d'hiver, lorsque s'égarer est si facile sur ces étendues uniformes que la neige et les brumes envahissent, je m'étonne que, comme sur d'autres ports non moins fréquentés, des cordons de hautes pierres n'y servent pas de repères aux voyageurs. A part quelques rares pitons, tout ce qui est en vue est du domaine des troupeaux. Le port lui-même est un large plateau où les eaux des deux mers coulent rapprochées et sinueuses, comme incertaines de leur cours. De là les pelouses se prolongent au nord sur le Rein de Pombie, vers la crête de Peyregette qui sépare de Bious, et vers celle du Roumiga qui après avoir longé le col des Moines, va s'unir par une suite de saillies schisteuses et de pitons au chaînon hérissé de Canaou-Rouge, formant ainsi un des pâturages les plus étendus. Nous reprîmes le chemin de la case par le sentier des chevaux. La bonne hôtesse nous attendait pour nous surprendre avec sa poule au pot, et vraiment dans ce gîte je n'attendais pas si bien. Ceci soit dit pour ces curieux qui ne méprisent pas le confortable. A la nuit Sassous fut exact; Pierre s'occupa de garnir le bissac, et chacun se retira plein d'espoir pour le lendemain.

Cependant quelques nues abaissées m'ayant fait craindre avant l'aube un changement de temps, je suspendis le départ, et ce ne fut que vers quatre heures et demie que, sur les pas de Sassous, nous commençâmes à monter derrière la case, dans une clairière, entre des hêtres et des sapins. Nous passons un petit torrent et les pâturages de Pombie se déroulent sur les fonds et les berges d'un vallon toujours plus élargi. Je cherchais des yeux le pic; sa pointe seule était visible par delà les pentes de droite, mais grandissant à chaque pas; sa superbe pyramide nous apparut bientôt haute et droite sur le ciel et brillante du soleil, lorsque longtemps encore nous avions à monter dans l'ombre. Rien de plus majestueux que cet immense cône et ses pans verticaux. En suivant de l'œil ses faces inférieures, ses lézardes continues et toutes ses dislocations, qui semblent attaquer le cœur, je m'étonnais de l'audace du premier qui l'avait abordé, et cherchais en vain à deviner sa ligne d'ascension. Du côté du midi, un escarpement général d'une teinte moins brunie et de la base à la cime, ôtait tout espoir. Ce n'était qu'une immense escarre, et justement au pied, une large raillère, d'une heure de traversée, disait assez d'où l'écroulement était venu. Seulement, au-dessus du contrefort où nous tendions, un petit couloir plein de neige, suivant le guide, était la voie, quoiqu'il ne cachât pas que son extrême roideur lui donnait de l'inquiétude.

Nous nous élevions sur les pentes gazonnées de droite, de plus en plus rapides, traversant les bivouacs des vaches, qui d'un œil hagard nous regardaient passer, et dominant les cabanes çà et là répandues; nous étions parvenus sous la dernière rampe, tout neige ou gazon, dont l'arête supérieure déscend de la base du pic à des croupes couronnées de quelques aspérités rocheuses, et péniblement nous la gravissions, lorsque des cris éloignés nous firent distinguer en bas un homme qui se hâtait en nous faisant des signes. C'était un faucheur de la case, qui venait, nous dit il, saisir l'occasion pour connaître le pic et pouvoir servir de guide à son tour. Ce renfort me fut agréable, en ce qu'li pouvait être utile. Nous montâmes sur la crête herbeuse et fleurie, unique échelon du pic, jusqu'au pied des rochers, et là une halte est de rigueur pour ménager et réparer des forces qui vont être mises à de rudes épreuves.

Cette station du col Suson, à une hauteur d'environ douze cents toises, est fort belle pour le point de vue : à l'origine des pâturages de Pombie et de Maillebats l'œil les parcourt jusqu'aux bois inférieurs, ainsi que la grande vallée, depuis Gabas jusqu'à la plaine, que je vis avec regret en partie couverte de nuages, et par-dessus les croupes de Broussette on est en présence de toutes les cimes, depuis le pic de Ger jusqu'à la haute chaîne. Un pasteur d'Arudy, justement de ceux qui étaient montés au pic, nous ayant aperçus, était venu nous joindre, et nous dit sans détour que pour rien au monde il ne recommencerait une telle folie; que sans doute, comme tant d'autres, qui en le voyant de près en avaient eu assez, nous n'irions pas plus loin; enfin il fit tout pour nous en détourner. Cette impression m'étonna moins dans un canton où les montagnes et les passages moins âpres, offrent moins d'occasions forcées d'exercer la tête et l'agilité. Sur ma réponse, qu'habitués aux rochers, partout où ils étaient passés nous passerions, il ajouta d'un ton railleur : « Essayez, mais vous n'y monterez pas. » — Cependant mon compagnon, qui réfléchissait et regardait, finit par déclarer que pour lui il y renonçait, ce que je ne cherchai pas à combattre, ne l'ayant pas vu à l'épreuve. Le pasteur ayant dit au guide que la fissure neigée était impraticable par son redressement, et qu'ils avaient été obligés de monter contre les rochers de gauche, qu'il lui indiqua autant que possible, celui-ci n'en parut point étonné. Sa confiance me fit plaisir. Nous dîmes adieu à mon compagnon, qui n'avait qu'à redescendre pour nous attendre aux couïlas de Pombie, et, pleins d'espoir, mes deux hommes et moi, nous nous lançâmes à la scabreuse entreprise.

En quelques minutes, traversant une trace de neige qui plongeait aux fonds de Maillebats, nous fûmes au pied du roc, à gauche du sillon neigé, et là il faut quitter et sabots et souliers, précaution indispensable pour pouvoir saisir à pied nu les aspérités minimes où il faut se hisser; mais n'ayant pas la peau de corne de mes compagnons, je leur fis porter ma chaussure pour la reprendre lorsque ce serait possible. Sassous monte le premier, et je le suis, ayant recommandé à l'autre de se tenir sous moi en cas d'accident. Nous voilà donc jouant des mains et des pieds dans une rainure étroite, où pour se maintenir il fallait souvent s'appuyer fortement contre les parois. Je l'avoue, une telle escalade au début m'étonnait, et Sassous, qui le pensait sans doute, ne cessait de m'encourager. Je le rassurais à mon tour, mais il me fallait la conviction que cette voie où nous jouions à nous rompre le col, était seule possible. Enfin au bout de vingt minutes ayant franchi sans accident ce premier couloir, nous prîmes tous confiance, et, après un intervalle hérissé et plus facile, j'abordai sans crainte le second, exacte répétition de l'autre. Nous allions dans le même ordre, lentement, avec réflexion à chaque mouvement, et très-rapprochés de peur des pierres roulantes. Cependant à mesure que nous nous élevions, le précipice s'approfondissait, et si, le voyant de côté, l'œil venait à se lever sur les plans qui sur nous visaient au ciel, il y avait de quoi faire tourner la tête la plus sûre. J'évitais donc avec soin ces deux vues contraires, m'attachant tout entier à surmonter, l'une après l'autre, les difficultés qui se touchaient. Mon guide qui, souvent m'avait tendu la main, voyant que toujours la dédaignant, toujours je le serrais de près, commença à croire au succès, ce dont jusqu'alors, disait-il, il avait un peu douté. Il ne savait pas, le bon garçon, que j'avais escaladé sans doute plus de rochers que lui. Les trois plans de roc vif presque verticaux qu'il faut ainsi surmonter, se suivent de près, et le troisième, non moins haut, non moins difficile, est plus redoutable encore à cause de la profondeur croissante qui peut agir sur l'imagination, car dès que le précipice a dépassé une mesure, qu'importe cent ou mille pieds? C'était à s'étonner sans cesse de la sotte témérité du premier qui s'y était aventuré; et je n'étais plus surpris de ce que raconte l'historien *de Thou*, sur la tentative d'ascension exécutée il y a près de trois siècles par le sieur *de Candale*, proche parent de Jeanne d'Albret, sur les dangers qu'il brava, les étourdissements et les faiblesses qu'éprouvèrent ses compagnons. Je comprenais ces échelles, ces grapins, ces crochets faits exprès, et tous les moyens extraordinaires dont il s'entoura, qui ne purent lui donner qu'un demi-succès, car il n'atteignit point le sommet. Cette belle montagne avait été depuis réputée inaccessible, et peut-être moins dégradée alors. l'était-elle en effet, jusqu'en 1802 que M. Delfau, et après lui M. Dangosse, en ont trouvé le chemin, la même année que Ramond montait au Mont-Perdu. Cependant Palassou rapporte que six ans auparavant un étranger, qu'il ne nomme pas, parvint jusqu'à la cime, et qu'au moment de descendre, craignant pour sa vie, après avoir donné sa bourse à son guide, il avait écrit une lettre où toutes ses terreurs étaient exprimées. Il eut le bonheur d'arriver en bas sans accident; et moi aussi parfois je pensais à la descente toujours plus périlleuse, et je m'étourdissais par mon axiôme pratique : *d'autres en sont descendus.*

La flore alpine n'avait pas totalement abandonné ces rocs si nus, que les lychens n'ont pas le temps toujours de colorer avant que l'action violente des météores ne les précipitent, tant marche rapidement la destruction de ce squelette colossal. Parmi les débris j'aperçus quelques rares fleurs, des pyrèthres, des silénés, des linaires, des androsaces et ce petit chrysanthème alpin qui aime le granit, êtres délicats et charmants, disperatés sur ces ruines. Contre les parois des couloirs, dans les fissures, je trouvais aussi sous ma main des renoncules glaciales, fraîches, vivaces et rosées quoique jamais ne voyant le soleil dans leurs réduits où sur l'aile des vents ne leur arrivent qu'un peu de poussière et les atômes aériens dont elles vivent. J'estimai leur site de 1,300 à 1,400 toises.

Cependant le pasteur et mon compagnon qui, non moins que lui, avait douté de moi, ne nous perdaient pas de vue et nous voyaient avec anxiété collés contre ces rocs énormes comme des chats grimpants, et avançant toujours. Le premier s'étonnait, et quand il nous eut vus au tiers de la montagne, au-dessus de tous les *murs* d'en bas, il ne put s'empêcher de dire que nous arriverions.

Les pas les plus dangereux, en effet, sont les premiers, comme pour inspirer à temps un dernier recours à la prudence. En levant les yeux sur le reste du pic, tout hérissé de saillies en ruines, nous aperçûmes quatre petits corps mobiles peu distincts des pierrailles, se détachant sur l'azur. C'était des izards qui nous observaient, comme du haut du fort où sont toujours pour eux des refuges certains.

J'éprouvais cependant une grande fatigue, et le tableau étant déjà immense, je demandai un moment de repos. Ces courts répits sont aussi agréables que nécessaires : on se plaît à voir les obstacles franchis, on goûte ses premiers succès, et devant l'espace agrandi, on anticipe sur les plaisirs de la cime. Mais les nuages de la plaine avaient dépassé Laruns ; quelques corps avancés flottaient même dans les fonds de Broussette, où ils se dissipaient à mesure, et on pouvait craindre qu'ils n'envahissent tout. A cette vue, *Sassous* s'y opposa, déclarant qu'avec les brumes, jamais il ne saurait retrouver son chemin, assertion trop certaine dans un dédale vertical où tout se ressemblait. Les conséquences en eussent été trop funestes pour qu'il y eût à répliquer ; je me hâtai donc de le suivre en me ranimant d'un appel à la gourde.

Sur des pentes nouvelles devenues moins périlleuses, on ne peut cependant s'oublier, ayant toujours à franchir des ressauts de roc vif et des pierrailles qui ne fuyaient sous les pieds que pour reculer et se perdre même à l'oreille, au fond des précipices. Sassous allait observant sans cesse les saillies, les talus, les passages où il nous faisait faire à sa suite de continuels détours. Nous arrivâmes ainsi aux deux tiers du pic qui, vu de loin, du col de Lordé, par exemple, présente jusques là un profil presque vertical et d'un trait. C'est là que les isards avaient été en observation. Leurs pas y étaient nombreux, mais ils s'étaient sauvés dans les anfractuosités de l'ouest; nous ne les revîmes plus. De ce point la pente s'adoucit sensiblement, et sur la longue rampe qui achève la montée, la neige avait pu trouver prise; ses taches brillantes y contrastaient avec le gris rougeâtre d'apparence granitique du roc en place ou en éboulements qui occupait tout le reste. Dès ce moment le péril est passé, et le pied peut se poser parfois sans qu'un œil scrutateur lui ait fixé la place. Point de distraction cependant, car sur le bord sinueux de la rampe, toute pierre qui s'ébranlait allait se perdre dans le vide que la grande escarre du pic avait ouverte sur Pombie. Si l'œil osait s'y hasarder, il était frappé d'une affreuse et repoussante décrépitude. Là tout est fendillé en aiguilles, ébranlé, menaçant, et de ce côté plus qu'ailleurs la masse entière n'est qu'un squelette. Enfin nous atteignîmes le haut; mais ce n'est que le dernier des appendices, cachant la véritable cime contre laquelle, vu du nord, il se projette invisible. Une profonde cannelure les séparait, où il fallait descendre en renouvelant les précautions premières, car ici on est au haut des airs et le vide vous entoure. Dans les petits réduits tournés au sud, les fleurs alpines reparaissent à 1,500 toises brillantes sur ces tristes rocs où il leur faut une grande énergie vitale pour résister aux terribles météores qui les assaillent. La renoncule glaciale, qui fuit le soleil, n'y était plus, et aux plantes que j'ai nommées, venaient se joindre trois saxifrages, l'androsace, celle à feuilles opposées et celle du Groenland, l'arabette bleue et une céraiste naine que je crois être l'alpine.

Pour cette fois nous y sommes; la vraie cime est atteinte; je prends possession de la pointe culminante que la foudre a mille fois frappée, auprès du cône de pierrailles dont les géographes ont couronné ce colossal repère, avant même de jeter un coup d'œil sur les vides fantastiques où réside le vertige, sur les espaces de toutes parts étendus. Il était temps, car j'étais à bout de mes forces, n'ayant employé qu'une heure et demie à monter, poussé par l'impassible guide qui toujours du doigt pointait aux brumes. Restées stationnaires quelque temps, le soleil commençait à les diviser, et bientôt reléguées sur les plaines du nord-ouest et autour de quelques cimes basses qui en restaient coiffées, elles laissèrent libre presque en son entier l'immense panorama du pic.

Tout cela vaguement aperçu et comme ménagé afin d'en mieux jouir, me faisait plus apprécier l'air doux et favorable que je n'avais pas espéré, lorsque la veille la froide brise qui soufflait dans la haute région, y eût sans doute rendu la place peu tenable. D'un petit trou qui est sous la pyramide Sassous tira quelques ardoises portées d'en bas, annales aériennes, où je vis les noms de M. Peytier, qui venait de faire la triangulation et le nivellement des Pyrénées de l'ouest, de ses compagnons et des jeunes gens dernièrement montés. Quand même le dur granit ne s'y refuserait pas à l'empreinte, jamais sur cette cime que le vide environne, mieux gardée que la toison antique, le téméraire curieux ne verra autant de noms pressés que sur les tables de son homonyme de Barèges; noms qui presque tous, quoique placés bien haut sous de plus hauts soleils, n'en ont pas plus d'éclat. Le siége sourcilleux d'où l'on plane de partout n'est qu'un faîte où l'on peut faire vingt pas à peu près de niveau, sur trois à cinq de large; et la masse entière, allongée au sud-ouest, se termine en une crête toute déchirures, convexe vers le sud, et surmontée de trois pitons principaux. Le plus méridional est la plus basse pointe dont nous séparait cette grande brèche, aux parois inacessibles, qui de Pau fait la fourche, et les deux autres restent confondus quand on les voit du nord. Ainsi l'historien Marca disait vrai, en donnant trois pointes au pic d'Ossau; vues du pays Basque elles sont très distinctes. J'ai dit l'affreuse escarre qui sur Pombie ne fait qu'un mur gigantesque; au revers, sur Bious, la profondeur plus grande ne le cède guère en effrayants aspects, car d'un trait l'œil y plane sur des glacis noirs et ternes, bois et pelouses, où je ne pouvais que deviner les romantiques sites qui une fois m'avaient charmé.

Toute cette masse isolée est une de forme et de composition, et sur sa nudité, de la base au sommet, la nature est avare de tout ce qui soulage l'œil. Noircie par le temps, d'une décrépitude extrême et d'un aspect hideux, partout, sur la ligne que j'avais gravie, comme sur les contours où je planais, mille fois fracturée, tout montre sa vétusté, présage sa destruction totale. Les plans plus récemment dénudés, exposés à l'air ont pris une nuance rougeâtre, qui de loin fait croire à du granit; mais la cassure montre une roche feldspathique légèrement verdâtre où sont empâtés de petits cristaux de mica brun, de feldspath blanc et d'autres prismes noirs très-rapprochés, qui doivent être de tourmaline ou d'amphibole. Ce serait ainsi un roc énorme de porphyre vert à base de feldspath compacte, et ce superbe pic serait le résultat d'une action distincte, quoique tenant à l'évulsion générale du granit. Autour de lui tout est différent : ainsi le rein entre Pombie et Aneou, la partie sud de celui de Peyregette et ceux de l'est vers Saubite et Broussette, tous calcaires ou schisteux, à couches inclinées au pic, parfois presque verticales et devenant micacées en approchant du centre continu, pour manifester aux yeux l'action métamorphique qu'ils ont subie, sont de transition. En descendant vers Gabas, où le granit pur est au jour, il serait intéressant d'observer sur l'arête de Bious, comment se fait le passage de l'un à l'autre terrain, du porphyre au granit. Il est remarquable que la force éjaculatrice, depuis la Méditerranée si puissante, ait tout à coup tellement faibli qu'il n'y ait plus eu que des soulèvements, si ce n'est dans un petit canton du Labourd, vers la vallée de Baygorry, où le système granitique reparaît un moment pour s'élever à cent vingt toises dans la montagne d'Ursoviamendia, et moins encore plus loin vers Oyarsun et la montagne de Haya.

Mais quittons ces observations terre à terre pour jouir enfin, du tableau sans bornes où la vue et l'imagination s'égarent sur des étendues nuancées qui, se dégradant toujours, vont se perdre dans le vague de l'horizon, sur des provinces entières de la France et de l'Espagne. Spectacle magnifique dont on est malgré soi exalté, où il faut se borner à sentir, à admirer en silence, et à appeler ceux que les obstacles ne rebutent pas et qui veulent contempler la nature dans toute sa grandeur. Esquissons les grands traits de ce panorama, froide copie, qui du moins peut parler au souvenir.

Tout ce qui s'enfonce au sud dépend de l'Aragon. Au pied sont les verts tapis d'Aneou et du Roumigas, jusqu'au chaînon longitudinal de *Canaou-Rouge* dont les schistes hérissés semblent tâchés de sang. Toutes ces couches brillantes, dont j'ai touché les analogues dans les crêtes d'Ance et d'Ayguestortes, que M. Charpentier appelle grès rouge, sont plutôt de vrais schistes de transition. Plus loin le chaînon plus élevé de Sainte Hélène, tout calcaire et à couches de niveau, comme les montagnes du Somport qu'il prolonge vers l'est, occupe parallèlement l'intervalle de Salient à Canfranc, entre les cours du Gallego et de l'Aragon, et me cachait tout ce qu'au sud il domine. Tout ce long rempart nu et escarpé en hautes murailles, on regrette de le voir percé par les vals de Thène et de Canfranc, qu'ont ouvert ces torrents, et l'on se hâte de le rétablir en idée ce qu'il fut une fois, un ride droit et continu, le premier sous la crête centrale. Au delà du Roumiga et de Salient paraissent les cultures de Penticouse, sous des montagnes dont la brusque élévation, dont la grande et alpestre physionomie n'étonnent plus, lorsqu'on les reconnaît pour le seul contrefort qu'ait au sud Vignemale. C'est dans la gorge montant du village au port de Cauteretz que sont les bains thermaux de Penticouse, dont la réputation est dès longtemps établie. Ce beau chaînon, surgi vers Piédrahita, au milieu des basses montagnes qui au midi sont si rapprochées du faîte, s'exhausse subitement en grands ressauts jusqu'au morne arrondi qui près du plus haut fleuron de Vignemale porte le nom de Cerbellona, et que j'avais déjà vu de quelques points très-élevés de l'est. Cet ensemble que drappait un glacier, aussi fier que repoussant par les escarpements empilés qui appartiennent au système calcaire, avait laissé peu d'espoir que Vignemale fût plus accessible de ce côté que de celui de

France; cependant je dirai plus tard comment un chasseur de Cauterets, en 1834, et après lui un chasseur de Gèdre, en 1837, réussirent à atteindre la cime la plus haute par le val d'Ossoue, le plan d'Aube et la partie de l'est de Cerbellona, opposée à celle que j'avais sous les yeux. De Salient à Penticouse partent plusieurs gorges, qui sous des monts où se trouvent les derniers glaciers de l'ouest, montent aux ports tous difficiles de Lavedan, vers Ossau, de Salient vers Azun, de Marcadaou vers Cauteretz, et de l'Oulette sous Vignemale fréquenté par les pâtres espagnols qui vont affermer les pâturages de Canteretz.

Continuant ce voyage aérien par l'ouest, après le chaos tourmenté qui renferme les derniers rameaux d'Aspe et d'Ossau; après les champs herbus des Moines et du Kosia, on voit les pics d'Aspe et de Bernères se soulever à la hauteur et dans la ligne de Sainte-Hélène dont ils ont les aspects; sous le Kosia le val de Canfranc s'enfonce et disparaît pour devenir au loin la fertile valée où Jacca est très-distinct, au pied du mont Uruel, qui longitudinal encore, force la rivière d'Aragon à s'éloigner vers la Navarre. Plus loin, dans le dernier chaînon méridional, une ouverture vers Ayerbé est le lieu où se rapprochent la route de France à Saragosse, et le Gallego qui, né au port d'Aneou, se perd dans l'Èbre sous les murs de cette ville antique, qui de nos jours a retrempé sa renommée. Enfin de là les yeux n'ont plus qu'à glisser sur un horizon rougi de soleil et marqué à peine de quelques lignes vaporeuses.

Revenant aux fonds de Bious dont le Gave, malgré ses chutes, était muet pour moi, où gissaient des troupeaux inaperçus, si des hauteurs d'Ayous et d'Ance, où sont de petits lacs au milieu des pâtures, je portais les yeux sur la confuse étendue qu'occupent vers la mer les chaînons rabaissés, quelques traits s'y faisaient remarquer : le sillon creux et direct tracé par la vallée d'Aspe jusques vers Oloron; les pelouses d'Ayguestortes, les sites d'Astains et leurs montagnes rougies jusqu'à un beau chaînon, qui sur le val d'Echo et la Navarre prolonge encore un peu ceux de Sainte-Hélène et d'Aspe; et la ligne de petits pics isolés revenant an nord-ouest, qui désigne le faîte jusqu'au pic d'Anie dont la tête se détache en blanc sur les bois que ses contreforts vont disperser au loin. Tout ce fouillis de montagnes je le dominais de haut; les fières Pyrénées sont prêtes à s'effacer dans de vulgaires cimes où le granit ne montre plus ses aiguilles; le schiste même y perd ses formes hardies, et sur toutes ces masses, de plus en plus émoussées, on ne croirait voir que des systèmes secondaires, si les voyantes teintes du grés ne venaient y trahir çà et là une origine plus ancienne. Sur les derniers de tous ces plans, les sombres nuances et les traits fondus, qui près de l'Océan désignent seuls la chaîne prolongée, dévient sensiblement au sud, et là involontairement s'arrêta ma pensée, car c'était le pays des Pélage, des Garcie-Ximénès, des Sanche, des Ramire, ennemis du Croissant, presque divinisés; les cent vallées où jadis se sauvèrent de l'Arabe les chrétiens et l'Espagne; la terre toujours célèbre où s'est réfugiée cette race forte dont l'origine n'a cessé d'être un problème, qui jamais ne fut soumise, même par le peuple-roi, et qui, gardienne passionnée de ses antiques fueros, chaque jour encore prodiguait aveuglément son sang et son héroïsme pour une cause qui ne saurait la protéger. Ces sillons presque effacés, riches vallées naguères, ne sont maintenant que dévastation et ruine; et de cette terre désolée, une déviation légère dans mon rayon visuel me portait avec une joie toute française sur ces autres vallées qu'habite une moitié du même peuple, séparées seulement de la guerre intestine par une ligne idéale que je cherchais à deviner sur ces plans nuancés; heureux effets de l'ordre par ces lois protectrices qui sont tout pour les nations, mais qu'elles semblent condamnées à bien chèrement acheter. Rien à mes yeux ne décélait cette limite infranchissable entre la paix et l'anarchie. Le calme régnait partout, dans l'air, sur la terre, dans toute la nature, comme si sur ces monts éthérés, où les bruits humains n'atteignent pas, la pensée, libre devant l'espace, n'avait plus qu'à se lancer aux régions immatérielles, qu'à pénétrer dans le ciel infini dont on se croirait rapproché, où tous les secrets semblent être réservés.

Achevons notre vaste circuit sur des aires mieux connues : entre Aspe et Ossau, à la hauteur de Gabas, est une belle masse drapée de neiges et de bois, la montagne d'Aule qui paraît rivaliser de hauteur ; et au bas de la vallée, vue dans sa longueur jusqu'au bassin d'Arudy, Pau était très-distinct, ses lignes d'édifices, sa caserne, ses taches de verdure et ses routes rayonnantes. Les plaines du Bas-Béarn restaient sous les vapeurs, et depuis la lande de Ger le Bigorre se cachait derrière les masses des Eaux-Bonnes. Là, pour compléter les contrastes, commençait une imposante barrière, une ligne de cimes chenues, peu inférieures à ma station, ou plus hautes ; les pics de Ger, d'Amoulat, d'Arre à la crête allongée, et de Gabisos et quelques pointes d'Azun, filant derrière les âpres pitons d'Estremère, d'Arrious et de Som-de-Seoube, où se reconnaissait encore un glacier. Cet alpestre rideau cache toutes les Hautes-Pyrénées, hors la pointe de Neouville et Vignemale. Mais sous ces faites ruinés, le coup d'œil était plus riant sur les croupes diversifiés qui versent sur Artuoste et ses lacs aux truites renommées, et sur les fonds frais et touffus de Broussette à Gabas. A côté de Som-de-Seoube, par-dessus la montagne d'Arrious, au rang extrême, je reconnus l'humble calotte du Pic-du-Midi de Barèges, d'où le Pic d'Ossau est également à peine perceptible.

Depuis trois heures j'étais sur la cime ; le cercle entier avait été plusieurs fois parcouru ; ses grands traits s'étaient gravés, et je m'oubliais dans une contemplation muette, dont le charme ne peut être senti que dans de telles fantastiques positions, lorsque Sassous m'appela à la descente. Ici nous n'avions pas le choix, et le difficile était de se reconnaître dans des ruines toutes pareilles, comme le dangereux était dans les rochers d'en-bas. Pleins de confiance, cependant, reposés et dispos, nous nous lançâmes sur les premières pentes dont les neiges et les raillères furent bientôt franchies. Arrivés au bas de ce grand glacis, là où jusqu'à la base, sur des plans tout d'un trait, malgré les aspérités qui les hérissent, les débris ne pourraient se soutenir, un nouvel appel fut fait à la prudence, et pas à pas, l'œil à terre, pour choisir le point sûr, nous allions sur de coulants talus, au-dessus de profondeurs invisibles où retentissaient les pierres que nous faisions forcément ébouler. Tout entier à ma marche, je suivais les guides qui souvent étaient à bout, ne sachant où se diriger. Nous tînmes conseil alors, et il ne faut pas s'en étonner, dans ce dédale qui vu d'en haut avait changé totalement d'aspect. L'avis de Sassous, fortement prononcé, nous entraînait toujours, et bien nous en prit, car sur ses pas nous arrivâmes heureusement à l'origine du couloir où chacun se reconnut. Comme pour ne pas laisser le temps de sonder tout ce qu'exhalent de vertiges ces plans de rochers vus ainsi par le haut, avec de tels abîmes au bout de chaque regard, nous les attaquâmes sans différer. Sassous s'y précipita le premier, et nous à sa suite, attentifs et muets, si ce n'est ce brave garçon qui toujours croyait devoir m'encourager. On ne saurait dire ce qu'il faut de souplesse de membres et de sûreté de tête, pour descendre ainsi le dos au rocher, s'appuyant des bras et des genoux contre les nues parois, et allant chercher d'un pied une coche unique, tandisque l'autre et les mains s'accrochent de leur mieux. Dans ces couloirs redoutables, ce sont de continuels équilibres sur des gouffres de granit. Nous descendions cependant, et la confiance croissant par le succès, le dernier avait presque perdu ce qu'il avait eu pour moi d'effrayant à l'aspect. Il est vrai que la neige d'en-bas toujours se rapprochant diminuait peu à peu ce que le précipice avait de prestigieux. Nous touchons enfin au dernier de tous ces murs; il est franchi comme les autres. Je saute sur ce blanc tapis qui depuis longtemps était notre point de mire, et je cours à quelque pas me jeter joyeusement sur l'arête de verdure, impatient de considérer à l'aise les teméraires voies, les vrais casse-cous d'où nous venions si heureusement d'échapper. Généralement la descente est beaucoup plus prompte que l'ascension; ici, sans perdre une minute, il faut un temps égal; nous venions d'employer une heure et demie, comme pour la montée. Là se trouva tout à point un pasteur qui depuis longtemps s'émerveillait à nous voir; et ma bouche desséchée, ma fatigue extrême, me rendirent délicieux le lait fraîchement trait dans un bidon de fer blanc qu'il consentit à me céder.

Satisfait de l'heureuse issue de ma rude entreprise, je me remis gaîment en route. Les vifs talus de pelouse, les raides sentiers où nous avions rampé, n'étaient plus pour nous que des chemins délassants ; en une demi heure nous fûmes au plus bas couïla, où mon compagnon m'attendait, et de là jusqu'à la case il n'y a plus qu'une promenade. Nous y arrivâmes avant deux heures, n'en ayant ainsi employé que neuf. Je ne crois pas qu'on puisse faire en moins une aussi aventureuse course, d'où l'on voit qu'avec un temps assuré, une journée donnerait tout loisir de modérer sa marche et de se livrer à l'observation. Une heure de repos et un dîner passable me restaurèrent assez pour nous décider à nous remettre en route. L'ombre des montagnes, les sites frais des bois, avec toutes les secrètes influences d'une belle soirée, m'eurent bientôt délassé. Il nous restait encore assez de temps pour gagner Bonnes avant la nuit.

CHAPITRE VII.

Bayonne et l'Adour — L'Océan — Les Dunes. — Biarritz — Saint-Jean-de-Luz. — La Rhune.

Peu de pays sont aussi variés que les environs de Bayonne : bâtie au confluent de l'Adour et de la Nive, à peu de distance de la mer, sur la limite des grandes landes et non loin des Pyrénées et des terres espagnoles, cette ville réunit autour d'elle tous les contrastes. Des hauteurs qui la dominent, le voyageur enchanté du coup d'œil, peut opposer ses deux rivières, ses vaisseaux et leurs flottantes banderolles aux masses ternes de ses remparts ; ses sites riants et fertiles aux plateaux incultes des Basques ; les vertes forêts des landes aux dunes blanchâtres qui les surmontent ; et l'immensité de l'Océan aux cimes aigües des montagnes. Dans l'intérieur de la ville, où le marin se mêle au militaire, où le grave Espagnol fait ressortir la vivacité française, où le Lanusquet vient montrer ses casaques de peau et ses longues échasses à ce peuple fier et primitif dont le territoire et la langue singulière s'étendent jusqu'à ses portes, le mélange des mœurs, des idiômes et des costumes offre un tableau piquant, non moins varié que celui de la nature. L'aménité des habitants ajoute d'aimables souvenirs à ceux que laisse un tel pays.

De Pau à Orthez est la plaine du Béarn, toujours riche, peuplée sous des collines qu'ornent partout des vignobles, des châteaux ou d'élégantes demeures. Sur les Basses-Pyrénées qui attirent au midi les regards des voyageurs, ne sont plus les âpres sommets, les pics neigés dont on admirait naguères les majestueux aspects. La hardiesse des traits et l'éclat qui caractérisent le centre des hautes chaînes, ont fait place à des hauteurs émoussées, à des masses confuses où la neige ne se montre plus en été ; cependant on y remarque encore quelques points culminants, s'abaissant par degrés jusqu'à la Rhune qui, la dernière visible, domine le fond du golfe. Orthez est à cheval sur le gave que des rochers incessamment rongés encaissent et surplombent, et le pont où s'engouffrent les eaux porte sur son arche unique une tour dont la masse paraît disproportionnée avec la légèreté de la voûte. Ces rochers, d'un calcaire fort dur, ont l'apparence du marbre et sont exploités comme tels. Il est remarquable que cette formation étendue jusqu'à l'Adour renferme du bitume, du lignite et du soufre qu'on y a reconnu sur plusieurs points, particulièrement vers Dax. Quelques pans de murs sur la hauteur, nommés le château de Moncade, font souvenir qu'avant de faire partie des domaines des princes d'Albret, ce pays avait appartenu à la maison catalane de Moncade, descendant d'un Français nommé Dapifer qui, en 734, avait passé en Espagne pour combattre les Maures. Il n'est cependant pas certain que ces ruines remontent si haut, car l'histoire rapporte qu'en 1242, après la bataille de

Taillebourg, en Saintonge, où saint Louis et une poignée de Français firent des prodiges de valeur, Garsende de Béarn, que les soldats appelaient la grosse comtesse, alla à Bordeaux, suivie de son fils Gaston, offrir ses secours à Henri III, roi d'Angleterre, et que de l'argent qu'elle en reçut, sans utilité pour sa cause, elle fit bâtir à Orthez un magnifique château-fort qui devint sa résidence et le boulevard de son comté. Ne serait-ce pas plutôt les restes de ce dernier? On ne peut passer à Orthez, et sur les terres de la vicomté d'Ortes qui en étaient voisines vers Saint-Cricq et Labatut, sans penser à la réponse du brave vicomte, gouverneur de Bayonne, aux ordres qu'il reçut de Charles IX pour le massacre des protestants, et à la bataille de 1814; tout cela est de la gloire pour la France.

Sur un sol devenu inégal, on traverse souvent de beaux bois de chênes. Tout le Béarn ainsi que la Navarre, la Soule et le Labour étaient autrefois très-boisés. Dans un rapport fait en 1672 par des commissaires forestiers, on lit: « — Toutes lesdites contrées sont garnies de tant de bois par bouquets de chênes, qu'elles nous ont paru une forêt continuelle, mal plantée, comme si on y avait fait des ouvertures. » — Malgré les dégradations immenses qui ont eu lieu depuis cette époque, on y voit fréquemment de belles futaies. Des ruines du château d'Aspremont qui domine Peyrhorade, unique port de bateaux qu'ait le gave, on a une vue étendue sur la plaine, où sont réunies toutes les eaux des torrents qui portent ce nom. Le village de Lahontan y rappelle le voyageur aventureux qui a fait connaître un des premiers les nations sauvages de l'Amérique; et plus loin, vers l'Adour, les vieux murs d'Hastings attestent encore le trop long séjour des insulaires d'Albion. Le nom de Peyre-Hourade, ou pierre percée, fréquent dans toute la France, vient sans doute d'une pierre druidique percée d'un trou à son sommet qui se trouve aux environs de cette ville; ces antiquités brutes sont fort rares sur tout le territoire des Pyrénées. Auprès d'Hagetmau, dans une prairie, à quelques pas de la route d'Orthez à Saint-Sever, avant le pont du Loudon est une pierre quadrilatère méplate de 5 à 6 mètres de haut, exactement orientée et composée de grès vert pareil à celui qui fait saillie sur quelques points du sol, et qu'on exploite pour des pavés et des meules. Cette pierre dressée par l'art et certainement druidique, se nomme *Peyrolongue*, traduction du nom celte *Dolmen*, appliqué à toutes les pierres semblables des deux Bretagnes. On retrouverait sans doute beaucoup de noms celtiques dans ce canton, comme le *Luy* (ruisseau), *Lou-don* (ruisseau de la montagne), qui sont voisins de ce dolmen.

Après le bac de Port-de-Lanne, où débouchera dans l'Adour le canal des Pyrénées projeté, si jamais il s'exécute, on monte sur des hauteurs qui longent ce fleuve, en le séparant des eaux qui coulent vers les étangs formés au pied des dunes. Des sables, quoique sur un sol montueux, des fonds remplis de marécages où se plaît le butor qui effraie quelquefois de son cri lourd et sinistre le paysan que la nuit a surpris, et sur tout l'horizon du nord d'interminables pins où se détachent çà et là des châteaux, annoncent qu'on a mis le pied sur le territoire des Landes. Les Pyrénées, désormais sans fierté, semblent se terminer au long toit de la Rhune; cependant plus loin quelques croupes bleuâtres de la Biscaye désignent leur prolongement sur les rives espagnoles. L'Océan et toute la basse vallée de l'Adour restent cachés dans l'intervalle; ce n'est que de la hauteur de Saint-Etienne que Bayonne, son port et ses remparts, l'Adour et son embouchure, la Nive unie au fleuve dans ses murs et son riant vallon, les dunes et la mer, se montrent à la fois; et à ce riche coup-d'œil le voyageur suspend sa marche.

Bayonne, séparé par un interminable pont sur l'Adour de la petite ville du Saint-Esprit bâtie sous la citadelle, doit son origine à une peuplade peu connue, les Boates, partie sans doute des Boiens qui occupaient dans ces contrées les bords de l'Océan avant l'incursion des Iberes au nord des Pyrénées et dont elle fut la capitale, *Boatium civitas*. Les Romains y construisirent ensuite le fort *Lapurdum*, dont est venu le nom du pays de Labourd, pour s'opposer aux incursions du peuple des montagnes, qu'ils n'avaient pu dompter, et dont la race antique existe dans les Basques actuels. Son nom, suivant Oihénard, vient de *Baïa-ona*, qui signifie en basque un port. Au reste on peut observer que *Baï-ouna* veut dire aussi *bonjour monsieur*; les étymologies sont souvent si bizarres. Sous Charles le Simple, en l'an 900, ce n'était qu'un repaire de pirates, sans foi ni loi, la terreur du pays. Sur la demande du roi, le pape y envoya saint Léon, archevêque de Rouen, pour leur prêcher la foi et les convertir à l'Evangile. Son zèle fut couronné de succès; il baptisa un grand nombre de néophytes, mais les autres plus endurcis et irrités des efforts du saint homme, le mirent à mort. En commémoration de son martyre, une grande procession a lieu à la Pentecôte, et pendant une neuvaine la fontaine qui porte son nom, située en avant des remparts, sur la Nive, au lieu même où il fut décapité, jouit de propriétés miraculeuses. Les Bayonnais qui commencèrent à pêcher la baleine, en 1608, furent très-habiles dans cette nouvelle industrie, et les Hollandais n'ont fait que rivaliser avec eux. Les premiers ils imaginèrent de faire fondre sur place les baleines, afin de rendre plus facile le transport du produit, et de tout temps il est sorti de leur ville des marins de renom.

Aux jours de fête on voit toute la population, également amie du plaisir, se répandre dans les allées marines, sur les glacis de la place, et dans les jolies villas de Marrac, de Saint-Etienne et de Saint-Pierre-d'Iruby, où se tiennent dans la belle saison des bals champêtres qu'aucune classe ne dédaigne, toutes rapprochées par le commerce qui est la source commune où chacun s'efforce de puiser. Rien n'est charmant comme ces réunions, où, sous de frais ombrages, dansent à l'envi et confondues les beautés qui peuplent Bayonne. Je n'ai vu que sur les bords de la Manche un sang aussi beau et autant de jolis minois, grâce aux séduisantes Basquaises qui renouvellent le vieux sang bayonnais sans cesse altéré par la fréquentation des marins. Le château de Marrac, massive fabrique entourée d'un parc, fut bâti en 1700 pour la reine d'Espagne, épouse de Charles II, qui, étant mort sans enfants, laissa son magnifique héritage au duc d'Anjou, brandon terrible qui, jeté au milieu de tant d'ambitions croisées, devait produire une conflagration générale. La reine s'y retira pendant que l'Europe était en feu; mais réunissant en elle toute la fierté allemande et espagnole, elle ne voulut pas l'habiter, dit-on, parce qu'une de ses dames d'honneur y était entrée la première. Ce palais, acquis par Napoléon, devait voir toutes les intrigues machiavéliques qui amenèrent la guerre de l'indépendance, ce grand fait qui semble appartenir aux temps héroïques et qui le premier vit son histoire pâlir. Ce bel édifice a été récemment détruit par un incendie

Les habitants s'honorent de l'antique devise de leur ville qui la mérite toujours : *nunquam polluta*, quoiqu'à deux époques, en 1095 et en 1651, elle ait couru le risque d'être prise par l'effet de conjurations qui furent à temps découvertes. Les fortifications remaniées par Vauban, offrent un mélange pittoresque de constructions de divers âges. Elles sont loin d'être complètes; mais la situation de Bayonne, à cheval sur deux rivières, et les marais qui l'avoisinent où pénètre le flot, en feront toujours à peu de frais une place très-respectable, et un excellent point d'appui pour la défensive, ainsi qu'on l'a vu en 1814, lorsque les débris de l'armée d'Espagne sont venus s'y rallier, et y ont tenu longtemps en échec des forces très-supérieures. Sur la rive droite de la Nive, au-dessus de la ville, je fus surpris de découvrir sous les broussailles où j'herborisais, une roche calcaire singulièrement pétrie de ces petites coquilles que leur forme a fait nommer nummulites, et qui appartiennent à une immense formation retrouvée sur tout le contour de la Méditerranée.

Le temps était pluvieux, la nuit obscure, et le vent d'ouest soufflait avec force. Des remparts du château vieux, je fus frappé d'un bruit sourd et lointain, redoublant par intervalles, comme si des tempêtes eussent mugi dans des cavités souterraines. C'était la mer qui grondait. Ses vagues, nées peut-être aux plages américaines, venaient assaillir la terre à coups répétés, que le silence de la nuit rendait plus formidables. Le lendemain, j'étais sur la route du Boucaud, où n'habitent que les douaniers et les pilotes lamaneurs. Un monument de l'industrie humaine ne m'y attirait pas moins que les grandeurs de l'Océan : les fameuses digues, commencées par Vauban, pour faciliter aux navires l'entrée de l'Adour. L'embouchure de ce fleuve paraît avoir plusieurs fois varié. Un évènement attribué à une invasion extraordinaire des sables de la mer, qui en encombrant son lit détourna les eaux, la transporta à six lieues plus au nord, au vieux Boucaud, à une époque qui est peu certaine, puisque les auteurs varient de 1360 à 1500. Bayonne, consterné, resta ainsi longtemps privé de port, et on sait que ce n'est qu'en 1578 que le fameux architecte Louis de Foix entreprit de rétablir le fleuve dans son ancien cours. Les deux premiers barrages qu'il éleva furent forcés par le courant, mais l'année suivante le hasard vint à son aide : un déluge tombé sur les Pyrénées produisit une telle masse d'eau, secondée par les effets d'une tempête, que le 28 octobre le passage direct, obstrué par les sables, fut rouvert et le port ainsi rétabli à la grande joie des Bayonnais, et à la gloire de l'ingénieur qui avait conçu le hardi projet de faire concourir à son but les vents, les tempêtes et les courants venus de loin, et de forcer ainsi le fleuve à suivre la marche qu'il lui traçait. Bayonne a longtemps consacré la mémoire de cet heureux événement par une procession. Cependant une partie des eaux se rejeta plus tard dans cette déviation ; les sables n'étaient plus repoussés, et avant Vauban l'embouchure était redevenue impraticable. Ce grand ingénieur fit alors construire de chaque côté de l'Adour une forte digue en maçonnerie pour contenir les eaux, et leur donner la force d'impulsion nécessaire pour combattre la marée qui tend sans cesse à obstruer la barre. Ce but désirable n'est pas encore atteint, les digues n'étant pas assez prolongées. Le projet est de les pousser jusqu'en avant de la barre et de les terminer par deux petits forts de côte.

La marée étant basse, je marchai sur la laisse où les vésicules des varecs-à-nœuds craquaient sous mes pieds, jusqu'au delà des dernières dunes, où l'Océan s'offrit enfin à mes regards. Son agitation s'était calmée, il n'avait plus que le mouvement régulier auquel il obéit sans discontinuité.

Dans cet espace indéfini, les yeux errent en vain pour trouver où se reposer; ils ne voient qu'un plan uniforme et sans limite, le ciel et les sables accumulés en collines qui cachent les forêts toujours vertes de l'intérieur. Souvent même, dans les beaux jours, la teinte de la mer se confond avec le bleu de l'atmosphère, et sans la zône des dunes blanchissantes, la couleur azurée remplirait l'étendue. Au loin, tout paraît en repos; mais sur la plage, la marée entretient une agitation continuelle. A l'approche de terre, naissent à la surface de légères ondulations qui croissant peu à peu, forment ces vagues dont elle est assaillie. Quelque énormes que soient ces masses mouvantes, quelque violentes que soient leurs secousses, chacune en se brisant vient mourir au grain de sable qui lui a été imposé pour barrière. C'est un singulier spectacle de voir ces longs rideaux blanchis d'écume, dont les rangs multipliés s'avancent comme des bataillons au signal de l'attaque, se gonfler et croître encore pour s'anéantir tout à coup au rivage, tandis que d'autres rangs se forment, grandissent et disparaissent à leur tour dans une interminable succession, image naturelle de ces générations qui, se poussant l'une l'autre, viennent faire du bruit et mourir sur la terre.

Le bord de la mer qui baigne les landes, est ainsi un vrai désert; les rivages de la Guinée et du Sahara n'offrent pas une plus profonde solitude. Le fracas des lames qui se brisent, soutenu par le bruit sourd et lointain de la marée, est le seul qui y frappe l'oreille. La première impression des lieux est l'admiration pour des objets si nouveaux, si imposants, et l'âme se recueille devant cet immense et sublime tableau. Peu à peu l'aspect étrange de ces rives désolées, où nul brin de verdure ne repose les yeux, dont nul être vivant n'interrompt la triste monotonie; ce vaste niveau qui fondu avec l'air ne semble faire avec lui qu'une étendue; ce mouvement sans fin, cet éternel fracas, qui a commencé au premier âge et ne cessera qu'à la consommation des temps; tout ce que réveille cette grande scène agit à la fois; tout parle d'immensité, de durée sans terme, de puissance sans borne; mais l'esprit est trop faible pour de si hautes pensées et pour cet infini où il s'égare. Un retour sur soi-même, de se voir isolé au milieu des forces en action de la nature, complète l'émotion par un contraste accablant; et remplie alors d'un effroi secret, l'âme ne retrouve des forces que pour se prosterner devant l'Auteur Suprême. De telles impressions, on les éprouve toutes les fois que seul sur le rivage de l'Océan, on se livre à des réflexions auxquelles on n'échappe pas sans effort. L'illustre Saussure a fait cette remarque fort juste, que la vue de la mer était triste au-delà d'un pays désert et qu'elle paraissait superbe lorsqu'elle terminait une contrée riante et fertile. L'Océan prend ici le caractère sauvage et triste de tout de qui est en vue; ses flots, en venant frapper le rivage, sont moins magnifiques que menaçants, et on sent un besoin irrésistible de revoir les hommes et leurs ouvrages. Si alors, prenant la course d'un mouvement irréfléchi, j'atteignais le sommet d'une colline de sable, c'était toujours avec plaisir que par-delà ces bois qui bruissent au moindre souffle, je revoyais les maisons du Boucaud, les tours de Bayonne et les banderolles des vaisseaux flottant au haut des mâts.

Ces dunes stériles produisent quelques maigres plantes, celles qui croissent dans les régions salées. J'y vis une linaire à trois feuilles, assez rare. On y trouve fort peu de coquillages, et quelquefois des fruits d'Amérique qui, portés par les courants, ont traversé l'Atlantique. Après les gros temps, les paysans voisins ne manquent pas de venir parcourir la plage pour y chercher les débris que la mer y a jetés. Leurs maisons sont meublées du produit des naufrages; mais la cupidité ne les rend jamais assez cruels pour tromper les navires que la tempête assaille pendant la nuit, et les attirer à leur perte à l'aide de faux signaux, ainsi que cela se pratique ailleurs, à la honte de l'humanité. Il est vrai que cette infâme ruse ne leur est point nécessaire sur une des mers d'Europe les plus dangereuses, à cause de la fréquence des coups de vents, et des courants qui portent vers une côte sans abri, nommée à juste titre Côte-de-Fer. Les navires n'y sont en sûreté qu'à soixante lieues de terre.

En passant auprès de la batterie de côte, je vis les canonniers occupés à déblayer leur corps-de-garde que le vent de la veille avait couvert de sable jusqu'au toit. Ce sable sans cesse battu, lavé et trituré, est poussé en masse par les vents, amoncelé en dunes, et couvre le sol d'un manteau stérile toujours plus étendu. C'est ainsi que sur les côtes de Picardie, j'ai vu auprès d'Etaples l'église de Trémessen qui était il n'y a que peu d'années au centre d'un vallon fertile et peuplé, ne montrer plus, à demi enfoncée dans une arène déserte, que sa toiture et sa tour en ruines. Les travaux entrepris près de la Teste, d'après les vues de Brémontier, pour fixer les dunes qu'il pense avoir une marche progressive de 60 pieds par année, ont été suivis sur une grande échelle; encore est-il douteux qu'à la longue les sables n'envahissent toutes ces plantations. C'est le Typhon de l'Egypte antique qui a dévoré la vallée du Nil dont la fertilité et la population étaient une des merveilles de l'ancien monde. De tels effets produits sur nos côtes, où les dunes ne forment qu'une étroite lisière, peuvent donner l'idée de ce qui doit se passer dans les déserts équatoriaux lorsque d'immenses nuées de sables, soulevées par les vents, obscurcissent la lumière du soleil; lorsque des collines entières dispersées dans les airs sont portées par l'ouragan à de grandes distances, et ensevelissent quelquefois des caravanes entières; événements funestes, qui depuis la catastrophe de l'armée de Cambyse, ne se sont que trop souvent renouvelés dans ces déserts aux limites encore inexplorées, que brave et parcourt sans cesse le Maure avide et industrieux.

En suivant l'ancien lit de l'Adour, au revers des dunes, on trouve une suite de mares, communiquant entre elles au temps des pluies, et avec des étangs intérieurs qui n'ont point d'issue. Tout ce canton nommé le *Maremsin*, n'est que bois, étangs, marais ou dunes, et ne produit que du gibier, du poisson et de la résine. La population y est nécessairement très-faible, et il est rare qu'elle ne soit décimée chaque été par les influences combinées d'un air corrompu et d'eaux saumâtres. Ce sont les *Maremme* et la *Malaria* de l'Italie. On y voit fréquemment de vieux pins sortant à moitié d'une colline de sable nouvellement formée, comme ces sapins autour desquels la neige s'amoncèle. Mais l'arbre des montagnes est certain qu'au retour du printemps le poids qui l'accable se dissoudra, tandis qu'ici les sables ne font que des conquêtes assurées; et le soleil en les desséchant, ne les rend que plus propres à étendre leurs ravages. Cette vaste formation aréneuse caractéristique du grand plateau des Landes et du littoral du golfe de Gascogne jusqu'à la Pointe de Grave, paraît appartenir, suivant MM. de Beaumont et Dufrenoy, au premier étage de la formation tertiaire qui a rempli le bassin entre les Pyrénées et les montagnes centrales.

Il faut aussi voir la mer du haut des falaises de Biarits, qui sont les derniers gradins des Pyrénées françaises, les derniers escarpements du calcaire secondaire qui accompagne partout leur pied; mais la mer dans ses agitations. C'est un des plus grands spectacles qu'il soit donné à l'homme de contempler. Les vents sont déchaînés, la tempête mugit, les eaux sont soulevées; gagnons le cap de la batterie en avant du village. Ce promontoire coupé à pic a soixante pieds, se prolonge par des masses de rocs qui, taillés en pyramide, ou creusés en arceaux, ressemblent à de vastes ruines. C'est au milieu de tous ces rochers que les vagues, contrariées dans leur marche et irritées par les obstacles, s'élèvent à un degré effrayant de force et de violence. Sur la surface des eaux, de toutes parts agitées, se voient au loin de longs sillons s'avançant d'un mouvement régulier, comme des murs verdâtres dont les crêtes recourbées se brisent d'un bout à l'autre avec rapidité. Leur volume va toujours croissant jusqu'aux rochers où ces énormes masses, à l'étroit dans leurs intervalles, subitement gonflées, deviennent des montagnes qui recouvrent ou dominent les écueils. Elles avancent, elles assaillent le promontoire avec une violence et un fracas qu'on ne saurait dépeindre; tandis qu'une partie, s'engouffrant dans une arcade qu'elle remplit un instant, va choquer la vague non moins furieuse qui arrive de l'autre côté. Les eaux se retirant ensuite avec la même promptitude, l'arcade se rouvre, les brisants reparaissent, le sable même du pied des falaises voit un instant le jour;

mais une autre lame, suivant le chemin de la première, vient recommencer le tableau et renouveler les mêmes émotions. Assis au plus haut du cap, comme si j'eusse présidé aux éléments en fureur, je ne contemplais qu'avec une sorte d'effroi le grand précipice rapidement creusé sous moi, pour le moment d'après se combler de nouveau avec un choc terrible qui faisait trembler la terre, et rejaillir l'écume à vingt pieds sur ma tête.

Biaritz, jouissant d'un air vif et d'une belle vue sur la mer, est souvent le but des *parties* de Bayonne; et dans la belle saison de nombreux cacolets en parcourent le chemin. On connaît ces doubles siéges sur la même monture, où deux personnes sous un parasol commun, et bravant le passant curieux, peuvent faire sur la route un long *à parte*, tandis que la discrète fille de Biaritz, au court jupon, à la mise coquette, presse le cheval en chantant, indifférente au duo qui se cache sous les rideaux. Pendant l'été, à basse marée, on y vient chercher parmi les rochers, à l'abri des regards indiscrets, de jolies baignoires, remplies d'une eau limpide, où les fucus et les polypes font briller leurs vives couleurs. J'y ai recueilli des éponges fixées sur la pierre ou sur des coquilles, des oursins et des fucus élégamment ramifiés. Les landes voisines ne sont pas sans attrait pour le botaniste, qui y trouve réunies les plantes marines, celles de l'intérieur et quelques-unes du revers méridional : des cistes, des linaires, des grémils, des drosera, etc.... Il en est une dont la découverte me surprit : c'est la thimélée des Alpes très-abondante sur quelques points. Cette petite plante, d'un rose vif, une des plus jolies des montagnes, qui parfume de son odeur suave les pâturages moyens, franchissant les régions intermédiaires où elle ne se montre pas, vient embaumer aussi les landes maritimes et les orner de ses touffes charmantes. Sur les rochers de Biaritz, à côté du crithme ou fenouil de mer, croît le gazon de Hollande *(statice arméria)*, qui ne paraît pas différer de celui qu'on trouve sur le pic du Midi, et non point dans les régions intermédiaires. Dans la région tropicale du Mexique on trouve aussi le pin de lord Weymouth, qui ne croît en Europe que dans les régions froides. De telles anomalies, assez difficiles à expliquer, ne sont pas rares en botanique.

Biaritz n'était, il y a vingt ans, qu'un village de pêcheurs, dont les petites maisons, soigneusement blanchies, brillaient de loin sur ces falaises; mais le goût toujours croissant des bains de mer, salubres et fortifiants, l'ont transformé, et le simple et pauvre village a disparu. Sur le roc, comme dans les ravins du site le plus inégal, de nombreuses belles maisons, souvent entremêlées de touffes de tamarix à l'air étrange, ont été construites, mais sans plan et sans alignement. L'air vif et sain qu'on y respire, surtout au plateau avancé de l'*Atalay*[1], que couvre une pelouse marine, rase et veloutée, où la brise de mer est toujours fraîche, où une tour, reste d'un vieux château, sert encore à faire des signaux aux pêcheurs; la vue immense sur la mer, où louvoyent souvent les navires qui ont manqué la marée pour franchir la barre dangereuse de l'Adour, et qu'animent toujours les barques si frêles des pêcheurs français et espagnols, et sur la plage des landes blanchissant au nord, comme sur la côte escarpée de la Biscaye, où le mont Aisquibel se détache isolé sur Fontarabie; la variété et la facilité des bains, soit sur la côte ouverte où les vagues sont violentes, soit dans le bassin moins agité du Port-Vieux, ou au milieu de pittoresques rochers, dans une eau plus calme et rechauffée, attire sur ce rivage, naguère inconnu, des baigneurs de toutes les nations, des Espagnols surtout; et déjà le touriste des Pyrénées, comme le dessinateur, n'ont garde de l'oublier. Enfin, un beau phare resplendissant toutes les nuits y a été élevé sur le cap intermédiaire, vers le roc de la Chambre-d'Amour, et des voitures publiques, circulant sans cesse, malgré les huit kilomètres qui les séparent, font de Biaritz un faubourg de Bayonne.

Ainsi, la mode et la civilisation, ces fées du jour, ont touché de leur baguette cette pauvre plage nue et abandonnée

[1] *Atalaya*, mot espagnol d'origine celtique. Lieu élevé, lieu d'observation.

aux vents de la mer. qui ne respectent que le tamarix, dont le feuillage fin et délié ne lui fait point obstacle, pour y créer une ville d'un aspect pittoresque, singulier et qui a de l'avenir.

Le touriste ne doit pas oublier les bains de Cambo, situés dans le pays basque, à trois lieues de Bayonne. Sur la route qui y conduit, par les hauteurs boisées de l'ouest de la Nive, dont la petite vallée est toujours cotoyée, il verra une riche villa où des décorations, parfois bizarres, ont été prodiguées avec plus de recherche que de goût; le bourg d'Ustaritz dont les maisons disséminées, suivant l'usage du pays, longent longtemps la route et la Nive; et des églises dans le goût espagnol, avec de triples et quadruples rangs de galeries sur tout le pourtour pour les hommes, et des autels chargés jusqu'aux voûtes de sculptures et d'or. Par une disposition grâcieuse, ces autels, élevés à mi-hauteur des voûtes, dominent toute l'église, ce qui donne plus de majesté aux cérémonies. Auprès de celle d'Ustaritz est un simple édifice où, par une porte grillée, on aperçoit la pierre de marbre couvrant les restes de *Garat*, qui fut ministre sous la République et le meilleur prosateur peut-être, de son époque; célébrité d'un temps de fureurs et de crimes, à qui l'on ne reprochera que d'avoir trop fléchi sans doute sous la faiblesse humaine et sous de terribles influences. Après de dangereuses grandeurs, n'ayant jamais oublié sa modeste patrie, dont il a cherché à débrouiller la mystérieuse antiquité, il a voulu retourner à sa terre natale et reposer parmi ce peuple simple et fier dont il était un des plus illustres enfants.

Après le séminaire de Laressore, dominant le pays de son heureuse position, et non loin d'un couvent de capucins, on voit briller, au bout d'une longue allée, les quelques maisons de Cambo, grandes et parées comme dans l'attente de leurs hôtes. La situation en est ravissante : du haut d'une terrasse l'œil s'étend sur la Nive et sa petite plaine parsemée de maisons blanches, et à droite est le fond boisé où se cachent les sources minérales, sous le premier chaînon tout vert de gazon et de fougère. Une allée rampante au bout d'un quart-d'heure y conduit. C'est un site frais, sombre, solitaire, abritant deux ou trois maisons pour les baigneurs qui ne peuvent venir tous les jours de Cambo, et le bâtiment des bains, en demi-cercle, avec une galerie extérieure où s'ouvrent les cabinets et la buvette. De là une triple allée de magnifiques chênes, au niveau de la Nive, dont la truite peuple les eaux vives, aboutit à la source ferrugineuse, et plus loin, réduite à un simple sentier, s'enfonce avec la rivière, dans le premier défilé des montagnes qui sépare du village d'Itsassou. Les eaux de Cambo, bonnes pour l'estomac et pour les nerfs, offrent de plus une délicieuse retraite pendant l'été à ceux dont l'âme et le corps ont besoin de solitude et de repos.

Le pays basque a une physionomie particulière : situé dans les Pyrénées et au long de la mer, les pluies y sont si fréquentes que la culture a dû se borner au maïs et à quelques légumes; et les hauteurs, comme les montagnes, n'étant que bois et pâture, toute la surface de ce sol si varié n'a que la teinte uniforme de la verdure, où brillent les habitations qu'un usage constant, à cause de l'humidité du climat, fait récrépir chaque année. Cet aspect général est agréable à l'œil, et se retrouve dans tous les cantons des deux versants qu'habitent les Basques. Dans une course faite le dimanche à Cambo, nous eûmes le plaisir de voir une troupe de jeunes gens jouer à leur jeu national, la paume. Un vaste carré long, avec une muraille au bout et bordé de bancs pour la galerie, était le lieu de la scène où les acteurs, de forts gantelets aux mains, luttaient de force et d'adresse pour saisir et relancer la balle. Le vin, prix de la lutte, absorbé par avance, animait les joueurs, et sous de grands arbres tout autour circulaient les promeneurs et les marchands de gâteaux. Il n'y manquait que la musique locale qui était allée à une fête à Itsassou.

La petite ville de Saint-Jean-de-Luz, où séjourna Louis XIV, en 1660, lors de son mariage avec l'infante d'Espagne, qui suivit la paix des Pyrénées conclue dans une île de la Bidassoa, près le pont de Béhobie, par le cardinal Mazarin et don Luis de Haro, fut de tout temps renommée par l'intrépidité de ses marins. Son port intérieur, ne communiquant à la baie que par un chenal, est le seul refuge qu'aient les petits navires depuis *La Teste* jusqu'au *Passage*. Cette baie de forme ronde, bordée de sables, est exposée à tous les coups de mer, malgré les amorces de digue de Sainte-Barbe et du fort Socoa, miniature de forteresse sur un roc isolé de la terre. Il a fallu que l'ingénieur économisât singulièrement le terrain pour colloquer sur sa surface aplanie des casernes, un arsenal, un donjon, une place d'armes et une batterie rasante; mais tout cela est en proportion de l'espace.

C'est du haut de sa tour que pour la première fois je vis une tempête; le souvenir m'en est resté. Le vent d'ouest soulevait la mer, et de Bayonne on entendait ses formidables bruits. Mon service m'appela au Socoa. Pendant les trois lieues qui m'en séparaient, constamment fouetté par un terrible vent d'ouest, du haut des collines de Bidart et de Guetarry, mes yeux plongeaient sur la mer dont toute la surface vivement agitée, était sillonnée de lignes blanches qui disparaissaient et reparaissaient sans cesse. A Saint-Jean-de-Luz tout était dans l'agitation comme à l'approche de quelque catastrophe. En effet, la forte digue qui le défend actuellement, après d'autres dont les débris sont apparents, que la mer a successivement renversées en gagnant de l'espace à mesure, violemment assaillie, était à chaque instant franchie par les rejaillissements des vagues, qui sautant sur les maisons les rendaient inhabitables. A Cibourre, plusieurs avaient été également abandonnées. Je poursuivis ma route: la mer bondissait sur la plage où est la voie habituelle; il fallut passer sur les falaises. Des hommes y suivaient, la lunette à la main, les mouvements de quelques navires dont les voiles se perdaient souvent de vue. « Si le vent ne se » calme pas, dit l'un d'eux, et rien ne l'annonce, il est im- » possible qu'avant douze heures ils ne soient à la côte. » Il faut savoir tout ce que renferment de terrible ces mots si brefs, pour concevoir l'impression de pitié et d'effroi que produisirent les paroles du vieux marin : c'est-à-dire qu'avant douze heures le navire poussé irrésistiblement contre cette côte sans asile, battu par la mer, choqué par les écueils, s'entr'ouvrira, se brisera, et qu'un miracle seul pourra sauver l'équipage. Ces prédictions ne furent pas vaines; pendant la nuit suivante, qui pour le malheureux jouet des flots fut une nuit d'horreur, sept navires y furent effectivement jetés, depuis la Bidassoa jusqu'au cap Breton, dont deux se perdirent corps et biens.

Le fort est construit sur un rocher isolé de la rive, qui comme tous ceux de cette côte est d'un calcaire secondaire très compacte avec des veines de quartz. J'eus peine à y entrer, la digue qui l'unit à la terre étant à chaque minute balayée par la lame; mais du donjon mes regards purent planer sur l'Océan dans son courroux. Sur ses eaux remuées dans leurs profondeurs, partout blanchissaient les crêtes des vagues brisées par le vent; et le long des côtes escarpées du midi, elles blanchissaient à perte de vue contre les montagnes de la Biscaye, sombre cadre de ce vaste et mouvant tableau. En avant de la baie, les trois rochers bien connus des marins, *Artha*, *Crika* et *Éreta*, étaient décélés par autant de montagnes d'eau toujours mobiles, et brisées en écume, représentant sur la mer la forme des écueils qu'elle cachait dans son sein. Plus près, des lames à la file venaient de front en s'exhaussant toujours, jusqu'à ce que, rompues et retombant sur elles-mêmes, elles présentaient l'image de longs déversoirs filant avec rapidité. Enfin, poussées au milieu des rochers, et dans tous les sens refoulées, une affreuse agitation succédant à leur marche régulière, elles se combattaient avec fureur et sautaient aux plus hautes falaises. A chaque assaut le donjon tremblait sous moi, et l'eau jaillissant de toutes parts, inondait tout le fort. Dans cette grande scène de l'Océan conjuré contre la terre, la nature irritée donne à l'homme une idée de ses violences, et lui fait sentir son néant en portant l'effroi dans son cœur. Prisonnier dans le fort, j'y passai la nuit; et quelle nuit !... Assoupi aux roulements de la mer, combien de fois m'éveillais-je en sursaut comme si les voûtes eussent croulé sur ma tête. Quelques jours après sur le rocher de la Chambre d'Amour, j'admirais ce réservoir sans bornes, dont la surface immobile, réfléchissant fidèlement la couleur du ciel, me faisait envier le pêcheur et sa barque légère, et naguères ses fureurs m'avaient épouvanté. Vieux Océan, que tes apparences sont trompeuses, et qu'à bon droit on t'a nommé perfide !...

Roll on, thou deep and dark-blue Ocean, roll !
Thou glorious mirror, where the almighty's form
Glasses itself in tempests ; in all time ;
Calm or convulsed ; in breeze, or gale, or storm,
Icing the pole, or in the horrid clime
Dark heaving ; boundless, endless and sublime ;
The image of eternity, the throne
Of the invisible ; even from out thy slime
The monsters of the deep are made ; each zone
Obeys thee ; thou goest forth, dread, fathomless, alone. [1]

Depuis cette époque la mer a marché et la destruction avec elle. La digue si forte en apparence, qui couvrait Saint-Jean-de-Luz, en présentant aux coups des vagues un long plan incliné, a été rompue, enlevée presqu'entière, et la malheureuse ville dévouée, a vu balayer par cette force terrible un grand nombre de ses maisons dont les débris se sont mêlés aux sables accumulés. On y voit même encore un puits resté debout à plus de vingt pieds, malgré l'enlèvement violent des terres, muet et triste témoin d'une action destructive qu'il subira à son tour. On vient d'achever en arrière une nouvelle digue moins élevée et à formes arrondies qui présente plus de solidité, et arrêtera peut-être l'œuvre de destruction de la basse ville, mais qui ne la préservera pas d'être inondée par les vagues dont les rejaillissements dans les grandes tempêtes la franchiront aisément.

Le promontoire de la Chambre d'Amour, ainsi nommé d'une cavité qu'il renferme, connue dans le pays par la catastrophe de deux amants de Bayonne qui, s'y étant donné rendez-vous, et surpris par les vagues, y trouvèrent la mort,

[1] Lord Byron, *Childe Harold*.

est au bout des longues plages de la côte de Fer, le premier rocher de cette suite de baies et de caps qui ne finit plus sur la côte d'Espagne. Ce sont les racines des Pyrénées, rongées par la mer. Au milieu du calcaire secondaire mêlé de grès schisteux, qui depuis Biarritz constitue la côte, on voit des couches argileuses quelquefois assez tendres dont les plus dures sont percillées, et renferment des nummulites ou coquilles bivalves. Des couches de lépas y adhèrent au rocher en bravant les chocs des vagues. Au pied de ces falaises, sont souvent des plages où il est imprudent de s'engager sans avoir égard à l'époque de la marée, ainsi que je l'éprouvai avec un jeune peintre, M. Cieurac, longtemps avant d'avoir lu dans l'antiquaire une aventure semblable, mais bien plus dramatique sous la plume de Walter Scott. La mer était loin du promontoire; nous le doublâmes, et traversant la vaste arène, cernée de falaises qui s'étend jusqu'au Cap-Saint-Martin, où a été construit le phare actuel, nous nous mîmes à examiner les masses détachées de ce dernier qui, avancé jusqu'à la basse mer, ne pouvait être doublé. Ces rochers étaient tapissés de lépas, et quantité de polypes remuant leurs mille bras, réfléchissaient sous l'eau les couleurs de l'iris. Nous nous oubliâmes jusqu'à ce que la mer montante vint nous chasser de ce dédale, mais en jetant les yeux sur le premier cap, qu'elle fut notre surprise de voir que les vagues en atteignaient le pied, même déjà se brisaient contre. Un coup d'œil rapide sur un demi cercle de falaises à pic ou çà et là ravinées, de 80 pieds de haut, partout inaccessibles, me convainquit qu'il fallait le doubler à tout prix pendant les courts instants où il se découvrait encore, ou se résigner à attendre en s'élevant dans leurs anfractuosités, que la mer baissât de nouveau, et si le vent qui était à l'ouest, fût venu à gonfler la marée, notre position eût pu pendant la nuit devenir dangereuse. Ces réflexions, aussi promptes que l'éclair, nous firent prendre à toutes jambes la direction qui seule nous offrait une retraite. Sans perdre une minute, nous nous approchâmes autant que possible de la pointe pour saisir l'instant. Les intervalles étaient courts, et les vagues d'un volume inégal, s'y brisaient avec violence en s'étendant au loin de part et d'autre. Le passage était vraiment chanceux. Cependant le temps volait ; l'espace à découvert encore au pied du roc diminuait à vue d'œil ; il était prêt à se fermer sans retour. Guettant donc une des plus faibles vagues, comme elle se reculait en un mur transparent, nous nous élançons dans ce défilé d'un nouveau genre, et nous franchissons le pas, mais plus rapide que nous la suivante nous atteignit de l'autre côté. Mouillés jusqu'à la ceinture, nous fumes entourés d'une large nappe d'écume qui courait devant nous et disparut presque aussitôt, ne nous laissant que la satisfaction d'avoir échappé à une mésaventure qui eût au moins été fort désagréable.

La dernière des Pyrénées françaises relevée de 462 toises sur Saint-Jean-de-Luz, est un point précieux pour jouir de la vue de tout le fond du golfe. Je pris pour guide le garde du génie, jeune basque qui pouvait me servir d'interprète dans un canton où guère personne ne parle français. Jusqu'à Ascain on suit les bords de la Nivelle où tout est bois ou marais. C'était un dimanche, et la paume était en grande activité sur la place du village. Ce jeu favori des Basques est tellement national, que dans le moindre hameau, souvent en plein champ, on trouve des lieux disposés pour y jouer ; et un tel exercice, auquel ils se livrent avec passion, ne contribue pas peu à les rendre plus adroits, plus lestes que tous leurs voisins. Au milieu de cette foule, parlant un langage inconnu, j'étais aussi étranger qu'au fond de la Russie. On commence à s'élever vers la chapelle de N. D. de Socorry, et toute l'ascension est des plus faciles sur les pentes herbeuses que percent parfois des roches de grès dont la masse est principalement formée et où croissent en haut la plupart des plantes qu'on trouve au mois de juin dans les prairies des montagnes : des primevères, des grassettes, la petite jacinthe bleue des prés de Saint-Sauveur ; la primevère farineuse dont les jolies ombelles décorent les roches humides de Barèges, et des vératres montrant çà et là leurs grosses touffes. Au bout d'une heure, nous atteignîmes le sommet allongé dans le sens de la chaîne, et portant encore l'ancien ermitage ; poste aérien souvent disputé lors des premières guerres de la révolution.

La journée était superbe : des flots de lumière se répandaient sur les plaines, sur les montagnes, sur le vaste Océan. Elle est loin d'être ambitieuse ici cette épithète : des saillies du rivage on n'en voit qu'une étroite lisière bientôt confondue avec le ciel ; du haut de la Rhune, plongeant sur sa surface, j'en mesurais de l'œil une immense étendue. Quelques voiles frappées du soleil étaient perdues sur ce plan, non point azuré comme la Méditerrannée, mais d'un vert légèrement jauni à l'horizon. Tout y semblait immobile, et je ne jugeais du mouvement des eaux que par les blanches traînées du flot cachées çà et là derrière les caps de la Biscaye, ou se perdant à l'horizon le long de l'étroite zone qui, entre la mer et les bois, marquait les dunes du Maremsin. Une circonstance particulière me fit connaître la direction des contre-courants ou des remous qui ont lieu au fond du golfe. Une fonte de neige avait grossi l'Adour dont les eaux, à peine hors de son embouchure, fléchissant au midi, se prolongeaient en une bande jaune nettement tranchée avec le vert de la mer, jusqu'à la hauteur de Saint-Jean-de-Luz. Sur la côte française, au loin déserte, se distinguaient la citadelle de Bayonne et les villas de Saint-Etienne; la dune de Blanpignon où flotte à l'embouchure le pavillon des vigies, les sables d'Anglet que l'industrie force à produire du vin en mettant les ceps à l'abri des sables et des vents par de légères palissades, les falaises de la Chambre d'Amour, Biarritz et ses brisants, Bidart, Guétary, petits ports de pêcheurs, et sous mes pieds la charmante topographie de Saint-Jean-de-Luz, avec son bassin intérieur, son chenal, ses digues et ses écueils, et aux deux pointes d'un croissant près de se joindre, les récifs toujours battus des flots de Sainte-Barbe et du Socoa.

A cheval sur la limite des deux royaumes qui du sommet de la Rhune descend brusquement à la Bidassoa, je planais sur un petit territoire célèbre dans la première guerre d'Espagne, et théâtre des premières armes d'un grand nombre de guerriers qui devaient partout illustrer le nom français.

les hauteurs de la Croix-du-Bouquet si souvent prises et reprises, non loin du château d'Urtubie, qui rappelle un nom estimé de l'artilleur ; la montagne de Louis XIV rappelant le séjour du grand roi et les hauts faits du *romain* Latour-d'Auvergne ; le pas de Behoby et son pont neuf ; l'île des Faisans où se traita la paix des Pyrénées ; et Hendaye et ses ruines opposées à celles de Fontarabie. Dans la triste vallée de la Bidassoa, presque toute espagnole, se voyait le fameux camp de Saint-Martial, d'où il fut si difficile de débusquer l'ennemi, Berra et son couvent, et plus haut la redoute de Marie-Louise. Irun, première ville espagnole, est dans un bassin cultivé, cerné de masses ternes où s'enfonce cette route de Madrid suivie plus tard par tant de braves soldats qui n'ont plus revu leur patrie ; et au-delà de Fontarabie le château du Figuier occupe le premier cap sous la montagne d'Aisquibel dont la tête n'atteint point le niveau de la Rhune.

Les Pyrénées, désormais, en Espagne, se prolongent à l'ouest en une suite de mornes d'un aspect monotone où rien ne ressemble aux sommités centrales dont quelques neiges brillaient par-delà les hauteurs de la Soule. La montagne de Haya, dont la tête couronnée est depuis Bayonne le point de mire du voyageur, offre seule quelques formes âpres à une élévation de 500 toises, et pourrait être le sujet d'intéressantes recherches. On y a découvert récemment d'immenses cavités, creusées à une époque inconnue pour l'exploitation du minerai qu'elle renferme. Thalacker qui en a publié une description en 1804, y a vu 80 puits extérieurs, 46 galeries perçant au dehors et d'innombrables cavités intérieures. Avec une surprise mêlée d'admiration, il a parcouru de longues galeries, de spacieuses voûtes ornées de cristallisations et que 600 travailleurs, pendant 200 ans, dit-il, ne parviendraient pas à creuser. Dans sa masse généralement de grès et de schiste, on trouve le plomb et le cuivre, mais très peu d'or ou d'argent. Ce sont les plus vastes exploitations anciennes qui soient connues. Ces gigantesques travaux seraient-ils dus au peuple industrieux que les plus anciens documents de l'histoire disent avoir le premier exploré les

Pyrénées et mis à contribution leurs riches mines. Les Romains les ont exploitées, puisque ce voyageur y trouva une médaille frappée sous César-Auguste ; mais les faits de l'histoire portent à croire qu'avant eux les Carthaginois et les Tyriens y avaient passé. Ces travaux seraient alors d'une haute antiquité. Une médaille du triumvirat trouvée dans les mines de cuivre de Baïgorry y prouverait aussi la présence des Romains.

D'autres souvenirs de l'histoire, agrandis par l'imagination des poètes et des romanciers, attirèrent mes regards vers les Aldudes : je cherchais à deviner plus loin Roncevaux, son antique abbaye, et l'obélisque élevé en mémoire du combat qu'un poignée de preux y soutint avec gloire, mais en succombant, contre le perfide Loup, fils de Waifre, duc de Gascogne, qui pour se venger de Charlemagne avait traîtreusement attaqué l'arrière garde de son armée au retour d'une expédition contre les Maures. On y a conservé, si l'on en croit les moines, quelques parties de l'armure de Roland, le plus fameux des paladins qui tombèrent alors. Son tombeau, à Blaye, dans l'église de Saint-Romain, où il avait été enterré avec son épée sous la tête et son olifant à ses pieds, portait cette épitaphe, composée, dit-on, par Charlemagne :

Tu patriam repetis, tristi nos orbe relinquis.
Te tenet aula nitens, nos lacrymosa dies :
Sed qui lustra gerens octo et binos super annos,
Eruptus terris justus ad astra redis.

On dit que plus tard son corps fut porté à Saint-Seurin de Bordeaux, et son épée à Roquemadour, en Quercy. Ce fut en vain que mes yeux les cherchaient. Ces lieux si chers à nos vieux chroniqueurs, ces champs d'héroïsme et de trahison, dont les souvenirs ont fait le charme de tant de ballades, tout m'était caché par les reins boisés de la vallée de Baigorry qui recèle le plus riche gîte de cuivre de France, s'élevant par larges gradins vers la montagne de Baïgourra dont la vue embrasse toutes les Pyrénées occidentales, et vers celle d'Orhi, la plus haute de la Soule. La grande ombre de Roland, connu du peuple dans la moitié de l'Europe, semble planer particulièrement sur les Pyrénées, où son nom est partout répandu. Ses actions gigantesques, ses merveilleux hauts faits transmis de race en race, et religieusement crus, ne s'effacent point de la mémoire du pasteur, qui répète ce nom magique comme s'il croyait encore aux fiers génies de ses montagnes. Mais que voulait à l'Espagne le grand conquérant dans cette expédition si brillante dans les romances et les poèmes, si mesquine dans les chroniques, et qui pendant dix siècles a exercé la sagacité des érudits? Avait-il eu pour but d'y porter cette civilisation naissante qu'il comprenait, et dont il ne fut qu'un éclair? Mais à Grenade, à Cordoue, où étaient encore quelques reflets des mœurs romaines, les Maures avaient su créer une civilisation plus avancée, plus solidement assise que celle dont le roi de France s'essayait à poser les fondements, et de telles prétentions eussent trahi autant d'ignorance que d'orgueil. Conçue dans les champs de Paderborn, au milieu du grand baptême imposé aux Saxons, on y voit plutôt l'ambition d'ajouter de nouveaux fleurons à sa couronne religieuse, et son irruption en Espagne, en l'an 778, ne serait alors qu'une croisade contre les sectateurs du Quoran. Les romans du temps, les chansons, les traditions populaires, sources précieuses que l'histoire dédaigne trop, ont en effet constaté le caractère éminemment religieux, enthousiaste et aventureux de cette expédition, qui ressort davantage par cette grande figure de Roland, type de l'impétuosité française, ouvrant d'un coup d'épée au sommet des montagnes cette brèche immortelle d'où son nom ne s'efface plus. L'imprévoyance des obstacles qui la firent bientôt échouer, et surtout la légèreté du chef à se fier au perfide Loup, son ennemi, de qui les vieux écrits ont dit : « *Operibus et nomine Lupus* », eurent pour déplorable suite le massacre de ses plus illustres paladins. Enthousiasme, esprit aventureux, témérité chevaleresque et imprudence furent toujours le caractère de ces expéditions poussées par d'ardentes croyances, où les masses, comme les chefs, se ruent, se précipitent sans prévoyance et sans mesure.

Plusieurs heures s'écoulèrent à la cime de la Rhune : ravi d'effleurer ainsi sans fatigue des pays tout nouveaux, où la trace des héros se suit encore, où les faits émouvants du passé jettent du charme, on s'oublierait aisément. Nous dûmes revenir sur Ascain où nos chevaux étaient restés, et en rentrant à Saint-Jean-de-Luz, je ne pus me soustraire aux prières de mon guide qui tenait à régaler son chef. Le copieux et long soupé qui s'en suivit, préparé avec tout le relief de la cuisine basque, me rappela le poivre et le piment de certain diné d'Escot et le révérend pasteur qui y avait présidé. La lune en possession de la voûte éthérée, régnait sur la plus belle nuit qui puisse succéder à un jour de printemps. La fraîcheur de l'air avait chassé le sommeil et tellement dissipé ma fatigue, que sortant de la ville, je gagnai la plage voisine où, près de la tombe d'un général tué pendant la guerre d'Espagne, est la promenade ordinaire des habitants.

L'Océan, dans une paix parfaite, ne laissait entendre derrière les rochers de Sainte-Barbe que le bruit mesuré de la marée qui se retirait, et dans la baie les vagues peu sensibles ne produisaient qu'un murmure affaibli. Il me semblait être sur les bords de la Méditerranée, de cette mer dont les eaux réfléchissent l'azur dans sa pureté, et dont la surface est toujours calme lorsque les vents sont en repos. Les montagnes projetées sur un ciel obscur ne laissaient distinguer que vaguement leurs masses émoussées ; mais la digue qui couvre la ville, les sables qui m'environnaient et les falaises de Ciboure frappées par la lune, avaient une blancheur qui tranchait avec leurs ombres. Sur l'Océan ses rayons réfléchis produisaient une longue trace de lumière à peine vacillante, excepté au-dessus d'*Artha*, l'écueil le plus voisin, où elle était légèrement troublée. Assis sur le sable à quelques pas du cippe modeste indiquant la tombe du guerrier, je me plaisais à comparer le silence et le demi-jour qui voilaient la nature, à l'agitation de la foule qui peu d'heures avant s'y était livrée à ses plaisirs tumultueux, et la beauté tranquille de la mer, aux fureurs qui m'avaient épouvanté sur le donjon du Socoa, dont la masse rembrunie était visible au loin. La nuit, le site et la douceur de l'air prolongèrent ma rêverie; il était plus de minuit quand je regagnai mon gîte.

CHAPITRE VIII.

Coup-d'œil sur les Basques. — Antiquité. — Mœurs et caractères. — Langue.

Tout ce que l'on a pu savoir des hordes du Nord auxquelles l'Europe a dû plusieurs siècles de barbarie, a été soigneusement recueilli; les Egyptiens et les races premières de l'Italie dont l'orgueil romain a voulu effacer tout vestige, n'ont cessé d'être l'objet des recherches des érudits. De nos jours, l'archéologie prenant un nouvel essor dans cet ébranlement général qui semble avoir retrempé le monde, secoue de toutes parts la poussière depuis tant de siècles accumulée sur les monuments, où la puissante Asie peut encore se révéler et renouer le fil de son inextricable histoire. Dans cette Amérique même que nous croyions à tort si jeune, viennent de surgir de ses déserts d'autres constructions cyclopéennes, d'autres ruines immenses sur qui toute tradition est muette, traces vivantes d'empires ignorés et de civilisations disparues. Partout, en un mot, de savants explorateurs, trop souvent martyrs de la science, s'efforcent en un concert admirable, de déchirer les voiles de l'antiquité comme ceux de la nature, et ce n'est que depuis peu qu'on a jeté quelques regards sur une énigme historique qui nous touche, sur un petit peuple qui sans jamais s'être confondu avec d'autres vit au milieu de nous, et que les écrits de tous les temps ont proclamé héroïque, sur les descendants des fiers Cantabres. D'où vient cette indifférence pour un peuple plus nombreux qu'on ne le croit généralement, dont l'origine est antérieure aux temps historiques, dont la langue ne ressemble à aucun idiôme connu, et qui n'a jamais été totalement subjugué au milieu des chaînes qu'ont souvent portées ses voisins? Le Basque de nos jours ne peut se glorifier d'aucune histoire écrite, ni de monuments qui retracent ses actions des temps passés ; mais le vieux sang du Cantabre qui brava constamment les Romains et les Arabes, coule pur dans ses veines ; et sur ses landes incultes, dans ses vallons sauvages, il nous montre encore le type de son caractère primitif, les mœurs et la physionomie qui distinguaient ses ancêtres il y a trois mille ans.

Les Basques se nomment eux-mêmes *Escualdunac*, leur langue *escuarra*, et leur pays *Escalerra*. Ce pays se partage inégalement entre la France et l'Espagne. La première partie, composée de la Soule, de la basse Navarre et du Labour, a une superficie d'environ cent quarante lieues carrées ; et la seconde, comprenant la haute Navarre, l'Alava, le Guipuscoa et la Biscaye, d'environ neuf cent soixante ; de sorte que le territoire total, où l'on ne parle que la langue escuarra, où les mœurs se sont conservées presque intactes, renfermé entre l'Adour, le Béarn, l'Aragon, l'Ebre et l'Océan, n'a pas moins de onze cents lieues carrées. La plus grande partie de cette étendue infertile, rude et boisée, ressemble à l'ancien état de la Gaule, au rapport des historiens. Des hauteurs peu considérables, privées de neiges permanentes et de perspectives pittoresques, n'ont rien qui engage de loin le voyageur à s'écarter de sa route pour visiter des lieux reculés où l'apparition d'un étranger est un évènement dont la mémoire se conserve. Les Pyrénées étaient autrefois presque entièrement couvertes de bois, ainsi que l'indiquent l'épithète d'*hirsuti Bigorrei* que les Romains donnaient aux Bigorrais, et le nom de *forum ligneum* qui y était commun. Malgré des dévastations renouvelées à toutes les époques, le pays basque est encore un des cantons les plus boisés de Bayonne à Perpignan. On y trouve trois grandes étendues de bois : la forêt des Aldudes au fond de la vallée de Baigorry, qui fournit à l'exploitation de ses mines de cuivre autrefois fort importantes ; la forêt indivise d'Irati, non loin de Roncevaux, et celle Saint-Engrâce touchant aux bois d'Iltseaux.

Ce peuple singulier est à peine étudié, et déjà que d'opinions diverses sont émises sur son origine : ceux qui veulent qu'il soit nouveau en Espagne, et différent, malgré le rapprochement des noms, de ces Vascons qui, chassés par les cruautés des Goths du versant méridional, traversèrent les Pyrénées vers la fin du sixième siècle et vinrent donner leur nom à la Gascogne, le font venir des Carthaginois ou d'après quelques analogies de langues, vont chercher son berceau jusques dans l'Amérique méridionale, ou enfin dans quelque autre pays lointain et inconnu, d'où ils seraient venus vers le IVe ou Ve siècle. Suivant d'autres, qui s'étayent de certaines traditions assez obscures, ils devraient leur origine aux Phéniciens qui, en allant trafiquer à *Thulé*, avaient formé des établissements intermédiaires sur la côte de Biscaye, d'où ils exploitaient les mines des Pyrénées. Ces premières colonies, d'abord très-faibles, se seraient accrues par de nouvelles émigrations causées par des guerres qu'eurent à soutenir les Phéniciens contre les peuples barbares leurs voisins. Il en est même qui s'appuyant de certains mots communs au Basque et au Sanscrit, voudraient leur donner l'Inde antique pour berceau. Ramond qui a d'abord regardé les Basques et les Biscayens, les véritables Gascons, suivant lui, comme les descendants du peuple indigène primitif, changea plus tard d'opinion et les crut d'un sang africain, ce que lui semblaient attester leur structure physique et leur langage qui n'a point d'analogie avec le Bas-Breton, le Gallique, l'Erse et les autres dialectes anciens de l'Occident. Il ne voyait plus en eux que des Numides amenés par les Carthaginois dans une contrée qui leur a été longtemps soumise ; opinion rapprochée de celle qui plus tard est devenue la plus probable. [1]

[1] Il y a longtemps que Senèque a dit que le costume et l'idiôme des Ibères ne se retrouvent plus que chez les Cantabres des Pyrénées ; et on lit dans Mariana : « On a mille preuves que les Basques ont conservé dans leurs montagnes un idiôme original anciennement répandu dans toute la péninsule où l'on trouve sa trace dans les noms de villes, de rivières, de nombreuses localités. » — Son organisation compliquée et singulièrement riche doit faire considérer cet idiôme comme l'un des plus beaux produits

M. G. de Humboldt, auteur de sérieuses études sur les Basques qui sont des trésors d'érudition, et d'autres savants, en remontant le fil des traditions les plus suivies, ont été amenés à regarder les Escualdunacs comme les restes merveilleusement conservés des plus anciens habitants de l'Espagne, Ibères ou Cantabres, dont la trace ait pu être reconnue La nation des Ibères paraît avoir occupé une grande place dans les évènements de l'Occident, à l'époque anti-historique sur laquelle nous n'avons que des traits épars dans les plus anciens écrits, assez cependant pour faire dire à M. de Humboldt en découvrant les vestiges de l'antique Ibérie, et comme frappé du vaste champ qui lui est révélé : « On ne connaît du monde ibérien que sa décadence. » Ses savantes recherches ont fait voir que les Ibères sont un groupe, détaché dans les temps les plus reculés, de la race semitique comprenant toutes les tribus qui ont entre elles des rapports de conformation ou de langue, comme les Hébreux, les Chaldéens, les Phéniciens, les Syriens, les Arabes et les Numides, et qui semblent originaires du grand plateau abissinien. Tout ce qui nous a été transmis sur la constitution et les traits, sur les goûts, les habitudes et les usages, sur les mœurs, en un mot, des anciens Ibères, le type s'en retrouve encore dans le Basque de nos jours; et sa langue singulière, isolée au milieu de l'Europe, où tous les idiômes se mêlent et se confondent, paraît être la langue primitive presque pure des Ibères Euckariens parlée dans la Péninsule avant l'introduction même des Phéniciens, et avant que les Celtes n'eussent porté dans l'Europe Méridionale leurs rudes dialectes, époque antérieure à notre histoire dont il ne reste presque pas de trace. Remarquable par la simplicité de ses radicaux où la convenance paraît avoir été observée, par son mécanisme fécond et sa force expressive, cette langue créée peut-être par les Ibères sous l'influence de

de l'esprit humain. Quoique apauvri par l'absence de toute littérature écrite et par son isolement, il est resté incorruptible dans son essence. Monument curieux de l'antiquité d'un peuple, offert à l'investigation de la science et aux recherches sur les temps écoulés.

leur sol, de leurs besoins et de leur climat, serait la seule qui depuis plus de 3,000 ans se fût préservée d'altérations graves et pourrait être ainsi pour nous un monument des premiers âges propre à jeter quelque jour sur les sociétés humaines dans ce passé si lointain dont le souvenir est perdu. Si l'espagnol Velasquez, qui a combattu ces idées, a cherché à prouver par les étymologies que la langue des Ibères, qui se retrouve dans toute la Péninsule où ce peuple était répandu, vient du grec et du phénicien, on doit croire que s'il eût pu remonter jusqu'à l'époque où elle n'avait pas été altérée ou changée par les colonies de ces nations plus instruites qui ne firent que se mêler aux indigènes, il eût retrouvé la source même de la langue Escuarra qui porte les caractères d'une si haute antiquité, et dont l'étude plus approfondie peut éclairer cette question intéressante.

Les peuples sémitiques dont toutes les divisions ont pivoté dans l'origine autour de la Mer Rouge, seraient ainsi descendus du plateau montagneux de l'Abissinie pour déverser leur trop plein dans toutes les directions, comme l'ont fait plusieurs fois les races caucasiennes et tartares, originaires des grands plateaux de l'Asie. L'Afrique intérieure du midi nous est trop peu connue pour y découvrir leurs traces; mais sur les autres lignes une suite de jalons sont restés. Une partie se dirigeant à l'Est le long de la Mer Rouge, ou par le détroit de Bab-el-Mandeb que certains croient avoir été autrefois une isthme, gagnèrent la Syrie, l'Asie Mineure, et allèrent s'établir au pied du Caucase, entre la Mer Caspienne et la Mer Noire, en laissant sur leur passage les Arabes, les Chaldéens et les Kurdes actuels, qui encore les rattachent au centre. Dans ces peuplades que les historiens ont appelée les Ibères Orientaux, se retrouvait la physionomie originelle, et tout y dénotait la source commune semitique. D'autres traversant le fleuve blanc, le véritable Nil, se répandirent dans les terres intérieures de l'Ouest où leur type s'est maintenu au milieu des races nègres. D'autres enfin, sous le nom de *Berbères*, d'*Ibères* ou d'*Eber*, radical du mot *Hebreu*, descendus dans le Sennaar et la presqu'île de Méroé au confluent les deux Nils, lieux bibliques, célèbres comme le berceau du peuple juif, s'étendirent dans la Haute-Egypte, d'où plus tard, ils se propagèrent le long de la Méditerranée sur les versants septentrionaux de l'Atlas qu'ils peuplent encore. C'est de là qu'une expédition nouvelle traversant le détroit de *Gades* à l'époque où peut être c'était un isthme encore, occupa la péninsule ibérique tout entière pour lui donner son nom, et atteindre même à d'autres contrées voisines, jusqu'en Bretagne et en Albion où leur type se retrouve. C'est plus tard, après les Phéniciens, qu'une race redoutable du Nord, les Celtes, y faisant irruption, vint par de longues guerres, forcer les Ibères de les admettre au milieu d'eux, d'où la plus grande partie de la péninsule qu'ils habitèrent ensemble prit le nom commun de *Celtibérie;* mais les mœurs et les caractères ibériens continuèrent de prévaloir. Il est remarquable qu'à leurs points extrêmes les deux plus vastes migrations se soient établies dans des positions semblables : les Ibères orientaux au Midi du Caucase, entre la Mer Caspienne et la Mer Noire, et ceux de l'Espagne au Midi des Pyrénées serrés de même entre deux mers. C'est alors, sous cette grande migration des Celtes dont l'histoire a préservé le souvenir sans en préciser l'époque, que succomba l'empire des Ibères. Une partie de la nation accepta le vainqueur; l'autre, les plus vaillants sans doute, ne pouvant se résigner ni à le subir, ni à s'exiler, se fit jour et se jeta dans les Pyrénées Occidentales comme dans un fort qui plus tard devait aussi rester imprenable aux Maures, pour y sauver son nom, ses mœurs et comme un agreste image du grand empire détruit. Cette destruction fut si complète, qu'à peine en reste-t-il quelques monuments en débris, quelques traces d'un alphabet inconnu et des médailles; mais ces poèmes et ces lois que les Ibères faisaient remonter jusqu'à 6,000 ans, les siècles ont tout dévoré.

Les Romains, maîtres du monde, ne pouvant les assujettir à leur gré, furent forcés d'élever au lieu où est Bayonne, la forteresse de *Lapurdum*, pour préserver la plaine de leurs incursions. Lorsque d'autres peuples du Nord vinrent fondre sur l'Empire Romain chancelant ces hordes rudes et féroces qui longtemps se succédèrent, promenant la dévastation et l'incendie sur tout ce dont Rome avait orné et amolli les contrées qui lui étaient soumises, ne purent les faire passer sous le joug qu'ils avaient imposé à la Gaule méridionale, et ils résistèrent également aux armes de Clovis, dont ils arrêtèrent les conquêtes. Vers la fin du vime siècle, repoussés du Sud par les Goths qui près de deux siècles avant, avaient forcé les passages des Pyrénées et envahi le Nord de l'Espagne, une partie fut contrainte de chercher un refuge en France, et s'établit malgré Childebert qui ne put les chasser, dans le Labourd, la Soule et la Navarre. Plus tard son fils Thierry les y supporta moyennant tribut, et depuis ils s'y sont toujours maintenus avec leur type original. Il est probable qu'ils s'avancèrent plus loin au Nord des Pyrénées, car toutes les peuplades jusqu'à la Garonne, ont beaucoup moins de traits communs avec les Gaulois qu'avec les Ibères et même les Africains. Ces derniers, provenant d'une source commune et habitant des contrées voisines qu'un beau climat et des situations avantageuses sur des rivages opposés doivent avoir rendu très anciennement peuplées, ont dû, depuis la migration première, conserver entre eux des rapports constants et réciproques.

Dans les âges suivants, lorsque Moussa-Ben-Nazir, général du calife Velid Ier, et son lieutenant Tarik, auquel Gibraltar (Djebel-Tarik) doit son nom, eurent achevé de soumettre la Péninsule hispanique, ce peuple généreux autant que brave, toujours favorable à ceux qui fuyaient l'oppression ou qui étaient armés pour la liberté, soutint avec constance le parti de Pélage, prince du sang des Goths, qui s'était réfugié parmi eux avec une poignée de soldats Les montagnes de la Biscaye et des Asturies virent ce chef et ses descendants, dignes de lui, réunis aux valeureux Cantabres, lutter pendant trois siècles contre toute la puissance des Arabes, et conserver le feu sacré qui, longtemps assoupi, devait au bout de huit cents ans consumer jusqu'au dernier appui de ces trônes pompeux que les sectateurs de Mahomet avaient élevés sur les Espagnes, encore toutes remplies de leurs brillants souvenirs. C'est ainsi que dans sa constante fidélité aux malheureux, ce petit peuple, seul reste de la grande race ibère dans la péninsule, connu des historiens sous les noms de *Cantabres*, *Vaccées*, *Vascons*, embrasse avec ardeur la cause des Lusitaniens, lorsque révoltés de la perfidie du préteur Sulpitius, ils prirent les armes contre lui, sous le célèbre pâtre Viriatus; celle de la fière Numance, ville principale des Arévaques, la plus puissante des peuplades celtibères, lorsque l'indignation la fit soulever contre la tyrannie romaine; celle de Sertorius poursuivi par la haine de Sylla; et celle, enfin, de Pompée luttant contre l'ambition de César. Son amour pour l'indépendance le porta quelquefois jusqu'à une férocité qui révolte la nature. Quelle preuve terrible que celle que l'histoire après dix-neuf cents ans frémit de raconter, lorsque les Cantabres assiégés dans Calahorris et réduits à l'extrémité, ne reculèrent pas devant une horrible ressource, leurs femmes et leurs enfants, et finirent par s'entretuer jusqu'au dernier, plutôt que de subir le joug?

Si ce peuple, qui à toutes les époques s'est fait remarquer par son grand caractère, dégénéré maintenant, n'avait plus que des traits effacés, on concevrait en quelque sorte l'oubli dans lequel l'ont laissé longtemps les historiens modernes; mais tout dénote encore en lui l'âme fière et indépendante de ses pères, dont Strabon et tant d'auteurs anciens avaient vanté la sobriété, l'aptitude au travail et le caractère énergique, en les signalant comme supérieurs à toutes les nations pour l'activité, l'amour de la guerre et des coups hardis, longtemps avant que Horace eut écrit :

> Septimi, Gades aditure mecum,
> Et Cantabrum indoctum juga ferre nostra.

Isolés maintenant de la civilisation moderne par l'effet de circonstances qui durant tant de siècles ont pesé sur eux, ces fiers montagnards sont toujours dignes de la haute renommée que l'histoire leur a faite. Cette expression qui leur est familière : *ce n'est pas un homme, c'est un Basque*, et qui rappelle l'adage des Romains : *Cantaber in bello*, *dicitur esse leo*, les peint tout entiers. L'Ibère de nos jours, sans être mû par les souvenirs perdus pour lui de ses ancêtres qui n'ont pas eu d'historien, obéissant aux seules impulsions du pur sang qui l'anime et à un vif amour de son pays, n'a-t-il pas renouvelé en 1838 tout l'héroïsme des temps anciens? Indifférent aux profondeurs subtiles de la politique, si ce peuple simple et fort s'est ému tout entier à la voix d'un des siens, le brave Zumalacarreguy, si la guerre civile et son affreux cortége ne l'ont point fait pâlir, c'est qu'il s'agissait de ses priviléges et de son indépendance antique, menacés maintenant par un régime nouveau qu'il ne veut pas comprendre. Seul et sans se compter, aurait-il jeté sa force et son existence dans des débats pour un trône éloigné qui lui était presque étranger, pour un chef nouveau longtemps ignoré qui végétait loin de lui, si le maintien de ses vieux droits qui lui furent renouvelés et confirmés par Alphonse le Justicier, en échange d'une suzeraineté qui ne fut acceptée que pour être toujours légère à des populations que la guerre avait disséminées; législation qui avec le temps, avait jeté de si profondes racines dans le sol que tous les efforts de l'Espagne n'ont pu les arracher, alors qu'elle était devenue la seule force organisée d'une portion de son territoire; si ses précieux *fueros*, en un mot, n'eussent été le premier gage, le seul qui lui importe, de cette alliance inattendue? C'est ainsi que de toutes les vallées, de toutes les montagnes de cette forteresse, au cri puissant d'un héros, son voisin, son ami, le farouche muletier, le contrebandier aguerri, le pâtre aventureux, le paysan, tout ce qui est Basque dans le cœur, s'est levé à la fois et a saisi ses armes. Ces soldats d'un jour, invincibles sur leurs rochers, ont purgé la patrie de tous ces vieux soldats qui pour eux n'étaient que des oppresseurs, ont repoussé de leurs âpres retraites toutes les forces de l'Espagne qui ne fut plus qu'une ennemie dès qu'ils la crurent vouloir les asservir. Héroïques sentiments dignes d'une meilleure cause! noble sang vainement prodigué et à jamais regrettable! Ce peuple toujours brave et généreux sentira un jour que tous ces biens dont il veut, au prix de sa vie, au prix de tout, comme ses ancêtres, religieusement conserver le dépôt, il les retrouvera et plus encore dans l'unité compacte de la grande patrie lorsque la civilisation moderne mieux jugée et mieux conduite, pourra enfin y porter en paix ses fruits. Les caractères physiques du Basque ne sont pas moins tranchés que ses traits moraux : léger comme le *Sarris* de ses montagnes, d'une taille moyenne, mais bien prise et bien proportionnée, il est d'une adresse et d'une agilité qui a passé en proverbe. L'habitude de gravir, en développant ses muscles, lui donne des formes prononcées, et augmente sa force et sa souplesse sans produire ces jambes arquées qu'ont souvent les habitants de la haute chaîne. A sa physionomie expressive, à son regard fier, assuré, on devine l'énergie de ses passions, l'activité de son âme. Un berret bleu, une veste brune ou rouge, des culottes de velours noir aux jarretières lâchés, des bas bleus, de petits souliers ou des sparteilles, un mouchoir de soie négligemment attaché au cou, et une ceinture bariolée, lui composent un costume leste qui ne manque pas d'élégance; et de même que le paysan breton, qui n'est jamais sans son bâton à gros bout, façonné au feu, le Basque ne quitte jamais son bâton ferré. Persévérant dans ses entreprises, son courage a la fermeté du roc qu'il frappe de son pied, et s'il est peu propre à la guerre régulière, il est parfait comme partisan; de même que nul marin ne l'a surpassé dans les mers dangereuses du Pôle, où des premiers il a su poursuivre la baleine. C'est par un de ces loups de mer nommé Alonzo Sanchez, que, suivant Robertson, Christophe Colomb fut informé de l'existence réelle du continent que ce grand homme présumait devoir être situé à l'Ouest, et que le Basque avait déjà vu dans ses excursions à l'aventure. Isolé dans *son empire* comme il l'appelle, telle rivière est la frontière d'Espagne et tel chaînon la limite de France. Son caractère dont un des plus forts traits est l'attachement à ses anciennes coutumes, en se civilisant, est devenu vif et gai. Les Basques actuels sont actifs, remuants, hommes d'expédients, de ressource et d'habileté, plus que les Gascons qui n'ont qu'un peu de sang ibère, quoique le bon Henri, qui à ses mauvais jours en fut toujours entouré, en ait dit joyeusement : « *Semez-y des Gascons, car ils prennent partout.* » Le sang basque est incomparablement le plus beau du Midi; les Basquaises se distinguent même de leurs voisines du Béarn, par une grande fraîcheur, des traits réguliers, des yeux vifs et noirs et de ces formes heureuses que le ciseau choisirait pour modèle. Que de fois me suis-je arrêté aux bals champêtres de Marrac ou aux guinguettes d'Irubi, devant de jeunes paysannes dont la figure charmante appelait le pinceau, dont les yeux pétillaient sous des sourcils noirs, et dont la démarche facile ou la danse animée avaient une grâce qu'elles ne devaient qu'à la nature.

Dans ces principaux traits du Basque actuel se retrouve le tableau que nous ont laissé de l'Ibère, Diodore de Sicile, Strabon, Tite-Live et autres auteurs anciens. Son naturel actif lui fait aimer le travail, et il possède les vertus dont il est la source lorsque le voisinage des villes ne vient point les altérer. Comme l'Arabe, qu'il a longtemps combattu, et dont l'origine lui est commune, quoique dès longtemps oubliée, il est hospitalier, ami fidèle et confiant tant qu'on ne l'a pas trompé; mais comme l'Arabe aussi, irritable et passionné, il est implacable dans ses vengeances, et le crime même ne lui répugne plus. Accoutumé de bonne heure aux périls des rochers et de la mer, s'il prend les armes pour une cause qui l'intéresse, surtout s'il défend son pays, ses montagnes, il montre que toujours le même sang l'anime; mais partout étranger par sa langue, il ne peut s'éloigner des contrées où est comprise la seule qu'il connaisse. Si la tyrannie parvient à le traîner dans des pays lointains, ennemi de la contrainte, il se roidit contre les peines, et au premier moment favorable il bravera tout pour revoler vers ses chères vallées, synonymes pour lui de bonheur et de liberté. Dans les guerres qui viennent de désoler l'Europe, les armées françaises n'ont pas eu de plus braves soldats; mais nulle province n'a compté parmi ses enfants autant de déserteurs.

Chez un tel peuple, avide de plaisir et d'émotion, les fêtes sont toujours très bruyantes. Les jeunes gens des deux sexes s'y livrent à la danse avec ardeur, et les garçons à divers exercices du corps, tels que le saut qui porte leur nom, la course, et surtout le jeu de paume pour lequel tous les âges sont passionnés. Ces divers jeux sont les causes fréquentes de querelles où le coup suit de près la menace, et qu'ensanglante le perfide couteau. La situation de leur pays, leur contact habituel avec leurs voisins du Midi, que les divisions politiques ont séparés d'eux, mais qu'ils regardent toujours comme des frères, et leur caractère aventureux, ont fait des Basques de hardis contrebandiers. Les femmes même n'y craignent pas les dangers du commerce interlope, et les Bidartines ont acquis en ce genre une réputation. — Ne voyant que d'un mauvais œil le douanier qui habite leurs villages, ils lui permettent la surveillance la plus active, et se moquent du maladroit qui s'est laisssé prendre; mais qu'il se garde de verser le sang : s'il arrivait, comme on en a vu quelques rares exemples, qu'un Basque tombât sous sa balle, tout homme devenu son ennemi, aurait soif du sien; et si le malheureux ne sauvait sa tête en fuyant, on le trouverait bientôt assassiné.

La langue commune, à peu de modifications près et sans tenir compte de ses altérations évidentes, aux Basques de France et d'Espagne, est sans nul doute une langue mère, comme le celtique; tandis que celles qui sont actuellement générales en Europe, ne sont qu'un mélange d'idiômes divers plus ou moins altérés, parmi lesquels il est toujours difficile de reconnaître celui de la race primitive. Les causes qui ont amené ces mélanges et les changements que presque toutes ont subi, peuvent se réduire à trois principales : d'abord, les émigrations en masse et les conquêtes, desquelles il résulte que la langue des vaincus s'allie à celle des vainqueurs. C'est de là que plusieurs de celles du Nord ont conservé l'empreinte de l'ancien scythe, que paraît avoir porté dans ces contrées le conquérant Odin, devenu dans ces temps fabuleux le chef d'une mythologie nombreuse, et qui s'est retrouvé chez des nations de la Tartarie asiatique. Ainsi, le turc se compose de l'ancien grec et de la langue des Huns et des Arabes; l'anglais offre un mélange du celtique et de plusieurs langues anciennes du Nord avec le français; l'italien vient du latin mêlé au gothique et à l'allemand; l'espagnol, du latin aussi, plus le celtique, le gothique et l'arabe; le gascon, qui avec des modifications est parlé dans tout le Midi de la France, est un composé des mêmes langues, et ressemble ainsi beaucoup à l'espagnol; et le français, enfin, avec le celtique pour base, y réunit le latin, le gothique et l'allemand.

La seconde cause est le commerce, qui introduit des noms et des idiotismes appartenant aux langues des nations avec lesquelles il établit des relations suivies.

La troisième, est l'étude des éléments des langues et la comparaison de leurs qualités respectives, qui nous font chercher à imiter tel ou tel idiôme comme plus savant, plus élégant, plus nombreux ou plus expressif. C'est ainsi que les lettrés regardent le grec et le latin comme des trésors pour la nomenclature des sciences et des arts; que les théologiens révèrent le grec et l'hébreu, et les Musulmans l'arabe, comme les langues des temps primitifs de leur religion; que les Danois et les Suédois ont puisé dans le teutonique comme plus riche et plus nombreux; que toutes les nations aiment le français pour la clarté et le coulant de l'expression, et reconnaissent la pompe de l'espagnol, la concision de l'anglais, et dans l'italien la douceur unie à la force expressive.

Le Basque a dans tous les temps échappé à l'influence de ces trois causes qui changent la physionomie des langues. Jamais conquérant affermi ne lui a imposé la sienne; le commerce a été presque nul pour lui depuis les temps historiques; et, ne possédant point de littérature, quoiqu'il ait une grammaire et que sa langue soit fixée, il n'a jamais, pour la perfectionner, puisé dans celle de ses voisins. Ce phénomène moral doit être aussi attribué à sa pauvreté, qui n'a jamais excité l'envie; à ses mœurs un peu sauvages et exclusives, qui l'ont constamment éloigné de fréquenter les peuples limitrophes et de s'allier avec eux; enfin, à l'amour de la liberté, passion dominante d'un peuple pasteur et guerrier, qui l'attacha toujours à ses montagnes, où la nature lui offrait plus qu'ailleurs des moyens de résistance.

C'est ainsi qu'il a conservé d'âge en âge la pureté de son sang, la simplicité de ses mœurs et une langue de la plus haute antiquité, qui ne ressemble qu'à elle-même. La langue basque est à côté de nous comme un phénomène longtemps oublié, dont l'importance commence à se révéler. Les philologues qui ont daigné fouiller dans cette mine abandonnée, étonnés de sa richesse, y ont reconnu les caractères d'une langue primitive dans ses nombreux radicaux, qui le plus souvent ne sont que d'une syllabe, car il est naturel de commencer toujours par le plus simple, le plus court et le plus aisé, comme dans le grand usage qu'elle fait, ainsi que l'hébreu, des noms significatifs de choses, de personnes et d'animaux, qui marquent leur espèce, leur origine ou leurs propriétés; marche simple et rationnelle qui a dû présider à la formation des langues. Ils l'ont trouvée abondante et riche par des synonymes nombreux, par des augmentatifs et des diminutifs à plusieurs degrés et par les nuances variées d'expression qui peuvent y résulter du changement d'une syllabe ou d'une seule lettre finale. Elle s'est montrée surtout philosophique par la logique de ses composés, dont elle use plus fréquemment que l'allemand, et d'un génie très fécond par la série presque infinie des mots significatifs d'une même idée avec toutes ses nuances, se modifiant par des additions ou retranchements soumis à des règles, et pouvant devenir jusqu'à des phrases dont l'usage ne reconnaît d'autres limites que celles qu'impose la clarté. Enfin, ainsi fondée suivant la marche de la nature et du bon sens, de son simple mécanisme résultent les moyens de fournir, non-seulement aux besoins de rapports usuels de toute sorte, mais au luxe même et à la pompe de l'expression avec aisance, énergie et rapidité. Dans un temps où l'antiquité est de toutes parts fouillée, un tel idiome, qui porte en soi-même de rares caractères de perfectionnement et qui peut être regardé comme l'expression de la civilisation ibérienne à une période reculée dont nulle tradition ne nous est parvenue, est digne au plus haut point de l'intérêt de l'archéologue et de l'historien.

Si nous connaissions mieux l'histoire des Tyriens, qui,

ainsi que sur les côtes de la Grèce et de l'Etrurie, où de riches cités leur durent l'origine, portèrent leur langue et leurs usages dans toute l'Ibérie, explication naturelle d'une confraternité frappante entre les peuples d'Orient et d'Occident; si l'obscurité qui depuis tant de siècles couvre la puissante métropole, dont le prophète Isaïe, quoiqu'ennemi, a dit : « Tyr, autrefois la reine des villes, dont les marchands » étaient des princes, dont les trafiquants étaient les per» sonnes les plus éminentes de la terre, » était enfin dissipée; si du moins sa langue antique nous était restée, les Ibères et les autres peuples nombreux avec qui ils avaient des rapports à une époque qui n'a pas laissé d'annales certaines, verraient probablement leur histoire éclaircie. Mais les Phéniciens, qui florissaient au temps d'Homère et de Salomon, dont les flottes parcouraient les mers les plus orageuses, ce qui ne peut se faire sans l'aide de la boussole dont la connaissance pouvait leur être venue de la Chine, qui portaient les produits de leurs arts, comme leurs mythes et leurs connaissances, du Nil aux colonnes d'Hercule, des bouches du Gange aux îles britanniques, à l'Europe, à l'Asie et à l'Afrique tout entière, dont il savaient doubler le cap périlleux qui a immortalisé Gama sur une route depuis leur temps effacée; aux îles de l'Océan, et peut-être même à l'Amérique, autrefois civilisée, redevenue pendant des siècles demi-barbare ou sauvage et se civilisant de nouveau; ce peuple, en un mot, en relation avec tout le monde alors connu et le plus savant, le plus industrieux et le plus riche de son époque, a disparu sans laisser de tradition suivie, de monuments durables, ni d'autre trace de son existence qu'un nom célèbre, quelques vers de Plaute et quelques débris d'inscriptions dont on a récemment augmenté le petit nombre en les déterrant avec des médailles puniques du sol où fut Carthage trop longtemps dédaigné, ou des lambeaux épars dans les écrits des nations contemporaines. Tyr et Carthage! frappant exemple de l'instabilité des choses les plus grandes! L'une, qui remplissait l'univers de son bruit, a été renversée par Alexandre, et l'autre détruite dans sa puissance par Scipion, puis par les Vandales dans ce qui avait survécu.

Mortes toutes deux pour le monde, l'histoire sur elles est restée presque sans voix comme par un ordre d'en Haut.

Tout ce que certains philologues modernes ont écrit sur ces grands corps de langues à souche commune, qui se rapportent à trois races principales : la race *sémitique*, ou des peuples descendus de l'aîné des fils de Noé, les Hébreux, les Chaldéens, les Phéniciens, les Ethiopiens, les Arabes et d'autres déjà cités ; la race *caucasique*, qui renferme le plus grand nombre des Européens, les Turcs et les habitants de l'ouest de l'Asie : et la race mongole ou tartare, répandue sur presque toute l'Asie centrale et méridionale, d'où sont provenus les Cosaques les Thibétains et les Chinois, toutes races actuellement différentes, quoiqu'elles ne soient peut-être qu[illegible] les formes variées d'une espèce unique, est trop conjectu[illegible] encore et fondé sur des rapports trop vagues pour [illegible] puisse en résulter des notions positives ; de sorte que pour nous la langue de Tyr, de la puissante ville des Pigmalions, n'a plus d'écho dans le monde, pas plus que sur le rivage désert où brillèrent jadis les merveilles de sa puissance fabuleuse. Cependant, de récentes investigations dans le champ à peine exploré des antiquités asiatiques, paraissent avoir mis sur la voie de l'alphabet phénicien, ce qui ranime l'espoir que le voile qui couvre un idiome dont le champ fut si vaste, peut être un jour soulevé.

J'ajouterai, pour clore la série des conjectures que l'histoire nébuleuse des Basques a suggérée aux érudits, que, suivant Bory Saint-Vincent, ils appartiendraient à un type primitif qu'il nomme *race atlantique*, qui aurait occupé à l'époque où le détroit de Cadix n'existait pas, une grande presqu'île formée par l'Espagne unie à l'Afrique-Septentrionale et cernée par l'Océan, par la mer du Sahara, étendue sur les vastes déserts de ce nom, qui, sur leur surface plane et d'un niveau peu élevé, n'offrent que des sables encore tout imprégnés de sel jusqu'aux anciennes syrtes de Tripoli, autre bas-fond marin, et par la Méditerranée, qui alors aurait eu une autre forme. La charpente non interrompue de cette presqu'île se serait composée de toutes les chaînes de l'Atlas, de Madagascar à Tripoli ; des chaînons intérieurs de l'Espagne et des Pyrénées, avec leurs versants aquitaniques, où se serait trouvé l'isthme très resserré entre le golfe méditerranéen de Narbonne et le golfe océanique occupant alors le bassin tertiaire sous pyrénéen de Toulouse à la mer. Des divers peuples qui à l'époque romaine étaient répandus sur ce vaste territoire, provenus d'une même souche et modifiés par le laps de temps dans leur langue, leurs mœurs, et même dans leurs caractères physiques, mais conservant toujours des rapports généraux frappants, seraient dérivés, savoir : Des Celtes et des Ibères, les Espagnols, les Basques et les Gascons de nos jours; des Ibères, les Berbères du Maroc; des Mauritaniens les Maures, et des Numides les Kabyles, tous pouvant être considérés dans leur ensemble comme la branche occidentale de la grande race sémitique.

Il est à regretter qu'aucun observateur n'ait fait connaître les mœurs particulières et les usages des Basques, qui ne rappellent en rien la religion et les coutumes des Romains, des Grecs et des Phéniciens. Il paraît qu'ils en ont de fort singuliers, entr'autres celui de fouetter vigoureusement une petite statue devant l'église à certains jours de fête. Je ne puis mieux terminer cet aperçu superficiel d'un peuple qui m'a intéressé dès que je l'ai connu, qu'en rapportant une belle page qu'il a inspirée au savant explorateur des Pyrénées, à Ramond, dont le nom est à jamais lié avec l'histoire de ces montagnes, où maintes fois j'ai été heureux de le suivre dans des courses auxquelles il donnait toujours un vif intérêt par ses paroles animées, ses expressions pittoresques et sa profonde érudition. Courses précieuses où, en présence de leurs grandeurs, je sentais redoubler en moi l'amour de la science de la nature, en écoutant un de ses plus éloquents interprètes.

« Basques aimables! vous seuls vous n'eûtes point à lutter » contre la grossièreté du barbare. Elle ne pénétra point » chez vous, et votre heureux naturel répand sur le dernier » d'entre vous cette élégance et cette urbanité que nos meil- » leurs esprits ne doivent qu'à des situations favorables et » à ce rang où l'essor du caractère national est secondé par » la culture. Heureux descendants des légitimes possesseurs

» de l'Occident [1], conservez-nous précieusement le pur sang » de nos pères, ce sang qui vous a été transmis sans altération par ces familles dont la simplicité ne brigua point les » honneurs des cités et les dignités des cours. Vous auriez » en vain triomphé de Rome et de l'Asie, si vous ne saviez » point opposer à la corruption le courage que vous avez » opposé aux armes des conquérants. C'est fait de vous si » vous cessez de vous estimer plus que tout ce qui vous environne, si vos chefs, en dédaignant d'habiter parmi vous, » viennent à vous persuader qu'il est ailleurs quelque chose » digne de vos désirs et de votre imitation. C'est fait de » vous si vous exposez aux mélanges cet heureux caractère » que n'ont altéré ni les temps ni les lieux, ni même les » exemples. Il faudra que nous vous regrettions; et que de » noblesse et de générosité, que de grâces et de goût seront » perdus pour la terre du moment où vous n'y serez plus! » Ah! pourriez-vous ne pas vous plaire dans vos coutumes, » dans votre langue, dans vos vêtements, quand vous nous » voyez émus à l'aspect de vos mœurs, quand tout vous apprend à vous estimer vous-mêmes? Croyez-le, l'amour de » la patrie et les vertus civiles tiennent souvent à de pareils » attachements, et l'on n'aime pas son pays autrement que » les chants de sa nourrisse et les habitudes de son enfance. »

[1] Ramond regardait alors les Basques comme les descendants des indigènes primitifs, opinion qu'il avait modifiée plus tard, ainsi que je l'ai dit.

DEUXIÈME PARTIE.

HAUTES - PYRÉNÉES.

CHAPITRE PREMIER.

Tarbes. — Château de Lourde. — Bassin d'Argelez. — Gorge de Pierrefitte.

Si j'ai abordé les Pyrénées par celles de leurs grandes divisions où tout est sur une moindre échelle, ce n'a été que pour observer une gradation dans les hauteurs comme dans l'intérêt des lieux, car les brillantes cimes des Hautes-Pyrénées, en frappant mes yeux les premières, m'avaient dès longtemps attiré, et longtemps leurs belles vallées et les monts sourcilleux qui les enserrent m'avaient vu, modeste voyageur, la boîte au dos, le *bourdon* à la main, seul ou sur les pas du pâtre sans culture dont j'aimais la rudesse et la vie nomade, errer de toutes parts, livré à l'étude de la nature et à la contemplation de ses grandeurs, avant qu'il ne me vînt à la pensée d'étendre plus loin mes excursions. Reprenons donc le chemin du Bigorre, glorieux de sa fertile plaine comme de ses thermes européens et de sa chaîne primordiale, revenons vers ces lieux renommés où la Providence a placé tant de soulagements pour les douleurs humaines, où l'observateur vient épier les secrets du monde physique et jouir de ses étonnants contrastes; asiles délicieux lorsque les plaines se dessèchent sous les ardeurs de l'été, où se pressent les sommités de la civilisation européenne, heureuses, dans ces sites riants et frais, auprès de ces eaux toujours pures, d'échapper au tourbillon des affaires et du monde, et peut-être aussi d'y montrer à leur suite le piquant contraste de la sauvagerie des lieux avec les raffinements des cités.

D'après une tradition obscure et sans preuves, la ville de Tarbes aurait été le chef-lieu d'une république gauloise avant l'invasion des Romains. Crassus, lieutenant de César, fit la conquête du Bigorre, et, proscrit lui-même, resta longtemps caché dans les Pyrénées avant d'aller périr sous le glaive des Parthes et acquérir une funeste immortalité par la déconfiture de ses légions. Mais ce pays, un des derniers soumis, ne le fut entièrement que par Messala, sous Auguste. Tarbes fut ensuite la capitale d'un petit peuple de la Novempopulanie, les Bigerrones, époque dont il ne lui reste aucun vestige, et le christianisme y fut prêché dès le IIIe siècle par saint Saturnin. Ainsi que toute la Gaule, le Bigorre subit plus tard toutes les calamités que lui apportèrent les hordes du Nord, arrivant à la file, ravageant tout sur leur passage et détruisant jusqu'aux derniers restes de la civilisation romaine. Sur tant de ruines s'éleva l'empire des Goths, où ses chefs, dignes la plupart des barbares soumis à leur sceptre de fer, introduisirent l'arianisme, et à sa suite d'affreuses persécutions, jusqu'au sage Alaric II, qui, supérieur à son siècle, en protégeant une croyance qui n'était pas la sienne, laissa enfin respirer ses peuples. Ce souverain, que l'histoire a justement distingué, habita un château dont on voit encore quelques restes au-dessus d'Aire, l'ancienne *Atures*, du nom de l'Adour (Atur), qui le baigne, et aurait signalé son règne par de plus grandes choses s'il n'eût péri trop tôt de la main de Clovis à Vouillé, ou, suivant d'autres, à Voulon, autrefois *villavocledis*, également près Poitiers.

Les Sarrasins, à leur tour le peuple le plus civilisé, le plus savant de cette époque qui n'a été pour eux qu'un éclair, passent en France sous la conduite d'Atahor, au commencement du VIIIe siècle, par tous les cols du Roussillon, prennent Narbonne et vont assiéger Toulouse. Eudes, duc d'Aquitaine, prince puissant et éclairé, marche contre eux, les taille en pièces et les repousse. Bientôt après, ils reparaissent sous Munuza, gouverneur de Cerdagne; mais Eudes, dont toutes les forces étaient dirigées contre le redoutable maire du palais, Charles-Martel, achète la paix en donnant sa fille même pour épouse à leur chef, qui promit de les retenir au-delà des Pyrénées. Abdérame, puissant émir d'Espagne, irrité de ce qu'il appelait une trahison, envoie contre Munuza son lieutenant Gedhi qui est vainqueur, et la belle Lampégie, triste trophée, après la mort de son époux, passe dans le sérail du calife de Damas, chef suprême de tous les musulmans. Enflé de ce succès, Abdérame rassemble une armée innombrable, repasse les monts en 732 par les cols d'Aure, du Bigorre et du Béarn, ravage la Vasconie, bat Eudes au-delà de la Dordogne, et fait couler à flots le sang chrétien jusqu'à ce grand fait dont retentit l'histoire, où Charles Martel, mu par un intérêt commun et par le sentiment de la patrie, vole au secours de son ennemi, et, dans les mêmes champs qui virent périr Alaric, sauva l'Europe de l'islamisme par un immense carnage de ses sectateurs. Leurs débris, retirés vers les Pyrénées, se maintinrent longtemps en Bigorre à l'aide du fort de Lourde et de quelques autres, d'où ils portaient la dévastation sur le pays. Les Bigorrais, voulant s'en débarrasser à tout prix, courent aux armes, prennent pour chef un brave prêtre nommé Missolin, joignent les Maures entre Juillan, Louey et Ossun, et en font un carnage horrible. La charrue y découvre encore des ossements et des tombeaux, et certains crânes mis au jour indiquent, par leur épaisseur, qu'ils appartiennent à la race africaine. Ce mémorable combat eut lieu le 24 mai 733 ; il existait dans une niche de l'église d'Arcizac une petite statue équestre en bois, témoignage de la reconnaissance du pays pour ce prêtre courageux qui fut son sauveur, et qu'à pareil jour les jeunes filles glorifiaient en la couvrant de fleurs. Pendant le cours de cette révolution que nous avons vu tant détruire, elle fut brûlée. C'est ainsi qu'à Martres on fêtait Saint-Vidian, autre guerrier qui, ayant aussi combattu les Sarrazins, en avait délivré son pays.

A la même époque doit se rapporter le combat sous St-Paulde-Campan, où le sol recèle aussi des ossements. Le second comte de Bigorre, Inigo-*l'Ariscat*, ou le Téméraire, que sa bravoure fit choisir pour chef par les Navarrais, acheva d'en délivrer ces provinces. Quelques familles qui restèrent, en butte à tous les genres d'oppression, forcées d'abjurer et d'embrasser le christianisme, furent, suivant Palassou et d'autres, l'origine de cette race autrefois si misérable et si méprisée des *Cagots*, opinion cependant moins fondée que celle qui voit en eux les restes avilis de chrétiens nouveaux (*christianos nuevos*) bannis d'Espagne par le fanatisme du temps.

Le pays respirait, Tarbes avait repris sa prospérité, mais ses maux étaient loin d'avoir pris fin. Dans le IXe siècle, d'autres barbares, les Normands, vomis par la mer, revinrent saccager ces beaux pays, ne laissant derrière eux que mort et désolation ; et après un nouvel intervalle, les guerres de religion, où les comtes de Bigorre, de Foix et de Toulouse défendaient les Albigeois contre le terrible Montfort, renouvelèrent toutes ces scènes d'horreur et de misère, jusqu'à ce que la voix paternelle de Saint-Louis sut ramener le calme là où les anathèmes et la cruauté n'avaient fait que ranimer les haines et exaspérer le désespoir. Plus tard, Philippe-le-Bel s'étant violemment emparé du Bigorre, les Anglais en devinrent possesseurs par le traité de Brétigny, comme partie de la rançon du roi Jean, et ne l'abandonnèrent que lorsque le comte de Foix, à qui Charles VII l'avait rendu, les ayant chassés de Lourde, eut rétabli tout le pays sous sa domination. Henri IV, enfin, le réunit à la couronne, dont il ne devait plus se séparer.

Auprès de Tarbes est, sur la route de Rabastens, le village d'Aureillan, qui, d'après son nom et des restes d'édifices, de tombeaux et d'inscriptions mis au jour par des fouilles, doit remonter aux Romains. Son ancien nom, *Vicus Aurelianus*, peut venir de Marc Aurèle, qui visita la Gaule à l'époque où la paix, due à une suite de bons princes, y avait introduit les arts et une civilisation plus avancée, ou d'Aurélien, lorsqu'un siècle plus tard il vint y soumettre Tétricus, un des trente tyrans, qui régna six ans sur l'Espagne et les Gaules. On conserve dans l'église les reliques de saint Girin, qui fut décapité sur le bord de l'Adour au temps des persécutions de Dioclétien ou de Julien. Aureillan fut érigé en commanderie de l'ordre de Saint-Jean-de Jérusalem en 1259, sous le grand maître Hugues de Revel, et Bernard d Orsane y était commandeur lorsque l'ordre des Templiers ayant été détruit, tous les biens de leur commanderie de Bordères furent transférés à celle d'Aureillan.

Des rues bien percées, des maisons élégamment bâties, aux toits bronzés d'ardoise, des courants d'eau vive émanée de l'Adour, qui entretiennent partout la propreté et la fraîcheur, l'extrême fertilité d'un terrain fréquemment arrosé par les pluies des montagnes, l'active circulation qu'y maintiennent sept grandes routes, et surtout le voisinage des eaux, font de Tarbes une des villes les plus importantes et les plus agréables du Midi. Il faut voir ses marchés renommés, où de dix lieues à la ronde tous se rendent, ne fût-ce que pour vendre un agneau, un izard et moins encore. Le vaste Marcadieu, où afflue le Béarnais en blouse blanche, en berret bleu, reluit sous les brillants capulets que porte la Bigorraise, et le soir de longs et bruyants charriots retournent au village tout fleuris de mines réjouies, chantant en chœur ces chansons de Despourrins qui semblent exhaler un parfum de montagne. Bâtie sur la rive gauche de l'Adour, la ville est précédée d'un beau pont en marbre, seule pierre de taille qu'offre le pays, construit par l'architecte Bayrou, sur les fonds votés par les états de Bigorre, et dont Mgr de La Roche Aymon, évêque, plaça la première pierre en 1734; monument dont l'étendue est disproportionnée avec le volume ordinaire de l'Adour, qui, divisé en plusieurs petits cours, laisse à nu une large zone de cailloux et de blocs roulés que l'on voit avec regret sillonner du sud au nord tout le département. Des efforts qui ont été répétés pour encaisser le fleuve et rendre à l'agriculture de précieux terrains, ont toujours été infructueux par la violence des eaux à la fonte des neiges. Un sol formé du détritus des montagnes, très favorable aux prairies, sous un climat humide, et la bonté des chevaux du pays, la rendent éminemment propre aux établissements pour la cavalerie. Une superbe caserne y a été construite, et tout auprès le modeste germe, laissé en 1791 par le duc de Polignac, est devenu un magnifique haras dont l'influence a été des plus salutaires sur des produits qui dégénéraient de plus en plus. Des primes distribuées par le gouvernement et des courses annuelles qui ont lieu sur la lande de Laloubère, disposée en cirque à cet effet, à l'époque où les étrangers affluent dans les Pyrénées, concourent au même but, et de tels efforts réunis ne peuvent que rendre à l'excellente race navarrine, naguère prête à s'éteindre, son ancienne valeur.

Point central des établissements thermaux les plus fréquentés, il règne à Tarbes, au temps des eaux, le mouvement des grandes villes, et le voyageur s'y étonne de la majesté des Pyrénées. Du milieu de sa vaste plaine, qui, venant de Lourde et de Bagnères, naît immédiatement à leur pied, il les voit s'élever dans toute leur grandeur, avec d'admirables effets de perspective verticale, et leurs chaînons obscurs, leurs pics innombrables se déroulent sur une étendue de quarante lieues. Il serait difficile de persuader à ses habitants que le pic du Midi, si brusquement élancé de la plaine, et dont la coupole hardie couronne une ligne de sourcilleux rochers, n'est pas le sommet dominateur ; Vignemale et d'autres points de la haute chaîne sont en vue, mais l'apparence est contre eux ; l'observateur seul sait reconnaître leur prééminence. Sous son cône imposant on voit l'entrée de la jolie vallée de Campan et les forêts qui revêtent le Lhiéris et le Montaigu. De part et d'autre les hauteurs semblent baisser à mesure qu'elles s'éloignent de ce centre culminant : à l'est, l'œil descend sur la cime de l'Arbizon, qui partage ses eaux entre l'Adour et la Neste, et par-delà les masses boisées d'Aure et de la Barrousse, se reporte sur le faîte central aux pics blanchissants des sources de la Garonne, pour se perdre au loin sur les monts bleuâtres du comté de Foix ; à l'opposite, après l'âpre chaînon du pic du Midi, qui cache Barèges comme toute la haute chaîne, et le Montaigu, qui perd bientôt pour le voyageur l'honneur un moment usurpé, de rivaliser avec ses voisins, les masses s'écartent pour laisser deviner le bassin d'Argelez, que ferme au sud le groupe de Cauterets, sombre base du fier Vignemale. Souvent, au lever du soleil, j'ai vu de mes fenêtres son beau glacier déjà doré avec quelques points privilégiés, lorsque le reste de la chaîne, terne encore sous le crépuscule, semblait attendre la vie de ses premiers rayons. A sa suite les masses d'Azun et d'Ossau laissent voir dans leurs dépressions des neiges et même des glaciers, et celles d'Aspe, en partie cachées derrière les cimes escarpées de Bonnes, montrent encore quelque fierté; mais plus loin, tout dégénère jusqu'aux croupes obscures de la Soule et de la Navarre, qui échappent à l'œil.

Dès la sortie de Tarbes, une belle route s'enfonce à perte de vue vers les fonds boisés de l'Echez et d'Ossun, dont les habitants, presque tous rouliers, se faisaient remarquer naguère dans toute la France sous le nom de *bourraires*, par le gracieux costume d'Henri IV, usité en Béarn dès les temps les plus reculés; leurs seigneurs y tenaient tellement, qu'ils leur en faisaient une loi. A Juillan, on traverse le vallon de l'Echez, d'un aspect riant par le mélange des prairies, des villages et des collines déjà hautes, revêtues de grands arbres que surmontent çà et là de vieilles tours. Au voisinage des Pyrénées, le moindre site agréable devient un paysage complet lorsqu'au-delà des plans divers s'élèvent des sommités bleuâtres et neigées qui forment partout de pittoresques fonds. Peu après on se trouve sur une plaine haute, étendue à l'ouest vers Ossun. C'est *Lanne-Mourine* (la Lande des Maures), champ mémorable du combat où Missolin fut vainqueur. Les levées de terre d'origine inconnue, voisines d'Ossun, sont peut-être des *tumuli* qui se rapportent à cet événement; quoiqu'il soit plus probable, qu'ainsi que tant d'autres ouvrages en terre connus sous les noms de *turons*, *castéras*, *mottes*, ce ne soit que de ces postes fortifiés dont les Romains couvraient les pays récemment soumis à leur domination. Au village d'Adé, où la plaine a disparu, de rapides côteaux, revêtus de fougères ou de bois qui, prolongés jusqu'au Gave, recèlent des sangliers, commencent à prendre une physionomie de montagne, et le vallon sans ruisseau qui les sépare, précédé du vaste atterrissement de cailloux qui a formé la Lanne-Mourine en face de la vallée supérieure du Gave, paraît avoir été l'ancienne voie suivie par ce torrent avant que, refoulé par ses propres alluvions, il ne se fût jeté dans son canal actuel vers l'ouest.

Dans ce trajet, on a passé auprès de deux manoirs qui ont laissé des souvenirs : le château d'Odos, où mourut le 2 décembre 1549, célèbre autant que célébrée, la belle Marguerite, reine de Navarre, grand'-mère d'Henri IV, qui en son temps avait tout ce qui plaît : esprit, beauté, jusqu'au désir de plaire, et dont les contes naïfs et piquants qu'on lit encore, retracent l'histoire très galante de son époque. Plus loin, le château de Bénac, dont la tour en ruines est baignée par l'Echez, rappelle l'aventure d'un de ses maîtres qui, au retour de la Terre-Sainte, éprouva le sort d'Ulysse.

Peu après *Adé*, la tour carrée de Lourde paraît seule sous des mornes arides; et du côté de l'est la pène du Lhiéris, élancée en corne, laisse voir son énorme surplomb. Près d'une habitation dont le nom, *Strada*, est significatif, on a cru reconnaître quelques traces d'une voie ancienne, et d'autres vestiges semblables se voient à Arcizac et à Capbern sur un chemin qui se nomme encore Césarée. Tous ces points, en ligne droite, peuvent avoir appartenu à la voie de Dax à Saint-Bertrand, et vers Strada aurait été, suivant certains, le site intermédiaire d'*Oppidum-Novum*.

La masse pittoresque du château de Lourde, nommé *Mirambel* du temps des Sarrazins, et célèbre par tant d'infortunes, est construite sur la plate-forme d'un rocher s'élevant à pic au-dessus de la ville. Cette position, forte avant l'invention des canons et commandant le débouché d'une grande vallée, a dû faire de Lourde un point important dès les temps les plus reculés. Sous les Romains ce point était déjà fortifié, et après eux il fut maintenu par toutes les nations du Nord et du Midi qui se succédèrent dans le pays. En 1218, Simon de Montfort ne put le prendre sur les Albigeois, et dans le XIVe siècle ce fut la plus forte place des Anglais comme la dernière qu'ils défendirent. On y voyait naguère encore, au-devant de l'église, le grand ormeau sous lequel les comtes de Bigorre avaient coutume de recevoir l'hommage de leurs vassaux. Le vicomte d'Asté, entre autres, lui portait un épervier doré qu'il perchait sur l'arbre. Sur la plate-forme du donjon on peut voir se promener le prisonnier d'Etat auquel cette faveur est accordée; et celui-ci, à l'aspect de l'heureux voyageur que de rapides chevaux entraînent à ses plaisirs, soupire tristement du haut du rocher sur lequel, ainsi que Prométhée, il se sent enchaîné. A une époque où la tyrannie impériale l'avait peuplé, appelé par mon service dans ce château d'affligeante mémoire, je n'en passais jamais l'obscur et dernier guichet sans avoir le cœur serré. Encore tout attristé de plaintes amères et d'un désespoir qui n'était que trop fondé, il me semblait y voir écrite cette inscription, *Di colore oscuro*, que le sombre génie qui seul aurait immortalisé Florence, a mise sur la porte de cet enfer que sa puissante imagination a créé :

Per me si va nella città dolente;
Per me si va nell'eterno dolore;
Per me si va trà la perduta gente;
Lasciate ogni speranza voi ch'entrate!

J'y ai vu, entre plusieurs autres prisonniers, le major Russillon et M. Charles d'Hozier, compris l'un et l'autre dans ce qu'on appelait la conspiration de Moreau; le colonel du génie Lacoche et le capitaine de vaisseau Rivoire, qui, ayant séduit deux jeunes soldats, parvint à s'échapper, au péril de sa vie, le long des rochers; événement qui causa la translation de ses compagnons d'infortune au château d'If, sur un roc battu des vagues à l'entrée de la rade de Marseille, prison triste et malsaine qui dut encore leur faire regretter Lourde. Lorsqu'il m'était permis d'offrir quelque soulagement à ces victimes de nos dissentions politiques, avec quel bonheur je remplissais ce pieux devoir.

Poursuivi de pénibles pensées, je me réfugiais quelquefois sur cette haute tour pour reposer mes yeux sur les montagnes, dont les tableaux agrestes et les scènes paisibles soulagent toujours l'âme affligée des maux que les hommes se font. Le petit bassin, vers Bagnères, est riant et fertile; mais les hauteurs qui touchent la ville au midi, sans bois, presque sans verdure, repousseraient les yeux, si dans leurs intervalles ne se montraient les monts du Lavédan, d'où sort le gave béarnais. Ces premiers mornes, composés de calcaire de transition, renferment des couches d'ardoise, continuation du terrain de Campan et de Labassère. Sous le château, dans le large fond que commandent des escarpements surmontés de murs sourcilleux, le hardi prisonnier qui, impatient de ses fers, fait la reconnaissance des précipices et plonge ses yeux sur ces eaux brillantes dont le bruit et l'écume décèlent seuls la rapidité, perd tout espoir de salut, et se retire découragé. Ce gave, bientôt redevenu torrent, court s'enfoncer dans la gorge boisée et pittoresque de Saint-Pé [1], où circule aussi la route de Pau, suivie chaque année par des milliers de buveurs et de pèlerins, aussi empressés de porter leurs hommages à la vierge de Betharram que les premiers aux nayades bienfaisantes. Partout ailleurs pour le prisonnier ne sont que des aspects monotones et mélancoliques, en harmonie avec les tristes pensers de son âme. Autrefois cette plate-forme aérienne, seul lieu où l'habitant du donjon plus durement traité pouvait aller respirer un air salubre, n'était qu'un toit très incommode. Je fus heureux de pouvoir y faire construire la plate-forme actuelle couverte en galerie, où, désormais à l'abri des intempéries, il peut faire un exercice salutaire et jouir de l'air et de la vue doux plaisirs dont on ne sent tout le prix qu'entre les murs d'une prison.

Après Lourde, on est dans les Pyrénées. La route mal tracée contre les flancs abruptes du Ger, où les carrières et les piles d'ardoise se succèdent, s'avance suspendue au-dessus du gave, dont nous retrouvons ici les bruits mono-

[1] Le monastère de Saint-Pé est un des plus anciens du pays ; il fut fondé en 1032 par Sanche Guillaume, duc de Gascogne, sous la garantie d'un grand nombre de seigneurs de la Gascogne, du Béarn et du Bigorre. Sa charte est ainsi un document précieux pour l'ancienneté des familles qui en descendent. On voit auprès les ruines de Castelmaure, ancien fort des Sarrazins.

tones. Tout ce qu'on voit est calcaire et dépend de ces chaînons peu élevés qui en forment les premiers gradins, lambeaux de l'ancienne écorce sédimentaire soulevée; loi générale dont s'écartent seules les hautes Pyrénées sur leur versant méridional. Il y a dans ces masses de belles grottes peu connues à cause de leur accès difficile, surtout dans la gorge au-dessus de la forêt de Lourde, et au pied du Ger sont quelques saillies d'ophite. Cette roche plutonienne, toujours loin des centres d'action et accompagnée de gypse et de sel dont la production paraît liée avec l'évulsion qui l'a mise au jour, est due à des épanchements partiels ayant agi sur des points isolés et seulement au pied des Pyrénées, à une époque postérieure aux derniers terrains tertiaires qu'elle a soulevés et avant les alluvions anciennes. C'est là cause probable du désordre et des irrégularités qui existent dans la stratification et le parallélisme des terrains qu'elle traverse. La belle pierre connue sous le nom de marbre vert antique ou marbre lacédémonien, qui ornait les édifices somptueux des Anciens, et dont l'origine était inconnue, est un véritable ophite. Les carrières en ont été retrouvées en Morée par le capitaine Boblaie, auquel doit beaucoup la géologie de ces contrées classiques, si peu éclairées encore. Lourde est un des points des Pyrénées où les tremblements de terre sont les plus fréquents; j'y en ai ressenti deux ou trois légères secousses. Le plus violent dont la mémoire y ait été conservée est celui de 1660; et en 1755, lorsque Lisbonne fut détruite, des éboulements eurent lieu dans la montagne, et des maisons furent renversées dans la ville.

Au pont neuf, la vallée qui tire son nom du vieux chateau de Castelloubon s'élève à l'est vers le Montaigu, autour duquel surgissent inutilement plusieurs sources minérales. L'espace se dilate; la route, ombragée par des noyers, plonge sur des fonds élargis où le gave s'étend avec calme sur un sol nivelé; puis on côtoie des masses escarpées jusqu'au village d'Agos, qui oppose sa vieille tour aux ruines de Géou, sur une butte de l'autre rive. On trouve fréquemment dans les vallées de semblables masures, dont la plupart étaient moins des forts que des tours, servant à un système de signaux. A l'entrée des plaines une autre ligne, étendue d'un bout à l'autre de la chaîne, faisait communiquer toutes les lignes partielles, de sorte que sur quelque point que l'ennemi se montrât, peu de temps suffisait pour que l'avis en fût donné partout. Les Romains avaient prodigué ces tours au milieu des peuples conquis qui exigeaient une surveillance constante, et on les retrouve dans toute l'Espagne. Avec l'organisation actuelle des grands Etats, dont tous les mouvements peuvent être prévus, de telles précautions seraient inutiles ; mais dans le moyen-âge, où les souverains des deux côtés des Pyrénées étaient souvent en guerre, où même chaque canton obéissait à un chef indépendant, toujours jaloux de ses voisins ; dans ces temps malheureux qui n'étaient qu'une guerre civile continuelle où le droit du plus fort était la loi commune et la foi des traités méconnue, ces lieux reculés, destinés par la nature à être si paisibles, étaient exposés sans cesse aux incursions d'un ennemi perfide qui, au sein de la paix, venait les ravager. De quel intérêt n'était-il pas alors pour leurs habitants, d'être instruits de la marche de ces bandes indisciplinées dès leur première apparition?

Les montagnes de toutes parts écartées laissent voir le vaste et beau bassin d'Argelez, dont les sites riants, la végétation prospérante et les points de vue magnifiques enchantent le voyageur. C'est une riche plaine de deux lieues d'étendue, nivelée par d'anciennes alluvions et fertilisée par les eaux du gave qui, au sortir des sombres gorges où mille obstacles l'irritaient, s'étend et ne mugit plus. De loin, elle ressemble à une forêt ; et sur les diverses zones de ses montagnes, des champs, des prairies, des villages demi-cachés dans les arbres ou couronnant des mamelons, des pâturages, des bois de sapins, et enfin de belles sommités neigées, lui forment un cadre digne d'elle. En s'éloignant de la plaine, la température est de plus en plus refroidie ; mais ici le soleil a retrouvé sa force pour mûrir les fruits de la vigne et du figuier. C'est aussi le lieu de ses derniers efforts : au-delà plus de moissons et presque plus de fruits ; le domaine de la culture est restreint à des prairies ou à quelques champs épars au milieu des rochers ; l'œil ne voit que des sites sévères ou romantiques, et les travaux des habitants se renferment dans le cercle des occupations pastorales.

Vers le milieu du bassin paraît la ville d'Argelez, au débouché de la vallée d'Azun, qui, plus haute que celle du gave, est aussi moins réchauffée, mais ne le cède à nulle autre en champs fertiles, en sites gracieux ; toute vue en est cachée par le grand atterrissement qui soutient le niveau supérieur, composé de blocs de granit et d'autres débris erratiques, moraine d'un ancien glacier suivant certains et maintenant recouvert d'une riche végétation ; et au fond s'élève l'obscure montagne de Soulon, base du pic de Viscos, qui sert de méridienne à Lourde. A ses côtés deux gorges fameuses, aux pentes abruptes se croisant dans l'éloignement, remontent jusqu'à la crête de la chaîne : celle de Cauteretz, de l'aspect le plus hérissé avec ses monts granitiques drapés de sapins, et celle de Barèges se prolongeant entre de hautes pyramides jusqu'aux sommités de Gavarnie, où l'on reconnaît la pointe du Piméné. Il est même un lieu sur la route, auprès de Vidalos où est debout encore le donjon du château construit par Centulle III, comte de Bigorre, d'où se découvrent la tour du Cylindre et le dôme du Mont-Perdu, dont la blancheur azurée annonce la grande élévation. Mais que le voyageur se hâte de les voir, car ils vont disparaître pour ne plus se montrer, à moins que, méprisant la fatigue, il ne s'élève sur quelqu'un des derniers sommets de ces vallées. Ce n'est que de ces sanctuaires aériens, réservés aux seuls amants de la nature, que ces géants des Pyrénées, dépouillant enfin tous leurs voiles, apparaissent dans leur grandeur ; pareils à ces sauvages demi-dieux du nord, à ces héros glorieusement tombés, qui n'entr'ouvrent les nuages dont sont formées leurs demeures fantastiques que pour laisser voir un instant leurs pâles figures au guerrier calédonien.

On ne saurait parcourir cette belle vallée sans ralentir souvent sa marche pour jouir des sites charmants qui s'y succèdent. Ce sont des prairies closes, parsemées de cerisiers ou de pommiers, destinées à être le dernier asile des troupeaux lorsque la neige les a chassés des hautes pâtures; de riches tapis où circulent des rigoles d'eau vive, et des ombrages toujours frais sous des arbres groupés au hasard. Ici des moulins construits sur de rapides ruisseaux détournés du torrent, dont le murmure accompagne le cri monotone de la scie; et plus loin des habitations champêtres plaisant à l'œil par leurs petites galeries et leurs toits d'ardoise se détachant sur une verdure foncée, tandis qu'au travers des masses de feuillage qui les entourent on découvre les monts voisins, le cours du gave dans la plaine ou quelque clocher trahissant un village. Après Argelez, dans la plus riche position d'où les yeux planent sur le bassin et peuvent faire le tour de son majestueux cadre, est la vieille abbaye de Saint-Savin, où les bénédictins envoyaient autrefois leurs convalescents. Quel site, en effet, eût été mieux choisi? Cette faiblesse physique et morale qui suit les maladies, pourrait-elle ne pas céder aux impressions délicieuses que produisent une nature superbe et des tableaux charmants, et à la salubre influence d'un air toujours pur, balsamique et fortifiant dont les Anciens connaissaient mieux que nous le prix? On raconte ainsi son origine: Saint-Savin, fils de Hentilius, comte de Poitiers, fuyant le monde pour se consacrer à Dieu, s'achemina vers les solitudes des Pyrénées. S'étant arrêté au couvent de Saint-Lézer, près de Vic, l'abbé Forminius lui donna un diacre nommé Julien, pour l'accompagner dans sa retraite. Ils se rendirent aux montagnes du Lavédan, et s'établirent sur le lieu même de l'ancienne construction romaine nommée fort Emilien. Charlemagne, passant ensuite pour aller en Espagne, y fonda une abbaye en l'honneur du saint ermite qui y avait demeuré treize ans, et fit don aux bénédictins des bains de Cauterets. Détruite dans le xe siècle par les Normands, Raymond Ier la réédifia et confirma en 945 la donation de Charlemagne, en y ajoutant l'octroi des épaules des sangliers qui seraient pris dans l'étendue de leur juridiction, à la charge d'y bâtir une église et des maisons pour les baigneurs, ainsi que certains droits fort singuliers, entr'autres celui d'avoir, aux jours des bonnes fêtes, de jeunes filles du pays pour faire leurs lits. Deux siècles plus tard, devenue très riche, cette abbaye avait des droits sur presque toutes les églises du Lavédan et d'Azun.

Les *baladins* de Saint-Savin sont renommés parmi ceux des autres villages, et font l'ornement des fêtes du pays. Ce sont des jeunes gens, les uns vêtus en femmes, d'autres bariolés de rubans de la tête aux pieds, qui, avec de petits drapeaux aux mains, exécutent des danses pittoresques où ils luttent d'adresse et d'agilité, et même représentent des scènes dont ils ignorent l'origine, ayant trait sans doute à quelque fait ancien, telles que celle où j'ai vu le chevalier Bayard et la dame de Randan représenter les principaux personnages.

Le monastère de Saint-Savin est tombé dans la tourmente révolutionnaire ; il n'est cependant pas en ruines ; mais ses bâtiments très négligés accusent, ainsi que tant de débris qui couvrent la France, l'ignorance ou le défaut de goût des propriétaires. Les Anglais, qui mieux que nous savent raisonner leurs jouissances, se sont bien gardés de détruire les couvents et les abbayes, devenus inutiles après la réforme d'Henri VIII. Restaurés et entretenus, ces monuments de la religion, comme les châteaux antiques, ornent toujours les paysages d'Albion, et leurs souvenirs mélancoliques ou chevaleresques y donnent plus d'attrait aux promenades ; et nous, accusés à raison d'insouciance et de légèreté, loin de conserver le petit nombre de ceux qui ont échappé au marteau de la révolution, nous voyons chaque jour d'un œil indifférent dépouiller nos provinces de ces fabriques du moyen-âge et nos collines de ces restes vénérables percés à jour et noircis par le temps, qui ont tant de charme pour le voyageur. Bientôt il ne restera plus debout aucun de ces vénérables témoins de notre histoire Après Saint-Savin est Miramont, belle maison qu'habita le poète Despourrins, dont les chansons béarnaises sont devenues populaires.

De l'autre côté de la plaine, où le Davantaïgue déploie au bas de la montagne ses perspectives variées, le château d'Areit, visible de partout, et le vieux manoir de Cobite, que des flèches de cyprès font deviner au milieu de ses grands marronniers, lorsque de la route éloignée je ne puis leur jeter que de furtifs coups d'œil, éveillent toujours quelque souvenir du temps écoulé. Je me rappelle alors les escapades méditées où, pendant que tout dormait, je foulais d'un pied hâtif le serpolet et le lotier doré tout humides de rosée, pour aller, sur les mornes de Noaillan ou d'Artalens, jouir dans le crépuscule du matin de tableaux indescriptibles où nul trait ne manquait à la magnificence de la nature, plus sublime lorsqu'elle semble s'éveiller d'un long repos. Je revois ces visites bruyantes dans les villages et les demeures voisines, où les mœurs d'un pays reculé étaient pour tous d'abondants sujets d'observation, de malice et de gaîté; ces bals improvisés où se mettait en haleine tout ce que la banlieue pouvait fournir de jarrets assouplis, tout ce qu'un violon criard pouvait réveiller de sa rauque harmonie : le pasteur leste et vif, la demoiselle surannée, la *toye* moins timide que maligne, le retraité à la mine avinée, le notaire du lieu, bondissant sous sa rotondité, et jusqu'au bon curé qui, venu à la fête en portant en croupe, à l'espagnole, sa gouvernante fidèle, ne refusait pas de compléter le quadrille ou de figurer au modeste congo ; et toujours quels rustiques éclats ! mais aussi quels bons rires ! Lorsque la fraîcheur d'une belle nuit faisait déserter le salon et l'interminable walse venant à s'étendre au clair de la lune sur cette terrasse d'où le pays tout entier est en vue, sans y penser m'éloignant, j'allais à l'écart, aux bruits adoucis de la joyeuse troupe, contempler avec recueillement les beautés nocturnes du ciel et des monts. Ce large fond, indistinct et muet, où perçaient çà et là encore quelques lueurs, où le gave brillait sous le roc de Beaussens; les masses confuses de Salles et d'Azun dont quelques pans étaient vaguement éclairés; la crête plus humble qui domine Saint-Pé et les contours fugitifs de sa brèche royale ; les môles énormes, enfin, de Villelongue et de Soulon, dont le vaste noir pur faisait ressortir des neiges éloignées, visibles encore au-delà du fond des gorges ; et, par un hasard heureux, cette neige lointaine, ce lambeau presque effacé est au dernier faîte des Hautes-Pyrénées, c'est la coupole du Mont-Perdu qui, bientôt revêtue de teintes vives et célestes, devait être la première à revoir le soleil.

Le château de Beaussens, masure pittoresque autour d'un

haut donjon qui, de la plate-forme d'une roche isolée, commande encore le pays, ainsi qu'autrefois faisaient ses maîtres, ne fut point oublié; et cette course eut plus d'intérêt par les vieux souvenirs de ce monument déchu dont la décrépitude a marché sans relâche au milieu d'une nature qui, dans le cercle constant qu'elle parcourt, sait toujours ramener les attraits de son printemps. Les vicomtes de Lavédan, rameau bâtard de la maison de Bourbon, seigneurs de toutes ces vallées et les plus puissants après les comtes de Bigorre, y faisaient leur résidence habituelle. Du temps d'Henri IV, il y avait encore garnison. Cette maison s'étant éteinte en 1610, ses domaines, érigés en duché-pairie par Louis XIV, passèrent, avec la baronie de Beaussens, dans celle de Rohan-Rochefort, qui, jusqu'à la révolution, a conservé ce riche apanage. Le peuple de ces montagnes, de tout temps comme aujourd'hui doué d'un caractère indépendant, paraît n'avoir jamais pu être astreint à la servitude de la glèbe. Lorsque en 1097 le comte Bernard II fit rédiger les *fors* du Bigorre, véritable charte constitutionnelle, d'après les traditions et coutumes antérieures, les habitants du Lavédan et de Barèges furent appelés à y donner leur consentement comme les nobles et le clergé, tandis que partout ailleurs c'étaient des serfs. Ainsi, quand, à l'exemple de Louis-le-Gros, Centulle III vint plus tard à affranchir les communes, il ne fit que leur donner des franchises et priviléges dont ceux-là avaient toujours joui; mais, fiers et belliqueux, ils marchaient aux premiers ordres de leurs seigneurs, et lorsque leurs expéditions les conduisaient vers le Comminges, c'était le châtelain de Nodrest, près de Bagnères, qui était tenu de leur fournir l'étape.

Du haut de la roche de Beaussens, les masses énormes et hérissées qui ferment au sud ce beau bassin se dressent en face, et l'œil se promène sur tous leurs plans ou s'enfonce dans les profonds sillons qui les divisent au-delà de deux charmants contrastes, les villages de Villelongue et Pierrefitte, à demi-cachés dans les arbres. Là paraissent aux regards deux célèbres chapelles : celle de N.-D. de Bédouret, confiée de temps immémorial à trois femmes solitaires qui se perpétuent sans vœux ni statuts, et celle de Soulon ; tout le monde sait ici qu'elles furent bâties en même temps par des maçons amis. Quoique éloignés de demi-lieue, ils se demandaient réciproquement les outils, qui, lancés aussitôt, venaient tomber à leur pied en traversant miraculeusement la vallée tout entière. Contre les flancs du pic de Villelongue et dans les rochers d'Artalens, on peut distinguer des trous qu'habitent des *hades* (fées), très redoutées dans tout le canton ; et enfin dans la région refroidie des pâturages qui de ce côté succèdent aux cultures du Davantaïgue, sont quelques restes d'un prieuré détruit naguère, dont l'antiquité remontait au-delà du temps de Charlemagne. Il est singulier que Saint-Orens, fils d'un duc d'Urgel, réputé son fondateur, soit venu s'établir dans un lieu si froid et si reculé, où il finit ses jours. Ses reliques y ont été conservées longtemps. Il est certain que déjà en 819 il y existait une abbaye à laquelle Faquilène, veuve de Donat, comte de Bigorre, fit plusieurs donations, et le nom de l'abbé qui les reçut, Aner de Buzon, se retrouve encore dans une famille du pays. En 1064 cette abbaye, ainsi que Saint-Lézer et d'autres du Bigorre, fut soumise à l'ordre de Cluny et transformée en prieuré. Les reliques du saint avaient été portées à Auch, lorsque ses compatriotes les ayant réclamées, elles furent transférées en 1609 à Huesca, lieu de sa naissance, avec de grandes pompes auxquelles les deux nations concoururent à l'envi.

La plaine finit à Pierrefitte où se séparent les routes de Cauterets et de Barèges, au pied du pic de Soulon, qui, comme une muraille immense, s'élève au-dessus de vieux éboulements où croissent les plus beaux arbres du pays. Que de fois, dans la chaleur du jour, ai-je été y chercher le frais sous les voûtes épaisses des chênes ou des châtaigniers, ayant sous les yeux toute la vallée ; et combien souvent me suis-je oublié le soir auprès de la chapelle de Soulon, d'où mes regards ne plongeaient qu'avec émoi dans les précipices où rugit le gave de Cauteretz, à contempler tout ce que la nature déroulait devant moi de beautés de Pierrefitte à Areit, des murs de Beaussens à la tour de Vidalos, laissant ainsi couler de ces heures calmes et rêveuses qu'aiment les souvenirs. Les voyageurs s'arrêtent dans ce triste et bruyant village, tendu sous les masses disloquées d'un schiste argileux, rougeâtre, où les monts se dressent vers le ciel comme pour fermer toute issue, et vont jeter tour à tour des regards d'admiration et de surprise sur les belles horreurs où résonne sans relâche un torrent furieux. Mais, certains d'y revenir, suivons la route de Barèges, où des *horreurs* non moins belles et de plus grands traits alpestres nous attendent. Le gave principal reparaît comme sortant d'une cavité de la montagne; on passe le pont, les rochers semblent se réunir derrière, et l'on se trouve emprisonné dans la gorge fameuse qui conduit à Luz.

Nulle autre vallée dans les Pyrénées n'offre une nature aussi menaçante, des formes aussi fières et autant de ces grandeurs sévères qui agissent sur l'âme, et que l'on ne retrouve qu'au sein des monts du premier ordre, comme il n'en est aucune où les travaux des hommes présentent autant de hardiesse et de persévérance. Même dans les Alpes, il en est peu qui, sous ces deux rapports, puissent la surpasser. On avance dans une tranchée tortueuse où la route est longtemps serrée entre le gave coulant à son niveau, et des roches schisteuses aux couches verticales, planes comme des murs. Un pont est jeté partout où le rocher à pic descend inattaquable jusqu'au torrent, partout où des obstacles insurmontables forcent à chercher à l'autre bord des voies possibles. Dans l'espace de deux lieues, les difficultés que l'art a vaincues sont une suite de prodiges, et c'est ici, non moins que dans les gorges du Saint-Gothard, qu'il faut admirer sa puissance. Toujours ouvert à l'aide de la poudre dans les flancs des schistes les plus durs, suspendu sur des voûtes ou sur de longs soutenements qui vont chercher leur appui dans les profondeurs, ce chemin merveilleux est sur quelques points à 400 pieds au-dessus d'un affreux précipice où, dans ses cavités, tonne un gave invisible. Pour cacher l'aspect de ces abîmes et protéger les voitures dans ces lieux redoutables où la chute est sans espoir, on a construit des parapets qui rassurent les timides voyageuses, étonnées que les faveurs d'Hygie se cachent derrière ces effrayantes avenues. Autrefois, il n'y avait pour communiquer avec la plaine qu'un sentier toujours dangereux, impraticable pendant la moitié de l'année, dont il ne reste d'autre trace qu'une petite arche jetée sur le profond ravin de l'Artigue, qui, vers le milieu de la gorge, descendu des hauteurs les plus repoussantes, n'est qu'obscures fondrières et précipices tous bariolés des teintes de cette espèce d'alun que le fer et le soufre colorent du jaune au brun, connu sous le nom de *beurre de montagne*. C'est ce qu'on nommait le *Pont-d'Enfer*, dénomination qui fait image, et bien digne en effet du site affreux où il est placé. L'inappréciable bienfait d'une telle route, pour les habitants comme pour l'humanité souffrante, qui chaque été vient y calmer ses maux, suffirait pour immortaliser ses auteurs, Labauve, d'Etigny, Polard. C'est en 1738, sous Louis XIV, qui partout à la fois savait donner l'impulsion de son génie, qu'elle fut commencée par de Labauve, intendant de Gascogne. D'Etigny, son successeur, la termina en 1746, merveilleusement secondé par un ingénieur d'un grand mérite, Polard, dont le nom est encore attaché à un bain de Barèges, toujours prêt à exécuter ses grandes conceptions. Ces hommes supérieurs, qui dotèrent toutes ces contrées de bonnes communications, furent méconnus sans doute, de leur vivant par les sacrifices momentanés qu'ils durent imposer; mais depuis près d'un siècle leurs noms n'y sont plus prononcés qu'avec reconnaissance, car dans ces grands et difficiles travaux on ne sait ce que l'on doit admirer le plus, du projet ou de l'exécution.

Un ingénieur distingué, déjà nommé dans cet ouvrage, vient de placer son nom à côté de ces noms vénérés par des rectifications dont la hardiesse d'exécution est comparable à celle des premiers travaux.

Polard, rebuté par la dureté du rocher comme par les épouvantables précipices dont un torrent fougueux ronge le pied, obstacles jugés sans doute alors invincibles, avait tracé sa route à quatre kilomètres de Pierrefitte, de manière à laisser entre les ponts d'Arcimpé et de la Hiéladère, sur la rive droite du gave, une montée effrayante par sa raideur et ses brusques contours jusqu'au Pont-d'Enfer et au Trou-dela-Mine, d'où l'on descendait non moins rapidement sur le pont d'amont. C'est entre ces deux points que M. Lefranc, ingénieur en chef du département, encouragé par le succès dans de belles et hardies rectifications déjà exécutées aux rampes de Lestain et du Limaçon, dans la vallée de Cauteretz, a osé concevoir une voie plus facile, malgré le doute même, exprimé sur les lieux, du chef suprême d'un corps qui ne connaît plus de difficultés. Il fallait voir alors le doyen des ingénieurs, retrouvant les forces de sa jeunesse, du corps et de la pensée, sous l'impression d'une idée grande, d'un bienfait public, percer d'épais taillis suspendus sur le gave ou se cramponner aux rochers, au péril de sa vie, et là mesurer, combiner, tout oublieux du précipice et du torrent qui mugissait en bas.

Si le projet et le tracé ont présenté de grands obstacles et des dangers, l'exécution n'a été ni moins difficile ni moins périlleuse, car elle a présenté toutes les circonstances les plus défavorables des routes en pays de montagne. Tout a été surmonté par M. Santiron de Toulouse, entrepreneur, avec autant d'intelligence que d'intrépidité, et en 1844 a été livrée au public une belle rampe de 2,400 mètres de développement, dont les pentes sont renfermées entre trois et six centimètres, et qui ne laisse plus de difficultés entre Pierrefitte et Luz.

L'ancienne route, à son point culminant, est d'environ 40 mètres plus élevée que la nouvelle, qui elle-même est à une hauteur beaucoup plus grande au-dessus du gave. Sur le ruisseau d'Enfer, à 30 mètres au-dessous du vieux pont, il a été construit deux belles arches d'où le petit torrent se précipite en cascade. C'est un point d'arrêt pour le paysagiste, pour tous car cette longue tranchée si fertile en tableaux, n'en offre pas de plus remarquable au voyageur, soit qu'il porte les yeux sur cette masse sombre et sauvage qui monte au ciel, soit qu'il les laisse tomber comme du haut d'un gigantesque mur, sur cette eau cerulée et écumeuse dont rien ne trahirait le cours si un bruit continu ne résonnait au fond. Ces trois ponts superposés, d'époques et d'aspects différents, lui montreront aussi les progrès de l'art, la marche de la civilisation.

Les projets de M. Lefranc sont plus étendus, car en aval de cette belle rampe déjà exécutée, une trace blanche contre le mur de rocher que ronge le torrent, indique un nouveau travail non moins difficile par l'extrême dureté des masses à escarper, qui, en dispensant de traverser de nouveau deux fois le gave, complètera les améliorations possibles sur cette voie précieuse.

Si quelque insouciant baigneur blasé sur tout, n'a vu que des *horreurs* dans la gorge de Pierrefitte, de quel intérêt n'est-elle pas pour le naturaliste, le peintre et le simple curieux? Ses décorations sont du genre sauvage, mais elles n'ont que plus de prix alors que les efforts des hommes, bien plus que ceux de la nature, tendent sans cesse à effacer les grands traits et à tout ramener à un type monotone. Des roches aux flancs raboteux ornés de mille fleurs s'avancent sur la tête, laissant pendre les longs rameaux des arbustes grimpants et quelquefois des chèvres au pied sûr, inaccessibles à la crainte, viennent se poser, sortant des fourrés où croissent tant d'herbes succulentes, sur leurs saillies et rendre plus pittoresques des sites qu'animent toujours les pourvoyeurs des bains. Ici, penché sur le parapet d'un pont, on se plait à contempler avec un émoi intérieur ces tranchées souterraines où le torrent s'enfuit avec la vélocité du trait et dont les rayons du soleil, interceptés par les branches croisées qui font voûte, ne peuvent dissiper l'éternel clair-obscur. Plus loin on s'arrête devant une masse cônique remarquable par la régularité de sa forme, la grâce de ses vertes draperies et les vives couleurs de mille plantes que la main du botaniste ne peut atteindre, et dont le trait, à la hâte croqué, a enrichi plus d'un album. C'est au mois de juin qu'il faut y venir, alors que les ramondies aux corolles violettes, au duvet soyeux, les primevères bleues, les saxifrages aux longs panaches, les gentianes, les lys élégants, les scilles et les jacinthes tapissent tous les rochers ou colorent toutes les pelouses, mêlées à ces plantes printanières qui croissent dans les régions moyennes. Plus tard, lorsque les chaleurs d'août ont desséché les fonds, ce n'est qu'en s'élevant sur les pâturages alpestres et sur les sommités, que le botaniste pourra retrouver une flore moins pompeuse, mais plus vive et plus brillante.

Au-dessus de la tête le ciel, réduit à une étroite zone, est comme une longue voûte supportée par les derniers escarpements des pics d'Aube et de Sardey, et par les pointes neigées de Soulon, de Viscos et de Lizey, qui semblent reposer sur de noirs sapins. Mille détails, études pour le peintre, se succèdent dans ce long défilé, où l'on marche toujours suspendu entre le précipice et des roches menaçantes ou des bois assombris, entre un torrent qui gronde et des cimes désertes, dont le silence n'est troublé que par la chute des pierres qui s'éboulent ou que d'imprudents pasteurs se plaisent à faire bondir. La galerie de mine qui est au plus haut de la route, est creusée dans un schiste noir, argileux et calcaire, d'une excessive dureté. Ce n'était qu'un rognon de galène mêlée d'un peu de zinc, ne dédommageant pas des frais qu'y avait fait un négociant d'Auch nommé Talabère. En face, et assez haut sur le pic du Viscos, est un autre filon de galène qu'on ne fit alors qu'essayer. On descend et on passe le gave sur le beau pont de la *Hiéladère* [1], construit en 1807 par MM. Siret et Lefranc. Comme elle fut aimable, cette réunion champêtre où, pour solenniser les premiers travaux, d'une salle de verdure formée de la dépouille des sapins, nous escortâmes en pompe la jeune héroïne de la fête qui, de ses mains délicates, en scella la pierre angulaire. Les monuments des rois sont fondés avec plus d'éclat, mais avec bien moins de plaisir que n'en vit cette charmante journée.

[1] De la fileuse.

CHAPITRE II.

Bassin de Luz. — Saint-Sauveur. — Val de Bastan. — Barèges.

Les précipices, les torrents ont cessé : on respire à l'aise et les yeux se reposent sur le riant bassin de Luz, sur cette enceinte de verdure que de hautes montagnes cachent dans leur sein. Sur le fond aplani par les alluvions du Bastan et du gave, qui s'y confondent, comme sur les premières pentes, des villages, des habitations éparses et des champs semés d'arbres où brillent des ruisseaux, récréent partout la vue ; et ces tableaux pleins de fraîcheur ont plus de charme sous les crêtes décharnées, les sombres bois et les pics neigeux des sommets. On s'étonne de compter autour de Luz, chef-lieu de la vallée de Barèges, treize villages dont les climats, comme les produits, sont très divers. C'est le refuge d'une nombreuse population qui, longtemps dispersée sur les montagnes, revient aux premières neiges chercher un asile avec ses troupeaux dans des lieux dont les avalanches ne respectent pas toujours la tranquillité. On a conservé la mémoire d'un terrible éboulement de neige qui, en 1601, emporta les villages de Chèze et de Saint-Martin, bâtis dans un site dangereux au-dessus des escarpements de la Hiéladère, et fit périr plus de cent personnes. Les églises presque seules résistèrent à ce torrent glacé et sauvèrent ceux qui y avaient cherché un asile. Presque tous les autres, surpris dans leurs lits, trouvèrent la mort sous les décombres. Le village de Chèze fut seul rebâti, et les habitants de Saint-Martin s'établirent dans les villages voisins moins exposés, quoique celui de Saligos se soit vu près de sa destruction totale par de tels événements.

Le climat de Luz est de plusieurs degrés plus froid que celui d'Argelez, de même que son bassin est plus resserré ; progression qui se continue dans ceux de Pragnères, de Gèdre et de Gavarnie, et se répète dans toutes les vallées. Ces petits espaces, toujours situés à l'embouchure des vallons latéraux, sont d'autant moins étendus et d'une température plus basse, qu'ils sont plus éloignés des plaines.

Les monts qui ceignent Luz méritent, par leurs belles masses et leurs détails pittoresques, que l'ami de la nature s'arrête et rende hommage au Créateur pour la magnificence de ses œuvres. Au midi, la gorge se prolonge vers l'Espagne entre le Bergonz verdoyant, doux à l'œil, et des cimes aux pentes boisées du plus grand caractère. A l'est, le val du Bastan, où Barèges est au milieu des ruines, remonte entre des hauteurs âpres, dépouillées, vers les pelouses du Tourmalet, où sont au revers les sources de l'Adour, qui, du désert où elles naissent, vont fertiliser un autre Tempé. Les crêtes du Bugaret et du Brada, où se termine le vallon de Lise, annoncent par leurs dentelures et leurs flancs déchirés, qu'elles touchent à la région du granit et le large cône du pic d'Ayré, brusquement redressé sur la longue croupe du Casaou-d'Estibe, semble de ce côté laisser peu d'espoir de le gravir. Enfin à l'ouest, une masse énorme vue sur tous ses degrés est, entre Luz et Cauteretz, la plus imposante des barrières. Au-dessus des cultures, sur des plans fortement inclinés, croissent des hêtres ou des sapins; plus haut, sur de vastes gradins, ce n'est qu'un entassement de neiges et de roches que la verdure n'a jamais atteint, et, pour la hauteur et la majesté des formes, ses dernières cimes sont peu au-dessous des principales de la chaîne.

Au débouché de la gorge de Gavarnie, un groupe de belles maisons encadrées dans la verdure se détache au pied de la montagne : ce sont les bains de Saint-Sauveur, asile charmant où trouvent un remède assuré tous ces maux qu'engendre une civilisation raffinée, fruit du luxe et de la fortune, et que ne connut jamais le diligent campagnard. Si l'on veut jouir d'un site qui réunit tout ce qui est grâce et grandeur, qu'on monte sur la butte où la chapelle de Saint-Pierre et ses fines pelouses sont souvent le but des promeneurs. Tout le bassin de Luz est aux pieds, scène animée où se croisent souvent, sur les lignes blanches qui le marquent, des groupes de piétons, la cavalcade élégante, le pesant voiturier et la calèche qui fuit; de là, l'œil cherche à se reconnaître dans la sombre avenue que l'on vient de franchir, puis, glissant sur la masse terne du Sardey, s'arrête un moment aux tours de Sainte Marie, dressées sur leur roc, mornes et noires comme deux fantômes du temps passé, s'élève ensuite le long du vallon du Bastan, si frais en bas, si monotone au loin, jusqu'au Pic-du-Midi, qui semble reposer sa chauve calotte sur les épaules du plan d'Aube; mais à l'opposite, changement subit opéré par la magie de la nature, les regards vont se briser contre des masses qui montent au ciel. Là, au-dessus de ces riches habitations qui pendant quatre mois fourmillent sur les plateaux de Trazères et d'Aragnouet, des prairies mêlées d'arbres et de granges s'élèvent en amphithéâtre jusqu'à des hêtres trop souvent insultés par le bûcheron. D'impénétrables sapins leur succèdent, surmontés à leur tour par les pyramides de Bastempe, de Lithouèse et de Castillon, dont l'aspect est si lugubre lorsque d'obscures nuées, poussées par le vent d'Espagne, viennent à ramper le long de leurs humides flancs, en couvrant leurs précipices d'un voile mystérieux. C'est dans les bois de ces montagnes qu'ont été vus les derniers bouquetins, restes d'une race autrefois commune dans les Pyrénées, et qui n'existe plus que sur quelques points des revers espagnols, où des forêts moins fréquentées leur ont offert des asiles plus sûrs.

De ces hauteurs sourcilleuses abaissons nos regards dans les fonds du gave, où Saint-Sauveur est suspendu, sur cette lisière de prés qu'ombragent des hêtres, des aulnes et des bouleaux dont l'écorce chargée de chiffres, rappelle les scènes érotiques qui ont fait baisser les yeux aux discrètes dryades, monuments aussi peu durables que les ardeurs de passage qui les ont fait tracer. Que j'aime mieux l'illustre étranger [1] dont ces lieux ont gardé la mémoire, qui appelait cet imposant précipice le temple de la méditation. Il me semble le voir assis sur une de ces roches polies que le torrent a rejeté sur ses bords, portant ses regards sur le canal souterrain d'où il s'échappe avec fracas, sur le lit élargi, où déposant peu à peu sa fureur, il laisse voir ses eaux pures et

[1] Burke.

vertes un moment en repos, sur les murs gigantesques et drapés qui s'inclinent vers lui, ou sur les monts qui de ces profondeurs s'élancent vers le ciel, et dans son enthousiasme laisser échapper les vives émotions dont son âme est remplie.

There the walker wrapt in wonder raves !

Dans la petite ville de Luz, mal percée et mal bâtie, où la population, pendant l'hiver entassée semble avoir regretté l'espace à la circulation, on voit avec intérêt une vieille église des templiers, dépendance de la commanderie de Bordères-de-Louron, qui, crénelée haut et bas dans ses murs extérieurs comme dans ses tours massives, était susceptible de défense. Dans les temps de trouble, autrefois si fréquents, le saint lieu avait ainsi une double destination et servait de forteresse à ses maîtres religieux et militaires, comme d'asile aux habitants. La première enceinte une fois forcée, il fallait un second siége pour pénétrer dans l'église, qui était le réduit de ce fort sacré, et ces difficultés pouvaient suffire pour détourner de l'attaque des bandes indisciplinées qui n'avaient d'autre but que le pillage. A un des côtés de la nef est une petite porte murée, seule entrée qui fût autrefois permise aux cagots. Ces parias de l'occident, qui descendent des Goths, vaincus par Clovis en 507, lorsque Alaric, leur roi, fut tué de sa main à Vouillé ou à Voulou, plutôt que des Sarrazins, défaits à Tours en 732 et arrêtés dans leur fuite aux Pyrénées, sont les restes d'une nation conquérante dont les membres dégradés depuis plusieurs siècles gisent épars dans les contrées méridionales de l'Europe, où ils paraissent avoir épuisé tous les genres de mépris et d'infortunes de la part de ceux qu'ils soumirent par leurs armes et comme représailles des persécutions de l'arianisme qu'ils avaient longtemps exercées : exemple non moins frappant que celui du peuple hébreu des vicissitudes de la fortune. Je ne sais si les Bohémiens, race singulière et toujours errante, mieux connus, n'en seront pas un troisième.

Les deux tours de Sainte-Marie et le vieux mur qui les unit, perchées en regard sur une roche isolée, furent, suivant les uns, un château des Templiers, qui possédaient de grands biens dans ces vallées, où ils ne purent trouver un asile contre leurs ennemis lorsque, il y a cinq siècles, le sceptre et la thiare se réunirent pour commettre un des faits les plus odieux dont l'inexorable histoire ait marqué les iniquités. Suivant d'autres, elles furent construites par les Anglais au temps du prince Noir. Mais bien avant ces deux époques, ce manoir féodal, chef-lieu d'une viguerie du Bigorre, était la résidence des seigneurs particuliers de la vallée de Barèges, et tout porte à croire qu'il était déjà ancien, car l'esprit de ces montagnards a de tout temps été fier et intraitable, et leurs révoltes fréquentes ont toujours obligé leurs seigneurs à prendre des sûretés contre eux. On sait que ce fut un des derniers forts dont les Anglais restèrent en possession dans le pays sous le commandement du chevalier Jean de Beaugert. C'est en 1404 qu'il leur fut enlevé par Jean de Bourbon à la tête des nobles Bigorrais et des Barégeois, commandés par Augier Coffite, dont la famille existe encore à Luz.

Une montée incessante d'une heure et demie conduit de Luz à Barèges par une route toujours serrée entre des saillies que l'art a escarpées ou des talus redressés, et le gave indocile, dans ses bonds sans repos, qui, brillant sous les arbres, résonne sans cesse et rejaillit au milieu des blocs et des débris qu'il entraîne. Dans ce trajet, où les canaux qu'il cède aux montagnards font mouvoir des files de moulins en miniature et dans l'enfance de l'art, quelques lieux plaisent encore à l'œil comme transition du bassin de Luz à la nudité, aux ruines de Barèges : les villages d'Esterre et de Viella, sous des rideaux fortifiés par de grands arbres qui, en les abritant des lavanges, en font des retraites sûres pour l'hiver; Betpoey, sur un mamelon du Casaou-d'Estibe qui vient jeter ses derniers rameaux sur la tête du voyageur, entouré de cultures et de prés, mérite plus encore son joli nom en face de Viey, plaqué contre les tristes masses du pic Saint-Augustin et de Sers, dans son site scabreux, perché sur des roches vermoulues. Ce village se glorifie d'avoir reçu les restes d'un confesseur, Saint-Justin, premier évêque de Tarbes, qui, au commencement du ve siècle, habita jusqu'à sa mort un ermitage au plus haut de la butte qui le domine; enfin le vallon ombreux où la Justé, descendue du lac de Coumoscure sous Neouvieille, voit ses rives inférieures se revêtir d'arbres et de fraîcheur. Dès la butte de Sers, aimée du botaniste, dont le gave ronge profondément les racines de marbre, et qui de sa tête arrondie menace de si haut, la calèche légère ne fait plus que se traîner sur des rampes plus redressées, le vallon évasé offre plus d'air et plus de vue, et le tableau change totalement. Plus de détails gracieux, plus de contrastes pittoresques : des éboulements, de profonds ravins sillonnent les masses dont les débris croulent à chaque orage, et des cimes gigantesques, dans leur hauteur dépouillées, de toutes parts repoussent la vue. On dépasse les restes des bains de Pontis où sont abandonnées des sources thermales, et ces lieux ailleurs peu remarquables qui ont vu tant de réunions joyeuses et d'aimables aparté : le bosquet de Mouré, le plateau qui le domine et le mamelon du Sopha qu'ombragent à peine quelques maigres bouleaux; et, franchissant enfin, des tas de granit que le temps a émoussés, qu'augmente sans cesse l'immense ravin qui, né aux plateaux supérieurs de l'Ayré, menace Barèges et son bois protecteur, on arrive aux bains fameux dont la nayade a fait cesser tant de douleurs; mais le malade, impatient, s'attriste d'aller chercher la source où ses maux doivent finir au milieu des torrents, des brouillards et des ruines.

On ignore à quelle époque furent découvertes les eaux thermales de Barèges, les plus élevées des Pyrénées; mais on sait qu'il y a moins de 200 ans il ne s'y trouvait pas une maison habitable. Leur célébrité n'a commencé qu'en 1675, lorsque l'habile gouvernante qui portait encore le nom de Scarron, après avoir conduit sans succès le duc du Maine à Bagnères, ayant entendu parler des cures que les eaux de Barèges faisaient sur les montagnards, y amena son royal pupille au travers du Tourmalet. C'est là que, dans une misérable chaumière où, comme aux temps anciens, elle filait la laine du pays, l'aimable veuve commença la série de ces spirituelles lettres qui fondèrent sa fortune auprès du *grand roi*, dont elle avait déjà su gagner la confiance, et qui sont restées des modèles. Longtemps encore ces eaux ne furent fréquentées que par les habitants des vallées voisines, que ne décourageaient pas les difficultés de leur abord. Les premiers bains, ceux de l'entrée, du fond et de Polard, y furent construits en 1735; le célèbre Bordeu y fut, en 1749, le premier médecin nommé par le roi; les piscines construites par l'ingénieur Moisset datent de 1777, et le nouvel établissement a été commencé par M. Siret sur ses dessins et continué par M. Artigala, architecte du département. On se propose de faire un nouvel aménagement des eaux sur les plans de M. François, ingénieur des mines, et de reconstruire les bains en démolissant le pavillon des officiers pour en dégager les abords. L'hôtel Vergez a été acquis pour remplacer ce pavillon. La recherche des sources et leur conservation exigent une grande prudence dans les fouilles en ce que, trop profondes, peut-être pour être prises à leur sortie du rocher, on ne peut les capter que dans le terrain d'éboulis qui lui est superposé, où elles peuvent être perdues ou altérées dans leur température et leurs principes par le mélange des eaux naturelles, ainsi qu'il est arrivé dans les dernières constructions. Mais cet ingénieur a fait ses preuves à Luchon, et on ne doit pas craindre ces fâcheux accidents sous son habile direction. Maintenant, des routes sûres y conduisent; des maisons élégantes y ont été élevées, et malgré l'âpreté de son climat nébuleux, l'affluence annuelle des favoris de la fortune y ramène à leur suite toutes les jouissances de la vie. L'éloignement des affaires, en laissant tous les moments aux soins de la santé et aux plaisirs, dispose à profiter de tous ceux qu'une société choisie peut offrir. Nulle part les relations amicales, les liaisons même plus intimes, ne sont aussitôt formées, et sans doute aussitôt oubliées, que dans ces lieux privilégiés, où l'on ne vient pas moins chercher l'amusement que la santé, où les grands changent pour quelques jours leur réserve en manières affables, où l'on est recherché en raison des soins qu'on se donne pour plaire, et où le tribut qu'on apporte en amabilité est ordinairement la mesure de l'estime qu'on recueille.

Les eaux de Barèges font des merveilles pour les douleurs, les blessures et les maladies de la peau; et combien de familles qui désespéraient de se perpétuer ont eu à se féliciter de leurs bons effets; ce qui rappelle la maligne inscription que Montaigne dit avoir vue aux bains de Lucques :

> Chiunque vuol che la sua donna impregni,
> Mandi la a questo bagno, et non ci vegni.

Les sources thermales sortent, sur la rive gauche du Bastan, d'un calcaire primitif adossé à la base de l'Ayré, sous le sol même où est Barèges, et placé immédiatement sur le granit qu'elles traversent, la différence de leur température et de leurs effets ne provenant que de leurs divers mélanges avec des eaux naturelles. Voici la température des sources, que j'ai prise en 1808 avec M. Borgella, médecin-inspecteur, et M. Pagès, pharmacien des eaux :

Bain du Pavillon à droite, de		25° R.
— à gauche en entrant		23° 1/2
— de la Chapelle		24° 3/4
— de l'Entrée		29°
— de Polard (ancien bain)		29° 1/2
— — nouveau bain (Siret)		28° 1/2
— du Fond (ancien bain)		29°
— — nouveau bain (Siret)		29°
Douche du tambour		35°
Bain du tambour		35°
Piscine militaire	dans le conduit	27°
	douche	33°
	piscine	26°
Piscine des pauvres	dans le conduit	27°
	dans la piscine	26° 1/2

Je joins à ce tableau l'état de leur température en 1844, exprimée en degrés centigrades :

Douche du tambour et bain........	47°
— du Fonds.................	43° 50
A la Buvette.....................	42°
Bain de l'Entrée....	40° 50
Piscine militaire................	39° 50
Bain de Polard...................	39°
— du Fonds.................	36°
— Neuf.....	36°
— Dassieu........	34° 50
— de la Chapelle............	30°

L'existence des eaux thermales n'est plus un problème difficile depuis qu'on sait que sous l'écorce terrestre il existe un foyer igné d'où proviennent leur chaleur et leurs éléments minéraux ; soit que les eaux pluviales, s'enfonçant par des failles ou des couches poreuses, descendent jusqu'à des réservoirs voisins de ce foyer en s'échauffant et se chargeant de principes nouveaux, et d'où la pression les ramène à la surface ; soit que les gaz qui s'échappent de ce foyer venant à rencontrer dans la terre des courants d'eau, les échauffent et les minéralisent. Aussi sont-elles situées auprès des volcans éteints ou en activité et au pied des chaînes qui reposent sur d'antiques failles, où elles surgissent généralement sur des lignes parallèles à l'axe de soulèvement et à la rencontre des systèmes successifs, c'est à dire entre les masses expulsées et les systèmes soulevés. Si quelquefois on en trouve à de grandes distances des montagnes, ce doit être une induction que les couches du sol y ont été profondément disloquées. Leur température dépend de la profondeur qu'elles ont atteint ou de leur rapprochement de ce foyer, à l'exception de celles qui avoisinent les volcans dont les feux peuvent agir sur les sources, même auprès de la surface, et les gaz qui s'en exhalent se retrouvent toujours parmi ceux que ces bouches ignivomes versent dans l'atmosphère.

Les eaux chaudes sont extrêmement nombreuses dans les Pyrénées où on en compte plus de 180 sources d'une mer à l'autre, toutes de même nature, d'une température très élevée en Roussillon, allant toujours baissant à l'Ouest et ne différant que par la proportion de leurs éléments. Ce sont les seules de France et même d'Europe, qui, à la sortie du rocher, soient à la fois chaudes et réellement sulfureuses, car les eaux des Alpes, de la Belgique, de l'Allemagne et d'autres montagnes de l'intérieur, prétendues sulfureuses, ne le sont qu'accidentellement, ayant passé sur des dépôts tourbeux ou marécageux qui les ont imprégnées d'odeurs sulfureuses; et tandis que des quantités prodigieuses de ces eaux sont prônées et expédiées annuellement, il n'en sort que très peu des Pyrénées, où elles ont tant de vertu. M. Longchamp, à l'aide des progrès qu'a faits l'analyse chimique, a trouvé en 1826, dans celles des Pyrénées du sulfure et du chlorure de sodium, du sulfate de soude, de la silice, de la soude et de la potasse caustiques, de la magnésie, de la chaux, même de l'ammoniac et de l'azote, et de plus dans la matière grasse et onctueuse qui leur est particulière, une substance qu'il croit végétale, quoiqu'elle contienne de l'azote, ayant quelque analogie avec la fibrine, et qu'il a nommée *barégine*. Depuis, d'autres chimistes, à l'aide d'observations microscopiques, ont reconnu que cette matière organique était le résultat de l'agglomération de plusieurs végétaux d'un ordre inférieur, de conferves, particulièrement, dont une, qui a été nommée *sulfuraire*, est d'autant plus développée que les eaux contiennent plus de soufre, et disparaît lorsqu'elles en sont privées. Comme dans ces eaux le soufre abonde d'autant plus que leurs sources sont plus rapprochées des grands pics, c'est à dire des centres d'évulsion, l'existence de leur cause dans le foyer igné intérieur s'en trouve confirmée. Les volcans étant étrangers à toute la chaîne des Pyrénées, où nulle trace n'en a été reconnue quoique des lambeaux de basalte existent à ses extrémités, au cap Créous et près de Santiago en Galice, leurs eaux thermales doivent être nécessairement en communication avec le centre igné au travers de toute l'écorce terrestre; et si la progression de la température à mesure qu'on s'enfonce dans la terre, reconnue moyennement de 1° centigrade pour 30 mètres, était certaine, celle qu'elles conservent encore en apparaissant à la surface, malgré la déperdition qui a dû avoir lieu dans le trajet, serait une donnée approximative de la profondeur où elles se sont élaborées; les puits artésiens pourront aider à ce problème. Des observations comparatives faites à des temps éloignés ont fait voir d'ailleurs que leur température n'a point éprouvé de variation sensible. Sur cette donnée, les eaux de Barèges surgiraient d'une profondeur de 1000 à 1400 mètres, et celles d'Olette, en Roussillon, d'environ 2,000 mètres.

Quelque repoussants qu'en soient les abords, quelque froid et dépouillé que soit le vallon du Bastan, Barèges, dans son site élevé, placé non loin de l'axe granitique de la chaîne et du Pic-du-Midi, souvent visité à cause de la magnificence de sa vue; au pied des glaces éternelles de Neouvieille, dont la triple cime est vierge, et de toutes ces masses de transition dont les ruines et l'aspect désolé éloignent le curieux, mais où les Palassou, les Ramond sont venus chercher quelques anneaux de cette grande chaîne qui lie notre temps aux temps anciens du globe; et enfin aux abords de Gavarnie, moins célèbre par sa cascade que par ses montagnes, où s'observe cette étrange anomalie qui, en portant les produits de la mer et des débris animaux au-dessus des sommités centrales, confond le savant, accoutumé à les voir partout ailleurs relégués aux derniers rangs; Barèges, dis-je, réunit pour l'observateur qui veut en faire le centre de ses courses, des avantages de position que n'offrent point au même degré les autres lieux des eaux. On y trouve des guides très intrépides et plus instruits qui poussent leurs explorations au loin à la suite des naturalistes et qui connaissent plus de montagnes que n'en renferme le bassin du grand gave, qui porte dans son ensemble le nom de vallée de Barèges, et quelquefois assez de plantes pour abréger les recherches.

Si l'on veut avoir sous les yeux le val entier du Bastan et ses alpestres dépendances, il est un point unique, la butte de Sers, dont la tête ronde, dernière marche de cet escalier de géants qui, par des gradins toujours plus exhaussés, monte droit au pic d'Asblancs, ne semble de Barèges qu'un monticule à son niveau, tant le gave a su creuser dans l'intervalle. Dès qu'on a gravi ces arrachements du nord qui, incessamment rongés au pied, fournissent sans cesse leur tribut au torrent, de jolis sentiers sur des plateaux fertiles où les habitations sont protégées des lavanges par des massifs de pierres sèches ou de frênes, puis, tracés en ondoyant sur ces pentes ravinées qui d'un trait mesurent la montagne, y conduisent avec facilité. Auprès de la grange où fut autrefois l'ermitage de Saint-Justin on atteint le faîte, et là, sur une pelouse qu'ornent les fleurs de l'Aster des Alpes et du Colchique, le repos est doux en face de perspectives circonscrites, mais grandes et variées. Le village et ses chaumieres échelonnées sont au pied, au bas d'une gorge dépouillée qui se précipite de *Pènetaillade*, roc énorme pourfendu jusqu'à sa base et rival du pic d'Asblancs, où le plus étrange pertuis ouvre sur le versant de l'Adour ; et plus loin l'œil plonge de haut sur le cours inférieur du Bastan, sur le fond marqueté de Luz, plus riant sous ses monts assombris. Au midi, le val de la Justé se creuse sous de nues hauteurs, et semble barré par les crêtes redressées du Bugaret, sillonnées de canelures dont la neige ne s'efface pas, tandis que le cône de l'Ayré, beau dans son isolement et verdoyant jusqu'à la cime, repose sur sa large base noircie par le bois de Barèges et sillonnée d'escarres rayonnantes dans des éboulis sans cohésion ; enfin toute la partie haute du célèbre vallon est devant les yeux jusqu'au col du Tourmalet, et depuis ces sommités hardies, où bien peu se hasardent, jusqu'aux fonds en berceau où brille le torrent, tout n'y serait que rocs et pâturages si quelques bouquets d'arbres épars sur les plateaux n'interrompaient un peu sa monotonie, si Barèges et ses toits reluisants, sa rue unique qui fourmille et sa route jamais déserte, ne venaient pendant quelques mois animer sa tristesse.

On est frappé du grand abaissement qu'ont dû éprouver les masses latérales du Bastan, dont toutes les formes sont altérées, malgré qu'elles s'y maintiennent encore entre 1200 et 1500 toises. Toutes les cimes ne sont que des crêtes disjointes dont les alternatives météoriques attaquent sans cesse la cohésion, et que des tremblements de terre assez fréquents dans les Pyrénées ou les éclats de la foudre, qu'attirent leurs pitons, précipitent par fragments, tandis qu'à leur base des atterrissements considérables attestent les dégradations anciennes des sommets. C'est du groupe culminant de Neouvieille que paraît en être venue la plus grande partie, maintenant amoncelée autour de ses deux contreforts, les pics d'Eslids et d'Ayré ; car toutes ses pyramides dominantes, dépouillées jusqu'au vif, offrent partout une affreuse nudité, et dans les gorges convergentes d'Escoubous, du Lienz et de la Justé on voit les routes certaines qu'ont suivi tous ces débris.

Du haut de la butte où l'on se trouve dans le plan peu incliné qui rase tous les lambeaux de terrain plane que les ravins n'ont pas encore détruit sur les deux penchants, il est visible que le vallon était autrefois barré à Sers par une digue dont elle-même faisait partie, car les terres, les rochers et le granit roulé, éléments confondus de ces terrains nouveaux, au lieu d'être entraînés par le torrent à mesure de leur chute, s'y étaient entassés pour former au niveau du barrage un fond plus élargi dont les plateaux actuels, qui des deux parts se raccordent parfaitement jusqu'à Tournebout où ils s'effacent dans le fond, sont les restes évidents. Quelle chute superbe y faisaient alors des eaux d'un tel volume! Leur action continue ou quelque accident subit ayant détruit cette digue, le gave n'eut plus qu'à exercer ses forces contre un sol peu compacte. Il le pénétra profondément et y creusa un lit toujours plus ouvert en poussant dans la vallée inférieure les débris de ses rives toujours sapées. Ainsi, le fond actuel n'est qu'un ravin immense auquel d'autres viennent se joindre, en l'obstruant de ruines qu'ils ne cesseront de vomir que lorsque le terrible Bastan aura atteint le grand but vers lequel il tend sans cesse, lorsqu'auront disparu tous ces amas récents.

C'est au point où cette grande érosion est le plus étroite, où les lambeaux de l'ancien plateau sont le plus menaçants, que Barèges est bâti sur un sol factice empiété sur le torrent ou escarpé dans la montagne C'est dans ce site dangereux que la nature a fait surgir ces eaux miraculeuses qui font toute sa renommée comme l'aisance du pays, et que l'observateur voit avec tant de peine prêtes à être ensevelies sous d'épouvantables lavanges. Deux ravins peu éloignés de la verticale, nés dans les hautes régions de l'Asblancs, les précipitent chaque printemps sur Barèges même, où le champ de leurs ravages s'étend toujours. Si leur origine était plus basse et le roc moins à nu, des plantations plusieurs fois tentées, pourraient arrêter à leur départ les premiers flocons de neige, faibles éléments des plus terribles masses ; il est même des arbres amis du froid et des rochers qui ne redouteraient ni le lieu ni le climat ; mais quelques soins que l'on prenne pour de tels essais, il est à craindre que le glissement des neiges et les avalanches du printemps ne viennent tout balayer sur ces talus presque droits. Tous les secours de l'art et de la science, faibles ressources contre les forces de la nature, sont ici impuissants pour préserver d'un événement si déplorable pour l'humanité, pas même pour en retarder le moment, peut-être peu éloigné. Dans l'ordre physique comme au moral, la nature nous accorde rarement quelque bienfait sans restriction. Exposé à d'autres dangers au midi, Barèges n'existerait plus sans doute si un bois protecteur, étendu sur la base de l'Ayré, depuis le Rioulet jusqu'au Lienz, ne retardait les progrès des ravins dans une masse énorme d'éboulements qu'il revêt et consolide. Cependant le Rioulet, dont une heure et demie suffit à peine pour remonter les bords, partout large et profond, traverse le bois tout entier, et chaque année en emporte des lambeaux. Lorsque après un orage on entend un bruit sourd de craquements et de chocs, comme si quelque montagne croulait et dont l'étranger s'étonne, on lui répond : « C'est Rioulet qui descend. » En effet, il est curieux d'y voir alors de longues files de blocs entraînés par les eaux, glisser tous à la fois par intervalles et produire, par leurs durs frottements, ces bruits subits qui pendant la nuit sont effrayants. De tels faits peuvent donner une idée de ce qui se passait autrefois lorsque les blocs descendaient des montagnes et étaient charriés même à de grandes distances de leurs gîtes primitifs par des eaux violentes dont les torrents actuels ne sont qu'une très faible image. Avec quelle rigueur devraient s'exécuter les règlements pour la conservation de ce bois contre la stupide avidité, l'inconcevable imprévoyance du montagnard, qui ne voit pas qu'en dégradant ce précieux reste de ceux qui couvraient autrefois sa vallée, il expose un bien inappréciable et enlève le pain à ses enfants. Barèges, élevé de 660 toises, est le plus froid de tous les lieux de bains des Pyrénées ; mais l'Europe entière lui paie tribut, et les heureux, non moins que les souffrants de tous les pays, s'y donnent rendez-vous. Après le beau quartier du bas Barèges, sa rue longue et rapide et sa double rangée de maisons pressées par le gave ou le bois, on peut être surpris de ne voir tout à coup que des baraques. C'est qu'on est en face de l'énorme bouche toujours prête à vomir d'en haut le ravage et la ruine, et l'on s'afflige de voir l'établissement des bains si rapproché de ce champ de destruction, qui n'a besoin que de s'étendre un peu pour l'atteindre. Le haut Barèges, guère plus considérable, est moins bien bâti et moins recherché que le premier. Dans cette rue unique, promenoir commun, on voit circuler la chaise gothique du baigneur et le brave que n'a point épargné la guerre, le pasteur déformé sous sa cape pointue et l'élégante citadine, les laquais et les toyes, les partants et les arrivants, quelquefois même le troupeau nomade descendant au village qui, au fracas éternel du torrent vient mêler ses clochettes et ses cris, tableau toujours mouvant et singulièrement animé.

De ce fond désolé qui sans cette affluence momentanée serait si triste, la vue, des deux parts repoussée, n'a quelque étendue que vers les cimes superbes de l'ouest, dont elle suit aisément les arêtes festonnées et les champs glacés jusqu'aux fiers pitons qui tout dominent. Jusqu'à présent, le vaste bois qui protége ses sources par ses fourrés épais et ses pentes abruptes, était presque partout resté inabordable. Le botaniste ou le hardi promeneur, en s'y faisant de ténébreuses voies, avaient seuls pénétré dans ses mystérieuses retraites. Maintenant, partout y circulent de commodes sentiers où, dans l'ombre de berceaux continus, on peut s'élever sans fatigue jusqu'à l'*allée*, large et belle percée au travers de la forêt qui, sur ses moelleux gazons, sous ses hêtres séculaires, a vu maintes fêtes joyeuses, maints bruyants pique-niques dans ces temps plus heureux où la sombre politique, assoupie, laissait les buveurs de tout pays, de tout étage, fortuitement réunis, chercher dans les plaisirs d'une société piquante de nouveaux moyens de guérison. De là, d'autres sentiers, par le plateau du Lienz, charmante solitude avenue de Neouvielle qui n'y brille qu'un instant, peuvent ramener sur le point de départ l'indolente marcheuse étonnée de la grande course qu'elle vient d'accomplir. Mais ces brillantes *parties*, cette agitation, tout ce luxe ne sont qu'un éclat passager, et Barèges avec son rude climat, son site affreux reste comme inhabitable pendant plusieurs mois. Dès la fin de septembre, plus d'étrangers, plus de joies : les baraques se démolissent, les maisons se ferment, et la population, chaque jour dissipée, se retire enfin à Luz et dans les villages voisins, n'y laissant que quelques gardiens, sentinelles dévouées à la solitude, aux tristes journées et aux lavanges, pour surveiller les dégradations, les désastres de leurs longs hivers, pendant lesquels il n'est pas rare qu'on soit obligé de les retirer de dessous les masses de neige que leur envoie l'Asblancs. C'est un exil de la Sibérie.

CHAPITRE III

Le Lienz. — Pic d'Ayré. — Montagnes du Bastan. — Chaos de Neouvieille.

La montagne qui voit Barèges à ses pieds, qui recouvre de sa masse le laboratoire naturel où se combinent les éléments de ses eaux bienfaisantes, et dont le bois peu fréquenté m'a vu souvent errer dans ses routes secrètes, aura mon premier hommage. Que d'heures j'ai passées pendant la chaleur du jour dans une retraite tranquille, quoiqu'à deux pas des bains, assis entre deux roches qu'ombrageait un vieux hêtre et près d'une source qui murmurait à mes pieds, goûtant avec charme les vers qu'inspira la nature à Delille, à Thompson, ou les pages poétiques de Corinne sur les arts et le ciel inspirateur du beau pays :

Ch' Appennin parte, e il mare e l'Alpe serra.

Avec quelques amis, dès l'aube j'étais sur la chaussée de Louvois, fortement construite en blocs pour préserver les maisons des éboulements. Nous montons à la prairie de Palu, reste des anciens plateaux, bien connue des promeneurs, d'où, par un sentier qui s'élève d'écharpe le long du bois, nous gagnons les pelouses du Lienz, où une halte est toujours agréable. Ce plateau pastoral, prolongé jusqu'aux ressauts où le torrent descend en filets argentés du désert qui précède Neouvieille, s'enfonce dans le bois entre des bosquets que la dent des troupeaux a régulièrement taillés. Tapissé de ce gazon alpin dont la finesse et l'uni sont inconnus dans la plaine, il offre mille asiles délicieux au mélancolique baigneur comme au philosophe qui aime à se livrer dans une paix que rien ne trouble, aux réflexions qu'inspirent ces montagnes, témoins muets d'antiques convulsions. Des canaux d'eau vive émanés du Lienz y circulent parmi des blocs de granit qui servent souvent d'abri à des touffes de fraisiers, si bien nommés *Fraisier du Botaniste*. Qui ne se rappelle, en effet, dans ces longues herborisations où le zèle fait oublier la fatigue, le plaisir qu'on a eu de découvrir quelqu'un de ces réduits que leur parfum décèle et d'en savourer les fruits rafraîchissants. Nous ne passâmes pas auprès de la petite fontaine qui plus haut est à l'angle du bois, au débouché de l'allée, d'où le Pic-du-Midi commence à exhausser sa large tête au-dessus du plan d'Aube et des sourcilleux rochers qui cernent le lac d'Oncet sans y faire une seconde halte et un premier déjeûné.

Rien de plus calme que ce site que dominent les larges gradins de l'Ayré et les crêtes hérissées de la Piquette. Ruisseau paisible qui doit bientôt reprendre sa fureur en se précipitant vers le gave au milieu d'un chaos, le Lienz y fuit sans bruit entre des rives gazonnées, et aucun son n'y frappe l'oreille, si ce n'est quelque pierre qui roule dans les ravins ou le tintement des clochettes dans le bois. L'air est si pur sur ces hauteurs, que les distances y paraissent beaucoup moindres; et ce n'est plus l'effet de la perspective aérienne, mais le rapetissement des formes qui doit les faire apprécier. Comme l'œil aime à se reposer sur ces longs tapis de verdure, et qu'on se sent à l'aise dans ces retraites où les pasteurs mènent une vie si solitaire! C'est que tout y est paisible, que tout y offre l'image d'un long repos; c'est que la vie de ces hommes simples s'écoule sans événements, dans un cercle non interrompu de soins peu pénibles; que peu d'accidents la troublent, et que rien n'y rappelle aux yeux, à la pensée, cette foule de maux inhérents à l'état social, ces agitations inévitables dans le monde, qui abreuvent quelquefois la vie d'amertume et y laissent à peine quelques instants pour le bonheur.

Après les hêtres viennent les sapins, qui dans les Pyrénées croissent jusqu'à mille toises de hauteur absolue. On ne voit pas sans peine prêts à disparaître, ces restes de la forêt qui s'étendait autrefois sur ces montagnes, et dont de vieux troncs mutilés par la hache attestent partout l'existence. Les Grecs avaient choisi pour le tombeau le cyprès, dont le vert sombre et la forme pyramidale mystérieusement élancée vers le ciel parlait à leur imagination; mais les sapins, de la même forme symbolique, sont plus lugubres avec leurs larges rameaux tristement penchés vers la terre et ployant sous le poids de la corniculaire comme sous de funèbres draperies.

Au dessus du bois, d'innombrables fleurs rouges brillaient sur les espaces dont le rhododendron s'est emparé. Au milieu de ces riches tapis, l'œil attentif du botaniste découvre des plantes plus humbles, mais dont aucune n'est pour lui sans intérêt. Là croît à profusion l'airelle ou raisin d'ours, dont les baies acidulées m'ont souvent rafraîchi, lorsqu'après une longue course je descendais des hauteurs du pic. L'anémone narcisse y montre ses groupes élégants à côté des cloches bleues de la gentiane sans tige, dont les sœurs aînées portent avec orgueil leurs têtes jaunes au-dessus du rhododendron. Mais de toutes les plantes qui y abondent, et qui feraient l'ornement de nos jardins si elles pouvaient prospérer ailleurs que dans ces froides régions, semblables à ces durs enfants du nord qui, robustes et vigoureux dans les plaines moscovites ou sur les monts scandinaves, viennent languir sur les rives de l'Arno, il n'en est point qui ait pour moi plus d'attraits que le petit daphné ou thimelée des Alpes. Sur la première croupe le gazon était émaillé de ses ombelles purpurines et l'air rempli de ses parfums. Plus haut, à l'approche des neiges, commençait à se montrer la flore des hautes sommités, la nombreuse famille des plantes alpines, petites, délicates en apparence et pourtant si robustes, qui n'attendent pour pousser et fleurir que d'être débarrassées du manteau désormais incommode qui les a protégées pendant l'hiver. On s'étonne de voir sous la neige en fusion et sur le sol humide qu'elle vient de quitter une foule de fleurs presque sans verdure encore : des androsaces dont les petites hampes sortent du milieu de leurs rosettes serrées, des hépatiques bleues ou roses, des soldanelles délicates aux pétales finement découpés; des renoncules blanches d'un port et d'un feuillage si différents des autres, et plusieurs espèces d'anémones toutes distinguées par la beauté de leurs corolles.

Tournant autour de la montagne par un de ces mille sentiers que tracent les troupeaux, nous gagnâmes une large dépression à l'ouest, où, jusqu'à la cime visible, tout est adouci, tout est verdure. Deux cabanes en occupent le centre, et en portant les yeux en bas, on est frappé de l'étendue du terrible Rioulet. Déjà depuis longtemps il a surmonté le bois, et il s'avance toujours dans la même masse d'éboulis avec une rapidité qu'indiquent les dépressions étagées du terrain qui descend dans son gouffre, vers ce pâturage où tout sans lui serait en repos, et que l'on plaint d'être aussi rapproché de cet insatiable voisin. Deux pasteurs y étaient occupés à réparer les désordres de l'hiver dans leurs cabanes ou *courtaus*, qui, dans les Pyrénées, sont de véritables tannières : dix pieds de long, six de large et à peine autant de haut, voilà leurs dimensions. Les murs en pierres sèches laissent passer le vent et la fumée, et des plaques schisteuses reposant sur un sapin au faîte, forment le toit. A côté de la porte, qu'un fagot ne bouche que rarement, est le foyer près d'une longue dalle de champ servant de limite à la couche commune, dont toutes les douceurs consistent en une litière de bruyère, de mousse ou de menues branches de sapin. Au fond sont suspendus le sac de peau de chèvre, où chaque pasteur a sa garderobe, la petite hache pour couper du bois, le chaudron pour cuire la pâte, les outres à faire le beurre ou pour la farine de maïs, dont la modique provision se renouvelle chaque dimanche, et ces *coupps* ou vases en bois de hêtre de différentes grandeurs, qu'ils fabriquent pendant l'hiver. Telle est l'habitation qui suffit au berger des Pyrénées pendant les quatre ou cinq mois qu'il passe dans la solitude. Cependant cette vie si dure a des charmes pour lui, puisqu'il est rare qu'il la quitte; qu'il la reprend avec transport, et que nul n'est plus attaché à son pays que l'habitant des montagnes. Ce sentiment serait-il dû à l'influence particulière qu'ont sur lui, dès son bas âge, l'étrange pays qu'il habite, l'air pur qu'il y respire, ses mœurs toutes pastorales et ses longs repos, toutes choses en parfait contraste avec la monotonie des plaines, leur atmosphère pesante et les tracas des villes?

Longtemps on s'élève en rampant sur des pentes couvertes de genièvre et de bruyères d'où maintes fois j'ai vu partir des renards surpris à l'improviste, et la montagne, sur ses croupes successives toujours plus redressées, serait du plus facile accès sans les crêtes de schistes en décomposition qui la terminent. Il n'y a cependant d'autre difficulté que de franchir quelques festons entre deux précipices descendant d'un trait au fond des gorges latérales dont l'une, le Lienz, montre ses vertes arènes, et l'autre n'est partout que pierres et débris. Je laissai au pied mes compagnons, qui, satisfaits de la vue que leur donnait déjà leur haute station, s'arrêtèrent devant ce dernier pas, et bientôt au sommet, sur un petit espace, je pus m'asseoir en sûreté avant de porter la vue des vallées aux pics neigeux, et des verts pâturages au désert, aux ruines qui précèdent Neouvieille et son glacier.

Les gracieux détails qui avaient réjoui les yeux autour de

Luz, d'où le pic est si fier, étaient disparus dans l'ensemble; ce n'était plus qu'un oasis de verdure cerné de masses ternes ou neigées. Mais de plus hauts sujets occupent la pensée en face des grandes scènes où la nature se montre puissante dans ses œuvres comme dans sa durée. Si ces monts ne sont pas indestructibles, s'ils tendent sans cesse à leur abaissement, ils sentent avec tant de lenteur la main du temps, l'inexorable *edax rerum*, que le rapport de leur durée avec celle des travaux des hommes est peu commensurable. Contemporains d'anciennes époques du globe, de ces temps obscurs que nous pouvons croire voisins de ses premiers jours, et, résultats de convulsions dont leurs flancs renferment l'histoire, ils reposeront sur leurs vastes bases, et leurs cimes se cacheront encore dans les vapeurs de l'atmosphère, alors que nus et sans verdure, dépouillés par les eaux qui ne reposent jamais, ils n'enverront que des ruines dans leurs vallées, dont l'infertilité progressive aura repoussé la race humaine, ainsi que nous le font prévoir tant de vallées dépeuplées et jadis florissantes. De telles idées, que la vue des lieux commande, donnent un vif attrait à l'étude des montagnes et entourent d'une sorte de vénération ces masses inertes qui, pour le géologue, sont les annales de notre monde.

Frappé du bel aspect des hauteurs de Luz, depuis le cône de Viscos jusqu'à la tête chénue de Mâle qui voit naître les vallons de Lutour et de Cestrède, je projetai de voir de près ce dédale de pics, de crêtes et de berceaux neigés qui occupe leurs derniers gradins. De celte région glacée de longues arêtes descendent et vont menacer de leurs plus basses saillies la tranchée profonde où se succèdent le curieux qui va visiter Gavarnie ou l'Arcadie alpestre de Troumouse et d'Estaubé, le contrebandier chargé de quadrubles espagnols et le pélerin de Héas. Au nord, l'œil suit tous les détails des monts plus rapprochés qui bordent la vallée de Bastan : le Sardey aux épaules rembrunies, la double cime du pic Saint-Augustin et le roc pourfendu de Pene-Taillade, visible de vingt lieues, puis ce chaînon qui, de la butte de Sers, monte rapidement au pic d'Ashlancs et se continue, en s'exhaussant toujours, jusqu'au plan d'Aube et au Pic-du-Midi, dont la tête arrondie annonce de si loin les Pyrénées. Autant l'accès de ce dernier est âpre et dangereux par les versants du nord, où il est déchiré par d'effroyables précipices, autant il est aisé par les pentes que j'avais en face, souvent parcourue par de nombreuses caravanes qui n'achètent que d'un peu de fatigue la plus magnifique vue, peut-être, que puisse offrir la chaîne.

Mais portons nos regards sur le colossal Neouvieille et ses vastes dépendances : quatre contreforts en vue, partis de Bergonz, de Casaou-d'Estibe, d'Ayré et d'Ereslids, concourent pour prêter leurs appuis à ce mont central que couronnent un beau glacier et trois pics vierges encore, presqu'égaux en hauteur. C'est un des points culminants de la crête primitive générale qui en compte peu de supérieurs. Placé sur la grande arète qui sépare l'Adour de la Garonne, ses glaces, partageant leurs eaux entre les vallées d'Aure et de Barèges, alimentent les lacs nombreux de Lienz et d'Escoubous, et ceux qui réfléchissent dans leurs ondes rarement agitées les bois reculés de Couplan. La crête de l'Ayré, prolongée de niveau, avec ses profondes découpures, va se perdre contre la terrasse du lac de Coumoscure, qui jette ses eaux dans le Lienz et la Justé ; mais les contreforts latéraux s'exhaussant toujours, deviennent aux pics d'Escoubous et du Bugaret, dont les débris rougeâtres colorent toutes les pentes en regard, de dignes acolytes de Neouvieille. Leurs rochers orgueilleux, que la foudre a mille fois frappés, ne s'effacent qu'auprès de cette plate-forme jamais dépouillée de glaces qui, pareille au dôme du Goûté sous le Mont-Blanc, étend ses éblouissants tapis jusqu'au pied de la triple cime que nul n'a pu gravir, et certes je n'en étais pas surpris en mesurant les effrayantes parois de leur base commune. Je tiens de Ramond, qui l'a tenté en vain de ce côté, que s'ils sont accessibles ce ne peut être que par le col d'Escoubous et leurs revers orientaux, ce qu'en effet j'ai pu vérifier plus tard.

Dans tout cet espace, jusqu'aux murailles qui soutiennent le glacier, l'œil ne distingue que blocs amoncelés ou saillies en place, déjà attaquées par les causes destructrices. Toutes ces masses sont de ce granit à trois substances, très homogène, qui compose la charpente et le faîte de la plupart des grandes chaînes. C'est l'origine de tous les blocs que l'on voit épars dans le vallon du Bastan. La verdure ne s'y montre guère en aucun temps, et des tapis de neige, ou les taches sombres des petits lacs qui s'y sont formés, interrompent seuls la teinte monotone de l'ensemble. J'en ai compté jusqu'à treize, dont celui de la Glaire est le plus grand ; et sans doute je ne les ai pas tous pu voir dans ce dédale de rochers que dans mes herborisations j'ai souvent exploré.

Si ces sommités glacées où la puissance du Créateur nous frappe davantage, si ces espaces privés de végétation où il a caché ses silencieux laboratoires, plaisent au naturaliste que l'amour de la science y conduit ou à l'homme qui aime à se livrer aux inspirations d'une nature grande et forte, celui que le seul désir de voir y amène, sera peut-être repoussé par l'impression de tristesse que font ces lieux abandonnés. Rien n'est plus mélancolique, en effet, que ces solitudes où tout est ruines, où tout parle de catastrophes, véritables déserts sans mouvement et sans vie, même sous le plus brillant soleil, où l'œil n'aperçoit aucune de ces nuances qui lui plaisent, et où régnerait un silence éternel si les bruits des vents ou des fragments qui croulent, ne venaient souvent le troubler. Dans ces lieux redoutables, l'homme effrayé de sa fragilité sent le besoin de dérober son être aux causes puissantes de destruction dont il voit partout la trace. C'est la même émotion, mais plus profonde, que sur les rivages de l'Océan, où l'on ne voit que les sables, les cieux et l'onde sans repos. Là, ce mouvement éternel que rien ne peut arrêter, agit sur l'âme comme ici l'éternelle immobilité. Serait-ce le sentiment de la grandeur et de la durée qui écrase notre néant et nous humilie devant cette puissance inexplicable dont les effets sont devant nous, ou l'une et l'autre scène réveilleraient-elles aussi l'idée de l'infini, qu'il est si pénible pour l'esprit humain de ne pouvoir ni sentir ni comprendre ?

Saint-Amans, dans d'aimables lettres que lui ont inspiré les Pyrénées, s'étonne que le judicieux Darcel ait pu dire que le granit se trouve à nu sur le pic d'Ayré. J'arrivai, en effet, sur ce pic sans avoir vu que des schistes argileux ou micacés, mêlés de calcaire ou de pétrosilex. En examinant l'étroit observatoire où j'étais perché, à quelques pas de moi je vis la roche changer de couleur ; j'approche et je reconnais le granit ; non une masse isolée comme on en trouve fréquemment dans les systèmes de transition, mais le granit en place descendant de part et d'autre et séparé par une ligne mathématique transversale ; car les deux roches, d'époque et de nature différentes, paraissaient faire corps ensemble. Ainsi le pic d'Ayré, comme ses voisins d'Ereslids de Caubère et d'Espade, mi-parti de granit, fait partie du chaînon central dont Neouvieille et le pic Long sont ici les points les plus élevés, et qui constitue l'axe primitif des Hautes-Pyrénées. Darcet avait donc bien vu, et Saint Amans, qui s'arrêta au pied du pic, aurait vu comme lui s'il y fût monté. Je trouvai curieux qu'une cime aussi aiguë soit mi-partie de schiste et de granit, et que la rencontre des deux systèmes ait lieu justement à sa pointe.

Le temps s'était rapidement écoulé, et le soleil baissait vers les montagnes de Luz. Je me hâtai d'herboriser dans les anfractuosités des roches, où le botaniste doit se défier de son ardeur, et je m'aventurai dans les escarpements qui dominent les rapides pentes de l'ouest, où se plaisent l'apollon, le plus beau des papillons alpestres, plusieurs espèces de digitales et la carline des Pyrénées, faisant briller de loin sur la terre ses larges disques rayonnants d'or ou d'argent. Au plateau des cabanes je rejoignis mes compagnons, et, séduits par ce lait crêmeux et frais, qui est le plus délicieux breuvage pour le coureur altéré, nous fîmes une courte halte avant de nous lancer sur Barèges, par un de ces rapides couloirs tracés par les bois qu'on dévale, et qui, côtoyant parfois le Rioulet, nous rendait la prudence nécessaire pour ne pas rouler dans ses profonds arrachements.

Un autre jour étant remonté seul sur l'Ayré, ascension qui de Barèges exige trois heures, je résolus de gagner Neouvieille par les crêtes si cela était possible, malgré les festons qui la découpent. Parvenu de nouveau au granit et ayant avancé de quelques toises, je vis le schiste reparaître et la nouvelle ligne de séparation descendre dans les escarpements latéraux parallèlement à la première, ce qui dénotait un dike de granit à peu près vertical intercalé dans la formation intermédiaire qui compose les parties visibles de la montagne. Je poursuivais ma route sur l'arête sourcilleuse, lorsque je vis le roc s'évanouir et une coupure de quelques cent pieds s'ouvrir tout à coup sur des profondeurs où mes yeux ne plongeaient pas sans émoi. Un tel obstacle ne me laissait d'autre alternative que de descendre très bas vers la Justé, pour remonter ensuite jusqu'aux terrasses de Neouvieille, qui commandent l'extrémité du vallon, ou de suivre le bas des crêtes en m'y maintenant aussi haut que possible. Sans m'en dissimuler la difficulté ; c'est cette voie que je choisis comme la plus courte. A peu de distance de la cime, je joignis un glacis herbeux qui se termina trop tôt à un escarpement où une fissure me permit de dévaler, et d'où j'avançai facilement en franchissant plusieurs arêtes et les plis intermédiaires. Je m'aperçus alors que les crêtes, en se prolongeant vers Neouvieille, jetaient plus bas leurs flancs inaccessibles, ainsi que les arêtes qui les appuyaient, de manière à repousser dans les fonds les talus uniformes où la voie est toujours praticable, ce qui, en me forçant à descendre moi-même, me fit prévoir plus de difficultés. Le schiste continuait à ressortir de partout, lorsque la roche, devenue jaunâtre, me fit reconnaître une traînée de granit descendant en écharpe du midi au nord, et tranchant avec les couches brun-rouge de l'ensemble. C'était un nouveau dike de cinq à six toises d'épaisseur qu'il était facile de suivre par ses saillies jusqu'à la masse fondamentale d'où il provenait. Le granit commençait à se montrer dans les fonds et se relevait bientôt devant moi en rejetant le schiste aux crêtes supérieures. C'est le dernier revêtement intermédiaire traversé par des émanations du granit demi-fluide. En présence de ces formations de diverse nature dont l'arrangement est frappant d'évidence, il m'était facile d'assister en idée aux grands phénomènes qui ont fait surgir ces montagnes, et dont l'action y est partout écrite. Je voyais la masse énorme de Neouvieille s'exhausser des profondeurs de la terre, en soulever la croûte formée d'agglomérations horizontales, la briser, la surmonter en repoussant ses couches disloquées et redressées, ainsi qu'elles le sont dans l'Ayré, l'Ereslids et le Bugaret, lambeaux encore existants de cette croûte première, et ses émanations pâteuses remplir en même temps les solutions de continuité qui ont dû être nombreuses dans de telles dislocations. C'est sur place et en vue de ce grand livre ouvert que la nouvelle théorie sur la formation des montagnes pourrait être jugée et appréciée s'il en était besoin encore, car on a sous la main les *pièces du procès*, et des témoignages concluants de toutes parts surgissent à l'appui. Assis sur mon dike, je restais absorbé dans ces tableaux que l'imagination me déroulait, et dans mon court repos j'assistais avec émotion à ces prodigieux événements comme s'ils ne venaient que de se passer sous mes yeux.

Retrempé par ces grandes pensées, je me sentis plus de courage pour attaquer les obstacles toujours grandissants qui me séparaient du but auquel je tendais. En effet, les plis se creusaient davantage et les arêtes, devenues plus raides, plongeaient assez bas pour m'interdire toute pensée de les tourner. J'avançai donc avec précaution jusqu'à ce que, ayant atteint le granit, je n'eus plus devant moi que des talus presque verticaux couverts de blocs de mille manières fracturés, où le progrès était très pénible et plus hasardeux encore. C'est sur un tel champ que, tantôt enfoncé dans une gouttière obscure où je me hâtais de peur des éboulis, tantôt grimpant des mains sur quelque abrupte saillie, je me traînais avec la plus grande fatigue. Mais ce qui m'étonna au milieu de toutes ces ruines qui de loin paraissent de la plus absolue aridité, c'est le riche émail de fleurs qui y était répandu. Partout où le sol était à nu, dans tous les interstices où les vents avaient porté de la poussière, quelque plante se montrait dans sa floraison, toutes belles et brillantes comme dans le climat qui leur convient le mieux. Je crois que toute la flore sous-alpine s'y était donné rendez-vous, et je m'émerveillais de ses vives broderies sur le mat du granit.

Le soleil avait marché et commençait à jeter sur cette raillère verticale une chaleur ardente, rehaussée par la réverbération des masses rouges et brûlées du Bugaret, malgré le large vide qui m'en séparait. La pureté de l'air, en trompant sur les distances, produisait des effets singuliers qui tenaient du vertige, génie malfaisant que tout me disait de ne pas réveiller, suspendu que j'étais sur de tels précipices. Les succès précédents, le rapprochement du but, tout me donnait de la confiance, lorsque ma résolution dut s'arrêter tout à coup devant l'impossibilité : une tranchée large, profonde, aux flancs à pic me barrait toute voie. Je regarde à l'entour, en bas, en haut; partout des blocs amoncelés se soutenant l'un l'autre, prêts à crouler si la base manquait, et loin, sur ma tête, les schistes bronzés de la cime fracturés, en surplomb, menaçants. Que de fois, me trouvant auprès des masses granitiques, celles de toutes qui se délitent le plus promptement sous l'action de l'atmosphère malgré leur dureté, n'ai-je pas entendu de ces craquements subits, de ces écroulements sans cause apparente auxquels la pluie, le vent, le moindre accident peut donner lieu. La position critique repoussait donc de longues délibérations : il fallait prendre un parti, et à aucun prix je ne voulais rétrograder. Touchant presque d'ailleurs aux talus herbeux qui supportent les terrasses, je pensais n'avoir plus à faire qu'un nouvel effort, un peu plus haut, la tranchée me paraissant perdre de sa profondeur sur un point abordable. Me voilà donc à ramper d'un bloc à l'autre, et, m'aidant des arbousiers et des camarines qui poussaient çà et là, j'arrivai au point reconnu, dont le premier aspect n'était pas engageant; je parvins cependant au fond, d'où des anfractuosités me permirent de monter à l'opposite.

Je franchis de même, avec une prudente lenteur, d'autres arêtes et d'autres dépressions; mais les fonds du vallon à sa limite s'exhaussaient, tout devenait rapidement moins abrupte, moins dangereux, et, sortant de cette malencontreuse raillère, je me vis enfin sur ces traînées de verdure que depuis longtemps je caressais de l'œil, sur ces pentes dernières que la jeune Justé, à peine échappée du lac supérieur, sillonne en un filet brillant, et qui montent à l'appui des terrasses. Il n'y avait donc plus qu'à gravir, mais j'arrivai en haut exténué, et il ne me resta de force que pour me jeter sur la pelouse, où je fus gisant près d'une heure, immobile, à regarder le ciel.

Personne avant moi, sans doute, ne s'était avisé d'aller chercher Neouvieille par une telle voie, où la fatigue et quelque danger avaient eu cependant d'intéressantes compensations. Je me trouvais sur une plate-forme où la dure Eskie cachait çà et là la masse granitique qui ne s'interrompt plus jusqu'aux pitons du faîte, et que dominaient les derniers avant-corps tout décrépits de la crête schisteuse. Ma première reconnaissance me fit voir à deux pas un beau lac dont les sombres eaux et la surface immobile étaient en parfait contraste avec les teintes claires et les formes hérissées de tout ce qui était en vue : c'est le lac de Coumoscure, à peine séparé de celui de Trassens qui verse ses eaux dans celui de la Glaire, d'où sort le Lienz. J'avais pris du repos, je me hâtai d'aller mêler un reste d'eau-de-vie avec de l'eau froide du lac, et, grâce à une croûte oubliée qui put s'y ramollir, j'y fis un petit repas assez confortable, tant l'absolu nécessaire se compose de peu. Je reconnus en face, au plus haut d'un couloir sous le pic d'Escoubous, une petite brêche par où j'étais passé sur le versant opposé où sont d'autres lacs, et non moins désolé que celui-ci. Ainsi un peu restauré, je me remis à gravir dans cette région de neige et de granit où la masse de Neouvieille n'est qu'une suite de plateaux étagés, tous obstrués de grands débris, excepté là où les dépressions creusées dans le roc en place, en réunissant les eaux, ont formé ce que les guides appellent des lacs, jusqu'à la plus haute terrasse qui soutient le glacier, dominé à son tour par le donjon colossal de cette construction sans module. Ces nappes d'eau, dont les plus élevées ne dégèlent guère, sont multipliées dans ce dédale où tout se ressemble, où les guides eux-mêmes s'égarent quelquefois. Je franchis encore d'autres réservoirs, mais je m'arrêtai au cinquième, dont l'aspect sauvage me plut. Une pelouse unie et fine le bordait avec quelque peu de neige dans la moitié de son contour, en face d'escarpements inégaux où un sureau unique, poussé d'une fissure, penchait sur des eaux immobiles son vert feuillage et ses fruits écarlates, tandis qu'auprès de moi, sur le bord du Couret qui allait tomber en cascade, des groseillers prospérants m'offraient leurs grappes commençant à rougir, et dont les ours seuls, sans doute, auront fait leur profit Ce site tout alpestre avait une grâce sévère qui reposait les yeux des chaos de granit, et dont l'impression était plus intime dans le calme profond de ces froides solitudes.

L'heure avancée et quelques brouillards qui voltigeaient m'interdisaient d'aller plus haut ; je revins donc sur mes pas pour effectuer ma retraite par le Lienz ; d'ailleurs, la faim me pressait de gagner quelque couïla. Descendant lestement les terrasses successives que je venais de franchir, j'eus bientôt derrière moi le plus bas des lacs, et par une scabreuse suite de lacets, sur ce premier ressaut où le Lienz brille de loin en longues traînées, je plongeai sur une de ces misérables habitations qui suffisent au pâtre, le couïla de Tourtet, mais où je trouvai ce qui m'était le plus utile : le repos et du lait frais. Un sol en pente douce et des glacis herbeux développés depuis les bases des pics d'Escoubous et d'Ereslids jusques sous les crêtes de l'Ayré, que la verdure poursuit, donnent au vallon de Lienz cet aspect pastoral, ces larges teintes uniformes où l'œil se plaît à s'étendre lorsque du plateau du bois il suit ses verdoyantes enceintes avant de s'élever aux longues cascades de Neouvieille, à ses tapis brillants.

Quelques nuages planaient dès midi sur les plus hauts pitons ; se multipliant peu à peu, ils m'avaient presqu'atteint au dernier lac, et pendant ma halte au couïla, je les voyais filer en s'abaissant le long des hauteurs. J'avais à peine dépassé le point où le Lienz, perdu plus haut, vient reparaître au jour, que je fus enveloppé de vapeurs si épaisses qu'à peine y voyais-je à dix pas. Pareille aventure arrive souvent dans les montagnes, où les changements de temps comme de température sont si fréquents. Par un temps serein, on voit de longues traînées de nuages se former comme par enchantement le long des flancs des montagnes, et bientôt se confondre d'un bord à l'autre pour ne faire qu'une masse compacte. Avec la même promptitude on voit la voûte générale se séparer et se dissiper sans le moindre vent, par les seuls effets de changements dans l'atmosphère qui permettent à l'air de précipiter ou de dissoudre ces humides atômes. C'est alors un curieux spectacle de voir tous ces vastes flocons s'agiter et se mouvoir sans cause sensible, s'ouvrir, se refermer dans leurs roulements intestins et dans de magiques tableaux aussitôt effacés qu'aperçus, laisser voir au loin quelque sombre piton ou la cabane du pasteur, quelque cime où le soleil repose, ou le torrent qui luit sur un plan éloigné. Conduit par le Lienz qui glissait presque sans bruit sur ces talus si doux, j'allais toujours avec sécurité jusqu'à ce que, ayant vu l'espace aplani s'étendre vers la gauche, je reconnus le plateau du bois. Mais ici, privé de tout guide, j'errais à l'aventure et ne parvins à découvrir le petit sentier qui descend sur Barèges que lorsque, percé et transi par le brouillard déjà condensé en une froide pluie, je dus me lancer à la course sur ses rampes glissantes, pour jouir plus tôt du toit protecteur et des secours du foyer.

CHAPITRE IV.

Vallon et lacs d'Escoubous. — Col d'Aure sous Neouvieille. — Lac Debert et ses bois. — Le vieil André.

On est surpris de voir la ligne qu'ont suivie jusqu'ici dans les bassins des gaves les centres de l'évulsion granitique, subir après Cambielle et Neouvieille une forte déviation vers le sud, en laissant à l'ouest, dans les masses de Troumouse, les avant-corps brusquement exhaussés du faîte secondaire qui, dans les Hautes-Pyrénées, est devenu la crête principale. Cette ligne, quelque temps humiliée au travers des derniers rameaux de la vallée d'Aure, gagne la haute chaîne de Clarbide, pour atteindre bientôt son maximum d'élévation aux sources de la Garonne. Il en résulte que le faîte granitique, qui depuis la vallée d'Ossau s'est uniformément avancé vers l'est, cesse tout à coup à Neouvieille devant la vaste dépression de la vallée de la Neste, comme si la force qui a expulsé le granit y avait trouvé un obstacle suffisant pour le rejeter de côté Continuons à explorer les dépendances de cette importante montagne, dont l'aspect est si majestueux des fonds d'Aure lorsqu'un ciel épuré laisse voir toute la fierté de ses pitons et que, sous un soleil peu éloigné du zénith, elle vient les couvrir de son ombre.

A mi-chemin du Tourmalet, s'ouvre au midi un large vallon de pelouses relevées en berceau jusqu'aux escarpements d'Ereslids et de Caubère, fermé par un ressaut que sillonne une suite de cascades, comme si elles tombaient du ciel qu'il semble supporter.

C'est le val d'Escoubous, autre avenue de Neouvieille, où sont d'autres lacs dans une région non moins âpre et désolée que celle de Lienz, mais où les lieux ont plus de variété, les sites plus de grandeur. Les flancs déchirés des montagnes latérales mi-parties, comme le pic d'Ayré, de formations primitives et de transition, les premières occupant toutes leurs faces méridionales, et celles-ci régnant seules sur le versant du nord et distinctes par des teintes plus sombres, recèlent en grand nombre des minéraux et des substances cristallisées. Là où elles s'élèvent en murailles gigantesques, où sont visibles leurs couches presqu'à pic redressées et s'appuyant sur l'axe granitique, on peut sans peine étudier leur composition dans la *table de leurs matières*, les débris répandus à leurs pieds. Celle d'Ereslids fut longtemps citée pour le grand nombre de ses minéraux ; mais depuis la mort de l'*homme de la piquette* (Pontis), ses richesses semblent taries. J'ai vu ce hardi montagnard dans les positions les plus dangereuses, même suspendu à l'aide de cordes et de crampons sur des profondeurs effrayantes, sonder tranquillement de son marteau les crevasses et les géodes d'où il tirait les beaux cristaux de quartz et d'axinite qu'il vendait aux curieux. Les plantes sous-alpines abondent aussi dans leurs arrachements de loin crus arides, comme sur les réduits gazonnés que quelque saillie supporte, et qu'il est souvent imprudent de s'obstiner à atteindre ; mais on peut en faire une ample moisson avec moins de péril, dans les fouillis d'arbustes qui obstruent les bords des cascades d'Escoubous. Il n'est pas autour de Barèges de site où les plantes rares et belles soient plus nombreuses.

Le marcheur et le naturaliste préfèrent aller au lac par le Lienz, en tournant les flancs du pic d'Ereslids, voie facile qui, dominant toujours les fonds, offre en effet plus de vue et plus de sujets d'observations. La première halte fut à ce charmant plateau, dont la vue est toujours un épisode aimable, au point où les cimes éblouissantes de Neouvieille ne se montrent un instant que pour disparaître derrière le pic d'Escoubous. Nous passons le torrent sur un de ces ponts rustiques dont le montagnard industrieux trouve les matériaux sous sa main. Habile à construire les murs en pierre sèche dont il est obligé de faire un si fréquent usage, des fragments superposés en forment les culées et une ou deux larges plaques de schiste ou de granit suffisent pour la voûte. Il est vrai que cette simple construction ne résiste guère à la fougue des torrents gonflés, mais le pasteur ne s'en inquiète pas : dans une matinée il a rétabli l'édifice. Il faut ensuite gravir cette large croupe arrondie formée des éboulements de l'Ereslids, dont elle est devenue le robuste contrefort, où le gazon, sans cesse fauché par la dent des bestiaux, devient si fin et si ras, qu'une fois desséché il n'est pas de pentes plus glissantes. Sur le plateau qui le termine, où des groupes de vaches sont errants çà et là, tandis que les moutons paissent autour des pics, de longues traces unies reposent de la montée, et des cabanes sont là pour offrir, avec leurs caches souterraines jamais vides, une halte confortable. Le sentier du lac, relevé autour de la base du pic, se prolonge de niveau à son revers, où il est suffisamment tracé sur des pentes escarpées, sur les rochers et même dans les ravins qui sillonnent les flancs verticaux de la montagne. Les fonds que l'on domine comme d'une corniche, ainsi que la large base de Caubère, n'offrent que la teinte uniforme des pâtis, jusqu'aux rocs aiguisés qui en forment le sommet. Devant nous, le trop plein du lac se déversait en longues cascades, et le vallon désolé d'Aiguecluse montrait ses débris entassés et ses masses décrépites jusqu'au désert où, par-delà les raillères, croissent de bons pacages, et que bornent les hauteurs émoussées du Port-Vieux et du port de Madamette les plus tristes des routes qui conduisent en Aure. Le gave brillant çà et là et quelques restes de sapins sur des étages tout ruines, y interrompent seuls le gris terne du granit, triste tableau d'une force de destruction que rien n'arrête. J'y reconnus, au milieu de celles-ci, un laquet où peu de jours avant, pendant que je cueillais des aconits qui lui faisaient une riche bordure, une ondée étant survenue, je me réfugiai dans une de ces cavités nombreuses parmi les blocs écroulés. Je me félicitais de cet heureux abri, lorsque certaine odeur et une traînée d'os rongés et de laine toute fraîche, m'y firent reconnaître une tanière actuellement fréquentée. Ce devait être un garde-manger d'ours, car les loups s'éloignent peu des bois. Médiocrement ravi de cette découverte, je repris à l'instant mon chemin malgré la pluie, si peu désireux j'étais de me trouver en visite chez le maître du logis, qu'à chaque instant je pouvais voir survenir avec sa provision de la journée.

Au pied des murailles singulièrement bariolées du haut en bas de lignes grises, noires et rougeâtres, parallèles, presque verticales et alternant régulièrement, je cueillis quelques jolies plantes : ce filago, dont les pétales sont recouverts d'un blanc velours ; des fritillaires aux cloches marquetées, des iris, des asters, des silénés et un beau lis martagon que j'eus peine à atteindre comme il se balançait au bord d'un précipice tout fleuri de saxifrages. Ces lieux me rappellent une imprudence de botaniste qui eût pu me devenir fatale.

Étant parti seul pour aller herboriser aux cascades d'Escoubous, je rencontrai Ramond qui, le marteau à la main, explorait les ravins de la Piquette. Vis-à-vis d'un des plus considérables, il me l'indiqua comme ayant de belles plantes; sur cela, je me mis à gravir avec ardeur pendant que lui, continuant ses recherches, fut bientôt hors de vue. En effet, ces rochers m'offrirent dès l'abord des plantes rares et deux lazer que je ne connaissais pas. Le ravin était devenu plus étroit et plus raide ; je n'en tins compte, parce que je voyais plus haut de belles touffes en fleurs. Je parvins à m'en emparer, c'étaient deux des plus jolis sous-arbustes des montagnes : l'ononis à feuilles rondes et le chèvrefeuille des Pyrénées. Ravi de mes découvertes, je n'aspire qu'à en faire de nouvelles; et tout danger disparaissant à mes yeux, je me trouve bientôt dans un couloir redressé comme une cheminée, où le roc, usé par les eaux, avait à peine quelques aspérités ; mais au-dessus de ma tête, les murs couronnés de verdure m'annonçaient quelque terrasse herbeuse. Quel attrait pour un botaniste qu'un tel réduit alpestre! Je redouble d'efforts, mais ils sont inutiles sur une roche devenue à pic et polie, où le pied ni le fer du bâton ne peuvent plus trouver prise. Y jetant alors un regard de regret, pour la première fois j'éprouvai une impression de crainte à la vue de surplombs sous lesquels j'étais comme collé. Ce fut bien pis lorsque je mesurai de l'œil la hauteur que j'avais atteinte, c'est-à-dire le précipice de cent toises et plus où j'étais suspendu. Je ne pouvais plus me confier aux aspérités qui m'avaient suffi pour gravir, où la moindre glissade pouvait m'être funeste. Toute retraite m'était donc interdite, et, dans ma position critique je commençais à faire de tristes réflexions, lorsqu'il me sembla que le rocher de gauche, quoique vertical, offrait par ses fractures quelque possibilité de le tourner. Il fallait être dans une situation désespérée pour oser affronter une telle voie. Je rassurai donc ma tête, et, rappelant tout mon sang-froid, je tentai l'entreprise avec lenteur et une extrême prudence, obligé que j'étais d'essayer chaque saillie d'un schiste décomposé avant d'y confier ou mes pieds ou mes mains, et embarrassé par ma boîte de ferblanc et mon bâton fidèle que je ne voulais pas abandonner. Debout contre le rocher, calculant mes moindres mouvements, chaque pas était un sujet de réflexions et mes progrès bien lents, quelque impatient que je fusse de juger si le revers opposé m'offrirait quelque voie de salut. Mes efforts réussirent enfin, mais après beaucoup de temps et d'angoisses auxquelles ma joie fut proportionnée, lorsque, ayant doublé le rocher, je découvris au revers des pentes et des escarpements tout juste praticables. Descendu au sentier, j'y reposai avec bonheur ma tête, plus fatiguée que mes jambes, et *jurant, mais un peu tard, qu'on ne m'y prendrait plus.*

Une autre fois, j'y fus témoin de la promptitude avec laquelle les nuages se dissolvent. Quoique les brouillards remplissent la vallée, j'étais parti dans l'espoir que les hauteurs en seraient dégagées; en effet, à l'approche du lac je les dépassai et trouvai un beau soleil. Se succédant l'un à l'autre, de gros flocons de vapeurs entraient rapidement dans le vallon d'Escoubous; mais, parvenus au point où les murailles de Caubère et celles d'Ereslids se renvoient réciproquement la chaleur, comme arrêtés par un obstacle invisible, ils tournaient sur eux-mêmes, prenaient une direction verticale, et, divisés peu à peu, échappaient aux regards. En quelques secondes, la dissolution était complète.

Arrivés de plein pied sur la terrasse du lac, tandis qu'une autre caravane gravissait lentement sa digne, nous fûmes longtemps à trouver, parmi les fragments qui le bordent, le coulla ou plutôt le cacou, le plus simple des gîtes du pasteur, sous un grand bloc aplati, et les vases pleins de lait qui, sur la foi publique, étaient plongés dans l'onde toujours fraîche. Son bassin presque rond est creusé dans le granit qu'on commence à y voir en place. Il a cette teinte noire légèrement verdâtre, indice d'une pureté et d'une homogénéité parfaite, particulière aux eaux des montagnes, qui, dans leurs réservoirs profonds, peuvent déposer leurs moindres souillures. Son aspect est triste : à peine voit-on sur ses bords quelques lambeaux de verdure, où se trouve abondante une variété alpine de l'anserine Bon-Henri, excellente plante potagère que connaît le montagnard. Partout ailleurs le sol a disparu sous d'informes raillères qui couvrent les pentes du pic d'Escoubous, et dont le rhododendron et l'arbousier se sont emparés aux approches du lac. Neouvieille, drapé de vastes neiges et toujours gigantesque, est la brillante couronne de toutes ces ruines et des squelettes qui les cernent. A son pied se voit le col d'Aure très élevé d'où une longue arête me parut monter jusqu'à la cime. Je formai aussitôt le projet de m'y rendre pour reconnaître si, comme le croyait Ramond, son ascension est possible de ce côté.

Tous ces pitons aigus attirent fréquemment la foudre. Il m'est arrivé quelquefois, lorsque l'orage me surprenait et que je me réfugiais en toute hâte dans une cabane ou sous quelque rocher protecteur, d'entendre le fracas des pierres précipitées se mêler au bruit du tonnerre redoublé par mille échos. Les orages sont terribles dans ces hautes régions. Il semble qu'au milieu de ces vieux géants de la terre la nature ait conservé son antique énergie; les phénomènes météoriques y ont un caractère remarquable de violence qui, dans leur solitude, remplit l'âme d'une terreur religieuse.

Les lacs supérieurs plus petits que le premier, sont le *Loquet*, le lac de *Trassens*, où sur une petite île croissent quelques arbustes, et le *Lac-Noir*, presque toujours environné de neige. Plus de tristesse encore règne autour de ces nappes d'eau sans verdure. Le rhododendron et l'arbousier ne s'élèvent pas même jusqu'à ce dernier lac. Les seules plantes que j'y aie remarquées sont une petite camarine portant des baies noires insipides, et près du couret quelques lis relégués dans cet affreux site, comme ces exilés du Nord qui, du milieu d'une cour brillante, vont languir dans des climats sauvages; charmantes fleurs passant inaperçues, comme de jeunes beautés vouées à l'abandon, à la solitude.

Laissant la caravane au lac de Trassens, je m'acheminai seul vers le col d'Aure par la ligne la plus courte, à l'est d'une large combe creusée sous Neouvieille. J'allai très vite; depuis le lac Noir je ne mis qu'une heure pour atteindre le col, toujours sur des fragments aigus où la marche est des plus fatigantes. Sur ces pentes se voient encore quelques pins rouges, qui résistent mieux que le sapin à la température refroidie des hautes montagnes. Cet arbre, peu commun dans les Pyrénées, parvient à une grande hauteur en Russie, où il fournit de bonnes mâtures. Je vis sur la neige plusieurs de ces singulières taches d'un rouge-orangé qui ne pénètrent que peu sous sa surface. On ne croit plus que cette couleur soit due à la poussière de certaines étamines transportées par les vents, depuis les expériences de Bauer, qui ont fait voir que la neige était ainsi colorée par des uredos qui y végèlent. Auprès du col les pierres s'écartent, et la flore alpine, charme du botaniste, s'y révèle sur un gazon serré qu'émaillent ses vives couleurs. Parmi les soldanelles, les euphraises et les véroniques naines, la primevère-joubarbe y faisait briller ses corolles d'or, que la dessication nuance d'un beau vert.

L'aspect inattendu d'une longue perspective et d'une région aussi boisée que celle que je quittais était nue, m'y attendait pour me faire oublier la fatigue. Sous un rapide talus j'aperçus deux nappes d'eau séparées par un isthme de verdure : c'est le lac Dobert, nommé aussi lac de Carrère. Sa surface où se réfléchissaient les clartés du ciel, contrastait avec le cadre sombre des bois qui, de ses rives, descendent dans le val de Couplan, dépendance de la vallée d'Aure ; et au loin, sur les premières rampes d'un vaste amphithéâtre, l'air diaphane des hauteurs laissait voir des tableaux variés au-dessous de ces cimes moyennes, où la neige résiste rarement aux chaleurs de l'été, surmontées à leur tour par les masses éloignées de la Pez et de Clarbide, respendissantes de glaciers.

Assis sur un quartier de roche éboulé de Neouvieille, je respirais avec délices, en présence de ces belles perspectives, cet air vif des montagnes qui restaure si vite dès que le mouvement a cessé. Sur l'azur foncé du ciel n'était qu'un cordon de ces nuages légers, dont la région habituelle est supérieure aux cimes même des Andes, et le soleil, qui avait à peine passé le milieu de sa course, donnait à toutes les teintes une rare vigueur de ton. La vallée d'Aure, dont l'éventail supérieur était en partie sous mes yeux, avec ses faîtes tout à coup reculés comme pour isoler les deux plus importants groupes de la chaîne, une des plus belles et des plus peuplées des Pyrénées, est aussi une des plus industrieuses. On y voit plusieurs manufactures d'étoffes à l'usage des montagnards ; et sa robuste jeunesse est bien connue dans les provinces voisines, comme au-delà des monts, où elle va chaque année exécuter tous les travaux que dédaignent ses indolents voisins. Ses nombreuses ramifications remontent à la crête, où elle n'a cependant que deux ports fréquentés vers Bielsa ; et au bas de celui de Plan, le plus éloigné des habitations, l'hospice de Rioumajou offre un précieux refuge au passant.

Le cône immense de la montagne s'élevait à ma droite, et l'arête du col, prolongée en une crête saillante, montait au long de la neige toujours plus redressée ; cependant, en supposant les circonstances favorables, je la jugeais accessible. Quoiqu'il en soit, l'ascension présente plus de chances de succès de ce côté que de tout autre, où elle est évidemment impossible par le redressement des faces jusqu'à la verticale. Deux arêtes latérales jusqu'aux rochers supérieurs renferment ce grand manteau de neige qui d'un talus très vif se précipite jusqu'aux bois du lac Dobert. Nulle tache n'en souillait la pureté, seulement de longues traces qu'y avaient récemment empreint les sauvages habitants de ces solitudes le croisaient en sens divers. Absorbé par l'attention que j'y donnais, comme si des yeux je m'étais tracé la voie vers cette cime altière, je ne tenais pas compte du temps qui marchait, et en les reportant au plus haut, je fus frappé de son nouvel aspect. Les rayons du soleil, réfléchis par les neiges, en faisaient sortir comme des jets de feu, et cette coupole éthérée projettant sur un ciel d'azur, au milieu d'une auréole, ses éblouissantes draperies, formait au haut des airs un sublime tableau, comme à la cime de la Montagne-Sainte, dont Milton a dit :

.... As from a flaming mount whose top
Brightness has made invisible....... ...

Cette expression, que j'emploie parce qu'elle seule répond à l'effet que fit sur moi cette vision, est un de ces grands mots, de ces paroles magiques qu'il est difficile de traduire en une idée exacte, et qui se perdent dans le vague comme la lumière dans l'espace. Le sublime a des sources si diverses ! Il se sent et ne se définit pas. Mais quelle qu'en soit la cause, son privilége est de faire éprouver au spectateur une impression subite de plaisir et d'admiration, même de terreur, qui élève l'âme ou la remue fortement. Le sentiment du sublime, né de la contemplation des astres, de leurs grandeurs et de l'étendue physique se révélant dans la profondeur des cieux, se confond et se perd dans le sentiment de l'infini, qui appartient à un autre ordre d'idées, à ce monde intellectuel qui échappe à tous nos efforts. Mais qu'il résulte des phénomènes de la nature ou des effets des affections morales ; soit que les premiers se passent sous nos yeux, ou que les beaux-arts, guidés par le génie, nous les retracent ou les imitent, il doit allier au suprême degré la grandeur et la simplicité. Qui ne s'est plu à contempler la voûte céleste par une belle nuit, ces millions de mondes brillants qui roulent en silence sur nos têtes depuis le commencement des temps? En présence de l'infini dans l'espace, mot inconcevable qui égare la pensée, qui a pu ne pas éprouver un profond sentiment d'admiration, presque de terreur, en voyant l'homme si petit et sa fragilité, au milieu de l'univers en mouvement et sans bornes? La vue d'une éruption de volcan, d'un grand incendie pendant la nuit, ou de deux fortes armées qui déploient à la fois tous leurs moyens de destruction ; l'aspect de la plaine azurée qui n'a d'autres limites que le ciel, soit que le calme règne sur sa vaste étendue, soit que les vagues mugissantes attaquent avec fureur ses rivages, ou de l'Océan aérien lorsque des couches vaporeuses et demi-diaphanes viennent à envelopper les pics, ne produisent-ils pas sur le spectateur ému une impression profonde avec je ne sais quoi de solennel qui agit vivement sur l'âme contemplative? Cette impression tiendrait-elle au pressentiment de l'ordre et des lois qui le maintiennent, ou plutôt au contraste qu'offrent les limites étroites de notre être avec cet image de l'infini qui se révèle partout à l'homme, quelle que soit la zone qu'il habite, quel que soit son degré d'intelligence, toutes les fois que, livré à lui-même, il se trouve en présence de ces grandes scènes répandues dans les espaces comme à la surface de notre terre?

La nature, dans son inépuisable variété, offre des tableaux sublimes au voyageur qui, mu par un désir insatiable de connaître, apanage de l'homme civilisé, s'enfonce, oublieux du péril, dans les déserts de la zone torride, dans le dédale des grandes chaînes ou au milieu des glaces du pôle. Ses fatigues extrêmes, ses dangers renaissants, il les compte pour peu auprès des scènes qui l'émeuvent ou des événements qui l'intéressent. Tels sont les sentiments qui font regretter au marin et au soldat retirés dans le calme de la vie commune, à l'un le sublime effrayant des tempêtes au milieu des mers courroucées, et à l'autre le sublime terrible du choc de deux armées, quoiqu'ils y aient vu la mort sous mille formes hideuses.

Le besoin d'émotions est peut-être pour l'homme le plus vif de tous, celui qu'il recherche avec le plus d'empressement, et les beaux-arts se sont toujours efforcés de réunir les conditions difficiles du sublime ; mais les seules inspirations du génie ont su y parvenir. Les ouvrages des grands maîtres en fournissent des exemples : ce rayon de la lune, dans un tableau de Girodet, qui du haut de la voûte étoilée descend et va se jouer sur les lèvres du berger qu'aime la reine des nuits, endormi dans une forêt ; Vénus sortant du bain et pressant dans ses mains sa longue chevelure d'où découle l'humidité, pour une fontaine de Florence qui n'avait qu'un filet d'eau, sont du sublime gracieux. En voici d'un autre ordre : dans le sac d'une ville par Aristide, peintre d'Athènes, un petit enfant se traînant sur sa mère, cherche le sein où, d'une blessure, coule du sang ; expirante, elle le repousse !.... Dans le tableau de Médée parricide, la mère égarée lève le poignard sur ses enfants, qui lui tendent leurs petits bras et sourient ! ... Dans celui où le célèbre Poussin a représenté les Hébreux sauvés des horreurs de la famine par la manne céleste, une jeune femme, exténuée de besoin, arrache sa mamelle à son fils pour la donner à sa mère mourante ; elle pleure !... Dans la résurrection du Lazare de Rembrand, Jésus prie à genoux et deux bras s'élèvent du fond de la tombe !..... Quelles sombres et terribles inspirations ! Phidias, électrisé par ce vers d'Homère qui peint Jupiter faisant trembler l'Olympe au mouvement de ses sourcils, conçoit le maître des dieux, et sous ses mains créatrices le marbre devient sublime. L'expression indéfinissable de ces sentiments, qui paraissent au-dessus de l'humanité, ont de l'empire même sur l'animal féroce. Qui ne connaît le trait de ce lion de Florence qui, échappé, répandait partout l'effroi? A son apparition une mère épouvantée, en fuyant, laisse tomber son fils : le lion s'en empare et va l'emporter; mais la mère, comme l'éclair, se précipite à genoux, tendant les bras au monstre, qui, surpris, la regarde, pose doucement l'enfant et s'éloigne.

Le lac Dobert et ses romantiques rives me tentaient : après un coup d'œil sur le soleil encore haut, je me décide, et, glissant rapidement sur la neige, je fus bientôt au bas de la longue pente. Quel changement dans mon horizon! Au lieu de perspectives lointaines, mes yeux, de toutes parts bornés, ne s'arrêtaient que sur des rochers, des neiges montant au ciel ou des bois. Au bord du lac, une jolie fleur, rare autour de Barèges, l'erytrone, ornait la pelouse de ses lanières purpurines; je la cueillis dans ce désert comme une connaissance amie. Ces bois sont aussi de pins rouges : l'airelle, indice sûr des terrains siliceux, à bon droit ici nommée raisin d'ours, y croît partout, et de vieux troncs desséchés, de tristes rameaux s'y penchent sur des eaux immobiles qui retracent purement de sévères paysages.

Je furetai le long de ses rives sinueuses sans obstacle, tant que durent les pins; mais au pied des neiges, d'abruptes rochers plongeant jusques dans l'eau, m'interdirent d'en compléter le tour. On assure que le torrent de Couplan, qui descend du lac Dobert et d'autres lacs inférieurs, est abondant en truites, tandis qu'on n'en trouve pas au-dessus de sa jonction à la Neste, à Aragnouet. Quelque cause les ferait alors se plaire dans ces lacs, qu'environnent des forêts. Dans les Pyrénées je n'ai vu nulle part le mélèze, qui dans les Alpes accompagne fréquemment le sapin, et les ifs y sont rares. Tous ces enfants du Nord, qui ne croissent spontanément sous nos latitudes que dans une zone comprise entre 700 et 1200 toises d'élévation, bordent la mer d'Europe au 60e degré, où ils couvrent d'immenses plaines.

De toutes parts sont des arbres au noir et dur feuillage; sur le sol des plantes destinées à supporter les longs hivers, et plus haut des neiges et des rocs dépouillés; l'air qu'on respire est froid, toutes les eaux sont glacées, et nul oiseau, nul arbuste au vert tendre, ne viennent égayer le tableau. Il serait aisé de se croire dans une solitude de la Finlande ou de la Sibérie; dans ces régions hyperborées, que la nature a traitées en marâtre, en leur refusant les douceurs du soleil, et en resserrant dans des limites si étroites l'empire végétal qui a tant d'éclat et de charme dans celles du midi. Les produits de la végétation, en effet, diminuent en nombre et en beauté à mesure qu'on s'élève dans l'atmosphère ou qu'on s'approche des contrées du pôle, et ils disparaissent tout à fait vers le 75e degré de latitude au niveau de la mer, et sous l'équateur à 2,500 toises d'élévation, deux points qui appartiennent à la surface inférieure de la neige perpétuelle.

Les forêts du Nord ne renferment que des arbres résineux dont la forte contexture les fait résister aux plus grands froids, mais dont le sombre et monotone aspect attriste plutôt qu'il n'embellit la terre. On y voit à peine quelques fleurs pendant un petit nombre de jours. Les mousses, les champignons et tous les végétaux microscopiques, où le botaniste n'a pu reconnaître encore le mécanisme secret qui perpétue la vie, dont les noces cachées (cryptogames), pour parler sa langue, sont encore un mystère, seuls y deviennent plus nombreux, plus brillants que dans les pays chauds. Les rochers de la Finlande, où ils abondent, paraissent de loin ornés de toutes les couleurs. L'habitant des régions méridionales, au contraire, favori de la nature, voit dans les vastes plaines qu'arrosent l'Amazone, le Gange et le Niger, au pied des Andes, de l'Himalaya, ou des montagnes jusqu'à nos jours presque fabuleuses de la Lune, des milliers de plantes et d'arbres couverts de fleurs, décorer en tout temps ses déserts et y étaler un luxe de végétation nulle autre part connu. Sur les divers étages de ses monts gigantesques, qui semblent en rapport avec la force de rotation de la zone qui les porte, il peut jouir sans quitter le sol natal des richesses végétales de tous les climats, et dans ces belles nuits qui sont le charme des tropiques, la voûte du ciel, déployée d'un pôle à l'autre, ne lui cachant aucun de ses mondes lumineux, lui laisse voir ces régions australes si pittoresques où, près du brillant Argo et de la Croix-du-Sud, se meuvent presque seuls, autour du point polaire, les deux nuages magellaniques, vapeurs où sont des mondes inconnus, poussière de soleils perdus dans l'infini. Mais n'envions pas à l'Indien, à l'Africain, ses jouissances naturelles et la riche parure de ses fleuves et de ses forêts; chaque climat a été pourvu de beautés qui lui sont propres, et partout la nature a su établir de précieuses compensations. Dans les régions polaires comme sur les hautes montagnes se plaisent plus que dans le midi, les plantes qui aiment à vivre en société en excluant les autres, telles que le fraisier, la bruyère, l'airelle, le pin, le sapin et le sphaigne, mousse épaisse qui couvrait autrefois et rendait stériles les plaines de la Gaule et de la Germanie. Dans les forêts vierges de la zone torride, la végétation est plus belle, plus variée, mais dispersée, tandis que dans les steppes du Nord, où règnent les bruyères presque seules, tout a de la grandeur dans son uniformité. On peut même le voir à nos portes, en Italie, en Espagne, où les espèces de graminées et d'arbres sont plus nombreuses qu'en Allemagne et en France, qui cependant ont de plus grandes étendues de verdure et de plus grandes forêts. Ainsi, notre part est assez belle : n'avons-nous pas l'aspect riant des prairies, le réveil périodique de la nature aux premiers souffles du printemps et le chant mélodieux des oiseaux? L'aspect pastoral de nos montagnes a-t-il moins de charmes que les magnifiques paysages du lac de Valentia? Sous les brumes même du Nord, au milieu de ses bruyères désertes, l'homme isolé qui aime à suivre la marche d'une civilisation toujours croissante, ne peut-il pas s'approprier ce que le voyageur a découvert dans les régions lointaines, ce que le peintre a retracé dans son art imitateur, d'une nature exotique plus pompeuse et trouver ainsi la source de mille plaisirs inconnus au vulgaire dans l'imagination, cette faculté indéfinie de l'âme, sans laquelle rien n'est parfait si elle n'y prête son charme, et qui fait contribuer à nos plaisirs tous les points de l'univers.

Je venais d'éprouver l'influence de la volage et fantastique déité qui, des rives solitaires du lac Dobert, m'avait transporté dans les forêts polaires et sur les Llanos, ces steppes du

Midi où le soleil épuise ses feux. Celui qui naguères brillait sur ma tête, descendu vers l'occident, allongeait l'ombre immense de Neouvieille sur les bois et les montagnes d'Aure ; et le froid, que les amas de neige rendent presque constant dans ces fonds, était singulièrement augmenté depuis une heure. Les nombreuses traces empreintes à la lisière des bois, me rappelèrent aussi que, suivant les pasteurs, les ours abondaient dans ce canton ; et quelque débonnaires qu'ils les représentent lorsqu'on leur cède la voie, l'apparition de quelqu'un de ces terribles voisins, à l'heure où, après avoir dormi tout le jour, ils se mettent en campagne, ne m'eût été nullement agréable. Il était temps de quitter cet entonnoir glacial et de reprendre le chemin de Barèges, dont quatre heures de marche me séparaient. J'approchais du col, lorsque l'ombre d'un aigle traversa la neige que je gravissais à pas lents. Je le perdis dans les rochers de Neouvieille, où sans doute il avait bâti son aire inaccessible. J'étais monté si vite, qu'un instant de repos me fut utile sur la même roche où j'avais fait une longue station. Toutes les décorations étaient changées : Neouvieille avait perdu sa brillante auréole, et ses hautes neiges, maintenant bleuâtres, semblaient se confondre avec l'azur, tandis que, sur les vues lointaines d'Aure, des ombres multipliées faisaient mieux ressortir leurs plans divers et donnaient tout son relief à un magnifique ensemble. Les crêtes même d'Aiguecluse, à mon niveau, vouées à la destruction, avaient un aspect plus hérissé que lorsque le soleil de midi y répandait partout son éclat. Ce ne fut pas sans plaisir que je planai des yeux une fois encore sur le lac Dobert, sur son cadre si caché, si mélancolique, où je venais de passer deux heures délicieuses, dont je crois voir toujours les sites muets, sauvages, et je me lançai de nouveau sur les raillères d'Escoubous.

Sur les montagnes, les premières impressions de la fraîcheur du soir raniment singulièrement les forces, et même souvent rendent plus dispos que le matin ; avant d'acquérir toute leur souplesse, les muscles ont besoin d'un certain exercice. Je descendis très rapidement jusqu'aux lacs ; sur ces talus couverts de fragments à vive arête, la marche se change en sauts continuels. Cette allure, où le pied lancé avec justesse occupe sans cesse la place que l'œil vient de choisir, est peu fatigante, mais exige de l'habitude, de l'agilité et un coup d'œil prompt et sûr. Toutes les facultés sont en action à la fois, parce que la moindre distraction y serait dangereuse. J'y trouvai deux jeunes pâtres qui pêchaient aux truites avec de petits filets en demi-cercle qu'ils promenaient lestement d'une pierre à l'autre. Comment ce poisson délicat peut-il se trouver dans presque tous les lacs des montagnes, toujours situés dans de hautes stations? La truite est certainement douée d'une force assez considérable pour vaincre tous les courants, même les chutes médiocres; mais peut-elle remonter de longues cascades comme celles d'Escoubous, où des chutes partielles ont plusieurs toises de tombée? Je ne le puis croire : leurs nageoires ne sont pas des ailes. Y auraient-elles donc été créées ou seulement soulevées avec les eaux où elles vivaient lors de la formation des montagnes? Supposition inadmissible avec les bouleversements et la haute température qui ont dû accompagner de tels événements.

Quelle que soit l'excessive difficulté de la descente le long des cascades, où des arbrisseaux entre-croisés, des saillies en surplomb et les jaillissements des chutes multipliées dont on ne peut s'écarter, offrent des obstacles toujours renaissants sur des plans redressés qui ne sont accessibles que grâce à leurs aspérités ou aux branches dont on s'aide, le botaniste ne peut passer auprès de ce site écarté sans payer son tribut d'hommages au plus aimable des trois règnes, qui s'est plu à y accumuler ses richesses. Sur tous les ressauts où un peu d'humus s'est arrêté, des arbustes vigoureux, sous des vapeurs humides, entrelacent leurs rameaux au-dessus de plantes qui, élevées dans leur port, ombragent à leur tour leurs sœurs plus humbles et plus jolies, qu'il faut chercher dans le gazon. Ces oppositions de formes et de couleurs produisent d'agréables harmonies : là, le sureau des montagnes et plusieurs espèces de groseillers et d'alisiers croissent au milieu des lis, des gentianes, des camomilles, des bartsies aux fleurs violettes, des saxifrages qui aiment les rochers comme les bords humides, du muguet qui y est en profusion, et d'une multitude d'autres qui charment les yeux et embaument l'air. Enfin en bas, où toute fatigue cesse sur une rampe adoucie, le sol disparaît sous le vert et l'écarlate du rhododendron.

Un des charmes de la botanique, comme de toutes les sciences qui ont la nature pour objet, c'est l'inépuisable variété des formes. Chaque végétal en offre de nouvelles, où la grâce des contours est toujours unie à l'organisation la plus parfaite pour le but qu'il a à remplir, la nutrition et la reproduction. Que serait-ce si la vue pouvait embrasser à la fois tous ceux qui vivent dans les diverses régions de la terre? Par les progrès toujours croissants des découvertes, les botanistes ont porté leurs investigations dans des pays jusqu'à nos jours inexplorés. Le nombre des plantes connues est déjà très considérable, et ce n'est sans doute qu'une faible partie de tout ce qui est répandu sur le globe. Le laborieux Wildenow, dans un immense ouvrage, vient de décrire près de 18,000 plantes phanérogames, en réunissant tout ce qui a été publié jusqu'à lui. Il y a environ 3,000 cryptogames connues; voilà donc plus de 20,000 plantes observées, dont le quart à peu près croît naturellement en France. De nombreux voyageurs, zélés pour les sciences, en reculent chaque jour les bornes; et ce n'est pas trop que de porter à 8,000 celles qui existent inédites dans leurs herbiers. Si on considère maintenant que nous ne connaissons pas la plus grande partie des deux Amériques, le vaste bassin de l'Amazone, surtout, où la végétation acquiert le plus de luxe et de grandeur; le centre et l'est de l'Asie, presque tout l'intérieur de l'Afrique, de la Nouvelle-Hollande et des grandes îles de l'Australie, on se convaincra qu'on n'a peut-être pas découvert le tiers des plantes qui existent, ce qui en porterait le nombre total à près de cent mille. Nombre immense qui fera de la botanique un dédale inextricable.

Je suivis le cours des eaux réunies d'Escoubous et d'Aiguecluse, qui de ce point s'avancent vers le Bastan entre des rives de gazon. J'étais fatigué; mais sur ces molles pelouses mes pas étaient si faciles que je ne les sentais presque plus. J'allais lentement pour jouir des dernières heures de la journée, portant les yeux tour à tour sur les arrachements granitiques de Caubère découpés en gradins réguliers, sur les murailles bigarrées de rubans verticaux de la Piquette et sur les longs tapis tendus de l'une à l'autre qu'animaient des scènes pastorales à l'approche de la nuit. A Tournebout, où le vallon débouche sur la route de Bagnères, j'aperçus le vieil André assis près de sa porte et regardant ses vaches descendre de Caubère. J'allai m'asseoir à côté de ce brave et laborieux montagnard, que j'estimais beaucoup depuis que j'avais connu son histoire. Repoussé d'Esterre, son village, après la mort de sa femme, par des chagrins domestiques qu'il n'avait pu dominer, et, l'âme ulcérée par les mauvais traits de ceux sur qui il devait le plus compter, à l'âge de soixante ans, il avait eu le courage et la force de se bâtir seul une grange au delà de toutes les habitations de la vallée, avec des pierres abondantes sur place et des bois rapportés à grand peine du fond d'Aigueclose et d'Escoubous, points les plus rapprochés où se voient encore quelques sapins, et de créer une bonne prairie sur un sol bouleversé par le gave et encombré de pierres et de blocs, en nivelant et répandant dessus de la terre végétale et du gazon charriés de partout. Toutes les fois que mes courses me conduisaient de son côté, je me plaisais à causer avec ce bon vieillard, dont la conduite, comme les paroles, étaient inspirées par une sagesse qu'il ne devait qu'à lui. J'étais touché de sa piété simple et toute de foi qui lui faisait aimer une solitude où, loin des méchants, disait-il, et ne conversant qu'avec Dieu, il avait retrouvé la paix Je le quittai en me rappelant cette pensée forte autant que vraie de l'auteur des Nuits :

> O lost to virtue, lost to manly thought,
> Lost to the noble sallies of the soul,
> Who think it solitude to be alone ! [1]

[1] O perdus pour la vertu, perdus pour les pensées mâles, perdus pour les nobles élans de l'âme, ceux qui pensent qu'être seuls c'est de la solitude !. .. (*Young*, nuit troisième.)

Un jour que j'herborisais avec un guide autour des crêtes du plan d'Aube, un tonnerre lointain et l'ouest qui se chargeait, nous forcèrent à la retraite, Nous dévalâmes avec tant de rapidité, appuyés sur nos bâtons, sur ses longues pentes herbues, qu'en une heure nous atteignîmes au fond le chemin du Tourmalet. Pendant ce temps, l'orage avait marché : de noires brumes nous enveloppaient, et toutes les gorges tremblaient sous ses roulements sans fin. Nous espérions gagner Barèges ; mais à Tournebout les nues crevèrent et nous obligèrent à chercher un asile dans la grange d'André. Surpris de ne pas le voir, je la parcours, et à mon appel le pieux bonhomme descend de son grenier à foin, où il était à chômer la fête de Saint-Etienne, patron d'Esterre, en relisant pour la centième fois son vieux volume dépareillé de l'histoire des Juifs. Absorbé par sa lecture, où, disait-il, il trouvait toujours quelque chose à apprendre, à peine avait-il entendu l'orage. Après plus de vingt ans passés dans une telle solitude, j'ai su que ce respectable vieillard était mort à 87 ans.

CHAPITRE V.

Pic-du-Midi. — Lac d'Oncet. — Vue immense sur les plaines et les montagnes. Course nocturne. — Levée du soleil au pic.

Si des observations plus exactes ont fait descendre le Pic-du-Midi du haut rang qu'il avait longtemps usurpé, ce sera toujours le plus bel observatoire où, presque sans fatigue, les curieux puissent monter. Cette position unique tient à la simplicité de direction de la chaîne, et on chercherait vainement dans les Alpes, toutes composées de chaînons redoublés et entrelacés dans tous les sens, un point isolé d'une aussi grande élévation d'où la vue embrasse à la fois la chaîne presqu'entière étendue d'un bout de l'horizon à l'autre, et les plaines adjacentes dans leur immensité. Je me suis trouvé sur la cime à toutes les heures du jour et du matin; sous le plus brillant soleil, sous la voûte étoilée comme au milieu des agitations de l'atmosphère. Parmi toutes ces courses, j'en choisirai une où les circonstances du temps furent des plus favorables, celle que j'y fis le 20 août en partie nombreuse. A deux heures après minuit, la troupe fut en marche aux rayons de la lune, qui presque seule régnait dans le ciel. Le gave étincelant au loin, ajoutait ses sourds mugissements aux effets d'une belle nuit, et justement au-dessus du pic l'aimable étoile du matin nous indiquait le but de notre course, comme autrefois l'astre sacré de l'orient servit de guide aux rois vers l'humble demeure qui venait de voir un grand mystère s'accomplir. Emu par cette scène poétique, je la saluai comme un présage heureux, et, ainsi que le vieux chantre de Selma, je lui demandai ce qu'elle voyait dans les plaines où nos regards devaient bientôt planer :

Star of the descending night! fair is thy light in the East! thou liftest thy unshorn head from thy cloud : thy steps are stately on the hill; the stormy winds are laid; the murmures of the torrents come from afar; what dost thou behold on the plain? [1]

Après Tournebout, on passe le torrent déjà bien affaibli pour suivre le pied de ces longues pentes herbeuses qui occupent tout le fond de la vallée, excepté au midi, où les pitons inaccessibles de Caubère, de Campana et d'Espade fendent l'air de leurs vives dentelures. Au pied des rampes du Tourmalet, on laisse le chemin de Bagnères pour prendre un petit sentier sur le gazon, dont les nombreux contours montent rapidement au nord. L'air doux de la nuit avait fait place à la fraîcheur du matin. Je sautai à bas de mon cheval, impatient de fouler ces fines pelouses et de jouir sans dis-

[1] Etoile de la nuit à son déclin, que tu es belle sur l'azur du firmament! Ta tête radieuse a secoué les nuages, tes pas sont majestueux sur la montagne, les vents des tempêtes sont endormis, rien ne trouble les murmures des torrents éloignés. Belle compagne de la nuit, qu'aperçois-tu dans la plaine? OSSIAN.

traction de cette heure charmante du réveil de la nature, où les objets, sans ombre et sans reliefs décidés sous les seules clartés de l'aurore, ont dans le vague de leurs formes un charme particulier. La lune pâlifiée avait perdu ses rayons, et chaque minute, en augmentant la lumière, donnait aux fleurs plus d'éclat, à la verdure plus de brillant et faisait ressortir les nuances des pics ruinés du midi. Les neiges éloignées de Santché et d'Ardiden, qui dans la nuit étaient comme des voiles blancs tendus sur le ciel, tournées vers l'Orient, se revêtaient de ces teintes légères, pures comme les hautes régions où elles sont puisées, qui sur les monts accompagnent l'aurore et disparaissent avec elle. Le soleil vint enfin rougir toutes les sommités; mais pour nous, longtemps encore nous devions rester plongés dans la grande ombre du pic du Tourmalet. Au-dessus des premières pentes qu'ornaient par places des milliers d'asphodèles et d'iris bleus, après un pas dont s'effrayent de timides voyageuses, sur le bord du grand ravin qu'a creusé le *Couret* du lac d'Oncet, source du Bastan, nous atteignîmes les cabanes de *Tou*. Nos guides appelèrent les pasteurs encore enfermés, et les chiens leur répondirent de leurs bruyantes voix. J'avais là des amis ; je m'approchai pour leur serrer la main. Plus d'une fois leur cabane m'avait servi de refuge, et leur excellent lait avait réparé mes forces, lorsque mes herborisations, ou plutôt le plaisir de me retrouver dans ces paisibles campements me conduisaient de ce côté. Si une existence sans amertume et tranquille se trouve quelque part, qui pourrait ne pas faire pencher la balance en faveur de ces pasteurs des montagnes, dont l'âme dans une vie forcément contemplative, nourrie par les grands objets qui enserrent leurs retraites, est souvent forte et généreuse sous les seules leçons de la nature? Que de fois sur la pierre hospitalière du pâtre à demi-sauvage qui, dans la solitude, n'a d'autre société que ses troupeaux, le ciel et les montagnes, n'ai-je pas été surpris de trouver sous une rude enveloppe, des qualités intellectuelles peu communes et des réflexions exprimées avec énergie et originalité. Dans un temps où les frottements d'une vie sociale partout la même réduisent tout à l'uniformité, combien n'a-t-on pas à regretter dans ces races spirituelles et réfléchies, de génies originaux qu'une ignorance absolue a repoussés dans leur nullité? Combien d'Ossians dont les chants perdus pour nous eussent été non moins poétiques que ceux inspirés de nos jours par la seule nature aux bardes nouveaux qui, sur les monts romantiques de l'Ecosse, ont succédé au chantre de Morven? La voix de Coïla, [1] le berger d'Ettrick, [2] Campbell, Wordsworth, Cooper et d'autres sont des poètes pleins de génie, qui presque tous ont quitté la charrue ou les troupeaux pour écrire des poèmes charmants où respire le plus vif enthousiasme de la nature.

Au-dessus d'une rapide montée où sur des débris glissants l'adresse de nos petits chevaux fut mise à l'épreuve, la scène s'agrandit et les hauteurs se reculent pour enfermer le plateau d'Oncet, où l'on voit enfin le pic majestueux élever à plus de 300 toises son cône drapé de neiges. Ce plateau avec ses pelouses inégales, ses talus de ruines et ses longues traînées blanches ou ses rampes de verdure jusqu'aux crêtes du plan d'Aube, est une belle solitude. De fortes voix de chiens retentissant dans les hauteurs nous avertirent qu'elles n'étaient pas désertes; mais chiens, pasteurs, troupeaux, tout resta invisible.

Le sol se dégage et s'applanit, parsemé de fragments éboulés tout fleuris de lychens et de petites saxifrages, et le lac paraît immédiatement sous le pic dont il reçoit tous les éboulements, immobile, sombre, désert. C'est là qu'on laisse les chevaux paître en liberté, et qu'une halte est obligée pour se préparer à gravir la pyramide qui, au-dessus des escarpements dont les eaux cachent le pied, se dresse majestueuse, immense, comme pour faire la reconnaissance des alpestres décorations dont un moment on se trouve le centre. Que d'êtres accourus de tous les points du globe a vus à ses côtés, depuis que Barèges existe, ce roc aplati qui près du bord sert de table. Quels repas animés on fait dans ces aimables courses où l'air vif des montagnes aiguise toutes les facultés; où l'on jouit à la fois de ce qu'on a vu, de tout ce qu'on voit et de ce

[1] Robert Burns. [2] Hogg.

qu'on espère voir encore. Mille sensations s'y réunissent, et la gaîté y porte tous ses fruits. Journées charmantes que j'ai passées dans les Pyrénées, vos souvenirs ne peuvent s'effacer, et de douces pensées se reporteront toujours vers des lieux où j'ai mené longtemps une vie selon mes goûts !

Auprès du lac, dans les fragments épars, je reconnus cette singulière roche de transition qui est commune dans les montagnes du Bastan, composée de veines tortillées de calcaire primitif, de cornéenne et de pétrosilex, alternant avec régularité, même de grenat en masse et dont la formation est si difficile à concevoir; des schistes talqueux que nous retrouverons à la cime, et cette belle roche granitique à gros grains, contenant de larges plaques de mica argentin et des prismes de tourmaline fortement pyro-électriques, qui y existe aussi confondue dans sa masse hétérogène. Ramond l'a retrouvée dans les hauteurs de la brèche d'Allanz, près Gavarnie, et jusqu'auprès de Saint-Girons dans le prolongement du chaînon du Pic-du-Midi, c'est-à-dire symétriquement placée au nord et au midi de l'axe granitique. Je l'ai trouvée aussi en Artigue-Déline et sur plusieurs points du bassin de la Garonne.

Un petit sentier s'élevant d'écharpe sur un ancien éboulement, maintenant couvert d'un humus où abondent les plantes alpines, mêlées à cet inévitable pissenlit (leontodon), qui du bord de la mer aux plus hautes cimes d'Europe, même sur l'hymalaya, poursuit le botaniste, conduit au col ou *hourque* des Cinq-Ours, d'où la vue plonge sur les ramifications de la vallée de Campan et sur le hameau d'été de Tramesaïgues, situé dans les fonds boisés d'Arises. Sur ce col ouvert à l'est nous joignîmes enfin le soleil, qui n'avait pas encore dissipé dans les vallées les vapeurs légères du matin, ce vague, cette indécision des teintes si difficiles à rendre, et qui font le charme de la nature comme des tableaux où l'art a eu le bonheur de les saisir. Il ne nous restait plus qu'à escalader le cône même par sa face qui domine le lac, où la marche est facilitée par les touffes dures et piquantes de la festuque. Mais que l'on se garde de faux pas, de peur de suivre la route des pierres roulantes qui, après de terribles bonds, vont s'ensevelir dans son gouffre aussi noir que le Styx. Pendant que la petite caravane allait lentement dans la direction d'un col très élevé, visible de la plaine entre la cime et le plan d'Aube, je m'écartai pour reconnaître le revers oriental qui se montrait hérissé de rochers. En effet, cette partie presque verticale au-dessus d'Arises, est du plus difficile et du plus périlleux accès. Si l'on n'a cent fois éprouvé sa tête, si l'on n'a des pieds d'isard, il ne faut pas s'engager sur ces talus de roc vif où sont à peine quelques aspérités, où il faut gravir debout en s'aidant des moindres saillies au dessus d'un précipice de 400 toises qui donne le frisson lorsque les yeux viennent à plonger sur les forêts qui le tapissent. Mais des plantes et des minéraux que la voie ordinaire n'eût point offert, viennent dédommager de beaucoup de fatigue et de quelque danger. Lorsque se présentait quelque place unie, quelque saillie du rocher où je pusse m'asseoir en sûreté, j'en profitais pour rassurer ma tête, en planant comme du haut d'une immense tour, sur les régions de Grip et de Sainte-Marie, mélange de rochers, de bois et de croupes arrondies où se détachaient seuls des groupes de cabanes, colonies passagères, et comme des grains de sable épars sur la pelouse, les troupeaux qui broutaient leurs savoureux herbages.

L'histoire minérale du Pic-du-Midi exigerait un volume. Composé tout entier d'éléments divers irrégulièrement tassés, il n'est qu'un bizarre assemblage de granit et d'autres roches siliceuses, de matières cristallisées et sédimentaires, de schistes et de calcaires primitifs. Dans la masse entière, tout a été déplacé et confondu lors du soulèvement du granit qui s'est intercalé entre ses couches disloquées, ce qui produit les plus singuliers rapprochements. J'y vis en place le granit aux cristaux de tourmaline, une espèce de schiste ardoisier ressemblant à l'ampélite ou pierre noire, et à la cime, le schiste micacé glanduleux qui, souvent frappé par la foudre, est en ruines et brisé dans tous les sens. Ces masses si stériles en apparence n'offrent pas moins d'intérêt au botaniste : les primevères alpines, les benoîtes, les globulaires, offrent l'éclat d'un parterre où l'on ne croyait trouver que la pierre aride; de charmants tapis de silénés attirent les yeux par leurs petites fleurs rouges, brillant sur le vert le plus frais ; et sur une pente à peine terreuse dont la végétation s'est emparée, croît, parmi d'autres familles, ce gazon d'Olympe qui du sommet des monts, son pays natal, est descendu dans nos jardins et jusques sur les falaises de l'Océan. Toutes ces fleurs que soigne la main de la nature puisent la vivacité de leurs couleurs dans l'air pur des hautes régions où elles vivent, dans les rayons plus vifs de l'astre du jour dont elles reçoivent à loisir la féconde influence, et qui, les voyant les premières, les frappe encore de ses dernières lueurs, alors que leurs sœurs des plaines sont depuis longtemps dans l'ombre.

Tournant le pic vers l'ouest en profitant de longues plaques de neige, je me ralliai à la troupe au moment où, après avoir franchi les pentes inférieures d'où le lac est constamment béant sous les pieds, elle atteignait le petit col resserré entre la cime du pic et les crêtes du plan d'Aube, son acolyte et presque son rival. Assis sur des roches que décorent des lychens aux couleurs variées, aspirant d'une bouche avide le baume qui nage dans cet air si pur que l'on suit de l'œil les moindres accidents des pics éloignés, chacun se livrait à ses vives impressions Tout sur ces hauteurs ressentait alors les douces influences de leur court été, et le ciel, d'une sérénité parfaite, nous présageait un plein succès. En effet, quelques pas encore, et les plaines et leurs vastes étendues se déroulèrent à nos regards sans l'interposition d'aucune de ces basses couches de nuages qui souvent les voilent au voyageur désappointé, tandis que la terre, se dérobant sous les pieds, laissait voir le précipice que les curieux ont nommé le vallon des isards ; car il n'est que le chamois léger qui ose s'y hasarder. Tous à cette vue redoublent d'ardeur et se remettent à monter sur la dernière arête en jouissant déjà des yeux. Au-dessus des aiguilles qui alimentent les sources du Bastan se dégagent, s'exhaussent les points saillants de l'axe granitique et les sommités plus éloignées de la crête calcaire. Sur ces cimes chenues, le calme répandu dans les airs ne ressemble plus au silence morne des forêts des montagnes qu'animent rarement de doux concerts : c'est la paix solennelle d'un temple qui plaît à l'âme et semble agrandir sa sphère. A chaque pas s'étend l'espace et paraît au loin quelque nouvelle pyramide. Dans une impatience qui s'exalte, chacun s'aide, s'encourage, et, s'élançant enfin sur le dernier rocher, toute fatigue y disparaît devant la majesté du spectacle qui, sur tous les points de l'horizon, se déroule à la fois. Mais comment rendre l'impression que produit cette admirable vue par un de ces beaux jours où une vive lumière rend les objets aussi perceptibles que possible ? Ce colossal observatoire qui, au premier rang des monts porte sa tête à une élévation qu'on n'est point accoutumé d'y voir, est aussi heureusement placé pour promener la vue sur les plaines sans bornes qui occupent une moitié de l'espace, que pour observer la partie centrale de la chaîne, déployée au sud en une foule innombrable de pics chargés de neiges ou de glaces, divers de formes et d'aspects.

Les basses montagnes de Bagnères, depuis le Montaigu jusqu'à la vallée d'Aure, domaine des troupeaux, et la vallée de Campan toute entière avec ses bigarrures, séparée par une ligne de rocs blanchâtres où se montre la tête chauve du Lhiéris, des forêts qui cachent les sources de l'Arros et des fertiles *baronies* que limitent l'abbaye de l'Escale-Dieu, déchue à n'être plus qu'une villa, et les ruines du château de Mauvezin, forment un premier plan très varié. Au-delà, ce n'est de toutes parts qu'une immense topographie toute nuancée de couleurs qui, se dégradant toujours, vont se perdre dans le vague à l'extrémité de l'horizon. Mais de Pau à Saint-Gaudens, de Lourdes à Miélan, dans les premières plaines du Gave et de l'Adour, comme dans celle de la Garonne, les objets sont visibles, et une bonne vue en suit aisément les innombrables détails. Dans la grande vallée de l'Adour, où se touchent les villages, où Tarbes s'étend avec ses routes rayonnantes, le fleuve se dessine jusqu'au-delà de Vic comme un filet argenté sur une bande de verdure. Plus près, Bagnères, groupe serré et bleuâtre, semble vouloir se cacher sous les pieds; Lourdes laisse voir son triste château et son petit lac qui reflêchit le ciel, et par-delà les landes brunes de Pontac la plaine bigarrée du Béarn conduit l'œil jusqu'à Pau, dont les édifices sont très distincts. De même à l'est, après le plateau stérile de Lannemezan, nouvellement enrichi de l'établissement thermal de Capbern, où paraît avoir été l'ancien *Aquæ convenarum*, on peut suivre le cours de la Neste fuyant en sens contraire du gave et brillant çà et là jusqu'à Monréjeau, où elle se réunit à la Garonne. Celle-ci, perdue au milieu de la plaine de Valentine, ne reluit un instant qu'auprès de Saint-Gaudens. A l'extrême horizon de l'ouest, je remarquai une bande horizontale plus éclairée que tout le reste de l'atmosphère et s'effaçant vers le nord. Je pensai que cette lueur pouvait provenir de la mer, qui réfléchissait plus de lumière que les terres, ses rivages étant dans le champ de la vue, puisque des dunes du Boucaut j'ai reconnu le Pic-du-Midi.

A l'opposite, vers l'Espagne, le contraste est parfait : si d'un côté tout se fond et se perd dans les espaces lointains, de l'autre, où mille pics s'élancent vers le ciel, toutes les limites sont distinctes, et les formes, les teintes prononcées ; tout y est nouveau, tout y est grand. Sur cette imposante barrière, élevée entre deux peuples comme pour les séparer à jamais, plus de villes, plus de hameaux, plus de campagnes fertiles parées de couleurs riantes. Excepté quelques cabanes éparses, la demeure de l'homme, dans les fonds reléguée, y reste inaperçue, et la nature grandiose, mais sévère, n'offre sur tous les points que des masses incultes, que la neige et les rocs dépouillés. Toute cette étendue bouleversée de pics et de profondeurs, stérile ou glacée, ne se présenterait que comme un désert du pôle si l'air doux qu'on respire, et que réchauffe un soleil glorieux, ne retenait l'imagination sous un ciel plus favorisé.

Dans l'amas de hauteurs chargées de neiges et de glaces qui, en face du pic, paraissent tout dominer, on distingue la double cime de Néouvieille avec son glacier sur une terrasse à l'ouest, le Pic Long, cône aigu qui porte le plus haut le terrain intermédiaire, et dont les abords hérissés, vus de partout, découragent le curieux. Les lignes plus éloignées appartenant à la grande protubérance calcaire, forment, de la vallée d'Aure à celle de Cauteretz, la crête des hautes Pyrénées, qui dans le Mont-Perdu, atteint la seconde hauteur de toute la chaîne. Ainsi que le Mont-Blanc, on le voit sous la forme d'une coupole au-dessus de larges épaules éclatantes de blancheur. Presque à son niveau paraît le Cylindre, la plus haute des tours du Marboré dont les assises horizontales et les lignes rectangulaires rendent raison du nom que portent ses saillies. Dans sa masse est creusé le vaste amphithéâtre dont la fameuse cascade de 1200 pieds de chute est un des moindres traits. Sous la dernière tour est la brèche de Roland, nettement tranchée dans une longue et noire courtine étendue au-dessus d'un glacier vers la cime du Taillon qui la flanque à l'ouest. Tout s'abaisse au port de Gavarnie pour se reporter bientôt à une élévation qui le dispute au Mont-Perdu lui-même, dans le colossal Vignemale tout drapé de glaciers, les plus hauts des Pyrénées françaises. Plus loin, tout se confond; cependant, au milieu des masses de Cauteretz et d'Azun, qui remplissent l'intervalle entre la crête et la plaine, par-dessus les âpres montagnes de Luz, le plus puissant des contreforts de Vignemale, on reconnaît les escarpements du pic de Gabisos qui cachent ceux de Bonnes, le Mounné, visité souvent des curieux de Cauteretz, et la cime du pic d'Ossau par-dessus les montagnes d'Arrious, ses voisines, et sur quelques points la vue s'échappe sur les monts éloignés du Béarn.

Dans la partie orientale, les montagnes de la vallée d'Aure s'abaissent tout à coup à côté de Neouvieille, et les hauteurs principales reculées de plusieurs lieues aux ports de Bielsa et de Plan, deviennent vers la Pez et Clarbide des monts du premier ordre auxquels succède le groupe des sources de la Garonne, qui, par l'étendue de ses neiges, de ses glaces et sa grande élévation, est le plus important de la chaîne. Le sommet dominateur de la Maladette, la première des Pyrénées, y attire les yeux par ses brillants glacis, qui couronnent tous les autres. Là sont les beautés des hautes Alpes, les glaciers les plus étendus et une cascade de 800 pieds, rivale de celle de Gavarnie, qui déverse un lac dans un autre. Au-delà, le mont Vallier lève encore sa tête blanchie, et les monts bleuâtres du comté de Foix qui le dominent se perdent derrière les hauteurs ternes de la Barousse.

Quoique le Pic-du-Midi dépasse la limite inférieure des neiges permanentes, qui dans les Pyrénées a été reconnue être à 1250 toises, il n'en est pas couvert pendant l'été à cause de son isolement et de la rapidité de ses pentes; mais elle s'y conserve partout où le site le permet. Sa cime n'est qu'une terrasse étroite, élancée au-dessus des épouvantables escarpements qui, au nord et à l'ouest, descendent jusqu'à sa base. De ce côté le pic a perdu beaucoup de sa masse ; il n'y présente plus que des ruines que chaque printemps augmente, et des assises ébranlées, menaçantes pour les pâturages de l'Esponne qui occupent les fonds, émanation de Campan, où les yeux, fatigués et de rocs et de pics, reviennent se reposer sur de vertes traînées dont on devine le charme et la fraîcheur. A l'aspect de ces abîmes qu'habite *le vertige*, on recule épouvanté. Entre les deux précipices il est une arête à la rigueur accessible, où les chasseurs de Campan s'engagent quelquefois à la poursuite des isards. J'y trouvai une jolie plante qui eut pour moi tout le charme d'une découverte : le pavot des Alpes, dont la tige si courte porte une belle fleur jaune que je n'ai pas retrouvée ailleurs. On y voyait encore les restes de la hutte qui servit d'asile à Vidal et Reboul, lorsqu'en 1787 ils firent le beau travail du nivellement du Pic-du-Midi au-dessus de la plaine de Tarbes, entreprise difficile qui fut couronnée du plus heureux succès, puisque de ses résultats datent les premières notions positives que l'on a sur sa mesure et sur celle de plusieurs montagnes voisines. Sur l'un de ses débris, fragment du schiste micacé et glanduleux qui forme la cime, j'aperçus une traînée en zig-zag où la roche excoriée était fondue en globules d'un verre brun verdâtre, ce qui ne pouvait être que l'effet de la foudre. Saussure a trouvé de même, sur le Mont-Blanc, une roche composée fondue à la surface, le feldspath en un émail blanc, et l'amphibole en globules noirs. De tels faits doivent être multipliés sur ces hautes pyramides fréquemment plongées dans la région des orages, qu'elles dominent même souvent.

Quand du haut du pic on a vu toutes les splendeurs du jour, il faut y remonter pendant la nuit, pour voir au matin la lumière naître, se développer dans les profondeurs du ciel, et le soleil se lever sur un monde étendu sous les pieds, projet dès longtemps formé avec Laboulinière, alors secrétaire-général à Tarbes, et depuis auteur d'un bon ouvrage sur les Pyrénées, fruit de quelques courses et de nombreuses recherches; homme laborieux dont la mort a trop tôt brisé la carrière. Un temps favorable l'ayant amené avec son frère, quoique bien fatigué d'une course qui avait occupé ma journée entière, je partis avec eux de Barèges à onze heures, par une belle nuit sans lune, suivis de deux guides munis de lanternes. En traversant le ravin où se précipite le Lienz, le vent du torrent les éteignit à la fois. Cet accident nous eût contrariés beaucoup, si la seule clarté des étoiles n'eût suffi pour nous conduire dans un chemin assez facile jusqu'à Tou. Là, nous laissâmes nos chevaux sous la garde des pasteurs, que les cris de nos guides avaient réveillés. Dans de telles situations, où l'homme n'a rien qui puisse tenter la cupidité de ses semblables, il repose sans défiance, et des cris qui troublent son sommeil lui annoncent plutôt des amis qu'un danger quelconque. Ils furent surpris d'un projet qui leur était nouveau, mais ils l'eurent bientôt compris. Le berger des Pyrénées, doué d'une imagination vive et d'un goût pour les aventures que les Maures lui ont laissé, et plus sensible aux beautés de la nature que le froid habitant des Alpes, conçoit sans peine un sentiment de curiosité qui fait braver des hasards.

Lorsqu'on se trouve la nuit sur les montagnes, on est frappé de l'apparence des neiges. Les masses informes qui les portent, projetées sur un ciel obscur, sont peu distinctes, tandis que leurs blancs tapis réfléchissant le peu de lumière qui circule, sont très visibles et semblent se rapprocher des yeux. Le mouvement de l'air, à peine sensible en bas, était devenu un vent léger sur le plateau d'Oncet, où nous circulâmes longtemps au milieu des vaches couchées, les prenant pour des blocs épars. Je le craignis pour en haut : la moindre agitation de l'air dans les vallées devient un vent violent sur ce cône isolé, au milieu des fluctuations de l'atmosphère. Au lac, nous eûmes assez de peine à trouver le sentier qui monte à la Hourque, où un peu de repos nous eût été nécessaire après une marche aussi rapide que l'obscurité pouvait le permettre; mais le vent qui, passant par ce petit col, se précipitait dans la gorge d'Arises, était si fort, que nous ne pûmes que nous tapir pendant quelques minutes sous un bloc. Dans la montée du pic, connaissant tout le danger des chutes, suspendus à cent ou deux cents toises au-dessus d'un gouffre, il fallait redoubler d'attention et éviter les neiges, de l'inclinaison desquelles nous ne pouvions juger, ainsi que les pentes de roc vif. Au moindre abri contre le vent nous prenions quelques instants de repos, et dans ces courts arrêts j'avais à lutter contre un sommeil impérieux que le froid de la cime devait bientôt dissiper. Nous avancions donc très péniblement et sans parler, si ce n'est pour nous avertir mutuellement des facilités ou des obstacles que chacun rencontrait. Nous atteignîmes ainsi le col d'Aube, d'où les plaines étaient disparues dans une profonde nuit. Certains alors d'être au terme de notre course même avant les premières lueurs du jour, nous ne pressâmes plus une marche que les raffales du vent d'Espagne, s'échappant maintenant sans obstacle dans le vide de l'air, incommodaient de plus en plus sur une pente rapide, où les débris amenuisés cédaient partout aux pieds. Nous connûmes que nous étions enfin parvenus à la cime lorsque nous ne trouvâmes plus à monter, car de ce pic sourcilleux d'où mes yeux avaient été naguère éblouis par la multitude infinie d'objets qui les frappait à la fois, je n'apercevais que la nuit, les étoiles et les neiges des monts. En cherchant à voir la terre, j'aurais pu dire avec le poète qui a voulu chanter la nature en n'aimant que les salons :

. . . . Dans ce vide immense
Je ne vois que la nuit, n'entends que le silence.

Je n'avais cependant point alors l'imagination disposée à la poésie, qui, quoiqu'on en dise, est plutôt fille du repos, d'un beau ciel ou du plaisir que des brumes du nord. Le vent déjà très froid, rendu plus piquant par l'inaction, nous eut bientôt transis. Nous fûmes forcés de chercher quelque abri au-dessous des premiers rochers, malgré les précipices qu'ils couronnent, conséquence de la faute que nous avions faite de ne pas nous munir d'un surcroît de vêtements, indispensable dans de telles circonstances. Nous eûmes le bonheur d'y trouver une cavité, où nous nous plaçâmes tous après nous être réchauffés d'un coup d'eau-de-vie, provision précieuse qu'il ne faut jamais oublier.

Blotti dans ce trou, serré entre mes compagnons, je songeais à la bizarrerie d'une telle position : dans ce moment de repos universel, où la nuit et le sommeil faisaient peser leur sceptre de plomb sur tout ce qui avait vie dans le monde invisible que je dominais, qui m'aurait deviné grelottant à la cime du Pic-du-Midi? Et le chasseur de Beaudéan, parti avant les clartés de l'aube pour chercher l'isard dans ses retraites inaccessibles pour tout autre que lui, qu'il se doutait peu d'avoir été dès longtemps devancé sur la cime orgueilleuse qu'il s'essoufflait à gravir! Si quelque froid lecteur daigne me lire, que de fois va-t-il dire peut-être : « Quelle folie! Que de fatigues!..... et pourquoi?..... » Pourquoi! Il ne pressent donc pas que je vais en être dédommagé au centuple par le spectacle sublime d'une nouvelle création, par toutes les merveilles de la terre qui dans peu d'instants vont se développer sous mes yeux? Que de jouissances sont perdues pour celui qui peut contempler sans émotion les grandes scènes de la nature! N'a-t-il donc jamais répandu dans la solitude des larmes pleines de douceur sur ces impressions indéfinissables qui sont des merveilles dans la vie, sur tout ce qui élève la pensée, sur tout ce qui fait palpiter le cœur, celui qui rit de mes fatigues et n'en sent pas le prix? Et. pour me servir des éloquentes paroles d'une femme célèbre dont l'âme forte et poétique a trop tôt disparu du monde : [1] « Il n'a donc jamais, dans ses rêveries, joui de l'air » comme l'oiseau, des ondes comme un chasseur altéré, des » fleurs comme un amant qui croit respirer encore les par- » fums dont sa maîtresse est environnée? Croient-ils con- » naître la terre, croient-ils avoir voyagé ceux qui ne sont » pas doués d'une imagination enthousiaste? Leur cœur bat- » il pour l'écho des montagnes? L'air du Midi les a-t-il eni- » vrés de sa suave langueur? Comprennent-ils la diversité » des pays, l'accent et le caractère des idiômes étrangers? » Les chants populaires et les danses nationales leur décou- » vrent-ils les mœurs et le génie d'une contrée? Et leur » suffit-il d'une seule sensation pour réveiller une foule de » souvenirs? La nature peut-elle être sentie par des hommes » sans enthousiasme? Ont-ils pu lui parler de leurs froids » intérêts, de leurs misérables désirs? Que répondraient la » mer et les étoiles aux vanités étroites de chaque homme » pour chaque jour? Mais si notre âme est émue, si elle » cherche un Dieu dans l'univers, si même elle veut encore » de la gloire et de l'amour, il y a des nuages qui lui » parlent, des torrents qui se laissent interroger, et le vent » dans la bruyère semble dire quelque chose de ce qu'on » aime »

Nos yeux fixés sur l'orient guettaient ses premières lueurs. Elles parurent enfin, vers des hauteurs fort éloignées dont les contours obscurs tranchaient sur l'horizon blanchi. Je les reconnus pour la montagne Noire, aimée du sorésien qui se plaît à courir sur ses tristes bruyères, où le génie de Riquet, par les merveilles de l'art, a su trouver des sources pour son magnifique canal. A leur aspect mille souvenirs de mes jeunes temps se réveillèrent :

Ah happy hills! Ah pleasing shade!
Ah fields beloved in vain!
Where once my careless childhood strayed,
A stranger yet to pain!

[1] Mme de Staël.

Je saluai le cœur ému ces humbles cimes témoins de mes premières courses, d'où j'avais si souvent admiré les majestueuses Pyrénées, qu'elles avaient cependant précédées dans le temps. La montagne noire a surgi avant le terrain houiller, et les Pyrénées seulement après le dépôt de la craie. A l'approche de l'aurore, le vent du midi s'était calmé et l'air était devenu moins froid. La lumière se répandant peu à peu sur la terre, faisait sortir à chaque instant du sein des ombres de nouvelles parties de sa surface, les unes cachées sous d'immobiles vapeurs que le soleil devait dissoudre, et d'autres se montrant sans autre voile que le crépuscule.

Mais comment rendre cette foule d'images qui surgissent à la fois? Comment représenter cette scène sublime où la lumière venant animer le front de la nature, semble donner l'être à toutes ses beautés, spectacle magnifique où l'imagination exaltée pourrait croire assister à une nouvelle création! Quelle plume assez brillante quel pinceau assez riche pour peindre cette atmosphère s'éclairant peu à peu et ne laissant voir que par degrés le firmament et notre terre? Les plaines et les montagnes sortant d'un état de confusion et d'obscurité, comme si elles se dégageaient du chaos primitif; la lumière et les ténèbres de toutes parts confondues, opérant leur séparation à l'approche du jour; les étoiles qui s'éteignent, les ombres qui deviennent diaphanes et l'aurore dans son éclat, répandant enfin sur les neiges et sur les glaciers supérieurs ces teintes pures d'azur et de rose, auréole céleste dont elle ne vernit que les plus hautes sommités de la terre? Les yeux fixés sur ces cimes privilégiées, je voulais saisir les premiers rayons du soleil, qui s'y reposent brillants longtemps avant que les demeures des hommes soient favorisées de leur douce influence. Tout à coup les neiges de la Maladette resplendissent : portant aussitôt mes regards sur ses fiers rivaux le Mont-Perdu et Vignemale, je pus saisir un instant fugitif où l'ombre les couvrait encore, mais qui suffit pour attester la suprématie que la science nous avait déjà révélée. Si les anciens observateurs se fussent trouvés sur le Pic-du-Midi au lever du soleil, il n'eût point usurpé jusqu'à nos jours un des premiers rangs des Pyrénées ; ils auraient vu après ces trois monts principaux, se dorer les cimes du Pic Long, de Neouvieille et d'un grand nombre d'autres sur des points divers de la chaîne, avant qu'il ne vînt les éblouir de ses feux.

Il parut enfin, et nous saluâmes avec tout l'enthousiasme de ses anciens adorateurs ce Roi du ciel, qui semblait participer à la puissance du Créateur en renouvelant les merveilles du premier jour. Les mille pics des Pyrénées sont éclairés, le reste du monde repose encore sous un voile diaphane; mais la scène s'étend de plus en plus, le champ de la vue s'agrandit, et le soleil, en montant à l'orient ajoute à chaque seconde de brillants traits à ce spectacle immense. Tout semble enchantement, comme si des régions éthérées on planait sur un monde sortant du chaos, et les sens absorbés dans la contemplation, confondus et troublés, s'égarent parfois devant de tels tableaux inusités et sans bornes. Les crêtes de marbre qui dominent les forêts du Lhiéris et de la Barousse se colorent, et chaque faisceau de clartés nouvelles répand la vie sur les tapis verdoyants des bois, tandis que les fonds des hautes vallées, cachés sous des vapeurs obscures, ressemblent à des gouffres entourés de berges éclatantes. La lumière descend enfin sur les plaines et y dessine les côteaux, ainsi que les vallons prolongés comme de sombres fleuves entre des rives dorées. Les villes de Pau, Tarbes, Bagnères, Montréjau et une foule d'autres, jusqu'alors seulement distinctes par les masses de fumée qui les couvraient, renvoient à nos yeux de leurs toitures d'ardoise les premiers rayons qui les frappent. Mais les foules humaines qui sur tous ces espaces vivent et s'agitent, que sont-elles devenues? Pour l'œil placé si haut, l'homme n'existe pas; c'est un ciron invisible.

Quel changement immense venait de s'opérer! Le front de la nature était couvert d'un voile impénétrable; la terre n'existait pas pour nous; et maintenant, rayonnante d'éclat et de beauté, elle se montre à nos yeux dans sa splendeur native, comme à ce premier matin où elle apparut aux regards émerveillés de notre mère commune; tableau délicieux que nous a révélé l'Homère d'Albion. Quelle main puissante a soulevé ce voile, ou plutôt quelle divinité a opéré ce prodige? C'est toi, glorieux soleil! toi que tant de peuples prosternés devant ta magnificence, ont salué du nom de Dieu, parce que rien de plus grand ne les frappait sous le ciel! toi que tant d'hymnes sacrés ont chanté chez les nations antiques; qui échauffais le génie de leurs poètes, et qui peut-être n'as jamais vu tes merveilles plus dignement célébrées que dans cette poésie inculte, mais pompeuse, que tu inspiras jadis au vieux barde de Morven, à cet autre Homère de la Calédonie, dont les chants ont comme par miracle traversé seize siècles!

Dans une autre course nocturne au pic, où j'étais seul avec deux guides, comme nous déjeûnions au soleil, j'aperçus sur un tapis de neige que nous surplombions à l'est, du côté d'Arises, un isard bientôt suivi de deux autres qui semblaient sortir de dessous le rocher. Immobiles et muets, connaissant la vue perçante et l'oreille fine de ces timides animaux, toujours poursuivis de la carabine du chasseur, nous les regardions. A chaque minute paraissait quelque nouveau venu. et j'en comptai dix-sept de toute taille. Je pus juger alors de la vérité de ce que m'avaient dit les chasseurs, que lorsque les isards sont en troupe, il y en a toujours quelqu'un en sentinelle pour avertir les autres de l'approche du danger. Je vis en effet un des plus gros quitter la troupe et gagner en sauts allongés la cime d'un roc qui dominait le champ de neige, où, immobile et la tête au vent, il se tint en surveillance tandis que les autres se livraient à leurs ébats. Je voyais les mères lécher et caresser leurs petits, qui ne les quittaient que pour jouer ensemble Rien de si leste que ces cabris sauvages qui, toujours bondissants, ressemblaient à des balles renvoyées, tandis que les grands luttaient en se prenant par leurs petites cornes élégamment recourbées ou marchaient çà et là lentement sur la neige. J'avais un grand plaisir à voir ainsi à mon aise ces défiants animaux qu'il est si difficile de joindre, alors que sur la foi de leur vedette ils se croyaient en sûreté, mais au bout d'un quart d'heure l'œil perçant de celui-ci nous découvrit, quoique muets et tapis, et nous entendîmes un cri rauque comme des râlements forts et précipités, deux fois répété. Après ce signal l'isard s'élance de son observatoire, et la troupe entière, prompte comme l'éclair, détale et disparaît sous la montagne. Mais dans ces âpres retraites les voies ne sont pas nombreuses : bientôt je les vis reparaître sur la gauche, se dirigeant vers une corniche où les grands comme les petits, galoppant à la file, semblaient glisser sur des parois à pic. Au bout du périlleux passage, ils tournèrent le roc et disparurent cette fois sans retour. J'en comptai plus de quarante, quoique leur vitesse m'en fît perdre plusieurs.

Cette course ne fut pas heureuse; presque toute la plaine était couverte de vapeurs agitées qui, se séparant parfois, laissaient apercevoir quelques lambeaux obscurs des contrées voisines, visions rapides et fantastiques d'un monde inférieur où le soleil ne pouvait jeter ses joies. L'orient seul était sans nuages, et derrière Vignemale l'ouest rembruni était devenu menaçant. Ceux de la plaine, gonflés par le vent qui croissait peu à peu, voguaient déjà dans les vallées. Sous nos pieds je les voyais ramper d'abord et lentement s'élever le long du ravin des isards, jusqu'à ce que, parvenus au col d'Aube et lancés sans obstacle par le nord-ouest devenu terrible, ils se précipitaient le long des pentes méridionales. De toutes parts des vapeurs immenses envahissaient les montagnes, et celles qui avaient dépassé les sommets roulaient en bas pour se réunir à d'autres qui s'avançant par les gorges avaient déjà rempli les fonds. Chassés par des raffales aussi froides qu'humides, nous arrivâmes au lac lorsque de sourds grondements vinrent hâter la retraite. A ce signal sinistre, laissant la voie battue nous prîmes la ligne de plus vite descente au travers des pelouses où, appuyés sur nos bâtons, nous volions sur leurs rampes sans fin, moins vite cependant que l'orage, qui bientôt nous enveloppa. A Tournebout, toutes les gorges retentissaient de ses éclats redoublés, et, crevant enfin, il ne nous laissa que le temps de nous réfugier dans la grange du bon André. Depuis ces premières courses, des traces ouvertes jusqu'à la cime, même pour les chevaux, ont fait de l'ascension du Pic-du-Midi une promenade facile. Je reviens à mes compagnons.

En descendant, je commis une imprudence qui aurait pu me devenir funeste. M'étant oublié à herboriser autour de la cime je fus très surpris d'apercevoir en bas la caravane, se reposant à la Hourquette. Pour regagner promptement l'espace perdu, j'eus la fatale idée de profiter d'un de ces ravins qui du haut du col d'Aube descendent directement sur le lac et sur sa plage de l'ouest; je n'avais vu que de loin leurs difficultés, et j'espérais m'en tirer. Je m'engageai donc dans le plus ouvert dont l'abord, pelouse émaillée de fleurs, semblait m'inviter; apparence bien perfide! A peu de distance, la verdure et les fleurs disparurent, le ravin se rétrécit, et je me trouvai au haut d'un couloir escarpé, descendant tout d'un trait jusqu'au lac, dont les eaux noires se montraient à deux cents toises sous moi. Un tel aspect eût dû m'arrêter; mais j'entendais à peine les cris de mes compagnons qui m'appelaient; me fiant d'ailleurs à mon habitude des rochers et à la solidité de mon bâton, qui dans de tels lieux est l'ancre de salut, je continuai à suivre cette voie mauvaise. Qu'on ne s'étonne pas de me voir attacher tant d'importance à un bâton; pour le coureur des montagnes, c'est sa troisième jambe : c'est avec lui qu'il se hasarde sans crainte dans les passages les plus dangereux et qu'il descend avec rapidité sur les neiges et sur les pentes herbues les plus inclinées. Qu'un accident l'en prive, il perd de son courage, parce qu'il se sent privé d'une partie de ses moyens; aussi met-il ses soins à ce qu'il soit et léger et solide, parce qu'il sait que plus d'une fois sa vie dépendra de sa bonté. La partie haute ne fut pas très mal aisée, et j'avançai assez lestement; mais bientôt les difficultés augmentant avec l'inclinaison, réclamèrent toute mon attention; heureusement la roche était solide, et je ne craignais pas que les saillies auxquelles je m'accrochais vinsent à me trahir. Parvenu à un gonflement, à peu près au milieu de la descente qui me cachait le bas, je pus jouir d'un petit espace et me reposer; mais ayant jeté les yeux sur le chemin qui me restait à faire, je fus saisi d'une véritable inquiétude. Le ravin n'était plus qu'un couloir de la plus effrayante inclinaison, une cheminée à peu près verticale, et ne présentant que de loin en loin quelques aspérités émoussées même par les eaux. A la vue de cet affreux précipice, de près de cent toises de profondeur, qui eût plongé immédiatement dans le lac, si une lisière de neige, émanée de l'amas qui couvrait sa plage de l'ouest, ne se fût étendue jusqu'au pied du roc, je restai stupéfait et découragé. Je portai mes regards en haut avec douleur, mesurant de l'œil ce long ravin que j'avais descendu avec tant de fatigue, et où de plus grandes m'attendaient, si j'étais condamné à le gravir de nouveau. Pendant ce temps la troupe avait poursuivi tranquillement sa marche, et je la voyais arrêtée sur l'autre rive, sans doute en m'attendant. Je poussai plusieurs cris qui furent entendus, car on y répondit; mais ils ne purent me découvrir, atôme collé contre un immense rocher, ne se doutant pas que je me fusse hasardé dans ces précipices. Il fallait cependant prendre un parti, et je ne pouvais me résoudre à remonter par la plus pénible des voies jusqu'au haut du col; d'ailleurs, que de temps perdu! et il pressait. Ces réflexions et le repos raniment ma résolution; je parcours de nouveau, de l'œil le plus attentif, toute l'étendue du couloir; le moindre creux, la moindre aspérité est observée pour y reconnaître quelque possibilité de descente et sans que cet examen me convainquît, j'espérai de parvenir en bas. Je m'aventurai donc encore, et chaque pas était l'objet d'une délibération : je cherchais au-dessous de moi quelque trou, quelque arrêt solide, quelquefois à une toise de distance; j'y dirigeais ma pointe ferrée, et quand je la sentais bien sûre, m'accrochant au roc, je me laissais glisser entre lui et le bâton jusqu'à ce que mes pieds touchassent au point où il était arrêté. Là, il fallait prendre l'équilibre, se reconnaître et délibérer de nouveau pour faire un autre pas. Qu'on se représente une telle manœuvre à cent toises au-dessus d'un réservoir obscur dont les cavités étaient prêtes à recevoir l'imprudent; aussi éprouvais-je toujours cette émotion intérieure qui naît du sentiment et de la vue d'un péril constant. Il est vrai que toutes les parties n'offraient pas les mêmes difficultés, et que le lac, en n'ajoutant rien au danger, ne faisait qu'agir sur l'imagination; les durs rochers qui le précédaient étaient bien assez

C'est ainsi que je passai une mortelle heure, jusqu'à ce qu'étant parvenu assez bas pour juger qu'il n'y avait pas d'obstacles invincibles entre moi et la neige, mes incertitudes cruelles, mes anxiétés se calmèrent; et, redoublant d'efforts, je me trouvai enfin au pied du couloir, où je n'avais pas prévu que le dernier pas, sans être périlleux, serait difficile encore Le bord de la neige, redressé en crête aiguë, était séparé du roc par une cavité de six à sept pieds de large et profonde. Il me fallut y descendre et en suivre le fond, jusqu'à ce qu'étant devenue plus étroite, je pus enfin accomplir le dernier de mes travaux et sortir de cette ornière glacée. Je m'élance donc, et je saute sur la neige avec la même joie que le naufragé qui parvient à saisir la corde de salut, et qui pour moi ne peut être comparée qu'à celle que j'éprouvai jadis lorsque imprudemment séparé, moi troisième, d'une troupe curieuse, et totalement fourvoyés, après avoir passé de longues heures à errer sous l'inextricable dédale des souterrains étendus sous Paris, où le bruit de nos pas résonnait seul sous de tristes voûtes, et par intervalle les roulements des voitures qui fuyaient joyeusement à 60 pieds sur nos têtes, nous nous trouvâmes tout à coup au fond d'un de ces puits changés en escalier qui remontent au jour; ou lorsque, encore, perdu avec de jeunes camarades dans les interminables cavernes de la grotte de Sorèze, le hasard nous fit retrouver enfin l'indice sauveur qui nous ramena sous la voûte du ciel, où les étoiles avaient déjà remplacé le soleil presque naissant qui nous avait vus entrer dans ce monde souterrain. Je n'avais plus de fatigue; je me mis à pousser des cris et à courir vers mes compagnons, dont j'étais séparé par le diamètre du lac. Cette fois ils m'aperçurent sur la neige et ne pouvaient concevoir d'où je sortais, à l'aspect des épouvantables escarpements qui partout s'élevaient. Ils me firent part à leur tour de leurs inquiétudes, qui n'étaient suspendues que par les cris que je poussais de temps à autre, sans qu'ils pussent découvrir où j'étais, la répercussion des sons par les rochers et l'agitation de l'air en faisant varier la direction. Je réparai mes forces pendant que les guides rassemblaient les chevaux, riant le premier du piteux résultat de mon goût pour les découvertes, mais jurant *in petto* de ne plus me laisser séduire à des dehors gracieux. Que d'autres s'y sont pris après de tels serments, et le mien n'eut guère plus d'effet.

A Tou, où nous nous arrêtâmes pour boire du lait frais, les pasteurs étaient très inquiets de quelques vaches qui s'étaient aventurées sur une pente herbue du pic du Tourmalet, fortement inclinée au-dessus d'escarpements. Ils craignaient qu'en se retournant elles ne se précipitassent, ce qui n'arrive que trop souvent dans de tels lieux. Deux d'entr'eux s'étaient détachés, et nous les voyions user de toute leur agilité pour gravir vers les vaches, pendant que les autres, de toute la force de leurs poumons, criaient *a-rdou dé-ròo!.....* pour écarter le reste du troupeau de la même route. Ne pouvant faire autre chose pour ces bonnes gens, nous nous mîmes à crier avec eux en marchant, et tous les échos d'Espade répétèrent longtemps *a-rdou de-ròo!!....*

CHAPITRE VI.

Etude des plantes. — Pic d'Ereslids. — Pic d'Asblancs. — Lac de Lhéou.

Les autres monts du Bastan, tristes et repoussants par leur nudité, auront encore de l'intérêt pour ceux qui voudront s'élever jusqu'à leurs âpres cimes. Le botaniste qui a besoin de ménager ses forces, pourra aller sur le Casaou-d'Estibe au-dessus de Betpoey, premier gradin du Bugaret, faire une ample moisson de plantes sous-alpines ; mais plus heureux celui qui, dans les premiers mois d'été, pourra escalader les hauteurs d'Ereslids ou d'Asblancs, parées alors de tout l'éclat du printemps. Que de plaisirs l'attendent sur ces étages supérieurs, de loin si dépouillés, alors que tous les rochers, toutes les pelouses y sont émaillées par la flore des montagnes, dont les vives nuances brillent sur un gazon que n'ont jamais souillé la poussière et les impures exhalaisons des plaines.

L'intérêt qu'offre l'étude des plantes ne consiste pas seulement dans la variété, la grâce des formes et la vivacité des couleurs; mais son plus grand attrait résulte peut-être de leur histoire physique. Quelle foule de sujets curieux présente cette aimable partie de l'histoire naturelle : la graine confiée à la terre et son développement, les âges divers de la plante, les maladies qu'elle peut éprouver et l'effet de ses blessures, tous les détails de son économie et de son organisation, ses racines, qui paraissent avoir des appétits et des aversions; ses rameaux qui, comme elles dans la terre, puisent dans l'air les principes nutritifs; les fleurs, ornement stérile pour le vulgaire, et organe de la reproduction pour le naturaliste; les fruits, asile maternel où les semences se forment et sont protégées; les feuilles, qui sous le soleil rendent à la circulation ce gaz précieux et toujours consommé, sans lequel il n'y a ni flamme ni vie; enfin les rapports du végétal avec l'atmosphère; l'influence de la lumière qui l'excite et le ranime; ses langueurs sous la cloche où il s'étiole comme la beauté sous les lambris, ses harmonies, en un mot, avec tout ce qui l'environne. Tous ces phénomènes de la physique végétale, sujets de recherches et d'observations, laissent entrevoir tout le plaisir que promet leur étude.

Mais à ne considérer la botanique que comme une science d'agrément, que de motifs réunis pour lui consacrer quelques instants. Quoi de plus riant et de plus gracieux dans la nature que cette multitude de végétaux qui lui forment comme à l'envi, une parure variée et toujours renaissante? L'homme même le plus inculte ne peut jeter les yeux sur une belle prairie, sur un bois qu'ornent des fleurs sauvages, sans ressentir je ne sais quel plaisir doux qu'on chercherait vainement ailleurs. Que sera-ce de celui qui y portera un œil éclairé par la science? Et que de jouissances lui seront réservées s'il s'élève sur ces montagnes, sur ces sommets infréquentés où la flore alpestre l'attend pour l'éblouir de son vif coloris, de ses formes et de ses beautés nouvelles! Ici c'est une plante non encore observée, vraie conquête dont il assigne déjà la place parmi les végétaux ; là, c'est une espèce depuis longtemps oubliée qui se représente tout à coup comme un vieil ami avec ses longs souvenirs. Les saisons dans leurs cours, les climats divers, chaque terrain même, lui offrent sans cesse de mobiles tableaux, et les lieux les plus déserts, les plus sauvages ont des charmes pour lui, car c'est là le plus souvent qu'il trouve les dédommagements de ses fatigues. Au milieu de la solitude la plus abandonnée, enfin, les plantes sont toujours pour le botaniste un agréable cortége, et dans ses longues excursions la santé, comme l'esprit, le corps et l'intelligence, trouvent une source jamais tarie d'aimables impressions et de bien-être.

Le mois de juillet est l'époque de l'année la plus favorable pour voir dans leur parure les hauteurs du Bastan. Les beaux panaches de la grande saxifrage et les touffes rouges des primevères alpines ornent tous les rochers. Dans les lieux humides autour de la saxifrage aquatique et de la simple parnassie, se groupent les pédiculaires, les grassettes et les bartsies, dont les corolles pourprées contrastent avec le blanc pur des premières ; et sur toutes les pentes, du milieu des arbousiers et des genièvres qui à chaque pas répandent en l'air des nuages de pollen, au-dessus des arniques au disque doré et des élégantes anémones, les grandes gentianes montrent de loin leurs verticiles jaunes auprès du vératre qui, fier d'être la plus haute plante des montagnes, balance orgueilleusement ses longs thyrses verts. Mais la plus aimable de tout ce cortége de la flore des hauts lieux, celle qui, pareille à la vertu modeste, semble vouloir se dérober aux regards ou plutôt à la beauté coquette qui ne se cache à demi que pour exciter à la chercher, c'est la rose des Pyrénées, dont le vif incarnat brille sous le gazon. Si elle est la plus humble des roses, elle peut du moins le disputer en éclat à la plus belle de ses sœurs. Combien d'ailleurs n'est-elle pas dédommagée de son humilité par une faveur précieuse que la nature accorde à elle seule, par le privilége fabuleux d'être sans épines. Cette fleur charmante, qu'un axiôme de morale nous présente comme chimérique, dont le vulgaire ne parle que comme d'un être imaginaire, ne se trouve jamais, en effet, dans l'atmosphère épais et corrompu des plaines. C'est aux cimes des Alpes ou des Pyrénées que pour la cueillir il faut s'élever à travers mille fatigues, dans ces régions éthérées où l'on ne respire qu'un air pur, où l'âme ne se nourrit que de hautes pensées. De quels moyens la nature ne se sert-elle pas pour se dévoiler à ceux qui l'observent, et n'est-ce pas une grande leçon qu'elle a voulu nous donner?

De quel plaisir fut pour moi sa première découverte! C'était sur le pic d'Ereslids, ou la Piquette, non moins célèbre à Barèges par la variété de ses minéraux que par le grand nombre de ses plantes. Par une belle matinée de juin, j'y montai avec quelques curieux. Après une station obligée à la jolie fontaine qui découle de ses premiers rochers, nous entreprîmes étourdiment d'escalader en droite ligne la montagne, là où, jusqu'à la cime, elle est d'une forte inclinaison, sans nul point de repos. De longues arêtes la partagent régulièrement en plusieurs couloirs herbeux où l'on gravit en s'aidant des mains autant que des pieds, au-dessus de précipices de plus en plus approfondis. Après un ressaut scabreux, nous nous trouvâmes à la base d'un nouveau couloir, plus large et moins rapide, dont l'aspect nous enchanta ; ce ravin, depuis longtemps en repos, avait pris la forme d'un berceau de verdure où quantité de plantes étaient dans tout l'éclat de leur floraison. Les miosotes, les petites gentianes et les centaurées ressemblaient à des saphirs sur le gazon, à côté des renoncules et des anémones blanches ou soufrées; et les aconits, les bénoites, les arniques, opposaient l'or de leurs pétales au rose vif des silénés et des thimélées dont le parfum suave dominait. Mais la reine de ce parterre alpestre, c'était la rose des Pyrénées : quoiqu'à demi cachée sous l'herbe, elle y brillait parmi les autres fleurs; les yeux se plaisaient à l'y chercher, et s'y reposaient avec charme.

C'est le seul lieu des environs de Barèges où j'aie trouvé la renoncule *thora*, petite plante remarquable en ce qu'elle n'a qu'une feuille et une fleur jaune, et par sa qualité vénéneuse, dont les peuples du Nord faisaient, dit-on, usage pour empoisonner leurs flèches; mais ici la nature avait mis le remède à côté du mal en la faisant croître auprès de l'aconit *anthora,* qui, quoique vénéneux lui-même, passait pour son antidote, ainsi que son nom l'indique.

La Piquette appartient à ce chaînon de transition, qui est devenu le premier revêtement de l'axe granitique après avoir fait partie de l'ancienne écorce brisée et redressée par l'évulsion de Neouvieille ; et ce redressement a été complet, car sur plusieurs points de ses flancs, du côté d'Escoubous surtout, les couches nettes et distinctes comme des rubans parallèles, sont sensiblement verticales. C'est la mine d'où sortaient la plupart des cristaux que le vieux Pontis a si longtemps vendus aux étrangers, et que ses successeurs vont y chercher encore. J'y ai recueilli, outre le cristal de roche, l'amianthe, l'asbeste et la chlorite, qui y sont très communes ; l'axinite ou schorl violet, le thallite ou schorl vert, la prehnite, l'adulaire, la stilbite, les grenats noirs, rouges et blancs, et plusieurs autres espèces ; mais leurs gîtes, toujours dans les flancs de ses longues arêtes et suspendus sur d'effrayantes profondeurs, sont très dangereux à atteindre. De la cime qui plonge sur les régions désolées d'Escoubous et d'Aiguecluse, on a d'ailleurs les mêmes vues que de l'Ayré, excepté sur Neouvieille, dont on découvre une moins grande étendue à cause du pic d'Escoubous qui la cache en partie.

J'achèverai de faire connaître les montagnes qui ceignent Barèges en m'élevant sur cette masse abrupte qui le domine au nord, d'où descendent ces terribles lavanges qui chaque printemps le menacent d'une destruction totale. Le pic de Lavas-Blancs ou d'Asblancs, qui la couronne, point saillant du contrefort qui de la butte de Sers, par des ressauts multipliés, atteint rapidement une grande hauteur, d'où il gagne le plan d'Aube par des crêtes profondément sillonnées qui, vues de la plaine, paraissent sur la même ligne que le Pic-du-Midi qu'elles appuient, a souvent été pour moi un champ fertile d'herborisations et présente au curieux une vue qui ne le cède qu'à ce dernier. Impatient de sortir du triste ravin des bains, je montais avant le jour les étroits sentiers sans cesse effacés sur ses flancs en ruine, et je me reposais en foulant les prairies de Couratgé, à l'heure où la terre se dégage des ténèbres, et où le diligent montagnard commence à animer ces plateaux. L'habitant des Pyrénées, habile dans l'art de l'irrigation sans autre maître que l'expérience, a le coup d'œil sûr pour trouver les niveaux sur les pentes les plus tourmentées. De chaque ravin il dérive un cours d'eau qu'il dirige presque horizontalement le long de la limite supérieure des terrains dont la déclivité est assez douce pour partir des prairies, et de ce canal principal, entretenu avec soin, sortent des filets d'eau subdivisés à volonté au moyen d'ardoises mises de champ. Par ces simples manœuvres, toutes les parties de ces prés sont couvertes d'eau dès que les foins sont fauchés, et une herbe nouvelle, fraîche et vigoureuse, les pare de nouveau au bout de quelques jours. Il en est qu'on peut ainsi faucher jusqu'à quatre fois. Plus haut, les pentes toujours plus redressées sont abandonnées à la nature et aux troupeaux. La fatigue y commence, ainsi que les plaisirs du botaniste ami des fleurs sauvages. C'est ici qu'à l'entour du solstice leurs tribus diverses charment ses yeux : les unes brillent sur le gazon vif et serré qu'elles parfument, ou, amies de l'eau, trahissent de loin une source naissante, et d'autres du milieu des pierrailles que la mousse envahit, élèvent leurs têtes d'or et d'azur ou se balancent au vent comme la potentille et la belle saxifrage sur les étages des escarpements.

Au bout d'une heure d'une rude montée ses masses se reculant un peu, laissent voir quelques formes adoucies et des ondulations dont la verdure repose les yeux. C'est là que naissent les deux ravins qui vomissent les lavanges. Ces vastes ornières qui sillonnent la montagne, s'évasent en entonnoirs dont les parois voient partir les premières pelotes de neige qui, croissant dans leur chute de masse et de vitesse, vont tout écraser au fond. Ce qui peut donner une idée de la puissance de ces terribles éboulements tombés d'une hauteur de 300 toises, c'est la violence de l'air qu'ils chassent devant eux. La dernière fois que la maison Ducos fut détruite, on trouva des meubles et d'autres objets assez haut dans les bois, sur la pente opposée. Ainsi, avant le choc même de l'avalanche, la maison avait été renversée et ses débris dispersés comme par l'effet d'une trombe.

Dans un des vallons supérieurs, moins rempli de verdure que de pierres et de neige, était un troupeau. A sa couleur fauve, à ses formes lestes, j'y distinguai un isard paissant tranquillement avec les moutons, loin des chiens et des pasteurs. Ses jambes hautes et sèches, son corps effilé et sa petite tête ornée de deux jolies cornes droites dont la courbure est rejetée en arrière, donnent à l'isard beaucoup de grâce et annoncent son agilité. Dès qu'il m'aperçut, il partit comme un trait. Sa course n'était qu'une suite de bonds précipités et en peu d'instants il fut hors de vue. Une autre fois, pendant que je me reposais dans les mêmes lieux, un vautour vint se percher sur une pointe du roc au-dessus de ma tête. Immobile et respirant à peine, je contemplai longtemps ce tyran des airs, qui ne se plaît que sur les hauteurs inhabitées, où il vient à loisir dévorer sa proie. Je vis sa tête chauve, son fort bec, ses serres redoutables et ses grandes ailes qu'il étendait en s'épluchant paresseusement au soleil dans une entière sécurité. Les vautours des Pyrénées sont moins grands que les lemmer-geyers des Alpes, qui sont probablement de la même espèce que les condors des Andes; ceux-ci d'une couleur plus foncée, dépassent douze pieds d'envergure, et paraissent avoir les mêmes mœurs. Ces terribles oiseaux, plus grands et plus forts que les aigles, n'habitent que les parties désertes des plus hautes chaînes du globe, où ceux-ci se montrent rarement. Dans les Andes le séjour habituel des condors est entre 1,600 et 3,000 toises; mais ils parcourent tous les climats et s'élèvent à une grande hauteur dans l'atmosphère. Ce sont probablement les animaux qui peuvent à leur gré (sans être poussés de force par les courants ascendants, comme il arrive aux insectes) s'éloigner le plus de la terre et vivre dans ces couches supérieures où l'air est prodigieusement dilaté.

A la suite de l'isard traversant le troupeau, je parvins sur des hauteurs d'où rien ne me cachait plus la vue de la cime de la montagne, qui était une crête inégale de rochers très escarpés. J'en restais encore séparé par une vaste combe couverte de débris où quelques tapis de neige étaient les restes de l'amas qui naguère la remplissait toute entière. Sur ces tristes masses, livrées à la destruction, la flore alpine venait encore réjouir les yeux ; j'y trouvai une jolie arétie à fleurs jaunes, assez rare dans ces cantons. En revenant de la cueillir dans les anfractuosités d'une saillie où elle brillait au soleil, quelques fragments éboulés sous mes pieds firent partir au-dessous de moi deux autres isards que je n'avais pas aperçus, et qui sont devenus rares sur ces hauteurs, où il leur reste peu d'asiles. J'avais enfin couronné le pic lui-même, la roche culminante qui commande aux versants naguères très boisés de Beaudéan. Un ciel serein m'avait fait espérer une belle vue de la plaine, mais elle était couverte d'une étendue sans bornes de vapeurs immobiles et mamelonnées ; désappointement qui arrive souvent, et que rien du fond des vallées ne peut faire prévoir. Bagnères même à mes pieds, restait caché sous le voile immense. L'aspect des montagnes était très beau, quoique beaucoup moins étendu que du Pic-du-Midi. A l'ouest, dans un roc énorme dressé à ma hauteur comme un gigantesque boulevard, et liant le pic d'Asblancs au mont Saint-Augustin, s'ouvrait la profonde coupure de Pène-Taillade, une des plus étranges portes, visible de vingt lieues, que puisse passer le berger des Pyrénées. Sous le pic, le petit lac de Lhéou, se déversant de sa haute plate-forme dans le vallon de Beaudéan, me montrait ses eaux bleues, tranquilles et les molles pelouses qui les cernent plus douces à l'œil sous tant de masses décharnées.

Sur le petit espace de la cime où je reposais, avait poussé une touffe de l'armoise des rochers dont l'odeur aromatique est des plus suaves. C'est une des plantes que les bergers suisses appellent *génipi*, qui pour eux ont toutes les vertus. La fatigue d'une longue ascension eût suffi pour rendre le repos bien doux, et je jouissais en même temps d'un spectacle toujours beau dans son étrangeté. A demi-couché près de l'armoise, j'en respirais les parfums avec un air vif et tonique, tandis que mes yeux erraient sur les pics et sur les neiges, depuis celui du Midi jusqu'aux noires murailles de la brèche, ou à la coupole aérienne du Mont-Perdu ; depuis les cimes brillantes de la Garonne, visibles par l'ouverture du Tourmalet, jusqu'aux fleurons inaccessibles de Vignemale.

Toutes ces masses, où le temps s'exerce sans relâche, plus ou moins élevées que mon horizon, je me les représentais comme les restes d'un long plateau soulevé par la puissance sans limite des fluides souterrains, et dès le premier jet ébauché dans ses formes; attaqué ensuite par les météores et les eaux, qui n'ont cessé de sillonner ses flancs, d'approfondir ses vallées et d'aiguiser ses mille pics. Si je portais mes regards sur cette mer mamelonnée, qui des bornes de l'horizon s'avançait jusqu'à moi, s'ouvrant par intervalles pour me donner de courtes visions du monde éloigné qu'elle cachait, j'étais comme un naufragé sur une côte inhospitalière et sauvage, où rien ne m'annonçait la présence ni les secours de mes semblables; puis, la face tournée vers le ciel, je m'abandonnais à une rêverie vague, où je repassais confusément cette foule d'impressions qui s'étaient succédées. Si le sentiment de ma position sur un pic sourcilleux s'affaiblissait par moments, la vue des glaces de Neouvieille ou de la pointe du Mont-Aigu environné de vagues aériennes, ranimait mes singulières sensations, et je me plaisais à retomber dans une méditation sans but comme sans objet défini. Ce voile vaporeux avec ses clartés variables, qui par temps m'enveloppait tout entier, avait un charme secret. C'était comme la transition du monde des sens au monde des idées et des émotions que l'image de l'inconnu, de l'infini, ne manque jamais de réveiller.

What dreadful pleasure, there to stand sublime,
Like shipwrecked mariner on desart Coast,
And view th'enormous waste of vapours, tost
In billows, lengthening to th' horizon round,
Now scooped in gulfs, with mountains now embossed !... Beattie.

Je descendis au lac et me délassai en foulant le gazon fin et serré qu'il baigne jusqu'à la terrasse d'où son *couret* plonge sur les vallons de Lesponne, et, achevant de le contourner, je repassai la crête par une petite brèche à l'est. De là, évitant la grande combe, je gagnai d'écharpe, par une descente rapide, la partie inférieure du long contrefort de Sers. De ce plateau herbeux où des vératres, l'ellébore des Anciens, croissent à hauteur d'homme, j'eus une rare vision : les nuages de la plaine avaient pénétré dans les vallées, et en flocons isolés rampaient dans les fonds. Le soleil s'abaissait à ma droite, et à gauche, mon ombre se projettait sur un de ces nuages, où j'aperçus un iris formant le cercle entier, excepté au point le plus près où il était interrompu par l'ombre de mon corps, prolongée jusqu'au centre. Saussure en a vu un semblable du haut du Salève. Ce n'est que dans les montagnes qu'on peut voir des iris entiers; et il est rare que le soleil, l'observateur et le nuage soient dans les situations relatives nécessaires pour produire cet effet d'optique.

Je suis remonté au pic d'Asblancs par le contrefort de Sers avec un habitué des montagnes dans des circonstances bien différentes : c'était aux premiers jours de juin, alors que tout sur les hauteurs était encombré de neiges. Ce ne fut qu'après des peines infinies pour surmonter les sourcilleux gradins qui s'y succèdent, au travers de ces neiges et de brouillards glacés, qu'à la faveur de quelques éclaircis pour nous reconnaître, nous parvînmes à nous asseoir enfin sur cette cime sans autre plaisir que celui de l'obstacle vaincu, et de la persévérance couronnée. Plus de plantes alpines, plus de doux repos à côté d'une armoise odorante, et sous un beau soleil éclairant les montagnes; un voile impénétrable en dérobait la vaste étendue. A peine par moments les nues entr'ouvertes nous laissaient voir quelques masses voisines, toutes revêtues de la livrée de l'hiver. Leurs pitons noirs au milieu des neiges, tandis que l'atmosphère roulait sur nos têtes et partout, ses vapeurs immenses composaient un spectacle extraordinaire mais sublime C'était comme les forces de la nature s'agitant dans le chaos pour le débrouiller. Transporté des régions qui lui sont propres, que l'homme se sent faible dans de tels déserts abandonnés au choc des éléments. Cependant alors l'atmosphère n'était qu'en mouvement, poussée par un léger courant d'air, et les couches inférieures étaient presque calmes. Que doit ce être lorsque les autans déchaînés assiégent ces rocs inébranlables, lorsque le terrible sud-ouest y pousse avec fureur toutes les vapeurs de l'Océan? Il n'est pas donné à l'homme de voir de tels conflits; sa vie n'y résisterait pas.

L'habitant des plaines ne peut se faire une idée des mouvements de l'atmosphère. Les phénomènes s'y passent trop loin de lui, et les nuages lui semblent presque toujours mus par une impulsion unique; mais lorsque sur un mont élevé on se trouve au centre de ses diverses couches, on peut juger de son excessive mobilité. Il semblait que dix vents différents régnassent à la fois, et les vapeurs circulaient dans toutes les directions comme obéissant à une agitation intérieure. Tant de causes indépendantes entr'elles agissent sur l'atmosphère que ses fluctuations doivent varier à l'infini. Les efforts si souvent renouvelés pour prédire les phénomènes de la météorologie par l'analogie du passé, seront toujours inutiles, parce qu'ils dépendent d'éléments inappréciables dans leurs variations continuelles et très compliquées, qui ne peuvent ainsi être soumis au calcul. Leur principale cause est dans l'action de la chaleur sur les mollécules atmosphériques; mais la zone de l'échauffement direct n'est jamais la même pendant une longue suite de siècles, la précession des équinoxes ne ramenant le soleil et la terre aux mêmes points qu'après plusieurs milliers d'années. Les variations de l'écliptique, qui contribuent à faire changer cette zone, sont encore plus lentes; et en supposant qu'on eût un jour des observations assez anciennes, il faudrait, pour qu'elles fussent applicables, que la surface des terres, des mers et des montagnes n'eût pas été modifiée dans ce laps de temps, car ce sont des éléments essentiels. D'après cela, les seules inductions que l'on puisse raisonnablement déduire des rapports du passé à l'état actuel, se réduisent à des probabilités très générales. La descente fut facile et prompte sur la neige qui remplissait le vallon jusqu'à la hauteur du plateau des vératres.

CHAPITRE VII.

Pic de Bergonz — Vue de la haute chaîne calcaire. — Fourche du Brada.

Le site charmant de Saint-Sauveur s'est rapidement embelli : un pont en marbre ne laisse plus regretter celui que l'orage de 1788 emporta, et des rampes faciles ont remplacé la rude montée que redoutait le voiturin ; d'élégantes maisons occupent la place des rochers ; sous la terrasse, un jardin anglais a remplacé une prairie nue, d'où, par un sentier dans le roc, le promeneur peut descendre au fond du magnifique précipice où le gave rugit sous le pont Gontaud, qui a consacré un nom vénéré dans ces montagnes. Les eaux thermales y surgissent du granit que recouvre un schiste argileux carbonné, et sont au degré tempéré. L'œil n'y est point attristé, comme à Barèges, par des maux repoussants, parce que ses eaux éminemment douces et propres aux affections nerveuses, n'y attirent que les classes supérieures qui en ont fait leur apanage, partout suivies de jouissances sociales. Mais ce ne sont pas de tels plaisirs que j'étais venu chercher à Saint-Sauveur : vieil ami des montagnes, elles seules m'y avaient attiré. J'avais le projet de visiter cette belle masse de hauteurs granitiques qui séparent Luz de Cauteretz, coupée de lacs et de vallons alpestres.

Des chaleurs excessives, qui même à Saint-Sauveur faisaient monter le baromètre à 30°, m'ayant interdit des courses aussi pénibles, je me bornai aux excursions du matin et du soir dans ces lieux privilégiés où le gràcieux, le grandiose et le terrible, toujours mariés sous le même coup-d'œil, offrent à l'ami de la nature un intérêt dont il ne peut se lasser. Tantôt du haut de Moura, le dernier de ces mamelons escarpés qui dans leurs intervalles renferment des prairies ombreuses et d'agrestes habitations, nous allions contempler les grandeurs sauvages qui succèdent à ces retraites romantiques dans la gorge fameuse où circulent ensemble le pélerin et l'Espagnol, imposante avenue de monts du premier ordre et que terminent pittoresquement les fleurons des pastorales montagnes d'Estaubé, où la neige et les glaces brillent en tout temps; et tantôt de la butte de Saint-Pierre ou du roc qui, à l'opposite, porte les tours de Sainte-Marie, nous nous plaisions à suivre de l'œil la ville de Luz, son bassin verdoyant, ses routes toujours animées et tous les villages attachés aux berges des masses colossales qui le cernent de partout. D'autres fois, mollement en repos sur les pelouses de cet âpre monticule dont en face des bains le gave ronge le pied, ou sous les beaux ombrages de Sassis, qui conserve encore des souvenirs des infortunés chevaliers du Temple, jadis puissants dans ces vallées, nous allions goûter dans une atmosphère attiédie et sous de frais zéphirs qu'entretenait la rapidité du gave, ce *far niente* précieux aux peuples qui vivent sous un soleil ardent, ou plutôt ce bonheur partout apprécié d'être pour quelques instants *procul à negotiis*. Si le désir de plus fortes émotions nous amenait sur la route de Gavarnie, arrêtés sur la corniche de l'Echelle, nous pouvions jouir du sentiment d'effroi qu'inspirent ses précipices sur des gouffres toujours grondants, et dont les murailles noires se décoraient de grandes saxifrages que le vent du torrent ne pouvait laisser en repos. L'écho voisin n'échappait pas à nos importunités; et si, poussant la promenade jusqu'au pont de Sia, dont le site, riche en grands traits, a vu souvent le peintre, nous venions à rencontrer quelqu'un de ces troupeaux voyageurs précédés du fracas de cent clochettes, qui descendent périodiquement d'Ossoue, de Troumouse et d'Estaubé pour déposer leurs toisons aux villages, forcés de lui abandonner la voie périlleuse, quelque rocher était notre refuge. Là venaient défiler sous nos yeux ses longues bandes, ayant en tête le chien hardi et défiant avec le berger-chef postérieurement muni du petit sac à sel qu'implore souvent le mouton favori, suivi de ses aides ou du jeune pâtre qui fait son premier voyage à la montagne; caravane pastorale qui reporte la pensée à ces temps reculés, à ces mœurs paisibles et uniformes des sociétés qui commençaient. Quelquefois, nous laissant trop aller aux charmes d'une belle soirée, la nuit venait à nous surprendre loin encore du pas de l'Echelle et ne nous laissait plus voir que des masses gigantesques projetées sur un ciel étoilé. Cette première heure d'obscurité et de silence, après un beau jour, fait sentir partout sa douce influence en disposant aux réflexions du passé, aux épanchements de la confiance; mais au sein des hautes montagnes où, sous le voile de la nuit, tout s'est revêtu d'une grandeur fantastique, où la solitude se remplit du bruit confus des torrents, l'âme se sent plus émue, et les méditations s'y portent sans effort à ces sujets abstraits qui toujours planent sur l'esprit humain. Revenus en face de Saint-Sauveur, ce groupe d'habitations vivement éclairées et les sons bruyants qui parfois s'en échappent, en rappelant tout ce qui y est réuni, colonie élégante transportée comme par enchantement au milieu des pasteurs et de leur âpre nature, font contraste avec l'impression des lieux et de la nuit, et ressemblent à ces tons discords qui viennent troubler une vaste harmonie.

Je montai cependant au Bergonz, qui, quoique peu élevé, est heureusement placé pour observer la crête des Hautes-Pyrénées et toutes les dépendances du Marboré, comme pour faire une reconnaissance du haut chaînon de Saint-Sauveur, désert alpestre dont l'œil peut suivre à loisir les dédales sinueux. C'est une des promenades ordinaires des curieux qui peuvent aller à cheval jusqu'à sa cime, en passant par Villenave et par les hautes prairies de l'Estibe de Luz. Dédaignant cette grande route, je l'attaquai du côté de Saint-Sauveur, où les flancs de la montagne ne sont qu'un vaste arrachement à partir du sommet. Les pentes y sont rapides, mais faciles; ce n'est qu'au-dessus du pas de l'Echelle qu'elles deviennent inaccessibles

Je passai le pont Gontaud, éclairé par la lune; sa pâle lumière, qui ne pouvait dissiper toutes les ténèbres de ce site profond et les roulements du gave, au milieu de la nuit, le rendaient plus mystérieux, plus romantique encore. Je n'étais pas seul si matinal: sur la route de Gavarnie, je joignis des troupeaux qui, après avoir déposé leur laine, regagnaient à grand bruit les succulents pâturages des hautes vallées. Egaré ensuite au milieu des petits champs et des haies de Cabanious, ce ne fut que plus haut que les indications d'un pasteur qui, avec ses moutons, bivouaquait sur la montagne, me remirent sur la bonne voie. Les lueurs de l'aube m'atteignirent enfin au taillis où sont les maigres sources du Rieu-Maou, qui dans les temps d'orage devient un bas torrent irrésistible ; et après de nombreux et courts lacets, j'atteignis le plateau habité de Bué, où, grâce à un peu d'eau, on a pu établir quelques prairies. Je passai rapidement devant ces granges, où du lait me fut offert à l'envi, et plus haut des pentes uniformes et continues semblent déjà faire toucher aux cimes, quoiqu'on ne soit qu'à mi-hauteur. Louvoyant sans cesse sur ces interminables glacis que le défaut d'arrosement plutôt que leur inclinaison, a fait abandonner au parcours, le temps m'eût paru long si en face des belles sommités de Saint-Sauveur, dont les neiges commençaient à se dorer sous le soleil, je n'eusse pu déjà en faire la reconnaissance. Sur la plus haute arête, ce petit vent d'est qui le suit à son lever, devenu plus piquant, me fit trouver douce l'influence de ces rayons qui, plus tard, devaient embraser l'atmosphère. Au revers, l'Estibe de Luz animée de ses nombreux faucheurs, et le vallon de Lise, partout ravins et éboulements jusqu'aux crêtes du Brada et du Bugaret, arrêtent un instant les yeux au pied du mamelon qui est la cime.

Je foule rapidement un gazon tout émaillé ; les montagnes méridionales m'apparaissent, et je me trouve en vue d'un des plus intéressants tableaux des Pyrénées. Il était cinq heures ; j'en avais mis trois à monter. Je m'assis pour dessiner la crête calcaire sur une touffe d'arbousier, un peu au-dessous de la cime, à l'origine de ces longs escarpements qui plongent jusqu'au gave dans la partie la plus sauvage de sa gorge, entre l'Echelle et Sia. Une herbe épaisse croît dans ces précipices, mais on éloigne les troupeaux de ces dangereux herbages, où même la chèvre aventureuse, au pied si sûr, n'ose se hasarder. Je n'y aperçus que quelques corneilles rasant le sol de leur vol uniforme. Du Bergons, placé sur le grand axe granitique et très rapproché de la protubérance calcaire, on peut saisir l'ensemble et la liaison de cet immense amas, où toutes les formations sédimentaires sont confondues, et dont le Mont-Perdu et Vignemale sont les points culminants, comme de toutes les Hautes-Pyrénées. Dernière cime d'un des contreforts de Neouvieille, il s'y lie, par une suite de ressauts devenus autant de monts séparés, le Brada, le Maucaperat et le Bugaret, qui portent toujours plus haut les premières couches de la croûte fracturée dont le granit est resté recouvert entre les deux centres d'évulsions voisines, Neouvieille et Santché. Le premier, auquel il tient par un long col herbeux, offre une singularité de forme : deux pains de sucre élancés et d'égale hauteur, laissent entre eux une porte gigantesque qui a reçu des pasteurs le nom de *Fourche du Brada.* Je savais que l'abord en est possible quoique très difficile, et je formai le projet de l'atteindre.

A l'opposite paraissent dans leur ensemble les sommités granitiques du chaînon de Saint-Sauveur. Au-dessus des bois qui couvrent ses bases et de la zone aride qui leur succède, ce n'est que crêtes dentelées et pics drapés de neige, entremêlés d'immenses débris, et le tout couronné des cimes les plus fières, Ardiden, Candemil, Santché. Si de ces roches détachées sur le ciel la vue descend, on est frappé de la profondeur de la gorge de Pragnères, où les berges riantes de Sia et d'Ayrus ressemblent à des broderies à la lisière des bois. Le vallon de Cestrède, creusé dans ces masses, s'élève rapidement entre le Castillon et les croupes du Saougué, vers d'autres monts de même rang dont les âpres intervalles, rarement fréquentés, s'ouvrent par les plateaux d'Estom sur les vallées de Cauteretz. Le bassin de Gèdre n'est visible qu'en partie, et au-delà d'une monotone vallée, la fameuse cascade de Gavarnie se montre au bas des masses comme un ruban vertical. A gauche, dans l'intervalle qui désigne la vallée de Héas, de larges plateaux herbeux annoncent de nouvelles régions pastorales, et la vallée d'Estaubé qui les prolonge, laisse entrevoir un des plus beaux pâturages que recèlent les Pyrénées. Mais portons les yeux sur cette file de sourcilleux sommets qui les arrête au midi, de Troumouse au port de Gavarnie.

Depuis les crêtes de la Canaou, où le hardi contrebandier

a osé se frayer un passage, jusqu'à la montagne de Héas, dont la lourde masse flanque l'entrée d'Estaubé, une suite de monts tournent au nord de grands et uniformes escarpements dont les surfaces de roc vif réflétaient le soleil du matin, comme si quelque violente commotion en eût fait ébouler les cimes pour former ces plateaux. De la vallée d'Estaubé, cachée derrière le Coumélie, on ne voit que ses hauteurs de l'est les pics des Agudes, du Port vieux et d'Estaubé, jusqu'à la brêche du port de Pinède, profonde ouverture dans les murailles dont son cirque est formé, et qui, drapées à leur base de neiges et de glaciers, et déchirées en haut, s'élèvent toujours à l'ouest jusqu'à de longs glacis neigeux qui les continuent en apparence jusqu'au faîte même du Mont-Perdu. Les masses du Coumélie et du Piméné sont comme la base du large cône dont ce mont semble être le sommet, où deux terrasses chargées de glaciers indiqueraient seules qu'il appartient au système du Marboré. La coupole de neige qui le couronne descend à l'est en légers ressauts, et à l'opposite un large col le sépare de son rival, le Cylindre, tour énorme que recouvre toujours une blanche toiture, et où se projettent presque confondues les cimes de l'Astazou et du Pimené. A l'ouest s'étend cette haute plate-forme chargée de glaciers dont l'extrémité est le troisième de ces points culminants qui, vus plus distinctement d'Espagne, y ont reçu le nom de *las Tres Sorellas*. L'amphithéâtre du Marboré se présente ensuite tout entier, depuis le fond du cirque, d'où la neige ne disparaît jamais, jusqu'aux tours, aux murailles supérieures, et jusqu'à la brêche qu'a fait l'épée merveilleuse de Roland, avec les terrasses brillantes qui composent ses gigantesques gradins. Après cette brêche aérienne, la masse arrondie du Taillon, blanchie par étages, verse encore quelques glaciers dans le vallon du port, et les hauteurs plus humbles des Tourettes terminent la partie visible de la crête calcaire de cette longue suite de bancs formés sous les eaux, dont l'exaltation inusitée a été longtemps pour le géologue une inexplicable anomalie.

Un niveau fait voir que le pic de Bergonz se trouve à la hauteur du milieu de la cascade. En considérant les masses qui s'élèvent encore au-dessus, on n'est pas surpris que le Mont-Perdu le dépasse de près de 700 toises, et d'après ce qui paraît de la vallée d'Estaubé, on juge que le plan de cet horizon doit passer vers son milieu, car le port de Pinède est beaucoup plus haut On voit aussi combien cette vallée est supérieure à celle de Gavarnie, et le ressaut considérable qu'elle fait au-dessus de celle de Héas. Le Mont-Perdu, longtemps regardé comme le dominateur de la chaîne entière, n'a eu qu'une suprématie usurpée d'après les derniers travaux de l'infatigable Reboul, qui donnent au pic de Nethou de la Maladette 1787 toises, et au pic oriental qui est le plus élevé de tout le système, 1837, tandis que Ramond, dans l'appréciation la plus favorable, n'en donne au Mont-Perdu que 1763 ; différence, 74 toises.

Il est dans l'ordre physique le plus général, en effet, que les points culminants des chaînes se trouvent à leur centre, et la Maladette est placée à égale distance des deux mers. D'ailleurs, elle est toute granitique ; c'est la pierre angulaire de l'édifice primitif des montagnes, tandis que le Mont-Perdu et ses acolytes, où toutes les formations stratiformes sont mêlées et confondues, ne sont que des dépôts hétérogènes, dont le soulèvement n'a eu lieu que dans des révolutions postérieures. Masses énormes qui n'ont pu être accumulées qu'au sein des mers et soulevées par des forces d'une grande puissance, puisque tous ces débris entassés, toutes ces formations secondaires ont pu être portés plus haut que tant de fiers sommets, jusqu'alors dominateurs, le disputer même aux premiers de la chaîne. La Maladette a donc régné dans les Pyrénées avant que Troumouse, Vignemale et le Marboré ne fussent soulevés des eaux pour rivaliser avec elle, et le savant astronome qui vient de nous révéler sa hauteur n'a fait que la replacer au rang que la nature lui avait dès longtemps assigné.

De légers nuages commençaient à poindre çà et là ; je sentais que je n'avais pas de temps à perdre pour monter à la fourche du Brada avant qu'ils ne l'enveloppassent. Elle occupe le milieu d'un grand fer à cheval formé par le Bergonz et le Brada ; et dans le berceau intermédiaire, très enfoncé, est le pâturage de Bachevirou. Le Brada passe pour une des montagnes du canton où il est le plus dangereux de s'engager inconsidérément; il ne faut que porter les yeux sur ses interminables pentes où le roc est souvent à nu ou à pic pour en être convaincu. J'espérais cependant pouvoir tourner la fourche et descendre du côté de Lise ou de Pragnères; on verra combien je me trompais.

Au bas de la calotte du Bergonz, un petit rocher coupé par la route qui, de l'Estibe de Luz, traverse le col pour descendre au revers, a reçu des pasteurs le nom de *Pourtaou de Bachevirou*, comme la seule voie praticable pour atteindre ce pâturage, qui est inaccessible aux troupeaux par la gorge de Sia, où se précipite son petit ruisseau. J'y trouvai un jeune pâtre qui, le sac de peau de chèvre au dos, allait chercher pour le village la provision journalière de lait. Bachevirou était alors habité; j'embrassais d'un coup d'œil son arène de verdure depuis l'escarpement de Sia jusqu'aux neiges entassées sous la fourche, où des moutons, des vaches et des juments éparpillés animaient toutes ces pelouses dont les cabanes et les parcs rustiques occupaient le centre. La première moitié du chemin fut très facile sur des buttes herbeuses de plus en plus relevées, jusqu'à un promontoire de roc vif où commence cette longue arête, qui, montant rapidement, va former la corne septentrionale visible de Luz. Plus rapproché maintenant, je mesurais ces cornes colossales, toutes drapées de neige, et désespérai d'en surmonter les cimes, visiblement inaccessibles. Je bornai donc mes projets à atteindre le col qui les sépare. Là commence aussi une marche pénible et dangereuse sur une étroite lisière de roc nu fortement incliné entre les murs de l'arête et le bord de précipices ouverts sur les neiges, dont la partie haute de Bachevirou était remplie. Plus d'une fois, dans des situations critiques, je regrettai de m'être ainsi aventuré seul, mais le but toujours plus rapproché m'interdisait la retraite, et, sûr d'une tête à l'épreuve, je continuai avec ardeur.

Je touchais à la fourche, lorsqu'un roc à pic m'arrêta tout à coup; j'avais manqué la passe : il eût fallu, dès l'abord, se diriger plus bas sous les rochers. Une pente courte, d'une excessive rapidité, montant à une corniche située sous la pointe du nord, était la seule voie possible pour avancer. Je me décidai à l'escalader, afin d'observer de là les revers et déterminer ma marche ultérieure. La résolution eût été téméraire si j'eusse eu à choisir. J'examine froidement les lieux ; je trace de l'œil mes pas, et avec de la prudence j'atteints la corniche. Quel désappointement encore! Ce n'était qu'une saillie au-dessus d'un épouvantable profondeur versant dans une combe affluente de Lise, pleine de neige et de petits lacs. Tout autour, les crêtes schisteuses du Bugaret et du Maucapérat, dont le temps avait fait de hideuses ruines, ne me laissaient voir au-dessus d'elles que le cône tronqué de Neouvieille, une partie de son glacier et la cime hérissée du Pic Long. Ces aspects étaient affreux ; mais sur le Marboré et le chaînon de Saint-Sauveur, j'étais amplement dédommagé. Celui-ci, né à Pierefitte entre les deux gaves, monte rapidement au pic de Soulom et au pic de Viscos, moins remarquable par son élévation que par sa belle forme cônique, s'abaisse un moment au col de Lisey comme pour découvrir la tête du Mounné de Cauteretz, pour se relever à Perraute et aux sourcilleuses crêtes qui le prolongent, renfermant entre elles et les ressauts échelonnés de l'Ase, de Naou-Costes et d'Ardiden, le vallon qui débouche à Sazos, descendu de la masse supérieure de Candemil. Vient ensuite le vallon plus alpestre d'Aubiste, plongeant sur la gorge de Sia, entre les pics d'Aubiste, d'Ardiden et de Candemil d'une part, et ceux de Lithouese, de Bastempe et de Barbe-de-Bouc de l'autre, et du haut de vastes rampes de neige qui montent jusqu'au faîte de Santché, fier d'être la pierre angulaire d'un autre système d'évulsion en regard de celui de Neouvieille. Plus loin le vallon approfondi de Cestrède, s'ouvrant un passage dans tous ces monts qui environnent le lac d'Antarouy, va chercher son origine jusqu'aux versants de Lutour. Enfin, après les belles masses de Cestrède et de Mâle, le chaînon, forcé de se courber par les dépressions prolongées d'Aspet et d'Ossone, court se lier par les pics de Saougué, d'Estom et de Labas avec Poeymourou, appendice immédiat de Vignemale, dont il devient ainsi un des principaux contreforts. C'est par-dessus tous ces derniers que j'eus le plaisir de reconnaître sa tête culminante, ainsi que le Mont-Ferrant et le glacier intermédiaire, dernières saillies à l'ouest de la crête calcaire, visibles de 40 lieues. Je remarquai que la ligne du faîte du glacier, au lieu d'être à peu près de niveau, ainsi que je l'avais jugé de points trop rabaissés, était très inégale, et qu'il y existait au pied de la plus haute pène une forte dépression qui devait augmenter les difficultés de l'atteindre par cette voie ; mais au-delà, la tête de Cerbellona paraissait visiblement s'exhausser jusques bien près de la cime.

Si dès longtemps mes yeux n'eussent été accoutumés à voir sans émoi les profondeurs, j'eusse reculé à l'aspect de l'abîme au-dessus duquel mon observatoire était suspendu. De ce point, isolé de trois côtés dans les airs comme le nid d'un aigle, les fragments que je détachais se précipitaient de saillie en saillie jusque sur les talus de neiges, où ils bondissaient pour aller se perdre dans un lac à demi-glacé.

Toutes ces masses décrépites, ces rudes plans si nus de loin, n'étaient cependant pas entièrement dépouillés de vie. Il faut si peu de terre à la graine pour se développer, que la moindre fissure, la plus légère aspérité où le vent apporte de la poussière, suffit aux semences alpines pour se nourrir et croître. Des fleurs ornaient encore ces froides murailles, comme les talus jonchés de leurs débris.

Ainsi arrêté par l'impossibilité de faire un pas de plus, je n'avais d'autre parti que de revenir sur mes pas ; mais si l'ascension avait été difficile, la descente offrait plus de dangers. Attentif et prudent, je n'avançais qu'à pas très lents sur le premier talus et le long de l'interminable muraille où je ne fus pas une seconde sans la crainte d'aller visiter trop vite les neiges de Bachevirou. A chaque halte j'allais scrutant de l'œil ses anfractuosités pour y trouver le moyen de la franchir dans l'espoir d'avoir à son revers une voie moins périlleuse. J'y parvins enfin, et en effet elle formait la crête d'un large glacis de roc vif qui verse dans les fonds de Lise. C'est le plan des couches de transition soulevées qui tournent leurs escarpements vers la crête granitique. De là, la vue plonge sur le bassin de Luz, et par-dessus le Casaou-d'Estibe, se porte sur le chaînon d'Asblancs depuis la coupure de Pène-Taillade jusqu'au Pic-du-Midi. Sur ce terrain plus praticable, cheminant sans crainte, j'atteignis promptement le col au moment où les brouillards qui peu à peu avaient rempli l'Estibe, commençaient à l'effleurer en glissant au revers. Je me plongeai dans ces vapeurs mobiles, que leur fraîcheur me fit trouver d'abord agréables ; mais bientôt elles me pénétrèrent tellement et devinrent si épaisses que, n'allant plus qu'au hasard et très vite, je me trouvai tout à coup au milieu d'un troupeau et près de deux grands chiens dont heureusement je ne fus point aperçu, si peu de bruit faisaient mes pieds sur la pelouse. En quatre pas je fus hors de leur vue, et au-dessous de l'Estibe je retrouvai l'air libre, la lumière et la plaine de Luz avec toutes ses grâces. Sortant de ces froides brumes, la bienfaisante influence du soleil m'invita à prendre sur l'herbe réchauffée un moment de repos. Ainsi posté, je touchais aux tristes régions du Nord comme aux belles contrées du Midi ; je sentais pour ainsi dire à la fois l'effet des deux climats : rude et pauvre d'une part, riche, doux et parfumé de l'autre ; et je comprenais toute la puissance d'influences si opposées sur l'homme comme sur tous les êtres animés qui ne cessent d'être soumis à leur action.

Le temps que je pouvais passer dans les Pyrénées était écoulé, et tant de courses projetées avaient dû être remises à une saison plus propice. La veille du départ je voulus jouir encore d'une heure de calme au sein de ces montagnes dont je ne m'éloigne jamais sans regret. Je montai sur cette butte qui domine Saint-Sauveur et la route, où, à l'ombre d'un peuplier, près d'un courant d'eau vive, j'allais souvent goûter le frais et le repos. Les ombres du crépuscule couvraient déjà la plaine de Luz et le vallon si connu du Bastan. Quand après un long intervalle on se trouve dans des lieux qui ont été les témoins d'heureux jours, on ne peut les revoir sans émotion ; mais qu'elle est profonde lorsque, près de les quitter, on sent que l'éloignement de ceux qui nous y furent chers les a changés pour nous, et que leur plus grand intérêt ne réside plus que dans des souvenirs. Les beautés de la nature avaient cependant leur même attrait, et c'était avec plaisir que je voyais se conserver en moi des goûts qu'effacent le plus souvent les soucis de l'âge mûr.

Elles sont toujours aussi belles, ces montagnes, aussi majestueuses que la première fois qu'elles se montrèrent à mes yeux ravis ; mais n'est-ce pas dans les rapports intimes dont le cœur est la source que les objets même inanimés puisent leurs plus aimables impressions? Et s'il est satisfait, que de charmes viennent y répandre ces vives couleurs dont l'imagination aime à les revêtir. Tout ce qui était devant mes yeux depuis la butte Saint-Pierre et sa vieille chapelle jusqu'au dôme du Pic-du-Midi, depuis les bosquets de la Hiéladère jusqu'aux pentes nues qui voient naître le Bastan, tout me rappelait quelque événement, quelque circonstance qui avait un intérêt ; des parties de plaisir ou d'intéressantes courses. Il est déjà loin de moi, ce jour où le premier aspect des monts fit sur mes jeunes sens une impression qui ne s'est plus effacée ; et il ne se présente à mes souvenirs que dans un vague lointain, ainsi que leurs hautes sommités, lorsque de nos collines, aux derniers rayons du couchant, la neige y est visible encore au travers d'un horizon vaporeux. Ils dorment sous le Pic-du-Midi, ce savant médecin que Barèges ne peut oublier, [1] sage penseur, ami des hommes sous des formes un peu austères, le plus ancien ami que j'eusse dans ces contrées, et sa digne compagne, sœur du naturaliste qui a gravé son nom au front des Pyrénées, en qui l'on trouvait réunies à un degré bien rare parmi les femmes, instruction, philosophie et raison parfaite. D'autres, après tant d'années passées en paix dans ces beaux pays, sont dispersés maintenant ou en butte aux coups de la fortune ; et qui sait si un jour ils pourront les voir réalisés, ces vœux tant de fois formés de revenir au pied des Pyrénées retrouver des lieux amis et le repos? La nuit était close lorsque, sortant comme d'un rêve pénible, je repris le chemin de Saint-Sauveur.

[1] Borgella.

CHAPITRE VIII.

Groupe de Saint-Sauveur. — Lacs et cimes. — Pics d'Ardiden, de Candemil et de Santché.

Au printemps de 1827, un temps plus favorable me permit de mettre à exécution mes projets sur le groupe peu visité qui voit Saint-Sauveur à ses pieds. Ces sommités, si imposantes vues de Barèges, ont toujours été négligées, sans doute à cause des difficultés de leur abord. S'élevant d'un seul jet des profondeurs du gave jusqu'aux neiges éternelles, l'ascension y paraît sans repos, et nul site riant n'interrompt la sévérité de l'ensemble. A des pentes nues encombrées d'éboulements ou à des bois impénétrables, succèdent des talus neigés et d'âpres crêtes jusqu'aux pics qui couronnent les masses. De tels lieux, presqu'inabordables, ne peuvent offrir d'attrait qu'au géologue qui étudie la structure des monts dans leurs flancs déchirés, ou à celui qui se plaît au milieu des scènes étranges où la nature terrible, menaçante, se montre aussi dans sa majesté. Mais peut-il dire connaître les Pyrénées, celui qui, se traînant servilement sur les routes, n'a jamais perdu de vue les rives ombragées, la fraîche verdure et les bois des mille vallons qui sillonnent leurs bases?

Lithouèse et Castillon, pyramides jumelles si pittoresques de la plaine de Luz, et qui, vues des fonds de Pragnères ou de Sia, semblent porter le ciel sur leurs pointes aigues; le grand bois de la Seoube qui ceint leurs bases réunies, le pâturage alpestre qu'elles renferment entr'elles et les lacs de leur haute région, me promettaient une course intéressante. Dès l'aube, j'étais sur ces rampes allongées, s'élevant d'écharpe au travers des prairies et des pentes rases que dominent les saillies granitiques de Laze et d'Aubiste, premiers gradins de la montagne. De la butte de Moura, plus haut étage des riants plateaux de Trazères et d'Aragnouet, jetons un coup d'œil sur la gorge de Sia, creusée dans les entrailles des monts, où se meuvent toujours quelques atômes sur le long fil qui mène à Gavarnie, sans pouvoir distinguer dans ce site profond, toujours sombre, le vieux pont et ses cascades. Des masses énormes drapées de neiges et de forêts ou horriblement escarpées ; d'une part les inaccessibles pentes du Bergonz et du Brada, dont l'écartement laisse deviner Bacheviron ; de l'autre, d'agrestes décorations sur les hautes pyramides qui s'élèvent en regard : le riant oasis qui prolonge Sia ; d'uniformes taillis de hêtres interrompus par des clairières ou par quelque saillie du roc qui se fait jour ; la noire étendue de sapins qui leur succède, divisée dans sa hauteur par des traînées de verdure jusqu'à la double et sourcilleuse cime ; enfin par-delà Pragnères et Gèdre, le Coumélie, ses vastes pâtis et les monts d'Estaubé, fuyant au fond jusqu'au pic élancé qui sépare le Port vieux du Port de Pinède, tout cet ensemble compose un tableau complet et d'une rare grandeur.

Laissant le chemin du plateau d'Aubiste, un sentier me conduisit dans le fond de Sarre, où m'attendait une de ces découvertes qui charment dans les montagnes : le petit torrent de Bastempe, roulant de chute en chute dans un canal creusé sous des rochers dont les hautes parois divisées en panneaux étaient dominées par des sapins. Les rhododendrons, les alisiers blancs de fleurs qui les drapaient, suspendus sur diverses cascades, décoraient cette petite scène sauvage, dont le fracas des eaux augmentait singulièrement l'effet. Mais il fallait passer le pont pour gagner la forêt ; et quel pont! D'un roc à l'autre quelque pasteur avait jeté, sans les assujettir, deux bouts de sapins flexibles, et le torrent qui s'engouffrait dessous, les couvrait de ses jaillissements. Etourdi par le bruit, ébloui par l'eau qui m'inondait, je passai cependant. En suivant ce fond jusqu'à la dernière chute dans le gave, le peintre trouverait cent études pittoresques.

Si je pus pénétrer dans le bois, ce fut grâce à un canal d'irrigation coulant à pleines rives, que les habitants de Sia, avec des peines infinies, ont construit sur de rudes pentes au travers d'un impénétrable fourré ; mais la fertilité de leurs prairies était à ce prix. Je fus frappé de la beauté solitaire de cette vieille forêt, où croissaient des sapins de tous les âges : de jeunes pousses au vert tendre entouraient çà et là de robustes tiges au terme de leur croissance, ou de vieux troncs, non plus en pyramides élancées, mais décrépits et depuis des siècles défigurés par la hache. Quelquefois, sous l'épais treillis de leur feuillage immobile, la vue pouvait percer à peine une lugubre obscurité, et ailleurs quelque clairière laissait passer le jour sur une forêt plus humble de plantes et d'arbustes. Les groseillers de roche et des Alpes, les spirées au panache élégant, et des buissons de roses y croissaient pêle-mêle avec les sorbiers et les sureaux, dont les grappes écarlates devaient plus tard orner ces solitudes. Dans le lieu le plus sombre la voie eût été barrée par une de ces arêtes qui descendent du sommet, si on ne l'eût escarpée pour donner passage au canal. Je m'arrêtai un instant : ces masses de roc, bizarrement superposées, toutes nuancées de mousses ou d'humbles cryptogames, et se perdant haut et bas sous les sapins étagés qui avaient poussé dans leurs fissures, rendent ce site mystérieux et sauvage. Immobile contre un arbre, je jouissais de cette scène silencieuse, quand je me rappelai que peu de jours avant deux petits pâtres, descendus pour boire au torrent voisin, s'y étaient rencontrés avec un ours qu'ils n'avaient reconnu, le prenant pour un loup, que lorsqu'en s'éloignant il leur eut vigoureusement lancé des cailloux de ses pattes de derrière. Ce souvenir, sans plus de réflexion, mit fin à la rêverie où je me complaisais, et je m'éloignai aussi rapidement que le permettait l'étroite et peu solide berge du canal, d'un lieu qui me paraissait très propre à leur servir de retraite.

Revenu sur le scabreux sentier qui par des ressauts sans fin monte au plateau d'Aubiste, après le bois, je traversai, à l'aide de grosses pierres rangées par les pasteurs, le cours d'eau qui, descendu de l'Ardiden, va s'élancer sur les talus du roc, en une suite de brillantes gerbes, jusqu'au fond de Sarre, où gronde inaperçu celui de Bastampe; et au travers des roches éboulées j'atteignis le triste plateau, où quelques vaches paissaient alors parmi les blocs une herbe courte mais succulente. Les habitants du couïla bien connu d'Ets Esterous, le plus bas de ceux qui sont successivement habités à mesure que le printemps s'élève, les yeux fixés sur leur nouvel hôte, me regardaient venir, et sous un capulet brillant de loin je reconnus Rose Rabout, la plus jolie des laitières de Saint-Sauveur. Introduit dans l'alpestre demeure, je m'y abreuvai avec sensualité du lait épais que Rose venait de traire, pendant que le jeune pâtre Jacques se disposait à me conduire. Le plateau d'Ets Esterous est un peu plus élevé que le pâturage de Bachevirou, que je voyais en face, tout semé de points vivants jusqu'au bas des cornes du Brada, qui commençaient à grandir par-delà le Bergonz.

Dès que Jacques fut prêt, suivis d'un autre que la curiosité seule amenait, nous nous dirigeâmes vers ce large col visible de Luz, entre Lithouèse et le pic plus élevé de Bastempe, qui n'est autre que la terrasse d'un petit lac et le débouché du plus triste des vallons. Des vapeurs poussées par le vent d'Espagne commençaient à déboucher dans la vallée, et d'autres circulaient autour de nous ; cependant j'espérais que les cimes en seraient dégagées. On descend dans un pli du terrain qui est la naissance du pittoresque ravin où coulent plus bas les eaux réunies d'Aubiste ; mais au lieu de bruit et de torrent, un ruisseau ne faisait qu'y murmurer au milieu d'une herbe épaisse qui attire souvent les isards. Il y avait peu de jours que les pasteurs avaient failli en tuer trois en faisant rouler sur eux de gros quartiers de rocs. De là, un talus très inégal, riche en plantes sous-alpines, conduit jusqu'au couïla de Bedout, qui, peu dégradé par l'hiver, n'attendait que de légères réparations pour recevoir ses hôtes peu exigeants. Ensuite, après une rude pente où le sol est caché sous un grand éboulement, on se trouve sur le bord même du petit lac dont la digue ne semble composée que de blocs amoncelés.

Le val de Bastempe, dans une région toute de granit, est des plus âpres entre des hauteurs en ruines, et rien n'y compense ses aspects de désolation. Le lac peu étendu est séparé par une étroite chaussée d'un laquet peu profond; l'un et l'autre sont dépourvus de truites. Les seuls habitants de leurs froides eaux sont des grenouilles grises et noires, d'une espèce différente de celles de la plaine. Il y a cependant çà et là quelques lambeaux de pelouses; et dans le premier, une île ronde avec quelques vieux pins, qui plaît aux yeux dans ce site abandonné. J'aurais aimé à m'asseoir sur son petit tertre, que n'a peut-être jamais foulé le pied d'un homme, et jouir un moment de sa mélancolique solitude; mais un coup d'œil rapide fut tout ce que je pus lui donner, et la petite île déserte disparut pour toujours. Partout ailleurs ce n'est que neiges et ruines, au pied des crêtes de Lithouèse, comme sur les pentes que domine plus fièrement le roc de Bastempe, second gradin de Barbe-de-Bouc, qui rivalise avec les plus hautes cimes. C'est entre ces repoussantes barrières, que le vallon se prolonge jusqu'à un col qui verse dans les hauts passages de Cestrède. Cependant, au mois d'août il pousse assez d'herbe dans les intervalles des masses écroulées qui semblent l'obstruer, pour que les pasteurs béarnais que nous verrons bientôt, y puissent faire vivre leurs troupeaux pendant quelques jours.

Tournant le lac, nous gravissons vers les crêtes dont le pic de Lithouèse est le point le plus bas, toujours sur du granit éboulé ou fracturé sur place au milieu des froids brouillards qui nous avaient atteints, ce qui me fit craindre de n'être pas aussi heureux que je l'avais espéré. Lorsqu'une vive lumière éclaire ces montagnes sans pouvoir leur donner de la vie et que leurs neiges se projettent pures sur un ciel d'azur foncé, ces lieux où tout est muet, où tout est frappé d'immobilité comme par une baguette magique, inspirent même alors, malgré leur splendeur, une sorte de tristesse; mais lorsque les brumes les enveloppent, et que leurs masses ternes circulent lentement autour de ces aiguilles qui, debout encore auprès de tant de ruines, paraissent comme des fantômes géants au travers de sombres vapeurs, il ne peut guère y avoir de site plus lugubre et plus désolé.

Au bout d'une demi-heure, franchissant la crête par une petite brèche, le lac de Lithouèse, plus considérable et moins élevé que son voisin, se montre tout à coup dans la profondeur, à l'origine de vastes pelouses toutes semées de points blancs. C'est le pâturage loué aux Béarnais, qui, renfermé entre les deux pyramides, descend vers la forêt en rampant assez haut sur les flancs du Castillon, dont la cime fourchue était au-dessous de mon niveau. Le compas semble avoir tracé les contours de ce lac, dont les eaux paraissaient plus noires sous les glaçons qui flottaient à sa surface, et les tapis de neige qui venaient y plonger en regard d'affreux escarpements. Assis sur une des saillies qui dominent ces précipices, j'étudiais notre route ultérieure, tandis que Jacques s'amusait à faire rouler des pierres qui, après quelques sauts, faisant un bond terrible, n'étaient plus entendues que lorsque, tombant dans le lac ou se brisant sur les rocs, elles réveillaient tous les échos de ces sauvages lieux, auxquels répondaient dans l'éloignement les voix des chiens et des pasteurs étonnés de tels fracas subits.

Je voulais atteindre le point culminant que vont appuyer les deux crêtes jumelles, d'où sont en vue toutes les dépendances de Cestrède et les montagnes méridionales. Une seule voie se présentait pour gagner ce pic qui s'élevait à ma droite, au fond de l'enceinte : c'était de suivre horizontalement le revers où j'étais, et d'aller ainsi par la ligne la plus courte. Nous délibérâmes, car il y avait sujet, Jacques n'y ayant jamais passé. Il fallait nous soutenir sur un plan des plus inclinés, embarrassé de saillies et toujours au-dessus de ces effrayantes murailles qui nous semblaient plonger dans le lac même. Après avoir étudié les lieux, me confiant un peu au hasard, je me décidai à tenter cette voie périlleuse. Nous voilà donc lancés sur de rudes talus où tout est à pic ou en ruine, ayant sous les yeux comme sous les pas un vide subit jusqu'au gouffre du fond, nous encourageant l'un l'autre, et nous aidant tantôt à escalader une roche, tantôt à soutenir nos pas sur un toit glissant où, plusieurs fois arrêtés, nous réussîmes toujours à pousser en avant. Après les plus pénibles efforts, nous parvînmes ainsi à dépasser la hauteur du lac où, les pentes devenant moins abruptes, nous pûmes prendre un instant de repos, étonnés des mauvais pas que nous venions de franchir. De là jusqu'au sommet, il n'y avait que de la fatigue, et bientôt je pus m'y asseoir avec un plaisir qui eût été sans nuages si l'atmosphère en eût été plus dépouillée.

Le vent d'Espagne avait produit son effet ; les nues, comme une armée qui envahit un pays, avaient jeté des postes sur toutes les montagnes. C'était une scène mouvante où des vapeurs, rampant sur les neiges et roulant autour des cimes qu'elles cachaient parfois, donnaient à tous les objets une apparence fantastique que je me plaisais à voir quoique contrarié dans mes projets. Dans la nature, comme dans les choses humaines, tout ce qui est grand quoique sévère, tout ce qui est empreint de cet idéal qui ouvre à l'imagination une carrière indéfinie a du charme, et je conçois qu'il est de telles situations de l'âme où la solitude et l'extrême rigidité de certains ordres monastiques, pour qui le présent n'est plus et qui n'ont d'existence que dans un avenir consolateur, peuvent être choisies avec élan comme le port unique qu'elle puisse accepter. C'est ce que j'ai senti dans les solitudes sublimes des Pyrénées comme dans les cloîtres abandonnés de la Grande-Chartreuse, ce palais du désert moins grand, même au temps de ses splendeurs, que cette cabane si humble sous les sapins, qui fut le premier asile de l'austère Bruno.

Cependant j'eus d'assez longs éclaircis pour me laisser voir tout ce qui m'environnait. Ayant dépassé l'axe granitique, je ne trouvai sur le pic que des schistes primitifs et ferrugineux, tombant en débris dans les revers escarpés de Cestrède, et prolongeant leurs traînées jusqu'au petit lac d'Antarouy, entouré des maigres pelouses qui succèdent aux bois, aux granges et aux bonnes prairies de Bué. Ce petit bassin se divise plus haut en trois gorges parallèles, alors remplies de neige ; mais la beauté des sommets dédommageait de la monotonie de leurs bases. Le pic où j'étais, soutenu par les contre-forts de Lithouèse et Castillon, sert d'appui, à son tour, à Barbe-de-Bouc, dont la belle tête me dominait, en me cachant la cime centrale de Santché. La gorge du nord, la plus facile pour passer à Lutour par Estom-Soubiran, sépare leurs bases réunies de la montagne de

Cestrède, portant une double coupole ; et entre les deux autres, s'élève non moins haut le pic de Mâle, tous énormes rochers qui rivalisent par leur élévation et l'étendue de leurs neiges avec les plus fiers des Hautes-Pyrénées. Les nues, s'ouvrant au midi, me laissèrent voir encore pardessus les hauteurs herbeuses de Bué, la cascade et les assises du Marboré ; mais la brêche et ses murailles se cachaient derrière le pic de Saougué qui, profondément crevassé, menace les pâturages d'Aspet. Cette vision dura peu et fut la dernière.

Les nuages m'avaient enveloppé. Les profondeurs que je sondais sous leurs masses entr'ouvertes, comme les pics éthérés, tout avait disparu sous le plus épais des voiles. N'apercevant le sol qu'à quelques pas autour de moi, j'aurais pu me croire sur une faible butte au milieu des plaines, plutôt qu'au sommet d'un pic ; mais j'étais loin de me faire cette illusion. Je ne pouvais oublier de quels précipices j'étais environné ; et l'idée de m'y engager au milieu des brumes me donnait quelque inquiétude, lorsque toute la lumière du soleil n'eût pas été trop pour me découvrir une route nouvelle. J'attendis vainement que les fluctuations de l'atmosphère vinssent me rouvrir le champ de la vue ; les brouillards, au contraire, s'épaississaient et sur mon rocher me pénétraient d'une humidité glaciale. La place n'était plus tenable, il fallut partir.

J'avais remarqué un tapis de neige qui descendait dans la direction du lac ; c'est la route que nous prîmes pour éviter la seule que nous connussions. Nous étions déjà bas lorsque nous nous trouvâmes au-dessus d'escarpements qui semblaient venir du pic que nous quittions, et un seul coup-d'œil suffit pour éloigner l'idée d'y chercher une issue. Nous voilà donc à suivre le bord fortement incliné de cette espèce de terrasse, en la sondant en vain des yeux. Comme elle tournait sensiblement à gauche, je m'aperçus avec douleur que ces murailles étaient la continuation de celles qui bordent le lac. Quel contre-temps ! lorsqu'avec un tel brouillard il était impossible de remonter vers la brêche de Bastempe, par où nous étions venus.

Dans ces âpres régions les guides ne conduisent personne, et les pasteurs ne montent guère au-dessus de ces stériles rochers. Explorant toujours avec anxiété les flancs du précipice, j'arrivai sur le bord d'une profonde gouttière ouverte dans le granit par les eaux qui, de l'évasement supérieur, se dirigeaient toutes vers ce point. C'était comme une étroite cheminée au fond de laquelle je pus entrevoir un éboulement de granit que je jugeai descendre jusqu'au lac. L'aspect n'en était pas engageant, mais j'espérai la descente possible pour des gens déterminés à tout faire pour sortir d'une situation critique; et sans trop délibérer je franchis le premier gradin. C'était, en effet, une voie dangereuse qui eût été impraticable sans les aspérités du roc; il nous fallut toute l'habitude des mauvais pas, toute la prudence qu'ils exigent, pour arriver en bas sans accident.

Une fois sur la raillère, je respirai en voyant sous moi le lac et un immense troupeau couvrir au-delà les pâturages. Je franchis ce long talus de fragments anguleux avec autant de plaisir que si j'eusse marché sur la pelouse, et bientôt les brouillards exhaussés me laissèrent examiner en sens inverse les escarpements qui m'avaient tant embarrassé. Ils ne formaient, en effet, qu'une même ligne de murailles où la gouttière avait bien été notre voie de salut, car depuis le pic jusqu'à la brèche de Bastempe elle interrompait seule leur continuité. Nous fîmes le tour du lac par ses autres rives, qui n'ont que des pentes faciles sur la neige ou sur l'herbe naissante, m'amusant à voir briller les truites dans ses eaux limpides. Les bons pâturages de Lithouèse étaient occupés alors par une colonie entière : le nombre des moutons y était si considérable, qu'on les avait divisés en trois ramades, [1] dont celle-ci était d'un millier de têtes. Nous la traversâmes toujours escortés par trois chiens, gardiens consciencieux qui ne nous perdirent pas de vue jusqu'au couïla le plus élevé, où, sur l'invitation des pasteurs nous prîmes quelque repos.

Nous avions quitté le climat du nord; l'air s'était adouci,

[1] Troupeaux nombreux.

et les brumes glaciales ne formaient plus qu'un vaste et utile parasol sur nos têtes. Nous descendions par un joli sentier tracé sur la pelouse à la base du Castillon, où était répandue la deuxième ramade, vers la forêt, dont les premiers arbres commençaient à poindre en bas. Dans une profonde dépression que nous longeâmes, j'aperçus plusieurs parcs accolés à quelques couïlas; c'était le chef-lieu de la colonie. Quelques femmes seules y circulaient, ménagères de ces alpestres demeures, tous les animaux à deux pieds ou portant laine, poil ou cornes, étant alors sur la montagne. La troisième était éparse au bas du pic de Lithouèse, sous la garde d'un grand nombre de chiens que j'aperçus en vedette au bord de la forêt, surveillant l'ennemi qui eût pu en déboucher à l'improviste. Parvenus sous la cime même du Castillon, j'en tournai la base à l'origine de cette pente très rapide qui descend d'un seul jet jusqu'au fond de Sia et de Trimbareille. Après tant de roches nues, après tant de pelouses rases, je fus émerveillé du nombre et de la beauté des fleurs qui émaillaient ces talus si inclinés qu'on en éloigne avec soin les troupeaux. Les aconits, les lis, les fritillaires, les grandes renoncules et une foule d'autres, parmi le rhododendron, me rappelèrent les parterres alpins de Péguère et d'Artigue-Déline. Mais la beauté du point de vue sur la grande vallée y distrait bientôt de ces richesses botaniques.

Ainsi perché dans sa direction générale, elle m'apparaissait presque toute entière depuis les hauteurs de Lourdes jusqu'à Troumouse et Gavarnie. Dans cette longue ligne étaient en vue à la fois la plaine boisée d'Argelez, la gorge de Pierrefitte, le bassin de Luz, et le sombre pas de l'Echelle; à mes pieds, sous des pentes de bois ou de pelouse, le bassin plus rétréci de Pragnères, le sauvage vallon qui monte à Neouvieille et les riantes berges de Sia, de Trimbareille et d'Ayrus; enfin, à ma droite, la petite plaine où sont éparses les habitations de Gèdre, le triste vallon de Héas et ses verdoyants plateaux, l'entrée d'Estaubé sous des roches colossales, les bons pâtis du Coumélie, le fond où le chaos étonne le voyageur, et enfin le Pimené, l'Astazou et le Marboré, sommités dominatrices de ces hautes régions. Quel admirable belvedère !

Une pente rapide et continue de pelouse nous amène directement sur les couïlas de Castillon, où le talus général s'adoucit un moment auprès de cette saillie, qui de Luz semble un bloc arrêté dans sa chute. Vue de près, c'est une masse de schiste en place, de cinq à six toises de hauteur, traversée de fissures où un homme pourrait entrer. A son pied passe un courant d'eau qui, descendu d'une grande hauteur, brille dans toutes ses chutes jusqu'aux premières prairies de Sia. Ce canal d'irrigation, dont la prise d'eau est au lac d'Antarouy, est un plus grand ouvrage que celui d'Aubiste, que j'avais vu le matin, par son long cours et toutes les difficultés qu'il a fallu surmonter pour le maintenir à mi-côte sur des rampes toujours rapides ou escarpées.

Le soleil baissait : il était temps que Jacques me quittât pour reprendre le chemin de son couïla, et je l'eus bientôt perdu de vue dans la forêt où, par la trouée du canal, il dut rejoindre le pont de Sarre et monter à Aubiste Pour moi, du haut de la roche isolée, mollement assis dans un creux tapissé d'herbe fine, faisant jouer ma lunette, j'étendis beaucoup le champ de mes découvertes. C'est ainsi que j'aperçus une caravane de curieux entrer dans l'auberge de Gèdre, tandis qu'une autre cheminait lentement dans la profondeur de Pragnères. En face, sur les plus hautes pentes du brada, au revers de Bachevirou, était un troupeau espagnol qui ne redoutait pas les précipices de cette dangereuse montagne, et sur le plateau du Coumélie, les tortueuses files d'un troupeau voyageur qui montait à Estaubé. Sur la lisière du bois, où parmi les sapins sont de gracieuses retraites qui font regretter que cette belle position soit si éloignée de Saint-Sauveur, je trouvai une masse de roc qui, brisée dans sa chute, ressemblait de loin à un énorme canon posté sur son affût. En parcourant des yeux les hautes ramifications si dépouillées de la vallée de Barèges, on est tenté de les reporter avec respect sur ces bois, les derniers qu'elle renferme après en avoir possédé beaucoup dont la trace est presque partout effacée. Héas, Estaubé, Gavarnie, Ossoue n'ont plus de bois, et les pasteurs y sont réduits pour leurs besoins à quelques touffes de genièvre ou de rhododendron, à grand peine amassées.

Il est remarquable combien les quatre régions que l'on distingue sur les montagnes sont nettement tracées sur la ligne que je parcourais. Je les indique en sens inverse :

1° A Sia et Trimbareille, les champs, les prairies, les habitations. Sites riants et fertiles; climat chaud.

2° Sur la base commune aux deux pics, bois de hêtres puis de sapins bien tranchés. Sites agrestes des forêts, climat tempéré.

3° Les deux pics s'écartent; ce n'est plus que pelouses d'une nudité absolue. Scènes pastorales, climat très frais.

4° Enfin, au-dessus du lac, neiges, ruines, crêtes et cimes déchirées. Sites désolés, région inanimée, climat glacé.

Pouvant descendre à volonté sur Sia ou Trimbareille, je choisis la première voie. Une longue suite de buttes étagées et de pelouses très glissantes jusqu au-dessus de l'escarpement qui menace la route, au pont d'Ets-Douroucats et au travers de champêtres héritages, ombragés de grands noyers, me conduisit au fond de la vallée où, après quinze heures de marche, je pris avec sensualité quelque repos auprès de la fontaine du Vieux Pont, les yeux fixés sur ces sapins lancés au ciel, que peu d'heures avant j'avais vus se perdre dans les profondeurs.

Je n'avais ainsi reconnu que la partie méridionale du groupe de Saint-Sauveur, et un ciel sans nuages m'était nécessaire pour l'ascension que je méditais sur ses plus hautes cimes. Dès que j'en fus assuré, je repris le chemin du couïla d'Ets-Esterous, et avec l'air frais du matin je ne mis que deux heures pour faire cette rude montée, qui serait accablante sous le soleil. Les pasteurs déjeûnaient dans la cabane, assis en cercle sur leurs capes; mais je n'y trouvai plus Rose, la plus avenante des laitières de Saint-Sauveur. Elle y avait été remplacée par sa sœur Pauline, qui faisait de longs séjours à la montagne, tandis que Rose, non pas plus fraîche, mais bien plus jolie, n'y faisait que de courtes apparitions.

La nourriture de ces pâtres et leur manière d'en user portent, non moins que leur demeure, le cachet du pays : du pain de seigle, d'orge ou d'avoine et du laitage la composent d'ordinaire, variée seulement par une bouillie faite avec de la farine de maïs et du lait qu'ils nomment pâte. Chacun tenait d'une main son morceau de pain, et de l'autre un cubat [1] plein, et nul n'oubliait d'arroser chaque bouchée de ce dur pain d'une gorgée de lait, ce qui interrompait souvent la conversation lorsque tous les cubats étaient en l'air. Jacques endossa joyeusement la boîte de ferblanc, et, après avoir reçu les avis de ses camarades, je suivis mon jeune guide, qui prit son chemin droit au sommet du vallon d'Aubiste.

Après deux autres heures d'une monotone ascension sur des pentes herbeuses semées de fragments de granit enchassés dans le sol et depuis longtemps en repos, j'atteignis un plateau mamelonné qui forme la limite entre les cantons d'Aubiste et de Candemil, et où commençaient les neiges. Je fus surpris d'un brusque mouvement en arrière que fit Jacques : il venait d'apercevoir une de ces vipères qu'on trouve très haut dans ces montagnes, notamment au pic de Sardey, et dont il m'assura que la morsure était mortelle. Les plantes alpines qui peuvent donner la mesure de la hauteur qu'on a atteinte, se montraient depuis longtemps. Les petites gentianes et le daphné odorant avaient cédé la place aux renoncules blanches et aux anémones. Déjà le Bergonz et le Brada étaient au-dessous de mon niveau, et la gigantesque fourche se confondait avec les pointes du Bugaret. Au premier coup d'œil jeté sur la région de neige qui s'ouvrait devant moi, je fus frappé de la grandeur des cimes qui l'entourent. Nous entrions dans cette zone glacée où la terre, condamnée à l'infertilité, ne se dépouille jamais entièrement de la livrée des hivers. Rien de beau comme ces masses hardies s'élançant vers un ciel d'azur ; rien de brillant comme ces vastes neiges étincelant sous le soleil ; mais bientôt on

[1] Petit vase fait d'un morceau de bois creusé.

sent que ce n'est qu'un désert, car rien ne s'y meut, rien de ce qui a vie n'y frappe les regards, pas même un brin d'herbe ; partout la neige ou le granit stérile.

Sous le plateau un petit bassin, dont l'eau était noire à côté des murs glacés qui l'enveloppaient, est la source du torrent d'Aubiste. Là commence un large vallon de neige rampant jusqu'à des crêtes d'un granit rougeâtre qui lisent à leurs revers, sur Lutour et Cauteretz, d'où, se détournant au midi, il monte à la cime de Santché. Les hauteurs latérales sont du plus grand caractère : à gauche, le Cavalier, ainsi nommé de la forme d'un bloc qui le couronne, qui du chemin de Sia ressemble à une citadelle avec ses tours et ses remparts que voile souvent la nue; à droite, le pic d'Ardiden, énorme pyramide du dessin le plus fier. En mesurant de l'œil cette pointe qui fend l'air et ses flancs fracturés, j'aurais désespéré de l'atteindre, si Jacques ne m'eût assuré qu'il y était monté, quoiqu'il ne fût pas bien sûr de sa route. Franchissant donc le Couret, nous commençâmes à gravir sur la neige et sur des éboulements où le soleil nous brûlait de ses rayons réverbérés par tant de surfaces blanches. Nous n'eûmes un peu d'air du nord qu'au pied immédiat du pic là où naissent les crêtes d'Aubiste et l'autre berceau qui descend directement sur Saint Sauveur. L'ascension, jusqu'alors seulement pénible, devint dangereuse sur les fragments détachés de la masse qui, se soutenant les uns les autres, couvrent les flancs de la pyramide, en attendant qu'ils en soient précipités. Rampant avec effort sur toutes ces ruines, au-dessus des escarpements qui d'en bas m'avaient effrayé, il fallait escalader, avec des risques réels, de gros quartiers glissants, par fois en équilibre. Nous parvînmes à en précipiter un des moindres ; si c'eût été la nuit, on eût aperçu de vives étincelles, car nous sentîmes une forte odeur de pierre à fusil, et le fracas fut si grand que nous n'osâmes réitérer, de peur d'ébranler tous ces fragments et de faire avec eux la plus épouvantable des chutes Tout à coup je me trouvai au pied d'un mur et au bord d'une coupure qui, plongeant sur la combe de Candemil, me fit la même impression que lorsque du haut d'un clocher on regarde la terre.

Toute voie ainsi fermée, il fallut rétrograder; nous réussîmes cependant à tourner le pic, et sur le revers du nord nous fûmes heureux de trouver une pente de neige et de pierrailles montant directement à la cime, où je découvris en observation trois isards que nos cris firent détaler. Après avoir pris quelques forces à l'abri du soleil, qui ne nous laissait pas manquer d'eau par la promptitude avec laquelle il fondait les pelotes gelées, nous nous remîmes à gravir sur ses longs talus. Les isards n'étaient pas allés loin : dès qu'ils nous avaient perdus de vue, ils s'étaient couchés sur la neige pour y faire leur sieste. Les prenant pour des pierres, je n'en étais qu'à quelques pas lorsque, bondissant tout à coup et rapides comme la flèche, ils eurent bientôt disparu.

Lorsqu'on atteint de hautes sommités, surtout des granitiques, on est surpris de n'y trouver que des débris qu'on pourrait croire y être tombés de plus haut. Les montagnes de granit, formées des plus durs éléments, sont celles qui s'abaissent le plus vite, parce que les agents atmosphériques, à l'aide des nombreuses fissures qui traversent dans tous les sens les grands feuillets dont elles paraissent composées, en activent la démolition, tandis que les schisteuses ne se détruisent que par parcelles, et que les calcaires, moins dures mais bâties par assises régulières, ne sentent que plus légèrement la main du temps. Ainsi, les premières sont maintenant bien au-dessous de leur hauteur primitive, que Darcet croyait avoir été double, ce qui n'étonne point quand on pense aux immenses alluvions composées de débris primitifs longtemps le jouet des eaux que l'on trouve partout.

Toute réflexion géologique cessa, lorsque arrivé sur le plus haut des fragments pointus qui sont la cime, le vaste tableau des montagnes se déroula devant moi; mais peiné de voir qu'au sud-ouest j'étais dominé par la calotte du Candemil et par le long toit de Santché, j'appelle Jacques pour me suivre au Candemil. Descendant l'arête qui prolonge le pic à l'ouest, bientôt mon ardeur dut se calmer en voyant le roc me manquer tout à coup et ne se représenter que très bas sous la forme d'une ligne d'aiguilles formant la liaison entre les deux pics qui me firent penser aux terribles piques sur lesquelles le baron des Adrets faisait sauter les catholiques qui tombaient dans ses mains. Je découvris alors, du haut de ma terrasse, les trois lacs d'Ardiden, au milieu d'une vaste combe de neige, origine du vallon qui débouche à Sazos, aussi âpre et aussi nu que tous ceux qui descendent de cette région. Une douzaine d'isards que nous fîmes déguerpir en précipitant des pierres, la traversèrent et gagnèrent à grand peine, enfoncés dans la neige, une brèche dans les crêtes de l'ouest qui lient Perraute à Candemil, que je crois être le même que Rioué de Lutour. La glace qui couvrait encore ces lacs, cassée sur les bords aux premiers dégels, laissait percer l'eau qui dessinait leurs contours par un joli sillon d'aiguemarine. Ainsi désappointé, je retournai au pic. J'avais employé cinq heures et demie d'une marche forcée pour l'atteindre, sans compter l'heure passée au couïla; je ne crois pas qu'on puisse y parvenir en moins de temps.

Cette terrasse est le plus haut point du contrefort qui, avec deux saillies prononcées, nommées par les habitants de Luz pics de Laze et de Naoucostes, vient appuyer l'Ardiden. Par-dessus les crêtes sourcilleuses de Lutour, je reconnus le Mounné, les pyramides du Gabisos, quelques hauteurs de Bonnes, et bien bas la cime de Péguère qui, de Cauteretz, semble percer le ciel, ce qui me donna la mesure de ma hauteur. Comme elles me paraissaient humbles aussi, toutes ces montagnes qui, pour le ravissant bassin d'Argelez, sont une haute ceinture de pâtis et de rochers. Quant à la plaine, un parasol sans fin de vapeurs la protégeait contre les feux du soleil et la voilait pour moi. C'est toujours un beau spectacle de planer sur de vastes couches de nuages étendues dans les zones inférieures, lorsque les montagnes, majestueusement isolées par cette mobile mer, reçoivent toutes les splendeurs du soleil. Le val du Bastan et toutes ses cimes dépouillées fuyaient à l'est vers le Pic-du-Midi, et avec ma lunette j'apercevais les promeneurs dans la rue de Barèges, d'où tant de fois j'avais lorgné l'Ardiden. En face, j'avais Neouvielle et son glacier, le Pic Long et tous les géants déchiquetés qui couronnent les masses jusqu'à la vallée de Héas.

Dans celle-ci, suivie de l'œil dans toute sa longueur, je me plus à retrouver sa modeste chapelle, infiniment petit au milieu de colosses, et plus encore à reconnaître le grand cirque verdoyant qui la termine, cerné de neiges et d'un cercle de sommets auxquels commande Troumouse.

En deçà, je voyais ces pâturages se prolonger au pied des monts escarpés de Héas qui sont la haute chaîne, jusqu'à l'entrée du val d'Estaubé, formant ainsi un espace très étendu, peuplé pendant l'été de miriades de moutons. Le Coumélie et le Piméné me cachaient en partie les monts de Pinède et d'Estaubé ; mais au-dessus, l'Astazou, le Cylindre et le Mont-Perdu, très rapprochés, se montraient superbes avec leurs toits de neige et leurs étages de glaciers. L'angle de la plate-forme était visiblement, après ces deux derniers, le point le plus saillant du Marboré.

Reportant mes regards sur les masses qui m'entouraient, le lac de Bastempe, dans son cadre sauvage, était comme un miroir terni à côté des profondeurs où se perdaient les sapins de la Seoube; et sous mes pieds le vallon de neige, tournant droit au midi, au point où le lac de Badet gisait encore invisible, montait d'une pente égale jusqu'à la large cime de Santché, qui, comme la Maladette, porte au-dessus de ses brillants talus une couronne de rochers. A sa gauche, la tête conique de Barbe-de-Bouc a plus de majesté que sa masse écrasée ; et ces deux cimes sont avec Candemil, Cestrède et Mâle, les points les plus élevés du groupe que Santché domine. L'ascension de cette cime principale qui offrirait ainsi de l'intérêt, ne serait qu'une longue route sans difficultés réelles sur une telle rampe, pourvu que les neiges fussent bonnes. Pourquoi ces montagnes sont-elles ainsi négligées des observateurs qui pourraient y étudier la physionomie, l'ordonnance et le mode de destruction des formations granitiques dont le trait principal est d'offrir un système de points saillants liés entr'eux par des crêtes inaccessibles et peu inférieures ? Toutes ces masses sont traversées dans tous les sens par des fissures sans ordre apparent, résultat de retraits causés par le refroidissement et partout hérissées d'aiguilles, de feuillets pyramidaux tels que Saussure les a décrits dans les Alpes. Une telle disposition rend compte des immenses débris accumulés à leur pied et des prodigieuses dégradations qu'elles ont subi. Toutes ces fissures, ces plans de joint si multipliés facilitent l'action des agents atmosphériques pour diviser les roches en polyèdres dont les formes sont d'autant plus fixes et les faces d'autant plus polies que le granit est d'une composition plus simple et plus pure. Ainsi, c'est autour de Neouvieille et de Santché comme auprès de la Maladette et des monts de Clarbide, au centre des groupes d'évulsion de la Garonne et des gaves, que l'on retrouve le plus de ces blocs isolés, divisés en pyramides obliques ou tronquées, en tetraèdres ou pentaèdres cunéiformes, dont les faces sont le plus souvent des quadrilatères, qui avaient fait penser à Ramond que des formes aussi caractérisées ne peuvent provenir que de cristallisations régulières.

J'appelai Jacques, qui dormait au soleil, et nous partîmes en profitant, pour descendre, de tous les tapis neigés du nord qui nous facilitèrent la partie du chemin la plus pénible. En moins de deux heures nous fûmes au couila, où je me reposai longtemps. Les nuages qui toute la journée avaient rampé dans les fonds s'étant dissipés, la soirée fut superbe. Je descendis lentement dans l'ombre, dont la fraîcheur fortifiante ne me laissait plus qu'à peine sentir la fatigue, jouissant de l'extrême pureté de l'air, de la beauté des montagnes dont les ombres allongées variaient les aspects, et des sites romantiques de la forêt de Lithouèse, où se reposaient mes yeux fatigués de l'éclat des hauteurs.

CHAPITRE IX.

Gorges de Pragnères et de Héas. — Solennités montagnardes. — Gavarnie. — Le Marboré. — L'aube au val d'Ossoue.

On doit choisir, pour visiter Héas, l'époque du pèlerinage à la chapelle de Notre-Dame, qui est en haute vénération chez tous les montagnards. Le 15 août et le 8 septembre, de nombreux pélerins, partis de plusieurs lieues à la ronde, se réunissent dans la vallée reculée et sauvage que la Madone a choisie pour sa retraite, et dès le 13 nous les voyions passer en troupe à Barèges, chacun portant ses provisions et chantant à pleine voix des cantiques. Le projet fut aussitôt formé de nous joindre à la foule dévote qui allait puiser à cette source précieuse d'indulgences ; la gaîté préside toujours à ces aimables courses, et nous descendîmes à Luz pleins d'espoir de sensations nouvelles.

Nous voilà sur la grande route d'Espagne, chemin étroit et rocailleux, non moins fréquenté par le curieux que par le pélerin, en face de Saint-Sauveur, de ses élégantes demeures et de ses sites romantiques. Duperreux en a fait un joli tableau. Le chemin est bordé de haies et de noyers qui laissent voir en bas les eaux brillantes du torrent, et quelques lopins d'une fraîche verdure ; ce sont les derniers jusqu'à Sia. Un tas de pierrailles annonce les ravages du Riou-Maou, dont le minéralogiste visitait les rochers pour y chercher la zéolithe et le filon de nickel mélangé de cobalt que Dietrich y avait reconnu, avant que les débris d'une carrière de marbre n'eussent tout recouvert. La gorge se resserre aussitôt entre des masses exhaussées ; ce n'est plus qu'une vaste tranchée où mugit au fond le torrent redoutable et souvent inaperçu qui s'y est creusé un abîme. On se croirait encore dans la gorge de Pierrefitte en ne voyant de toutes parts que des plans à peu près verticaux, d'humides escarpements que nuance une triste verdure, et de sombres murailles où les saxifrages, les nerpruns et les alisiers se balancent au-dessus des eaux grondantes, sans craindre qu'une main téméraire vienne les dépouiller de leur parure.

Le Bergonz, d'un tout autre aspect que du côté de Luz, où toutes ses formes sont douces et verdoyantes, est au Pas de l'Echelle repoussant, vertical, inaccessible. Ce fameux défilé ne pouvait être autrefois franchi qu'en escaladant les périlleux rochers d'où il tirait son nom. Le nouveau chemin, construit au-dessus de l'ancien sentier qui n'y est pas entièrement effacé, n'est qu'une voie étroite à grand peine ouverte dans des schistes siliceux, sur une longueur de 200 mètres. Du haut de cette corniche, où la roche est parfois en surplomb, rien ne sauve à l'œil les profondeurs où mugissent des eaux noires sous les rocs assombris qui les encaissent. A l'entrée du passage on ne voit plus que la place de l'inscription que Saint-Amans et Dusaulx, noms chers aux Pyrénées, y firent poser à la demande des habitants, en 1788 en mémoire des travaux hardis qu'ils venaient d'exécuter. La tourmente révolutionnaire a détruit au fond de ces montagnes jusqu'au simple monument destiné à rappeler une entreprise toute d'utilité pour eux comme pour les rapports nombreux de la vallée avec l'Espagne, dont c'est l'unique voie. Je la rapporte telle qu'elle y était gravée sur une table de marbre :

CONTEMPLE
ICI
D'UNE AME FERME ET D'UN ŒIL ASSURÉ,
DEPUIS LE SOMMET DE CES MONTS SOURCILLEUX
JUSQU'AU FOND DE L'ABIME,
LES PRODIGES DE L'ART
ET CEUX DE LA FORTE NATURE.
ADOUCI PAR L'INDUSTRIE HUMAINE,
LE FIER GÉNIE DE CES MONTAGNES
DÉFEND
D'Y TREMBLER DÉSORMAIS.

Ces durs rochers dont les saillies fracturées menacent la tête, et le torrent fougueux qui gronde en bas; cette gorge âpre, déserte et les monts sauvages qui la compriment de si haut, tout porte dans l'âme une invincible émotion, et l'on se hâte de passer. Après le Pas de l'Echelle est un écho bien connu des curieux, formé par un mur de schistes de la rive opposée, qui répercute nettement les sons. Que de noms n'a-t-il pas oubliés?

Depuis longtemps nous marchions avec une troupe de pélerins du Lavédan. Leur longue ligne, où brillaient les capulets rouges des femmes, leurs mouvements et leur gaîté bruyante formaient une scène animée qui faisait disparâte avec la morne sévérité des lieux ; mais l'harmonie se rétablissait, lorsque de fortes voix venaient à entonner le vieux cantique des pélerins de Saint-Jacques, auquel d'autres répondaient dans l'éloignement. En voici un couplet qui donnera l'idée du reste, et il y en a beaucoup :

Quand nous fûmes au pont qui tremble,
    Hélas ! mon Dieu !
Nous ne trouvâmes point d'église
    Pour prier Dieu ;
Les Huguenots l'avaient détruite
    En grand malice ;
C'est en dépit de Jésus-Christ,
    Et de la Vierge Marie.

Qu'on ne repousse pas avec dédain les idées, les paroles naïvement triviales de ce long cantique, qui porte le cachet du temps où il fut fait sans doute en cheminant. Il ne s'agit ici ni de goût ni de style, et les règles ordinaires seraient en défaut; ce n'est que dans son pays natal, sur la route de Héas ou de Compostelle, à l'autre bout des Pyrénées, dans quelque vallée aussi morne, aussi imposante que celle de l'Echelle, et chanté sur un ton monotone par une centaine de voix rauques ou aigues, qu'il faut entendre cette production d'un dévot pélerin qui peut-être ne savait pas lire; et seulement alors on pourra juger si elle est en rapport avec la scène et les acteurs. A des chants presque sauvages il faut la sauvagerie des montagnes. Le soir, lorsque sous les noires tentures des sapins de Pragnères ou de Sia, la rustique harmonie des troupes attardées s'échappe grave, mélancolique, et retentit dans la vallée déjà soumise au repos, le silence de ces solitudes que les bruits sourds et continus des Gaves n'interrompent pas, l'étrange aspect des pitons gigantesques qui circonscrivent la scène, et leurs formes fantastiques; ces figures mouvantes qui, par intervalles éclairées par la lune, apparaissent comme des fantômes à la lisière des bois, s'harmonient si bien avec des sons forts et sans art, avec les tons agrestes des voix, que les temps dévots semblent renaître, le moyen-âge se réveiller, et l'esprit suivant avidement cette voie, se livre à d'entraînantes rêveries.

Quelques maisons éparses sur l'autre rive et des arbres touffus sur la profonde fissure où coule le gave, annoncent le hameau de Sia. Des pélerins se reposaient auprès de la fontaine où, sous des touffes de clématite et de liseron, une source limpide s'épanche dans un large tronc creusé et sur le vieux pont qui n'était qu'une arche en ruine, branlante, sans parapets et noire de lierre, avant qu'on ne le surmontât d'un nouveau pont en bois. On ne se hasardait qu'avec crainte sur un aussi frêle édifice dont un torrent furieux ne se lassait pas de sapper les fondements; mais si l'on veut jouir de l'effrayante beauté des lieux, il faut descendre en aval sur quelque saillie des rochers, poste périlleux où la tête la plus ferme ne peut se croire en sûreté au-dessus des eaux qui tourbillonnent et mugissent en bas. Ce pont démantelé et ses draperies de lierre servant de cadre à une cascade précédée d'un glacis où, grâce au précipice, se sont conservés de beaux lis; ces tilleuls, ces alisiers suspendus, toujours en mouvement, humectés par les vapeurs du torrent, et le sentiment de la profondeur où l'on se trouve lorsque les regards se portent sur les cimes qui percent le ciel, tout concourt à rendre le site grandiose et pittoresque. Outre le lis des Pyrénées et le lis martagon, on trouve sur cette route la belladone, dont la couleur livide trahit les qualités vénéneuses qui ont du rapport avec celles de l'opium.

Jusqu'au pont d'Ets-Dourouncats, ainsi nommé d'un éboulement de la falaise qui le serre, la voie rocailleuse ondoie sous les berges pastorales de Sia, montant en rampes redressées jusqu'au pied de la Seoube, en face des masses repoussantes et escarpées où l'œil ne devinerait pas le sentier de chèvres qui monte aux pâturages de Bacheviron. Quoique cette partie de la grande vallée soit dans la ligne de l'axe primitif, le granit qui règne sur le faîte ne s'y montre nulle part, si ce n'est par places dans les fonds du torrent qui semble couler dessus. Les schistes silicieux sont partout, et on se trouve ainsi dans un de ces intervalles où l'écorce première n'a été que soulevée, tandis qu'à droite et à gauche le granit l'a percée et dominée pour former les groupes de Santché et de Neouvieille. C'est dans les fissures de dislocation de ces substances moins compactes que les eaux refoulées lors du soulèvement postérieur du Marboré se sont ouvert une nouvelle voie, origine de la vallée. On est déjà sur le versant méridional de l'axe et se voient çà et là des fragments de cette singulière roche à bandes où le calcaire alterne avec régularité avec d'autres couches de petrosilex et de schistes argileux et dont les strates s'ondulent et se plissent de la manière la plus bizarre. Cette même formation se retrouve sur une grande étendue du versant du Nord.

L'espace s'élargit au hameau de Pragnères au point de concours de deux hauts vallons, celui de Cestrède toujours boisé, et la gorge profonde et déserte qui, accompagnée de quelques sapins, monte aux glaces de Neouvieille et du Pic Long, et jusqu'à Gèdre la vallée plus ouverte revêt une livrée moins sévère. La route circulant non loin du gave, sur un terrain plane et cultivé, entre des buis ou des ormeaux à larges feuilles, n'inspire plus l'effroi, et sur les premières pentes les prairies peuplées d'Ayrus et de Trimbareille récréent les yeux. Avant Sarre-de-Ben, groupe de maisons sur une saillie où l'air est toujours vif, de hautes masses neigées se projettent au midi sur le ciel. C'est le Marboré et ses tours, la Brêche et ses murailles couronnant un glacier, alpestre apparition qui ne dure qu'un instant, mais qui a suffi pour donner l'idée de monts d'un autre ordre où la règle et le niveau semblent avoir présidé. On touche à Gèdre; son bassin s'ouvre à la réunion de la vallée de Héas, et des champs de gravier y rappellent encore les ravages de 1788. Au lieu de descendre au village, tout bruyant alors du concours des pélerins, nous prîmes à gauche le petit chemin de Gèdre-Dessus qui, tracé à mi-côte, conduit à la sainte chapelle.

A l'ombre des ormeaux et des érables, nous circulions sur des pentes adoucies au milieu des cultures et des maisons dont les habitants, tous en fête, échangeaient avec nos guides de joyeux quolibets, et en bas une ligne d'arbres désignait la tranchée où le gave de Héas coule longtemps sous un berceau de verdure avant de déboucher à la grotte de Gèdre. Ces sites champêtres durent trop peu; un frêle pont jeté sur le torrent qui, précipité des hauteurs de Cambielle, ne roule que des débris et de la boue le long d'un ravin triste et dépouillé, comme tout ce qui frappera les yeux désormais, en forme la limite. A chaque pas dans les montagnes on rencontre de tels contrastes : les neiges et le roc stérile sont à deux pas de la plus belle végétation, et des scènes pastorales, attrayantes par leur aménité, ont pour avenue des ruines et des bouleversements.

Une gorge sauvage a remplacé ces riants talus. Nulle part un pré, un arbre pour reposer les yeux de la réverbération des roches ou des surfaces arides, et le tumulte du gave est le seul signe de vie qu'y donne la nature. Longtemps on chemine en face des escarpements du granit à bandes sur lequel repose la masse calcaire du Coumélie, sous des saillies mal liées et menaçantes, et au long d'un sentier à peine tracé contre les rapides éboulements qui détruisent la base du Cambelong, d'où le moindre faux pas conduirait par la ligne la plus courte dans le torrent qui menace en bas.

Le pélerin haletant, qui comme nous rampe sur ces affreux chemins, convaincu que les faveurs célestes ne s'obtiennent que par de rudes épreuves, mériterait par cela seul les indulgences qu'il va chercher à Héas. Mais qui croirait que ce repoussant boyau fût l'avenue d'une des plus belles parties des Pyrénées : les plateaux de Troumouse où s'égarent des troupeaux à milliers, le magnifique amphithéâtre qui les entoure et les alpestres solitudes d'Estaubé? Vis-à-vis du ressaut qui précède ce dernier vallon, on voit son gave, jusqu'alors si paisible sur les pelouses qu'il arrose, se précipiter sur les flancs tout fracturés d'une masse granitique qui disparait aussitôt sous les montagnes méridionales, partie de cette vaste protubérance qui supporte le système entier du Marboré.

Depuis Gèdre nous sommes sur un terrain talqueux : à la racine des monts comme plus haut se montre le gneiss qui le plus souvent se fond avec le granit, et d'autres fois s'en distingue nettement, quoique traversé par des jets de ce granit pur et massif qu'il recouvre. Les couches dont il est formé portent à le placer parmi les sédiments. Sa structure schistoïde et sa stratification souvent évidente prouvent, en effet, que l'eau se précipitait déjà en assez grande masse sur les matières en fusion et en oxidation qui sont ses parties constituantes, mêlées peut-être à des matières dans un grand état de ténuité, suspendues dans l'atmosphère et précipitées lorsque la force de dilatation eut été diminuée par le refroidissement. Ces observations sont devenues complètes dès qu'on a reconnu que le gneiss n'était que le premier des sédiments, un schiste argileux transformé par les roches d'éruption, une roche métamorphique. Les filons de mines de plomb sont nombreux dans la vallée de Héas. Plusieurs étaient riches, et on peut voir encore des traces de travaux anciens auprès du torrent d'Aguila, près du lac au quartier de Maillet et à Pouybacou, mais tout y est abandonné, comme toutes les anciennes exploitations de mines dans les Hautes-Pyrénées.

Au plus haut d'un grand éboulement de ce gneiss qui, parti du Cambelong, a rempli la vallée, et que nous gravissions sous un soleil ardent, est un grand bloc isolé de forme cubique, alors couronné de dévots l'écornant à l'envi. C'est le *caillaou de la Raillé*, le caillou par excellence qui joue un rôle dans la légende de Notre-Dame de Héas. C'est sur lui que se posa la sainte image lorsqu'elle choisit ce triste lieu pour sa demeure, et elle y resta jusqu'à ce que les pasteurs, touchés de la voir sans abri, lui eurent bâti plus loin une chapelle. Dès ce moment l'heureux caillou fut doué de propriétés miraculeuses ; et le moindre de ses fragments est un talisman préservateur. La masse, qui diminue ainsi tous les ans, est d'un tel volume que longtemps encore elle suffira à la consommation des bons montagnards. Mais le respect pour ce bloc remarquable ne remonterait-il pas plus haut, et ne faudrait-il pas le ranger dans la catégorie de ces pierres isolées sur tous les points de la France, dont la grosseur et le site attirent encore l'attention, qui paraissent avoir été pour nos ancêtres de rustiques autels, et dont la longue liste peut s'accroître dans les Pyrénées du bloc unique d'Hagetmau, du dolmen de Vicdessos, des pierres sacrées de Heychettes, à l'entrée de la vallée d'Aure, des pierres maruses de la Barousse, qui ressemblent à des autels antiques sans inscription, et de la pierre de Tou sur Lartigue de Salabre dans les quatre vallées, qui est encore l'objet de la superstition des pasteurs, comme le sont encore en Bretagne les pièrres de Carnac et le Stone-Henge en Angleterre, les plus grands monuments qui nous restent du culte de nos aïeux.

Tout le haut de la vallée est en vue : c'est là, à demi-lieue de distance, vers le ravin d'Aguila. que dans le site le plus sauvage, sous les escarpements les plus nus d'où s'élance la pyramide de Lieuzaubé, la religion a groupé quelques champs, quelques cabanes autour du *sacellum* consacré à Marie; et la foule que l'on y voyait fourmiller, nuançant à peine la prairie qui l'environne, ne faisait que rehausser l'imposante grandeur des masses. Plus loin tout est terne, dépouillé; seulement au fond quelques talus verdoyants, émanés de la savane de Troumouse, et une échappée sur de brillantes cimes laissent deviner l'étendue et la majesté de son cirque Près du caillou est l'emplacement du lac, qui, lors des désastres de 1788, ayant rompu sa digue, se précipita tout entier sur Gèdre et les vallées inférieures qu'il couvrit de ruines. Arrivés enfin, nous touchons à la butte ornée d'épaisses touffes d'aconit où s'élève la jolie chapelle, et, fendant avec peine des flots de pélerins qui n'avaient pu trouver place dans l'intérieur, nous allons chercher un asile dans une grange convertie momentanément en cabaret. Ce ne fut pas pour long-temps : assourdis du tapage de cent dévots qui, tout en buvant *tasse*, chantaient à tue tête, et lassés de tous les parfums qu'elle exhalait, nous fûmes forcés de porter nos provisions sur la pelouse voisine, où à un air pur se joignait pour nous le plaisir d'observer une grotesque galerie au milieu d'un étrange pays. Ces vallées intérieures renferment beaucoup moins de ces jolis minois où l'œil se pose avec plaisir que les plaines qui bordent les montagnes; mais le peintre eût trouvé parmi ces pasteurs des figures à caractère dont les traits portent l'empreinte des lieux qu'ils habitent, où pendant la moitié de l'année des pâtis sans variété, des torrents, des rochers et des neiges sont les seuls objets qui frappent leurs regards, et la vie qu'ils y mènent est aussi âpre que les aspects.

Des chants se font entendre; tout est en mouvement dans les groupes couchés ou debout, épars autour de nous, et une procession paraît où l'image miraculeuse est portée en pompe, aux sons rauques et mâles de deux cents voix montagnardes. Nous nous joignîmes au cortége et rentrâmes pêle-mêle dans le saint lieu, qu'on ne s'attend point à trouver aussi orné, avec ses trois autels dorés, ses murs couverts de tapisseries, et un plafond peint sur bois. Un des desservants ne pouvait atteindre à présenter la Madone aux flots d'adorateurs qui se succédaient à la balustrade; et un autre enregistrait les offrandes de toute espèce que ces bonnes gens lui portaient pour faire dire des messes dont le prix est triple à Héas. Mais est-ce donc trop lorsque pendant l'hiver le pauvre prêtre est obligé de braver des temps affreux, par les plus dangereux chemins, pour aller prier dans un désert qu'il faut être ours pour habiter? Devant la chapelle était une vraie foire, tant il y avait d'étalages de croix, de bagues et de chapelets, tous bénis sur la sainte figure. Mais du moins tout s'y passait décemment, et rien n'y ressemblait aux scandaleux tapages de Bétharram.

Le soleil, déjà couché derrière les montagnes de Cestrède, nous ayant donné le signal de la retraite, je fis mes adieux à Notre-Dame de Héas, non sans regretter de ne pas y voir ces scènes de nuit si grotesques que la plume facile de Saint-Amans a retracées avec tant d'originalité, et que me faisaient prévoir tous ces pélerins et pélerines qui s'apprêtaient à y camper. Les rochers du Cambelong, naguère si brûlants, ne renvoyaient plus qu'une douce température, bientôt remplacée par la fraîcheur du soir, toujours tonique dans les montagnes. Le crépuscule s'était retiré sur les hauteurs, le couchant, dans sa partie visible, était semé de légers nuages dont l'éclat allait s'affaiblissant, et ses dernières lueurs s'éteignant sur les cimes, abandonnèrent le fond de la gorge aux ombres toujours croissantes. Ce théâtre solennel dont les décorations étaient des masses sombres détachées sur le ciel ou surplombant sur nos têtes et le bruit sourd des torrents portaient involontairement à rêver. Avançant avec lenteur, nous nous surprenions de longs moments sans parler, jusqu'à ce que la voix des guides, toujours attentifs, vint nous ramener à la prudence sur ces âpres chemins. La nuit, tout à fait obscure enfin, nous eût fait courir quelques risques sur les périlleux sentiers qui précèdent le gave de Cambielle, si notre bon génie n'eût fait paraître la lune à point nommé. Nous la vîmes briller au-dessus de Troumouse, et la saluant dans ce moment critique avec autant de zèle que le Mage enthousiaste à l'apparition du soleil, nous passâmes le pont sans difficulté, ainsi que la scabreuse rampe qui descend à Gèdre. Nous étions attendus chez l'honnête Pricère, dont l'habitation et la pelouse ombragée sont bien connus des cavalcades qui vont à Gavarnie, cet autre sanctuaire des montagnes. La fin de la soirée s'y passa gaîment autour d'une table chargée de tout le luxe du pays, en vue des neiges du Marboré et de la brèche, qu'une lune brillante rendait visibles au fond du ciel, et en écoutant les vieux récits du patriarche de la famille, qui nous intéressait par les aventures de sa jeunesse, alors que, fier d'être à la tête du troupeau, il passait sa vie sur la montagne, où plus d'une lutte avec les ours lui avait fait une réputation de courage et de force que justifiait assez sa taille colossale.

Je venais de faire une première reconnaissance de la protubérance granitique, que Ramond a pensé être un des éléments constitutifs et distincts des Hautes-Pyrénées, et que nous verrons plus tard être devenue la base accidentelle, le piédestal fortuit qui a porté où nous la voyons toute la crête calcaire, longtemps après la formation de la crête granitique. La vallée de Héas n'est qu'un profond sillon creusé entre les deux systèmes. On y voit le gneiss en place dans les flancs du Coumélie et au ressaut d'Estaubé, en regard du gneiss du Cambelong; il abonde dans toutes les ruines, et jusqu'à la chapelle on ne le perd pas de vue. Le granit lui succède au midi, dans le cirque de Troumouse et à la vallée d'Estaubé, qui sont portés sur son dos. Celui qui compose les cimes du nord est d'une texture plus pure et plus cristalline qui dénote pour ce dernier une origine différente. La vallée de Gavarnie est creusée dans la même masse méridionale, et, ainsi qu'à Estaubé, d'autres ressauts obligent de monter brusquement à l'entrée des vallons de l'ouest, Aspet et Ossoue, qu'elle porte également, et où ce granit finit par atteindre sa plus grande hauteur, puisqu'on le suit presque jusqu'à la cime du pic intermédiaire de Saougué, d'où il s'abaisse rapidement au midi pour disparaître enfin de toutes parts sous le chaînon du Marboré.

L'intérêt toujours plus excité dans ces courses de plaisir au milieu de scènes grandioses et nouvelles, chasse de bonne heure le sommeil, diminue même le sentiment de la fatigue. Au point du jour j'étais dehors pour admirer la sublime nature qui frappe les regards autour du petit bassin où Gèdre est enfoncé, et qui a tant de charme alors que

> The dripping rock, the mountain's misty top
> Swell on the sight and brighten with the dawn,

Nous étions sur le chemin rocailleux de Gavarnie longtemps avant que le soleil ne dorât les cimes, alors que le Marboré, sa brèche et ses glaciers n'avaient encore que cette couleur légèrement rosée qui annonce son approche au diligent pasteur. Je n'ai jamais vu son lever au milieu des paysages des montagnes sans éprouver une vive jouissance. Les couleurs plus brillantes qu'offrent tous les objets, l'air plus pur et plus fortifiant, ce sentiment de bien-être que procurent les forces réparées et les jeux variés d'une lumière horizontale sur les plans multipliés des vallées, donnent à ce moment un charme qu'il ne saurait avoir dans les plaines.

Le Coumélie, dont on suit le pied, est fort nu ; à peine voit-on quelques sapins couronner ses escarpements, au-dessus des rampes dépouillées où la carline presque seule étale ses disques brillants. Mais à l'opposite les pentes du [illegible], verdoyantes et peuplées, offrent un coup d'œil plus agréable. Le petit ruisseau qui les parcourt tel qu'un filet d'argent, parvenu sur le bord de la terrasse inférieure, se lance avec toute sa vitesse acquise en un large réseau qui, devenu gaze légère, se perd dans les profondeurs du gave. Nous voici au fameux chaos, immense éboulement qu'on ne pouvait mieux peindre d'un mot. C'est un des contreforts du Couméli qui s'est écroulé tout entier en fragments énormes amoncelés à sa base labyrinthe de rochers où l'on erre longtemps. Il est un point où la route passe sous une arcade rustique formée de trois blocs. Toutes ces masses sont de gneiss pareil à celui de Héas. Le gave, arrêté dans son cours, s'irrite et disparaît au milieu de tant d'obstacles, d'où il a peine à se dégager. Jusqu'à Gavarnie, la vallée plus ouverte et offrant à peine quelques lopins de verdure, est triste et monotone. Aux riants aspects du Saussa ont succédé, sur les bas étages du Saougué comme sur le Couméli, des plans dépouillés, d'arides murailles, des gorges obstruées de ruines, et des bases aux cimes l'œil n'aperçoit que précipices. Les premières dépendances du Marboré se montrent sur la gauche, visiblement superposées çà et là au granit qui s'enfonce toujours davantage sous le Couméli, tandis qu'à l'opposite il se maintient plus haut dans les ressauts qui précèdent les gorges, et s'élève même jusqu'à quelques cimes pour en descendre rapidement et disparaître au midi sous le calcaire. Au débouché du val d'Ossoue, on est frappé de l'aspect subit par-dessus son ressaut, de hautes cimes toutes brillantes de glaces : c'est Vignemale qui se montre un instant comme pour faire pressentir ses grandeurs alpestres.

Ces gorges si repoussantes, où de maigres cascades brillent tristement sur des débris, sont cependant les avenues des beaux pâturages d'Aspet et d'Ossoue, baignés de sources vives où les moutons se plaisent singulièrement. Mais de ces sites alpestres si recherchés des pasteurs, nul ne mérite moins d'être oublié que le vallon des Especières, un des affluents d'Ossoue que deux fois j'ai visité. Au centre d'un large tapis de pelouses tendu sur un sol ondulé, est un petit lac mouillant de toutes parts le gazon de ses eaux azurées comme l'éther qu'elles réfléchissent. C'est un calme profond, même lorsque les moutons y sont épars, où n'arrivent point les bruits des gaves ni les détonations des lavanges que le soleil détache aux glaciers de Vignemale ou de la Brèche ; une gracieuse solitude où, par un beau jour le repos est de la jouissance, où les pensées vagues s'empreignent de calme et de paix comme les eaux, le ciel et la verdure, qui seuls frappent les yeux. Quelques pas encore : qu'on monte aux hauteurs voisines, et un spectacle inattendu sur des monts sourcilleux que l'on touche, étincelants de glaces, complètera le charme d'une course facile dont les nombreux visiteurs de Gavarnie ignorent trop le prix.

Avant de passer le pont, une charmante étude mérite qu'on descende au fond du canal où coule le gave. On l'y verra tombant dans un bassin de granit qu'ombragent des sureaux à grappes et des groseillers dont les fruits rouges, plus gros que ceux de nos jardins, n'ont pas leur agréable acidité. Mais hâtons-nous de dépasser cette auberge qui a reçu des hôtes de tous les points du globe, et les maisons éparses du village ; laissons à droite le sentier du port et la vieille chapelle de l'hôpital des Templiers qui sert d'église, et arrêtons-nous sur la butte où les derniers plans de la vallée, le cirque et la cascade, l'amphithéâtre et les glaciers se découvrent à la fois. Quoique le cirque soit encore à deux heures on croit y toucher ; mais la cascade, comme un ruban blanchâtre sans mouvement, produit peu d'effet contre les masses. Au-dessus de cette première muraille, dont la hauteur trompe toujours et qui ceint l'arène presque entière, un plan incliné circulaire s'élève jusqu'à une seconde qui à son tour, porte un nouveau talus, et le cercle s'agrandissant toujours, les murs verticaux et les terrasses chargées de neige se succèdent pour former une vaste enceinte régulière, un amphithéâtre des Titans, jusqu'aux cimes sourcilleuses, aux tours et aux glaciers qui couronnent le Marboré. Le cirque est flanqué à l'est par l'inaccessible Astazou, drapé de glace et de sapins, qui n'est autre que l'extrémité occidentale des murailles d'Estaubé. Après lui, quelques cimes non moins fières vont s'élevant vers l'angle de la plate-forme, la seule des *trois sœurs* qui soit visible, et à droite le faux Taillon masque toutes les avenues de la brèche. Un pic aigu domine à l'est sur Gavarnie, c'est le Piméné d'où la vue est admirable sur toute la chaîne calcaire que les observations de M. Dufrenoy ont prouvé appartenir, par tous ses caractères géologiques, au terrain crétacé, comme sur la chaîne granitique, sur le Mont-Perdu et ses gigantesques dépendances.

On traverse les dernières prairies; on passe le premier pont que porte le gave; on franchit un ressaut de rochers, mais on s'arrête à la Prade de Saint-Jean, bassin ovale et nivelé d'un ancien lac changé en pâturage, où circule un large ruisseau qui laisse à peine entendre un murmure; repos momentané qu'il ne retrouvera qu'aux plaines du Béarn. L'aconit noircissant çà et là l'espace, est ici, comme à Héas, dans son pays natal : le nappel et d'autres espèces bleues y viennent d'une grande beauté; mais parmi leurs touffes serrées, que respectent les troupeaux, je cherchais souvent en vain les jaunes, l'anthora et le tue-loup, qui partout sont plus rares. A gauche, les pentes sont noircies par le dernier bois de la vallée, jusqu'au col très élevé du Sombra, versant à Estaubé, en regard du haut vallon qui à l'ouest monte au port de Broto, et la Prade se termine à une hauteur gazonnée où, dans les blocs éboulés, le géologue reconnaît avec un vif intérêt les débris anté-diluviens dont sont pétries toutes les masses debout. Cette butte couvre l'entrée du cirque, sous des rocs verticaux, bastions naturels qui semblent la défendre. Impatients, nous la gravissons; nous touchons au seuil, et tous les voiles tombant à la fois, découvrent ce qu'un aspect éloigné ne peut que faire pressentir, ce qu'on ne saurait contempler sans émotion. Que d'exclamations involontaires n'ai-je pas entendu ici, arrachées par la beauté du spectacle! J'y ai vu le peintre enthousiaste de son art se défier de ses pinceaux, faibles instruments dont tout le prestige est impuissant pour rendre cette nature si grandiose et si fière. Des formes et des teintes parfaites sur la toile, auraient-elles le pouvoir de faire passer dans l'âme du spectateur cette vive impression de grandeurs sans mesure, d'où résulte le principal effet du tableau.

Celui qui a pénétré à l'heure où tout est calme dans l'intérieur de ces temples gothiques, de ces vastes basiliques qui, après tant de siècles, attestent toujours le génie hardi de leurs architectes; qui a erré seul au milieu de leurs colonnades dont les chapiteaux se perdent dans la profondeur des voûtes; qu'il cherche dans ses souvenirs l'impression qu'il y reçut. Ici, c'est la même, mais en rapport avec l'immense grandeur des objets qui l'excitent, quoiqu'il ne puisse être de module commun entre ces monuments pompeux et périssables où l'art humain s'est épuisé, et ce sanctuaire de la nature dans sa majesté. Venez au Marboré, vous pour qui tout ce qui est grand a de l'attrait; vous dont l'esprit est porté à la méditation des vérités éternelles. C'est ici que la scène grande, imposante, sublime qui frappera vos regards, en pénétrant votre âme d'une émotion profonde et solennelle, l'élèvera vers l'auteur des mondes, dont la toute puissance est écrite au front de ces rocs qui se cachent dans les nues.

.... Pure serenity apace
Induces thought and contemplation still.
By swift degrees the love of nature works,
And warms the bosom; till at last sublimed
To rapture, and enthusiastic heat,
We feel the present Deity, and taste
The joy of god to see his awful works! [1]

THOMPSON.

Maintenant, comme tout est grandi! Les murailles qui ceignent ces vastes cercles, comme elles s'élancent colossales au-dessus de leurs terrasses étagées! On dirait un tribunal que Dieu s'est construit pour juger la race humaine. Quel éclat ont ces glaciers qui se projettent sur le ciel! Glissant peu à peu sur les talus qui les portent, lorsque les parties

[1] Une sérénité pure excite la méditation et une contemplation tranquille. L'amour de la nature agit, et par degrés rapides échauffe l'âme jusqu'à ce qu'enfin dans son ravissement, dans son enthousiasme sublime, elle sent la présence de la divinité et participe aux joies de Dieu de voir ses majestueux ouvrages.

inférieures de ces épais monceaux viennent à déborder les escarpements, aux premiers soleils elles se détachent avec des craquements subits comme des coups de tonnerre, tombent au bas des degrés gigantesques, roulent et tombent encore jusques dans les fonds obscurs du cirque en se voilant d'une poussière nébuleuse et remplissant les airs de détonations formidables. Les plans verticaux de l'enceinte sont ainsi couronnés de tranches brillantes et verdâtres souvent renouvelées, et qui dénotent l'épaisseur des glaciers. Mais hors ces rares moments où les monts semblent s'émouvoir dans leurs entrailles, sur toutes ces masses si sévères, règne l'immobilité. Nul arbrisseau, nul brin d'herbe pour obéir au souffle de l'air qui nous rafraîchissait. Les derniers arbres faibles et rabougris, se sont arrêtés sur le bastion de droite, le roc Saint-Bertrand, où j'ai vu un aigle s'éplucher paisiblement sur une saillie, à côté de son aire, indifférent aux cris dont je voulais le troubler. Les vallées qui sur l'un et l'autre versant pénètrent dans la protubérance calcaire dont le Marboré est le centre, se terminent par de semblables cirques, que les montagnards nomment *Oules*, mais tous moins réguliers que celui de Gavarnie. Les mêmes formes se retrouvent à l'origine des vallées dans le Jura et dans toutes les chaînes d'un calcaire compacte, alpin ou jurassique, où leur grandeur est en rapport avec le relief des masses.

La neige ne disparaît jamais du fond dont le soleil ne peut voir la totalité, et un ruisseau formé des eaux de la grande cascade et de plusieurs autres disposées sur le pourtour, la traverse sous un long aqueduc qu'on nomme le *Pont de Neige*. Peu de curieux vont plus loin; cependant on ne peut avoir une idée exacte de la cascade, qui est encore à une heure, qu'en la voyant de près. Traversons donc cette arène inégale, jonchée de fragments où abondent les produits des mers de l'ancien monde, et gagnons la neige qui facilite une partie du trajet. Si l'on pénètre dans ses cavités en bravant e double danger d'un vent toujours glacial et des masses qui tombent, on verra de beaux effets de lumière qui, entre des murs congelés et sous des voûtes translucides ou percées à jour, pourraient donner une idée de ces palais de glace que la fastueuse Catherine élevait sur les bords de la Newa.

Enfin nous l'atteignons, cette cascade fameuse : nous la touchons, elle est sur nos têtes. De loin on la voit rompue aux deux tiers par une saillie du roc qui disparaît sous des eaux plus abondantes. La partie inférieure seule visible ici, de 400 pieds environ, n'a que le tiers de la hauteur totale. Nous la contemplions assis sur des blocs tout pétris des restes encore très distincts, des générations qui les premières ont peuplé les eaux, longtemps avant les révolutions qui ont donné au globe ses formes actuelles. Quel fait et quel site pour réfléchir sur l'histoire de notre terre, qui pendant si longtemps, à quelques jalons près que l'observation plaçait pour constater sa marche, n'a été qu'un champ sans limites où l'esprit s'est égaré. Les deux étages inférieurs du cirque sont généralement composés d'un grès schisteux légèrement micacé et de calcaires renfermant beaucoup de fossiles marins. Ces eaux qui semblent tomber de la nue, ne forment d'abord qu'une nappe déployée. La résistance de l'air la divise en pyramides renversées, en stalactites éclatantes, dont une partie se réduit en vapeurs que l'agitation de l'air pousse au loin. La tête tourne de suivre des yeux ces masses brillantes, et l'oreille est assourdie de leur chute sur des rocs profondément usés. Entre la colonne d'eau et le rocher est un petit espace où voltigeait seulement un brouillard humide ; piqué par un défi, je réussis à y passer sans trop me mouiller. Si la cascade était alors d'un grand effet sous le soleil d'août, où les glaciers sont le plus réduits, combien majestueuse et terrible elle doit être au printemps, lorsque le vent d'Espagne, venant à souffler sur les neiges accumulées, leurs eaux rapidement fondues roulant, se précipitant sur toutes les terrasses supérieures et doublant leur volume de tous les rochers qu'elles entraînent, viennent à s'élancer du haut de ces murailles en une masse énorme qui ébranle la montagne dans ses fondements ? C'est alors qu'il faudrait la voir : la saillie du roc qui la brise a disparu ; dans sa hauteur de plus de deux cents toises ce n'est qu'une nappe large, unie, continue, et tous ces filets d'eau qui drapent le pourtour du cirque, sont devenus d'imposantes chutes. Quel spectacle! Quel fracas! Ce sont toutes les trombes du ciel qui fondent à la fois.

Au sortir de cette arène immense, toute semée de fragments aigus, on est impatient de se reposer sur les pelouses de la butte, que peu de curieux dépassent, et sur les faciles sentiers de la Prade. En repassant à Gavarnie, on nous montra dans l'église une curiosité historique, treize crânes poudreux rangés sur une poutre. On sait qu'en 1313, où se consomma la destruction de l'ordre des Templiers, ceux du Bigorre, qui avaient de grandes propriétés dans ces vallées, furent conduits et exécutés à Auch. Treize d'entre eux, restés à l'hôpital de Sainte-Magdeleine, à Gavarnie, y furent massacrés, et ce sont leurs reliques que les habitants assurent et croient peut-être posséder encore. J'y remarquai beaucoup moins les têtes présumées des infortunés chevaliers, que la vue dont la fenêtre est le cadre. Si du haut de la chaire, d'où la cascade et le Marboré sont visibles, le prêtre ne fait pas passer dans l'âme de ses auditeurs, tout rudes qu'ils soient, le sentiment pour le souverain Créateur que doit lui inspirer une de ses magnifiques œuvres, jamais rien n'exaltera sa verve religieuse.

A une autre époque, arrête par la nuit à Gavarnie, je me trouvai avant le jour au débouché du val d'Ossoue. Ce passage, qui conduit à de vastes pâtis et au port sous Vignemale, d'où l'on passe à Cauteretz, est resserré entre des masses escarpées dont les éboulements couvrent le sol. On est là sur le dos de la protubérance granitique, et tous ces débris lui appartiennent. Tapi sous un des blocs dans cette demi-obscurité qui est la fin de la nuit, j'étais en face des glaciers du Montferrant et de Vignemale, que la lune, quoique voilée, rendait visibles. Ce moment de solitude où, tout dormant encore, je n'entendais que les bruissements du vent, alors que tous les objets ne recevaient que quelques atomes de lumière, avait pour moi un charme singulier. Une telle impression se reproduit toutes les fois que, seul dans un lieu reculé des montagnes, rien ne m'y rappelle la société, ses liens et ses travaux. Je comprends mieux alors le goût du sauvage pour la vie du désert, la prédilection du pasteur nomade pour ses montagnes solitaires et son bonheur d'y retourner. C'est un fait remarquable que cette antipathie des nations sauvages pour tout ce qui tient à la civilisation. Les Européens, qui semblent avoir reçu pour mission de la propager sur toute la terre, ont partout rencontré les mêmes résistances, et ce n'est trop souvent qu'en détruisant les indigènes et en se substituant à eux qu'ils ont osé accomplir cette tâche. Que serait-ce donc que cette vie sociale, cette civilisation dont l'homme est si fier, si toutes les jouissances dont elles l'entourent, ne peuvent empêcher son cœur de palpiter à l'idée d'une liberté sans bornes, comme un esclave qui oublie un instant ses chaines? J'y passai une heure à observer les progrès du jour depuis le moment où la partie supérieure du glacier d'Ossoue était seule distincte sur un ciel gris-foncé, jusqu'à celui où, le crépuscule descendu dans les fonds, je vis Vignemale et ses pènes se revêtir au haut des airs des teintes brillantes de l'aurore, lorsque les neiges inférieures restaient toutes bleuies sous les reflets de l'atmosphère.

Sur la route de Gèdre, les clôtures de pierres qui la bordent, souvent consultées par le marteau, sont l'étiquette exacte des formations qu'elle traverse : au calcaire marin et à toutes les roches crétacées du cirque succèdent des calcaires arénacés ou grès calcaires, des dépôts plus mélangés où l'action des eaux est toujours visible, des matières schisteuses plus anciennes, et enfin auprès de Gèdre, limite des deux grands systèmes des Hautes-Pyrénées, le gneiss domine partout. Plus loin, les schistes reparaissent en pénétrant dans le système primitif, traversés çà et là par les roches plutoniennes qui les recouvrent, et dont le cœur est le granit pur et homogène qui caractérise le centre des grandes évulsions. Près du chaos de faibles bêlements me firent découvrir sur l'autre rive un chevreau qui, tombé du haut d'un roc, s'était arrêté sur une saillie en surplomb sur le gave. Sa position était cruelle, et je demeurai longtemps à chercher le moyen de l'en tirer ; mais entre deux escarpements il était impossible d'aller le chercher. Le pauvre animal ne témoignait que trop par ses allées et venues et par ses cris plaintifs qu'il n'oserait se lancer dans le torrent, et entre deux fins inévitables il dut subir son sort.

A Gèdre la grotte n'est plus, depuis la débâcle du lac qui était plus haut, que le débouché d'une longue tranchée d'où s'échappe le gave de Héas entre deux murailles de granit et sous les branches croisées des érables et des tilleuls qui n'y laissent pénétrer que de demi-clartés; mais dans les jours brûlants, c'est encore une retraite délicieuse telle que l'imagination des poètes s'est plue à en créer pour les divinités champêtres. Les parois y sont ornées de plantes toujours fraîches, de ramondies, de grêles saxifrages et de framboisiers dont les fruits, hors d'atteinte, mûrissent et se dessèchent sur leur tige. Lorsque les rayons du soleil, filtrant au travers du feuillage, viennent tomber sur les eaux du petit bassin où le gave s'endort au sortir de son tortueux canal, ils répandent dans la grotte un jour doux et suave; mais descendu sous l'horizon, lorsque les ombres s'emparent de ces cavités, l'aspect en devient aussi mélancolique qu'il était plaisant naguères, et les idées y prennent la teinte du lieu. Ces eaux tranquilles, que l'obscurité voile, semblent inviter l'infortuné à terminer ses maux dans le refuge assuré de leurs profondeurs; heureusement nous avions tous de bonnes raisons pour tenir à la vie, et la nymphe de Gèdre en fut pour ses avances, quoique la lune et ses pâles rayons nous y vissent encore. J'ai vu un tableau de la grotte de Gèdre peint par Duperreux, qui n'en donnait qu'une faible idée; il est des objets pour lesquels tout l'art du pinceau est impuissant.

Le lendemain les sommités avaient disparu dans les nuages que le vent d'Espagne, précurseur de la pluie, faisait filer le long des pentes; c'était les montagnes sous un autre aspect. En débouchant de l'âpre gorge de l'Echelle, rien n'est frais et pittoresque comme le point de vue sur Saint-Sauveur dans un cadre de verdure, et le bassin de Luz où brille ce gave dont depuis longtemps le fracas assourdit.

Nous fîmes rencontre, à Sia, d'une petite caravane où rien n'était Français : un muletier ouvrait la marche avec un *criado* enfoncé entre des valises; un curé espagnol droit et blême sur son mulet chamarré de franges et de plaques de cuivre, n'avait besoin que d'échanger son long *sombrero* avec l'armet de Mambrin pour reproduire le chevalier de la triste figure; et sa rubiconde gouvernante chevauchant après lui dans la selle à fauteuil, en faisant tinter le jeu de breloques qui lui flottait sur chaque épaule, complétait dignement le tableau tout espagnol.

CHAPITRE X.

Course à la brèche de Roland. — L'auberge de Gavarnie. — Coquilles marines. La brèche et ses murailles.

Le vallon de neige et le glacier qui précèdent la brèche de Roland, étendus au-dessus d'escarpements redoutables et sur des pentes d'une forte inclinaison, peuvent présenter des difficultés très grandes, même quelque danger, et le voyage ne doit être entrepris qu'après s'être assuré par les guides de Gavarnie du bon état des neiges. C'est ce qui me l'avait fait différer. Dans les premiers jours de septembre, je fus instruit que les neiges étaient beaucoup réduites sans que le glacier fût à nu, ce qui faisait prévoir une consistance désirable, et je pus effectuer cette course avec deux naturalistes familiarisés aux montagnes qui me la rendirent plus intéressante, mon ami Siret, ingénieur du département, et M. Fleuriau de Bellevue, ancien compagnon de Dolomieu dans ses courses minéralogiques en Tyrol, et auteur de bons mémoires sur les effets extraordinaires du tremblement de terre qui, en 1783, bouleversa les Calabres. Nous partîmes pour aller coucher à Gavarnie. Sur une route où à chaque pas s'offrent des sujets d'observations, où les faits géologiques sont multipliés, j'écoutais avec intérêt le naturaliste laborieux qui avait visité presque toute l'Europe. Vérifiant les remarques de Ramond dans la gorge de Pragnères, nous la vîmes ouverte dans un de ces amas de matières de transition qui, interposés dans le granit central, et d'une moindre résistance, ont été, suivant lui, rongés par les eaux qui n'ont cessé d'y approfondir leur lit. Les flancs rapprochés des montagnes laissent voir en cent endroits ces schistes singuliers où alternent régulièrement de minces couches de calcaire, de roche de corne, de grenats en masse et de pétrosilex, roulées et contournées dans tous les sens, tandis que les sommités et les masses sont toutes granitiques. Mais la grande dureté de tous ces schistes primitifs serait seule une objection bien forte contre cette hypothèse de la formation de telles vallées uniquement par l'érosion des eaux, dont il paraît à peine quelques traces. Toutes les vallées semblables dont sont traversés les terrains primordiaux, paraissent plutôt devoir leur existence aux fentes, aux écartements qui ont dû forcément s'opérer lors du soulèvement de ces massifs, déjà très cohérents, et dans les dislocations produites par des actions subites et violentes. Les eaux n'auront fait ici que se précipiter dans cette voie déjà ouverte, lorsque l'exhaussement subséquent de la crête méridionale aura eu transporté plus loin le faîte de la chaîne. A Gèdre, il est manifeste que l'axe primitif est dépassé et qu'on se trouve sur le revers de l'ancienne crête; le schiste et le calcaire reparaissent sur les hauteurs, et les granits n'offrent déjà plus la même composition ni la même dureté. Ceux du Saougué, de la base du Coumélie et du chaos, à couches distinctes et plus mélangés, véritables gneiss, comme nous l'avons vu, proviennent de schistes argileux antérieurs au soulèvement et transformés alors par l'action métamorphique du granit qui supporte le système crétacé, toute la haute chaîne calcaire.

Après le chaos, on voit en place, superposées au granit, les premières roches de cet énorme amas de matières secondaires qui, dans l'un des derniers cataclysmes, ont été exhaussées jusqu'à former les masses les plus élevées des Hautes-Pyrénées comme de toute la partie occidentale de la chaîne. La cime du Mont-Perdu, qui s'élève à près de 1800 toises a été formée sous les eaux, de même que toutes les dépendances du Marboré, de Vignemale et de Troumouse; et ce n'est que la force expansive des fluides souterrains qui a pu les porter au rang supérieur qu'ils occupent. Il n'est pas rare en d'autres lieux, de voir du calcaire superposé au granit sur des montagnes assez élevées. Dans le Tyrol, la fréquence de ce fait a donné lieu à une sorte de proverbe géologique : « Point de montagne sans chapeau calcaire. » Mais ici, il est d'une tout autre importance par la grande élévation et la puissance des dépôts, comme par leur position relative à l'axe principal ; et il serait resté inexplicable pour nous sans la théorie nouvelle des soulèvements successifs qu'il vient fortifier à son tour.

Entre Gèdre et Gavarnie, le granit sur lequel reposent les montagnes est souvent à nu, seulement recouvert par la masse calcaire, sans aucune liaison avec elle. Plus on avance, plus cette croûte s'exhausse, et plus le granit s'enfonce ; tellement que celui-ci ayant disparu vers Gavarnie, on ne voit plus dans tout le Marboré que le terrain crétacé, vaste et majestueuse couronne dont le Mont-Perdu est le fleuron culminant. C'est sur cet immense accident que la journée du lendemain devait être employée, et nous pouvions déjà apercevoir une partie des rudes talus que nous devions escalader.

Une troupe nombreuse de curieux que nous avions devancée, et pour cause, à l'auberge de Gavarnie, y arriva peu après nous, et dans la cuisine, salon général, ce ne fut bientôt qu'une cohue : les bancs à dossier aux deux côtés de la vaste cheminée, étaient occupés par une partie des voyageurs, qui regardaient rôtir un demi-mouton, unique et constant régal du gîte ; d'autres, en groupe, péroraient sur les merveilles du lieu, et partout les gens de la maison s'agitaient pour le souper de tant d'hôtes. Nos guides de Barèges, dont l'un était Laurent, le compagnon fidèle de Ramond, sous lequel il était devenu le guide le plus sûr et le plus instruit des Pyrénées, nous en procurèrent un troisième qui, pour son industrie aventureuse, traversait souvent le glacier de la brèche dont il connaissait bien l'état actuel. Les neiges, durcies par la gelée ou ramollies par le soleil ou la pluie, varient souvent : tel pas excellent aujourd'hui sera impraticable dans vingt-quatre heures, ce qui rend toujours indispensable de prendre un guide sur les lieux. D'ailleurs, nous en avions besoin pour porter les provisions de bouche, les crampons pour la neige durcie, et les petites haches pour entailler la glace vive.

Au point du jour, l'air était piquant à Gavarnie, et dans l'ombre du cirque, au voisinage des neiges, nous aurions eu froid sans une marche hâtée. Le point où nous tendions vers la droite ne me présentait, comme les autres parois de l'arène, que de prodigieuses murailles, sans qu'aucune interruption dans leur continuité me laissât deviner où l'ascension serait possible. A l'opposite de la cascade, nous en atteignons le pied auprès d'un enfoncement noirci par l'eau, lieu ordinaire de halte pour les contrebandiers. Ma curiosité était excitée : tout à coup le rocher se recule et laisse voir sur la partie en retour une espèce de ravin ainsi caché, d'une inclinaison peu éloignée de la verticale, taillé dans un schiste calcaire dont les couches, obliquement rompues, forment de légères aspérités, suffisantes pour un pied exercé. Le contrebandier, après nous avoir demandé si nous avions la tête bonne et recommandé l'attention, monta le premier pour régler la marche. Nous gravîmes à la file, en une ligne sinueuse, du roc à pic au bord glissant d'un précipice qui s'approfondit à mesure qu'on s'élève.

Après une demi-heure, ce pas franchi, on se trouve à la hauteur du premier gradin, et au bas d'une longue pente herbeuse nommée *Ets-Sarradets*, où les pieds, les yeux se reposent enfin. Le fond du cirque, encore dans l'ombre, au-dessous des neiges éblouissantes, offrait l'aspect d'un vaste gouffre où la cascade allait se perdre. Le grand glacier qui la vomit commençait à paraître, ainsi que d'autres, reconnaissables à la teinte verdâtre de leurs fractures inférieures, d'où, quand le soleil est chaud, tombent souvent des masses avec un tel fracas, qu'on croit entendre un coup de tonnerre sous le ciel le plus serein. On remarque de là la bizarrerie des couches argilo-calcaires de l'Astazou, qui, du fond du cirque, montent en zig-zag jusqu'à environ 200 toises, d'où, prenant une direction horizontale, elles gagnent la cascade qui part d'une de leurs saillies. Se courbant ensuite vers le premier gradin, ces couches le parcourent en ondoyant, s'enfoncent sous la montagne de la brèche, où elles se redressent de nouveau pour former la crête aiguë du faux Taillon, justement en face de celles de l'Astazou; disposition symétrique qui fait voir que primitivement l'Astazou et le faux Taillon n'étoient qu'une même masse au sein de laquelle la cause qui a façonné avec tant de régularité l'origine des vallées dans les formations calcaires, aura creusé le cirque. Quelles agitations devaient se passer sous la mer antique pour produire de si brusques inflexions, de tels subits redressements. Une singularité de cette région, c'est que les couches verticales du faux Taillon, ainsi que d'autres voisines, sont criblées de fissures rectangulaires à leurs plans, et remplies de quartz ou de spath calcaire, ce qui partage la masse en tranches actuellement horizontales, qu'un œil inattentif prendrait aisément pour des couches, tandis que, produites par le retrait, ces fissures ont été nécessairement verticales dans leur origine, et remplies ensuite par sublimation.

La pente d'Ets-Sarradets se convertit en haut en un vallon étroit et rapide, semé de lambeaux de neige entre les murs du faux Taillon et le bas du glacier de la brèche. Celui-ci se découvrait pleinement à notre gauche, mais d'un talus si redressé, que nous n'osâmes pas en tenter l'escalade. Laurent, familiarisé avec ces scabreuses voies, nous fit voir alors à la tête du vallon un morne en ruines dont les flancs, quoique couverts de neiges et de gros débris, devaient, pensait-il, être accessibles, et d'où, en montant une crête au midi, nous pouvions atteindre la hauteur où le glacier, diminuant d'inclinaison, serait aussi plus abordable. Cet avis fut adopté, et nous continuâmes à gravir avec ardeur. Le sol de roc vif, ou couvert de menus débris, dégagé depuis peu de la neige qui s'y maintient quelquefois plusieurs années de suite, était arrosé par nombre de filets d'eau aussi froids que la glace d'où ils s'échappaient. Çà et là, un peu de terre avait produit quelques touffes des plus petites saxifrages alpines, enfants perdus au milieu de ces sites polaires. Bientôt notre attention fut singulièrement excitée par un fait géologique qui a lieu d'étonner à une telle hauteur : la neige, en se fondant, avait mis à nu un banc calcaire rempli d'une immense quantité de coquilles dessinées en noir sur le jaune de la roche, par une substance cristallisée ayant l'apparence du feld-spath. On y reconnaissait des *échinitas*, des *pectinites*, des *rastellum* et d'autres espèces toutes marines. Ce banc, sur lequel on marche longtemps, est d'une grande épaisseur et s'enfonce sous le glacier. Il paraît faire partie d'un chaînon de pierres coquillières, que Ramond a suivi depuis la vallée de Beousse et le port de Pinède, jusqu'au port de Gavarnie et au pic Blanc, dans une étendue de quatre lieues, et qui des deux côtés se prolonge en Espagne. Quel champ de tels faits ouvrent aux conjectures! Si le système des soulèvements satisfait l'esprit quant à leur élévation, qui n'est pas moindre de 1300 toises au-dessus de la mer, comment ont été entassés d'aussi vastes dépôts avec ces mélanges confus, nécessairement formés dans le sein des eaux marines, antérieurement au fait qui les a mis au jour, dont est surchargé le revers méridional d'une partie de la chaîne ; et combien de siècles ont passé sur de tels monuments? Eternel sujet de méditations, l'histoire de la terre ne sera toujours que celle des causes peu anciennes dévoilées par l'observation, mais les causes antérieures resteront à jamais cachées à l'intelligence humaine. De toutes les hypothèses qu'avaient conçues les géologues pour jeter un peu de jour sur ces vastes dédales, avant que leurs travaux récents n'eussent fait faire de rapides progrès à la science, des pluies immenses, des sorties extraordinaires d'eau du sein de la terre, le déplacement des eaux de la mer occasionné par des vents violents, par l'affaissement d'anciens continents ou par l'attraction d'un corps céleste, cette dernière avait paru présenter les moins fortes objections. L'astronomie seule pouvait faire concevoir une cause possible des divers cataclysmes qui, à des époques très distantes, ont bouleversé la surface du globe, et dont les traces parlantes surgissent de toutes parts. Le changement brusque et subit de l'axe de la terre par le choc ou l'approche d'une comète, pourrait, en effet, rendre raison de beaucoup de faits. Dans le nombre toujours croissant de ces astres qui dans tous les sens parcourent l'espace, qui même se meuvent dans notre monde planétaire si restreint, il peut en être qui aient choqué la terre, ou seulement qui s'en soient assez rapprochés pour que leur attraction ait pu en changer l'axe et l'orbite. L'axe du globe ayant pris ainsi une position nouvelle, tous les niveaux auraient également changé, et l'Océan avec ses myriades animées, aurait été forcé de se précipiter sur les vieux continents devenus ainsi les lits de mers nouvelles ; convulsions plusieurs fois renouvelées, ainsi que l'atteste la succession des terrains divers qui s'est présentée partout où l'on a percé sa croûte. Ce choc affreux, cette révolution instantanée effraient l'imagination. Le désordre épouvantable qui en serait résulté pourrait expliquer ces invasions et ces disparitions de la mer, ces destructions d'animaux et de races étranges qui ne devaient plus se reproduire, et tant de bouleversements qui frappent les yeux, mais serait bien loin de suffire pour l'explication de tous les effets qui sont résultés de ces catastrophes.

La même cause aurait pu produire les changements de température qui ont incontestablement eu lieu, les climats pouvant dépendre, en suivant cette idée, uniquement de la position des lieux relativement au soleil. Ainsi, les pays du Nord, où l'on a trouvé tant de restes et d'empreintes d'animaux et de végétaux des régions équatoriales, devaient être sous l'ancienne zone torride. Dans le Groenland, il existe un terrain houiller dont les empreintes sont très analogues à celles de nos bassins d'Europe, qui ont tous les caractères tropicaux. Le changement de l'axe, en rapprochant le pôle de ces contrées, en aurait rendu tout à coup le climat glacé ; et la catastrophe, due à la même cause, aurait fait périr en même temps tous les êtres vivants. Les cadavres de grands quadrupèdes dont les analogues n'existent plus, qui pendant des milliers d'années se sont conservés jusqu'à nos jours avec leur peau, leur poil et leur chair, dans le diluvium des plaines du nord de la Sibérie, des rhinocéros sur les bords du Vilhoui par 64° de latitude, et des éléphants par 72° à l'embouchure de la Léna, ont paru à M. Cuvier, dans ses admirables recherches des races éteintes d'animaux, une preuve incontestable de cette action subite, car ils ont dû être gelés aussitôt que tués. Cependant, combien d'objection naissent en foule, et que de faits inexplicables encore pars cette hypothèse des comètes, à laquelle l'esprit ne s'attachait qu'à défaut de théories meilleures. Mais les prévisions des Pallas, des Saussure, des Ramond germaient, et les travaux de leurs émules ont porté leurs fruits : les comètes sont restées inoffensives, et la terre a montré dans son sein même toutes les causes perturbatrices ; le système de la fluidité primitive, du feu central, du refroidissement continu et des soulèvements qui en ont dû être la suite, a paru comme le foyer fécond qui au milieu des ténèbres visibles d'un long crépuscule doit répandre la lumière, et le fil qui doit être un guide sûr dans le dédale, jusqu'alors inextricable, des événements et des époques au travers desquelles a marché l'écorce de notre planète pour parvenir à son état actuel, paraît enfin trouvé.

L'existence d'une température plus élevée dont tout prouve que la terre a joui autrefois, puisque tant d'animaux et de végétaux que nous regardons comme propres à la zone torride actuelle, ont pu vivre dans le nord de l'ancien continent, s'explique d'une manière plus satisfaisante par l'influence de cette chaleur intérieure du globe qui, dans les régions les plus boréales, communiquait avec l'air atmosphérique à travers les crevasses de la terre oxidée. A mesure que la terre s'est refroidie par l'interruption de cette communication, les crevasses s'étant successivement obstruées, la distribution des climats est devenue presque uniquement dépendante de l'irradiation solaire, et les tribus animales et végétales dont l'organisation exigeait une égalité de température plus haute, se sont éteintes ou modifiées peu à peu, ou retirées vers le sud. Un événement particulier peut avoir hâté ce résultat pour les contrées sibériques : le soulèvement sous la mer méridionale des immenses chaînes de l'Asie-Centrale, en versant tout à coup sur les pays à leur nord une violente inondation qui, en détruisant les espèces d'animaux qui y vivaient alors sous une température élevée, et entraînant les plus gros jusqu'à la Mer-Glaciale, où le froid les aura saisis et conservés, a dû aussi exhausser considérablement leur niveau en leur donnant l'exposition au nord qu'ils ont maintenant, tandis que les chaînes soulevées les abritent des vents chauds du midi, tous effets d'une cause unique, la vulcanicité, qui a pu changer brusquement la température de cette vaste région.

Le plus célèbre des voyageurs modernes, le savant et courageux Humboldt, qui, à une époque de la vie où le repos est un besoin vient d'exécuter dans le nord de l'Asie une entreprise non moins vaste, et plus périlleuse peut-être, que son voyage aux régions équatoriales du nouveau continent, rapporte des faits qui pourraient aussi modifier cette idée d'un refroidissement instantané que Cuvier avait admis. Il a observé qu'en Sibérie la glace souterraine est un phénomène général et perpétuel, malgré la haute température de l'air en juillet et août, dans un climat où les deux saisons qui se partagent l'année sont excessives. Par les 62°, la terre mêlée de glace n'est en août qu'à six pieds de profondeur, et l'on peut concevoir que de ce parallèle à l'embouchure de la Léna par les 72°, l'épaisseur de cette couche de terre congelée augmente rapidement. Ce fait posé, il est reconnu, contre les assertions de Buffon et de Valmont de Bomare, que des tigres entièrement semblables à ceux des Grandes-Indes, vivent actuellement jusque dans le Haut-Irtisch et les steppes des Kirghises vers les 47°, et de temps en temps font en été des incursions de cent lieues plus au nord. D'autres animaux d'une constitution vigoureuse, tels que le lion de l'ancienne Grèce, la panthère irbis de la Sibérie, et les pachydermes à poils épais, ont pu s'acclimater par leur organisation ou l'habitude dans la zone tempérée, même dans des régions plus boréales où ils restaient ainsi malgré le refroidissement progressif. Or, si pendant un été sibérien, une des dernières révolutions du globe a fait périr ces éléphants, ces rhinocéros d'espèce perdue qu'on peut supposer avoir été errants à cette saison de l'année, vers les bords du Vilhouï et l'embouchure de la Léna, leurs cadavres ont dû y trouver, à la profondeur de quelques pieds, d'épaisses couches de terre congelée, capables de les préserver de la putréfaction. De légères secousses, des crevassements du sol bien moindres que ceux qui ont eu lieu de nos jours sur le plateau de Quito, dans l'archipel des Indes, et même en Calabre, auraient suffi pour donner lieu à cet enfouissement. La supposition gratuite d'un refroidissement subit du climat qui aurait été la conséquence d'une grande action violente, ne paraît par conséquent nullement nécessaire pour la conservation des parties molles de ces animaux, qui s'explique ainsi d'une manière plus simple, et nullement en opposition avec les idées nouvelles, où le refroidissement de la surface n'a été que progressif.

Plusieurs bouleversements ont eu lieu avant l'existence de la vie sur la terre, et on ne croit plus à des causes assez puissantes pour avoir amené des inondations universelles qui aient tracé leur action destructive sur tous les points de la surface à la fois; mais dans les premiers temps, alors que les forces du globe avaient toute leur énergie, ces révolutions fréquentes et terribles peuvent avoir eu leur action sur des cercles immenses, et il est impossible que les hommes et les animaux terrestres aient pu échapper aux effroyables dévastations qui en sont résultées. Les plus récentes, de moins en moins violentes et moins étendues, n'ont agi que par places, opinion qui reçoit une grande force des traditions que l'on retrouve chez presque toutes les races humaines; car, pour en conserver le souvenir, des hommes ont dû être épargnés sur quelques points préservés. C'est ainsi qu'à chaque événement quelques espèces du monde antérieur seront parvenues au monde nouveau, et que se sera transmise parmi les hommes, de générations en générations, d'âges en âges, la mémoire d'un bouleversement, d'un déluge cru universel, auquel, suivant ces légendes, quelques individus n'ont pu être soustraits que par la protection divine; souvenirs qui ont toujours effrayé leurs descendants. De là aussi seront nées ces traditions jamais entièrement perdues, que ces épouvantables catastrophes devaient se renouveler au bout de certaines périodes, conçues par des esprits imbus des rêveries de la cabale numérique. Ces périodes se sont toujours prolongées à mesure que les époques fixées passaient sans événement, mais non sans exercer une influence déplorable sur le peuple dans quelques parties de l'Europe, quoiqu'à des temps aussi éloignés de ceux où le globe a réellement subi des commotions violentes qui, selon les probabilités, ne se renouvelleront pas, du moins avec un aussi fort degré d'énergie, l'accroissement continuel de l'épaisseur de son écorce y opposant des obstacles de plus en plus grands. Cependant, l'énorme relief qu'ont atteint les groupes du Mont-Blanc et du Mont-Rose, et la chaîne des Andes, dont les soupiraux sont toujours ouverts, tous dus à ces dernières révolutions de la croûte terrestre, en faisant voir que les forces intérieures peuvent être encore très puissantes, ne doit pas donner une sécurité entière et la certitude que la période de tranquillité actuelle ne sera pas troublée par quelque nouvelle dislocation du sol que nous habitons, par l'apparition de quelque nouvelle chaîne.

Montés jusqu'à l'origine du vallon, nous attaquons le morne qui, de même que tout le haut d'Ets-Sarradets, fait partie du troisième étage du cirque, où se trouvent mêlés des schistes argileux et calcaires, des grès et des calcaires à fossiles, toutes roches qui se retrouvent au midi de la brèche sur le plateau où est assis le Mont-Perdu, prolongement du même étage. La neige, en masquant les vides entre les fragments entassés, exposait à de dangereuses chutes sur un tel terrain : c'était comme l'escalade sur les ruines d'un boulevard qui eût défendu la brèche et ses approches; mais à la cime, point saillant de l'arête qui du faux Taillon monte aux murs qui couronnent la masse, nous attendait un beau coup-d'œil, un paysage polaire. Parvenus à une étroite corniche que la neige couvrait, nous nous trouvons tout à coup suspendus au-dessus d'un glacier impraticable par les crevasses dont il était criblé, qui, partant de la fausse brèche, petit col entre l'extrémité des murailles et le Taillon, descend très rapide vers le vallon du port de Bouchero, ainsi nommé du premier village que l'on trouve à son revers, dans le val de Broto. En face, ce dernier mont s'élevait majestueux avec ses bandes horizontales liserées de neige; et au nord-ouest les épaules de Vignemale commençaient à soulever leurs glaces. Le froid nous fit quitter ce dangereux observatoire pour aborder le glacier qui s'étend jusqu'à la brèche; mais malgré l'hiver et ses rigueurs, la botanique y eut encore ses plaisirs : une saillie du roc exposée au soleil était ornée des jolies pousses de la sabline pourprée et des fleurs bleu-rouges de la saxifrage à feuilles opposées, qui ne se plaisent qu'aux frimats éternels.

Dès l'abord, la neige se trouva bonne, mais au bout de quelques pas, la couche en devint si mince et si peu adhérente à la glace polie qu'elle couvrait, que nous avions peine à nous soutenir sur le plan très incliné que nous gravissions d'écharpe. Tout à coup M. Fleuriau tombe et glisse en laissant sa trace sur la surface unie. Nous frémissons; mais Laurent, familier à de tels accidents, s'élance et a le bonheur de l'arrêter au moment où il allait être lancé sur une saillie de pierrailles où il eût pu être brisé. Glissant sur mon bâton, j'accours après lui, porteur de la gourde fortifiante, qui remit les esprits un peu émus de M. Fleuriau et lui donna des forces pour remonter dans les rangs de la troupe. Cet accident, qui eût pu être grave, nous fit voir qu'il était temps d'user de nos haches et de tailler des pas dans la glace. Nous n'avancions ainsi qu'à la file et très lentement, chacun ne pouvant bouger un pied que le guide de la tête n'eût taillé un autre pas. Cependant une heure suffit pour franchir le dos du glacier, et, sa pente se radoucissant, nous pûmes marcher librement vers la brèche prodigieusement grandie, en traversant la plate-forme éclatante de blancheur qui s'étend au pied de ses murailles aériennes, depuis la naissance du glacier du Taillon jusqu'à ceux qui descendent sur les gradins du cirque. C'est une esplanade digne du gigantesque rempart élancé vers le ciel, où une ouverture de 40 mètres en bas et d'environ 60 au tiers de sa hauteur, forme la fameuse brèche, seul passage dans le Marboré pour pénétrer en Espagne. Le mur, qui comme toutes les masses voisines est d'un calcaire compacte secondaire, se prolonge d'environ un quart de lieue avec une élévation assez régulière de plus de 100 mètres, en se courbant au midi jusqu'à la fausse brèche ; et à l'est, converti en larges assises horizontales, il s'exhausse toujours jusqu'aux tours qui couronnent cet édifice de géants. Jamais barrière plus formidable, portail plus majestueux, ne séparèrent deux empires. A l'aspect de ce pertuis sourcilleux si noblement taillé dans le roc vif, on conçoit la tradition fabuleuse sur l'Hercule des Pyrénées, qui força la roche du tranchant de sa forte épée pour s'y frayer un passage digne de ses exploits. A quelques pas seulement en arrière de mes compagnons, je fus surpris de les voir devenir aussi exigus : que des Lilliputiens se mouvant sur ce vaste champ de neige, écrasés par ces murs qui s'élevaient gigantesques. On croit pouvoir passer la brèche de plein-pied, mais l'abord en est toujours défendu par une large fosse que les rayons du soleil ont creusée vis-à-vis dans la glace, et dans laquelle il faut descendre pour remonter de l'autre côté, au moyen des aspérités du roc que le verglas couvrait alors. Enfin, nous y voilà : le seuil est dépassé, et nos regards parcourant un horizon immense, peuvent planer sur les régions vaporeuses de l'Espagne. Chacun s'oubliait dans cette contemplation sans limites, lorsque la voix du guide chargé des provisions appela tout le monde dans la salle à manger, petite cavité, au midi, où les contrebandiers se mettent à l'abri du mauvais temps.

Au-dessous de la brèche, sur une pente rapide, gisent les fragments qui, en s'écroulant, l'ont ouverte. Au-delà, sur une étendue onduleuse, ce n'est qu'un désert brûlé par le soleil, sans neige comme sans végétation, où un seul isard, fuyant vers le Mont-Perdu, nous apparut comme un point se mouvant dans l'espace. Seulement, à l'est sont en vue quelques lopins des forêts de Gistain, que l'industrie française s'est souvent efforcée, mais en vain, d'utiliser. Le manque d'herbes, général du côté de l'Espagne, a de tout temps, comme de nos jours, troublé la paix entre les populations contigües : les chroniques locales rapportent qu'en 1319 les Espagnols de Broto, pour conquérir des pâturages, firent une incursion armée dans la vallée de Barèges, qu'ils dévastèrent suivant l'usage. Ses habitans, revenus de leur surprise, parvinrent à les repousser et les forcèrent de signer à Gavarnie une paix onéreuse qui les soumettait à un tribut de vin et de brebis; mais plus tard, en 1390, ils obtinrent la jouissance de certains cantons moyennant une redevance annuelle. Aucune de ces anciennes habitudes ne s'est perdue : les Espagnols afferment toujours des pâturages dans nos vallées, et il ne se passe guère d'étés sans que des querelles suscitées par les mêmes besoins, n'ensanglantent des limites presque partout mal distinctes. Les montagnes, brusquement abaissées de six à huit cents toises, pour ne diminuer ensuite que par des gradations insensibles, rendent frappant le contraste avec le versant du nord. Au bas de l'espace aride s'aperçoivent les crevasses d'Ordessa, si profondément ouvertes dans le plateau qui sert de base au Mont-Perdu, et plus loin la vue s'égare sur une suite de chaînons arrondis jusqu'aux rideaux bleuâtres dont l'Ebre suit le pied, même dans les jours sereins, jusqu'à la sierra de Moncayo, qui sépare l'Aragon de la Castille.

Du côté de France, au contraire, les masses se soutiennent longtemps à une grande élévation pour cesser tout à coup aux plaines du Bigorre, où les premiers gradins ont jusqu'à mille toises de hauteur. C'est une confusion de rochers nus ou bariolés de neiges, dont la plupart dépassent le niveau de la brèche. Le superbe Vignemale, au quadruple sommet et aux manteaux de glace, dominant les autres monts avec ses plus hautes couches nées sous les eaux, attire l'attention au nord-ouest, et en regard les crêtes de Santché, le cône tronqué de Neouvieille et Cambielle, pyramides granitiques déchues de leur rang primitif, se montrent encore entourés de fiers satellites. Au rang le plus bas des montagnes, on distingue à peine les hauteurs de Barèges, et la tête arrondie du pic du Midi, qui domine de si haut sur les plaines de France, entrevues sous d'obscures vapeurs, tandis que celles de l'Aragon se perdent dans un vague et chaud lointain.

Le couronnement de la muraille est singulièrement en surplomb au midi, où les pluies battantes, les alternatives subites de chaud et de froid, et toutes les causes atmosphériques de dégradation ont plus de force. Son profil, comme un éventail déployé, a une saillie de six à huit toises, et le plateau supérieur n'a pas moins de quatre fois l'épaisseur de la base. La roche, toute criblée de fissures, se délite en menus débris rectangulaires dont le talus méridional est couvert, de sorte que dans un temps peu éloigné cette masse énorme ne peut manquer de s'écrouler, comme il est arrivé à la partie qui fermait l'ouverture et à celle qui occupait la fausse brèche. Ce résultat est inévitable pour tout ce qui est isolé entre les deux brèches; et il ne faudrait sans doute qu'un tremblement de terre un peu plus fort que ceux qu'on ressent habituellement dans les Pyrénées pour l'opérer. A l'est, les masses, plus épaisses et s'appuyant au cœur du Marboré, sont pour longtemps inébranlables.

Parmi les blocs éboulés de la brèche, j'en trouvai de noirs dont la cassure exhalait cette odeur d'hydrogène sulfuré qui caractérise les calcaires hépathiques, et que Ramond croit être due aux débris animaux enfouis dans son sein. Ce mont fameux, si digne de l'étude du géologue, est le point central des exhaussements qui ont porté si haut le terrain de craie des Pyrénées. Composé de quatre étages escarpés, en retrait les uns sur les autres, et dont les deux supérieurs sont seuls difficiles à gravir, on retrouve à sa cime ce même calcaire noir en partie bitumineux, des calcaires arenacés et des calcaires compactes pareils à celui de la brèche, et il repose sur les alternats de grès, de schiste et de calcaire coquillier qui forment les escarpements du cirque. De la base au faîte même, on a trouvé des coquilles et tous les points de cette masse énorme dénotent le travail des eaux : c'est le terrain de craie porté aux sommets par le soulèvement du granit. L'odeur des débris de la brèche est la même exhalaison fétide qui sort de ce marbre coquillier noir et blanc que l'on exploite; les murs encore debout offrent généralement dans leur partie explorable, un calcaire secondaire très dur, blanc, cristallin et sans fossiles, bien différent de certains fragments éboulés, tandis qu'ailleurs on voit des grès et des bancs considérables pétris de corps marins. La nature de ceux-ci vient ajouter de nouveaux traits à ces singulières formations. M. Dufrénoy a reconnu que dans toute l'étendue du système, ceux qui sont regardés comme appartenant aux terrains secondaires y sont mêlés à d'autres qui se retrouvent aussi dans les terrains tertiaires. Ainsi, malgré les positions locales et les élévations respectives, tout s'accorderait pour y montrer le mélange de formations qui doivent leur origine à des époques distinctes les unes des autres, et postérieurement bouleversées. Quelles anomalies dans les mêmes masses et d'un tel relief, si une foi entière à ces observations n'est pas encore prématurée! Quelle confusion sur tous les points! Dans ces étranges lieux tout reporte la pensée vers l'époque où la terre, dans son existence récente, éprouvait de ces convulsions qui tant de fois ont modifié sa surface. Les yeux fixés sur l'horizon de l'Espagne, je me transportais à ces temps nébuleux où une mer furieuse, ainsi que l'a pensé Ramond, ainsi que l'aspect des lieux le suggère, poussée par une cause effrayante de force, jeta sur le penchant des Pyrénées, peu après leur premier soulèvement, cette immense alluvion, qui plus tard devait dominer même les pics granitiques et les faire descendre du rang suprême que partout ailleurs ils occupent. Je voyais cet Océan méridional se précipiter au-delà de ses bornes, en déracinant ses dépôts antérieurs et les entraînant avec lui à des distances considérables. Dans de telles irruptions, tout se mêle et se confond; cependant les dépôts les plus récents, les premiers entraînés, durent être les premiers jetés contre la barrière qui s'opposait aux flots, tandis que les anciens, plus profondément déposés et arrachés par des efforts subséquents, durent être ainsi poussés par-dessus ceux qui les avaient précédés dans le mouvement général. On conçoit que par une telle subversion, l'ordre a dû être sur quelques points totalement interverti. Mais tout démontre, et nous en verrons sur Vignemale des preuves irrécusables, que cette mer roula long-temps calmée sur cette œuvre de sa fureur, où tout n'est que désordre. puisque ses derniers dépôts, ceux qui paraissent avoir tout recouvert, n'ont pu être faits qu'à la longue et dans des eaux tranquilles, antérieurement toujours à l'éruption qui a fait surgir la protubérance granitique, vaste piédestal de tout ce système.

Pour aller reconnaître la fausse brèche par la pente méridionale, qui n'est qu'un vaste plan incliné sans obstacle, je me mis à suivre le pied du mur, ne me doutant pas de la fatigue que j'y devais trouver. Une couche épaisse de ces débris amenuisés que les agents météoriques font écailler des masses, conservait, sur des plans fortement inclinés, une sorte de fluidité qui m'entraînait, et il me fallait à chaque pas regagner péniblement l'espace perdu, sous un soleil dont la réverbération doublait l'ardeur. En cheminant, je me sentis mouillé de fortes gouttes d'eau, comme si un nuage orageux eût passé sur ma tête; elles ne provenaient que du couronnement de la muraille, quoique je fusse à sept ou huit toises de son pied. Quel surplomb! On ne peut se voir sans émotion sous cette énorme et menaçante moitié de voûte que la première secousse, ce semble, doit faire écrouler. Quelle ténacité doit avoir la roche pour retenir une telle corniche! Mais la base se creuse, et le temps ne peut être loin où tout s'abîmera.

A cent mètres dans le prolongement de la muraille, brusquement terminée, est ce roc isolé comme une tour, qui s'aperçoit de loin, reste d'une autre portion qui en s'écroulant a formé la fausse brèche, et dont les débris gisent également sur la pente du midi; le terrain se relève ensuite rapidement vers le Taillon. Epuisé de fatigue, je m'assis à la naissance du glacier que nous avions déjà dominé du haut du morne, en présence des grands et divers tableaux déroulés devant moi.

D'une part, un chaos où des pics sans nombre conservant leur hauteur, profondément découpés et bigarrés de glaces et de neiges, occupent tout l'horizon; et de l'autre, des masses tout à coup abaissées, arides et sans grandeur, où la neige ne se montrait presque plus, et des ondulations à perte de vue sur l'Aragon. Toutes ces étendues, de loin monotones, semblaient désertes, et nul travail humain ne m'y apparaissait. L'homme seul, comme égaré dans ces immenses solitudes, au milieu d'une nature morte, se sent ému, et tout parle à son âme en présence de ces roches chenues, qui depuis tant de siècles bravent la foudre, de ces monts éternels près de sa courte existence, qui cependant se détruisent près de sa courte existence, qui cependant se détruisent chaque jour, et n'occuperont eux-mêmes qu'un point dans l'espace des temps. L'esprit accablé de la grandeur de celui qui d'un mot les a fait surgir jusqu'au sein des nues, s'humilie et adore cet ordre général, cette sublime ordonnance de l'univers qu'il ne saurait comprendre. Je restais absorbé par ces graves et religieuses pensées, lorsqu'une lavange de glace, roulant sur les flancs du Taillon, seul bruit dont les échos de ces murailles pussent être alors frappés, me rappela au temps qui s'écoulait, et à mes compagnons.

Voulant les rejoindre par le glacier du nord que nous avions gravi, il me fallait pour l'atteindre traverser le berceau que forme à sa naissance celui du Taillon, au pied même du mur, et à l'endroit où il est le plus rapide. Je n'y eus pas fait quelques pas à l'aide de mon bâton ferré, que la difficulté de me maintenir sur un tel talus de glace vive, et la vue effrayante des profondeurs où le moindre accident pouvait me lancer avec la rapidité du trait, me firent voir le danger de mon entreprise. Rétrogradant avec précaution, je me retrouvai, non sans plaisir, sur le roc, et je fus forcé de retourner sur mes pas par la même et pénible voie que j'avais suivie. Etant remonté à la brèche, je la repassai pour aller visiter la partie *est* de son glacier qui s'étend vers le Marboré. La brillante plateforme cesse à peu de distance et se divise en deux branches, dont l'une s'élève jusqu'à la base de la première tour, et l'autre va se réunir, en se divisant encore, aux petits glaciers qui couvrent quelques gradins du cirque. Dès qu'il devient incliné, les crevasses s'y montrent; j'en tournai plusieurs; mais bientôt se multipliant, elles me barrèrent le passage. Une des plus grandes joignait le rocher dont les aspérités me donnèrent les moyens d'y descendre, malgré le verglas dont il était revêtu, formé par les gouttes d'eau tombées d'en haut et aussitôt congelées. Qu'on se figure une étroite et longue allée entre deux murs d'un vert cérulé, transparent en haut et terne dans le bas, avec des arêtes vives et tranchantes. Le froid qui y régnait m'empêcha de la suivre assez loin pour jouir des aspects brillants de ses parois, au point où le soleil les frappait.

Cette crevasse était petite : dans les grands glaciers, il y en a qui ont plus de cent pieds de profondeur.

Chacun s'était dispersé pour mettre à profit le temps sur ce champ d'observation, aussi vaste que curieux ; mais il était quatre heures, et à la grosse voix de Laurent, qui ne résonna un instant dans les cavités de la brèche que pour se perdre dans le vague de l'air, tout le monde s'y étant rallié, le signal de la retraite fut donné. Je jetai un regard d'adieu sur l'Espagne, cette autre terre parfumée du soleil et de l'olivier, qui s'effaçait au regard dans les chaudes vapeurs d'un horizon sans bornes. Noble terre, qui dans les temps anciens a brillé de tant d'éclat, comme de nos jours, lorsqu'elle s'est levée tout entière contre le conquérant insatiable, qui pour la première fois vit ses baïonnettes s'y briser contre une sauvage mais glorieuse énergie. Comblé des faveurs de la nature, ce beau pays ne peut qu'être un jour riche et florissant, lorsqu'auront enfin cessé les longs déchirements qu'il souffre de ses propres mains, et que la civilisation et la paix pourront y porter tous leurs fruits.

La partie rapide du glacier se trouvant sans crevasses, je me donnai le plaisir d'y glisser sur la neige, appuyé sur mon bâton, à la manière des montagnards. J'arrivai ainsi en quelques minutes au bas de la rampe qui nous avait tant coûté à gravir. Je continuai sans attendre mes compagnons, et pour utiliser l'avance que j'avais sur eux, après le vallon des coquilles, je me détournai pour aller reconnaître le premier gradin du cirque que la neige avait presqu'abandonné. Sur son plan raboteux d'une inclinaison assez uniforme, j'avançai sans difficulté jusque vers le milieu de l'arc, mais là où convergent les neiges des étages supérieurs, le sol de roc vif, toujours usé par des frottements continuels, prit une inclinaison trop forte pour qu'il fût prudent d'aller plus loin. Je m'arrêtai quelques instants dans cette étrange station : voyant à rebours la vallée que fermaient les pentes croisées de Gèdre et de Pragnères, je dominais de huit cents pieds, comme d'un toit, le fond déjà obscur de l'arène, tandis que derrière moi s'élevait une autre enceinte plus agrandie, où des fragments de glace étaient toujours menaçants. N'étant ainsi qu'à la hauteur des deux tiers de la cascade, il m'eût été impossible de l'atteindre, quand même j'eusse pu suivre le gradin tout entier, parce qu'il se termine contre les bancs redressés du haut desquels elle s'élance. Le soleil très-bas ne paraissait plus que sur les cimes. Mon guide inquiet de s'être autant écarté, se mit à crier de toutes ses forces pour savoir où était la troupe; mais les échos qu'il réveilla répondirent seuls à ses cris. Revenant alors sur nos pas, nous nous dirigeâmes horizontalement en couronnant autant que possible les murailles, certains de ne pas manquer ainsi le ravin qui descend dans le cirque. Nous y fûmes rendus les premiers. Dans ce trajet, je remarquai d'autres roches qu'au premier coup-d'œil je crus avoir éprouvé des subversions, leurs couches me paraissant être dans une situation verticale. Ce n'était que des tranches formées par des fissures rectangulaires aux vraies couches, et se succédant avec tant de régularité, que l'erreur était facile. Combien d'observateurs en ont commis de semblables.

Nous eûmes à peine assez de jour pour descendre le périlleux ravin, franchir l'aire pierreuse et gagner la Prade, où nos pas purent se ralentir sans crainte sur la pelouse unie. La nuit était depuis longtemps close, et la lune était prête à sortir de derrière le cône obscur du Piméné, lorsque nous rentrâmes sous le toit hospitalier de Gavarnie après une marche d'environ seize heures.

CHAPITRE XI.

Cirque de Troumouse. — Port de la Canaou. — Val de Pinède et Mon Perdu. — Couchée aux coulas de Grouton.

La vallée de Barèges, si importante par le privilége qu'elle a de traverser la crête primitive, et de pénétrer jusques dans les entrailles de la haute chaîne calcaire, nous a paru réunir, pour le naturaliste surtout, tous les genres d'intérêt; cependant nous ne l'avons pas épuisée, et ses derniers rameaux vont nous révéler des beautés nouvelles qui ne peuvent laisser de regret pour le peu de fatigue qu'elles coûtent. Le 10 juillet, je partis de Saint-Sauveur avec Charles, excellent guide de Luz, pour achever de reconnaître ses dépendances dans la partie orientale de la protubérance calcaire. Il me restait à voir les régions toutes pastorales de Troumouse et d'Estaubé, quoique touchant au dernier faîte de la chaîne, et leurs vastes cirques, différant de forme et de grandeur de celui de Gavarnie, car la nature inépuisable est toujours belle dans sa variété; et à monter au Pimené, position admirable et unique pour avoir à la fois sous les yeux, de Troumouse à Vignemale, le magnifique ensemble des deux crêtes, après en avoir exploré les points principaux Je voulais aussi tenter de nouveau l'ascension de Vignemale par le Montferrant et le glacier d'Ossoue, ainsi que cela m'avait paru possible de la seconde pène où j'étais parvenu. Au bout du pont, je rencontrai Martre, mon guide de Luchon, avec qui j'avais reconnu toutes les sources de la Garonne, accompagnant à Gavarnie un voyageur qui, après les Alpes, était venu voir les Pyrénées. Nous causâmes beaucoup des Alpes; et je reportai avec un vif intérêt mes souvenirs sur le voyage que j'y avais fait avec tant de plaisir et de bonheur en 1811.

Dans la gorge de Pragnères les montagnes, qui vues de ces profondeurs semblent percer le ciel de leurs têtes neigées, divisées en grandes masses par les ombres du matin, donnaient partout de la grandeur au paysage. A Gèdre tout était obstrué de troupeaux et de pasteurs qui prenaient au bureau de la douane l'indispensable permis pour aller sur les pâturages voisins de la frontière; c'était le moment de l'émigration vers les hautes vallées. J'y reconnus Pauline, la bergère d'*Ets-Estérous*, qui menait ses moutons à Héas, où ils devaient rester sous la garde des pasteurs communs. Après le torrent de Cambièle, où l'on quitte les prairies et les sites rians de Gèdre pour entrer dans une gorge aride creusée dans le granit à bandes que l'on y voit partout, j'avais oublié cet étroit sentier qui, chaque hiver détruit, et retracé chaque printemps sur les flancs ruinés d'une suite de ravins, cause un certain émoi au curieux juché sur sa monture, lorsqu'il voit le gave bondir sous ses pieds, ou des blocs mal liés suspendus sur sa tête; mais des souvenirs plus aimables d'un pélerinage à la Madone revinrent en foule à ma mémoire. Je revis ce scabreux sentier, nommé *Passet des Glouriettes*, sur le ressaut granitique d'où se précipite le torrent d'Estaubé, ayant peine à croire qu'au milieu de cet entassement d'assises escarpées, les chevaux puissent passer. A Héas la jolie chapelle, jadis si bruyante, était momentanément interdite comme beaucoup d'autres églises du diocèse, et ses pompes renommées ne faisaient plus retentir les rochers d'Aguila, au grand déplaisir de la population nomade qui se trouve ainsi privée de tout exercice religieux pendant plusieurs mois de l'année, tandis que de l'autre côté des montagnes, dans les lieux les plus déserts, des hospices bien dotés sont pour le voyageur de précieux asiles; mais les touffes d'aconit que j'y avais autrefois remarquées y croissaient toujours fraîches et vigoureuses; ce n'est qu'à la nature que cette plante vénéneuse doit ses beaux épis de fleurs, et le caprice des hommes ne peut altérer ses lois. Au-dessus du bassin de la chapelle, où quelques faucheurs avaient remplacé la foule criarde des pélerins, la tour aiguë de Lieuzaubé s'élançait du flanc de la montagne d'Aguila comme un autre clocher, et au fond la belle masse de Troumouse avec ses étages de verdure, de neiges et de noires murailles drapées de blancs tapis, me donnait déjà une haute idée de son amphithéâtre. Au bas de ses rampes de neige deux obélisques côte-à-côte, comme des bornes que le gazon ne saurait atteindre, sont ce que les pasteurs nomment les *Sœurs de Troumouse*. Le vallon de Héas se termine à la combe du Four, oule de verdure que sillonne un filet d'argent. Je comptais revenir passer la nuit dans quelqu'une des granges voisines, pour de là gagner le lendemain le val d'Estaubé.

Une longue montée au midi conduit au plateau de Maillet, où l'on respire un air plus frais, où le champ de la vue est

Pagination incorrecte — date incorrecte

NF Z 43-120-12

plus étendu. Ici le granit veiné a disparu ; nous ne retrouvons à sa place, perçant çà et là le gazon, qu'une roche grossière formée de parties hétérogènes, et bien différente du granit central. C'est la protubérance granitique qui apparaît au jour. De là la vallée toujours plus dilatée se montre en arrière divisée sur sa longueur en deux parties distinctes : le ravin triste et ruiné que suit la dévote cohue, et des plateaux parallèles fort élevés au midi se prolongeant sous les escarpements de la montagne de Héas jusqu'à ceux du Coumélie. Un ressaut considérable étendu sur toute sa largeur, composé du même granit, s'élevait maintenant devant nous. C'est le mur de soutenement de l'arène de Troumouse, le dernier et le plus vaste de ces plans exhaussés. L'eau de Maillet en suit le pied, portant au gave les eaux de la partie méridionale de Troumouse qui s'en échappent en cascade, et celles des neiges du port de la Canaou, comme le ruisseau du Four y porte celles de la partie du nord. Nous suivîmes les premières vers un large fond déjà peuplé de troupeaux jusqu'aux murs à pic du Mont-Errant, qui sur ses gigantesques faces est tout bariolé d'infiltrations ferrugineuses ; et par des pentes faciles nous montons au grand cirque dont j'étais impatient de juger l'étendue et la beauté. Je cours à la première butte ; je gravis, j'en atteins la cime... Dès que j'eus mesuré des yeux cette arène si vaste, et fait le tour de l'amphithéâtre qui la cerne, je l'avoue, je fus si frappé de tant de grandeur et de magnificence, que je ne pus qu'involontairement m'écrier !..... Les paroles peuvent-elles rendre ce qui dépasse la mesure du beau, ce qui est sublime ? Qu'on ne me taxe point ici d'exagération ; quelque prévenu que je fusse, c'est un des tableaux de montagnes qui m'ont le plus frappé.

La vue subite ajoute à l'effet, lorsqu'on découvre à la fois cette aire au loin prolongée, reposant sur le granit que voile la verdure, et son enceinte circulaire d'une hauteur considérable encore, et régulièrement construite de monts d'un autre ordre, car sur tous les points de son vaste contour ces gradins de géants sont généralement composés de calcaires en couches épaisses, massives ou schisteuses. Ce plateau n'est point un plan nivelé comme la prade de Gavarnie, le Benou, ou même le pla de Béret; c'est une continuité d'ondulations, de petites buttes et de combes, dont toutes les formes sont adoucies, dont toutes les pentes sont revêtues de pelouse. Comme tout s'y ressemble pour peu que le brouillard s'y arrête, c'est un dédale où le pasteur lui-même peut s'égarer. Mais toutes ces inégalités disparaissent sous les masses du pourtour, et l'œil n'y voit qu'une plaine de verdure dont la teinte paraît plus fraîche auprès de la zone continue de neige et d'éboulis qui, sur de rapides talus, précèdent partout les murailles, noirs soubassements des glaciers et des crêtes qui sont les fleurons de cette immense couronne. Les sœurs de Troumouse, grandies maintenant, ressemblent à ces bornes que l'on voit au bas des murailles d'Estaubé. Serait-ce des pyramides en place, qui, plus dures, ont résisté aux agents destructeurs, ou des masses éboulées qui, dans leur chute, sont restées debout? Rien, ici, n'a encore été vu que de loin, et un naturaliste n'épuiserait pas Troumouse en un mois. Cette enceinte de monts de plus d'une lieue de diamètre, forme les quatre cinquièmes du cercle, et déjà nous avions derrière nous les pointes de ce vaste croissant. C'est, d'un côté, la montagne d'Aguila, nue, uniforme, sans accidents comme sans verdure, appuyée sur l'axe primitif, et surmontée de la tour des Aiguillons, pareille à celles du Marboré, mais plus élancée, et régnant sans rivale sur son dos nivelé; de l'autre, le Mont-Errant, voisin de celui qui, sur son faîte en ruines, voit le port de la Canaou, fiers rochers dont les flancs verticaux, blanchissant au soleil, m'avaient déjà apparu de divers points éloignés, majestueux avant-corps de cette œuvre de Titans.

Des deux parts, les cimes se relèvent ensuite sur leur base commune; au nord, par les gradins aigus des Aires, et au midi, par les crêtes plus déchirées de la Canaou, jusqu'à la montagne de Troumouse qui préside à l'ensemble, moins par sa position centrale, que par ses larges assises et sa hauteur absolue, qui dans toute la chaîne n'est surpassée que de peu par quelques points privilégiés. C'est Troumouse qui finit par fixer les regards; c'est l'objet le plus grand du tableau. Enorme et dernier exhaussement de la crête adventice à son extrémité de l'est, rien ne voile ses alpestres décorations, ses brillants glaciers, ses noires saillies, et ses flancs entr'ouverts vomissant chaque printemps des torrents de neige et de ruine dont s'augmentent sans cesse les amas étendus à sa base. Planant au revers sur toutes les ramifications d'Aure brusquement abaissées, système antérieur et tout différent, la fierté de ses aspects annonce au loin de ce côté toute la grandeur de la haute chaîne calcaire. A la vue de cette plaine cernée de neiges sous le soleil d'été, de ce ciel de toutes parts ouvert, et de ces pelouses où se plaisent seuls l'aconit vénéneux et quelques fleurs amies du froid, on pourrait se croire dans ces climats rigoureux où la glace descend aux savanes marines que le renne parcourt. Mais, c'est près du faîte des Pyrénées, à mille toises de hauteur, qu'est cette étendue où cent troupeaux s'égarent; et cette vaste arène, où les armées de Xercès auraient pu manœuvrer; ce cirque superbe qui eût contenu toute la Grèce réunie, n'ont d'autre avenue que la gorge menaçante de Héas, où l'on se traîne sur le penchant de hideuses ravines.

Sur le bord d'un petit canal près de la butte d'où j'étais descendu, Charles s'était empressé d'ouvrir le bissac, de mettre l'outre au frais, et m'appelait à une halte délicieuse en face des pans immenses du Mont-Errant dont l'œil se fatiguait à suivre les assises superposées et des monts de Saint-Sauveur fuyant au bout de la vallée confusément projetés. En un quart d'heure, nous fûmes ensuite aux couïlas de Troumouse, situés sur une hauteur d'où tout le plateau et sa circonférence sont visibles. Sans lunette, je n'aurais pu reconnaître des moutons à l'opposite vers la partie de l'enceinte nommée la montagne des Aires, où sont d'autres couïlas. Confiant nos bagages aux pasteurs et donnant au cheval sa liberté, nous prîmes sans retard le chemin du port de la Canaou. Je n'aurais jamais cherché un passage vers l'Espagne dans cette longue escarre qui sillonne la montagne du midi, obstruée de neiges, et différant peu des autres parties de cette inaccessible enceinte. Pendant quelque temps nous ne fîmes que traverser de larges ondulations de verdure, seulement diversifiées par quelques flaques d'eau, ou des plans serrés d'aconits que la dent des moutons respectait. La pelouse cessa, et une pente très rapide de neige et de pierrailles, parsemées de très belles renoncules glaciales, nous conduisit au pied du passage aérien, où, de bas en haut, je pus jeter un coup d'œil sur l'étrange route que nous avions à faire. Qu'on se représente un ravin montant aux nues, une espèce de couloir presque vertical creusé dans la masse des rochers, s'évasant un peu vers le haut, et vomissant à la moindre pluie, au moindre ébranlement fortuit, des pierres et des neiges durcies, que je voyais entassées sous moi au fond d'une combe qui n'est autre que la naissance du plateau de Maillet, gradin inférieur de celui de Troumouse. C'est là qu'il faut gravir, non sur le roc solide, mais sur des neiges glissantes, ou, ce qui est pire, sur de menus débris qui fuient sous les pieds, et sans cesse en péril des éboulements. Rien n'est plus pénible qu'une telle ascension ; et si l'on parvient à assurer ses pieds, afin de respirer un instant, on ne voit que de sinistres escarpements suspendus sur la tête, et les bords de l'entonnoir projetés sur le ciel. Une fois, cependant, un bel isard vint s'y montrer, regardant sans doute en pitié nos fronts baignés de sueur, lui qui s'y fût joué sur ses jarrets nerveux. Sa vue nous fit redoubler d'efforts pour sortir de cette dangereuse gouttière, où par quelque cause qu'une pierre se détachât d'en haut, elle ne pouvait que rebondir sur nous, et où le soleil dardait des rayons étouffants qu'aucun air n'affaiblissait Dans les schistes de transition qui sont au pied de ce couloir, je reconnus ces jolis cristaux formant une croix que Ramond y signale.

De telles fatigues que la curiosité ou l'amour de la science font gaîment braver, sont cependant le partage habituel de ces hommes endurcis que le besoin met en révolte contre les lois du pays, et qui, dans ces affreux chemins, affrontent encore les balles des douaniers et la fureur des éléments dont ils ne sont que trop souvent victimes. En deux heures, depuis les coulas, j'atteignis les bords ébréchés de l'entonnoir, et à l'instant, d'une des plus hautes crêtes des Pyrénées, je vis se creuser sous mes pieds le précipice immense de Pinède, l'Espagne m'apparaître au loin par l'ouverture du col de Niscle, et le Mont-Perdu tout entier s'élancer dans les airs avec une indicible grandeur. En présence de telles scènes, peut-il rester un sentiment pour la fatigue? On s'assied et tout s'oublie dans une muette contemplation.

Vers midi, les nuages avaient commencé de se former, et déjà je voyais quelques vapeurs légères se glisser entre le Cylindre et le Mont-Perdu, ce qui était un avis pour hâter mes observations dans un cadre circonscrit et rapproché, dont chaque partie était d'un vif intérêt. Les crêtes du port sont composées de schistes cornéens alternant avec des calcaires très-fissiles, dont les bancs approchent d'une direction verticale, et les masses latérales sont calcaires. Ces schistes se détruisent aisément, et c'est parmi leurs menus débris qui obstruent les rudes pentes de la Canaou, que Ramond a trouvé des fragments de calcaire coquillier et des schistes remplis de polypiers, sans avoir pu découvrir leur origine et leur gisement actuel; recherche pour laquelle le temps me manqua. Voilà donc, comme à Gavarnie et à la Brêche, des calcaires d'une grande élévation qui ont subi un renversement total, et des dépôts marins pétris de débris organiques.

Si de l'autre côté j'avais plaint les contrebandiers qui fréquentent ce dangereux pertuis, je les plaignis bien davantage en plongeant de l'œil dans les profondeurs de Pinède, que les montagnards nomment aussi Beousse, corruption de Bielsa, nom de la vallée principale. Une pente excessivement rapide en effet, et d'un seul jet, descendait de mes pieds jusqu'aux pelouses du fond, où paissait alors un troupeau espagnol que je ne distinguai nettement qu'avec ma lunette. Il faut trois heures pour la monter, tandis que nous n'avions mis que la moitié de ce temps depuis le plateau de Troumouse. Ainsi le val de Pinède est à une profondeur double au-dessous de l'arête qui les sépare. L'œil s'y repose avec plaisir sur la seule terre en repos qui soit à sa portée, la prairie qu'arrose la Cinca et les bois voisins de l'hospice que cache un mamelon. Dans toutes les montagnes il est peu de refuges plus nécessaires pour ceux qui se hasardent dans leurs redoutables passages, car jusqu'au village de Pinède, situé dans la gorge qui fuit au sud-est entre la haute chaîne et un énorme contrefort du Mont-Perdu, on ne marche pas moins de six heures sans trouver d'habitations. Si mes projets m'en eussent laissé le temps, je serais descendu à cet hospice pour explorer le lendemain l'oule curieuse de l'extrémité de la vallée de Beousse, au pied des hautes murailles qui supportent le bassin du lac d'où tombe la Cinca, ainsi que le fait le Gave du côté opposé; pour voir le Mont-Perdu s'élançant de ces profondeurs avec des draperies de glace, dignes des plus hautes Alpes. Mais ces plans abaissés n'obtiennent que de rapides regards dérobés au colosse qui les réclame invinciblement. Le Mont-Perdu est à deux pas, on croirait l'atteindre d'un jet de pierre, tant l'air a de transparence; et pour la première fois je pouvais admirer son énorme structure, depuis l'oule de Beousse creusée dans ses racines, jusqu'à son toit de neige, et sous son aspect le plus imposant. Quelle majesté dans cette architecture de géants! Quel dessin hardi dans ces vastes soubassements, ces terrasses qui se succèdent chargées de glaciers, et cette tour massive du Cylindre qui rivalise avec lui! Ce dernier que couvre un liseré de neige, opposait ses flancs obscurs à l'éclat du Mont-Perdu dont un large col le sépare. Une masse considérable de roches noires des montagnes du port Vieux, descendant à pic au fond de l'oule, me cachait le bassin du lac qu'a découvert Ramond, ainsi que la chute que fait la Cinca du haut de sa terrasse, dont je n'apercevais que l'extrémité méridionale ; mais le beau glacier qui les domine était visible tout entier, entrecoupé de crevasses dont plusieurs le traversaient d'un bout à l'autre. On le voit remonter à l'ouest jusqu'à la base du Cylindre, en couvrir le col pour se réunir sans doute au revers avec celui d'où sort la cascade de Gavarnie, et s'élever par un retour jusqu'à l'escarpement qui porte la cime culminante. Les reconnaissances de Ramond ont prouvé que cette cime est située au midi de la ligne de séparation des eaux. La Maladette est du même côté, ainsi que le pic de las Posets, au midi du port d'Oo. Il est singulier qu'il faille céder à l'Espagne les trois plus hautes sommités de la chaîne.

Ramond est le premier qui soit parvenu au sommet du Mont-Perdu. Après plusieurs tentatives inutiles pour atteindre une cime qu'il croyait alors la plus haute des Pyrénées, et qui n'en diffère que de 61 mètres; après avoir envoyé en reconnaissance ses guides les plus intrépides, Rondo de Gèdre et son fidèle Laurens, il resta convaincu que la seule ligne accessible était par le côté oriental, et résolut de la tenter. Parti de Barèges avec ses guides, le 9 août 1802, ils remontèrent la vallée de Gèdre et d'Estaubé, passèrent le port de Pinède, d'où ils descendirent à un petit plateau herbeux, situé sur la haute terrasse qui soutient le lac. C'est là qu'ils bivouaquèrent en plein air, enveloppés dans les vapeurs des cascades qui se précipitent dans les fonds de Beousse, sous les roulements de l'orage qui grondait de toutes parts.

Le lendemain, après avoir traversé, non sans peine, le torrent de décharge du lac, ils gravirent les pentes nues et d'une excessive rapidité qui précèdent le col de Niscle ou de Fanlo. De là, ils se mirent à escalader les quatre ou cinq terrasses empilées, qui à l'ouest s'élèvent avec tant de fierté et précèdent le Mont central, jusqu'au vallon où commencent les premiers glaciers. La traversée en fut pénible et dangereuse par les crevasses multipliées, et surtout par celles que la neige cachait. D'en haut la sommité fut en vue, resplendissante sous le soleil, et à onze heures un quart, Ramond jouit enfin du plaisir de voir, sous ses pieds, tous les monts qui l'entouraient, et de se croire au plus haut de la chaîne entière. Il y régnait un vent furieux du sud-ouest qui rendit ses observations difficiles. Le grand glacier du nord se prolonge jusqu'au sommet, qui n'était recouvert que de névé d'une épaisseur alors d'environ trois mètres, et au sud la masse coupée à pic présente un escarpement de six à sept cents mètres, jusqu'à un glacier inférieur où tombent ses débris. Le même jour, Ramond retourna coucher aux cascades de Beousse, et le lendemain il rentra à Barèges.

Depuis Ramond, une route plus courte a été reconnue par Gavarnie et le revers méridional, où l'on se rend en traversant la Brèche, et allant coucher à la base même du pic. De ce côté, il n'y a pas de glacier à franchir, mais la fatigue y est longtemps extrême sur des débris roulants ; et vers la cime, où se trouvent trois passages dans des rochers redressés, il y a même un danger réel dans le plus élevé, à cause d'une cheminée presqu'à pic qui laisse peu de prise aux pieds et aux mains.

De la base de son toit de neige incliné à l'est, part ce contrefort qui, chargé d'autres glaciers, descend par ressauts au col de Niscle, où il s'interrompt par une large brèche régulière, qui semble avoir été faite par une cause violente, et se prolonge ensuite au sud-est dans la direction de Bielsa. Par l'ouverture de ce col que je dominais en face, le précipice de Beousse entre deux, sur des chaînons éloignés dans le bassin inférieur de la Cinca, ma lunette me faisait apercevoir des bois et des cultures ; et du côté de l'est la vue s'arrêtait aux hauteurs pelées de l'autre branche de Bielsa, qui communique par le port de ce nom avec la vallée d'Aure. Dans la masse, qui flanque à l'est le col de Niscle, je pus distinguer sur ses parois à pic, les couches redressées dont parle Ramond, et pardessus, les bancs horizontaux qu'il y signale, composés d'un grès coquillier, et contemporains sans doute de ces autres bancs sensiblement de niveau qui couronnent Vignemale.

Il y avait plus de deux heures que, moitié en France et moitié en Espagne, j'étais assis sur ces crêtes en ruine ; les nuages plus étendus se mouvaient plus lentement autour du Cylindre et du Mont-Perdu, et leurs vastes flocons voilant par fois la lumière qui resplendissait sur les glaciers, ou cachant en partie les sévères masses qui les commandent, rehaussaient encore leur grandeur fantastique. Déjà deux fois nous en avions été enveloppés, et des brumes épaisses tourbillonnaient dans le couloir du port depuis longtemps dans l'ombre. Il était temps de partir : sans plus délibérer, nous nous enfonçâmes dans ces noires vapeurs. Si l'ascension avait été pénible, la descente ne fut ni sans difficulté, ni sans danger, sur ce sol mouvant et sur ces neiges glissantes, où tous nos efforts ne tendaient qu'à ne pas nous laisser dévaler trop vite vers une profondeur qu'un voile obscur nous dérobait, mais dont je n'avais pas perdu le souvenir. Ces brouillards très froids me saisissaient dans les courtes haltes que je faisais pour respirer; aussi allions-nous avec une vitesse qui m'étonna, lorsque des renoncules glaciales que je foulais aux pieds m'avertirent que nous étions au débouché de l'affreuse gouttière. De là descendus sur les pelouses, nous nous dirigeâmes vers les habitations, c'est-à-dire que me confiant à Charles, je suivis aveuglément ses pas au milieu des combes et des buttes où plus d'une fois je crus qu'il s'égarait. Il lui fallait la sagacité du sauvage pour ne pas se fourvoyer avec les brumes au milieu de ce dédale où tout se ressemblait; et en effet, à peine sous les nuages, nous vîmes devant nous les couïlas dont ils rasaient les combles. Il me restait plus d'une heure de jour, et assez de temps pour me rendre aux granges de Héas où j'étais sûr d'un bon gîte; mais le lendemain il eût fallu remonter le mauvais pas des Glouriettes. Je préférai aller demander un asile aux couïlas de Groutou situés au bas du plateau de Maillet, d'où je pouvais, en suivant les plateaux supérieurs, gagner l'entrée d'Estaubé de plain pied, autant que ces mots peuvent signifier dans de telles régions.

A la chaleur de la journée, au froid des brouillards de la Canaou, avait succédé cette fraîcheur des hauts lieux qui repose promptement. Je descendis à pied de Troumouse jusqu'au plateau de Maillet dont je traversai avec plaisir les larges pelouses. Je me sentais délasser en foulant leurs tapis veloutés. Les vaches et les moutons, avertis par le soir, descendaient par escouades des glacis du Mont-Errant, en se dirigeant vers les cabanes que bientôt j'aperçus dans une combe où de toutes parts bêtes et gens se rendaient. Notre approche excita la curiosité de tous les habitants des couïlas peu accoutumés à de telles visites. Charles s'avance, et à peine a-t-il exprimé sa requête que chacun, nous accueillant à l'envi, nous offre toutes les douceurs du lieu; c'est-à-dire du lait et du beurre pour souper, et une petite place à terre pour la nuit. C'était l'indispensable : mais ne sait-on pas qu'un peu de superflu l'est devenu pour nous? Le cheval déchargé fut mis en liberté sur l'herbe; et moi, assis devant une des cabanes, j'observai avec intérêt la scène animée qui commençait, image de cette simplicité primitive qui maintenant est si loin de nous, vieux habitants des plaines.

Tous ces pâturages étant communaux pour certains villages de Luz, c'est à qui s'établira le premier dans les couïlas pour s'en assurer l'usage pendant toute la saison. Il s'y loge ordinairement autant d'individus qu'ils peuvent rigoureusement en contenir. Une des huttes servait pour les besoins communs, et les deux autres étaient les chambres à coucher de vingt personnes; c'était plus qu'il n'en fallait pour toute leur surface, ce qui m'annonça une nuit très-peu confortable pour des coureurs de montagne déjà fatigués. Cependant les troupeaux étaient réunis: il n'y manquait que quelques vaches dont le maître partit à leur recherche, espérant les retrouver malgré la nuit, au bruit de leurs clochettes; précaution très-utile, car sans ces sons qui les indiquent, beaucoup d'animaux écartés deviendraient la proie des loups ou des ours, avant qu'on eût pu les rejoindre. C'était le moment de l'activité pour la colonie, où chacun ayant sa tâche, les uns s'empressaient de traire le lait, et d'autres de le porter dans de grands vases de bois pour en faire du beurre ou de mauvais fromage. A mesure que les vaches et les brebis avaient payé leur tribut, abondant et crémeux dans ces pâturages succulents, les premières allaient se coucher autour des cabanes, et les brebis et les moutons, qui se comptaient par milliers, sur un cercle toujours plus étendu; de sorte que nous finîmes par former le centre d'un vaste bivouac, où régna bientôt le repos de la nuit; seulement çà et là quelques tintements isolés s'y faisaient entendre.

Ainsi doivent être les campements de l'Arabe dans le désert, du Tartare au milieu de ses steppes sans bornes, et du Hottentot dans ces solitudes que Levaillant nous a révélées; ainsi doivent être ceux de tous les peuples nomades, car tout ce qui se rapproche de la simplicité de la nature, ce qui représente l'homme dans ses premiers besoins, son premier état, doit avoir, dans tous les lieux et à toutes les époques, la même physionomie et se reproduire sous des traits pareils. Ces soins si bornés, ces retours constants des mêmes travaux et cette manière d'être toujours égale, jointe à leur isolement, ne peuvent que maintenir les peuples pasteurs dans un état stationnaire sous le rapport moral ; et je ne doute pas que le berger Maure, Goth ou Cantabre, qui, il y a mille ans et plus occupait ces montagnes, n'eût les mêmes habitudes, ne fût soumis aux mêmes superstitions, ne tournât en un mot dans le même cercle d'idées, que le berger de nos jours. Dans la pauvre vie, dans le langage rude, le peu de besoins et les simples manières de ces hommes qui passent presque seuls une partie de leurs jours, on ne saurait reconnaître aucun reflet de la haute civilisation où sont parvenues les sociétés ; mais ils possèdent encore ce qui s'en efface chaque jour, ce qui est partout d'un grand prix, la franchise confiante, la fierté de l'homme sans culture qui sent sa dignité, et une bienveillance native pour leur semblable ; car dans ces lieux sauvages, loin de tous les prestiges, disparaissent ces inégalités qui, dans le monde, sont parvenues à mettre de si grandes distances entre les sorts divers. Sous ce rapport, un voyage dans ces hautes vallées n'est pas perdu pour le sentiment moral ; et quelques jours passés à observer les mœurs des pâtres qui les habitent, en faisant beaucoup réfléchir sur le tourbillon qui nous entraîne, laissent souvent aussi quelques regrets pour une vie qui nous paraît si calme, pour une existence si peu troublée au milieu des plus belles scènes de la nature.

Les nuages, maintenant descendus, formaient une voûte continue qui rasait le plateau. Je m'étais abreuvé d'un lait toujours exquis après des journées de fatigue ; et, suivant l'exemple des pasteurs qui, leur besogne faite, se retiraient dans la cabane pour y passer la nuit, j'allai près de Charles, occuper au fond la place d'honneur qui m'avait été destinée. Là, étendu par terre, une cape pour matelas, une pierre pour oreiller, et n'ayant pas même assez de place pour m'étendre à ma guise, j'eus le temps de sentir tout le prix d'un bon lit. Il fallut s'armer de résignation; mais c'est en vain que le sommeil m'accablait, je n'y trouvai pas même le repos.

Tous les habitants de la colonie étaient venus se coucher l'un après l'autre, excepté le plus dévôt sans doute qui, hors du couïla, resta près d'une heure à prier à voix haute. Voulant s'étendre, à son tour, sur la couche commune, il entra muni de quelques copeaux de sapin enflammés, et à leur lueur vacillante il parvint à se caser. A l'aspect de cette hutte de sauvages dont l'intérieur fut ainsi un instant éclairé, de ses murs en pierres brutes où le vent eût passé sans obstacle, et de son enduit tout luisant de fumée; à la vue de cette litière de corps bizarrement enchevêtrés, je trouvai ma position si singulière que je ne regrettai pas d'acheter un peu de telles scènes. Le rustique flambeau termina sa courte existence, et l'obscurité revint prendre possession de la cabane où le sommeil régna bientôt sur tous les tons. Que j'enviais alors le bonheur de mes voisins !... Pauvres gens ! Il leur faut bien quelques faveurs, eux qui sont déshérités de tant de douceurs de la vie. Je pus ainsi méditer à loisir sur les compensations dans les destinées humaines, dont un éloquent rêveur naguères a voulu faire un système absolu, comme si la balance du bien et du mal pouvait toujours s'y maintenir égale. Telle n'a point été la volonté suprême, puisque tant de vies s'écoulent sans voir leurs maux compensés; mais n'avons-nous pas la religion qui console et prolonge l'espérance au delà du tombeau ?

Ma dure couche me fatiguait plus que n'avait fait la descente du port... Impatient de voir finir une telle nuit, avant que ma montre ne marquât deux heures, je me levai doucement, et n'ayant pas de toilette à faire, en trois pas je fus dehors, non sans avoir foulé quelques membres aux dormeurs. L'air vif et frais que j'y trouvai me ranima, et bientôt je ne sentis plus de malaise, lorsque, jetant les yeux autour de moi, je me trouvai spectateur, sans m'y attendre, d'une de ces scènes de nuit imposantes et calmes, d'un de ces magnifiques effets de lune dont le souvenir ne s'efface pas.

Les brouillards qui la veille enveloppaient les montagnes, en nous couvrant de leur voûte horizontale, avaient partout disparu. C'est un effet à peu près constant dans les beaux jours, que les nuages formés vers midi autour des pitons principaux descendent peu à peu en se multipliant jusqu'à ce que le soir la chaîne entière, ou du moins sa zone moyenne, se trouve envahie par une masse non interrompue de vapeurs. Vers une heure du matin on voit ce dais général s'élever, devenir diaphane lorsque la lune éclaire, et se dissiper enfin entièrement, excepté dans les plus basses vallées où il en reste d'immobiles lambeaux jusqu'au moment où raréfiés par le soleil, ils se soulèvent à leur tour. C'est ainsi qu'à Chamouni et dans les Hautes-Alpes j'ai vu de tels effets dans les mêmes circonstances, si ce n'est que toutes ces vapeurs plus condensées, sans doute par l'action réfrigérante des glaciers très-étendus qui couvrent leurs sommets, s'y résolvaient le soir en pluie; mais toujours, vers deux heures du matin, le ciel avait repris sa sérénité. Quelle serait donc la cause qui dans cette zone élevée, lorsque les vents du nord et de l'est amènent le beau temps, agit avec tant d'uniformité sur les nuages dès que le soleil a passé le nadir? Quoi qu'il en soit, revenons à Groutou, où en faisant rapidement ces réflexions, je contemplais en silence les merveilles d'une belle nuit au sein des montagnes.

La lune, brillant seule dans le ciel, versait toute sa lumière sur la vaste enceinte de neiges et de rochers qui se voyait des cabanes, et me rendait très-distincts cette foule d'animaux reposant, immobiles, comme une armée au bivouac prête à se lever au premier ordre de son chef. Les sons des clochettes qui de temps à autre y tintaient faiblement, semblaient être les appels réciproques des sentinelles éloignées veillant autour du camp. La terrasse qui supporte le plateau de Troumouse traversait la vallée comme un noir bandeau, et ne me cachant que le pied des murailles, me laissait voir au-dessus toutes les parties du gigantesque amphithéâtre. Au nord, la montagne d'Aguila avait perdu sous de vagues lueurs cet aspect aride qu'elle a pendant le jour; l'œil n'y distinguait qu'à peine la tour de Lieuzaubé qui semble veiller sur la sainte chapelle; mais sur leur énorme piédestal, celle des Aiguillons et les festons des Aires se dessinaient nettement sur un fond moins obscur. Venait ensuite la masse culminante de Troumouse assise sur ses noires bases, et portant divers glaciers où se réfléchissaient vivement des rayons de lumière qui, plus bas, venaient raser les pointes des deux Sœurs. Après elle, l'enceinte méridionale ne se présentait que comme une sombre barrière, excepté quelques neiges des combles obliquemment éclairées, jusqu'à l'extrémité du croissant où le Mont-Errant était sur ma tête, formidable avant-corps de cette construction surhumaine. Quels contrastes, tous ces rocs rembrunis, découpés avec netteté, formaient au milieu de ces neiges que leur éclat rendait saillantes ! Et quelle couronne pour ce soubassement immense, où tous les détails échappaient à la vue dans leurs vagues contours ! Peut-il rester un regret pour la fatigue et les privations en présence de tels spectacles? Mais ce que les paroles ne sauraient rendre, ce qu'on sent et ne peut se dépeindre, c'est l'effet de ces magiques scènes dans le calme des nuits. C'est l'empire qu'elles exercent sur toutes nos facultés en les portant invinciblement à la méditation ! Les pensées y prennent sans effort je ne sais quoi de grand et de noble qui élève au-dessus de l'humanité; les vues de l'esprit semblent s'agrandir; et au milieu de ce majestueux silence, on croit entendre la voix de la nature et devenir le confident de ses secrets. C'est l'impression rêveuse de cette lumière affaiblie, lorsque, du haut du ciel, tombant inégalement sur ces solitudes muettes, où rien ne se meut, où rien n'a de vie que le rayon qui vient effleurer la neige, elle leur donne je ne sais quoi d'imposant et de fantastique qui, rappelant les illusions chéries de l'enfance, transporte l'imagination au milieu des prestiges de la féerie. Subissant l'influence et de l'heure et de ce tableau sublime, je me laissais aller à ces folles croyances qui n'étaient pas sans charmes pour nos bons aïeux, avant que la froide raison les eût fait évanouir. Promenant mes regards sur les pelouses les plus éclairées, j'allais, cherchant quelqu'un de ces ébats joyeux, de ces danses mystérieuses, dont les visions bien attestées amusent encore les veillées du hameau, et je n'eusse point été surpris si sur ces brillants plateaux, au sommet de ces rocs inaccessibles, j'avais vu apparaître tout-à-coup le palais d'Armide ou les murs d'acier d'Astant.

.... Like fairy elves
Whose midnight revels, by a forest side,
Or a fountain, some belated peasant sees
On dreams he sees, while over head the moon
Sits Arbitress, and nearer to the earth
Wheels her pale course..............
At once with joy and fear his heart rebounds.

MILTON.

Di monte in monte, e d'uno in altro bosco
Giunsero, ove l'altezza di Pyrene
Puo dimostrar, se non è l'aer fosco,
E Francia, e Spagna, e due diverse arene......
Vi sorge in mezzo un sasso, che la cima
D'un bel muro d'acciar tutta si fascia.
Et quella tanto verso il ciel sublima,
Che quanto ha intorno inferior si lascia.

ARIOSTO.

CHAPITRE XII.

Val d'Estaubé; son Cirque et ses Murailles. — Montée au Pimené. — La crête calcaire.

J'appelai Charles, et au bout d'un quart d'heure, laissant les pasteurs à moitié endormis, nous prîmes le chemin d'Estaubé par les plateaux. La clarté de la lune suffisait pour nous guider sur leur sol inégal, entre les fonds obscurs de

Héas que nous dominions, et les escarpements de la haute chaîne dont les dépouilles les ont formés, qui abruptes et fiers se redressaient à notre gauche. Bientôt l'aurore vint blanchir le ciel au-dessus du port très-élevé d'Aguila qui, entre Cambiele et les Aiguillons, n'est guère fréquenté que par les habitants de la haute vallée d'Aure, lorsqu'au péril de leur vie, ils viennent gagner des indulgences à Héas. Le pâturage d'Aguila, singulièrement placé entre les masses nues qui le dominent, et les précipices qui versent au midi, y paraît comme une tache verte au milieu de la montagne. La lune avait pâli, le crépuscule était descendu sur l'oratoire de Marie, et nous y voyions pleinement lorsque, parvenus au Poey-Bacou, dernière butte de ces plateaux, nous aperçûmes sous nos pieds l'étroit débouché d'Estaubé, entre les escarpements du Coumélie et du pic des Agudes, qui n'est autre que le point central de la montagne de Héas. Là, dans un chaos de roches éboulées, dont la verdure tapissait les intervalles, étaient deux couïlas et un troupeau nombreux où tout semblait dormir. Les fonds de la grande vallée jusqu'à Luz étaient cachés sous une masse nivelée de brouillards comme un lac entre deux montagnes; en face, les passages d'Estom s'ouvraient entre les sommités hardies dont j'avais naguères exploré les revers, et le pic de Viscos au loin n'était plus qu'un humble promontoire au-dessus du lac idéal. L'air piquant et réparateur du point du jour avait dissipé toute trace de ma mauvaise nuit; je m'arrêtai un moment sur la cime du Poey-Bacou pour jouir des aspects du matin dans ces belles montagnes, en cherchant à deviner sous quel point de la mer vaporeuse dormaient les habitants de Saint-Sauveur.

Au bas de rapides pelouses rendues glissantes par la rosée de la nuit, nous fûmes aperçus par les chiens dont les voix retentissantes au milieu de tant de rochers, réveillèrent les habitants des couïlas. Dans de telles rencontres les nouvelles s'échangent : les pasteurs se plaignirent amèrement d'un ours qui, logé dans des cavités dont il y a bon nombre aux environs, ravageait leur troupeau. L'avant-veille encore il avait enlevé une brebis pour la dévorer à une portée de fusil. De frais tapis, dans un dédale de roches sur lesquelles des moutons étaient pittoresquement groupés, nous amenèrent jusqu'au bord du gave d'Estaubé, joli ruisseau bordé de gazon, dont les eaux vives et pures roulent sur le dos de la protubérance granitique qui supporte toutes les montagnes méridionales. Un moment mise à nu, on la voit se perdre de nouveau sous les masses calcaires des Agudes et du Couméli e, qui s'élèvent à pic comme d'énormes bastions pour flanquer le défilé qu'on nomme *l'Estret d'Estaubé*. Leurs grands débris s'y mêlent avec le granit en place; et plus bas toute verdure disparaît sur le terrain hérissé où, près du gave qui se précipite, se perd le sentier des Glouriettes. Dès l'entrée de cette étroite issue, on aperçoit déjà quelques portions des murailles d'Estaubé et un des points les plus remarquables de leur enceinte, le glacier de Tuquerouye, laissant voir par sa haute brèche le dernier étage du Mont-Perdu.

Nous sortions du défilé qui dure demi-heure, lorsque le soleil se levait, non pas pour nous qui ne devions le voir que des hauteurs du Pimené, mais pour les neiges éternelles du Mont-Perdu. Revêtue jusqu'alors de cette teinte éthérée qu'elle puise dans l'azur du ciel, sa haute cime m'apparut sous les rayons de l'astre qui anime la nature, colorée d'un jaune orangé qui la faisait briller au-dessus du glacier de Tuquerouye encore tout bleuâtre. Marchant depuis deux heures du matin, et l'air vif des montagnes nous faisant sentir le besoin d'une halte restaurante, nous nous établîmes sur quelques blocs au bord du gave qui paisible et limpide encore bientôt devait rugir et se briser en tombant sur Héas. Là, nous fûmes joints par deux jeunes filles qui, chargées de leurs outres rebondies, portaient à Gèdre le lait des couïlas d'Estaubé. Au milieu de ces déserts majestueux et sauvages, toute société a son prix, et devenues nos commensales sans trop de façons, notre frugal repas fut tout animé de leur gaîté. La vallée d'Estaubé, la plus intéressante de ces régions, réunit tout ce que les hauts pâturages ont d'aimable et de gracieux à la beauté de ses montagnes, qui seraient des colosses encore, quand elles ne reposeraient pas sur un piédestal aussi élevé. Leurs masses largement dessinées, que ne dégradent point les ruines hideuses du schiste ou du granit, se montrent de part et d'autre avec ces contours purs et fiers qui sont l'apanage du calcaire; et sur de longs talus depuis longtemps en repos, la végétation s'étend jusqu'au pied des escarpements, où elle a recouvert toutes les vieilles roches autrefois détachées d'en haut. Le Coumélie ne perd que peu à peu ses formes escarpées, et la verdure gagne de l'espace à mesure. La fraîcheur de l'air me faisait trouver du plaisir à marcher au milieu de ces solitudes tranquilles, où la main de l'homme ne se montre nulle part, et où celle du temps semble s'être arrêtée dans son action destructive. Si peu de ruines y frappent l'œil, tout y est tellement à sa place et dans de justes proportions, qu'on se persuade aisément que cette région écartée n'a que très-peu changé en conservant jusqu'à nous la physionomie sévère et gracieuse à la fois dont elle dut être empreinte à ses premiers jours, alors que les masses qui l'enserrent venant de surgir du sein des eaux, la première verdure y répandit la vie.

Après une légère montée, le second bassin se découvre et nous révèle plus de beautés. Ce n'est qu'ici qu'on peut prendre une idée de ces pâturages si renommés, dont une partie reste cachée encore par le dernier ressaut. De grands tapis dont rien n'interrompait l'agréable uniformité, s'étendaient devant nous sur un fond de plus en plus élargi, et se relevaient en un berceau prolongé jusqu'au pied des pitons qui festonnent les cimes. Avec quel charme la vue se promène sur ces pelouses fines, qui dans l'ombre du matin avaient une vivacité de coloris dont les prairies de nos plaines ne sauraient donner l'idée, et que divise seul un ruisseau muet, où glissent, sur des lits de cailloux, des eaux aussi transparentes que l'air. A Estaubé l'espace est dans de beaucoup moindres proportions qu'à Troumouse : là, l'admiration est constamment excitée; ici on se plaît davantage; et si, réalisant un de mes rêves, je pouvais passer quelques jours dans ces retraites privilégiées dont le calme et la beauté m'enchantent, c'est la vallée d'Estaubé que je choisirais. Mais ici ce n'est plus la solitude du premier bassin, et tout y grandit à chaque pas. Que d'êtres vivants, réunis autour de quelques cabanes qui seules interrompent ces vastes et uniformes tapis, allaient bientôt les animer sur tous les points ; et ce rideau circulaire du fond comme il s'est rehaussé ! Que de majesté ont acquis ces murailles gigantesques, dont les formes simples ne s'étaient encore montrées à moi que dans de moindres proportions ! Celles de Troumouse et de Gavarnie ne forment que le soubassement ou les gradins des cirques ; ici élancées jusqu'au sommet, elles sont la montagne même, et se projettent sans rivales sur le ciel, car le Mont-Perdu et ses brillantes neiges ont cessé d'être en vue.

Les pâturages d'Estaubé, divisés par le gave en deux parties inégales, sont soumis à deux régimes différents : celle de l'ouest, la plus étendue avec les étages du Pimené, appartient à certains villages de Luz, et renferme quatre couïlas : *Aguedor*, ainsi nommé sans doute de quelque source ferrugineuse fortement colorée, comme j'en avais vu à Troumouse, est le seul qui soit en bas ; *Poey-à-Ravie* est sur les premières rampes du Pimené ; *Labassat-Debat* beaucoup plus haut sous la hourquette d'Allanz d'où l'on descend à Gavarnie ; et enfin, *Labassat-Dessus*, où Ramond et sa suite couchèrent dans leurs périlleux voyages, est la plus haute station des bergers, au voisinage du glacier que l'on voit à droite ramper au bas des murailles en s'élevant vers ceux de l'Astazou ; les neiges qui couvraient les pâtis de ce dernier le rendaient encore inhabitable. L'autre partie, propriété publique, avait été louée aux Béarnais dont les couïlas se voyaient en face de celui d'Aguedor, entourés de trois nombreuses *ramades*, qui, distinctes et immobiles comme des bataillons serrés, ressemblaient à trois tapis blancs étendus sur la verdure. Sept à huit grands chiens qui nous avaient aperçus circulaient tout autour en faisant résonner leurs grosses voix, tandis que leurs maîtres étaient occupés à traire la ramade des brebis. Dans ces grandes exploitations pastorales, les moutons, les agneaux et les brebis sont tenus séparés, pour être conduits dans les pâturages qui leur conviennent. Les pentes les plus douces et l'herbe la plus tendre sont réservés aux agneaux, tandis que les moutons, guère moins adroits que les chèvres, vont chaque jour sur les talus les plus dangereux, paître le trèfle des montagnes et les jeunes pousses de l'eskia.

Après le bassin d'Aguedor, du haut du ressaut qui le termine, le cirque apparaît tout entier au fond du troisième bassin, le plus étendu de tous, qui en forme ainsi l'arène. Des vaches et des juments sans nombre, appartenant aux Béarnais, toujours abandonnées à elles-mêmes, erraient jusqu'au pied du premier gradin, sur cet immense tapis vert où le gave amaigri n'était plus alimenté que par quelques filets d eau sillonnant les murailles, et sur les berges latérales c'est toujours la même physionomie. Ces contours moëlleux, ces formes planes ou adoucies qui n'appartiennent d'ordinaire qu'aux basses vallées, surprennent toujours près des sommets des Pyrénées, mais des Hautes-Pyrénées seules, car partout ailleurs l'anomalie cesse, et ces montagnes rentrent dans le dessin commun aux grandes chaînes. Le granit grossier de la protubérance se rencontre à tous moments jusqu'au fond du vallon, où à l'ouest du premier gradin il forme une saillie très considérable, au moment même où il va s'enterrer sous les masses du Mont-Perdu.

Ce cirque, le moins étendu de tous, a des beautés qui lui sont propres. Le gradin inférieur, peu remarquable par son irrégularité, soutient une large terrasse d'un plan très-incliné jusqu'au pied des murailles qui, dans tout leur développement, sur leurs vastes parois, n'offrent que deux sillons assez marqués pour mériter en haut le nom de brèches, et à leur extrémité de l'est, le port de Pinède, large et profondément taillé, forme une des plus belles portes qui soient ouvertes dans le faîte des Pyrénées.

Le sillon de droite n'est qu'une affreuse glacière, toujours inaccessible, ayant à sa base deux pyramides accolées, d'où part un autre glacier qui, suivant le pied des escarpements, monte jusqu'à la brèche d'Astazou, où il se joint sans doute avec ceux qu'on voit à son revers. Cette cime si altière, vue de Gavarnie, est l'extrémité occidentale des murailles qui, de ce côté, vont toujours s'exhaussant, en conservant leurs têtes aplaties, leurs formes régulières et verticales. L'autre sillon, plus large, se montre en face rempli d'un glacier guère moins rapide, jusqu'à sa brèche que domine un sourcilleux roc tronqué. C'est le glacier de Tuquerouye que Ramond a escaladé : un coup-d'œil jeté sur sa forte inclinaison et sur ses parois à pic, me convainquit qu'il n'avait pas exagéré les difficultés de cette audacieuse ascension. En bas, se trouve la grande Borne, masse conique qui ailleurs serait une montagne, comme pour indiquer à la témérité qu'elle ne devrait pas aller plus loin. A gauche, les murailles moins entières se hérissent de pointes et de sillons jusqu'au port de Pinède où le gradin aboutit de niveau, en longeant le bas d'un autre glacier logé dans une large anfractuosité. Ce passage est commandé au nord par la cime hardie du pic d'Estaubé, qui le sépare d'un autre plus élevé et moins praticable, nommé le Port-Vieux, communiquant aussi avec la vallée de Beousse, et auquel succède une file de sommets, jusqu'au pic des Agudes, vers Héas. Du côté de l'ouest, une arête dégagée du flanc de l'Astazou, s'interrompt à la brèche de ce nom pour monter au pic d'Allanz qui a la forme d'une tour, d'où redescendue à la Portette ou brèche d'Allanz, elle se prolonge par le col facile du Sombra, jusqu'au pied du cône terminal du Pimené, dont je voyais avec sollicitude la pointe au haut des airs, dorée par le soleil, en songeant au temps et à la fatigue qu'il m'en coûterait pour l'atteindre.

Dans la partie gauche du cirque, où la muraille inférieure dégénère en un rude talus, on voit de légers zig-zags le gravir à rameaux redoublés : c'est le chemin du port. Charles me dit qu'il y avait deux ans au mois d'octobre, époque où l'hiver s'empare de ces lieux, trois hommes revenant d'Espagne, un père et ses deux fils, y périrent, surpris par la tourmente. L'un des fils tomba au bord de la terrasse ; le père secouru par l'autre, ne put descendre que jusqu'à moitié, et ce dernier eut assez de force pour venir mourir en bas. On ne peut se faire l'idée de la violence de ces tourbillons de neige qui aveuglent, étouffent et glacent ; et malheur à qui s'arrête. En peu de minutes les membres roidis refusent tout service ; on est perdu. Cela me fit souvenir du beau dévouement du contrebandier Joseph Fau, mon guide dans la vallée de Carol, qui sauva d'une mort certaine un détachement fourvoyé dans les neiges au col de Puymaurin. On serait étonné si l'on savait combien d'hommes périssent ainsi d'un bout à l'autre des Pyrénées, lorsque les hivers sont rudes.

L'ombre couvrait encore toute la base du pic ; nous nous hâtons d'en profiter pour commencer cette longue ascension. Le cheval que Charles appelait avec raison sa chèvre, y donna des preuves de ses droits à ce nom, en gravissant avec adresse et vigueur, sur de rapides plans herbeux et sur des saillies fracturées d'un schiste ferrugineux qui se présentait souvent. Du couïla de Poey-à-Ravie, situé sur un plateau de verdure, entouré de jolies buttes, nous continuâmes à nous élever directement vers la crête, où le soleil se montrant enfin au-dessus de la montagne de Héas, nous atteignit sur la neige à la hauteur du Sombra. Ce large col, précédé de rampes assez faciles, descend sur Gavarnie par de brusques et raides degrés. Tout n'était plus autour de nous que neige et roches dépouillées ; mais avant d'escalader le pic, une deuxième halte étant jugée nécessaire, le bagage est mis à bas, la bête en liberté va chercher sa nourriture, les provisions sont étalées sur un roc, et un château de neige pour avoir de l'eau, complète notre campement en face de l'Astazou et des gigantesques constructions qui l'appuient. J'aperçus alors des traînées de points blancs s'étendant d'écharpe sur la montagne opposée ; c'était la plus nombreuse ramade des Béarnais, les moutons qui, dédaigneux des précipices, allaient brouter l'herbe tendre aux étages du Port Vieux. Ces longues files parallèles qui, se dégageant de la masse du troupeau, se portaient en avant, tandis que le reste était encore immobile, ressemblaient aux troupes légères qu'un corps d'armée détache en éclaireurs, avant de faire son mouvement.

Il était sept heures et demie lorsque, laissant le cheval et nos bagages sous la garde d'un pasteur, nous nous dirigeâmes droit au pic, qui perçait le ciel de sa pointe rocailleuse, au travers de la neige partout répandue, excepté sur quelques saillies de rochers. Parvenus sur la crête, toute la vallée de Gavarnie se montra tout-à-coup sous nos pieds, et sur un ressaut déjà très-bas, j'aperçus une partie des pâturage d'Allanz, situés entre la brèche de ce nom et la forêt de la Prade. C'est sur ces abruptes plans que nous devions descendre par un chemin très-difficile, où Charles assurait que son cheval ne resterait pas en défaut. La vue est déjà très-étendue sur les montagnes de l'ouest où Vignemale écrase tout de sa masse superbe; mais n'anticipons pas sur les plaisirs de la cime. La dernière montée est rude: on y chemine sur une crête aiguë, où le schiste est brisé en escalier, ayant toujours sous les yeux des profondeurs qui feraient pardonner à des têtes peu montagnardes de n'avoir pas toute leur fermeté. Les dernières marches sont enfin franchies, et des tableaux sans mesure se déroulent à la fois de toutes parts sur le plus magnifique des panoramas.

Charles se hâta de me présenter la gourde à la liqueur de feu, afin de puiser lui-même à cette source de vie, non moins utile au voyageur pédestre qu'au soldat en campagne; puis, pressentant que ma station serait longue, il s'étendit au soleil sur les débris schisteux dont mon étroit observatoire était formé, pour se dédommager, disait-il, de sa mauvaise nuit. Pour moi, j'aurais voulu tout voir à la fois, lorsque je découvris sur les divers points de mon horizon, tout ce que les Hautes-Pyrénées ont de plus remarquable, de plus grand. D'une part, leurs vieilles cimes granitiques couronnent les montagnes du nord; de l'autre, tous les points culminants de ces formations secondaires qui, partout ailleurs à des rangs plus humbles, portent ici plus haut encore des glaces et des roches pétries des débris du monde ancien. Là sont l'arène et les plateaux de Troumouse; ici, les pâturages et le glacier d'Ossoue. Je plane à la fois sur les cirques d'Estaubé et de Gavarnie; plus haut, dans des postes symétriques, les masses calcaires de Troumouse font pendant à Vignemale; la brèche de Roland, au port de Pinède; et, au centre, le Marboré, avec sa gigantesque architecture, sert de piédestal au Mont-Perdu, fier dominateur de ces colosses. Ravi d'un tel spectacle, unique peut-être sur le globe où nulle autre part encore le terrain crétacé ne s'est montré avec un tel relief, combien j'adressais de reproches aux curieux qui, se traînant en foule sur ces routes que je suivais de l'œil au fond des précipices, négligent pour quelque pas de plus, un sommet où tant de jouissances les paieraient de peu de fatigue. Si les abords en sont difficiles à l'ouest, le Coumélie et Estaubé leur offrent sur leurs belles pelouses, jusqu'auprès de la cime, des routes plus agréables et guère plus longues.

Perché dans la direction de la grande vallée, je l'apercevais tout entière: Gavarnie et les vallons herbeux qui précèdent Vignemale, bordés, ce semblait, de collines; les grands pâtis d'Aspet sous le Saougué déchiré de ravins et une masse aux flancs noirs où récemment on a cru trouver de la houille, tandis que ce n'est qu'un schiste décomposé, tenant du carbure de fer; les tapis bigarrés de Gèdre et de Pragnères; le beau groupe de Saint-Sauveur, dont les pics rapprochés figurent une couronne; une petite portion du bassin de Luz; une plus grande de celui d'Argelez, et la plaine au loin sous de troubles vapeurs, se montrent successivement dans cette longue ligne. Le cône tronqué de Neouvieille et son glacier arrêtent les yeux par-dessus la plateforme du Pic-Long, lié à Cambièle par le col le plus haut de cette région; fiers sommets qui représentent dignement encore la crête primitive. En deçà, le Cambelong va s'unir par la montagne d'Aguila à l'enceinte de Troumouse, dont je mesurais de l'œil la verdoyante arêne et son cercle de monts, jusqu'au val d'Estaubé où touchant pour ainsi dire de la main ses murailles énormes, qui de beaucoup dépassaient mon niveau, j'en concevais mieux l'imposante hauteur. Mais, quelque rôle que jouent ces grands objets dans le dessin général, ils le cédaient tous au Mont-Perdu, levant sa haute tête et son manteau de glace au-dessus des larges épaules de l'Astazou, et près du cylindre qui dominait sa longue terrasse comme une tour sur un rempart.

A côté de ces géants, le Marboré abaisse un peu son architecture féerique, qui rend ses aspects uniques dans l'histoire des montagnes. Nulle partie de cet amphithéâtre régulier dans ses proportions idéales, dont les fleurons dominent le contour, ne m'était cachée, et je suivais de l'œil les voies scabreuses de la brèche de Roland, jusqu'à ce renflement où le glacier faillit nous être fatal. Cette brèche paraissait me dominer d'à peu près autant que le Pimené domine le port de Pinède; et des deux cirques sur lesquels je plongeais, celui d'Estaubé le moins grand, le moins régulier, a son aire beaucoup plus élevée que celui de Gavarnie, qui, plus avancé au midi, s'enfonce dans les entrailles du Marboré, comme si ce mont fameux n'eût été jadis que le sourcilleux pourtour d'un cratère immense. L'oule seule de Beousse peut lui être comparée par sa profondeur, comme par la régularité de ses parois verticales. Par ce large intervalle où vers le port de Gavarnie la crête fléchit du Taillon au Pic-Blanc, étaient en vue dans l'Aragon une confusion de montagnes nues et rabaissées, ayant partout l'apparence secondaire, et sur quelques points fortement colorées par des dépôts ferrugineux ou peut-être par du grès rouge. Mais Vignemale, que je voulais attaquer de nouveau, ou démontrer son inaccessibilité, plus majestueux au-delà de tous les chaînons herbeux d'Ossoue, réclamait toute mon attention. Son beau glacier couvrait ses flancs de la base au sommet, et cette brillante draperie que surmontait seule la pène principale, vue double de ce point, n'était que plus imposante auprès d'humbles cimes qui n'avaient pas même de la neige. Placé en face du Mont-Ferrant, dont je distinguais nettement tous les abords à l'aide de ma lunette, je me mis à l'étudier, dans l'espoir de découvrir quelque direction où l'ascension que j'avais projetée pût m'offrir quelques chances de succès.

La forte et constante inclinaison du glacier ne serait pas un obstacle pour le gravir, si des milliers de crevasses toujours entretenues par l'insensible mouvement de la masse sur de tels talus, en le sillonnant jusqu'aux trois quarts, ne hérissaient cette voie de difficultés et de dangers. Au reste, ce n'est pas cette route que j'avais en vue, mais bien de passer par la cime du Mont Ferrant, pour de là suivre le haut du glacier qui, se déversant en France et en Espagne, doit être très praticable le long de la ligne culminante, où il n'y a que du névé. Or, voici ce que je voyais très-nettement : l'arête qui, descendant de la tête du Mont-Ferrant, longe et supporte à l'est le glacier, me montrait trop d'escarpements et de ressauts pour la croire un instant abordable. Le plan d'Aube qui précède ce pic, situé à la tête du petit vallon de la Canaou, pourrait être gravi peut-être, malgré d'apparentes difficultés; mais à l'extrémité de la crête qui l'unit au Mont-Ferrant, celui-ci se relève à pic comme une demi sphère au-dessus d'un pan de mur. Ainsi de ce côté point d'espoir encore. Bien plus, quand tous ces obstacles seraient vaincus, quand on aurait atteint le haut du glacier, il n'y en aurait pas davantage de parvenir à la cime principale : déjà, de la fourche du Brada, j'avais vu le grand ressaut que fait le Mont-Ferrant au-dessus de la crête du plan d'Aube, et la Piquelongue en fait un autre non moins redressé à l'extrémité de la ligne culminante du glacier. Ces deux aspects, se contrôlant l'un l'autre, concouraient au même résultat. En face maintenant de ce que je n'apercevais alors que de côté et de plus loin, et plus rapproché de son niveau, je voyais très-distinctement cette tête de Vignemale s'élancer au bout du glacier, et ne me présenter que des escarpements sur l'accessibilité desquels je ne pouvais conserver le moindre espoir. Je ne l'avais fait jusqu'alors que dans l'idée que cette ligne s'élevait en rampant jusqu'auprès de la cime, tandis qu'elle y subit, au contraire, une grande dépression qui ne tend qu'à isoler davantage la Piquelongue. D'après ces observations, je n'hésitai point à déclarer Vignemale inaccessible du côté de France. En serait-il comme du Mont-Perdu, et faudrait-il chercher la route sur les revers espagnols ?

Telles étaient mes réflexions au sommet du Pimené, le 11 juillet 1827, et ce n'est que dix ans plus tard que la question devait se décider en justifiant mes prévisions.

L'ascension de Vignemale, réputée inaccessible, était un de ces problèmes piquant vivement l'émulation des naturalistes et des curieux, qui toujours dans leurs courses autour des eaux, l'avaient en perspective, comme de tous les guides des vallées voisines pour leur intérêt. Ce fut un de ceux-ci, nommé Cazaux de Gèdre, qui, excité de plus par des baigneurs de Nantes, eut la bonne chance, en 1837, de découvrir une route assez facile par le versant espagnol, et ceux qui l'avaient envoyé ayant déjà quitté les eaux ; ne purent profiter de sa découverte. Voici ce que l'année suivante me manda Charles, qui pendant toute la saison avait conduit lady Lyster et une autre dame anglaise dans des courses multipliées, où sous des habits masculins elles étonnaient les guides par leur force et leur courage.

Le 6 août 1838, sous la conduite de Casaux, étant partis pour Vignemale en passant par Gavarnie et les pâturages d'Ossoue, ils allèrent coucher au Couïla de Saoussa-Debat le plus élevé sur la montagne du plan d'Aube. Le lendemain, à 3 heures du matin, ils purent traverser à cheval le col entre le plan d'Aube et le Mont-Ferrant, mais au lieu d'attaquer ce dernier dont la cime se redresse, ils le tournèrent par le sud, et à 5 heures ils atteignirent la montagne de Cerbellona, contrefort espagnol de Vignemale, où il fallut laisser les chevaux et gravir directement pendant trois heures. A 8 heures, arrivés aux neiges, les crampons devinrent indispensables, et au bout d'une heure, pendant laquelle, dit Charles, Lady Lyster montra un courage *superlatif pour une femme*, ils quittèrent la neige pour entreprendre ce qu'il appelle la *montagne calcaire*; ce doit être la partie supérieure de Cerbellona qui paraît pardessus le glacier d'Ossoue appuyer les pics culminants presque jusqu'à leurs cimes. Cette partie de la route fatigua extrêmement les téméraires voyageuses. On atteignit enfin le glacier le plus élevé qu'on n'aperçoit qu'en l'abordant. Ce glacier, à peu près horisontal et d'environ 200 mètres de diamètre, remplit une dépression circulaire sous quatre pics inégaux qui s'élèvent sur ses bords, et c'est entre les deux pics les plus rapprochés de la tête du glacier d'Ossoue, étendu vers le Mont-Ferrant, qu'on peut l'aborder. Là Cazaux se trompa un peu en leur faisant faire un contour sur la gauche du glacier, afin d'éviter ses difficultés, tandis qu'ils auraient pu, dit Charles, monter directement en le traversant. Cependant ces derniers pas faits, on gravit sans trop de difficulté la tête du pic culminant, et à une heure de relevée, après dix heures de marche, on eut le bonheur de se voir, enfin, sur le plus haut rocher de cette Piquelongue qui domine tout le groupe de Vignemale.

Cette première ascension d'une sommité si longtemps dite inaccessible, par une anglaise, fait le pendant, dans les Pyrénées, de l'ascension du Mont-Blanc par une française, Mademoiselle Dangeville; heureuses ces dames, privilégiées dans leur force morale et physique, de n'avoir point conquis cette gloire par une grave maladie, ainsi qu'il arriva en 1808 à Madame de Châtillon, pour être montée à la brèche de Roland.

Les voyageurs ne furent pas très-heureux quant à la vue admirable dont on doit jouir sur ce sourcilleux observatoire; les brouillards qui s'étaient peu à peu formés et accrus s'étendaient sur tous les points, excepté sur le val de Gaube et sur les ports de Penticouse et du Marcadaou à l'ouest, qu'on voyait très-nettement. Charles crut remarquer que de ces ports il serait possible de monter à Vignemale, n'y ayant pas vu de ces difficultés insurmontables, autant qu'on peut l'affirmer dans une telle reconnaissance à vol d'oiseau.

La même voie fut suivie pour descendre jusqu'à Saussa-Debat, d'où en une heure et demie de marche de nuit on gagna Gavarnie.

Peu de jours après, le 11 août, M. le prince de la Moskowa avec son frère et cinq guides, partit de Luz et monta également sur Vignemale par le versant espagnol, en suivant probablement la même route. Il y porta un baromètre et un thermomètre, tandis que de semblables instruments comparés étaient en observation à Luz. La différence de hauteur ainsi déduite fut 2640m 80, ou 1355 toises qui, ajoutées à 390t, hauteur de Luz, suivant Vidal et Reboul, donne 1745t de hauteur absolue; c'est-à-dire 23 toises de plus que celle de 1722, que ces observateurs si exacts avaient calculée trigonométriquement.

L'honneur de la découverte ne fut pas sans conteste, et

les deux vallées voisines se le disputent. Mon bon guide de Cauterets, Jean Latapie, dès le 16 août 1834, étant à la chasse aux izards sur Vignemale, avait trouvé le chemin de la cime, suivi plus tard par Lady Lyster et le prince de la Moskowa ; bonne fortune dont il prétend même avoir instruit Charles. Il est probable que Latapie et Casaux auront été heureux chacun de son côté, car le premier est un homme consciencieux, et on sait l'émulation intéressée des guides pour de telles recherches, comme l'amour-propre des vallées prompt à revendiquer de telles gloires très appréciées.

Mais du haut de la cime chenue où nous étions posés, devant de tels et de si grands objets, le champ de l'investigation s'étend comme l'espace où planent les regards. En promenant ma lunette sur tous les points de cette région, je remarquai aux cimes du plan d'Aube et du Mont-Ferrant, une stratification horizontale plus foncée que les masses sur lesquelles elle repose ; ce qui ne peut être que la continuation du banc de même apparence, vu de loin, qui termine aussi les plus hautes pènes de Vignemale, et que j'avais atteint sur la seconde. Il en existe de semblables, sur les pics de Baletous et d'Estibet, à la limite des Hautes et Basses Pyrénées, même au pic d'Anie, et Ramond en a également observé sur la montagne de Niscle au-dessus de couches renversées et presque verticales. Sur quelques hauteurs d'Estaubé on voit aussi des grès et des dépôts coquilliers, sur la montagne de la Canaou, et près de la cime du Mont-Perdu, comme nous en avons vu dans les couches qui précèdent la brèche, et même dans les escarpements du cirque de Gavarnie. Ces faits et d'autres semblables qui abondent dans toute l'étendue de la crête calcaire se lient entr'eux, et leurs conséquences sont très remarquables : les masses principales de Vignemale, de Troumouse et du Marboré, reposant partout sur le terrain plutonien dont elles dominent même le faite qui fut le résultat de ses grandes évulsions primitives, appartiennent toutes au terrain secondaire, en offrant dans leur composition un mélange confus de roches crayeuses ou purement calcaires, auxquelles se joignent des matières arénacées et des bancs pétris de coquillages ou des conglomérérats composés de fragments roulés de roches antérieures, des calcaires surtout, à ciment de même nature ; comme à la cime du Mont-Perdu et de plusieurs masses voisines, et enfin sur quelques sommets principaux, sont des sédiments réguliers qui appartiennent à des temps postérieurs. Ce sont les restes *du manteau* de Dolomieu, déchiré sur les épaules même qui le portaient. On est ainsi conduit à reconnaître plusieurs époques dans la formation des Hautes-Pyrénées, et de la protubérance culminante qui charge leur versant méridional, composée de dépots secondaires, mais généralement hors place et confondus. Après tous les faits constatés par l'observation, le système fécond que Ramond avait entrevu, que ses savants successeurs ont fondé, et dont les fécondes applications se développent chaque jour, a déjà jeté d'assez vives lumières pour essayer de se reconnaître dans ce vaste chaos.

Laissant de côté ces questions encore obscures qui touchent aux premiers éléments de l'écorce du globe, les faits constatés permettent de regarder comme certain, que, soit par des précipitations atmosphériques combinées avec des dépôts effectués dans des eaux d'abord désertes, et progressivement peuplées; soit uniquement par ces derniers effets, les terrains intermédiaires, et même les terrains secondaires, le système crayeux tout entier, avaient été formés lorsque survinrent les éruptions de granit qui ont donné naissance aux Pyrénées Occidentales de la Garonne à l'Océan, en leur donnant tout leur relief et leur direction générale. Homogène dans sa triple contexture et jamais stratifié, ce granit soulève à son tour ces couches supérieures, se fait jour, et va former les sommités alors sans rivales, de Neouvieille, de Santché, de Clarbide, de la Maladette et de toute la haute chaîne du Gave, des Nestes et de la Garonne, qui paraissent contemporaines. On l'y voit souvent, dans les terrains superposés, en filons intercalés aux schistes et aux calcaires, ainsi que dans d'autres chaînes, on l'a vu empâté de roches de toute nature, tous indices certains de son état demi-fluide ou coulant. Les roches fissiles et talqueuses, les calcaires anciens, les psammites, les ardoises, tous les schistes de transition rompus

. . . . . .

par le granit, ainsi chassé hors de terre, et transformés la plupart à son contact brûlant, sont rejetés sur les flancs immédiats de l'éruption, jusqu'à affecter la direction verticale comme dans les montagnes du Bastan, ou fléchis au sommet comme au Pic du Midi et au Mont-Calm, où la force évulsive avait moins de violence. Les terrains secondaires, composant les couches supérieures de l'ancienne surface, obéissant à la même impulsion, sont restés adossés au dehors de la chaîne, contre ces formations intermédiaires qu'ils recouvraient auparavant. Tous ces bancs redressés vers le centre et s'enfonçant vers les plaines, ayant cédé à des efforts peu déviés d'une même direction, doivent approcher du parallélisme avec la ligne sinueuse qui unissait tous les centres d'action avec l'axe de la chaîne, en tournant vers lui leurs escarpements.

Tout ceci a pu se passer sous les premières eaux comme après leur retraite, et cet état de choses a pu durer un temps indéfini, jusqu'à ce qu'une violente irruption d'une mer très-peuplée, qui paraît être venue du sud-ouest, ainsi qu'on est fondé à le conclure d'un ensemble d'observations répétées sur toutes les côtes occidentales de notre continent, vint bouleverser sur le flanc méridional des Hautes-Pyrénées ces premières formations déjà disloquées; et ses flots, arrêtés par une telle barrière, durent y mêler d'immenses alluvions et tous les corps marins qu'ils entraînaient avec eux; ce qui porta les masses résultantes à des hauteurs déjà considérables. Ce déplacement subit qui déchira les fonds récents de cette mer, dut causer une épouvantable destruction d'animaux, dont le sort est écrit dans ces bancs coquilliers qu'on traverse en montant à la Brèche et ailleurs, et dans cette fétidité bitumineuse qu'exhalent certaines roches de la Brèche, du Taillon et du Mont-Perdu lui-même.

Mais quel grand événement, dans les régions du sud, aura déchaîné ces courants qui ont entraîné tant de limons et de débris, et surchargé les sédiments antérieurement déposés au pied des Pyrénées, ou redressés contre leur versant méridional, d'une si extraordinaire surabondance de matières étrangères, où le désordre est général? Quelque grande terre, au milieu de l'Océan atlantique, aurait-elle été subitement engloutie ? Serait-ce cette île vaste et florissante dont Platon, d'après les traditions de l'Egypte antique, nous a laissé un tableau qu'après tant de vaines conjectures on est convenu d'appeler idéal ; longue énigme dont le mot perdu dans la nuit des temps écoulés, nous reviendra peut-être de cette Amérique mal-à-propos dite *jeune*, où les déserts viennent enfin de révéler tant de monuments d'une civilisation éteinte, et pour laquelle toutes les histoires ont jusqu'ici été sans voix ; serait-ce cette terre qui, rentrant tout-à-coup dans l'abîme, n'aurait plus fait obstacle à des courants partis de plus loin, ou y aurait occasionné par son affaissement des agitations sans mesure, des marées terribles qui, déchirant tous les dépôts, arrachant tout au fond des mers, en auraient aussitôt poussé les débris mêlés et confondus contre les Pyrénées, barrière inébranlable opposée à leur fureur ? En faudrait-il chercher la cause dans le choc ou l'attraction de quelque corps céleste trop rapproché de la terre, qui aurait déplacé l'Océan ? Ou ne serait-ce que le subit exhaussement de quelque grande chaîne de montagnes ; de celle peut-être dont le relief primitif paraît peu altéré, où les forces souterraines qui jadis l'ont soulevée, l'ébranlent encore de nos jours, et menacent de l'engloutir dans les mêmes gouffres d'où elle est sortie, où enfin les tremblements de terre sont si terribles et si fréquents, que des observations délicates ont pu faire penser qu'ils y étaient continuels quoique inaperçus, tous indices de rapports continus avec le centre en fusion, et d'une existence récente, ce qui a induit les géologues à la regarder comme un des traits les moins effacés, et par conséquent, un des moins anciens de la superficie du globe ; de la Cordillière des Andes, en un mot, et de leurs vastes dépendances, continent tout entier, qui, en déplaçant l'Océan, l'aurait déversé sur les régions latérales en furieux courants, dont l'un serait venu heurter les Pyrénées et entasser contre elles les limons et les cadavres arrachés de son sein ? Convulsion assez puissante pour avoir pu produire une de ces vastes inondations qui, à intervalles, paraissent avoir ravagé la terre. Toutes questions certainement insolubles dans l'état actuel de nos connaissances; mais l'heureuse émulation qui a donné une si vive impulsion à la géologie, comme aux recherches archéologiques dans tous les pays, ne doit pas laisser désespérer d'avoir un jour le mot de ces grandes énigmes.

Quoi qu'il en soit, les eaux violentes qui avaient charrié, construit les étages moyens destinés à devenir plus tard la haute chaîne calcaire, se sont ensuite progressivement apaisées, et ont dû exister longtemps calmes. Les bancs qui recouvrent Vignemale et ses voisins de l'est, ainsi que les hauteurs de Baletous, du col de Niscle et d'autres, sont sensiblement horizontaux, d'une épaisseur continue dans leurs couches, et l'ordre n'y paraît point troublé. De tels dépôts n'ont pu s'effectuer que dans des eaux tranquilles; et il a dû être long le temps qui s'est écoulé entre la première invasion de tous ces amas incohérents et d'origine diverse et l'époque où leur dos fut couvert de cette nouvelle croûte dont l'épaisseur est inconnue, puisqu'il n'en existe plus que des lambeaux.

C'est après ce travail de la nature, que de nouvelles éruptions, parallèles aux premières, sont venues former cette protubérance granitique qu'on retrouve partout à l'est, à l'ouest et au sud de Gèdre, où elle produit des ressauts à l'entrée de tous les vallons, et qui sur tous les points où elle est en vue, se montre composée d'un granit grossier, souvent souillé de parties étrangères, et bien différent de la pureté, de l'homogénéité du granit central. Ce dernier est, en effet, antérieur puisqu'il appartient à la chaîne principale de la Garonne à l'Océan, et qu'il ne voit ainsi autour de lui que les formations intermédiaires et secondaires qui existaient avant son soulèvement, tandis que dans les masses exhaussées par l'autre se trouvent sur plusieurs points des dépôts tranquilles et postérieurs. Cette protubérance qui, au nord, s'élève jusqu'au plateau de Troumouse et presqu'à la cime du pic de Saougué, pour s'enfoncer au midi sous le chaînon calcaire, en ne disparaissant qu'à Gavarnie où le torrent coule encore sur son dos, oppose aux masses centrales mises au jour par les éruptions primitives, comme on peut le voir surtout aux bases du Coumélie et du Cambelong, vers Héas, des gneiss, des micaschistes pareils à ceux qu'on observe sur leurs propres flancs ; de sorte que ces deux systèmes pseudo-volcaniques, très-inégaux en âge et en volume, se regardent par leurs éléments semblables, par leurs terrains métamorphiques respectifs. Ainsi, cet exhaussement granitique parallèle à l'axe des Hautes-Pyrénées, est manifestement le résultat d'une évulsion distincte et postérieure qui a tellement soulevé et exhaussé, de Troumouse au Mont-Perdu et à Vignemale, ce terrain crétacé, ces alluvions hétérogènes et dernières, que le granit central, jusqu'alors culminant, les a vues dépasser son niveau contre la loi commune à toutes les grandes chaînes, où cette roche, aux exceptions volcaniques près, est en possession de composer toutes les sommités dominantes.

Telles me paraissent avoir été les causes secondaires de cette grande anomalie, ainsi que l'ordre qu'elles ont dû suivre dans leur action. Par ces grands soulèvements, dans l'intervalle desquels se sont opérées les accumulations confuses et les dépôts tranquilles, tout s'explique avec clarté; les formations se coordonnent d'une manière simple et satisfaisante, et une cause naturelle et fréquente dans ces premiers temps est assignée aux désordres qui s'y sont introduits. Des faits ont révélé le peu d'ancienneté de reliefs extraordinaires et accidentels, et il s'est enfin évanoui ce problême insoluble de mers roulant à 1,800 toises de hauteur, désespoir de nos devanciers. Les Hautes-Pyrénées, indépendamment des dépôts primitifs, sont donc formées de deux grands systèmes, divers de composition, dûs à deux séries d'éruptions de granit, très distantes l'une de l'autre et d'inégale puissance, et à une accumulation intermédiaire d'alluvions marines et de dépôts que le dernier soulèvement a fait tout dominer.

Ce n'est qu'avec une grande défiance que j'ose émettre ces idées que la vue répétée des lieux m'a invinciblement suggérées ; ne pouvant comprendre, d'ailleurs, qu'un seul et unique soulèvement soit suffisant pour répondre à tous les faits accumulés dans la haute chaîne calcaire. Si cependant on répugnait à séparer le granit de la protubérance de celui qui compose la crête centrale, une autre explication pourrait en être donnée. Ainsi dans le cas d'une évulsion unique de granit dans les Hautes-Pyrénées, ainsi que le pense M. Dufresnoy dans son beau travail sur les terrains de craie de cette partie de la chaîne, le terrain secondaire qui forme la base du chaînon du Marboré, aurait alors subi un premier exhaussement, pareil à celui du terrain crétacé sur tous les autres points. Cet effet aurait eu lieu sous les eaux; et après la consolidation du granit, après même la formation des dépôts tranquilles sur le versant méridional, serait survenu une action nouvelle et locale, par la poussée des masses gisant plus bas, porphyriques ou trappéennes, qui sans pouvoir percer jusqu'au jour, auraient de nouveau soulevé le granit et tout ce qui lui était superposé, en portant, cette fois, ces terrains divers à des hauteurs inaccoutumées, plus haut même que la crête granitique; de la même manière que dans la petite chaîne entre la Saône et la Loire, où, toutes les formations successives étant au jour, il a été reconnu par M. Rozet, que la position actuelle du terrain jurassique qui repose incliné, sur le granit et le porphyre, n'était pas le résultat du soulèvement de ces roches, mais bien de l'action subséquente du basalte qui après leur refroidissement les aura de nouveau soulevées en les perçant sur quelques points.

Du haut du Pimené ayant sous les yeux les cirques de Troumouse, d'Estaubé et de Gavarnie, la question émise par quelques géologues si on doit y voir des cratères de soulèvement, se présente à l'esprit. Il est certain que les couches diverses qui composent leurs montagnes ont été fortement soulevées par le granit, et qu'il a dû en résulter des ruptures, des écartements ayant plus ou moins de rapport avec ce que l'on entend par ces sortes de cratères; mais quelque considérable qu'ait dû être l'action destructive des agents atmosphériques sur les parois presque verticales qui les cernent, leurs grands traits ne sauraient être effacés sur de telles proportions, et on devrait y reconnaître encore leurs conditions générales et nécessaires, telles que la forme conique de l'ensemble des masses où ils sont creusés, leurs pentes extérieures adoucies, l'inclinaison des couches divergentes dans le sens de la génératrice de la surface conique, et l'existence des grandes fentes rayonnant du centre ou des vallées du déchirement. Or, à la réserve de la forme intérieure des cirques et de leurs arènes régulières entourées de parois redressées jusqu'à la verticale, on ne voit ici rien de ce qui doit caractériser ces cratères. L'apparence d'ensemble conique ne se révèle nulle part; dans les formes en présence, dans les reliefs énormes et disparates du pourtour, comme dans les directions des couches extérieures, tout est divers sur tous les points, et autour de chaque cirque la confusion et le chaos semblent être partout; aucun d'eux ne présente enfin rien qui ressemble à des vallées de déchirement; la seule ouverture qui y existe, se trouve à l'opposite du faite, comme pour livrer passage aux eaux dans leur pente naturelle, ce qui les ramène tous à être l'origine d'une vallée unique. Il me paraît difficile, d'après cela, de voir dans les cavités, même dans le cirque de Gavarnie, cité comme type, de vrais cratères de soulèvement.

La question particulière à la haute chaîne calcaire restant ainsi entière, à quelles causes devraient être attribuées ces grandes et régulières dépressions de Gavarnie, d'Estaubé, de Troumouse et du fond de Beousse sous les glaciers qui pendent de la tête du Mont-Perdu, même celle qu'occupe le glacier de Gaube sous les flancs à nu de Vignemale? seraient-elles dues à l'action du retrait dans des masses plus ou moins argileuses et calcaires parfaitement desséchées, ou au fendillement dans une seule direction, produit par un soulèvement? Les vastes crevasses d'Ordessa, devenues des vallées que des forêts tapissent, qui, lors de l'exhaussement du Mont-Perdu, ont dû s'ouvrir en divergeant dans l'épaisseur du plateau qui est sa dépendance méridionale et dont les parois nettes, rigoureusement à pic et se correspondant dans leurs parties saillantes et rentrantes, ont encore l'apparence d'une rupture violente, quoique l'espace y soit toujours plus élargi par la chûte de fragments réguliers des murs latéraux, pourraient porter à croire que des causes semblables ont ouvert les vallées que les cirques terminent. Mais ces fentes gigantesques ne présentent pas à leur naissance ces belles enceintes régulières que les montagnards ont nommé *Oules*. Cela ne pourrait-il pas provenir de la sécheresse comparative du versant de l'Espagne où les eaux n'ont que peu altéré les formes primitives, tandis qu'au nord les neiges et les glaces éternelles dominant partout l'origine des crevasses qui s'y seraient ouvertes, ont pu fournir en tout temps des eaux abondantes qui s'y précipitant de tout le pourtour, en auraient, à l'aide des siècles, corrodé et façonné les escarpements de manière à y produire ces vastes et majestueuses arènes que tous vont admirer? De même que sur une échelle minime, nous voyons les torrents qui coulent sur la roche calcaire y creuser des conques, des creux arrondis, en un mot, de petites oules qui ne diffèrent des grandes que par l'étendue. Quoi qu'il en soit, la question est pleine d'intérêt, et nos Hautes-Pyrénées attendent les observations plus précises qui doivent en amener la solution.

Quant aux causes secondaires de ces immenses éruptions que l'épaisseur croissante de l'écorce du globe rend toujours moins probables, elles ne sont autres que la réaction du centre contre l'écorce, ou la vulcanicité. Il n'est pas douteux que les forces expansives intérieures n'aient eu autrefois une activité extraordinaire, à en juger par l'étendue et la puissance des terrains plutoniens, comme par le grand nombre des volcans éteints et le volume de leurs déjections; et que ceux qui brûlent encore, ne sont que les restes affaiblis de l'ancienne énergie de la terre; que les causes des éruptions pseudo-volcaniques d'où sont nées les montagnes, ont eu une analogie immédiate avec les agents volcaniques dont l'action dure encore, malgré les dissemblances des produits respectifs et de leurs degrés de fluidité, qui ont dû être moindres dans les granits que dans les laves; qu'enfin même ces dernières ont éprouvé un affaiblissement plus considérable, à en juger par leur longue inaction; de sorte que dans l'état actuel de l'écorce de la terre, il y a peu lieu de craindre ces terribles événements qui plusieurs fois l'ont désolée et fait périr, au moins en partie, ses habitants; idée rassurante qui se voit confirmer encore, parce que l'observation a constaté qu'à mesure que la terre s'est refroidie, les intervalles de tranquillité à sa surface sont devenus de plus en plus longs et les soulèvements de moins en moins fréquents.

Quel champ vague, indéterminé, offrent de telles recherches après les siècles accumulés sur ces monuments des convulsions du globe ! Et que d'altérations ont subi ces derniers sous l'action constante des agents atmosphériques et terrestres ! Que de faits alors qui auraient éclairé la science sont perdus pour elle, parce que les témoins en sont détruits ! C'est ainsi que ces bancs horizontaux qui couvrent encore plusieurs sommités des Pyrénées, nous font connaître les derniers ouvrages d'une mer paisible après tant de bouleversements; mais ces faibles restes, sans cesse attaqués par des météores destructeurs, se détachent chaque jour et tombent par morceaux. Avant longtemps, sans doute, tout sera confondu avec les débris qui couvrent leurs bases, et alors aura disparu toute trace de ce qui est maintenant prouvé. C'est ainsi qu'à chaque époque, l'homme dont l'esprit, avide de connaître, est impatient de soulever les voiles dont sont couverts les temps qui l'ont précédé, raisonnant d'après ce qui existe et ce qu'il voit, ne peut porter ses conjectures que sur les plus voisins de lui; et que tout ce qui appartient aux périodes antérieures dont tous les témoins ont successivement été anéantis, est irrévocablement et à jamais perdu dans la nuit du passé. Ainsi, combien sont vaines des recherches, toujours péchant par la base, qui ont pour but d'assigner des limites aux premières époques de notre planète, et de fixer leur durée, même seulement d'en assigner aux périodes anté-historiques des civilisations anciennes que des monuments sans date, témoins muets, ont attestées sans réplique; quantités qui jusqu'à présent s'égarent dans un dédale de faits plus ou moins effacés, dont le fil même n'existe plus, et qui peuvent être toujours l'incommensurable pour nous. La faible éphémère qui naît et meurt le même jour sur les rives abandonnées de ce vieux fleuve d'où seront bientôt disparus jusqu'aux derniers restes de la cité de Belus et de Sémiramis, merveille de leur âge, peut-elle affirmer que ce sol classique ne fait que sortir de dessous les eaux ?

Mes projets se trouvant ainsi modifiés par la conviction acquise de l'inaccessibilité de Vignemale, du côté de France, aucun intérêt ne m'engageait plus à descendre à Gavarnie, et à employer quatre heures pour traverser le long espace que je mesurais de l'œil dans le monotone val d'Ossoue jusqu'à ses derniers couïlas, afin d'y passer une mauvaise nuit et perdre la journée du lendemain dans des tentatives au moins inutiles. J'aurais pu gagner Gèdre par la ligne la plus directe, la crête du nord et les pâturages du Coumélie, sans le cheval que nous avions laissé au Sombra. Nous reprîmes donc la même voie, et, après une descente sans fin au fond d'Estaubé, je me retrouvai avec plaisir sur des pelouses planes où la marche ne faisait que délasser. Le soleil avait passé depuis longtemps le méridien, et la journée était brûlante dans la plaine; mais dans cette région privilégiée, que les zéphirs se plaisent à caresser sous les ardeurs de la canicule, la chaleur, toujours supportable, n'avait que ce degré suffisant pour faire trouver agréable une légère brise du nord. Cette température de printemps, jointe à l'air le plus pur, est ce qui rend le séjour de ces hauteurs si plaisant et si salubre, lorsque les plaines et les basses vallées gémissent sous un air étouffant et des vapeurs malsaines. Nulle part la puissance de cette atmosphère épurée, dont les effets salutaires sur le moral, non moins que sur les constitutions, ne peuvent être révoqués en doute, ne se ferait mieux sentir qu'à Estaubé, où la verdure a tant de fraîcheur, où elle est arrosée par des eaux si pures; que dans cette région toute pastorale, où la vue ne rencontre que des aspects gracieux quoique peu variés, et des formes belles quoique inanimées. Pourrai-je le réaliser ce projet qui m'a toujours souri, d'aller passer quelques jours dans cette alpestre Tempé, où si peu me suffirait pour être bien, afin d'étudier à loisir ses monts imposants, et goûter sans trouble sa profonde paix ?

C'était le moment du repos pour tout ce qui habitait

Estaubé : le troupeau d'Aguedor, dispersé en petits groupes, humait le frais à l'ombre des rochers, et les vaches se rafraîchissaient dans l'eau du gave, ou, immobiles sur les turons ou petits tertres qui le bordent, y recevaient gravement l'impression de la brise. Au débouché de l'Estret d'Estaubé, laissant à droite les couïlas des Agudes et le chemin des Glouriettes, nous gagnons par une courte montée, sur la grande route des troupeaux voyageurs, lorsqu'à la Saint Jean ils quittent leurs basses vallées, les pâturages qui, prolongeant ceux de Poey-Bacou, forment une ceinture verte autour du Coumélie. Ne passons point sans monter sur la butte qui touche à la première grange d'où, à l'intersection des deux vallées, le spectateur domine, d'un côté, le bassin où est la chapelle agreste, et voit se développer l'enceinte de Troumouse; et de l'autre, au fond d'un cadre obscur, découvre les murailles et le glacier de Tuquerouye, couronnés par la dernière terrasse et la plus haute neige du Mont-Perdu.

Une foule de granges sont éparses dans des prairies que l'on peut faucher, grâce à un petit ruisseau descendu du Coumélie. Sur la montagne opposée est un canal d'irrigation qui par son étendue peut être comparé à celui du lac d'Antaroui. On le voit prendre, à une grande hauteur, ses eaux dans la gorge nue de Cambièle, et les conduire le long de pentes escarpées sous la tour de Habillac, jusques vers le hameau de Sarre-de-Ben, jetant dans ce long cours de nombreuses émanations sur les prairies de Gèdre-Dessus qui sans lui seraient stériles. On traverse l'emplacement dépouillé d'un bois de sapins dont la destruction n'est consommée que depuis peu. Quelques vieux troncs épars y existent encore pour exciter les regrets de ceux qui maintenant ne déplorent que trop leur imprévoyance. C'est un triste spectacle qu'une forêt détruite, là où la disette toujours croissante du bois la rendrait si précieuse, auprès de ces hautes vallées dont la nudité est complète.

Nous cheminions depuis longtemps comme en plaine, lorsque tout-à-coup, le plateau finissant, je me trouvai sur le bord d'une très-longue pente plongeant sur Gèdre et son bassin. C'était une jolie perspective à vol d'oiseau que cette petite plaine verdoyante, sillonnée de deux gaves, bigarrée de maisons où se mouvaient des atômes, et ayant pour ceinture les hameaux de Gèdre-Dessus et les riants talus du Saussa. Pendant une heure nous descendîmes par cent lacets dans un maigre taillis. C'est une terrible montée pour les troupeaux allant à Estaubé, lorsqu'un soleil sans voile frappe ses interminables talus. Chez Pricère tous les restaurants du lieu furent épuisés pour nous réparer de nos fatigues ; et après un long repos, nous prîmes avec la fraîcheur du soir la route de Saint-Sauveur, au milieu de cavalcades qui revenaient de Gavarnie.

CHAPITRE XIII.

Ascension de Neouvieille.

Les tentatives toujours vaines, qui avaient été faites par Ramond et par moi, par les guides et les chasseurs d'isards pour monter aux derniers pics de Néouvieille, si voisins de Barèges, avaient vivement excité mon désir de mettre à fin cette difficile ascension, lorsque ses plus fiers rivaux, les points les plus remarquables des Pyrénées avaient été atteints. Ayant examiné cette belle masse sous tous ses aspects, du haut du Pic-du-Midi, du Pic-d'Ayré, du Pic-d'Ardiden et du Brada, comme des hauteurs plus rapprochées d'Aiguecluse et d'Escoubons, et de la crête même du glacier étendu à sa base, j'étais resté convaincu, ainsi que je l'ai dit, qu'elle ne pouvait être attaquée avec espoir de succès que par les versants d'Aure. Sa projection sur le plan serait un rectangle assez régulier, et ses faces du nord, de l'ouest et du sud, sont d'énormes escarpements à pic, des murs de granit de plusieurs cent pieds d'élévation, où nulles crevasses, nulles anfractuosités ne viennent donner le moindre espoir pour l'escalade. Au plus haut de celle de l'ouest est une crête très aiguë terminée à ses extrémités par deux pics : celui du nord peu saillant au-dessus d'elle, et l'autre que les chasseurs nomment le *Pic-Noir*, formant le point culminant du système. De ces deux pics partent en descendant rapidement à l'est, deux arêtes parallèles, toutes débris ou déchirures, renfermant entr'elles un grand plan de neige d'une largeur égale et d'une excessive inclinaison, depuis le tranchant même de cette crête jusques dans les profondeurs du lac Dobert (nommé aussi lac de Carrère et lac Dorédon), d'où j'avais déjà contemplé sa vaste étendue. Ce plan offrant ainsi la seule voie possible, pendant un court séjour à Barèges je me déterminai à la tenter.

Deux directions pouvaient être prises : l'une par le val d'Escoubous et le col d'Aure pour gravir la neige dans toute sa hauteur ; l'autre par le Lienz et ses lacs pour franchir ensuite l'arête du nord par une brèche nommée col des *Tourettes*, présumée accessible, que j'y avais remarquée au plus près des escarpements qui supportent son pic terminal, et ouvrant sur le grand plan de neige à une élévation rapprochée de la crête supérieure. Je choisis cette dernière comme la plus directe.

Le 10 juillet 1847, avec un guide robuste et intrépide, *Bastien Teinturier*, je partis de Barèges à deux heures du matin, et gagnai le vallon du Lienz où au bout d'une heure et demie je dus quitter mon cheval au pied de l'*Escalier de Turtet*, voisin du comila de ce nom. C'est là qu'il faut prendre le grand bâton pour commencer une interminable montée sur des voies idéales que chacun suit à son gré, par des lacets sans fin sur les fragments éboulés ou sur les saillies du roc en place au milieu des rhododendrons et de cette vigoureuse végétation d'arbustes et de plantes qui se plaisent à ces hauteurs. Bientôt çà et là commence à poindre l'humble et brillante famille alpine, régnant seule plus haut, et dont je revoyais avec charme les vives teintes, comme je me délectais au parfum de la thymélée et de l'armoise. Dans l'air pur et vif du matin nous avancions lentement.

Au lac de la Glaire nous prîmes à gauche un passage étroit entre les rochers et l'eau, pour aller déjeûner sur une pelouse auprès du torrent qui, sorti des lacs supérieurs de l'est, bondit et résonne sur des *raillères* de granit, avant de se perdre dans son bassin. La halte n'y fut pas longue sous un vent plus que frais. Traversant ce torrent, nous gravîmes longtemps sur ces buttes et ces fonds, sur ces neiges et ces rocs disloqués qui de partout sont les avenues de Neouvieille, en dominant toujours à gauche de larges combes dont les plus étendues sont occupées par les lacs *Estélat* et *Astazou*, miroirs sombres qui dans leur solitude éternelle ne réfléchissent que de sauvages et grandioses décors. Les traces d'isards commençaient à paraître sur les tapis de neige que nous foulions et bientôt, nombreuses et fraîches, j'en conçus l'espoir de voir quelques troupes de ces jolis et timides animaux qui, traqués toujours, n'ont de refuge que dans ces derniers déserts, où le chasseur va encore les poursuivre. Nous montions droit au pic du nord le seul en vue, qui toujours grandissait sur ses colossales murailles. Arrivés aux neiges qui ceignent le pied de l'édifice central, de l'énorme citadelle, et dont la partie supérieure qui est le glacier de Neouvieille, monte jusqu'à un rein, limite des versants de Pragnères et du Pic-Long, qui a été jusqu'à présent le terme de toutes les courses, nous découvrons en plein à gauche, dans les festons aigus de l'arête du nord, la brèche par où je voulais la franchir, au plus haut d'un long berceau de neige compris entre ces murailles et les profondeurs où se cache le lac d'Astazou. Sous la brèche un long éboulement formé par la chute des masses acérées dont la destruction l'a ouverte, quoique d'une très forte inclinaison, devait en faciliter l'abord. En effet, après avoir traversé toutes ces neiges que le soleil commençait à ramollir, tantôt en contournant des étangs glacés que décélait une belle teinte de vert-cérulé partout où la glace fracturée avait laissé surgir l'eau, et tantôt ayant peine à nous soutenir malgré nos bâtons ferrés, sur les pentes dans l'ombre et congelées de la nuit, nous atteignîmes ces éboulis qui quoique fuyant sous nos pieds, nous rendirent possible l'escalade d'une rampe sans cela impraticable. A grande fatigue nous arrivons en haut et sur le revers même de la brèche de plus vastes neiges nous apparurent : c'était le grand plan neigé de l'est qui l'affleurait. Je pus alors juger de l'élévation que j'avais déjà atteinte en mesurant des yeux la profondeur du lac Dobert tout en bas de ce plan. Ce premier succès me fut d'un bon augure ; il n'était que neuf heures et malgré la très forte inclinaison des pentes où j'avais à manœuvrer désormais, j'espérai la réussite. En prenant quelques minutes de repos sur le col étroit couvert de débris tombés des aiguilles qui le flanquent, nous aperçûmes à l'opposite, au bas de l'arête du sud, une troupe assez nombreuse d'isards que nous ne pûmes compter parce qu'il n'y avait de bien visibles que ceux qui étaient sur la neige.

La limite supérieure du plan, la crête qui unit les deux pics, m'était cachée par un renflement des rochers au-dessus de la brèche. Impatients de le doubler, nous nous lançons sur cette neige d'une inclinaison qui la rendrait absolument impraticable si elle n'était suffisamment ramollie. De telles rampes toujours peu rassurantes, obligent à de constantes précautions pour éviter de périlleuses glissades sans point d'arrêt aucun, jusqu'au terne miroir qui en bas était cerné de sapins à peine perceptibles. Le renflement dépassé, j'eus le plaisir de découvrir sur nos têtes la crête où je tendais, comme une ligne noire entre la neige et le ciel avec les pics ses acolytes, c'est-à-dire la cime entière et sans obstacle apparent. L'arête sous laquelle nous rampions se redressant avec la muraille qu'elle couronne pour former le pic du nord, d'une pente assez égale couverte de fragments, me parut accessible, et je me dirigeai vers sa base là où cessent les déchirures inférieures. Sortis de la neige, nous nous mîmes à escalader ces fragments dont l'éloignement m'avait dissimulé les dimensions et qu'il fallait attaquer de front sur un champ très scabreux, resserré que l'on était entre la neige et le vide où la terre semblait fuir, où les yeux plongeaient d'un trait au fond de la grande combe qui précède la brèche. Les difficultés augmentant, Bastien voulut aller à la découverte sur tous ces débris accumulés, et je l'eus bientôt perdu de vue.

Assis sur le bord même du vide, c'était déjà un plaisir de

pouvoir parcourir des yeux le dédale de rochers, de neiges et de lacs étendus sous mes pieds, ou de les promener au loin sur les montagnes de Barèges et de Luz qui commençaient à baisser sous mon niveau. Le guide tardait à revenir, et mes cris d'appel se perdaient sans écho dans l'espace; nul cri n'y répondait. Il reparut enfin, pour m'annoncer l'impossibilité d'aller plus loin. Il m'avoua même qu'il avait eu un instant de frayeur sur ces fragments toujours plus redressés, se soutenant l'un l'autre, et dont l'un s'était trouvé branlant sous ses efforts. Je le crus aisément d'après ce que j'avais sous les yeux, car l'imagination frissonne à la pensée de telles avalanches qui, déterminées par une cause quelconque, sont prises au loin pour des coups de tonnerre, et de l'effroyable précipitation qui en eût été la suite.

Ainsi désappointé et malgré le temps perdu, je ne renonçai pas à mon projet, car deux voies me restaient encore à tenter : gravir directement par la neige, ou chercher la route du Pic-Noir sur l'arête du sud; l'excessive inclinaison de la neige me fit préférer la seconde. Portant donc des regards attentifs sur l'autre arête, je remarquai que ses déchirures cessaient également là sans doute où commençait au revers le plan vertical de rochers que je nomme la Muraille du sud; que de là une rampe moins chargée de débris et plus large, montait assez uniformément vers le pic, en se redressant toutefois, à l'approche de sa cime obtuse. Malgré ma défiance des facilités vues de loin, je crus à la possibilité de l'atteindre, et descendant notre escalier de géants, nous attaquâmes de nouveau le grand plan de neige pour le traverser horizontalement. C'est ici que le bâton ferré est la véritable ancre de salut : à chaque glissade sur ce sol perfide, d'une fermeté inégale et sous un angle qui parfois n'était pas moindre de 70°, sa pointe fortement enfoncée offrait un solide appui pour recouvrer son aplomb jusqu'au premier faux pas.

La traversée est heureusement faite; nous sommes de nouveau sur le roc ferme et je vois avec plaisir se réaliser mes aperçus. L'ascension se présentant ainsi possible, nous la commençons avec ardeur sur ce meilleur terrain où le pied pouvant toujours s'assurer, se sent comme délassé de la marche pesante et toujours en transe sur la neige. Nous étions déjà très élevés, et la tête du pic se redressait près de nous sans laisser voir aucun obstacle absolu, lorsqu'un pli sur la neige que nous avions à droite, nous offrit une voie plus facile et presque horizontale vers la haute crête. Nous l'eûmes ainsi bientôt atteinte, et de là une dernière rampe de neige praticable encore, mais avec toutes les précautions exigées par la grande hauteur du point d'où la glissade pouvait partir, en un quart d'heure nous conduisit jusqu'à la calotte culminante où, comme partout, le granit extrême était tout fracturé.

A midi j'avais couronné le pic, et le succès était complet. En voyant enfin sous mes pieds cette fière masse que de tant de points j'avais scrutée avec le désir, deux fois frustré, de la soumettre; où avaient échoué tant d'efforts répétés, j'éprouvai d'abord une grande satisfaction de la difficulté vaincue, dominée aussitôt par la sublimité des perspectives qui de toutes parts frappaient mes yeux. Bastien plus occupé de besoins matériels, n'avait pas perdu de temps pour exhiber nos provisions, le rôti fondamental, le fromage obligé, le pain et la *boute* ventrue, auxquelles il joignit une boule de neige qui fondant lentement au soleil, nous fournit un peu d'eau. Sur cette table aérienne me fut ainsi servi le plus nécessaire et le plus sensuel repas, sans perdre une minute pour l'observation du panorama sublime dont je me trouvais ainsi le centre, et qui sur tous les points à la ronde me représentait à la fois tant de cimes jadis explorées, tant de vieilles connaissances. J'avais été surpris en atteignant une hauteur de plus de 3,000 mètres de n'éprouver aucun des effets de la raréfaction de l'air si ordinaires et si pénibles dans les Alpes. Cela tenait-il au léger vent du nord qui donnait du ressort à toute la machine, ou à une disposition particulière, car dans les Pyrénées j'en ai presque toujours été exempt. Les yeux de lynx de Bastien découvrirent une autre troupe d'isards, couchés ou se promenant sur la neige à l'extrémité du glacier qui se prolonge vers

Cambielle. Ils entendirent ses cris, car ils s'arrêtèrent; ils nous virent peut-être, mais rassurés par notre site inabordable ou par l'éloignement, ils ne détalèrent pas.

Pour l'observateur perché sur Neouvieille la plaine a disparu derrière le chainon du Pic-du-Midi; seulement à droite d'un pic hardi qui termine au nord-est le grand chainon des Hautes-Pyrénées, au delà du désert neigeux d'Aiguecluse et d'Escoubous, cime isolée et pointue que j'eus peine à reconnaître pour le Pic-d'Arbizon, une vapeur bleuâtre comme une mer éloignée, laissait deviner la terre plane dans la direction de Saint-Gaudens. Mais ce dont au premier coup-d'œil on reste frappé, c'est de l'abaissement général des montagnes, à part quelques cimes privilégiées qui de ce monde de pointes et de reins exhaussés, aux teintes uniformes, ternes vers le nord, bariolées de noir et de blanc au sud, projettés l'un sur l'autre et cachant les vallées comme toute habitation de l'homme, surgissent à son niveau ou le dépassent. Comme on le domine ce Pic du Midi, si hardi, vu de Tarbes et cru longtemps le premier de la chaîne; comme je planais de haut sur le vaste réseau des montagnes moyennes d'Aure et de Louron, d'où la neige avait généralement disparu, où quelques taches noires désignaient des lacs. A l'ouest le coup d'œil était différent sur des masses plus hautes: toutes les cimes dont la subite élévation étonne le voyageur, où s'enfoncent les deux gorges de Pierrefitte, si belles dans leurs âpres grandeurs, où se cachent de riches bassins et de nombreuses populations; tous ces chaînons majestueux qui forment les ramifications diverses des vallées de Barèges, de Cauterets et d'Azun, jusqu'à celui qui, dans le pic de Gabisos, porte des neiges si près de la plaine en cachant les montagnes de Bonnes; les cimes granitiques, enfin, de Saint-Sauveur et de Lutour, tout était sensiblement sous mes pieds et je me plus d'abord à le constater; mais par une inspection rapide, car au sud les regards sont invinciblement attirés par d'autres masses plus fameuses, colosses portés sur les épaules des autres, points culminants de la chaîne disséminés tout au long du faîte central, écueils majestueux et brillants sur cet océan de neiges et de pics.

Précisons quelques parties de ce magnifique ensemble : immédiatement sous la muraille immense dont j'occupais le point saillant, s'étend le glacier de Neouvieille peu incliné et recouvert de neige, qui semble se prolonger jusqu'aux autres amas glacés du Pic Long et de Cambielle ; cimes voisines sensiblement plus élevées et contrastant de formes, l'une par la tête aiguë et déchirée qui lui a donné son nom, l'autre par la croupe élargie qui en est comme les épaules et toutes deux se projettant sur les montagnes confondues de Héas et de Troumouse. L'année précédente, M. le duc de Nemours qui paraît se jouer avec les plus grandes difficultés des montagnes, était parvenu à monter sur la cime vierge du Pic-Long.

Plus loin se dessinent, nettement séparés et dominant tout le Marboré, le Mont-Perdu et le Cylindre sur une plateforme aérienne dont l'extrémité de l'ouest rivalise avec eux de hauteur. Le Cylindre aussi a été récemment vaincu par M. le duc de Nemours, qui dans une course faite au Mont-Perdu à la même époque, parvint à en couronner la cime à l'aide de fissures et d'anfractuosités, qui lui rendirent possible cette téméraire ascension. Du faite de cette tour gigantesque, sa vue plongeant sur l'ensemble des glaciers qui dominent la cascade de Gavarnie, et rien ne lui étant caché dans tout cet espace, il put s'assurer que le lac glacé, d'où suivant Moisset, descend cette cascade, et dont l'existence avait été admise par Ramond quoiqu'avec quelques doutes, ne s'y trouvait nulle part. Après un intervalle à l'ouest où la première Tour et le Taillon soutiennent encore l'honneur du Marboré, s'élance, superbe dans son isolement, la masse brillante de glaciers de Vignemale, rivale du Mont-Perdu. Plus loin peuvent compter encore dans cette élite des Pyrénées, quelques cimes d'Azun et d'Ossau, décelées par des glaciers et des neiges qui ne les abandonnent jamais ; de même qu'à l'est, à la suite de Troumouse, s'étendent jusqu'aux sources de la Garonne, les groupes plus hauts et plus brillants de la Pez, de Clarbide et d'Oo, rideau colossal projetté contre les masses plus colossales encore de Luchon et de Venasque, le pic Posets et la Maladette dont quelques points sont en vue par dessus ses cols aériens.

Tous ces géants longtemps inaccessibles, qui la plupart ont enfin vu de hardis explorateurs s'asseoir sur leurs derniers rochers, revêtus de neiges et de glaces éclatantes sous le soleil, et commandant du haut des airs à ce monde de têtes inclinées autour d'eux, sont un tableau d'une sublimité sans module qui émeut profondément et reste empreint dans le souvenir.

De tous ces champs glacés où erre la vue, de tous ces monts condamnés à une éternelle inertie, la verdure et les plantes sont bannies, et tout y est du domaine de ce règne mal nommé inorganique, puisque le mouvement et la vie s'y décèlent par tout ce qui sans cesse s'y compose et s'y modifie suivant des lois constantes. Depuis longtemps, en effet, sur la route que j'avais suivie, toute végétation avait disparu. Les plantes alpines s'arrêtent aux grandes neiges qui environnent ce que j'ai appelé la citadelle de Neouvieille; je n'en avais vu aucune à la brèche des Tourettes ni sur son éboulement sableux, trop mobile pour qu'aucune radicule puisse s'y maintenir; et à peine si, sur toutes ces faces du granit qui seul surgit des neiges et que fouettent de terribles raffales, quelques éléments de lychens sont aperçus, dessins fantastiques sur de gigantesques albums. Toute la masse de Neouvieille est composée de ce granit qui est le fondement de toutes les grandes chaînes, le plus simple dans sa composition de trois substances, quartz, feldspath et mica, et que son homogénéité a fait prendre pour type de comparaison pour les autres granits. Sur certains points des deux grandes arêtes, des nuances différentes m'y faisaient soupçonner quelques portions de schistes entremêlés, comme à la cime de l'Ayré, vieux témoins encore existants, au centre de leur plus énergique action, de ces forces intérieures qui les avaient poussés au haut des airs avec le granit sur lequel ils reposaient. Pour aller d'un pic à l'autre, éloignés seulement d'environ 200 mètres, réunis comme il est dit plus haut, par une crête aiguë peu inférieure, il y a des difficultés réelles : comme on est obligé de passer plusieurs fois d'une neige fortement inclinée sur le roc tranchant qui la borde, le trajet en est pénible et exige de la prudence à cause surtout de l'énorme profondeur où, de l'autre côté, on se trouve comme suspendu.

Dans de telles situations où l'esprit et les yeux sont vivement intéressés, le temps passe vite. La châleur brûlait la plaine, et nous, sur notre cime éthérée, nous ne sentions qu'un doux soleil sous un air léger du nord ; rare température pour ces saillies du globe qui plongent dans les couches de l'atmosphère où il ne dégèle pas. Il était plus de trois heures et celle du départ était venue. Pour la descente je voulais suivre l'autre voie, c'est-à-dire dévaler sur le plan de neige dans toute son étendue jusqu'au col d'Aure et de là sur les lacs d'Escoubous, mais il était aisé de voir que cette route devait être beaucoup plus longue par le détour qu'elle fait, et n'ayant rien qui m'y attirât, je me décidai à reprendre la même. Sur ces rapides neiges je pensais pouvoir gagner du temps en glissant appuyés sur nos bâtons. Ce moyen agréable nous servit peu à cause des sillons que la pluie avait partout tracés, souvent assez profonds pour empêcher toute glissade uniforme. En repassant la brèche des Tourettes nous aperçûmes une troisième troupe d'isards sur les neiges d'en bas vers le petit pic de l'ouest, nommé par sa forme *Campana de Larrens*, et bientôt sortant des grandes neiges nous rentrâmes dans la région des lacs, dédale continu, où la marche jamais directe n'est qu'une interminable suite de sinuosités, tantôt autour d'un étang perfide deviné sous la neige, ou d'une saillie de roc vif, et tantôt pour descendre dans une combe ou contourner un petit lac. Sur ce terrain excessivement tourmenté et beau dans ses grâces sauvages, le peintre pourrait faire une riche collection d'études toutes piquantes ou pittoresques. Au lac de *Coumoscure* qui est le réceptacle de presque tous les lacs supérieurs de l'ouest, la plupart toujours glacés à la surface, et qui verse dans les lacs de Trassens et de la Glaire, on peut voir le canal creusé dans le granit que suit un autre *couret* pour aller tomber immédiatement dans le vallon de la Justé ; tandis que le lac de la Glaire, le plus grand et le plus bas, recevant d'ailleurs les eaux de deux autres grands lacs, l'Estelat et l'Astazou, envoie un plus fort courant dans le vallon de Lienz.

Au bas enfin de ces interminables descentes, la halte obligée et impatiemment attendue fut faite au couïla de Turtet, où, quoiqu'il n'y eût personne, nous puisâmes dans la cachette bien connue, du lait frais, si agréable après de telles courses, tandis que le matin il n'est bon, disent les guides, qu'*à couper les jambes*. Nous rentrâmes à Barèges avant la nuit, après une course de 17 heures.

La route unique de la cime de Neouvielle étant ainsi connue, car il est inutile de la chercher ailleurs que par la grande neige de l'est versant en Aure, un champ nouveau est ouvert aux observateurs et aux touristes, précieux par son altitude de 3091 mètres, comme par sa proximité de Barèges. Cette excursion peut être aisément faite en une journée, n'y ayant plus de temps à perdre en tâtonnements pour trouver les voies possibles. Le naturaliste l'appréciera pour ses études et ses expériences dans une haute région de l'air, et tous y trouveront d'admirables tableaux. La meilleure marche à suivre pour voir davantage et ménager les forces, est de monter par le val d'Escoubous, où l'on peut aller à cheval jusqu'au dessus du premier lac, plus haut que par le Lienz, et d'attaquer la grande neige par le col d'Aure en laissant à gauche dans le fond le lac Dobert, pour effectuer la descente par le Lienz en passant par le col des Tourettes et les lacs de Neouvieille, ainsi que l'ont fait avec succès M. le duc de Nemours et M. Courtois d'Hurbal, qui quatre jours après moi, conduits par Bastien, ont vérifié les premiers la route que j'avais suivie.[1]

[1] Ascensions les plus remarquables faites dans les Pyrénées :

A son troisième essai Remond atteignit la cime du Mont-Perdu le 10 août 1802 par le revers d'Espagne, la même année que M. Delfau et après lui M. d'Angosse, montèrent au pic du Midi de Pau. En 1834, Jean Latapy, mon ancien guide, chasseur-naturaliste à Cauterets, et en 1836, Cazaux de Gèdre, paraissent avoir trouvé la route de Vignemale, également par le revers d'Espagne. Le 20 juillet 1842, M. Tchihatcheff, officier

CHAPITRE XIV.

Gorge de Cauterets. — Les Bains. — Cascade de Lutour. — Glacière de Péguère. — Cime du Monné.

Après une longue absence retourné aux Pyrénées, dans le bassin d'Argelez, toujours aussi beau pour moi que le premier jour, je pus enfin jouir, à l'approche du soir, de la grande ombre des cimes pelées qui menacent la route, de la fraîcheur qu'entretiennent sous les ombrages mille ruisseaux d'eau vive et de cet air vif et tonique, émané des sommités neigées dont se couronne l'horizon du midi, qui est un baume réparateur quand on a laissé derrière soi les pesantes vapeurs des plaines. J'étais accompagné de ma famille, avide de connaître ces montagnes souvent le sujet de mes récits; et les vives impressions que produisait un pays si nouveau, me faisaient espérer que les beautés de la nature, en excitant l'enthousiasme, feraient naître dans de jeunes âmes ces goûts simples et purs qui répandent quelquefois du charme sur la vie entière; car on ne saurait dire, dans cet univers où tout se lie, par combien de rapports le beau physique peut s'unir au beau moral.

Les nuits sont toujours longues à Pierrefitte; échappons-nous donc de cette auberge enfumée et bruyante, pour aller jouir d'une de ces matinées qu'on ne connaît que dans les montagnes. Le ciel est sans nuages, et l'air d'une limpidité parfaite. Dépouillé de toute souillure, rafraîchi par les rejaillissements du gave et parfumé des émanations des plantes et des arbres résineux qui tapissent les hauteurs, il a cette fraîcheur balsamique et salubre qui semble faire respirer à

russe et M. de Franqueville, de Toulouse, parvinrent, toujours par le côté méridional, au pic Oriental, le plus haut de la Maladette et de toute la chaîne. En 1846, M. le duc de Nemours exécuta l'ascension de deux autres cimes vierges des Hautes-Pyrénées, le Pic-Long et le cylindre du Marboré; et en 1847, enfin, je réussis à atteindre la cime de Neouvieille.

la fois la force et la vie. Je crois qu'il est peu de constitutions délabrées qui ne puissent y retrouver à la longue leur santé première et leur vigueur. Du haut du pont on est en face d'un de ces sites qui annoncent au voyageur une région alpestre. Dans le sein de la montagne dont la masse énorme est subitement redressée, s'ouvre une gorge étroite, obscure et de l'aspect le plus âpre, où le torrent s'est creusé une route presque souterraine entre d'affreux rochers. Furieux de mille obstacles, éclatant de blancheur, il s'échappe avec le fracas du tonnerre de son noir canal, traverse un pré d'une fraîcheur idéale, et s'enfuit avec la vélocité de l'oiseau. A son côté le chemin de Cauterets, taillé dans les masses schisteuses de Lestain, s'élève sur la rive gauche rapide, difficile, et disparaît entre de grands noyers et de rougeâtres escarpements. Plus haut tout est en raccourci, tout est sauvage sur les diverses terrasses de la montagne, d'où l'œil redescend avec charme sur le vert tapis du fond, et sur des eaux aussi pures que l'air qu'elles agitent. Le long de la rive le pêcheur de truites, le panier sur le dos et le petit filet aux mains, saute lestement de pierre en pierre pour surprendre l'agile poisson qui seul peuple ces froids torrents, et dont l'excellence ne laisse aucun regret pour d'autres.

La vallée de Cauterets, une des divisions principales de la grande vallée du gave béarnais dont le bassin supérieur est les Hautes-Pyrénées, renferme des régions plus pittoresques peut-être, et non moins fertiles en grandeurs sévères que la branche orientale. La route était loin d'être solitaire : des femmes aux voyants capulets, et de jeunes montagnards portant le berret, coiffure antique qui, depuis Cauterets jusqu'aux rives de l'Océan, couvre toutes les têtes indigènes, nous dépassaient à chaque instant. Les uns, chargés de grands paniers, étaient des pourvoyeurs de bains, et d'autres se rendaient dans les hautes vallées en poussant devant eux des vaches et de jeunes taureaux, qui, tout joyeux d'aller revoir leurs fraiches stations, leurs herbages savoureux, faisaient des sauts et des bonds qui nous obligèrent plus d'une fois à nous réfugier sur les roches voisines. Les bords humides du chemin étaient tapissés des fleurs délicates du petit mouron rose, et la saxifrage granulée formait l'avant-garde du genre le plus nombreux qu'aient les Pyrénées.

Cette côte de Lestain avec ses rampes de 20 centimètres était redoutée par le voyageur qui ne pouvait la franchir qu'à renfort de chevaux. Il se résignait cependant à l'aspect des masses menaçantes qu'il pouvait traverser et pensant que l'art s'était arrêté devant l'impossible. Mais l'habile ingénieur qui déjà avait préludé à ses beaux travaux dans les Pyrénées par la rectification de la côte du Limaçon située plus haut, étudiait ces rochers dangereux et bientôt une ligne blanche, tracée en écharpe contre leurs flancs à pic, révéla à l'œil étonné son hardi projet. Le travail commença en 1836 : par un large contour en arrière de Pierrefitte et sur la base de la montagne, la voie nouvelle s'élève assez au-dessus du village pour avoir une vue admirable sur tout le Lavédan. De là elle s'avance dans la gorge, à moitié escarpée dans le schiste et à moitié portée sur des murs de soutènement qui vont chercher leur appui à 12 ou 15 mètres de profondeur, pour se raccorder au-dessus de la montée de Lestain avec l'ancienne route qui n'a plus que des pentes faciles. Tout marcha avec une telle rapidité que deux ans après M. Lefranc put livrer au public une belle rampe de 1,600 mètres de développement avec des pentes qui ne dépassent pas six centimètres. Maintenant le voyageur circule avec sécurité quoique suspendu sur les précipices et jouit partout de grandioses et ravissants points de vue : Pierrefitte, aux pieds, où l'éclatante trace de son torrent disparaît sous des arbres pressés ; l'alpestre avenue de Luz s'enfonçant au midi entre des monts sévères ; la plaine où le sol est caché sous les moissons et les arbres ; le roc isolé qui toujours porte les vieilles tours des barons de Lavédan ; une partie du riche Davantaigue étendu sur les berges opposées et la région pastorale qui lui succède jusques dans le haut vallon qu'avant Charlemagne habita Saint-Orens. Là, ont cessé les sons amis de la cloche et les chants pieux si émouvants dans les solitudes ; on n'y entend plus que la chanson du pâtre et la voix du *couyet* de Lesponne ou de

Campan allant chercher des eaux plus efficaces que celles de son Adour.

Nous sommes enfin dans l'imposant défilé. Tout a changé d'aspect, et les yeux de toutes parts arrêtés se brisent contre des masses où l'observation est à chaque pas excitée. Cette longue muraille, noircie par l'humidité et les plantes mousseuses, qui des profondeurs où le gave gronde, s'élance à une hauteur considérable, inspire l'effroi lorsque plus haut, sur des prés de la plus forte inclinaison, parsemés de frênes, on voit lestement circuler le faucheur chargé de foin, ou la jeune laitière avec son sac de peau d'isard, comme ignorant l'abîme qui est béant sous leurs pas. Dans ces escarpements ont crû quelques arbres qui défient à jamais la hache, et une obscure caverne y dit encore la hardiesse du mineur qui osa y poursuivre quelque filon cuivreux depuis longtemps abandonné par la difficulté de l'exploitation. Les derniers châtaigniers couvrent les bords d'une sombre fissure, et le gave plus rapproché est aussi moins menaçant : de ses ondes écumeuses, il heurte les rochers qui le gênent, et s'échappe en tournoyant; ou se reposant un moment dans une large conque, il s'y teint de cette vive couleur d'aigue-marine que j'ai tant regrettée dans les Hautes-Alpes.

La gorge se resserre toujours davantage; on ne voit plus que deux immenses pentes, noircies çà et là de quelques sapins, jusqu'à la petite fontaine, où, sous des noyers, reparaissent des granges et quelques prés. On passe sur la rive droite où s'élevaient avant la route nouvelle, en brusques et rapides lacets sur la butte du Limaçon, des rampes de 12 à 18 centimètres. Cette butte assez récente qui obstrue la gorge, a été formée par des masses calcaires éboulées du haut des montagnes latérales, où l'on voit encore au-dessus des bois les arrachements d'où elles sont parties. Tous ces blocs amoncelés, dont certains ont plus de cent mètres cubes de volume, composent un autre chaos contre lequel le gave s'irrite et bondit en écume avant de pouvoir se dégager et s'enfuir. Cette rectification, la première de M. Lefranc dans les Pyrénées, fut commencée en 1834 et offrit plus de difficultés qu'on n'en présumait, sur des éboulis sans cohésion et à travers des blocs énormes qui ne cédaient qu'à la poudre. Cependant, moins de deux ans après, le public put franchir ce grand ressaut sur des rampes aux moëlleux contours habilement tracés, où les pentes n'atteignent pas 7 centimètres. Au-dessus tous les aspects sont de nouveau changés; le fond s'élargit, les hauteurs s'adoucissent, la route s'avance entre des champs et des prairies; et de hauts vallons, en reculant les cimes, donnent de l'espace au ciel et à la vue. Le grand ravin qui sur le Limaçon se précipite du Cabaliros, mérite un coup-d'œil par son aspect sauvage. Un bois épais fréquenté par les ours, qui dans les fissures des rochers trouvent de nombreuses tanières, y est comme caché au pied d'une crête inaccessible, dont les pointes fracturées n'attendent qu'un ébranlement pour venir augmenter le monceau de ruines dont le gave a peine à se dégager. Mon vieux guide Jean Latapy, dont la maison en est peu éloignée, y a fait maintes fois des coups heureux, et j'ai vu dans sa collection de belles peaux d'ours qui en provenaient. Peu à peu se déploie le riant et pittoresque bassin, depuis longtemps rendu célèbre par des bains qui rivalisent d'ancienneté avec tous ceux des Pyrénées, puisque, sans citer celui qui porte le nom de *César* et celui *du Roi* ou *des Espagnols*, ainsi nommé, dit-on, de la guérison de Sanche-Abarca, premier roi d'Aragon, ils étaient fréquentés du temps de la spirituelle Marguerite, reine de Navarre, dont nous avons vu à Odos le dernier séjour, alors que ceux de Barèges n'étaient point connus. Leur température monte jusqu'à 44°. C'est en 945, que Raymond, comte de Bigorre, en confirma la donation faite par Charlemagne aux moines de Saint-Savin, à la charge d'y construire une église à Saint-Martin, et des logements pour les malades, qui ont porté longtemps le nom de Cabane des Pères. Cabaliros et Peyrenère à droite ne présentent que des pâtis dépouillés; mais sur la pente du Lisey, un mélange charmant d'habitations, de prairies et de bosquets, s'étend jusqu'aux grands bois qui occupent les hauteurs. En face, Péguère montre ses flancs inaccessibles drapés de hêtres, et sa couronne de pics que les sapins poursuivent, et la masse de l'Hourmigas qui en est toute assombrie ferme la perspective.

Les abords de Cauterets sont enchanteurs; sur l'autre rive du gave, des buttes isolées présentent à l'œil de petites retraites, de frais asiles où les feux du soleil sont toujours adoucis par les émanations des eaux presque paisibles qui les baignent. La route, bordée de frênes, cotoie un parc où l'art n'a aidé que bien peu la nature pour en faire une très-agréable promenade. Serré entre le gave et la base de Perraute, qui élève à gauche ses beaux bois, ses terrasses perfides et ses escarpements empilés, Cauterets plaît à l'œil, comme tous les lieux de bains, par la propreté élégante de ses maisons. Le nombre de ses sources, leurs propriétés diverses, et surtout son heureuse situation dans une région moyenne peu éloignée de l'élévation de Barèges, où à un air vif et pur se trouvent réunis les plus beaux sites de montagne, y attirent chaque été un grand nombre d'étrangers, qui amènent avec eux le luxe et le mouvement des villes. Le seul inconvénient de Cauterets vient de l'éloignement de toutes les sources, excepté celles de Bruzaud. Les bains de Pose, des Espagnols et de César, sont situés au bout d'une pente rapide, sous le bois de Perraute; La Raillère où l'abondance des eaux a fait élever des thermes élégants, est à un quart de lieue en amont; plus loin, sont le petit Saint-Sauveur, les bains du Pré, et la caverne du Mauhourat, dont l'eau privilégiée donne lieu tout le jour à des processions de buveurs; et enfin, dans la gorge du pont d'Espagne, se trouvent encore les bains du Bois et d'autres sources négligées. Toutes ces eaux thermales surgissent du granit primitif, et leur chaleur varie de 24 à 44° de Réaumur.

Un travail dès longtemps projeté à cause des abords difficiles des bains de Pose, de César et des Espagnols, où les malades ne pouvaient être hissés qu'à grand peine, vient d'être exécuté. Les trois sources qui les alimentent ont été descendues et recueillies dans un bâtiment monumental situé auprès des bains de Bruzaud, avec toutes les précautions voulues pour atténuer la perte de chaleur et des gaz minéralisateurs que cette translation devait leur faire éprouver.

Température actuelle des sources de Cauterets :

DU MIDI.	De La Raillère........	38°, 50	cent.	30°, 80 r.
—	Du Petit Saint-Sauveur.	32°, 50	—	26°
—	Du Pré..............	47°, 50	—	38°
—	De Mauhourat........	50°	—	40°
—	Du Bois.............	43°, 80	—	35°
—	Des Œufs...........	55°	—	44°
DE L'EST.	Des Espagnols........	45°	—	36°
—	De César.......	41°	—	32°, 80
—	De Pose.............	40°	—	32°
—	De Bruzaud..........	38°, 50	—	30°, 80
—	De Rémisset ou des Yeux	30°	—	24°

Avant la translation la source des Espagnols avait. 40° r.
Celle de Pose.............................. 37°

On voit que dans le trajet la perte de chaleur a été de plusieurs degrés pour ces sources. Des analyses comparées feront connaître la perte des principes minéraux.

La route des bains du midi, convertie maintenant en une rampe facile pour les voitures jusqu'à La Raillère, offre chaque jour à l'observateur une scène animée, si cependant la beauté des montagnes qui sur Cauterets portent si haut leurs bois, leurs rochers et leurs festons aigus, ne l'absorbe pas tout entier. Tout ce qui émeut et élève l'esprit prend un caractère religieux. Frappé de la majesté de ces monts et de leurs têtes chenues, on se croirait dans le plus auguste des temples, où la divinité se révéle par la grandeur de ses ouvrages. Ces larges masses sans fin superposées, ces pyramides colossales, comme elles écrasent les faibles humains qui rampent à leurs pieds. Tous ces êtres de costumes différents qui couvraient la route, où le Russe et l'Anglais, le montagnard et le parisien, le pauvre et le riche, s'en allaient confondus, ressemblaient à des foules pieuses, s'avançant à pas lents vers l'Hourmigas comme si ses noires forêts recélaient quelque mystérieux sanctuaire; mais, levant les yeux, les pics qui couronnent Péguère, revêtus sur le ciel de toute la splendeur de la lumière naissante, semblaient un trône plus digne de la souveraine puissance.

Les environs de Cauterets sont pleins de sites charmants où les promenades peuvent se varier à l'infini. J'indiquerai les principaux : En une demi-heure, un sentier tracé au travers des prés et des petits bois qui tapissent la pente du Lisey, peut conduire à la grange de la Reine, ainsi nommée, parce qu'une des puissances de l'époque, [1] y fut prise par la nuit en revenant de Luz. Du rocher qui l'appuie, on domine la petite ville et son riant bassin, on s'égare sur la robe de bois de Péguère et dans les frais asiles qu'on ne peut qu'y deviner; la tête obtuse du Mounné se montre par l'échancrure du Cambasque, et au bout du long tuyau de Pierrefitte la vue s'échappe sur les formes adoucies d'Argelez jusqu'à la tour de Lourdes. Ce site, avec ses petits bois, ses pelouses et ses chalets, est tout-à-fait pastoral. D'obséquieuses autorités y avaient fait écrire en grands caractères: *Grange de la Reine*, et graver sur le marbre la date de ce mémorable événement. Une couche de chaux a voilé la première inscription, et la niche où était la seconde est vide ! *sic transit.....* Au reste, bonne et bienfaisante, ainsi que sa noble mère, il en est resté dans ces montagnes des souvenirs qui valent mieux que des pompes d'un jour.

Sur un plateau à l'opposite est l'habitation de l'excellent guide, Jean Latapy, souvent choisie pour des parties champêtres à cause de sa belle vue, et en face des montagnes de l'est qu'on voit atteindre brusquement une grande hauteur dans le pic de Viscos, dont le cône élancé commande les deux plus profondes gorges des Pyrénées. Le pic de Lisey et ses grands pâturages lui succèdent; puis Perraute avec ses bois, et ses mornes escarpés si repoussants de loin, mais dont les mille sinuosités, les étages granitiques tout frangés

[1] Hortense de Beauharnais, femme de Louis, roi de Hollande.

de sapins, s'élèvent superposés jusqu'au sommet de la montagne, dédales aussi dangereux que pittoresques, offrent sur tous les points d'intéressantes études aux hardis explorateurs. Plus loin la vallée de Lutour s'étend en un long et verdoyant berceau jusqu'aux sommités neigées qui voient au-dessous d'elles tous les lacs d'Estom et leurs bons pâtis alpestres. Jean Latapy, pasteur et chasseur d'isards, mérite par son adresse, son honnêteté et une certaine instruction de guide, d'être choisi entre tous par les naturalistes et les amateurs de courses.

Du haut du ressaut de Lutour, sous le bois d'Hourmigas, au milieu de rocs éboulés depuis longtemps couverts de mousse, de longues chutes d'eau s'échappent en gerbes successives et produisent des accidents qu'un peintre appellerait poétiques. Les arbres des rives opposées s'y croisent en légers berceaux au-dessus des ondes plusieurs fois précipitées, et les rhododendrons y forment d'élégantes harmonies avec les rameaux des sapins que le souffle des cascades balance. Sous les voûtes obscures de ces enfants du nord qui cachent la montagne, on trouve des retraites dont le silence et le demi-jour inspirent la réflexion, et dans ces petites grottes qu'ont formées des roches arrêtées en s'écroulant, revêtues des tapis élastiques des sphaignes, on aime à goûter l'ombre et le frais, en se laissant aller à la rêverie qu'entretiennent les bruits monotones des eaux toujours tombantes.

A mi-chemin de La Raillère, est un grand éboulement vomi par une fissure qui sillonne tout Péguère, en tout temps pourvue de neige, et s'évasant en haut en un vaste demi-cercle autour duquel sont répartis les pitons dont la montagne est couronnée. Cette glacière naturelle mérite d'être vue. A son approche tout change d'apparence; tout est grandi. Ce couloir si étroit est devenu un profond ravin creusé sous des escarpements pittoresquement drapés d'arbres et d'une multitude de belles plantes, de saxifrages surtout, dont les panaches n'y sont jamais en repos. La neige fortement inclinée qui en occupe le fond, remonte jusqu'à une caverne où voltigent des milliers de choucas qui fatiguent l'air de leurs croassements sinistres, et où je faillis payer cher l'obstination de l'atteindre. En levant les yeux on ne peut voir sans émotion les masses suspendues toujours menaçantes pour le téméraire observateur; et le sentiment du danger que donne une telle vue n'est point imaginaire dans cet étroit goulot où tout ce qui se détache de l'évasement supérieur doit nécessairement tomber. Le soleil n'y paraissant que peu d'instants ne peut fondre la neige qui y entretient l'air constamment froid; cause naturelle d'un vent d'autant plus sensible qu'il réchauffe davantage les plans voisins. Cette cavité, où règnent toujours le vent, le froid et l'ombre, est ainsi une glacière parfaite dont on use à Cauterets.

Mais qu'on voie au rebours ce site singulier, qu'on se transporte sur l'une des crêtes sourcilleuses qui l'entourent: au revers de ces sapins, de ces hêtres séculaires, destinés à naître et à mourir sur leurs inaccessibles terrasses, où la gélinote et le coq de bruyère trouvent en face de Cauterets d'inviolables asiles, que du vallon du Cambasque dont les pelouses nues s'étendent jusqu'au petit lac d'Illhéou, on s'élève dans ces ravins herbeux qui percent le bois, et qu'afin de jouir de tous les aspects, on choisisse l'arête qui sépare les deux faces de la montagne.

C'est là qu'il faut gravir en s'accrochant aux touffes d'herbe, ou franchir des crêtes escarpées sur des précipices que l'œil n'ose sonder. Ces difficultés deviennent excessives, et je sais par expérience qu'il faut être sûr de sa tête avant de s'y engager. Si l'on parvient à atteindre une des cimes principales, après avoir habitué ses yeux aux profondeurs, qu'on s'avance sur quelque saillie, et l'on sera frappé d'un des plus imposants précipices que les montagnes puissent offrir: les flancs de Péguère, entr'ouverts jusqu'au fond, immense entonnoir que ses pics élégants couronnent, et dont la sombre glacière est le tube inférieur. Si on ose jeter les yeux du haut de ces murailles, de ces effrayants surplombs, sur cet abîme où la terre se dérobe à la vue, qu'on soit prudent; c'est l'antre du vertige.

Péguère doit être surtout visité par le botaniste: je connais peu de montagnes où les plantes sous-alpines, division qui comprend les plus remarquables par leur port et leur beauté, soient en une telle profusion. Il semble qu'une main soigneuse s'est plu à y semer toutes celles qui croissent sur les hauteurs moyennes des Pyrénées. Le gazon d'un petit pic y était émaillé de renoncules thora, que je n'ai trouvées autour de Barèges que dans un couloir de la Piquette. La cime de Péguère, extrémité du rein dont Castelabarca et Pé-de-Maÿ, vers le Marcadaou, sont les points culminants, se trouve heureusement placée pour une reconnaissance du bassin de Cauterets. Sans fatigue on peut y parvenir, toujours sur des pelouses, en montant du Cambasque à des cabanes situées sur ce rein à la hauteur du pont d'Espagne, d'où des pentes faciles conduisent au but. De ces cabanes on peut descendre à ce pont par un sentier des plus scabreux, seule communication praticable entre deux versants si différents.

De tous les monts qui environnent Cauterets, le Mounné est celui dont la vue est la plus étendue. On le voit des bains, au-dessus du Cambasque, et il faut trois heures pour y monter par des pentes nues presque toujours faciles. Partis avant jour, en nous élevant sur les premières berges du Cambasque où sont des granges et des prairies, la lune nous éclairait suffisamment et le silence de la nuit était troublé par les battements d'une foule de petits moulins en bois que les paysans placent sur les courants d'eau, afin d'éloigner les blaireaux des prés dont ils sillonnent la terre. De larges croupes dont le sol plus redressé est envahi par le genièvre et le rhododendron, précèdent les plateaux herbeux des *Cinquets*, où sont quelques couïlas près d'une source vive. Un pasteur, réveillé par ses chiens, vint m'offrir son bon lait et son beurre, mais le jour ne faisait que poindre. Nous continuâmes en nous dirigeant par l'arête de gauche où l'ascension finale est le moins difficile, et au bout d'une heure, j'eus le plaisir de m'asseoir enfin sur la dernière roche. Je me hâtai de reconnaître l'immense tableau dont j'étais le centre, de voyager de l'œil et de la pensée sur les étendues vaporeuses que je dominais, et sur les monts resplendissants où le soleil déjà répandait sa magnificence. Après un peu de repos, j'éprouvai un tel besoin de dormir que, m'étendant sur la terre, en un instant je fus pris; mais le guide me secouant aussitôt me montra le précipice qui commençait derrière moi, et cet aspect suffit pour chasser tout sommeil. Du haut de l'arète dont je venais de gravir le penchant du nord, partait un affreux escarpement tellement hérissé d'aspérités, qu'il porte le nom de Pène-Esperracade, plongeant d'un trait sur les pâturages de Lisse, où je voyais les vaches se répandre, et plus loin, sur une pelouse étendue jusqu'à la cascade d'Illheou, la baraque du cordon sanitaire. Sur ces vastes talus de verdure, on peut monter à cheval jusqu'au col de Lisse, d'où la vue est déjà très-belle sur les montagnes d'Azun et de Bonnes.

La cime du Mounné est une crête schisteuse, coupée ainsi à pic du côté de l'axe granitique, tandis que de longs plans inclinés qu'émaillait alors toute la flore alpine, en descendent au revers sur l'*Abat de Bun*, branche orientale de la vallée d'Azun. Celle-ci, toute marquetée de prés, de bois, de champs et de villages, se présente sous les pieds comme une carte de topographie du coup d'œil le plus attrayant. J'y distinguais le bosquet qui entoure la jolie chapelle de Pouy-labut, sur la route de Bonnes au Lavédan par le col de Tortes, qui n'a pour pavé que le calcaire gris tendre feuilleté, sur lequel elle est fondée. La vallée d'Argelès ne paraît que peu sous le Cabaliros, mais rien ne cache les plaines de Tarbes et du Béarn. L'horizon du midi a plus d'attrait en laissant voir de près la haute chaîne entre Vignemale et les ports d'Ossau, où sont encore des sommités qui atteignent et dépassent 1,600 toises : pic de Badescure, pic de Baretous, Pène d'Aragon, Costerillou, Som-de-Seoube, et les derniers glaciers de l'ouest. La ligne des Hautes-Pyrénées granitiques, où dominent quelques pics privilégiés, couvre le Marboré et toute la chaîne centrale; mais rien ne cache Vignemale avec ses glaciers, ses masses redressées, et ses diverses cimes, échelons de la Piquelongue, point culminant du groupe entier. Cette belle montagne, par son isolement, est l'objet le plus grand du tableau. Quelle hardiesse dans ses formes ! A quelle hauteur elle porte sa quadruple tête au-dessus des pics, la plupart granitiques, qui renferment le val de Gaube, depuis Badette jusqu'au pic d'Araillé, voisin du port d'Ossoue ; depuis le Pouitrenous, dont les sapins ombragent les cascades du pont d'Espagne, jusqu'au Chabarrou qui, sur ses flancs en ruines, n'a pas un atome de verdure ! La crête s'abaisse ensuite tout-à-coup, et la Piquelongue de Vignemale, sourcilleux promontoire visible de cinquante lieues, domine tout à l'ouest de sa cime chenue. On la voit porter un petit glacier suspendu sur les précipices ; et sur les pentes du port d'Ossoue, qui s'ouvre à gauche derrière le pic élégant de l'Araillé, paraît la partie supérieure du grand glacier du nord. Excepté ces deux taches brillantes, toute la montagne n'offre à la vue que le gris terne de ses prodigieuses murailles, les plus hauts escarpements peut-être des Pyrénées.

Dans le chaînon de Saint-Sauveur plus abrupte et plus hérissé qu'à l'est, je reconnaissais les pics dominateurs ; et leurs âpres traits ne sont que plus à découvert. C'est une repoussante barrière sans pâturages, et presque inaccessible, où l'on n'aperçoit que masses empilées, dentelées çà et là de sapins jusqu'aux pics de Culaous et de Labas qui voient entre eux le plateau toujours frais d'Estom-Soubiran, origine de la vallée de Lutour. Celle-ci, gracieux berceau de bois et de verdure, est visible tout entière sous ce chaînon prolongé qui l'accompagne, mais le charme de ses clairières a disparu dans l'éloignement. Au-dessus du bois de Lisey, une étendue de pelouses montre le principal établissement d'été de la vallée occupé par des Béarnais. Si l'on y va voir tous les détails de l'industrie pastorale, qu'on se garde des chiens qui toujours y sont en grand nombre et terribles. C'est par le col de Lisey, point le plus bas du chaînon, qu'on va directement de Cauterets à Luz, course sans difficulté au travers des grands pâturages de Lisey, d'Orlian et de Sazos, et de cinq heures de marche. Mais le plus joli trait de ce vaste ensemble, c'est lorsque les yeux se baissant par hasard, Cauterets, groupe bleuâtre enchassé dans la verdure, apparaît au fond d'un large précipice tout riant de fraîcheur.

Je joins ici un tableau géographique de la vue du Mounné.

Désignation des principaux points et objets visibles du sommet du Mounné, avec leur direction relevée à la boussole.

(La variation observée est de 22° 30' O.)

Le Pic de Montaigu à deux lieues au Nord-Ouest du pic du Midi	à l'Est.	27°	vers le Nord
Le pic du Midi de Bagnères	*id.*	9°	*id.*
Le pic d'Arbizon, portant une grande masse de neige à l'Ouest	*id.*	6°	vers le Sud.
Neouvieille portant un beau glacier à l'Ouest	*id.*	17°	*id.*
Mont-Perdu, sommet du glacier le plus oriental	au Sud	36°	vers l'Est.
La brèche de Roland, le côté oriental	*id.*	28°	*id.*
(L'autre côté est caché par la montagne à l'Est d'Estom.)			
Le milieu du Taillon	*id.*	26°	*id.*
Glacier, ou amas de neige au Nord du pic Soubiran, au-dessus de la Hourquette d'Estom	*id.*	19°	*id.*
Port d'Ossoue au-dessus du glacier de Vignemale	*id.*	17°	*id.*
Pènes de Vignemale. - La petite au-dessus du port	*id.*	13°	*id.*
— La moyenne	*id.*	12°	*id.*
La Piquelongue	*id.*	11°	*id.*
Pic d'Aratillé, à la crête au fond d'une branche du Val-de-Jarret	*id.*	9°	vers l'Ouest.
Port de Marcadaou ou de Cauterets	*id.*	17°	*id.*
La Pène d'Aragon, au fond de l'abat de Bun	*id.*	31°	*id.*
Port d'Azun	*id.*	44°	*id.*
Pic de Cauterilleu, versant au Nord un beau glacier	à l'O.	33°	vers le Sud.
Pic de Gabisos (le plus grand)	*id.*	27°	vers le Nord
Village de Gaillagos, vallée d'Azun	au N.	3°	vers l'Ouest
Village d'Arcizan-dessus	*id.*	6°	vers l'Est.
Croupe du Cabaliros	*id.*	41°	*id.*

Le pic du Midi d'Ossau doit être visible du Mounné; mais comme sa fourche est tournée au nord-ouest, et qu'il ne présente qu'une pointe, il reste confondu avec les masses du haut Azun et de Sousoueou.

Un jour, m'y étant rendu pour vérifier ces observations, j'y fus interrompu par ces brouillards secs qui dans les beaux temps envahissent les montagnes. Vers midi, des nuages légers commencèrent à se rassembler autour des pointes de Vignemale, l'enveloppèrent de leurs mobiles flocons, et la cime tout entière resta cachée sous leurs masses ténébreuses. Cet aspect, comme d'un sanctuaire aérien, me rappela les nobles fictions du poète de la Lusitanie : il me semblait voir le roc inaccessible où le fier génie des montagnes dormait enveloppé de voiles vaporeux, lorsque les audacieuses légions d'Abdérame vinrent l'arracher au repos, et que le géant indigné, lisant dans l'avenir, leur prédit le destin funeste qui les attendait dans les champs de Poitiers. On est étonné de voir quelquefois de telles perruques de nuages rester fixées autour des pics, malgré des vents violents. Serait-ce quelque action électrique qui les y attire, ou que les lambeaux que le vent emporte y seraient aussitôt renouvelés? Plus tard je fus entouré de ces vapeurs et leurs fumées roulantes comme les émanations d'une immense chaudière, me découvraient par temps des objets éloignés : c'était la riche parure d'une terre inférieure, ou le ciel et son brillant soleil; c'était Neouvieille et ses larges épaules, Costerillou ou la pène d'Aragon qui, perçant ces basses nuées, ressemblaient à des écueils au milieu d'une mer sans bornes. Parfois, Vignemale, sous un aspect tout différent, porté sur les nues avec sa couronne alpestre et ses flancs sillonnés, comme ces palais aériens qui émerveillent l'enfance, était magique dans son isolement; mais bientôt d'un nouveau souffle s'évanouissait la céleste vision.

Du bas de la crête escarpée de la montagne, nous prîmes à gauche vers un petit col, origine du vallon d'Artigan que l'on voit d'en bas s'élever entre les flancs émoussés de Caballros et la pyramide de Peyrenère. Une source abondante y tombait du rocher sur une multitude de fleurs aquatiques vives et fraîches, et s'échappait le long d'une colline, qui plus loin, changée en crête étroite, allait se terminer à la pointe de Peyrenère. Nous descendîmes par de jolis sentiers dans un bassin inégal, où sur un gazon partout répandu se reposait la vue et s'oubliait la fatigue. Sous le premier ressaut se montrèrent les cabanes de Bourg et leurs troupeaux éparpillés. Les aboiements des sentinelles ne tardèrent pas à retentir, tandis que leurs maîtres étendus sur l'herbe, mollement assoupis au bourdonnement des abeilles qu'un beau jour avait enhardies à butiner jusqu'aux fleurs alpestres, levaient à peine la tête pour voir qui venait troubler leur solitude. Le vallon se creuse et ses flancs se ravinent jusqu'aux prairies de Mède, d'où l'on descend sur les fonds de Catarave. Ce chemin du Mounné est le plus agréable, et peut se faire à cheval jusqu'au bas de la cime.

Un matin qu'une voûte continue de brouillards s'étendait à mi-montagne, en allant au bain, je la vis se fendre au-dessus de Péguère et ses pitons jaunis par l'aurore se détacher sur le bleu du ciel. Certain d'un beau jour, je reviens sur mes pas, et prends avec deux compagnons le chemin de Lisey, en gravissant directement le long du ravin qui, au travers du bois, descend sur Cauterets, jusqu'à ce que nous ayons atteint et les brumes et la voie facile des troupeaux. Les hêtres précèdent les sapins, et ceux-ci les pins rouges qui croissent beaux, mais éclaircis ou déchiquetés par la hache, jusqu'au pied d'un éboulement tranché net, limite inférieure du plateau auquel nous parvînmes en une heure et demie. Mes prévisions cependant ne se réalisaient pas ; notre seul plaisir y fut, après de rudes montées, d'avancer sur un plan dont voilaient l'étendue des brouillards épais et froids. Comment trouver les cabanes au travers de ce bandeau sans fin qui nous enveloppait ? Une fois nous crûmes les voir : nous approchâmes ; ce n'était que des roches isolées dont la forme avait trompé. Errant ainsi au hasard sur ce vaste pâtis, et découragés, nous rétrogradions, dirigés par la pente douce du sol, lorsque j'entendis sur la gauche un léger bruit de cascade. Certains que ces alpestres demeures sont toujours voisines de l'eau, nous y courons, et bientôt, en effet, guidés par les clochettes, nous en découvrons trois sur un ressaut, entourées de parcs où les animaux étaient encore. Mouillés, glacés et pressés par la faim, nous y arrivions lorsque la grosse voix d'un chien s'éleva du milieu des moutons; plusieurs autres y répondirent et la colonie entière fut avertie de notre arrivée. Nous prenons le pas de course pour chercher un asile dans les couïlas qui se découvraient à mesure, rangés autour d'une enceinte de parcs où les moutons serrés attendaient qu'on les lâchât sur la montagne. Le vacarme des chiens augmentait; déjà nous en étions entourés, lorsque les pasteurs accoururent nous protéger contre leurs terribles vedettes. Ils nous dirent que sans le brouillard, qui avait retenu les troupeaux aux cabanes, nous eussions couru quelque danger. Le premier chien qui nous eût vus, aurait donné l'éveil aux autres, et tous auraient couru comme sur l'ennemi. Il eût été difficile de nous défendre contre une vingtaine de ces animaux méchants et d'une singulière obstination contre les étrangers, avant que les pasteurs dispersés, et souvent peu bienveillants, eussent pu nous porter secours? Conduits dans une grange très spacieuse, laboratoire commun, alors en activité pour les manipulations du laitage, nous trouvâmes auprès d'un bon feu tout ce qui nous était confortable. L'intérieur n'était qu'une vaste pièce dont une partie servait d'étable pour les bêtes malades, pour les nouveaux-nés, et pour traire dans le mauvais temps; l'autre était entourée de petites cases où des hommes s'occupaient à faire le fromage. Voici comment ils opèrent: Après que les chaudronnées de lait ont été caillées sur le feu, ils ramassent à deux mains la partie caséeuse, et la pressent à mesure dans des vases de bois percés, où ils la laissent s'égoutter; et lorsqu'il n'y paraît plus de petit-lait, ils la mettent dans des moules, où, fortement pressée, elle se dessèche et prend la forme de fromages qui n'ont plus qu'à être salés, et tenus dans des caves fraîches pour acquérir leur perfection..... relative, cependant; car ces produits grossiers qui tiennent à l'enfance de l'art, aigres, secs et salés, ne ressemblent que de nom à tant d'autres justement appréciés. Dans toutes les Pyrénées, je n'ai trouvé qu'à Vicdessos et à Alos dans le Couserans, des fromages d'une pâte fine et crêmeuse, vraiment bons. Comment les propriétaires aisés de ces montagnes ne cherchent-ils pas, en profitant des procédés en usage dans les lieux où la fabrication est le plus perfectionnée, à améliorer des produits qui par l'excellence de leurs herbages devraient lutter avec les meilleurs de France. Les bergers de ce canton tirent aussi du lait de brebis un fromage très-bon, nommé *grust*, qui se mange frais.

Vers onze heures, les nuages s'étant exhaussés, nous laissèrent voir dans toute son étendue la plaine herbeuse, bornée en aval par des bois et se relevant en berceau vers les hauteurs latérales de Perraute et de Lisey jusqu'au col qui verse sur Luz. C'est un des plus beaux pâturages de la vallée. Je fus surpris de la beauté des moutons : la plupart avaient la taille d'un jeune veau et la toison très-longue, et d'un air fier et robuste portaient la tête haute, décorée de cicatrices, suite de maints combats. Cette belle race est particulière aux montagnes du Béarn, mais celle du pays, qui a la laine plus fine et donne autant de lait, est généralement préférée. Ces pasteurs payent au gouvernement cent louis pour la ferme annuelle du pâturage de Lisey. Ils étaient alors au nombre de vingt, tous du Béarn, pour l'exploitation de cette grande bergerie composée de plus de trois mille bêtes à laine, de quantité de vaches, de juments et de chèvres avec vingt-quatre chiens pour les garder. Que d'excellents engrais se perdent autour de ces cabanes où l'on marche partout sur une couche épaisse de terreaux de la meilleure qualité, dont la vingtième partie à peine se charrie en bas pour les champs et les prairies. Devant les couïlas étaient debout des sapins dépouillés de leur écorce avec les branches coupées à un pied du tronc, ce qui forme autant de crochets où l'on suspend les sacs, les vases en bois, les outres et tous les ustensiles du ménage jusqu'aux sachets pour égoutter le grust. Ces pyramides grotesques, où se résume tout le mobilier du montagnard nomade, sont très-commodes et devraient être partout en usage.

Toute la colonie impatiente de liberté, s'était mise en mouvement, et nous-mêmes en une heure d'une marche aisée toujour ssur les pelouses, nous gagnâmes le col, d'où en deux autres, au travers des grands pâtis qui versent au levant, on peut descendre à Saint-Sauveur. Là, sous un doux soleil, entourés de ces beaux moutons béarnais, qui paissaient tranquillement le reglisse de montagne et les pousses tendres de l'eskie, de pasteurs couchés à nos côtés et de chiens maintenant débonnaires, nous prîmes un long et délicieux repos, en face de toute la région de Barèges, et ayant de tout côté de beaux aspects. Le cadre qui m'entourait, la vue de ces troupeaux montant de toutes parts, me rappelèrent des vers pleins de grâce et d'abandon, composés, chose rare, par un souverain sur les charmes de la vie pastorale, et ce souverain était Laurent de Médicis, celui qui fut dit le *Magnifique!* Je ne citerai que ceux-ci :

Al dolce tempo il buon pastor informa
Lasciar le Mandre, ove nel verno giacque;
E'l lieto gregge, che ballando in torma,
Torna all'alte montagne, alle fresche acque.
L'agnel trottando pur la materna orma
Segue; ed alcun che pur or ora nacque
L'amorevol pastore in braccio porta :
Il fido cane a tutti fa la scorta.
. . . .
Cerchi chi vuol le pompe, e gli alti honori...

Il ne faut point oublier Cabaliros, cette masse obtuse et verdoyante, dont l'aspect est si pastoral du côté d'Argelez. Deux heures suffisent pour y monter sur des pentes toujours faciles, et offre sa cime de belles vues sur les montagnes; tandisque les vallées d'Azun et d'Argelez, étendues autour de sa base, mettent sous les yeux un riche et charmant tableau, à côté des profondeurs dévastées de la gorge de Pierrefitte. En descendant par le contrefort dont nous avons vu les dernières arêtes menacer le Limaçon, après de rapides pentes couvertes de genièvres et d'arbousiers, le roc à nu d'un schiste micacé rougeâtre laisse voir de nombreuses crevasses parmi ses dislocations. Ce sont là les tanières des ours qui ont coutume de s'y retirer l'hiver, où Jean, chasseur intrépide, a eu la bonne chance d'en tuer plusieurs. Ce n'est plus ensuite qu'une crête très mince et fracturée, élancée de la montagne en aiguilles aplaties, prêtes à se précipiter au moindre ébranlement sur les rampes du Limaçon où gisent leurs premiers débris. Sûr d'une tête à l'épreuve, que l'on ose grimper sur ces ruines sourcilleuses, que mille fleurs décoraient bravant le botaniste et où je ne m'aventurai qu'à la suite du guide qui d'autres fois s'y était mis en embuscade, on planera sur d'épouvantables profondeurs où de vieux sapins se voyent comme d'obscures broussailles, et la vallée de Cauterets dans sa longueur offrira le plus riche coup d'œil, si l'on parvient à vaincre cette émotion intérieure que donne toujours une position périlleuse.

Mais il est temps de pénétrer dans de plus hautes vallées, où une nature toujours grande, quelquefois sublime, que n'ont point défigurée les pasteurs nomades qui ne les habitent qu'un temps, peut nous donner l'idée de la beauté sauvage qu'elle dut avoir lorsqu'après toutes les évulsions qui ont produit les Pyrénées, la surface de la terre enfin consolidée et jouissant de ses premiers repos, les forces vives qu'elle recélait dans son sein se furent mises en action pour masquer tant de ruines et l'embellir d'une puissante végétation.

CHAPITRE XV.

Gorge du Mauhourat. — Pont d'Espagne. — Lac de Gaube. — Le vieux Pêcheur.

La principale branche de la vallée de Cauterets, qui s'enfonce derrière le Mauhourat, se divise en deux autres au pont d'Espagne, dont l'une, le val de Jarret, communique par le port de Marcadaou avec la vallée du Gallego et les bains de Penticouse, et l'autre, où se trouve à 1,000 toises au-dessus de la mer le plus grand lac de toute la chaîne, remonte à Vignemale qui la ferme au midi. Il en est peu où soient réunies autant de ces grandeurs, de ces charmes du désert, qu'on ne voit plus guères dans notre Europe défigurée par les populations qui s'y pressent. Avant que la route actuelle n'eût été rendue facile, le court trajet de Cauterets au lac de Gaube le mettait à portée même des plus délicates baigneuses, à l'aide de ces robustes porteurs qui excitent l'étonnement de l'étranger par leur agilité sur les roches. Plus le chemin est difficile et plus il fait admirer leur force, la prestesse avec laquelle ils sautent d'une pierre à l'autre; leur adresse à élever la chaise, à l'abaisser, à la porter à droite, à gauche, parfois au-dessus du torrent, suivant les positions, et tout cela avec promptitude, avec un coup d'œil sûr et sans faux mouvement. Aussi ce lac a-t-il toujours été le but de parties nombreuses, rendues piquantes par l'aimable liberté qu'elles inspirent, comme par le contraste des jouissances dont le riche aime à se faire suivre, avec la sévérité des lieux, avec les huttes enfumées et l'extrême frugalité des nomades qui les habitent; et d'une civilisation raffinée avec la simplicité grossière de ces pâtres dont les mœurs et les habitudes sont les mêmes qu'il y a vingt siècles. J'ai souvent pris seul la route du pont d'Espagne; cette fois je la remonterai avec de jeunes baigneuses dont mes récits avaient excité la curiosité, et qui dans leur zèle dédaignèrent de tels secours.

Dès deux heures du matin, par une belle nuit de juillet, nous étions sur le chemin de la Raillère avec le fidèle Jean, qui, chargé de provisions, marchait pesamment après nous, et donnait de temps à autre le sage avis de modérer le pas, suivant le vieux adage qui semble fait pour les montagnes :

Chi va piano, va sano;
Chi va sano, va lontano.

La lune plusieurs jours attendue, avec tout l'éclat de son plein régnait dans un ciel dont les autres feux étaient presque éteints; ses rayons glissant sur les aspérités de Perraute, éclairaient vivement Péguère, tandis que devant nous l'Hourmigas tout entier n'était qu'une masse obscure où l'œil ne discernait rien. La conversation cessait involontairement pour contempler ces beautés de la nuit, plus fécondes en pensées, plus inspirantes que toutes les splendeurs du jour. Le peintre de la nuit, Vanderneer, eût senti devant ce tableau se ranimer son génie. Sous la lumière de la lune qui annonce le repos plutôt que la mort des êtres, les effets sont tranquilles, les masses larges, sans détails, les teintes argentées et mystérieuses. Ce vague des couleurs, cette indécision des objets éloignés, cette profondeur des parties ombrées, tout contribue à agrandir les espaces et à agir puissamment sur l'imagination. La nuit est sublime alors pour le solitaire qui médite. Des clairs de lune peints pendant l'hiver dans des montagnes couvertes de neige, offriraient des sites extraordinaires éclairés pittoresquement.

Après les thermes nouveaux dont l'élégante architecture semble une illusion au milieu de la vaste raillère de granit éboulée de Péguère, dont ils prennent le nom, et le petit pont où règne toujours un vent frais chargé de l'humidité du torrent, nous entrons dans ce défilé qui le dispute à ce que les Pyrénées ont de plus âpre, de plus grand : partout des fonds bouleversés, des masses ruinées, de noires traces de sapins, et l'aiguille de Peyrelanz, fière et nue, élancée vers le ciel. Nous dépassons les bains du Petit Saint Sauveur et du Pré dont la longue cascade mugissait à peine aperçue dans l'ombre, et une courte halte nous arrête au Mauhourat. C'était naguères une étroite fissure dans un roc bordant le gave, où coulait au fond la source renommée. Les abords en étaient difficiles, la caverne repoussante, et il ne fallait rien moins que le désir de la santé pour amener les buveurs dans cet antre incommode. Maintenant un bon chemin conduit à une grotte garnie de bancs, où après avoir accompli l'ordonnance du médecin, le repos est facile. De là on voit les terrasses granitiques de Péguère, sillonnées par le ravin né dans les sommités, qui à chaque orage ajoute de nouvelles ruines, au milieu des éclairs produits par mille chocs et avec un bruit égal au tonnerre, à la raillère étendue à sa base.

Depuis le Mauhourat, la marche eût été difficile dans le sentier désormais très-scabreux, si le crépuscule n'y fût venu à notre aide. Une eau fumante traverse le chemin, descendue d'une élégante construction où sont les bains du Bois les plus éloignés de tous; et sur une plate-forme au pied d'un roc, une guérite, des soldats, un corps-de-garde rappellent tout-à-coup la fièvre de Barcelonne (1822), et le cordon prétendu sanitaire, composé de régiments distribués dans les grandes vallées, les compagnies dans les villages et les détachements échelonnés jusqu'aux dernières gorges, où dans des cahuttes en pierres sèches, dormaient ou se chauffaient dix à quinze hommes, tandis qu'un d'eux faisait faction dehors. C'est l'avant-poste d'Escanegat où il faut exhiber le passavant qui permet d'aller braver la peste. A l'aspect du site où le torrent et la route occupaient l'intervalle entre les masses redressées et réputées inacessibles, on eût pu croire que rien ne pouvait passer hors de cette voie. Cependant j'ai vu deux hommes se glisser comme des renards en embuscade dans des broussailles suspendues sur le gave, et le sergent me dit qu'un autre avait escaladé sous leurs yeux les escarpements de Péguère au risque de se rompre cent fois le col ou d'attraper quelque balle. Ces postes qu'on ne pouvait franchir sans passavant, gênaient singulièrement les relations habituelles entre les couïlas et les vallées, et les pasteurs les supportaient impatiemment. Heureusement que la fièvre jaune n'était que le prétexte, ainsi que le fit voir l'expédition de la campagne suivante, et que la consigne n'était pas très-sévère.

Je fus surpris d'entendre aussi distinctement la chute de Cérisey. Quoique le jour commençât à paraître, c'était encore le silence de la nuit, et on sait combien alors les sons s'entendent de plus loin que pendant le jour. M. de Humboldt qui a cherché à apprécier cette différence, croit que le bruit des cataractes d'Amérique a, la nuit, trois fois plus d'intensité; rapport difficile à saisir. La cause en serait-elle dans la différence de densité de l'air, ou dans le mouvement imprimé à l'atmosphère par la chaleur du soleil? Cela vient-il des fluides aériformes qui, le jour, se mêlant à l'atmosphère, amortissent les vibrations sonores, ou seulement de ce que le jour, distraits par le bruit, nous ne faisons qu'entendre, tandis que la nuit nous écoutons? On est dans la ligne de l'axe primitif, et la gorge, dans toute son âpreté, s'enfonce entre des masses du granit le plus homogène où, du pied jusqu'à la cime, ce n'est que rochers ou terrasses frangées de sapins; et dans les fonds, que bois épais ou éboulements entassés. C'est dans ces bois que naguère vivait le lynx qu'on ne retrouve plus en Europe. En 1777, encore, on y aperçut une mère avec son petit qui seul put être pris, et qu'on envoya à la ménagerie de Paris. Ces sites ne seraient que sauvages, si la hauteur des monts ne les rendait imposants, si le cône de roc vif de Peyrelanz, clocher gigantesque au-dessus des bois, ne venait ajouter à tout ce que le paysage a de grandiose.

La cascade de Cérisey dont le bruit sourd va croissant, est une des plus belles de ces vallées. Pour bien la voir, il faut descendre au travers des sapins sans cesse humectés de ses vapeurs où sous le soleil brillent les couleurs du prisme; mais qu'on aille prudemment, car on cotoie un gouffre. La gerbe compacte, brisée à moitié chute, s'élance de nouveau et retombe de tout son poids dans une profondeur qui retentit sous les pieds. La violence des eaux qui échappent à la vue éblouie, le sentiment du danger au-dessus de l'abîme qui rugit, et la sauvagerie du lieu, tout donne une émotion involontaire, et l'on ne respire à l'aise que remonté sur le sentier. Ceux que plus d'habitude préserve de cette sorte d'inquiétude, doivent suivre la corniche et jeter un coup d'œil sur le canal profond où s'enfuient ces eaux toujours sombres, excepté où quelque rayon du soleil vient montrer leur limpidité parfaite et faire reluire les truites qui y abondent.

Plusieurs autres ressauts élèvent rapidement le fond de la vallée qui, toujours du même caractère, offre une extrême variété dans ses détails, et donnent lieu à d'autres cascades dont celles du Pas de-l'Ours et de Boussés sont belles encore. Cette dernière tombe d'un seul jet au milieu des sapins. Quelque difficile qu'en soit rendue l'approche par un fouillis d'arbres et de ruines cachées sous la mousse, elle mérite qu'on prenne quelque peine pour voir de près son luxe du désert et son cadre sévère. Plus haut les fonds plus ouverts offrent de jolies clairières cernées de sapins aux rangs pressés. L'air des hauteurs toujours piquant au point du jour dissipait toute fatigue, et mes compagnes de voyage parcouraient lestement leurs fines pelouses, enchantées des beautés du matin dans ces solitudes où elles pouvaient croire avoir pénétré les premières : d'une part, les roches pelées, les ravins de Péguère et ses mille terrasses aux noires pyramides, et de l'autre, d'épaisses forêts sombres encore, loin du soleil, tandis que Peyrelanz, frappé de ses premiers rayons, était brillant sur un ciel d'azur.

Nous voici au fameux pont d'Espagne où la vallée se divise. Ce beau site, que le peintre et le poète se sont plu à retracer, est digne de sa renommée. Au débouché du val de Gaube est un ressaut considérable, d'où parmi les sapins son gave tombe en chutes multipliées jusques dans le lit même du torrent de Jarret. De là leurs eaux confondues s'élancent dans une profonde fissure ouverte dans le granit. C'est sur ce noir passage que sont jetés plusieurs troncs de sapins retenus par d'autres qui ont crû dans les fentes de la roche ; et en aval de ce pont rustique, les eaux un moment ralenties s'étendent de toutes parts ombragées.

Que de fois, assis sur une de ces roches qui obstruent le torrent, en face de ces beaux lieux toujours enveloppés d'un clair-obscur mystérieux, j'ai contemplé leurs riches décorations : ces eaux limpides qui s'échappent sans bruit du bassin où dans leur tranquillité elles ont repris leurs belles teintes vertes ; ces tapis épais de mousse qui recouvrent les blocs amoncelés sur les bords ; ce pont hardi protégé par d'élégants bouquets d'arbres sur deux sombres culées, où des fleurs toujours brillantes d'humidité sont toujours agitées ; plus loin, comme au bout d'un long tube, les derniers rejaillissements des cascades étincelants sous le soleil, et enfin ce cadre majestueux des plus hauts sapins de la forêt, dont les têtes rapprochées laissent à peine voir le ciel et le sommet boisé du Poultrenous.

Lorsqu'en herborisant je parcourais seul ces lieux reculés, je ne pénétrais jamais sans émotion dans ce sanctuaire des bois, où tout est immobile, silencieux, hors le fracas des eaux, où tout n'est que solitude profonde. Ces sensations intérieures et tout étranges plaisent et ne sauraient s'exprimer. Le calme de l'air qu'on respire avec les émanations odorantes des arbres résineux, la lumière éblouissante de l'atmosphère, toujours changée en un doux clair-obscur, sous les couches superposées du feuillage aplati et serré des sapins, la beauté funèbre de leurs pyramides innombrables qui se pressent sans se confondre, tout porte au recueillement et invite au plaisir des yeux. Qui pourrait méconnaître les charmes de cette nature inculte et fière, l'attrait de ces contemplations des hautes sommités de la terre, de leurs précipices, de leurs forêts infréquentées et de leurs brillantes couronnes de glaciers? Des paroles ne peuvent rendre ce qu'inspirent ces grandeurs du désert. La nature y parle au cœur, et reporte vers cet état de paix et de bien-être qui a dû être l'heureux apanage des premiers temps, et dès-longtemps perdu dans le fracas de la vie sociale, mais dont le vague souvenir ne peut entièrement s'effacer. Et ces grands tableaux imprimant à l'âme de plus hautes pensées, lui montrent dans tout l'univers des motifs d'admiration et d'espérance, qui la font s'élancer vers son auteur comme un rayon de lumière retournant au soleil d'où il est émané.

De l'autre côté du pont, à l'entrée du val de Jarret, riche en bois et pâtures jusqu'au port du Marcadaou, sur un petit plateau où les guides ont arrangé des bancs autour d'un bloc plane en guise de table, est le lieu ordinaire d'une station en face de la cascade qui, divisée en plusieurs chutes, descend de très-haut entremêlée de sapins, pour disparaître dans le canal du fond. Le mouvement, l'éclat des eaux au milieu de ces bois ténébreux, en font un site remarquable et riche en détails.

Pendant une heure encore on gravit un sentier très-rapide et continuellement sinueux entre les colonnes pressées des sapins, et commence à paraître le pin rouge, ami d'une zone plus refroidie, que trahit de loin la tige colorée à laquelle il doit son nom. Les bois enfin s'écartent, et le fond mamelonné n'est qu'éboulements anciens dont la verdure s'est emparée en les forçant au repos. On monte un dernier ressaut où s'élève au revers la fumée des huttes, et le lac, les montagnes supérieures et le sourcilleux Vignemale se découvrent à la fois. On jette un coup d'œil sur ces grands objets, et l'on court se reposer sous le hangar du vieux pêcheur, qui, à l'aspect d'étrangers, revêtant sa rude écorce de ce qu'il a de plus poli, son bonnet d'une main et sa poêle à frire de l'autre, s'empresse d'offrir ses bonnes truites justement renommées, tandis que les pasteurs du couïla voisin vont chercher leur beurre et leur lait, dans les petites caches où l'eau du lac les baigne.

Le lac de Gaube, de 1,000 toises au moins de long, sur la moitié de large, est renfermé entre des montagnes qui ont la rudesse et les formes ruinées du granit; à l'ouest les pics de Gaube et de Peyrot, et à l'est Pechmeya et la Palomière de Gaube. L'aspect inattendu de ce vaste miroir d'un bleu azuré plutôt que d'un vert sombre comme tous les autres lacs, étonne dans des lieux si élevés, entre des monts aussi âpres, tant il y a de contraste entre cette nappe unie et leurs flancs déchirés, tout décombres ou précipices. A son extrémité, une pelouse avec quelques sapins est la seule verdure que l'œil aperçoive dans le vallon bouleversé qui monte à Vignemale, où la cascade de Plumous, faiblement aperçue sur son ressaut stérile, n'apporte aucune variété dans ce triste paysage. Mais, après le lac, c'est Vignemale qui intéresse; c'est Vignemale que l'on regarde toujours : ses masses élancées où s'enchassent des glaciers, et ses fleurons en étages jusqu'à la Piquelongue qui est le roc dominateur.

Le pêcheur, qui a ses raisons, apprête son bateau et ne manque pas d'inviter à faire une promenade sur ces eaux si tranquilles, au milieu des rudes sommets où l'imagination ne plaçait que des torrents. C'est un plaisir inattendu que de naviguer au haut des Pyrénées comme sur un reste de la mer qui fut soulevée avec elles. Confions-nous donc à cette nacelle grossièrement façonnée par le pêcheur lui-même de deux morceaux d'un gros hêtre qu'il a creusés et liés de son mieux, tandis que sa petite servante Rose, à l'œil gai et mutin, armée d'un morceau d'écuelle, s'efforce de rejeter l'eau filtrant de tout côté. Une telle embarcation, qui rappelle par trop l'enfance de l'art, eût été bien peu rassurante malgré l'adresse du vieux nocher, si le vent d'Espagne eût soufflé sur ce miroir en repos où nous glissions doucement, et qui réfléchissait avec pureté les rochers de ses bords. On côtoie la rive droite inégale et escarpée, où se montrent encore des lignes de sapins, avant-postes de la forêt, sur des mornes pittoresquement groupés dont les bas étages viennent plonger dans l'eau. C'est là qu'elle a le plus de profondeur : longtemps on distingue le fond au travers du plus limpide milieu; mais à leur approche sa couleur obscure décèle les gouffres qu'elle cache. En longeant la côte la profusion et la variété des plantes qui tapissaient les roches me faisaient regretter de n'avoir pas ma liberté entière pour y herboriser. Nous primes terre à l'extrémité du lac pour nous promener sous ces allées de sapins que la nature a plantées dans le site le plus sauvage du monde, bientôt terminées par un chaos de rochers, et hantées par les ours bien plus que par les hommes. On revient par le milieu du lac afin de mieux jouir de l'ensemble des montagnes, et il est un point d'où la distance des bords étonne. Après quelques heures de repos dans la cabane du pêcheur, ou sur le bord de ces belles eaux dans le calme enchanteur des hauts lieux, nous reprîmes le chemin de Cauterets. Ces sites renommés qui voient se renouveller sans cesse les pélerinages des curieux, pourraient conter maintes anecdotes, redire maints indiscrets récits, mais ils ne perdront jamais le souvenir du triste événement dont ils furent témoins dans l'été de 1832. Un anglais et sa jeune femme, encore dans leur lune de miel, vinrent visiter le val de Gaube, et en l'absence du pêcheur qui seul avait l'habitude de le diriger, se hasardèrent sur le lac dans son frêle bateau; imprudence que parut sentir la jeune femme, puisque les instances et les plaisanteries de son mari purent seules l'y entraîner. Ils quittent le bord, ils avancent, mais bientôt en manœuvrant sans précaution la barque, le mari la fait chavirer et disparaît à l'instant. L'agonie de sa compagne fut plus longue et plus cruelle. Retenue sur l'eau par ses vêtements, longtemps elle fit retentir de ses cris ce rivage que couvraient d'autres étrangers et nombre de porteurs. Ceux-ci, à quelques brasses de l'infortunée, se tordaient les mains et maudissaient leur impuissance, car ces montagnards si adroits sur les rochers, si hardis au bord des précipices, ont une crainte invincible de l'eau qu'ils n'ont pas appris à braver. Les planches de la cabane, les chaises, tout fut lancé sur le gouffre; vain secours! La jeune femme disparut à son tour; le lac se referma, et sa surface impassible réfléchit de nouveau l'azur et les rochers. La mort n'était pas satisfaite, car huit jours après, la cabane vit s'éteindre son hôte séculaire, et le fatal bateau resta longtemps inutile sur la rive. Depuis on y a bâti une petite maison où les visiteurs sont certains d'y trouver l'abri et le comfort relatif.

Dans cette longue et continuelle descente, à l'heure où le soleil échauffe l'atmosphère, les haltes sont nécessaires, et les fraîches pelouses à l'ombre des sapins y invitent souvent. Mes compagnes de voyage, heureuses de leurs découvertes, parvinrent ainsi au terme sans éprouver une grande fatigue. Dans mes divers séjours à Cauterets, la vallée de Gaube était ma promenade favorite. J'aimais ses sites romantiques; je me plaisais au bruit de ses cascades, ou à de longues rêveries sous les sapins du pont d'Espagne. Ces beaux arbres qui portent si haut leur tête pyramidale, ont un caractère de grandeur sévère qui leur est particulier, et qu'ils impriment d'autant plus au paysage, qu'étant une de ces espèces qui aiment à vivre en société, ils expulsent les autres et finissent par régner seuls dans les régions qui leur conviennent.

Le val de Jarret ne doit pas être oublié : pendant deux heures, du pont d'Espagne à l'espace élargi, dit le Marcadaou, qui précède le port, on parcourt, au milieu des pins, des sapins et des clairières, des sites moins gracieux qu'imposants et sauvages, sous les hauteurs de Cot-d'Homi, Pouytrenous, la Echole, Jarreté à gauche, et à droite, pic de la Eougade, Cardinquèse, Montaigu et Castelabarca, de partout hérissées de vieux pins sur le granit en ruines. Là il faut gagner la butte de *Pé-de-May* d'où la crête, le port et toutes ses avenues sont en vue: le vallon boisé né sous le pic d'Aratillé qui projette ses dentelures contre les flancs énormes de Vignemale; à l'opposite la large combe, s'élevant dépouillée jusqu'au col qui verse dans l'*Abat de Bun*, sous la belle masse de Pène d'Aragon toute drapée de neige, et souvent visitée par les chasseurs, qui savent que les isards vont chercher pendant l'été un refuge sous ses pentes désertes; et sous les pieds la grande pelouse de Loubossou, où quelques tombes rappellent au passant les luttes fréquentes entre les pasteurs des deux versants, à l'entrée du vallon terminal où par des plans étagés un sentier monte au col, qui n'est éloigné que d'une heure et demie des bains de Penticouse. C'est une grande et belle vue de montagnes. A la crête, sont, suivant Latapy, de l'est à l'ouest Vignemale, port d'Araillé, pics d'Araillé et de Lafront, port du Marcadaou, pic de la Friche, Pène d'Aragon, Comalès, port de Salient ou d'Azun, Arrieugrand, Labassa et Costérillou; mais pour bien voir ces derniers, il faut monter plus haut sur les hauteurs de l'ouest.

Ceux qui ne craignent pas la fatigue peuvent revenir vers Cauterets au travers des masses, ce que nous fîmes en gagnant d'écharpe le col de la Bassole, et traversant la montagne de Castelabarca qui rappelle encore le roi d'Aragon *Sanche-Abarca*, celles de Courouacou, de Bouc, et le col de la Eougade sous le *Tuc de Hourats*, d'où une longue et pénible descente sur les débris des roches primitives qui occupent les faîtes, nous amena sur les bords du lac d'Ilheou. Cet obscur bassin est situé au fond d'un entonnoir, environné de cimes hérissées et tristes, où se distingue seule la Pène de *Neits* par ses appendices hardiment dessinés. Dans ce trajet de trois heures, la diversité des points de vue lointains, et la succession des aspects et des formes dans les profondeurs comme sur les crêtes toujours ruinées, indemnisent le curieux de beaucoup de fatigue; pour le naturaliste, il sait que ses plaisirs seront variés sur un sol qui est le domaine des plantes et des insectes alpins, où près du granit se montrent tous les sédiments siliceux et métamorphiques.

Après un court repos sur le bord du lac, nous reprimes notre marche. A peu de distance la scène change; le sol manquant tout à coup, son *couret* se précipite par une longue cascade de peu d'effet, à cause de l'absolue nudité de son cadre, vers le plan inférieur où les yeux se promènent sur les vastes pelouses du Cambasque, jusqu'au dernier ressaut qui cache Cauterets.

Il est encore une course facile qui peut procurer au baigneur à qui la cime du Mounné est interdite, une belle vue des montagnes de l'ouest; c'est l'ascension, possible à cheval, sur les interminables pelouses de Lisses jusqu'au col qui les termine entre le mont Ségala et le Tuc Izardé au sud. Si de là on s'avance vers Azun sur quelque saillie du contrefort, on s'y arrêtera, car après avoir plongé dans des profondeurs où la riante topographie d'Azun précède la gorge triste et nue de l'Abat de-Bun, l'œil se hâtera de parcourir de riches perspectives depuis le pic de Gabisos jusqu'à celui de Labassa: le pic de Ger aplati sur ses flancs nus à côté du pic Amoulat dont la cime effilée dirait seule l'inaccessibilité; le fouillis des montagnes d'Azun et d'Ossau où reste cachée la pointe du pic du Midi, et les masses hardies de la crête jusqu'à Som-de-Seoube, toutes effacées par une superbe masse carrée et aux flancs en murailles, portant un large glacier qui semble ruisseler de toutes parts; c'est Costérillou.

Le retour le plus direct pour le piéton est par un petit col au pied de la pène, appendice du Mounné, nommée à juste titre Esperracade, d'où par des escarpements praticables et par des neiges qui quelquefois bravent l'été, on arrive aux pelouses inférieures de Lisses.

Le pic de Viscos enfin, si oublié et qui n'a de difficultés qu'à sa cime, offre par son isolement une singulière vue sur les deux profonds précipices qui le bordent, les vallées de Baréges et de Cauterets, sur le bassin d'Argelez tout entier, et de bien beaux aspects sur le vaste panorama dont il est le centre.

CHAPITRE XVI.

Course à Vignemale. — La nuit dans la gorge. — Le Glacier. — Vue immense de la cime.

La plus haute des Pyrénées françaises, qui paraît de cinquante lieues comme un promontoire isolé à l'ouest, Vignemale était mon principal point de mire dans les vallées de Cauterets. Cette montagne importante a été négligée par les naturalistes; cependant elle mérite leur intérêt, non moins par son élévation, la singulière ordonnance du groupe dont elle est le centre et la composition géognostique de ses divers étages, que par l'étendue de ses glaces et son heureuse position pour observer la masse du Marboré, comme les contreforts chenus qui s'humilient autour d'elle. Ramond ne l'a vue que de loin; Labaumelle n'est allé qu'à la première pène, et je ne sais si d'autres naturalistes sont parvenus plus haut. Ces pènes, au nombre de quatre, bien distinctes, s'élèvent par gradation jusqu'à la plus occidentale, qui a toujours passé pour inaccessible. Je ne prenais pas ce mot dans un sens absolu, et j'espérais faire au moins une grande reconnaissance pour me fixer sur la possibilité d'y monter, sur la route à tenir, et les circonstances locales qui pourraient en faciliter la tentative. Mon guide qui, en chassant aux isards, en avait souvent exploré les abords, même tenté l'ascension, avait ordre de se tenir prêt au premier beau temps; compagnon bien essentiel pour de telles courses, où lorsque seulement le ciel se couvre, ce qui peut arriver de moins défavorable c'est de perdre entièrement le fruit de ses fatigues.[1]

Le trente juin, tous les pronostics désirés s'étant trouvés réunis, nous fîmes nos dispositions pour partir dans la nuit, et à une heure du matin nous sortîmes de Cauterets par un

[1] Vignemale a été atteint depuis, ainsi que je l'ai dit plus haut, ch. XVI.

ciel très-serein, sans lune. A La Raillère le petit bruit de la buvette tombant dans sa coupe de marbre, sortait seul de ce vestibule rempli de ténèbres qui chaque matin devient un salon animé, où s'entrecroisent toutes les langues de l'Europe. La clarté des étoiles nous suffit jusqu'au Mauhourat, où je m'assis un instant sur un de ces bancs déjà usés par les buveurs sans nombre qu'attire la fontaine renommée. La chûte du gave qui mugit sous le rocher, si brillante d'étincelles lorsque le soleil vient lui donner la vie, ne renvoyait qu'un bruit sourd comme pour avertir qu'un gouffre était aux pieds; et sous la voûte étoilée rien n'était distinct dans les masses noires qui comprimaient la gorge profonde. Je me serais oublié, livré à ces impressions confuses qu'inspirent la nuit et les torrents, si le guide qui savait le prix d'un quart d'heure ne m'eût rappelé à Vignemale. Jusqu'au poste d'Escanegat, dans de scabreux sentiers où descendait à peine quelque atome de lumière, il nous fallut cheminer les yeux à terre, en sondant le terrain de nos bâtons; et là, si j'eusse été officier de ronde, j'aurais trouvé à punir, car la sentinelle, le caporal et ses hommes, comme s'ils eussent deviné le peu de sincérité de leur surveillance, dormaient tous dans la baraque. A quelques pas de là, au milieu d'un éboulement, j'aperçus une lueur. « D'où vient ce feu, demandai-je à Jean? « Monsieur, ce n'est rien; ce sont deux Italiens qu'on a arrêtés, venant d'Espagne, et qui font quarantaine. » Ces pauvres gens s'étaient en effet tapis comme ils avaient pu sous un gros fragment de granit, faisant voûte, où ils attendaient impatiemment qu'on décidât de leur sort. Jean le stoïcien, trouvait que ce n'était rien, ou plutôt, parlait comme un chasseur d'isards qui ne rencontre pas toujours si bien pour passer sa nuit.

A l'approche de la cascade de Cérisey dont le bruit remplissait la vallée, nous nous fourvoyâmes au sortir d'une clairière, et bientôt il fut impossible de percer le fouillis des sapins. Nous eussions perdu du temps sans un petit ravin desséché que nous pûmes descendre, quoiqu'encombré de souches et de troncs, et qui nous ramena au sentier tout auprès de la chûte. On passe vite près de ces eaux dont la puissance se décèle par leur retentissement dans le gouffre invisible. Après Boussés les sommets blanchirent, et pendant quelques minutes Peyrelanz fut superbe : sa pyramide de roc projetée dans l'air et recevant les premières clartés du jour, lorsque sa base se perdait dans l'obscurité des bois, avait quelque chose de vague et de magique qui tenait de l'illusion. C'est un grand attrait des hautes montagnes que d'offrir souvent des tableaux d'une singularité qu'on chercherait vainement ailleurs.

La lumière pénétrant enfin sous les arbres, nous marchâmes rapidement pour réparer les retards de la nuit. Rendu léger par un air frais et pur, imprégné des émanations des sapins, je foulais avec plaisir des pelouses plus élastiques sous des pieds fatigués du granit ; et subissant l'influence de cette première heure d'inspiration et de poésie, j'admirais l'effet du jour naissant sur ces romantiques perspectives, lorsque Jean se détournant pour monter dans le bois, à quelques pas je fus surpris de voir le pont d'Espagne. Malgré la nuit nous n'avions mis que deux heures depuis Cauterets, et trois quarts d'heure après nous étions au bord du lac. Tout dormait encore dans les cabanes, excepté le chien vigilant qui plus d'une fois s'était montré mon ennemi ; les troupeaux reposaient épars à l'entour, et la barque du vieux pêcheur était immobile au rivage. Passant le couret, nous prîmes l'étroit sentier qui remonte sa rive gauche. Depuis la sortie du bois je mesurais de l'œil Vignemale, qui n'avait pas encore pris la vie sous le vif coloris du soleil, ainsi que le long espace qui me restait à franchir, avant de voir sous mes pieds ses hautes pènes et leurs glaciers bleuâtres ; mais loin de craindre la fatigue, la certitude d'une belle journée nous faisait avancer gaiment. Après les pierrailles qui couvrent toute cette rive, on trouve à la tête du lac de plus doux tapis où le gave radouci coule comme un ruisseau. Ses eaux blanchâtres trahissaient leur origine ; c'est ainsi que les torrents des Alpes souillés par la boue des moraines, n'ont jamais la limpidité cristalline et les belles couleurs des eaux des Pyrénées où les glaciers sont rares. Celles-ci allaient s'épurer dans ce vaste bassin qui en reçoit une teinte cérulée bien différente du vert sombre de tous les réservoirs qui ne sont pas voisins des glaces.

Depuis Cauterets toutes les roches, toutes les raillères ne sont que du granit fondamental, et dans cet espace j'avais traversé l'axe primitif. En longeant le lac, on commence à voir des granits plus mélangés, et avant d'arriver aux chalets de Plumous se montrent les roches de transition, les schistes cristallins et secondaires. Enfin sur le plateau supérieur qui s'étend jusqu'au glacier, le calcaire abonde et finit par dominer dans tous les éboulements. Cette succession de matières est l'image fidèle de la composition des sommets. On reconnaît donc ici, comme dans la vallée de Barèges, cette grande anomalie qui fait retrouver au midi de l'axe, en s'élevant toujours, les formations qui devraient y être dans une progression inverse, ainsi qu'elles le sont au nord vers la plaine du Bigorre. Les dépôts crétacés, que toutes les autres chaînes voient à de plus humbles rangs, continuant d'usurper l'importante fonction de séparer les eaux des deux versants, y forment également les plus hautes sommités.

Des masses arrêtées dans leurs chutes, des escarpements sur les hauteurs, et dans le fond un dédale de blocs où l'on circule longtemps, tel est l'aspect aride et hérissé qu'offrent les lieux jusqu'à Plumous dont la cascade se détache tristement sur le gris des rochers. Ce n'est pas dans les dernières ramifications des vallées que le peintre doit chercher des tableaux. La grace des formes, une riche opposition de teintes et le charme des détails n'ont été prodigués qu'aux vallées moyennes; mais l'amateur des montagnes sait que si la nature a réservé pour ces hautes régions les aspects sévères, il en est quelquefois de sublimes qui portent dans l'âme des émotions plus fortes et y laissent de plus longs souvenirs. Les abords de la cascade sont encombrés de fragments de granit; plusieurs fois brisée dans sa chute, elle tombe d'un ressaut fort élevé; quelques lopins de verdure s'y montrent au bord d'un gave désormais désert, car les truites s'arrêtent au pied de ces rochers, et le dernier établissement d'été parait à peu de distance.

C'est au bruit des formidables voix de sept à huit chiens

de la plus forte taille, grossies par mille échos, et défilant sous d'innombrables moutons, tandis que les chèvres plus hardies venaient sans façon nous accueillir, que nous fîmes une arrivée solennelle aux couïlas de Plumous où nous devions faire halte. Entre le tertre qu'occupent ces demeures nomades et une autre barrière bigarrée de neige qui plus loin cause au gave sa première chute, est une prairie nivelée qu'il ceint de ses bras arrondis, et au-delà sur une croupe verte étaient d'autres couïlas entourés de troupeaux. Ce petit bassin verdoyant, où l'eau et la terre sont un moment en repos, plaît singulièrement à l'œil dans ce désert où tout n'est que ruines, depuis les pics aiguisés par la foudre jusque dans les fonds où gisent leurs débris. Ce campement pastoral, habitable seulement pendant les deux mois les plus chauds de l'été, est solitaire et froid; ce qui est dû moins à son élévation qu'au voisinage des glaciers. Malgré les chaleurs qui brûlaient la plaine il avait gelé le matin. Dès que j'eus touché la main au chef, je me hâtai d'aller me chauffer dans le couïla commun. Assis sur ce bout de solive qui limite auprès du foyer la litière où l'on couche, je jouissais de la vive flamme du sapin, même de sa fumée aromatique, et Jean vint y joindre d'autres plaisirs plus confortables en déployant ses provisions qu'une marche hâtée de plus de cinq heures rendait bien nécessaires. Cette humble habitation où l'on n'est guère à l'abri des rudes intempéries d'un tel climat, sert souvent d'asile à ceux qui passent le port d'Ossoue en tout temps défendu par des étendues de neige et de glace; et on n'y a pas oublié la reine de Hollande et sa brillante suite qui, grâce à une nuée de porteurs, parvinrent à le franchir sans accident. Nos hôtes avaient préparé leur pâte du matin dont une part fut soigneusement mise en réserve pour les chiens, gardiens fidèles du troupeau. Les chèvres importunes se fourraient jusques dans la cabane pour dérober quelques bribes, et au dehors des bêlements sans fin disaient l'impatience des moutons pour regagner les postes élevés où ils errent en liberté tout le jour. Je me plaisais à voir ces préparatifs de départ de la colonie en masse qui ne devait rentrer que le soir, non moins qu'à observer la scène grande et sévère qui m'environnait, où par delà le ressaut, le glacier d'une teinte bleue prononcée se voyait rampant sous le piédestal immense qui porte toutes les pènes.

Cette vie des pasteurs qui paraît si douce, et qui l'est en effet, lorsque dans les beaux jours ils jouissent de leurs loisirs sur les pâtis alpestres où leurs troupeaux errent en paix, et dans l'air le plus pur qui entretient leurs forces, en éloignant d'eux les causes de tant de maux relégués dans les plaines; ou lorsque du haut de quelque cime, se reposant sur la vigilance de leurs chiens, ils contemplent le grand spectacle des montagnes, auquel ils ne sont point insensibles; cette vie, dis-je, dont le calme et l'égalité sont quelquefois un objet d'envie pour l'étranger, a bien ses côtés sombres; mais alors le pauvre pâtre n'a pour spectateurs que ceux qui souffrent comme lui. Des pluies glacées ou des neiges épaisses viennent souvent envahir, au milieu de l'été, ces retraites qui nous enchantent. Exposé tout le jour aux intempéries de l'air, le berger, retiré le soir dans sa demeure passagère, digne d'un troglodyte, n'y trouve pour se restaurer qu'une nourriture grossière, pour lit que la terre dure ou jonchée de quelques herbes sèches, et pour abri qu'une hutte sauvage qui ne le défend ni des vents ni de la neige. Pour lui, c'est la vie ordinaire; mais que son sort est à plaindre, lorsque, comptant sur le calme du jour, pendant qu'il dort au pied d'une roche, des nuages épais, poussés par le vent du midi, viennent rapidement, à l'approche du soir, s'amonceler autour des sommités, et que le premier coup de tonnerre le réveille en sursaut. Passant du sommeil à l'effroi, il part comme le trait pour rallier ses bêtes dispersées; il court, il appelle ses chiens fidèles, et les excite du geste et de la voix. Mais c'est trop tard; dans les montagnes, l'orage redoutable grandit comme la pensée : déjà la pluie enveloppe les hauteurs, et poussés par un vent furieux, des torrents de grêle et d'eau l'assaillent sans répit. Heureux si quelque roche peut lui offrir un abri, ou si du moins l'obscurité qui croît vite ne lui dérobe pas toute trace de sa voie. Si tout lui manque à la fois, s'il ne peut se soustraire à la violence de la tempête dont les ombres de la nuit augmentent l'horreur et le danger, malheur à lui ! Maintenant son troupeau n'est plus rien, il n'a de pensée que pour sa vie ; mais dans sa cruelle situation, quel secours pourrait-il recevoir que du ciel ? La tête courbée sous les coups des grelons, ou sous la neige qui tourbillonne et l'aveugle, son courage, ses forces s'épuisent, et l'horreur de son sort est bientôt comblée. Victime dévouée, entraîné par les torrents que vomissent les nues, il périt comme son troupeau en proie aux éléments déchaînés. Ces malheurs sont fréquents, et il n'est pas de canton dans ces montagnes qui, chaque année, n'ait à conter de telles catastrophes. Mêlée de biens et de souffrances, la vie des pasteurs serait, ainsi, comme celle de tous les hommes, si leur simplicité et leur isolement ne les préservaient du plus grand nombre des maux qui accablent une vie sociale plus avancée.

Je fus frappé du superbe aspect qu'en une heure avait pris Vignemale. Pendant que tout était encore dans l'ombre autour de nous jusqu'au ressaut qui, à peu de distance, barre le vallon, les rayons du soleil, par l'ouverture du port d'Ossoue, jetaient de vives teintes sur ses énormes escarpements, en laissant dans le noir leurs pans tournés à l'ouest ; et le glacier était resplendissant sous la Piquelongue, orgueilleux monument qui porte dessus tout sa tête colossale. Cet ensemble brillant au-delà d'un cadre obscur et sur un ciel très-bleu, était d'une beauté, d'une grandeur idéales.

Dès que la rosée glacée eut enfin disparu de dessus l'herbe, tous les animaux se montrant de plus en plus impatients de gagner la montagne, on livra aux chiens leur chaudronnée de lait et assis autour de la gamelle commune, chacun se mit à manger sa pâte et son massif pain d'orge, mince repas qui doit suffire jusqu'au soir. Les barrières ouvertes, tous ces prisonniers joyeux se lancèrent en avant, ayant à leur tête les chèvres et les jeunes chevreaux qui en bondissant de tout côté, eurent bientôt atteint la cime des premiers rochers. Quelle sobriété ! Quelle vie plus que frugale ! Gastronomes de nos jours, qui dans vos salons de Lucullus rassemblez les produits des deux mondes, que penseriez-vous ici de vos besoins factices ? Mais le pli trop profond ne peut être effacé, et vous feriez sans doute une mine comique, si l'on vous proposait de passer tout un jour avec un peu de farine bouillie et du pain noir. Tout ce ménage alpestre, dans sa simplicité, au milieu d'un site romantique quoique sévère, plaisait à ma pensée, en la reportant aux âges obscurs où la civilisation commençait. Telles durent être, en effet, les mœurs des premiers humains, lorsque la nature bienfaisante leur eut fait connaître les précieux animaux qui les nourrirent de leur lait avant de les couvrir de leur toison.

A l'appel de Jean, je saisis le bourdon et dis adieu à nos hôtes hospitaliers répétant à l'envi *Diou bous gardé dé maou*; ce qui n'est pas un souhait insignifiant en vues des glaces et des pics que nous allions affronter. Descendus sur la pelouse, nous passons les bras du jeune gave sur deux petits ponts de sapins au pied de la cascade, qui ne serait pas sans beauté si tant de masses ne l'écrasaient, pour gravir par la droite où il est accessible ce dernier degré de la vallée. Sur le ressaut, on est de plain-pied avec un plateau différent de tout ce qui précède. C'est un dédale de buttes herbeuses, de roches calcaires et granitiques, et de petits bassins où le gave, dans son enfance, coule lentement entre des bords marécageux. Les cimes granitiques encore du Chabarrou et de l'Araillé terminent de part et d'autre les chaînons latéraux, puissants contreforts du mont dominateur qui couronne la vaste protubérance de granit dont ils sont les saillies méridionales, par l'énorme exhaussement de calcaire et de schiste de transition qui forme la plus haute cime française. Toute cette masse reste isolée par le port de l'Oulette versant en Espagne et par celui d'Ossoue qui mène à Gavarnie. La soudure des deux systèmes peut se voir au-dessus de Plumous et dans les fonds d'Ossoue, comme sans doute sur les revers de Broto. Le froid était ici plus vif qu'à Plumous, et l'herbe encore gelée, que paissaient cependant des vaches habituées à toutes les rigueurs du temps. Se plaisant dans ces pâtures abondantes, elles savent se réfugier sous les abris des rochers quand l'orage menace, et n'en descendent d'elles-mêmes que pour venir se régaler d'un peu de sel, dont la cherté rend le pasteur avec regret avare. Nous étions entrés dans la région que les isards habitent, alors que chassés des montagnes moyennes par les nombreuses colonies qui s'en emparent au printemps, ils n'ont d'autre refuge que les hauteurs les plus inabordables, et pour nourriture que quelques lopins d'herbages dédaignés par les bergers, ou d'un accès trop difficile. Les yeux de mon guide, plus exercés, en découvrirent plusieurs qui, à nos cris, s'éloignaient à petits bonds, ou allaient se percher sur quelque pointe d'où longtemps ils nous observaient.

Le glacier se montre enfin tout entier au bout d'une esplanade, percé à sa base de plusieurs arches d'où sortent des ruisseaux, troublés par la boue de la moraine et couvrant de débris ce sol nivelé. D'une inclinaison assez égale, il s'élevait resplendissant de lumière jusqu'au pied des murailles de la Piquelongue, d'où tournant à l'est il montait par des gonflements crevassés, ou des pentes de neige très-rapides, jusqu'au port d'Ossoue, et beaucoup plus haut dans les plis qui séparent les pènes. La superficie de la glace était terne, tandis que rien ne surpasse la splendeur pure des grands tapis de neige qui leur succèdent. Les pènes de Vignemale, sur une moindre échelle, sont à la Piquelongue, ce que les Aiguilles sont pour le Mont-Blanc. La masse obtuse de la première domine le port d'Ossoue, et est séparée de la seconde par un col qui semble n'être qu'une crête en ruines; celle-ci se relève brusquement, puis par ressauts aplatis, jusqu'au cône tronqué qui la termine; et la troisième plus aiguë, est entre deux profondes déchirures que je jugeai dès-lors impraticables, ce que je vérifiai sur place. Les flancs de ces masses calcaires présentent à l'œil des sillons profonds, et de longues arêtes qui du sommet descendent jusqu'au glacier; mais rien n'égale la majesté de la Piquelongue dont le cône allongé règne sans rival. Ses larges pans, tombant d'aplomb jusqu'à la partie moyenne du glacier, n'ont pas moins de 300 toises de hauteur. On y voit ces teintes de gris, de blanc et de jaune, particulières au calcaire; mais tandis que toute la montagne paraît homogène et compacte, quoique vues de près les couches qui la composent soient inclinées au sud, je fus très surpris d'apercevoir sur les cimes principales une nuance tranchée de brun-rougeâtre comme certains schistes des environs, avec une apparence très-distincte de stratification, comme si ces pointes qui voient tout s'abaisser autour d'elles, ne venaient que d'être bâties par les eaux. Du bas du grand cône terminal de brusques ressauts descendent à l'ouest jusqu'au col de l'Oulette. Jean qui, en chassant, avait fait plusieurs tentatives pour monter sur cette cime vierge, m'y montra le point où il était parvenu en s'exposant beaucoup. C'est une saillie moins haute que la seconde pène; mais la partie redressée qui domine n'y offre aucune chance de succès.

Du bas des éboulements de l'Oulette nous abordâmes facilement le glacier qui était devant nous dans sa longueur, remplissant une large dépression née au col d'Ossoue, entre le piédestal commun à toutes les pènes, et un long appendice de l'Araillé. Cet amas de glaces est considérable, mais est bien loin de ceux des Alpes, pour les beaux accidents surtout, ce que l'on peut dire de tous les glaciers des Pyrénées, quoiqu'il y en ait aux sources de la Garonne de plus de trois lieues d'étendue. On n'y voit pas ces belles crevasses transparentes, ces jeux d'aiguilles et d'arêtes qui hérissent ceux des Alpes et les font ressembler à des vagues tumultueuses surprises par la congélation, et la belle teinte de vert-marin ne s'y montre que dans les tranches épaisses ou dans les parois des crevasses. Ceux-ci d'ailleurs, relégués sur des pentes dépouillées ou dans des fonds déserts, ne peuvent offrir, comme dans les Alpes, ces contrastes charmants, ces oppositions pittoresques de leurs pyramides et de leurs cavités azurées, avec les chalets, les bois et les prairies. Sur la surface raboteuse du glacier il y avait une foule de petits ruisseaux, de trous et de crevasses remplies d'eau dont la limpidité parfaite déguisait la profondeur. Quelquefois ces ruisseaux s'engouffrant, disparaissaient, ou coulant entre la glace et la dernière neige, ils devenaient très-incommodes, en ce que leurs minces voûtes se crevant sous nos pieds, nous tombions tout-à-coup dans une eau des plus froides. Les glaciers des Pyrénées, moins étendus que ceux de la Suisse et existant sous une température moins refroidie où ils se forment et se détruisent plus vite, plus facilement abordables d'ailleurs, seraient pour le naturaliste d'une étude plus facile ; mais outre la difficulté des lieux où ils sont relégués, les dangers de la guerre civile qu'on pourrait dire endémique en Espagne, et des races d'origine diverse trop souvent superstitieuses et brutales, leur font craindre de ne pas y trouver pour leurs travaux hasardeux le temps et la protection dont ils ont besoin. Ces craintes sont exagérées; le voyageur qui s'y présente avec des dehors simples, des manières franches et confiantes, est certain d'être bien accueilli par toutes ces fières populations.

Au-dessous du renflement que fait le glacier vers son milieu, l'inclinaison était si forte sur la rampe de neige durcie qui le précède, qu'en me tenant debout je touchais de la main le sol glacé. Grâce à nos crampons, en creusant chaque pas, avec de la prudence et de la lenteur, nous en vînmes à bout sans accident; et en haut nous nous trouvâmes de nouveau sur la glace vive, où les difficultés ne firent que changer de nature. Toute cette protubérance était criblée de crevasses recouvertes de neige ou béantes, et plus ou moins profondes. Celles-ci, nous réussîmes d'abord à les franchir ou à les tourner, en suivant les arêtes qui les séparaient. Quant aux autres, nous sondions avec soin la solidité de la neige avant de poser le pied sur ces voûtes qui souvent cachent des gouffres. Cependant ces difficultés périlleuses se multiplièrent à tel point dans un dédale de cavités et d'arêtes glissantes qu'il fallut revenir au premier avis de Jean, de suivre le vallon de neige qui au long du glacier monte droit au port. Nos tentatives pour y descendre furent longtemps vaines, nous trouvant toujours sur le bord de l'escarpement de glace qui le dominait. Enfin nous y découvrîmes une espèce de ravin où nous pûmes dévaler sur les fragments éboulés.

Désormais en sûreté sur une neige unie, nous n'eûmes plus que de la fatigue sur la longue rampe qui précède le port, où nous attendait une belle vue, sur les vastes pâtis d'Ossoue et sur le Marboré qui se développe en face. Ces pâtis commencent au pied même d'une très-longue pente toute débris qui plonge directement; étendue monotone où circulait le couret émané du grand glacier que cachait en partie une saillie de la montagne. A peu de distance étaient deux isards paissant sur le seul lambeau de verdure qui parût au milieu des éboulements. Nos cris les firent détaler et suivant leur usage ils gagnèrent les hauteurs. Après une courte halte où l'eau de neige fondue, mêlée de quelques gouttes d'eau-de-vie, nous fut un rafraîchissement confortable, nous suivîmes leur exemple en gravissant au midi vers la première pène, sur une pente d'abord couverte de débris de schistes argileux tachés de fer, auxquels succèdent bientôt d'autres débris tous calcaires. Ces schistes sont immédiatement superposés à la protubérance granitique sur le dos de laquelle coule le gave d'Ossoue. Déjà étaient loin de nous ces talus de neige où nous avions péniblement rampé, et les cimes de Vignemale s'abaissaient sensiblement. Aux abords du sommet où les débris étaient menus, croissaient encore, arrosées par l'eau de neige, quelques plantes amies des régions froides, mais c'étaient les dernières, les lichens seuls plus haut nuançant les rochers : le thlaspi et le pyrèthre des Alpes, la drave jaune, de jolies saxifrages purpurines, des renoncules glaciales fraîches et vivaces dans leur climat naturel, que je n'ai vues aussi belles qu'au port de la Canaou, et des touffes de l'armoise alpine dont je me délectais à humer les parfums. J'atteins la cime, et découvrant à la fois les deux glaciers du haut de la crête qui les sépare, je fus surpris de l'étendue de celui d'Ossoue qui remplit un vallon de demi-lieue de largeur au moins, en s'élevant d'une seule pente jusqu'au large col qui presqu'à leur niveau unit le Montferrant à Vignemale. De nombreuses et longues crevasses se dessinaient sur sa surface blanche ou azurée, le traversant quelquefois en entier, excepté dans sa partie supérieure, où rien n'interrompait les plans purs d'un nevé sans tache; et au pied des rochers qui par leur chaleur avaient fondu la glace, l'œil plongeait avec émotion sur des gouffres ouverts. C'est une belle scène alpestre que ce glacier d'Ossoue, un des plus étendus des Hautes-Pyrénées, tourmenté et fracturé en bas, uni et immobile dans le haut, couvrant tout l'espace depuis les fonds sous le port jusqu'à une hauteur qui le dispute aux cimes, d'où sans doute comme ceux de la source de la Garonne, il se déverse au sud, et ses éblouissants tapis projetés sur un ciel presque noir. Ce long col de glace se fait remarquer du nord au-dessus de toutes les sommités moyennes; souvent je l'avais vu de la plaine de Tarbes, éclairé du soleil à son lever, alors que la plupart des sommets étaient encore dans l'ombre.

Les deux isards que nous avions fait partir au revers du col étaient déjà parvenus aux plus hautes neiges, d'où ils gagnèrent la tête du Montferrant; je les y distinguai longtemps immobiles, grâce à la pureté de l'air. En une demi-heure ils avaient ainsi parcouru un espace immense; descendre du col sur le glacier et le remonter tout entier, ne leur avait pas plus coûté qu'à nous de gravir la première pène. De quelle agilité et de quelle force de jarrets sont doués ces animaux! Des difficultés autrement dangereuses que tout ce que nous avions éprouvé jusqu'alors, nous attendaient entre la première et la seconde pène. Il faut descendre par les anfractuosités d'une crête des plus aiguës, ayant toujours sous les yeux, de part et d'autre, les profondeurs des glaciers, et remonter ensuite par une très longue arête presqu'à pic jusqu'au premier étage de la seconde. Nous délibérâmes, car il y avait sujet. Mais il n'était pas onze heures, et toutes les circonstances du temps favorables. Je me décidai donc à en profiter; prenant mes sparteilles, chaussure indispensable sur de tels rochers, nous tentâmes l'aventure.

Dans les situations extraordinaires où la moindre distraction a ses périls, on éprouve une émotion intérieure; mais si l'on n'y est engagé que de sa propre volonté, poussé par le désir des choses nouvelles, ayant confiance en ses forces, on a l'espoir d'en sortir sain et sauf. Dès les premiers pas, nous en rencontrâmes un des plus mauvais : une pointe en lambeaux, impossible à tourner par ses flancs à pic au-dessus de deux gouffres et qu'il fallut escalader pour en redescendre aussitôt. Un premier succès me fit regarder avec moins de crainte ces profondeurs qui m'avaient fait longtemps réfléchir avant de les braver. Le col traversé, nous attaquâmes l'arête qui comme un obélisque montait au ciel. Sur ses échelons ébréchés dont les fragments restaient aux mains, nous eûmes des peines infinies, augmentées par le sentiment d'une situation toujours critique, avec le précipice à droite, à gauche et derrière nous. Après une heure de fatigue et d'anxiété, parvenus en haut, sur un espace un peu plane, nous pûmes enfin poser le pied sans délibération et respirer à l'aise. Au dessus, la crête moins aiguë est moins périlleuse. Nous franchîmes quelques ressauts escarpés, dont le dernier nous eût arrêtés partout ailleurs, et j'eus le plaisir de voir sous mes pieds la cime tronquée de la seconde pène. Mon premier coup d'œil fut pour reconnaître la suivante que je touchais de la main ; j'avance, et du bord de la coupure qui les sépare, je reculai à l'aspect d'une effroyable profondeur jusqu'au glacier de Gaube. Du côté d'Ossoue le glacier est beaucoup moins bas ; mais des escarpements dressés comme des murs, et les vides inconnus qui baillaient à leur base, me convainquirent qu'il n'était pas moins impossible d'y descendre afin d'aborder Vignemale par le haut du col. Je me résignai donc en voyant que nul être humain ne pourrait aller plus loin. La Piquelongue, maintenant très-voisine, ne semblait me dominer que d'une cinquantaine de toises, en me cachant la région du sud-ouest, et satisfait d'avoir atteint une hauteur de près de 1,700 toises, je me recueillis pour jouir sous le ciel le plus pur dont je bénissais mon étoile, du magnifique spectacle que m'offraient les Hautes et Basses-Pyrénées étendues sous mes yeux dans l'espace.

Ce n'est jamais sans émotion, sans un sentiment de plaisir d'autant plus vif qu'on l'a plus acheté, qu'on se voit enfin sur ces points élevés du globe d'où sont en vue à la fois des contrées très-diverses, des pays très-distants que l'on est tout surpris d'embrasser sous le même coup-d'œil. En se voyant devenu le plus haut point d'une circonférence sans limite, et rapproché de cette voûte céleste dont l'azur s'est assombri, l'esprit pénétré semble s'être modifié devant la grandeur des scènes, et avoir reçu quelque chose de leur sublimité. De telles impressions, qu'on ne les juge qu'en venant les éprouver dans les situations qui les inspirent, car ce n'est que là qu'on peut sentir combien des causes toutes physiques peuvent avoir sur le moral une action vive et profonde. Cet effet tout salutaire a été dès longtemps constaté puisque déjà Hippocrate, dont la science peut-être n'a pas été dépassée, disait que les maladies acquises dans les plaines se guérissaient sur les lieux élevés, et ce n'est pas sans des motifs puisés dans l'observation de leur influence que les anciens peuples montaient sur les hauts lieux pour adresser leurs vœux à l'Eternel. Il est, en effet, hors de doute que si tout ce qui tient à la pensée y acquiert une excitation involontaire, tous les organes y éprouvent aussi un accroissement d'énergie vitale. Longtemps attachés au sol où l'on gravit, les yeux en venant tout-à-coup à errer sur des lointains immenses restent éblouis, et ont besoin de repos pour débrouiller des plans de toute part confus. Je les portais tour à tour sur ces plaines du nord, de l'Adour et de la Garonne, heureuses après tant de rudes épreuves de voir enfin des temps d'ordre et de paix, et sur ces terres d'Espagne où, s'ils eussent pu percer les vapeurs qui les couvraient, ils auraient découvert peut-être quelqu'une de ces guerillas, de ces ramas de soldats improvisés qui depuis tant d'années y promènent sans résultat la mort et la dévastation. Puisse la haute barrière qui les sépare être toujours une digue infranchissable pour les passions anarchiques qui dévorent le midi ; pensées disparates et plus pénibles au milieu de cette nature si calme, si majestueuse, dont la contemplation fait oublier quelques instants toutes ces tempêtes sociales qui ne sont jamais sans rugir quelque part.

A l'ouest de la Piquelongue, la haute chaine s'abaisse brusquement pour se relever bientôt à de belles sommités qui portent encore haut des neiges et des glaces. La plus méridionale est un pic fourchu, voisin du port du Marcadaou, que Jean ne put assurer si c'était Aratillé ou Peternelle. De tous ces monts, le plus remarquable par son élévation et un beau glacier qu'il porte au nord, est le pic de Costérillou, à la crête, entre les ports d'Azun et de Lavédan. Au midi, les montagnes, d'un niveau partout abaissé, n'offrent de remarquable qu'un groupe saillant et escarpé entre les vals de Thène et de Canfranc, aux sources du Gallego et de l'Aragon, que Jean me dit se nommer la pène de *Sainte-Hélène*. Ce n'est ailleurs qu'une étendue bouleversée, aride, dépourvue de neige et d'une teinte générale jaunâtre et brûlée, excepté où quelque nuance terne indiquait des bruyères ou des bois. Plus loin à la crête, les masses de Som-de-Seoube et d'Arrious se projetaient l'une sur l'autre, et je planais sur les montagnes moyennes des Eaux-Bonnes et d'Azun, où je reconnus les pics de Ger et Amoulat, les flèches nues du Gabisos et la tête grise du Mounné, d'où peu de jours avant j'avais lorgné Vignemale et projeté la course que j'exécutais heureusement. Dans cette direction, des couches d'immobiles vapeurs indiquaient les plaines de Béarn. Si j'eusse un instant oublié le roc sourcilleux où j'étais perché, la vue des basses nuées qui les tapissaient m'aurait reporté à ces hautes régions d'où se dominent les orages.

Du côté du nord où n'apparaissent que les cimes, c'est une confusion de pics ruinés, sans verdure et repoussants par leur nudité, faisant partie des chaînons de Lutour et de Saint-Sauveur qui se lient à Vignemale par Poey-Mourou, dont les sombres arêtes justifient le nom, et par le col d'Ossoue. J'eus peine à y reconnaître dans l'exposition méridionale leurs masses culminantes. Lassés de leurs efforts pour débrouiller ce chaos que j'avais cependant naguères visité, mes yeux allaient chercher des régions mieux connues vers Barèges, où cependant le pic du Midi lui-même était à peine distinct. Ces hauteurs si fières pour le voyageur, qui, des plaines qu'elles commandent, les contemple comme de hautes cimes des Pyrénées, humbles maintenant et aux derniers rangs reléguées, seraient prises pour des collines, si leurs formes âpres et leurs contours hardis ne faisaient pressentir leur relief. Toutes ces sommités, qui d'ordinaire percent les nues, en les voyant confondues et projetées les unes sur les autres au-dessous de son horizon, on jouit de ses efforts couronnés et involontairement on glorifie le Créateur en planant de haut sur ses imposantes œuvres. Les monts se relèvent dans l'énorme saillie de Neouvieille à Cambielle, où sur le faite granitique se montrent de nouveau de grandes neiges et des glaciers, jusqu'à Troumouse qui, vers Aure, est l'avant-corps d'un autre ordre géologique, que Vignemale à son tour flanque de l'autre côté. En face du val d'Ossoue; le Piméné projetait sa cime pointue sur la haute chaîne du Port vieux, et son col méridional me laissait voir en raccourci les crêtes de Pinède, qui succèdent aux murailles d'Estaubé.

Mais portons nos regards sur la masse superbe du Marboré qui m'apparaissait tout éclatante de glaces comme jadis, du Mont-Brévent, j'avais contemplé le fier dominateur des Alpes. L'Astazou, avec son double glacier, au-dessus de la brèche d'Allanz, est l'ouvrage avancé de cette colossale forteresse. Une ligne de crêtes chenues l'unit en s'élevant toujours à l'angle de la plate-forme qui se projette sur les autres points culminants, le Cylindre et le Mont-Perdu, montrant ainsi les *Trois Sœurs* réunies. Ce dernier n'est plus une coupole sans tâche; on y voit, au midi, un escarpement à nu. Le haut piédestal qui porte la triple cime, s'abaisse ensuite brusquement sous un glacier auquel succèdent, en se rapprochant de Vignemale, les Tours, la brèche de Roland et ses murailles, le Taillon, qui fendu au sommet se divise en deux lobes, et enfin les Tourettes plus humbles, voisines du port de Gavarnie, dit aussi port de Saint-Martin. Tous les glaciers qui y sont répandus communiquent entr'eux, et sont disposés sur de noires terrasses, où ils se décèlent par le léger vert de leurs tranches.

On a dit que la cascade de Gavarnie prend sa source à un lac glacé, situé dans les hauteurs du Marboré ; c'est une erreur manifeste pour celui qui l'observe de Vignemale. Je voyais son courant d'eau sortir d'un glacier très-étendu et très-incliné, montant le long des deux branches de la grande terrasse en forme de redan, qui porte ceux de la plate-forme. Ce courant traverse successivement trois rampes, en y formant autant de chutes avant d'arriver au bord de la saillie d'où il se précipite dans le Cirque. Je tiens de M. le Duc de Nemours, qui en 1847 observa cette région du haut du Cylindre, qu'il n'y découvrit pas trace de lac. La brèche était de beaucoup au-dessous de mon niveau, et toutes les bases du Marboré, le Cirque et le vallon du Port, m'étaient cachés par le chaînon méridional de la vallée d'Ossoue qui, large et nue, développait vers les fonds de Gavarnie ses talus monotones et ses régions de pâturages.

CHAPITRE XVII.

Impression des grandes hauteurs. — Trace des eaux anciennes sur les cimes. — Val de Lutour.

Quelque vif intérêt qu'inspire l'immense panorama de Vignemale, il produit à la longue une impression singulière que j'ai toujours éprouvée dans de telles situations. Après avoir passé quelques heures sur une sommité centrale qui domine une grande étendue de montagnes, lorsque l'observation n'occupe plus, les yeux fatigués de l'éclat monotone des neiges, tranchant partout avec les innombrables roches rembrunies qui portent dans les airs leur stérile nudité, sentent le besoin de se reposer sur des tableaux plus doux ; mais du haut de Vignemale, comme de toutes les cimes semblablement placées, ils peuvent errer de toutes parts sans être satisfaits. Les bois les plus rapprochés, ceux de Gaube, ne sont que des taches obscures, les lacs des flaques ternies, et les pâturages des teintes sans fraîcheur et fanées. Cette foule d'accidents, de détails gracieux qui charment l'œil dans les basses vallées, ont disparu dans l'éloignement, absorbés par des masses qui, rapetissées elles-mêmes dans l'immensité de l'ensemble, méritent à peine un regard ; et les plaines éloignées ne sont qu'un plan vaporeux sans nul objet distinct. Dans toute l'étendue, en un mot, de l'horison, tout est morne et sévère malgré son éclat, et ce spectacle étrange frappe fortement l'imagination. Dans ce monde nouveau, où tout est extraordinaire, les ruines dont il est couvert, témoignages muets de la violence des éléments, disent assez qu'il n'est point destiné à l'homme, et qu'il serait bientôt la proie des terribles météores qui y règnent, celui qui oserait faire plus que s'y montrer dans ses courts intervalles de repos. L'esprit occupé de pensées graves, inspirées par cette nature qui se montre puissante et dévastatrice malgré son immobilité, subit peu à peu une impression pénible, celle-là même que j'ai toujours ressentie sur les grèves désertes de l'Océan, lorsque rien n'y frappait mes sens que des sables blanchissants à perte de vue, le ciel, les eaux sans bornes et leurs attaques incessantes; ou comme cette inquiétude irréfléchie qui suit le sentiment d'un danger vague encore; et ce n'est pas sans un secret plaisir que l'on quitte ces redoutables lieux où l'admiration s'est épuisée, pour se rapprocher des vallons habités, impatient d'y retrouver la verdure, la voix de l'homme, le mouvement des arbres et le chant des oiseaux.

Ramond ne s'était point transporté sur Vignemale, lorsqu'il représente cette belle montagne comme un entassement de masses confuses, et qu'il dit que son nom même erre indécis sur une pile de rochers dont chacun est séparément nommé. Il est au contraire peu de montagnes plus distinctes, et une telle apparence n'a pu exister que de loin. De la cime où j'étais monté, si voisine du point culminant de tout le groupe, les masses qui l'entourent sont vues dans leurs positions respectives, et quoique le midi soit en partie caché, l'ordonnance générale n'est plus incertaine. On suit de l'œil ces profondes dépressions, Gaube, Lutour, Ossoue, et les affluents de Broto qui, naissant à ses pieds, s'en éloignent dans toutes les directions, comme les contreforts intermédiaires, dont les pics de Chabarrou, de Poey-Mourou, de Montferrant et de Cerbellona sont les dernières cimes; gigantesques appuis forcés de s'humilier devant le roc suprême.

Vignemale est absolument inaccessible au nord et à l'ouest, et d'après ce que j'avais vu de ses revers méridionaux depuis la fausse brèche, je ne doutais pas qu'il n'y eût aussi de terribles escarpements; mais à l'est l'ascension ne paraissait point impossible. Il faudrait partir de Gavarnie pour passer la nuit dans les dernières cabanes d'Ossoue; attaquer la montagne par le pic de Montferrant et suivre la crête du glacier jusqu'à la Piquelongue, ce qui est toujours sans difficulté, puisqu'à cette hauteur où il ne dégèle guère, s'il existe de la glace elle est toujours recouverte d'une forte couche de nevé. De l'entrée du val d'Ossoue, où, à la vérité, on est trop bas pour bien juger, il m'avait semblé voir cette crête s'approcher de la plus haute cime dont les derniers plans paraissaient moins escarpés que de tous les autres côtés. Cette marche, du moins, n'a jamais été suivie, et présente seule quelques chances de succès. On a vu que plus tard, du haut du Pimené, je dus y renoncer.

J'avais été frappé de loin de la couleur brune qui, sur les trois pènes principales, tranchait avec le gris jaune de toute la masse. Ici, je pus voir tout de près. Ces masses dont les plans de stratification, que l'on peut reconnaître, penchent fortement au midi, sont recouvertes à plat d'une formation très-distincte, à couches peu inclinées à l'ouest, et nuancées du brun au roux. Il n'en reste qu'une petite épaisseur sur la seconde pène, et la pointe de la troisième en est formée, ainsi que tout le cône terminal de la Piquelongue, dans une hauteur que j'estimai approcher de cent toises. Ayant atteint ainsi ces couches, je reconnus un calcaire argileux et arénacé, plus ou moins coloré par le fer, et un grès jaunâtre grossier; de sorte que le calcaire compacte ou à bancs inclinés au sud, qui constitue le corps de Vignemale, est recouvert par des dépôts sensiblement horizontaux. Nous reviendrons sur ce fait qui acquiert de l'importance par sa situation.

Les progrès récents des sciences naturelles ont heureusement fait reposer l'histoire de la terre sur des théories satisfaisantes nées de l'observation, et pour ces grands problèmes il n'est plus nécessaire de recourir à des mers idéales, roulant leurs flots sur les plus hautes cimes. Cependant tout démontre que depuis les temps anciens, le volume des eaux a toujours été diminuant sur sa surface. Les preuves de ce fait abondent dans toutes les parties de nos continents, et l'Amérique méridionale nous offre des traces remarquables de l'existence des hommes dans des temps où elles étaient encore bien hautes. Homboldt a vu dans une savane auprès d'Uruana, non loin de l'Orénoque, un rocher de granit isolé et inaccessible, sur lequel, à la hauteur de quatre-vingts pieds, sont gravées des figures grossières du soleil, de la lune et de crocodiles. Dans les montagnes d'Uruana et d'Encaramada, on lui a montré des hiéroglyphes au-dessus d'escarpements également inabordables. Les Indiens disaient que c'était l'ouvrage de leurs pères quand ils naviguaient aux jours des hautes eaux. Une tradition des temps anciens s'est donc perpétuée au travers des générations, même parmi ces peuplades sauvages. Ainsi en Amérique, comme sur l'ancien continent, les cours d'eau les plus volumineux ne sont que les faibles restes des grands courants qui autrefois sillonnèrent le globe. Les eaux auraient donc été à une plus grande hauteur qu'elles ne sont, mais toujours bien longtemps après les cataclysmes où la parure végétale des premiers jours de notre planète, où les espèces éteintes de quadrupèdes et de reptiles dont les débris gigantesques nous étonnent, et une partie des habitants de l'Océan d'alors avaient trouvé leur tombeau sous de nouvelles couches de l'enveloppe terrestre. Ces faits s'expliqueraient suffisamment peut-être par ces changements de niveau du sol, observés sur tant de contrées, et résultant de l'élasticité de l'écorce terrestre, sur laquelle agissent toujours les agents intérieurs. Dans toutes ces catacombes des générations primitives rien ne ressemble à l'homme, qui paraît n'avoir été appelé à la vie que dans des temps très-postérieurs. Si de vrais ossements humains (et de scrupuleuses observations fondées sur la science que de nos jours le savant Cuvier a créée, ont prouvé que souvent on s'était mépris), se sont trouvés enfouis dans des masses durcies, comme à la Guadeloupe et dans les cavernes à ossements des terrains crétacés de la Méditerranée et du midi de la France, les premiers dépôts n'étaient que de formation très-récente, et ceux de ces cavernes ne datent probablement que de quelqu'une de ces inondations locales qui ont été postérieures aux grands déluges dont les alluvions immenses, partout identiques de site et de composition, n'ont encore offert aucun débris humain qu'on puisse croire contemporain des espèces fossiles perdues. Quelques têtes trouvées en Autriche et sur d'autres points dans des cavités ou dans des marnes, d'une conformation toute différente des races actuelles ou historiques en Europe, et dont certaines se rapportent à celles des Caraïbes et des Nègres, devraient-elles porter à croire qu'à l'époque antérieure à ces inondations partielles, il existait dans nos contrées, alors que le climat en était plus réchauffé, des races semblables à certains peuples anciens de l'Amérique du sud, ou à ceux qui occupent actuellement la zone équatoriale, idée sans appui que Pallas avait jetée en disant que le genre humain pouvait bien avoir commencé par les nègres? Quoi qu'il en soit, tout démontre que l'espèce à laquelle nous appartenons n'a paru qu'une des dernières sur la terre, comme si la nature n'avait fait jusqu'alors qu'essayer ses forces, et préluder à la création de cette merveille de la matière animée, l'intelligence humaine.

Au milieu des vagues pensées qu'inspire le sublime spectacle où l'imagination se plait à planer sur les siècles écoulés, il faut cependant les rabaisser aux besoins de l'humanité et songer à réparer des forces dont on a tant de besoin. C'est l'idée qui occupait Jean, lorsqu'il se mit à étaler nos provisions sur la roche nue que n'avait jamais souillé un atome de poussière; table sourcilleuse qui pour la première fois sans doute réunissait des convives. J'étais surpris de trouver à cette élévation une température aussi douce sous un léger vent de nord-ouest qui n'était que frais. Quant à la raréfaction de l'air, je n'en ai jamais ressenti d'autre effet qu'un besoin fréquent de reprendre haleine et une grande fatigue dans les muscles, qu'une minute de repos suffisait pour réparer. Mais le temps s'écoulait, il était près de deux heures, et nous avions sept heures de marche forcée pour regagner Cauterets par les brèches du Poey-Mouron et le vallon de Lutour, direction la plus courte. Plier aussitôt bagage fut la conséquence de ce calcul. La soif nous rendait d'ailleurs impatients de regagner le col d'Ossoue, car éblouis par des glaces et des neiges sans nombre, sur notre cime aride nous n'avions pas une goutte d'eau.

Les ressauts supérieurs descendus, nous abordons avec inquiétude cette arête de roc vif, si longue, si roide, où l'on ne cesse d'avoir sous les yeux les profondeurs des deux glaciers et leurs cavités béantes. Si j'en excepte le malencontreux couloir où je m'engageai au-dessus du lac d'Oncet, et les cheminées verticales du pic d'Ossau, je n'ai jamais affronté de descente plus périlleuse. Cependant nous fîmes les premiers pas avec plus d'assurance que je ne m'y attendais ; les forces étaient réparées par un long repos, et la vue accoutumée aux précipices. Heureusement aussi que sur un roc rempli d'aspérités, le pied pouvait toujours trouver sa pose. Muets et actifs dans notre prudente lenteur, nous évitions toute distraction dont les conséquences eussent pu être funestes ; mais je n'éprouvai pas d'anxiété, et j'étais étonné d'une confiance que l'habitude seule peut donner. Nous eûmes le bonheur ainsi de descendre sains et saufs ; mais ce ne fut pas sans joie que je me vis au bas de la sourcilleuse masse. Nous franchîmes de même, sans accident, le col entre les deux pènes, et descendant presque à la course la pente couverte de débris qui s'étend jusqu'au port, nous fîmes une courte halte sur cette neige, après laquelle soupiraient nos palais desséchés. J'eus le plaisir d'y voir de près trois gros isards faire leur sieste ordinaire, avant que nos cris les eussent fait bondir et disparaître en un clin d'œil.

Nous étions sur les lieux d'une triste scène qui devait se passer quelques années plus tard, par les déplorables suites de l'imprudence.

Le 24 août 1836, à cinq heures du matin, deux jeunes gens, MM. Couturier et Coquillaud, partirent des cabanes du lac de Gaube avec un guide, et munis de provisions, mais trop légèrement vêtus pour le climat refroidi qu'ils allaient aborder. Ils n'arrivèrent que vers les onze heures au pied du glacier, où ils firent halte pour manger et se reposer avant de monter au port. C'est là que des vêtements chauds leur eussent été nécessaires. Sous leurs habits légers déjà imbibés de sueur, ils furent bientôt saisis de froid, et crurent y remédier en vidant presqu'entier leur flacon d'eau-de-vie. Le guide voyant alors des nuages du sud-ouest déboucher rapidement entre les pics, prévit le mauvais temps et les engagea à renoncer à leur course ; avis prudent dont on ne fit que rire. Remis en marche, vers les trois heures après midi, ils atteignirent le port. Pendant ce temps la prévision s'était réalisée; d'épais brouillards couronnaient les montagnes et menaçaient d'envahir tout. Nouvelles instances du guide de redescendre immédiatement à Plumous. Ce fut en vain; ses plus pressants conseils ne furent pas écoutés, malgré les flocons de neige qui déjà voltigeaient. Ils y avaient demeuré à peine une demi-heure que tout-à-coup M. Coquillaud tombe comme frappé de la foudre, sans proférer une parole. Cette subite défaillance, causée par l'action d'un air plus raréfié, par le froid et par l'effet d'une trop grande quantité d'eau-de-vie, remplit d'alarme ses compagnons qui le portèrent tout grelottant sous des rochers, à l'abri de la neige commençant à tomber. Le guide, quoique vêtu de laine comme les montagnards en toute saison, sentit aussi les atteintes du froid, et M. Couturier y paraissait insensible, quoique devenu très-pâle. Tous leurs efforts furent inutiles pour ranimer l'autre qui ouvrait parfois les yeux sans rien articuler; seulement une fois on put entendre ces mots : *je suis perdu !*

A ce cri, comme le dernier du mourant, son compagnon effrayé dit brusquement au guide : *allons, partons!* Et sur le refus formel de celui-ci, égaré par le désespoir, il prit seul la direction de Gavarnie. Le malheureux ignorait ces voies si périlleuses où l'on se fourvoie en plein jour, et la nuit approchait; montagnes et voyageurs, tout en fut bientôt enveloppé. Le guide dit n'avoir pas quitté le malade qui ne cessa d'être agité par de cruelles souffrances. Au point du jour, ne pouvant seul lui être d'aucun secours, et en ayant un pressant besoin lui-même, il descendit à Plumous pour réclamer celui des bergers. Ceux-ci s'empressèrent de monter au lieu indiqué, mais des heures s'étaient écoulées; ils n'y trouvèrent qu'un cadavre. Quant à son compagnon, un baigneur de Cauterets, qui le lendemain passa le port, trouva sur le revers de Gavarnie son corps complètement glacé, et ayant la dureté du marbre.

Ce triste événement est le pendant de celui qui en 1830 eut lieu au col du Bonhomme, dans les Alpes, où deux jeunes anglais (MM. Campbell et Branckly) partis de Saint-Gervais, s'aventurèrent avec leur précepteur et un guide, sans s'être munis des vêtements et des vivres indispensables. Parvenus au plateau supérieur, l'atmosphère calme et pure jusqu'alors se voile de rapides brouillards ; un changement subit s'opère, et la tourmente les enveloppe avec tous ses accessoires de neige et de tourbillons. Ce temps affreux, ce passage instantané de la sueur à la glace, produit son effet sur de jeunes corps affaiblis par la faim. Le premier s'arrête comme pétrifié, n'entend rien, ne voit rien, et en peu de minutes n'existe plus. L'autre, à son tour effrayé, défaillit sur la neige, cesse peu à peu de tourner ses regards vers son ami, glacé déjà, et malgré tous les soins du précepteur et du guide qui plus endurcis résistaient, sa tête tombe bientôt sous les flocons de neige pour ne plus se relever. Le malheureux précepteur n'eut que le temps de ramener à Genève les deux corps qui lui avaient été confiés pleins de vie et d'avenir, avant de succomber sous son désespoir, et toute la ville put voir trois cercueils côte à côte à l'hôtel de l'Ecu. Exemples terribles, souvent renouvelés, que la prudence eût évités, et qui ne sauraient être trop rappelés aux curieux que chaque été ramène sur cet imposant théâtre, où les dangers peuvent être extrêmes, comme les grandeurs de la nature y sont sublimes.

Du col d'Ossoue, où nous n'étions qu'à quatre heures de marche de Gavarnie, il nous fallait gagner la brèche dite la Hourquette de Lutour, située entre l'Araillé, dépendance de Poey-Mourou, et la montagne nommée Palomières de Gaube, d'où une gorge descend directement au lac d'Estom. Poey-Mourou, qui tire son nom de l'aspect noir et brûlé qu'il a du côté d'Ossoue, est le point de réunion des deux chaînons qui enferment Lutour. Nous gravîmes d'écharpe une pente de l'Araillé tournée au sud-est, que le soleil, qui de bonne heure la réchauffe, avait émaillée d'une multitude de fleurs alpines, jusqu'à un passage sur le revers de Gaube, où la scène changée ne nous offrit que rocs et neiges descendant vers Plumous. C'était l'hiver à côté du printemps, et sur ces neiges rudes et rapides que nous suivîmes de niveau, il fallut chausser nos crampons. Les isards y étaient si nombreux que nos cris en faisaient partir de tout côté. Jean me montra la Hourquette derrière un petit pic plus bas que nous. Ses abords encombrés de débris à nu lui ayant fait craindre qu'il n'en fût de même vers Lutour, ce qui nous eût causé fatigue et perte de temps, il se détermina à gagner une petite brèche plus élevée donnant sur les pentes du nord de Poey-Mourou, où il assurait que la neige ne fondait jamais. Il ne s'était pas trompé : dès que j'eus passé la scabreuse coupure dans un mur de roc tout brillant de verglas, j'eus le plaisir de me voir à l'origine d'un tapis de neige des plus étendus, s'enfonçant à perte de vue en longeant et dominant toujours la gorge de la Hourquette, dont la partie supérieure seule était visible.

Cette nouvelle région est plus âpre et plus désolée que la précédente. Le Poey-Mourou s'élevait à droite, chargé de neiges et de noires saillies, et à gauche des étages en ruines étaient repoussants par leur dégradation. Toutes ces masses sont des monuments condamnés à la destruction, que chaque jour y opère le bras infatigable du temps. Après Poey-Mourou, viennent les pics de Labas et de Soubiran ; et entre ce dernier et celui de Honbérède, nommé *Fuente Frio* par les Espagnols qui y louent quelquefois des pâturages, paraissait en face l'alpestre plateau d'Estom-Soubiran, un des plus élevés, des plus froids du canton ; cependant la bonté de ses herbages, ses petits lacs et leurs sources intarissables, le rendent un des gîtes les plus recherchés des pasteurs. De là on passe dans la vallée de Barèges par des gorges très-élevées au pied de Cestrède et de Mâle, qui aboutissent au lac d'Antarouy.

Les isards étaient toujours nombreux dans ce désert où rien ne les trouble. En glissant le long de la neige, nous en croisâmes plusieurs qui gagnaient à toutes jambes les hauteurs de Labas, où nous en vîmes des troupes, ainsi qu'à notre gauche dans les ravins herbeux de l'Estibet d'Estom. Il y en avait de toutes les tailles, et je fus surpris de voir que les petits se maintenaient toujours à quelques pas de leurs mères, quelque rapide que fût leur course. Ce ne fut qu'après être longtemps descendus que nous trouvâmes la fin de la grande neige ; en suivant les divers lambeaux qui lui succédaient, nous parvînmes au bas de la gorge, d'où leurs brillants tapis semblaient venir du ciel. Nous avions rejoint la voie qui descend de la Hourquette : sa longue avenue, totalement dépourvue de neige par la réverbération des escarpements qui la bordent, était partout obstruée de fragments anguleux. Je jugeai alors combien le guide avait eu raison de l'éviter, puisque nous avions exécuté une telle descente sans fatigue, et en gagnant au moins une heure.

A mesure que j'avançais, je retrouvais en sens contraire la même succession de roches que le matin. A partir du col d'Ossoue, les schistes calcaires et siliceux se montraient mêlés sur l'Araillé, mais depuis la brêche de Poey-Mouron, je n'avais plus vu que ces derniers, surtout de larges bancs de roche de corne. Là finit le terrain de transition. Dans les avenues de la Hourquette, le granit commence à paraître; il domine dans la grande raillère qui est au bas de la gorge, et enfin à partir du lac d'Estom, on ne voit plus que lui dans les fonds comme sur les hauteurs. La limite de la haute chaine calcaire se trouve être ainsi, dans cette direction, à peu près au col d'Ossoue.

Nous nous reposâmes un moment sur une pelouse arrosée d'eau de neige, la première que je revoyais depuis Plumous, où abondait cette livêche odorante que les botanistes ont appelée *méon*, du nom que lui donnent les pasteurs des Pyrénées qui s'en servent comme sudorifique. Je découvris alors le lac d'Estom, encore bien loin sous mes pieds, comme une large mare entre des rives assez tristes. C'est plus bas que nous attendait la partie la plus pénible de la descente, un vaste éboulement de fragments à vive arête, où les faux pas seraient très-dangereux. Sur ce talus tout hérissé, la marche ne saurait être lente. Il faut que l'œil sans distraction soit sans cesse occupé à diriger le pied, qui lui obéit aussitôt avec une précision que l'habitude ne donne pas toujours. J'appris avec étonnement que ces passages étaient fréquentés par les mulets du val de Broto, lorsqu'ils se rendent par l'Oulette et la Hourquette aux pacages de Lutour loués par les Espagnols. Rien ne pourrait donner une plus grande idée de l'adresse et de la sûreté du pied du mulet. On sort enfin de la raillère, et du haut d'un mamelon qui domine le lac et les cabanes, on se trouve en vue du vallon de Lutour, se prolongeant en aval jusqu'aux pentes croisées de Cauterets. Ses fonds en berceaux, où des massifs de bois alternent avec les pelouses des clairières, avaient alors plus de prix pour mes yeux depuis tant d'heures fatigués de neiges et de rochers. Le contraste de ses enceintes verdoyantes, de sa physionomie pastorale, avec la subite grandeur et la rudesse de ses monts granitiques, donnaient à ce coup d'œil imprévu un charme particulier. Les bois ne remontent pas jusqu'au lac, qui ne voit sur ses bords sans effets que de maigres pâtis sous des hauteurs à peu près stériles. On pourrait s'y croire à la limite de la région qu'occupent les pasteurs, si on ne savait qu'au-dessus du ressaut qui, à peu de distance, ferme le vallon, il y a encore d'abondants pâturages où des troupeaux vivent pendant deux mois, le plateau d'Estom-Soubiran que j'avais entrevu de la brèche de Poey-Mourou.

Trois pasteurs d'Estom depuis longtemps nous regardaient descendre vers leur couïla. J'acceptai l'hospitalité qu'ils m'offrirent, car une heure de repos et leur excellent lait me furent délicieux après une aussi rude course. Il était cinq heures et demie. Nous en avions mis trois depuis le col d'Ossoue, malgré l'avance que nous avait procuré la neige, et il y avait encore pour trois heures de marche jusqu'à Cauterets. Couchés sur l'herbe pendant qu'ils faisaient honneur au reste de notre outre, je les écoutais discourir sur les simples occupations d'une vie demi-sauvage. Jean, envieux des bonnes herbes, qu'ils trouvaient encore sur les hauteurs de l'Estibet, où abondent le méon, les trèfles et le réglisse de montagne, était tenté d'y mener son troupeau qui ne paissait plus sur le Mounné que la dure eskie et un gazon demi-sec, car ces montagnes sont communales, et chacun a le droit de s'y établir où bon lui semble. Un ciel toujours serein sur lequel se dessinaient purement les cimes, et cet air frais du soir qui me portant les émanations des sapins, semblait me rendre toutes mes forces, me faisaient mieux sentir le rare bonheur d'avoir eu un jour beau tout entier pour l'intéressante excursion que je venais de faire. D'après ces pasteurs, les noms des montagnes qui bordent le val de Lutour depuis le lac, sont, à l'ouest, *Estibet-d'Estom*, *Estibe-Haute*, *Badette de Labas*, *Limouras*, et enfin *Hourmigas*; à l'est, *Honhérède*, *Culaous*, *Agudes*, *Santché*, *Rioné*, que je crois le même que *Candemil* de Saint-Sauveur, et *Perraute* dont la cime seule était en vue au-dessus du bois de Cauterets.

Après des marches aussi pénibles, c'est un délassement que de fouler un doux gazon où l'on avance sans effort. Les paysages de Lutour réunissent l'aménité des basses vallées aux formes grandioses des montagnes centrales. Rien de plus âpre et de plus inaccessible à l'œil que le chaînon de l'est, que toutes ces terrasses et ces mornes empilés jusqu'aux cimes dont l'aspect est si fier. Mais des bois de sapins et de pins rouges divisés par des espaces herbeux, ou couronnant des étages rapprochés, couvrent les pentes basses où les yeux se reposent. Ce ne sont plus les accidents si variés ou les ressauts alpestres de Gaube, ni ses sauvages bois : jusqu'à la cascade où se termine Lutour, dans des fonds doucement relevés et uniformes dans leur déclivité, des pelouses où le sentier est à peine tracé, succèdent plusieurs fois à de jeunes taillis croissant sur d'anciens bois détruits par les lavanges, ou à de vieux sapins drapés de mousse.

Dans le principal établissement de Lutour, sont six coûllas bâtis au milieu de la plus large clairière, au bord du gave qui n'est qu'un beau ruisseau. Les troupeaux descendaient de la montagne vers leur gîte de nuit, sous la garde des chiens qui ne manquèrent pas de nous assaillir. Ces pacages, qui appartiennent à plusieurs villages d'Argelez, sont les plus recherchés à cause de la bonté et de l'abondance des herbes, comme par la douceur du climat. C'est de toutes les vallées du canton celle où la verdure paraît le plutôt; et comme ces demeures agrestes sont au premier occupant, c'est à qui chaque printemps y devancera son voisin. Nous traversâmes peu après une scène de dévastation; une lavange, partie du Rioné, avait renversé un bois de pins rouges dont les vieux troncs déjà blanchis gisaient sur sa large trace couchés les uns sur les autres, et en face, au milieu du bois du Limouras, un grand espace où d'imprudents pasteurs avaient mis le feu, ne laissait plus voir qu'une multitude de tiges dépouillées et noires comme une forêt de mâts. Tout se réunit pour achever d'enlever aux Pyrénées leur antique et utile parure, et l'homme imprévoyant est l'agent le plus actif de cette destruction. A quelque distance un sapin brûlant par les deux bouts auprès d'une cabane m'indiqua l'avant-poste où l'insouciant caporal, au vu du passavant, dut nous répéter l'indispensable *c'est bon*.

Un jour, en herborisant, étant monté entre les pics de Badette et de Limouras, au-delà d'un col herbu d'où tombe une cascade, je fus surpris d'y découvrir un joli lac au milieu d'un pâturage qui communique par les hauteurs avec ceux qui ont leur issue dans le val de Gaube auprès de Peyrelanz. Il y a peu de pâtis sur la chaîne opposée, mais partout où il y a de l'herbe et de l'eau, le pasteur va s'y établir avec son bétail, dût-il n'y rester que quinze jours. Dans ces courtes stations, il ne se donne pas toujours le soin de construire un couïla, mais profitant de quelque roche creuse ou même d'un bloc isolé, il se contente de s'y clore à demi par un mauvais mur en pierres sèches; c'est ce qu'il appelle un *cacou*. Ces sortes de tanières donnent la mesure de ses besoins et de sa vie rustique.

Le bruit des chûtes de Lutour se fait enfin entendre à l'approche du ressaut qui les produit, et un sentier à la base de Perraute conduit dans le fonds de Cauterets. L'air toujours tonique dans l'ombre des montagnes, et je crois aussi l'aménité des lieux, nous avait tellement ranimés que dans le temps prescrit, depuis les cabanes d'Estom, nous atteignîmes le but. Je fus surpris de ne pas éprouver une extrême fatigue après une course de près de vingt heures, pendant laquelle les forces avaient été presque toujours en action. Au milieu des sites monotones et dans l'air épais des plaines, serait-on capable de pareils efforts?

CHAPITRE XVIII.

Le Tourmalet. — Grip et Paillole. — Hourquette d'Arreau. — Vallées de Louron et de l'Arboust. — Port de Peyresourde. — Luchon. — Vallée de Campan.

Le chemin de Barèges à Luchon par la montagne, est très suivi par les curieux. Ceux à qui les grandes courses sont interdites, ne peuvent en faire qui leur offre plus d'intérêt avec aussi peu de fatigue. Dans ce trajet de douze lieues, des voies commodes pour les chevaux franchissent trois cols d'une élévation moyenne ; des tableaux alpestres succèdent aux sites frais des fonds, et le voyageur a toujours sous les yeux de riches vallées ou de majestueux sommets. J'en pris la route au mois d'août *en partie* avec une réunion d'amis des montagnes déjà éprouvés dans le pélerinage à Héas et dans d'autres courses. Quoique la Russie, l'Angleterre et la France eussent contribué à la former, les goûts étaient les mêmes, et les aimables Françaises que nous escortions n'étaient pas les moins enthousiastes des beautés des Pyrénées.

Les pâturages du Tourmalet étaient déserts, tous les troupeaux paissant alors les gazons élevés où le trèfle de montagne, réglisse des pasteurs, la livèche odorante, l'armoise des rochers et d'autres plantes parfumées donnent au lait une bonne saveur et de bienfaisantes qualités. Les moutons en sont très friands. Pendant les trois mois qu'ils s'en nourrissent, ils deviennent singulièrement gras et bien portants malgré le froid que souvent ils y supportent. C'est un mois plus tard, lorsqu'ils sont descendus, qu'il faut voir l'immense quantité de bestiaux, de bergers et de chiens qui animent ces vastes pâtis.

Depuis le pic d'Ayré jusqu'à celui d'Espade qui, tout hérissé, domine l'arête du Tourmalet, toutes les hauteurs qui sont en vue au midi comme au nord du Bastan, squelettes schisteux et profondément déchirés, adossés au granit qui couvre de ruines leurs faces opposées et d'où proviennent tous les blocs épars, appartiennent à ce dépôt de schiste micacé qui du pic d'Arbizon s'étend jusqu'à Cauterets. Ce terrain est riche en minéraux. Les trapps, les schistes argileux et glanduleux, et le calcaire primitif y abondent, ainsi que cette singulière roche à bandes très minces, où les cornéennes, le calcaire et le pétrosilex alternent régulièrement en conservant toujours leur parallélisme, malgré toutes les inflexions et les rebroussements que les masses ont subis. Au pied du Tourmalet, il y en a des blocs isolés qui, couverts de saxifrages, de primevères et de potentilles, contribuent à la décoration de cette solitude. On trouve principalement dans ce chaînon de l'asbeste, de l'amiante, du cristal de roche, de la chlorite, de l'axinite, du thallite, de la prehnite, du carbonate de chaux rhomboïdal, des grenats noirs, blancs et rouges, de la stilbite, etc, etc. Il est peu de montagnes qui dans un espace aussi borné, offrent un aussi grand nombre d'espèces minérales et autant d'intérêt au naturaliste que les terrains micacés et trappéens de Barèges.

Laissant la pente herbeuse où serpente le sentier du pic du Midi, on traverse le couret d'Oncet pour gravir par de faciles zigzags le large rideau de pelouses qui tout-à-coup se redresse sous les festons en ruine du pic d'Espade, lié par ce col avec le pic du Tourmalet, appendice du pic du Midi dont il cache la cime. Arrêtons-nous sur la crête à une hauteur de plus de 1,100 toises, quoique si près des plaines, pour jeter un coup d'œil à rebours sur la vallée du Bastan, et sur les premiers rameaux de celle de Campan, dont les sites n'eussent point été synonimes de grâce et de fraîcheur, si, en s'approchant de Bagnères, ils eussent conservé leur rudesse première et leur âpreté. Au-delà de ces tapis de verdure de toutes parts étendus, on a peine à distinguer le ravin où se cache Barèges, son bois et ses plateaux fuyant derrière la base de l'Eres-Lids, et la tête arrondie de la butte de Sers. Une vapeur légère indique le bassin de Luz sous les belles masses dont les neiges éternelles et les formes hardies annoncent le haut rang. Cet ensemble a de la grandeur; mais qu'on se retourne, et ce n'est plus qu'un espace attristé, où parmi la neige, les débris et de maigres gazons, cent filets d'eau donnent naissance à l'un des Adours. Les fonds de Grip se cachent derrière des saillies portant quelques sapins; les hauteurs latérales, rapidement déchues, vont s'affaisser aux collines de Sainte-Marie, et la vue s'arrête au chaînon surbaissé d'Esparros qui ne voit plus rien entre les plaines et lui.

Les primevères alpines émaillaient le gazon de leurs fleurs roses, et le long des sentiers la gentiane jaune et la digitale pourprée s'élevaient belles et fraîches du milieu des pierrailles. Au bas du col, les cabanes de l'Artigue, où le pasteur s'empresse d'offrir son beurre et son lait frais, peuvent être le lieu d'une halte agréable, et demi-heure après on arrive au petit bassin de Tramesaïgues entouré de sapins, où résonnaient des clochettes invisibles. Autour des couïlas de la montagne ne sont que de grossières enceintes; mais Tramesaïgues est un hameau d'été dont les parcs sont bordés de hangars où les bêtes se retirent dans les mauvais temps, et qui m'ont servi plus d'une fois d'abri. Sur son toit gazonné alors couvert de fleurs, chaque habitation semblait avoir un parterre, et un petit canal dérivé du torrent d'Arise, né sous la hourquette de Cinq-Ours, y circulait en formant çà-et-là de jolis réservoirs; mais l'objet le plus remarquable est le pic du Midi, dont le cône énorme s'élance au-dessus de tout, hardi et majestueux. Le soir d'un beau jour on voit sa grande ombre se projeter distinctement dans l'air à une distance étonnante. Duperreux n'a point oublié ce beau site. Plusieurs ressauts boisés font promptement descendre la vallée au niveau de Grip, et occasionnent à l'Adour des chutes qui doivent leur renommée à leur voisinage de Bagnères; cependant il en est une qui mérite un regard. Au bas d'une pente herbeuse garnie de genièvres et de rhododendrons, à l'aide de vieux troncs tombés dans le lit du torrent, on peut s'avancer en face. Le fracas des eaux se brisant sur les saillies d'un roc drapé de plantes, le feuillage des sapins qui tranche avec leur éclat, et la voûte obscure qu'ils forment sur la tête, composent un petit tableau complet. Dans le vallon de Géret descendu du pic de Bastanet, sont près de là d'autres cascades. Dans le fond que l'on domine, sur le bord du lit élargi où l'Adour commence à se calmer, gît la source minérale du *Bagnet*, d'une température de 18° malgré les infiltrations d'eau froide, et que l'on croit avoir des propriétés analogues à celles de Barèges; découverte précieuse au milieu de sites charmants et sous un climat plus doux, que la commune de Campan s'occupe d'utiliser en détournant le cours du torrent dont le voisinage l'altère. On arrive enfin aux auberges rivales de Grip, fréquent rendez-vous des buveurs de Bagnères. Les montagnes moins hautes se sont revêtues de bruyères, et celle de droite, tout-à-coup abaissée, ne forme plus entre les deux branches de la vallée de Campan, qu'une longue colline cultivée, grâce à des irrigations conduites avec art. C'est sur ce sol tout diluvien que par le chemin de Rémi, sur le Sarrat de Mortis, on peut gagner directement Paillole; mais nous qui ne voulions rien perdre des gracieuses rives de l'Adour, nous continuâmes à le cotoyer.

Après Grip, le vallon s'étend et le paysage s'embellit d'une suite de tableaux agrestes, de scènes idylliques aussi fraîches que celles qui inspirèrent la riante imagination de Gessner. Le chemin circule au travers de prairies, çà et là interrompues par quelque champ de lin ou de blé, et séparées par des bouquets d'arbres. Des maisons sont éparses au milieu de ces tapis doux à l'œil, la plupart blanchies, couvertes d'ardoises et ornées de galeries qui leur donnent un air d'aisance. De longues lisières de hêtres servent de cadre au-dessous des taillis livrés au parcours, tandis qu'au centre, le cours sinueux de l'Adour est dessiné par deux lignes d'aulnes et de bouleaux qui laissent voir par intervalles ses eaux rapides coulant sans bruit, ou jaillissant en perles liquides. C'est ici que l'on serait tenté d'exécuter ces projets qu'ont inspiré souvent aux amis de la nature les tableaux aimables de Gessner, de Florian, de Rousseau, de passer des jours dans tous les charmes d'une vie champêtre, mais non solitaire. Qu'elles plaisent à l'œil les molles ondulations de ces prairies ! Qu'on serait bien dans ces bois touffus pour les confidences secrètes, les tendres épanchements; et qu'il serait doux de rêver sur cette roche dont le torrent baigne la mousse, au bruit des ondes sans repos qui bondissent, passent rapidement et fuient sous une longue arcade de verdure!

On passe auprès de quelques granges nommées *Capadour*, où Vaucher, abbé de la célèbre abbaye de Morimond, en Bassigny, de l'ordre de Citeaux, sur des terres qu'un seigneur lui avait données, fonda en 1136 une petite abbaye dont quelques pans de murs s'y voient encore, et qui six ans plus tard, à cause de son site froid et trop reculé dans les montagnes, fut transférée par l'abbé Bernard de Labarthe, à l'Escaledieu, sur l'Arros, qu'il avait reçue en don du comte Pierre de Bigorre et de sa femme Béatrix. Saint Bertrand, évêque de Comminges, y résida, et c'est sur le témoignage que les moines de Capadour rendirent de ses miracles, qu'il fut canonisé. En face, s'élèvent les masses arides et les hauts escarpements du dernier chaînon calcaire, où les habitants ont tracé à grand'peine un sentier dont les rampes allongées s'aperçoivent contre leurs flancs brûlés. Le hameau d'été d'Ourdincède, qui le couronne, riche en vues de montagnes et entouré de pâtis, devrait être plus souvent le but des courses des curieux, dussent-ils n'y voir que la vallée de Campan, développant en bas tout entière sa riche topographie. A Sainte-Marie, on laisse le chemin de Bagnères pour remonter l'autre embranchement nommé la Seoube, qui conduit dans la vallée d'Aure. Ici tout devient plus agreste, et le tableau moins étendu n'a plus autant d'aménité, mais les sites peuplés et gracieux des Estupats y sont plus variés. La route est souvent serrée entre les falaises du côteau et le torrent; et sur l'autre rive de hautes roches se drapent d'arbrisseaux suspendus sur le précipice. Ces terrasses naturelles, où de longues files de granges toutes pareilles ressemblent au front de bandière d'un camp, sont les soutènements des prairies et des bois de Laouzence qui s'étendent jusqu'au plus haut des montagnes visibles.

Nous arrivons à Paillole, où comme au pied de tous les ports, sont de modestes auberges appréciées du piéton, et les hauteurs de toutes parts reculées laissent voir une scène belle par son étendue et sa simplicité : une large arène de pelouse nommée le pré Saint-Jean, parfaitement nivelée, qu'entoure une ceinture de forêts où règne seul le sapin, dominées au midi par les cimes aiguës et les hauts ravins de l'Arbizon. A l'entrée du petit vallon qui conduit à Sarrancolin par les bois, sont les carrières du marbre de Campan que Louis XIV fit ouvrir pour l'employer dans ses fastueuses constructions. Les blocs étaient conduits par un chemin pavé fait exprès jusqu'à Sarrancolin, pour de là suivre la même voie que les marbres de la vallée d'Aure en les embarquant sur la Neste. Le marbre *Campan*, d'un vert nuancé de rouge et de blanc, est un calcaire argileux amygdalin parfaitement cristallisé et susceptible de prendre un beau poli ; mais il ne doit être employé qu'à l'intérieur, les feuillets argileux qui y abondent, se détériorant promptement à l'air, comme on le voit aux colonnes du péristyle du Grand-Trianon, très dégradées en dehors. Les nodules ovoïdes qu'on y remarque sont dûs à des nautiles empâtés dans la roche qui n'existent maintenant que dans les profondeurs des grandes mers, et de tels nodules se trouvent d'un bout à l'autre de la chaîne, de Baïgorry à Villefranche-de-Conflent, dans des calcaires amygdalins qui sont du terrain de transition. Cette immense quantité de nautiles fait voir qu'à l'époque où se déposaient les premiers terrains de sédiment, les animaux qui peuplaient les mers étaient abondants et déjà perfectionnés dans leur organisation. Tous les calcaires ont renfermé des fossiles dont les débris les ont formés, et s'ils n'y sont pas distincts, ce doit être par suite de quelque action métamorphique que la roche aura subie. Sur cette vaste pelouse, que sillonnent les humbles sources de l'Adour de Paillole, parmi des touffes de genièvre, croissent quelques gentianes et l'aconit bleu, que je fus surpris de trouver aussi voisin des plaines; mais ses tiges grêles disent assez qu'il est loin de ses sites naturels. Le sol qu'on foule ici n'est pas sans renommée : le pré Saint-Jean se nomme aussi *Camp Bataillé*, parce que c'est le lieu où, en l'an 27, le lieutenant d'Auguste, Messala, battit et fit rentrer sous le joug les Bigorrais qui avaient pris part à la révolte de la Bretagne, de l'Hispanie et de toute la Gaule aquitanique.

Nous commençons à monter dans le bois, en suivant la pente d'un vallon où murmurait un ruisseau invisible descendu des ravins de l'Arbizon. Sous le feuillage opaque de ces beaux sapins que la lumière avait peine à percer, régnent toujours des ombres fraîches, et leurs branches entrecroisées formaient des voûtes profondes d'où pendaient sur nos têtes de tristes draperies en harmonie avec une scène calme et d'une imposante immobilité. Le silence de cette forêt, son aspect mystérieux avec ses mille troncs pressés côte-à-côte sur un sol net et uni qu'un peu d'herbe tapisse, et qui semblent se mouvoir dans un lointain clair-obscur, produisent une impression grave qu'on ne ressent pas au même degré dans les bois de nos plaines dont les formes sont variées et les teintes plus gaies. Seul on s'y laisserait aller à des rêveries que nul bruit ne trouble; on se plairait à s'égarer dans de vagues pensées. Vers le milieu du bois, sur un petit plateau légèrement ondulé que recouvre la plus fraîche verdure, s'ouvre une clairière où sont les Courtaous d'Ets-Artigous, appartenant à la vallée d'Aure quoique sur le versant de Campan.

Après les bois, des pelouses se montrent de toutes parts étendues dans de larges fonds comme sur les premières pentes du pic, que surmontent jusqu'à la cime des ravins verticaux et d'âpres arêtes. Sur ces grands pâtis se voyaient seules quelques cabanes auprès des filets d'eau que l'été voit tarir, et des moutons épars, scène tranquille où l'œil se repose avec plaisir à la sortie du bois. Après une fontaine où tout passant s'arrête, on atteint le col où est ouvert le passage nommé Hourquette d'Arreau. Un peu plus haut à droite, en est un autre nommé Hourquette d'Ancizan, parce qu'il conduit directement sur cette petite ville, un des lieux principaux d'Aure. Ici les décorations changent et prennent plus de grandeur. Au bout de longues pentes boisées, les yeux plongent sur le bassin, où Arreau, chef-lieu de la vallée, se dessine au milieu des moissons et des prés que traverse la Neste. Des villages, de riches cultures et des pâturages, des bois et des rochers sur les autres plans, et dans un lointain de masses tourmentées les monts d'Aure et de Louron qui, sous le même coup d'œil, rapprochaient les glaces de l'hiver des fruits de l'été, complétaient une ravissante perspective. On se trouve sur ce point à peu près sur la limite du calcaire et des montagnes schisteuses. Sur le pic d'Arbizon, comme au pic du Midi, sont des roches glanduleuses, du granit mélangé et des schistes micacés. On y a trouvé de beaux grenats rouges. De Pailhole, il faut quatre heures pour monter à sa cime, d'où la vue est très-belle sur Campan, sur toute la vallée d'Aure et sur la haute chaîne de la Garonne. A la Hourquette passe une ligne remarquable dans la configuration de nos contrées, celle qui opérant la séparation des eaux entre l'Adour et la Garonne, dessine la limite de leurs bassins. Au nord, cette ligne, des hauteurs de Bassia et d'Arneille dont les têtes chauves ont peine à percer les bois, descendant dans la plaine, traverse la lande de Lannemezan; suit le rein qui sépare l'Arros et le Bouès des Baïses; passe à Miélan; se dirige entre l'Oussouïre et la Douze, d'une part, l'Osse et la Gelise de l'autre; passe à Séaille, à Eauze et à Saint-Criq, où devait être établi le point de partage du canal des Landes, si le projet en eût été praticable; laisse à droite les sources du Rhimbès et du Ciron, et en ondoyant au travers des Landes, va se terminer à la pointe du Médoc. Au midi du pic d'Arbizon, cette même ligne va toujours s'élevant par les hauteurs de Bastan et d'Aiguecluse, jusqu'à Neouvieille, au Pic-long et à Cambièle, d'où, cernant la moitié du beau cirque de Héas, elle atteint la crête de la chaîne à la montagne de Troumouse.

On passe une brèche étroite, et en bas sous de grands hêtres on retrouve de nouvelles voûtes de feuillage d'un demi-jour moins lugubre. Sur des talus de plus en plus inclinés, nous mîmes pied à terre, chassant devant nous nos montures qui nous donnaient des preuves de leur adresse en glissant sur leurs quatre pieds sans chanceler. Le soleil, caché derrière le pic, n'éclairait plus que la moitié du bassin d'Arreau, visible par intervalles, lorsque nous tournions autour de quelque croupe; et la brise du soir commençait à nous porter, avec un air plus frais, les émanations du foin coupé pour la seconde fois, qui semblaient réunir les parfums de toutes les fleurs des prairies. Cet air balsamique avait rendu leurs forces à nos compagnes de voyage; et dispersés, nous n'allions lentement que pour mieux jouir d'une contrée romantique, ou plutôt, obéissant à l'influence du site et de l'heure, chacun se trouvait peut-être dans ces dispositions vagues, où, sans y penser, on cherche l'à-parté; car, qui n'a senti tout ce qu'inspirent d'émotions les bois, par une belle soirée d'été et au milieu des montagnes, dont les scènes magiques ont tant de pouvoir sur l'âme?

Les rideaux de feuillage s'écartent, rien ne cache plus le bassin d'Arreau, où se réunissent les Nestes d'Aure et de Louron, et ce tableau subit n'en est que plus gracieux. On voit la vallée s'enfuir vers Sarrancolin en un étroit défilé dont les masses, aux formes escarpées du calcaire, sont riches en marbres dès-longtemps exploités; et, en amont, entre des sommets toujours plus exhaussés, elle s'ouvre en une longue plaine où chaque coin de terre paie largement le travail qu'il exige, se couvre de villages jusques sur les pittoresques degrés de ses montagnes et conserve ses riches points de vue jusqu'à Saint-Lary. C'est là que prenant des aspects et plus grands et plus sombres dans les intervalles resserrés des hautes masses qui semblent poser sur son sol nivelé, elle se divise en plusieurs gorges qui remontent aux divers ports de la crête versant dans les vallées de Bielsa et de Gistain, comme dans celles de Héas et de Barèges. Son dernier village, Aragnouet, rappelle ces chrétiens qui, à la fin du VIIe siècle, chassés de l'Aragon par les Maures, y trouvèrent un asile en y portant leur nom. L'étroit débouché de Louron, en face même d'Arreau, ne laisse pas deviner l'autre vallée qui, riche aussi et très peuplée, voit ses premiers rameaux descendre de sommités plus majestueuses encore. C'était notre route pour le lendemain.

A Arreau, où les gîtes sont en rapport avec leurs chalands des deux versants, nous fûmes heureux d'être accueillis dans une maison de négociants, dont les relations avec l'Espagne étaient alors très-étendues, avec ces manières franches et cordiales qui rappellent le bon vieux temps. La Neste grondait sous ma fenêtre. Ce ne fut pas sans plaisir que je la vis se précipiter et s'enfuir vers la Garonne, et à ces eaux furibondes qui devaient bientôt baigner ses rives, je confiai des vœux nés des souvenirs du pays natal. Le patriarche octogénaire de la famille, doué de cette gaîté naturelle qui rend toujours la vieillesse aimable, égaya le souper improvisé par de vieilles histoires, qu'il contait avec tant de plaisir, dont il riait de si bon cœur, que force était de l'imiter. Il nous donna d'excellent tabac d'Espagne, et des morceaux d'une mine de cobalt qui avait été exploitée dans la vallée de Gistain, pour alimenter la manufacture de Safre que le comte de Beust avait établie en 1784, à Saint-Mamet, près Luchon. On trouve encore, au fond des Pyrénées, quelques familles de mœurs antiques par leur simple et généreuse hospitalité. La maison Ducuing eût été digne d'un meilleur avenir; les malheurs de la guerre d'Espagne ont cruellement pesé sur elle. Arreau a été fondé par les *Arebaci*, une de ces peuplades que Pompée ramena d'Espagne avant l'ère chrétienne, et dont le village d'Arbas, autrefois plus grand, rappelle mieux encore le nom.

Dès la sortie d'Arreau, on entre dans la vallée de Louron, en côtoyant la rive gauche de sa Neste; *Neste*, comme *Gave*, est un nom générique, issu du celtique. Un défilé monotone sous des escarpements schisteux qui renferment des roches à bandes analogues à celles du val de Bastan, n'annonce guère la vallée qui peut le disputer en beauté aux premières des Pyrénées. Montant droit au midi, toujours creusée dans le terrain de transition, elle se termine à de hautes montagnes, dont les sommets aigus et chargés de neiges bornaient notre horizon. Ses rameaux supérieurs conduisent aux deux ports de Clarbide et de La Pez, très-difficiles l'un et l'autre, et fréquentés par les seuls contrebandiers. La matinée était fraîche; dans l'ombre encore des hauteurs, avec un air pur nous respirions les salubres émanations de la vallée, et un ciel sans nuages nous annonçait une journée de chaleur. Après une lieue, l'espace s'étend au village de Bordères, chef-lieu du canton. Les restes de son château font souvenir du rôle qu'il a joué dans les guerres de ses anciens maîtres, les comtes d'Armagnac, dont le dernier vint y chercher un asile; Jean V, moins fameux par son esprit remuant et sa révolte contre Charles VII, que par ses amours publics pour sa sœur Isabelle, suivis d'un mariage qu'il osa célébrer avec pompe, malgré toutes les foudres de la cour de Rome. En 1148, Pierre, comte de Bigorre, donna Bordères aux Templiers, fondés trente ans auparavant par *Hugues Pains*, chevalier champenois. Plus tard, il fut érigé en commanderie d'où dépendaient l'église de Luz et l'hôpital de Gavarnie; et en 1313, quand eut lieu cet acte terrible si diversement jugé, la destruction totale de l'ordre, tous les Templiers du Bigorre ayant été conduits à Auch et exécutés avec leur dernier commandeur, Bernard de Montagut, Bordères suivit le sort de tous leurs biens, qui furent donnés à la commanderie de Saint-Jean de Jérusalem d'Aureilhan, près Tarbes.

A Avéjan, la vallée est devenue une plaine large, prolongée et partout du plus riant aspect. Sur ce champ plus vaste, les bases des montagnes s'adoucissent, se bigarrent de nombreux villages, de pâtis, de bois et de cultures; et la Neste, en repos, coule au milieu des prairies. Ces paysages ne le cèdent à nul autre pour le luxe de la végétation, la beauté des points de vue; et leur ensemble, où la grâce des montagnes s'unit à la fécondité des plaines, est couronné par les monts de Clarbide et de La Pez, dont les masses neigées vont toujours grandissant. De distance en distance, le fond est barré par des terrasses qui soutiennent des espaces nivelés et marécageux; lieux d'autant de petits lacs qui se sont écoulés à mesure que la Neste a rongé leurs digues. Peu de vallées en offrent d'aussi nombreux et aussi régulièrement espacés. Après Adervielle, on franchit le principal ressaut que flanquent en regard Génos et Loudervielle situé sur le chemin du port de Peyresourde qui devait nous livrer passage vers celle de l'Arboust.

A Loudervielle se fit notre halte de midi, dont la petite caravane, peu aguerrie contre les ardeurs du soleil, était déjà impatiente; et ce fut avec plaisir qu'elle se trouva sous les grands arbres qui le précèdent, où le frais s'était réfugié.

Sous leurs dômes de verdure, faisant porter du modeste cabaret tout ce qui put être joint à nos provisions, nous fîmes un de ces repas agreste qu'aiguise la singularité, et sous les yeux de tout le village accouru. Au milieu de cette nombreuse galerie était une naine de 28 ans, dont l'air idiot indiquait cette race dégradée qu'on retrouve encore dans toutes ces vallées. Dès Louron on peut remarquer des nuances physiques et morales qui distinguent les habitants de leurs voisins de l'ouest. La vivacité, l'agilité ont toujours décru depuis l'Océan, et ils n'ont plus au même degré cet air hardi, ce caractère décidé, cette intelligence, qui appartiennent au Bigorrais, au Béarnais, surtout au Basque; traits prononcés qui s'effacent en avançant vers l'est, où le sang indigène a vu ses qualités s'amoindrir sous de trop fortes doses du sang épais et lourd des races du nord. Les montagnards y deviennent toujours davantage doux et sociables, jusques dans le Roussillon, où se montre une autre race qui a la hardiesse et l'irascibilité du Basque, sans toutes ses bonnes qualités. Un observateur attentif y démêlerait encore les caractères que l'histoire nous a conservés des peuples divers dont ils sont les descendants mélangés.

Il est un trait commun à tous, une grande superstition qu'entretient parmi eux leur extrême ignorance. Leur existence à l'écart dans des lieux où l'instruction n'a pas pénétré, en est sans doute la principale cause; mais le pays qu'ils habitent ne contribue pas peu à exalter cette maladie de l'esprit. Sur les hautes montagnes, où réside pendant plusieurs mois une partie de la population, leurs yeux ne sont frappés que de scènes étranges : des masses décrépites et menaçantes; des torrents dévastateurs; des déserts de neiges et de ruines qui semblent soumis à l'influence de mauvais génies; des précipices effrayants où la tradition attache quelque catastrophe; des forêts sombres qui glacent l'imagination, toujours la demeure de quelque fantôme, et des phénomènes atmosphériques portés au plus haut degré de violence. Ce sont des ouragans auxquels rien ne résiste, qui abattent des bois entiers et dont on n'a aucune idée dans nos plaines; des coups de tonnerre cent fois répétés et grossis dans le dédale des gorges, tandis que de la cime des pics s'écroulent des débris; des avalanches, enfin, qui avec un bruit formidable, se précipitent des flancs des montagnes, détruisant tout sur leur passage et ensevelissant à la fois hommes, troupeaux, tous les êtres vivants. C'est surtout pendant la nuit, que le pâtre passe souvent loin de sa hutte, que les impressions sont fortes. C'est alors que l'apparence singulière des neiges qui semblent se détacher des monts; l'aspect confus des masses que séparent de noires profondeurs, et de fréquents météores plus éclatants dans une atmosphère épurée, joints au murmure des torrents et aux retentissements inégaux des cascades lointaines, n'offrent à une imagination déjà frappée, que des objets extraordinaires, des bruits sinistres et un pays peuplé d'êtres fantastiques. Aussi n'est-il pas de cabane solitaire qui n'ait sa *pape*[1]; pas de caverne qui n'ait sa *hade*[2]; ni de cimetière son loup-garou; et pas de village dont la moitié des habitants ne soient sorciers. Peut on s'étonner qu'il s'y passe des scènes déplorables, telles que celle qui eut lieu à Sers près Barèges, où une malheureuse femme fut martyrisée comme sorcière.

Les noms de la plupart des villages de Louron, comme ceux du Béarn, semblent avoir été donnés par un peuple sensible à l'euphonie : Adervielle, Génos, Avéjan, Loudenvielle, Armenteule, ne dépareraient pas un vers. Il en est un qu'une femme éprise de ce beau pays, a choisi pour la scène d'un petit roman, *la Bergère d'Armwielle*. De notre frais asile la vue s'étendait sur toute la vallée, où parmi des moissons et des cultures variées brillait la Neste, jusqu'au défilé de Bordères et aux rochers de Sarrancolin. En face l'œil s'élevait progressivement sur le chaînon longtemps surbaissé qui sépare Louron d'Aure, jusqu'à la haute chaîne, aux pics de Thou, d'Estiouerre et de Batoa, qui lisent dans les gorges de La Pez et de Rioumajou; et sous nos pieds, un espace nivelé, près d'un monticule portant les restes d'un monastère des Templiers, était le lit du plus grand des lacs qui se parta-

[1] Revenant. [2] Fée.

geaient les lieux bas. Plus loin, à l'aide des pentes diversement éclairées qui s'entrecroisent, on suit de l'œil toutes les sinuosités des gorges de La Pez et de Clarbide. Entre elles s'élance, du fond de l'ancien lac, une grande montagne conique dont les bases sont revêtues de forêts; c'est le pic du Midi de Génos. Des monts granitiques s'élèvent encore derrière lui, et portent jusqu'aux nues des glaces et des pics décharnés; région désolée qu'habitent les aigles et les isards, que le contrebandier seul ose affronter. La fierté de ces sommets, leur élévation, annoncent déjà le groupe culminant que commande la Maladette, la plus haute des Pyrénées. Nos voyageurs, quoique familiarisés avec les montagnes, ne pouvaient qu'admirer leur grand caractère et leurs formes colossales qui, jointes à la variété des teintes, des couleurs et des reflets, sous un air parfaitement limpide, en faisaient de magiques tableaux.

Une voie pierreuse nous amena sur la hauteur de Peyresourde, où nous mîmes pied à terre sur la bruyère fleurie, rafraîchis par le vent léger qui traversait le port, long passage ouvert dans une masse de schistes très fendillés, et s'en allant en débris. On est tout surpris de trouver sur ces hauteurs une bonne route commencée avant la révolution, qui bientôt perdue vers l'Arboust vient finir de ce côté dans les prairies de la Neste. Cette amorce est maintenant comprise dans une route départementale entre les deux Bagnères, d'une très-grande utilité pour les vallées qu'elle traverse et entre lesquelles il existe d'importantes relations de commerce. De l'extrémité de ce passage largement ouvert entre des croupes arrondies, se découvrent de nouvelles perspectives : la vallée de l'Arboust déroulant sa verdure uniforme sur les hauteurs médiocres qui la séparent de la petite vallée d'Oueil, et sur la serre d'Estivère, premier degré de ce grand contrefort, qui, par une suite de ressauts alpestres, remonte jusqu'à la haute chaîne d'Oo. Deux ou trois groupes d'habitations et de nombreux bestiaux se voyaient seuls sur ces interminables pâtis où résonnaient leurs beuglements confus.

On chemine longtemps sur ces nus pâturages jusqu'auprès

du village de Casaux d'où paraît dans un fond à droite celui d'Oo, à l'entrée du val de Lasto, partie supérieure de l'Arboust, tournant droit au sud vers cet entassement de rocs chenus qui flanquent les âpres ports de cette région. De beaux glaciers, d'où sort le Go, l'une des sources de la Garonne, les drapaient, et leurs pics acérés soutiraient alors les éléments de la foudre du sein de grosses nues que le vent d'Espagne y poussait. Là, sont les lacs où les curieux vont visiter la magnifique chute qui forme le déversoir du lac d'Espingo dans celui de Séculégo. Près de Casaux sont épars des blocs de granit, remplis de grands cristaux saillants de feldspath, où se voit nettement leur double cristallisation. Ces blocs roulés par le torrent ancien dont le Go n'est que le faible reste, ou portés par le glacier d'autrefois qui aurait rempli le val de Lasto en son entier, proviennent du port d'Oo, où j'ai reconnu le même granit en place dans une masse considérable qui paraît se prolonger vers Clarbide.

Le soleil baissait, et les nuages orageux amoncelés sur les derniers sommets s'étaient revêtus des brillantes livrées du couchant. Parfois, quelque ouverture subite y laissait voir une cime qui, reposant sur la nue, paraissait d'une élévation prodigieuse; et l'éclat des neiges dorées ou teintes de ce bleu léger qui, comme un voile céleste, vernit les hautes sommités, lui donnait l'apparence de ces palais fantastiques que les fées se plaisaient à bâtir au haut des airs. Dans toutes ces masses flottantes semblaient être des figures monstrueuses, des tours, des châteaux et mille autres formes, comme dans ces effets de mirages, aisément crus magiques, qui, au lever du soleil, émerveillent quelquefois les riverains de l'Adriatique, et qui les font s'écrier dans leur enthousiasme : Morgana! Morgana! parce que c'est aux prestiges de cette fée qu'ils les attribuent.

Au-delà de Saint-Aventin, près de la chapelle de Pons, dont la mousse avait alors envahi l'autel, et sous la vieille tour de Castelblanquat tristement perchée sur une saillie opposée, la vallée resserrée au débouché de celle d'Oueil qui monte à gauche vers la Barousse, n'est plus qu'un défilé, où le torrent résonne entre les terrasses surhaussées de Casaril et les pentes boisées de Gouroun. Avec l'ombre des montagnes, nous y retrouvâmes cette fraîcheur tonique qui répare des fatigues, et nous nous plaisions à ses détails gracieux : ici, une masse escarpée et des hêtres aux rameaux étendus se projettent sur le Go qui fuit dans la profondeur, ou des roches noircies par ses vapeurs y descendent drapées de plantes vigoureuses ; et, plus loin, sous un pli de la montagne où l'eau coule inaperçue, une jolie chute élancée du feuillage vient tomber avec bruit au milieu du canal. Enfin Luchon paraît avec sa petite plaine dont le sol bigarré de cultures est plus riche sous les forêts et les masses qui de partout l'enserrent. On passe le pont du Go, et au bout d'une allée d'ormeaux, de tilleuls et de sycomores qui, ordinairement solitaire, a été nommée par les Céladons des eaux l'*Allée des Soupirs*, on entre dans la ville. Notre cavalcade ne passa point inaperçue, car, le soir, furent pour nous les honneurs intéressés qu'on réserve aux étrangers. Pendant le souper, plusieurs musiciens et une vielle organisée nous firent entendre Cendrillon et le duo du Prisonnier. Que ne peuvent des dispositions favorables ? Nous trouvâmes la musique charmante, et la journée se termina dans cette vive gaîté qui anime de telles parties.

Relégué au second, je ne fus pas le plus mal partagé : de mes fenêtres, qui dominaient les toits voisins, j'avais vue sur le bassin tout entier de Luchon. Dans ce large fond, où parvenait la faible lumière des étoiles, quelques nuances se distinguaient encore, mais les montagnes n'étaient que des masses noires, découpées sur le ciel de l'est, que la lune commençait à colorer, tandis qu'à la haute chaîne les neiges étaient visibles sous ses pâles rayons. Tout dormait et nul bruit ne frappait l'oreille, si ce n'est le murmure éloigné de la Pique, qui ne troublait pas le calme général. Entraîné par le charme du moment, je me plaisais à jouir de cette paix solennelle répandue sur la nature, plus imposante lorsqu'elle semble se livrer au repos. Je restai longtemps à contempler ce tableau inanimé et sans couleurs, où toutes les formes confuses livrent un champ vaste à l'imagination, et à me laisser aller à ces rêveries vagues et douces qu'inspirent, dans les temps heureux de la vie, la nuit et le silence. Regrettant vivement de devoir me borner à une reconnaissance, et de quitter ces montagnes sans voir de près leurs beautés sans nombre, je me promis d'y revenir, mais seul ; pour de telles courses, il faut être libre de suivre ses inspirations et ses projets.

Le climat de Luchon est doux, quoique près des glaciers. L'excellence de ses eaux, la beauté de ses sites, en font chaque été le rendez-vous d'un grand nombre d'étrangers, qui viennent y chercher, les uns la santé, d'autres le plaisir et tous un séjour délicieux au milieu de l'air vif et sain des Pyrénées. Le goût pour les voyages des eaux semble toujours davantage se répandre, et l'opinion devenir plus générale du charme attaché à leur séjour, qui est réel, en effet, lorsqu'avec le sentiment du beau, on peut étudier la nature dans les lieux où elle se revêt de plus d'attraits, et nourrir ses pensées en présence des scènes grandes et sublimes qu'elle déploie dans les hautes montagnes ; et ces plaisirs de l'âme et de l'esprit peuvent être doublés par une société choisie qui, délassant d'études plus sérieuses, ou faisant d'utiles diversions à des penchants qui prennent toujours plus d'empire, offre d'aimables distractions, comme pour y réunir tous les genres d'intérêt. Quelques archéologues pensent que Luchon, où l'on a trouvé des autels votifs en grand nombre, est le lieu des fameux thermes Onésiens des Romains, que d'autres placent aux eaux de Capvern, près Tournaÿ, et que son nom peut venir de celui du dieu Lixon (Lixoni deo) inscrit sur un de ces autels Mais la première opinion est plus probable, et Capvern serait alors les *Aquæ Convenarum*, sur la route d'*Aquæ Tarbellicæ* (Dax) à *Lugdunum* et à Toulouse, dont la contrée offre encore plusieurs jalons certains. Le bâtiment thermal qui a succédé à de misérables baraques, grand et commode, renfermant soixante baignoires, est construit sur le lieu même des sources qui varient de 24° à

50° R. et sortent du granit recouvert par un schiste micacé, au pied d'un bois que percent mille routes. La source de la Reine était autrefois presque froide; on se rappelle qu'à la suite d'un tremblement de terre qui eut lieu à la fin du 17e siècle, elle monta à une température de 41° qu'elle conserve encore. Luchon possède la source la plus sulfureuse qui ait été observée dans les Pyrénées, et un grand nombre, surtout à l'est de la chaîne, ne l'ont été par personne. L'établissement est entouré de promenades, de fleurs, et séparé de la ville par une triple et superbe allée de tilleuls, longue colonnade de ce temple de la santé, qui bordée d'élégantes maisons est comme le boulevard d'une grande ville. C'est là le beau quartier, où le matin circulent les baigneurs, les uns, d'un pas hâté, modestement revêtus de manteaux, d'autres, portés dans des chaises gothiques, qui ne mettent pas plus à l'abri des regards indiscrets que des intempéries de l'air, pendant que les sybarites vont à grand bruit au bain dans de brillants équipages. A d'autres heures, le tableau changé offre des groupes de promeneurs à pied, à cheval ou dans de légères calèches, réunis quelques jours pour boire l'eau souffrée, ou ranimer dans un air plus pur des constitutions affaiblies, et toujours pour faire assaut de luxe et d'élégance. Sur la place qui précède l'allée, où abondent les traiteurs, les cafés, les marchands et les libraires, c'est une affluence continuelle, où les nations, les rangs et les états confondus s'étonnent de leur réunion momentanée. Mais à la fin de septembre, cette brillante cohue se dissipe dans toutes les directions; ces jolies maisons, ces hôtels se ferment, et Bagnères, livré à ses seuls habitants, n'est plus qu'une petite ville de montagne.

Le lendemain fut consacré à tout ce que les alentours renferment de beaux sites accessibles sans fatigue, et le second jour la petite caravane était de nouveau sur le chemin de Barèges, lorsque les neiges du port commençaient à se dorer. Nos voyageuses peu accoutumées à une telle diligence, étaient loin d'y avoir regret : l'odeur suave que les plantes exhalaient, mêlée à l'air frais du matin ; les couleurs plus vives de tous les objets rendaient ce moment délicieux dans la pittoresque gorge de l'Arboust. Si le matin et le soir d'un beau jour ont bien des traits communs, que leur influence morale est différente ! Le matin tout est brillant de la rosée ; les oiseaux gazouillent dans le feuillage ; le repos de la nuit qui a tout ranimé et l'espoir d'une belle journée, inspirent la gaîté, la joie ; mais le soir l'astre qui anime la nature perdant de sa force et disparaissant à l'horizon ; les bocages devenus muets ; toutes les couleurs s'éteignant peu à peu, et les ombres de plus en plus épaissies, font éprouver un sérieux involontaire en rappelant sans doute la fin des beaux jours de la vie, et cette nuit qui doit survivre à tout.

Des hauteurs de l'Arboust, les montagnes d'Oo nous apparurent, non plus enveloppées d'orageuses vapeurs, mais se détachant avec leurs glaciers sur le ciel le plus pur. De ces régions célestes, la vue aimait à s'abaisser sur les vertes pelouses étendues jusqu'au port de Peyresourde, où quelques instants furent donnés au repos et aux belles perspectives de Louron. A Loudervielle, sous les mêmes arbres et entourés de la même galerie, notre longue halte se prolongea jusqu'après les heures de chaleur. En passant la Neste, je trouvai un fragment de schiste à aiguiser de couleur glauque, provenant d'une carrière près de Génos, où ses couches sont intercalées dans l'ardoise qu'on y exploite. Louron suivie ainsi à rebours se présentait sous des aspects nouveaux qui en complétaient la reconnaissance. A Arreau, c'était un jour de foire : tous les abords étaient encombrés, et ce fut bien pis dans ses rues étroites, où nous eûmes grand'peine à percer. Pour la maison Ducuing, c'était une arche de Noé : des Espagnols, aux mines patibulaires, y affluaient, et cependant la plupart arrivaient de Sarragosse ou de Balbastro, chargés de quadruples. Nous nous enfuîmes dans la prairie, où la vue des montagnes d'Aure, dans l'ombre, et le calme de la nature, nous reposèrent de ce brouhaha, qu'il nous avait fallu subir pendant deux heures.

De grand matin, sonnant le bout-selle, j'éveillai mes compagnons avec les vers du poète :

> .... Awake ! awake ! the morning springs ;
> The dew-drops glance around ;
> The heifer lows ; the black-bird sings ;
> The echoing vales resound. [1]

Ayant repassé la Hourquette, avant d'entrer sous les sapins, nous fîmes halte sur la savane de l'Arbizon, en vue de toute la vallée de Campan. Auprès des forêts qui se joignent à droite avec celles du Lhiéris, le bassin de Paillole était comme l'arène d'un sombre amphithéâtre, et sous la tête majestueuse, nue et menaçante du pic du Midi, de longs talus, des croupes prolongées opposaient leurs mille cabanes et leur verdure aux blanchâtres escarpements du nord. Les hauteurs de Baudéan et le morne obscur du Mounné arrêtent la vue au fond du tableau, qui sans eux glisserait au loin sur la plaine de Tarbes. A Sainte-Marie, continuant notre route vers l'autre Bagnères, nous saluons de l'œil le vallon de Grip, avant de découvrir Campan, qui bientôt ne nous laissa regretter aucune de ses beautés agrestes.

Les autres vallées s'énorgueillissent de leurs riches aspects, de leur fertilité, ou se décorent d'une grandeur sauvage; ici tout rappelle la vie pastorale et son bonheur tranquille. Mais qui pourrait dépeindre comme elle mérite de l'être, cette vallée charmante, cette Arcadie de nos jours, si connue, si souvent parcourue? cette suite de maisons propres et bien bâties, qui font de la route un village continuel, et dont chacune a son pré, son bois ou son jardin? cet Adour bruyant et rapide, mais respectant les prairies où il déroule son cours sinueux, qu'il fertilise et ne ravage jamais? Sur es masses informes dont il ronge la base, des escarpements entassés dont l'œil s'étonne et brûlés par le soleil, au-dessus

[1] Debout ! debout ! le matin vient de naître ; la rosée brille sur la verdure ; la génisse mugit ; le merle chante ; les échos des vallons sont partout reveillés.

des rudes talus où quelques buis croissent seuls au milieu des pierrailles, rehaussent le charme de ces habitations plaisantes, de ces scènes gracieuses qui à leur pied attachent la vue et plus encore le cœur de l'observateur. Au midi, quel contraste ! des pentes faciles s'élèvent par de doux gradins jusqu'aux premières croupes, piédestaux du pic fameux dont la cime ruinée est toujours menaçante pour les beaux vallons étendus sous ses masses. Comme l'œil se repose sur cette verdure unie dont les molles ondulations n'ont d'autre variété que quelques filets d'eau brillants dans leur rapidité, de petits bois et des cabanes qui semblent l'asile de la paix et de l'aisance champêtre! Qu'on aimerait à errer dans ces prairies creusées en berceau, sur ces dos arrondis d'un dessin si pur, ou se cacher dans les frais bosquets qui les divisent! Ces pasteurs, ces nombreux troupeaux descendus après la dernière fauchaison, que de charme et de vie ils répandent sur ce large tableau, où tout est suave, où tout se rapproche en harmonies naturelles! Il ne manque qu'un poète aux sites de l'Adour, qui ne seraient pas moins inspirateurs que ceux de la Limmat, du Tage ou du Gardon, où la nature, aussi riante peut-être, n'est pas aussi majestueuse. Si, lassé des agitations et des mécomptes du monde, libre, je sentais le besoin de revenir au calme d'une vie égale et aux études paisibles, c'est auprès de l'Adour que je choisirais ma retraite. Au milieu des impressions que le voyageur éprouve dans cette aimable vallée, peut-il ne pas envier à ses habitants tous les biens dont ils peuvent jouir ? mais en connaissent-ils le prix ?..

O fortunatos nimium !..

Parmi les vallons qui s'ouvrent à gauche et s'enfoncent entre les contreforts du grand pic, celui de Rimoula se distingue encore par le gracieux mélange de ses bois, de ses verts talus et de ses blanches chaumières ; scènes charmantes qui s'y succèdent jusqu'à la montagne de Peyras, où dès le printemps fourmillent pasteurs et troupeaux, sous les roches disloquées du cône terminal.

Campan tire son nom d'une ancienne peuplade, les *Campani*, dont l'existence est constatée par des monuments. Les Aquitains y avaient élevé le *sacellum* d'une de leurs plus puissantes divinités, *Agheion*, dont le culte était uni à celui des montagnes; témoignage de l'histoire appuyé par la découverte à Baudéan d'un autel aux Montagnes apothéosées et au dieu Agheion, qui se voit au musée de Toulouse. Près du bourg de Campan on presse les étrangers de visiter une grotte située de l'autre côté de l'Adour, au bas des escarpements; mais ce n'est qu'une cavité sans intérêt, qui ne doit sa renommée qu'à son voisinage de Bagnères. On en trouve de plus vastes, et qui méritent d'être vues, près de Lourdes, à Gargas près Saint-Bertrand, à Niaux et à Bédeillac près Tarascon, au Mas d'Azil, à Villefranche de Conflent, et dans tous les chaînons calcaires des Pyrénées, comme dans la Montagne Noire, où le *Traou-del-Calel* près de Sorèze, d'une profondeur inconnue, renferme des accidents extraordinaires, et la grotte de Limousis des salles à colonnes ornées d'une étonnante variété de jeux de la nature. La formation des cavernes, surtout de celles à étranglements dont sont criblées les masses calcareuses, présente de grandes difficultés; soit qu'on cherche à les expliquer par l'action mécanique des eaux, ou par leur action dissolvante au moyen des principes acides qu'elles peuvent contenir à leur sortie du sein de la terre, sur des matières solubles, sur les roches carbonatées principalement; soit que dans le soulèvement des montagnes, le mouvement imprimé aux masses ait donné naissance à un grand nombre de vides dans l'amas de décombres qui ont dû en résulter; ou qu'on suppose qu'elles ont été produites par le passage, au milieu d'une matière encore molle, de gaz qui dans leur expansion se seraient échappés vers l'extérieur. Ces dernières hypothèses auraient l'avantage de rattacher l'origine des cavernes aux autres grands phénomènes qui ont agi sur l'écorce du globe; mais tous ces modes de formation donnent lieu à de fortes objections, et c'est un point de géologie encore très-peu éclairci.

Entre Campan et Baudéan, patrie de Larrey, le chirurgien

célèbre des armées impériales, sur un monticule entouré de prairies et de peupliers, dans une heureuse position, est l'ancien prieuré de Saint-Paul qui a appartenu à l'abbé Torné, prédicateur de Louis XVI. Le trop fameux Barrère, de Tarbes, en devint ensuite possesseur, et il est maintenant à un Anglais qui l'a transformé en une élégante villa. Singulière succession de maîtres ! Sous le monticule de Saint-Paul, les chroniques placent le champ d'un combat qui eut lieu contre les Maures à la même époque que celui de Lanne-mourine d'Ossun.

Le soleil était couché lorsque nous passâmes un troisième Adour au débouché du val de l'Esponne qui, riche et boisé, remonte jusqu'aux bases du Montaigu et du pic du Midi, dont les énormes escarpements, à peu près inaccessibles de ce côté, le couvriront quelque jour de leurs ruines. C'est le chemin le plus direct de Barèges par le lac de *Lleou* et les hauteurs de l'Asblancs ; voie très-pénible dont usent seuls les pasteurs.

Entrés à nuit close dans Bagnères, ce ne fut qu'à grand peine que nous parvînmes à nous caser dans le bel établissement même de Frascati, tant les étrangers y affluaient. C'était jour de waux-hall, et les salles furent combles ; époque heureuse que Bagnères, trop délaissé, a regrettée longtemps. C'est à quelque pas de ce temple brillant du bruit et de la mode, que malgré le fracas de dix musiciens et d'autant de contredanses, nous invoquâmes, et non en vain, les faveurs du Dieu bienfaisant qui suspend les maux comme les plaisirs des mortels. Cette jolie ville qu'arrosent et rafraîchissent des eaux vives émanées de l'Adour, mérite la réputation de séjour délicieux que lui ont fait la douceur de son climat, la salubrité de ses eaux, son site charmant et tous les plaisirs de la vie sociale que chaque été y ramène. Bâtie entre l'Adour et les mornes dépouillés du Bédat, au débouché de la vallée dans la plaine de Tarbes, elle voit expirer le chaînon calcaire de Campan aux palomières d'Asté. L'allée de peupliers qui, par une prairie semée d'élégantes fabriques, conduit aux bains de Salut, le jardin anglais voisin dont la nature presque seule a fait les frais, la terrasse de l'ancien hospice, et les allées Bourbon, nouvellement tracées sur le mont Olivet, offrent aux baigneurs de beaux ombrages et des points de vue sur les montagnes, comme sur la vaste plaine où les regards fatigués de se briser contre leurs masses, peuvent enfin errer en liberté sous un ciel que plus rien ne limite.

Les sources dont plusieurs dépassent 40°, toutes salines ou ferrugineuses, sortent d'un calcaire de transition après avoir traversé le terrain primitif qu'il recouvre. Le sol de la ville en est tellement imprégné, que plusieurs maisons ont des bains particuliers. Il en est de très-anciens; celui de César rappelle, dit on, son passage dans ces contrées. On y a trouvé des inscriptions romaines, et au bas de l'hospice, les fondations et les piscines de thermes considérables qui paraissent avoir été construits avec luxe, dans le lieu même où vient d'être élevé le nouvel établissement que réclamaient depuis longtemps des eaux dont la célébrité remonte au-delà des temps modernes. Bagnères, nommé *Aquensis vicus* par les Romains, n'avait pas l'importance des *Thermes Onésiens* (Luchon). Les traces du séjour du grand peuple abondent dans le pays. On rapporte que Jeanne d'Albret, mère d'Henri IV, qui avait été longtemps stérile, ne trouva la fécondité qu'à la source la plus chaude, située derrière l'hospice qui, de là, fut toujours appelée *Source de la Reine*.

Le jour suivant nous vit sur la route de Lourdes, qui près de Loucrup est taillée dans un granit décomposé, dont le feldspath donnerait du kaolin pour de la porcelaine, substance rare dans les Pyrénées. Nous rentrâmes à Barèges par la route ordinaire, et notre longue course prit fin en ne laissant que le désir d'en recommencer de nouvelles.

CHAPITRE XIX.

Bagnères. — Le Lhéris et Ourdinède. — Pic de Montaigu.

Le beau pays de Bagnères était mon lieu de prédilection lorsque, sans fatigue, je voulais jouir d'une nature enchanteresse, où près de hautes masses dont l'âpreté grandiose est remarquable, les moelleux contours des basses montagnes sont toujours en harmonie avec la grâce et la variété de leurs sites. Dans cette ville charmante, de nombreuses sources offrent à l'envi leurs eaux salubres, et une civilisation raffinée toutes ses jouissances. Sur la route de Tarbes qui traverse huit villages et de riches cultures, on se croirait, au temps des bains, aux abords d'une grande ville, tant la circulation y est active, depuis le paysan chargé de fruits ou l'artiste en blouse au portefeuille en écharpe, jusqu'au brillant équipage. Dans ce trajet de trois lieues, dont le Montaigu et le pic du Midi sont les constants points de mire, l'étranger cherche à deviner sur les contours de leurs bases quelqu'un de ces sites de renommée européenne, et sur le glacis insensible qui les précède il est surpris de s'être élevé de 125 toises, différence de niveau entre Tarbes et Bagnères.

A Laloubère qui rappelle un des hardis explorateurs de l'Amérique du nord, et dont j'ai tant aimé les prairies ombragées, après une villa qu'embellit une de ces futaies échappées à tant de destructions, une voie latérale conduit au champ des courses, où chaque été les meilleurs produits de la race Navarrine viennent se disputer des prix qui ravivent l'émulation des éleveurs. Le cinquième village est devant nous, Arcizac, d'où a disparu la simple statuette de Missolin que le pays reconnaissant eût dû préserver, mais où est encore l'Estelou, reste d'une de ces hautes niches où les Romains plaçaient, près de leurs grandes voies, la statue de Mercure, protecteur des voyageurs. Dans presque toute l'Europe, de longues pierres debout, portant l'image informe de quelque saint, se voient aussi au long des chemins, et cet humble diminutif semble donner le rapport de nos frêles bâtisses à leurs monuments séculaires. Sur une colline de l'est, la vieille tour de Barbazan fait penser au baron fameux que les landes de Montendre, en Saintonge, virent à la tête de six Français combattre et vaincre autant de chevaliers Anglais; noble exploit que Charles VI récompensa d'un anneau d'or et d'une épée; qui plus tard fut longtemps poursuivi par Philippe-le-Bon, duc de Bourgogne, en vengeance du meurtre de son père, Jean-sans-Peur, sur le pont de Montereau, auquel il participa, tristes fruits de la barbarie du temps, et qui enfin, comblé d'honneurs par Charles VII, reposa à Saint-Denis à côté de Duguesclin.

La vaste plaine, naguère étendue jusqu'au rideau nivelé du Béarn, n'est plus qu'un long bassin tout humecté des mille canaux de l'Adour, où du milieu de fraîches perspectives surgissent de blancs clochers et des ardoises reluisantes. De la rampe de Hys se voit le petit château de Nodrest sur l'autre rive, qui pourrait dire mainte aventure et maint désastre du temps des Maures, des Normands, des Anglais, comme des guerres de religion, fatales époques dont la mémoire n'est pas encore éteinte dans le pays; et sur Montgaillard, pittoresquement groupé autour de son église antique, se détache une de ces levées de terre, d'origine incertaine, qui sans doute ne fut qu'une de ces protections passagères dont la prudence romaine s'entourait dans les moindres campements. Après la route de Lourdes, les hauteurs dont on suit le pied s'exhaussent couvertes de bois jusqu'au mamelon de Pouzac, autrefois camp romain, villa charmante maintenant, et toujours admirable position; et dans le paysage agrandi on peut deviner le point où, sous de belles masses, se cache Bagnères. Trébons, Pouzac, qui près de l'Adour montre une saillie d'ophite, sommité du monde souterrain qui çà et là s'est fait jour, sont enfin dépassés; le tableau du fond apparaît dans sa simple grandeur, au delà d'un plan parfait, où parmi des champs et des prairies d'une fertilité idéale, des ruisseaux vifs et limpides glissent de toutes parts; et une ligne bigarrée entre la plaine qui finit et la vallée fuyant dans le lointain, d'où surgissent des clochers, des belvédères, laisse voir enfin la ville jolie, la ville renommée. Un rideau de bois la flanque au midi, sous l'Olivet et le Bédat, s'exhaussant en terrasses verdoyantes jusqu'au Mounné, où brille sur ses mornes obscurs la tête du pic du Midi, resplendissante du couchant, comme pour montrer au curieux la noble cime qui doit être le prix de ses courses. Campan tout entier est dans l'ombre avec ses talus peuplés jusqu'au cône aplati de l'Arbizon, et son large vide laisse isolée une masse où reluit encore le soleil, pittoresquement bariolée de taillis, de glacis au vert tendre et de rocs blanchissant sur leur ombre allongée. Là sont les palomières, la grotte, les plus beaux bois du pays. et de riches pelouses, amour du botaniste, Ourdincède et le Lhieris enfin, champs bien connus, buts charmants de mille courses où la nature paye au centuple un peu de fatigue, et dont la mémoire est un plaisir de tous les temps. Le tableau est complet; cependant ce ne sont que de basses montagnes; que les premiers de ces nombreux gradins qui devenus bientôt des cimes imposantes, jusqu'au Mont-Perdu vont toujours s'exhaussant; mais élancées de la plaine, ces premières masses sont le grandiose encore sous de plus aimables traits.

Nous voici dans Bagnères où tout est animé, tout extérieur, tout paré; où tous les yeux vous accueillent et vous choyent, où toutes les maisons proprettes et brillantes sont comme à leur jour de fête, où les rues enfin macadamisées comme pour ménager le repos de tant d'hôtes, sont incessamment rafraichies par des courants qui glissent toujours limpides. Quoiqu'au bout de la France, près de ses monts les plus sauvages et de l'Espagnol arriéré, la civilisation moderne, si rapide dans ses bonds incessants, a choisi ce sol heureux pour un de ses foyers, de ses centres vivants. Les plaisirs de l'esprit, la science, mais édulcorée et sans épines, les jouissances des sens, du luxe et de la mode dans un aimable accord avec celles que donne une nature attrayante, tout se trouve ici, et un peu d'or est le dispensateur de tant de biens, car dans cette Sybaris des Pyrénées telle est la divinité première dont les autels sont de partout fumants. Mais passons le thème grave et sérieux qui se laisse entrevoir. Ma plume sans prétention ne peut atteindre si haut, et dans ses goûts simples elle ne se plait qu'au sein des bois, sur les rochers ou sur les neiges sourcilleuses, à peindre cette nature qui dans ses traits primitifs fut toujours une source intarissable de plaisirs vrais et purs. Je dirai seulement que si, trop dédaigneuse de ces graces naïves, une civilisation avancée a des ombres nombreuses, ainsi qu'un beau tableau, que de biens n'amène-t-elle pas à sa suite; et cet heureux pays y a largement puisé.

Bagnères, ville européenne, a les prétentions qui suivent la fortune, celle d'une haute antiquité, et sans fouiller la terre, son beau climat, son site heureux, ses eaux bienfaisantes lui en seraient des titres suffisants. Mais ce bain de César où César ne s'est jamais plongé; ce camp de César où il ne monta jamais; ces autels antiques, ces débris de thermes exhumés, ce temple de Diane dont la pierre votive orne encore une fontaine, et ce nom de *Vicus Aquensium* sur un sol que pénétrent tant d'eaux vives et thermales, disent du moins que les Romains, appréciateurs de tant d'avantages, s'étaient plu à l'embellir. Après eux, en proie à des flots renouvelés de barbares du nord et du midi, et à de cruelles divisions intestines, elle a subi sa part des longs malheurs qui ont affligé ces contrées; mais la nature lui a été fidèle, toutes ses plaies sont dès longtemps fermées, et comme autrefois, Bagnères est redevenu l'espoir de la souffrance, comme le paradis de la santé. Ses eaux salines rivalisent avec toutes celles de l'Europe; elles sont aussi efficaces que celles de Leuck en Valais, où la mode fait accourir malgré ses roches nues, son rude climat et ses privations, lorsque sur les bords de l'Adour, l'air est doux et tiède et le pays ravissant.

De cette terre neutre où Hygie, Esculape et le plaisir promènent seuls leur sceptre absolu, la politique et ses acres accents sont bannis pour laisser place entière à des pensers plus doux, à ces devis légers qui animent et amusent, et à d'aimables projets pour chaque jour. Dès que le printemps a fini de jeter sur les Pyrénées ses souffles attiédis, tout s'y ranime, et au milieu des riants tableaux des montagnes reparaît tout ce qui fait l'éclat et le charme des villes. Après ce grand musée de la nature, les collections déjà riches de M. Philippe et de M. Gélibert, ces salons littéraires où toute l'Europe se voit représentée, ces spectacles, ces bals et ces concerts où se rencontrent des virtuoses de Naples et de Paris; après ces vives cavalcades, ces promeneurs armés de bottes, d'albums ou de filets, et ces calèches qui de toutes parts s'échappent, c'est le conservatoire de M. Roland, fondé par un génie original pour une exécution toute locale et gigantesque, et dont les beaux chants montagnards ont amusé l'Europe; ce sont des écoles de tout degré jusqu'au simple asile où l'ouvrière laborieuse peut confier en repos ses enfants, des bains élégants partout répandus, et ces thermes nouveaux d'une construction toute pyrénéenne, sur le sol même où gisaient enfouis dès longtemps de vieux thermes romains; ce Frascati, temple mondain, qui satisfait à tous ces heureux besoins que traîne après elle une société raffinée et qu'applaudit la bienfaisance; ce *Coustou* enfin, bruyante allée, qui chaque soir voit sous ses dômes de verdure des baladins et des chanteurs amuser des foules où toutes les langues sont parlées. Tous ces grands traits des villes disent assez que tout y est en progrès, et Bagnères alors, centre de mouvement et de plaisir, de goût et de science, énivré des faveurs de la nature et de la mode, pourrait se croire sans orgueil la capitale des Pyrénées.

L'esprit actif des habitants a dès longtemps secoué cette inertie qui pèse sur le midi, mais tout a été dépassé par une industrie presque nouvelle, la marbrerie, qu'on s'étonne de n'avoir pas vu plutôt prospérer sur un sol où tout est marbre, où les forces de l'Adour se perdaient inutiles. Les Romains qui le prodiguaient dans leurs édifices, avaient exploité d'un bout à l'autre de la chaîne une multitude de carrières qui ne sont pas toutes effacées. La Vénus d'Arles, retirée du Rhône dans un parfait état de conservation, après une immersion de 1,600 ans, a été reconnue pour être de marbre Pyrénéen, tandis qu'aucun de ceux qu'on va chercher en Italie n'eût pu supporter sans altération une telle épreuve. On savait que les plus beaux marbres des maisons royales bâties par François Ier, Henri IV, Louis XIV et Louis XV, sortaient des Pyrénées, et plus de cent blocs de ces exploitations étaient gisant encore dans les carrières de Campan, de Beyréde et de Sarrancolin. Costallat, le premier, essaya de rouvrir cette grande source, et le pays lui en doit reconnaissance; mais c'est à un étranger, à M. Géruzet, son gendre, qu'était réservée l'utile gloire d'avoir développé cette industrie avec des progrès si rapides qu'après peu d'années son bel établissement, où sur des tours puissants se façonnent des colonnes de grande dimension, peut rivaliser avec les plus importants qu'ait la France, et les dépasser peut-être; heureux résultat du génie industriel joint à la persévérance. M. Géruzet a découvert de beaux marbres aux environs de Bagnères et de Baudéan, comme des albâtres dans les grottes du Bédat, et ses exploitations s'étendent jusques dans la vallée d'Ercé. Ses produits doivent être visités, car là tout est riche par la nature, gracieux par les formes, admirable par le poli. Nos Pyrénées renferment plus de soixante espèces de marbres reconnus, en exploitation ou susceptibles de l'être, parmi lesquels se trouvent les plus beaux de l'Italie et d'autres qui y sont inconnus, à la réserve du marbre de Carrare, avec lequel celui de Rap près Saint-Béat ne peut rivaliser. Les granits, les porphyres, les brèches, les albâtres partout répandus y attendent de tels établissements sur une grande échelle, aussi avantageux à leurs auteurs qu'aux localités, qu'à la France elle-même qui, si féconde de son propre sol, ne se lasse pas d'être tributaire de l'étranger.

Les promenades sont sans nombre à Bagnères, toutes variées, toutes charmantes, où le genre gracieux est souvent côte à côte avec le genre imposant. Le baigneur affaibli qui suit lentement la longue allée de Salut peut en prendre une idée à l'aspect des riants amphithéâtres de Rieunel et de Constance, jardins anglais que la nature a dessinés sous l'aride Bédat.

Mais si de bienfaisantes eaux lui ont été favorables, qu'il tente ces talus rapides que revêt un gazon si doux; qu'il passe le petit col de Ger pour aller voir des retraites plus cachées qui virent naître d'aimables écrits. C'est là, dans un véritable *Elysée*, que l'auteur de Mathilde et d'Elisabeth aimait à s'isoler pour mêler les inspirations d'une âme tendre à celles d'un vallon toujours poétique; car malgré de brutales dégradations, sa fontaine abondante, ses ombrages, ses sites profonds, ses pelouses où le murmure du ruisseau dispose à la rêverie, à de voluptueux repos, tout y est encore jusqu'au mélancolique souvenir de Mme Cottin. Si enfin une heure de facile ascension n'est pas au-dessus de ses forces, que par l'ombreuse allée de l'hospice et les sentiers tracés sur l'Olivet, il aille s'asseoir à la cîme nue du Bédat, sous lequel fume et reluit Bagnères, pour jeter un coup-d'œil d'ensemble sur sa ravissante vallée et sur tout son beau pays, depuis les bois obscurs de l'Arbizon jusqu'aux limites effacées de la plaine de Tarbes; depuis la tête du grand pic qui brille au soleil par-delà les pitons voisins; depuis les montagnes de Campan où tout est marbre ou forêts, jusqu'aux dernières de ces innombrables collines qui vers le nord s'éloignent confondues, comme si l'espace n'était plus qu'un uniforme plan.

Bagnères a été le sujet d'un ouvrage intéressant[1] écrit *con amore* par un de ses enfants, et l'étranger ne saurait prendre un guide plus fidèle pour parcourir sa délicieuse banlieue. Je me bornerai à deux courses, à la pène du Lhiéris et au pic de Montaigu, qui suffiront pour faire pressentir à l'ami des montagnes tout l'intérêt que doivent lui offrir ces premiers chainons quoique surbaissés et si voisins des plaines.

Au-dessus du village d'Asté où plane l'ombre du bon roi et de la belle Corisande d'Andoins que furtivement il venait visiter dans ces murs que le lierre soutient; qu'illustrait naguère le dernier des Jacou, ces paysans qui, de père en fils botanistes, ont conduit sur leurs montagnes Tournefort[2], Jussieu, Saint-

[1] Bagnères et ses environs, par M. Pambrun, avocat. — 1834.

[2] Joseph Pitton de Tournefort naquit à Aix en Provence, le 5 juin 1656. Epris dès son enfance de la botanique, il parcourut dans sa jeunesse, le Dauphiné, la Savoie, le Languedoc et la Catalogne. A 25 ans, en 1681, il aborda les Pyrénées, pays alors inconnu, où il savait bien qu'il ne trouverait que de mauvais gîtes et des voleurs. Plusieurs fois il y fut arrêté et dépouillé par des miquelets Espagnols, desquels il ne sauva son argent que par la ruse qu'il employa de l'enfermer dans du pain dur et noir que les bandits dédaignaient. Sa passion dominante lui faisait tout braver, et il passait des journées délicieuses au milieu de dangereux rochers, dans des bois impraticables et sur d'inaccessibles cimes où sa témérité s'exerçait. Une nuit, la cabane où il s'était retiré croula, et il resta deux

Amans, Lapeyrouse, et tant d'autres leurs émules, et que sanctifie toujours la miraculeuse madone de Médous, protectrice du pays ; au plus haut de la gorge qui sillonne ce groupe isolé, tournant vers Bagnères ses flancs drapés de bois, paraît la tête chauve du Lhiéris qui ne laisse pas deviner le beau surplomb qu'elle couronne. Montez au Lhiéris, vous, aimables savantes, qui avez effleuré ce que les beaux arts et l'étude de la nature ont de plus gracieux ; qui voulez enrichir vous même votre album d'esquisses pittoresques et votre herbier de plantes de montagnes que nulle part vous ne trouveriez ni plus belles, ni plus aisées à cueillir. Allez-y voir de fraîches pelouses qu'affectionnent les troupeaux et leurs maîtres, avec leurs ceintures de bois où des abîmes non sondés sont les inviolables asiles des oiseaux de la nuit, et un des beaux rochers des Pyrénées où dorment des échos qu'on se plaît à réveiller. De sa cime, facile à gravir, vous jouirez d'une vue admirable, guère moins étendue sur les plaines que celle que vous offrira le pic du Midi, lorsque plus ambitieuses et plus hardies vous irez vous asseoir sur

heures enseveli sous ses décombres. Les richesses botaniques qu'il recueillait le dédommageaient de tout. En 1700, il partit pour le Levant, où Louis XIV l'envoyait : dans ce voyage il reconnut sur la chaîne du mont Ararat les zones végétales superposées et plus tard il compara la flôre des Alpes avec celle des plaines situées sous diverses latitudes, pour montrer comment la distribution des végétaux est réglée par la hauteur du sol au-dessus du niveau de la mer, jetant ainsi les fondements d'une science pleine d'intérêt, la géographie des plantes. Peu après son retour, frappé à la poitrine, dans une rue, par une charrette, il mourut à 52 ans.

En 1833, un botaniste fit placer au-dessus de la porte de la maison de Jacou une table de marbre, avec des vers à la mémoire de Tournefort ; honneur à l'intention ! Dans son petit jardin le vieux Jacou me fit voir, avec la satisfaction d'un vrai botaniste, maintes plantes rares qu'il y entretient avec soin. N'ayant pas de fils, il a initié à sa science pratique son gendre qui va sur les montagnes recueillir des plantes pour les étrangers que Bagnères attire, et dont il fait même des envois au loin ; mais son nom, bien connu dès longtemps par tous les botanistes qui ont visité les montagnes de Bagnères, est prêt à disparaître.

son front sourcilleux; et traversant la forêt où se cachent les sources profondes de l'Arros, des hauteurs pastorales d'Ourdincède sa tête colossale étonnera vos regards; la vallée de Campan à vos pieds vous montrera ses régions arcadiennes, et la Sybaris des Pyrénées, élevant au loin ses clochers, vous rappellera ses plaisirs.

Deux routes peuvent conduire au Lhiéris : l'une par la gorge d'Asté, plus directe, sauvage, pénible ; l'autre par les Palomières, faisant un circuit, mais toujours facile et riche de perspectives ; c'est celle que nous choisirons.

Le jour commençait à poindre; la tête du pic du Midi blanchissait sur un ciel pur, et un vent frais descendu de l'Arbizon courbait les peupliers de Campan, lorsqu'après le pont de l'Adour et le village de Gerde nous nous élevions sur les premières croupes, d'abord sous des futaies, puis sur des bruyères dominant de petits vallons où toutes les teintes sont vives et fraîches. L'œil y revient sans cesse et se plaît à courir sur des nuances si pures. Nous voici aux Palomières, à ces longues rangées de gros chênes et de hêtres qui couronnent ces hauteurs, disposées pour la chasse aux palombes. Le silence y régnait partout; les cabanes cachées sous ces tiges séculaires étaient désertes, et les mats destinés aux gigantesques trépieds gisaient au long dessous leurs toits de chaume. Ce n'est qu'en août et septembre, époque de la migration des palombes des bords de la Méditerranée à ceux de l'Océan, qu'a lieu cette chasse curieuse qu'on retrouve en Italie le long de l'Apennin jusques dans le royaume de Naples. C'est alors que tout s'anime sur ces hauteurs incultes, fréquent rendez-vous des parties de Bagnères. Mais à tout ce fracas agreste, qui ne préfère quelque fois, sur ces pelouses veloutées qui sous des rameaux largement étendus, lorsque la plaine est en proie à un soleil brûlant, sont toujours rafraichies par la brise, jouir d'une douce solitude et contempler les perspectives de toutes parts ouvertes : le bassin fertile et joli où Bagnères semble vouloir se cacher, les plaines sans fin où l'Adour fuit et se perd, les *Baronnies* si pittoresques dans leurs fonds tourmentés, et la chaîne du Bastan, âpre et neigée, se redressant au midi. Le Montaigu aux arêtes plongeantes, où je traçais sur ses croupes étagées le chemin de sa cime, s'y développe le premier, et le pic du Midi tout auprès jette au plus haut sa coupole aérienne. Le val de Lesponne est entre les deux une fraîche émanation de Campan, jusqu'aux forêts qui le terminent et aux rampes dépouillées qui montent à ce lac de Lheou sur l'As-Blancs, qu'on défigure à Bagnères sous le nom de lac Bleu.

Aux bois supérieurs les points de vue se succèdent plus diversifiés, resserrés par des saillies latérales, ou s'échappant sur les fonds des Baronnies, et plus haut dominant sur des étendues toujours plus vastes. C'est là que chaque jour se rendent avant l'aube tous les enfants de Gerde et d'Asté pour cueillir, avec la rosée, la fraise qui y croît à profusion, et ce fruit des bois qui brille sous le gazon comme l'humble violette, mûrissant successivement sur les zônes de la montagne, vient pendant tout l'été réjouir le baigneur.

La route par Asté est toute différente : dès le village on chemine enfoncé dans la gorge, et au bout d'une demi-heure, il faut faire une longue et fatigante montée dans le bois jusqu'à un col, où près de quelques cabanes de Campan on retrouve à la fois de l'air, une fontaine et de fraîches clairières, avenues du vallon du Lhiéris. Ce chemin est triste et sans vue ; mais d'Asté on peut encore parvenir à ce col par une voie plus facile, s'élevant d'écharpe et d'une rampe continue au revers méridional de son petit pic, qui dépouillé partout, laisse planer les yeux sur les rives charmantes des deux Adours et s'égarer dans les belles perspectives des montagnes. Il faut connaître les trois routes. Sur le col à quelques pas dans le bois de droite, est le puits de Haboura, curiosité naturelle mais dangereuse, car en perçant le feuillage on peut se trouver tout-à-coup sur le bord d'un large gouffre, tout verdi de plantes et d'une profondeur inconnue, si ce n'est aux chauves-souris qui y font leur demeure.

C'est vers le solstice que l'ami des plantes doit parcourir ces hauteurs, alors que les pelouses et les bois dans leur parure printannière offrent sur tous les points les riches broderies de la flore sous-alpine. Mais dès que juillet a compté, les troupeaux impatients de ce paradis où tout leur est à souhait, fraîches eaux, gazons succulents, ombres et fourrés protecteurs, s'y rendent à l'envi, et chaque jour voit quelque nuance se ternir. Le charme de la solitude a disparu ; la fumée sort des cabanes ; des voix invisibles se répondent ; les pasteurs circulent ; tout est animé, et les vaches de plusieurs villages, en une vaste *ramade*, s'étendent sur les pâtis découverts ou se décèlent dans les bois par leurs tintements sans fin, jusqu'à ce que le soleil, dardant à plomb sur la montagne, y ramène pour quelques heures le silence et une sieste générale.

Ce beau vallon qui seul mériterait d'être visité quand ses hauteurs n'offriraient pas d'admirables vues, est indivis entre quelques communes des Baronnies et le duc de Grammont d'Asté, dont les ancêtres ont été puissants dans la contrée. C'est Suzanne de Grammont qui, au commencement du XVIe siècle, donna l'agréable retraite de Médous aux capucins, ainsi qu'une statue de la Vierge en marbre blanc, dont les miracles y attirèrent plus tard des foules pieuses. Transférée depuis la révolution dans l'église d'Asté, cette jolie madone y glorifie encore le maître-autel et son culte particulier se conserve dans sa ferveur. Sur l'emplacement d'un vieux fort féodal, Henri de Grammont fit élever, en 1678, le magnifique château de Séméac près de Tarbes, dont quelques murs à peine existent. Quant au château d'Asté dont le lierre verdit les débris, il ne datait que du commencement du XVe siècle, où il fut bâti par Jean de Grammont ; et plus haut sont les restes plus antiques d'un mur d'enceinte et d'un petit donjon, que le peuple nomme *Ets parets de Taouto* ; vague rapprochement avec *Theutat* qui a suffi pour y faire voir quelque monument du culte des druides qui n'élevaient que d'informes rochers. Ce fut sans doute dans les temps reculés quelque poste d'observation ou de défense.

Une petite fontaine, près de blocs éboulés, est la halte obligée du déjeuner, et en gravissant plus haut la rampe verte et glissante qui monte jusqu'au roc terminal du Lhiéris, on s'amuse à faire résonner l'écho remarquable produit par le surplomb et qui peut répéter treize syllabes. Nous l'atteignons, la cime entière est pendue sur nos têtes, et ce n'est qu'alors qu'on peut juger de la grandeur de cette cavité que les gouttes de pluie ruisselantes ont creusée avec le temps, de ce surplomb fameux qu'aucune fissure ne dégrade. Un peu plus haut la roche s'ouvre en un rapide couloir qu'un quart-d'heure suffirait pour franchir, si on ne s'arrêtait émerveillé du nombre et de la beauté des plantes qui s'y pressent. Dans ce petit espace croissent côte à côte, avec une rare vigueur, la centaurée de montagne, la gentiane acaule, la pédiculaire tubéreuse, la véronique paquerette, le pigamon des Alpes, la benoite des Pyrénées, la potentille des rochers se balançant à l'air sur toutes les crevasses, la renoncule thora à côté de son contre-poison l'aconit jaune, et une foule d'autres, liliacées, ombellifères, labiées, où les yeux et la main ne savent que choisir parmi tant de formes élégantes, tant de couleurs tranchées et vives ; mais ici, sans figure, le serpent se cache sous les fleurs, car les vipères y abondent, remarquables par leur grosseur et leur belle robe.

Nous voici sur la cime, et les plaines un instant oubliées se représentent dans leur étendue. On se jette sur la pelouse pour voluptueusement contempler le tableau magnifique qui se déroule jusqu'à l'extrême horizon. La vue du Lhiéris sur les plaines est à peu près la même que celle du pic du Midi, qui se cache derrière le rein culminant du chaînon, moins cependant cette immensité sublime d'une terre aperçue comme du ciel, qui émeut, qui exalte et laisse d'ineffaçables souvenirs. Tout le chaînon qui porte le Lhiéris, composé d'un calcaire gris compacte secondaire, appartient à cette longue bande de terrain crétacé qui appuie les Pyrénées sur tout leur versant du nord et d'une largeur inégale, puisque dans les Corbières elle s'étend jusqu'au canal du Midi, et qu'aux Basses-Pyrénées la saillie qu'elle fait hors de la chaîne, force l'Adour à son grand circuit de Tarbes à Peyrehorade, tandis que dans l'espace intermédiaire cette bande est réduite à une simple lisière. Ce plan irrégulier donnerait déjà l'idée que toutes les parties n'en sont pas contemporaines. Les roches ophitiques, en effet, qui pointent çà et là dans les Corbières et près de Dax, sont l'indice des évulsions locales d'où sont venus les reliefs accidentellement liés ainsi à la bande générale des terrains plutoniques, qui antérieurement avaient donné naissance aux Pyrénées.

Au revers de la pène, les pâtis descendent jusqu'au bois qui récèle cet autre abîme si connu, le puits d'Arris, et l'œil plonge sur le territoire entier des Baronnies et de l'Astarac, du pied de ce premier chaînon des montagnes jusqu'aux landes de Capbern. Dans ce pays curieux et très-peuplé, que le canal mort-né des Pyrénées en le traversant aurait tiré de son oubli, les mœurs ont des nuances distinctes; les côteaux, les mornes rapides qui s'y pressent, sont sillonnés d'étroits vallons, de coupures profondes où se cachent des hameaux et des sites charmants, et dans chaque village la vieille tour a conservé la mémoire du baron féodal. Trop négligé à Bagnères, ce canton si voisin pourrait être le but d'intéressantes excursions.

Au centre d'une aire verdoyante que cernent les bras de l'Arros avant de fuir vers Tournay, ville chétive qui fut la cité des *Tornates*, on voit une demeure embellie par l'art et la nature, où l'on a peine à reconnaître l'abbaye de l'Escaledieu, donnée par la comtesse Béatrix aux moines de Capadour. Dans ce monastère longtemps vénéré par la pureté de ses mœurs, se retira la belle Pétronille de Comminges, autre comtesse de Bigorre, célèbre par la sagesse de son gouvernement et par ses cinq maris. Tout auprès, comme pour protéger cet autre *Vallombreuse*, s'élève tristement la masse terne du château de Mauvezin qui a ses souvenirs. Ce fort et celui de Lourdes furent les derniers qui tinrent pour les Anglais en Bigorre. Sa garnison se livrait à des incursions qui donnaient lieu à des faits d'armes, à des prouesses racontées par Froissard, dans ses rencontres avec les troupes du duc d'Anjou qui, après un long siège, ne put s'en emparer qu'en coupant l'eau d'une source extérieure, la seule qu'eût le château. De là s'étend vers l'est, en face de la vallée d'Aure, le plateau inculte de Lannemezan, lieu remarquable de l'origine de presque tous les affluents de la rive gauche de la Garonne.

Un soleil devenu ardent au travers d'une atmosphère immobile frappait le front chauve qui nous portait. Le couloir est promptement descendu et nous rentrons avec plaisir dans l'ombre du surplomb où la fraîcheur s'était retirée. Des yeux depuis dix heures ouverts se sentaient appesantis sous ce jour plus doux ; les séductions du lieu étaient pressantes, et chacun s'étendit sur le gazon où la sieste fut bientôt générale, pendant que nos chevaux bien repus étaient immobiles près de nous. Je ne sais le temps qu'elle eût duré, si le soleil, que rien n'arrête, ne fût venu nous poursuivre au fond de notre asile, et donner ainsi le signal du départ pour Ourdincède, ce hameau d'été que nous avons vu perché sur les escarpements de Sainte-Marie. Le rein du midi nous en sépare, mais sa crête rocheuse au-dessus des bois s'interrompt un moment, et c'était là notre chemin.

Sous la pène s'ouvre à l'est un vaste entonnoir, revêtu de forêts qui dans leurs profondeurs cachent les sources de l'Arros, et le roc terminal y plongeant tout-à-coup sur ses propres débris est fier dans sa masse grisâtre. Au bas de la pente gazonnée où presqu'inaperçu gît un couïla près d'une abondante fontaine, qui trahit son cours par la vigueur des plantes qu'elle arrose, nous prenons dans le bois un sentier ondoyant sur de rapides talus. Cette forêt, sans cesse attaquée, a un aspect repoussant de décrépitude, et parfois la touriste novice s'effraye des profondeurs où sur sa bête chancelante elle se voit suspendue ; mais des fleurs sur le sol comme aux flancs des rochers, des fraises en profusion qui tentent le passant, des arbres mutilés chargés de vieilles mousses, des rochers en saillie où se marient le sapin, le hêtre et l'alizier, et d'autres accidents pour l'album y font partout diversion.

Nous voici sur les pelouses d'Ourdincède ; quelques ondulations sont franchies, le voile qui cachait les montagnes du sud, groupées autour du grand pic, s'abaisse peu à peu, et on les voit se redresser en face dans leurs majestueuses proportions. Au bas du vert tapis apparaissent quelques cabanes, puis la terre semble manquer, le vide se faire, et sans intermédiaire la vue se porte à des nuances éloignées sous une gaze vaporeuse, en franchissant par ce saut imprévu toute la vallée de l'Adour. Mais hâtons-nous de gagner l'agreste péristyle où le *cubat* d'un lait épais, sorti en notre honneur de sa cachette, joint aux restes du bissac, va réparer des forces un peu abattues par l'extrême chaleur.

Après le Lhiéris, c'est Ourdincède qu'il faut voir, car autour de Bagnères rien n'est plus beau, plus singulier. Là se déploie à vol d'oiseau une carte sans limites; ici ce n'est qu'une vallée, mais une des plus gracieuses que baignent les eaux des Pyrénées, c'est Campan tout entier avec ses ramifications et son cadre grandiose. La vue est frappée de cette topographie si nette, si jolie, sur laquelle on plane de toute la hauteur de la montagne, et se plait à glisser sur d'innombrables détails, où la distance et la limpidité de l'air rendent toutes les formes douces, toutes les teintes suaves : ces larges bandes semées d'habitations, où des carreaux de verdure alternent partout avec des plans dorés, jetant d'abord de longs bras dans tous les sillons ouverts au midi, *Rimoula*, *Peyras*, *Escarret*; puis au-delà du petit groupe qui serre le clocher de Sainte-Marie, s'évasant de l'un à l'autre Adour, de Capadour à la Seoube, et de Paillole à Grip ; et ces brillants damiers, cette marquetterie charmante si nettement terminée par des lisières de hêtres ou de pâtures ternies. Sur ces blanches raies que l'on voit suivre les sinuosités de l'Adour, des pygmées se meuvent, ou des groupes de curieux descendus de Barèges ou de Luchon. Au-dessus de ces fertiles plans est la région des nomades : depuis l'arène de Paillole jusqu'aux terrasses de Tramesaïgues, des bois de l'Arbizon à ceux de Montaigu, tout est du domaine des troupeaux. Dans ces montueuses savanes, l'œil distingue çà et là les pauvres abris dont se contentent leurs maîtres, et s'élevant toujours s'arrête au dominateur du groupe entier, se fixe sur sa cime altière qui vue dans sa hauteur, d'une station qui commande ses bases, n'est que plus colossale. Mais ces reins prolongés, ces croupes étagées qui de Campan ou de Sainte-Marie montent directement à ses derniers escarpements, jettent du sombre sur l'avenir de ces champs si fertiles, de ces vallons fortunés, en laissant voir dans leurs intervalles les routes certaines qui doivent un jour y conduire ses ruines.

Le temps s'écoule sans que l'œil soit lassé, et il faut enfin aborder ces étroits et vifs lacets, escarpés dans le marbre ou soutenus sur les précipices, dont est sillonné jusqu'en bas le roc immense qui est la montagne. J'avais craint l'ardeur du soleil contre ces vastes rochers, mais pendant notre halte au chalet, un orage d'abord menaçant et qui ne fit que le voiler, étendit jusqu'à nous son parasol protecteur. Il faut une heure pour descendre à l'Adour. A mi-chemin, sur un autel grossièrement taillé dans le marbre, est une madone dans sa niche, où pendent des touffes fleuries du rocher supérieur. C'est une station des processions de Sainte-Marie. Au milieu de chants solennels, avec quelle ferveur l'âme doit s'élever à Dieu en présence de ses sublimes créations! Nos voyageuses fatiguées, après un court repos sur les bords de l'Adour toujours rafraichis par cette brise amie qui suit les eaux rapides, retrouvèrent avec plaisir leurs montures, et sur les planes voies de Campan le retour s'effectua lentement dans l'air doux de la soirée, qui portait jusqu'à nous les émanations salubres des prairies et des bois résineux.

Si dans ce qui l'entoure Bagnères offre à ses visiteurs tout ce que l'imagination peut rêver d'aimable en sites naturels, il ne faut pas étendre beaucoup le cercle pour arriver aux incultes solitudes que l'homme a respectées, à ces pâtures natives qui plaisent dans leur uniformité, à ces formes grandes et sévères où se révèlent les hautes montagnes. Lorsque des côteaux du nord que marque la route de Toulouse, on contemple ce bel ensemble, on voit la ville jolie s'étendre sous un groupe de mornes étagés, de croupes toujours s'exhaussant jusqu'à une cime pyramidale, rivale en apparence du pic du Midi, le Montaigu, dont les âpres flancs sont sillonnés de cannelures. C'est le vrai pic de Bagnères, aux abords trop redoutés, puisqu'une journée suffit pour mettre à fin cette course.

Mon guide ne connaissant pas le Montaigu où personne ne va, je pris le parti d'en chercher moi-même la route par le Mounné et les croupes successives qui s'élèvent dans sa direction. Du col de Ger ayant gagné la petite gorge de Castel-Mouli, par quelques rampes j'atteignis le plateau d'Esquïou, où l'air et la vue se retrouvent sur de larges pâtures déclinant d'une part sur les vallons de Ferris et d'Ardezan, et de l'autre sur les fonds variés de la Gailleste. A l'extrémité on franchit une barrière escarpée sur la forêt de Bagnères et le joli col du *couret* qui la suit, sous ses sapins et ses rochers, devient aux dimanches d'août le pittoresque rendez-vous des villages voisins, où maints prix à la cible sont joyeusement disputés.

Une large masse, la serre de las Aïgues, se relève ensuite masquant le Montaigu, et il faut la tourner. Privé d'indications je me décidai pour ses revers de l'est, d'un aspect plus facile, et ce fut une erreur car je pris le chemin le plus long. J'y eus un instant de beaux points de vue, par delà les reins de Labassère, sur la contrée de Lourdes où toutes les formes sont tourmentées, jusqu'à la ville de Pau brillant au loin au soleil du matin. C'est un avantage des premiers chaînons d'offrir, dès qu'on s'élève, de belles aperçues sur le bas pays, lorsque dans l'intérieur des montagnes tous les regards se brisent contre les masses, à moins de couronner les cimes culminantes. Sur un plateau inégal où s'éparpillaient des moutons et des chiens, nous joignons les courtaous de las Aïgues dont les pasteurs nous mirent sur la voie de celui de Trébons, situé au pied même du Montaigu. Du petit col de l'est au-dessus des bois, la perspective s'ouvre enfin sur le pic du Midi et sur le pic où nous tendions, qui précédé d'un conique avant-corps se montre dans sa hauteur, âpre, rustiqué de rochers et beau dans son isolement. Un sentier de niveau sur d'uniformes pentes nous enchanta d'abord, mais interminable dans ses plis continus autour de la serre que nous ne cessions de tourner comme pour le cercle entier, il m'eut bientôt fait voir que du *couret* il eût fallu prendre à l'ouest et gagner d'écharpe le col élevé, qui au-dessus du courtaou de Trébons est entre la serre de las Aïgues et le cône qui précède le pic. Je voyais les troupeaux s'allonger en y montant, mais un homme resté à la cabane nous fit les honneurs de son bon lait de brebis, qui fut une comfortable addition à un frugal déjeûner. Pendant la halte il nous conta comment l'année précédente, au mois de juin, il avait été surpris seul par la tourmente qui, pendant neuf jours et autant de nuits, l'avait tenu bloqué dans cette misérable hutte que la neige, filtrant par tous les trous, avait envahie, excepté le recoin où il s'était blotti. La prière, disait-il, le soutint seule dans ces heures si dures et si longues. Pauvres gens ! combien leur est précieuse une foi sincère, dans le rude pays où leurs jours sont si souvent menacés.

Le Montaigu nous était sur la tête, et le pâtre nous montra de l'œil et du doigt les voies possibles vers la cime, quoique jamais il n'y fût parvenu. Reposés et dispos, nous nous remettons en marche droit au premier pic, s'élevant en clocher, où la fatigue commença sur des anfractuosités toujours plus redressées. Nous avions laissé en bas les dernières roches calcaires et devant nous tout n'était plus que schisteux. Le pic de Montaigu fait partie de cette large bande de transition généralement composée de schistes micacés, qui s'étend de la vallée d'Aure à celle de Cauterets, comprenant les pics d'Arbizon et du Midi, les montagnes du val du Bastan et celles au nord de Cauterets, et s'appuyant sur la région granitique de Neouvieille et de Santché, en formant ainsi un des plus vastes amas métamorphiques que présentent les Pyrénées. Parvenus à un petit col au pied de la grande pyramide, la vue est déjà très étendue sur un fouillis de basses montagnes d'un aspect ravissant. Mon premier coup-d'œil y fut pour les fonds monotones, où dans un site triste paraît la maisonnette de la source de Labassère, qui fournit à tant de buveurs.

Mesurant ensuite l'obélisque qui nous restait à gravir, je renonçai à l'attaquer directement, et nous nous mîmes à louvoyer sur sa face de l'est. Dès l'abord, tout fut difficultés sur des plans presqu'à pic et dans les anfractuosités des rochers, quoique au-dessus de l'origine des cannelures, qui s'évasant en s'approfondissant, nous eussent causé en bas des difficultés infinies. Nous fondions sous un soleil que la réverbération des roches ferrugineuses rendait brûlant sur ces pentes hérissées et marquetées encore de quelques plaques de neige. Ayant ainsi traversé la face entière de la montagne, nous parvînmes sur un point très élevé de cette longue arête, qui d'un trait unique descend au fond de Lesponne. Une saillie du roc y portait un plateau de quelques mètres, où me laissant aller sur un lopin de pelouse, je respirai quelques instants avant de me livrer au plaisir de la vue.

J'estimai que la cime ne me dominait pas de cent toises, et je ne me trouvais ainsi qu'à environ onze cents toises; c'est la hauteur du Tourmalet. Mais les renoncules qui blanchissaient le gazon, les primevères rouges, les pyrèthres et les armoises sur les rochers, les profondeurs dont j'étais entouré, l'âpre tableau que m'offrait la barrière du midi, même l'air pur et vif que j'avais retrouvé sur ma haute saillie, tout avait réveillé cette sensation agréable qui dans les régions alpestres est toujours suivie d'une prompte réparation. Cependant il me restait sur la tête encore la pointe culminante d'où le système isolé du Montaigu est tout entier dominé, et c'est alors que je sentis le prix de l'heure perdue à faire le tour inutile de la serre de las Aïgues, au lieu de filer droit au col de Trébons par son revers du nord, car le temps avait marché, et ne me permettait plus de monter au sommet. Je me résignai donc à mon demi succès, et oubliant les plaines qui s'aperçoivent, vastes et nuancées, même par delà le Lhieris humilié, je ne songeai, voluptueusement étendu sur ma pelouse, qu'à faire la reconnaissance des hauts lieux que la proximité me rendait nouveaux.

A côté de la riante topographie de Lesponne, les fonds boisés où naît l'un des Adours, d'un aspect triste et sauvage, me firent penser à l'ours aventureux qui, si près de Bagnères, s'illustrait chaque jour par quelque méfait. Signalé d'abord dans la forêt du Héraou, c'était le fort d'où il portait le ravage et l'épouvante sur les pâtis voisins. Je voyais la crête inférieure d'où trois juments, qu'avec intelligence il y avait acculées, s'étaient précipitées pour lui échapper, et le bois de Maôury, où suivant le pasteur de Trébons, la veille même deux charbonniers s'étaient enfuis en le voyant près d'eux. Promenant mes yeux dans ces solitudes, j'eusse voulu l'y découvrir, mais leur sombre monarque faisait sans doute sa sieste dans quelque épais fourré. Cette partie haute de la vallée enveloppe à l'est et au sud la masse du pic, qui à son revers voit naître la vallée de Castelloubon, où sont d'autres sources thermales, et j'avais à ma droite le col, qui par le vallon où fut autrefois le prieuré de Saint-Orens, verse sur Pierrefitte, fréquenté par le paysan d'Aure et de Campan qui va chercher la santé à Cauterets ou des indulgences à Héas. Cette situation isolée le rend le centre d'un riche panorama, quoique toute la grande chaîne lui soit cachée par le pic du Midi et les monts de Barèges. Je touchais ainsi de la main à des cimes bien connues, parterre alpestre que, la boîte en sautoir, j'avais tant de fois fureté, et où l'atmosphère m'avait joué de mauvais tours : le pic Saint-Augustin, la sourcilleuse porte de Pène-Taillade, la calotte de l'Asblancs, et plus bas sur une esplanade que bariolait la neige, le petit lac de Lheou. Je suivais l'âpre ravin, qui du pâtis d'Espis monte aux rochers du Pas du Bouc, qui précède le lac, et se retraçaient à mes souvenirs les douces stations que j'avais faites sur ses tranquilles bords. Les crêtes se continuent à l'est, en s'exhaussant jusqu'au plan d'Aube, à l'appui du pic dominateur, qui semble toujours grandir. Sur lui s'arrêtent les regards : depuis le filet où luit l'Adour de Baudéan, on le mesure par le val herbu qui perce les bois jusqu'au pied de ses rochers ; par ses énormes pans, tout-à-coup redressés jusqu'à sa coupole, et de nulle part il n'est plus majestueux. C'est une forte et très-pénible course, de Bagnères, qui inférieur à Barèges de 371 toises, laisse ainsi 1,215 toises à monter, et je doute qu'on puisse la faire en moins de dix à douze heures, vu la distance du point de départ.

Une longue route nous restait à faire, il ne fallait pas l'oublier : nous nous lançons sur la pente interminable en suivant l'arête même où se montraient, d'une part, des plans tout jaunis de gentianes et au nord les premières têtes des bois. Sur une herbe rase ou sur des roches usées par le temps, la descente fut facile jusqu'aux abords de la forêt, dont les sapins imbriqués, se surmontant l'un l'autre, se perdaient dans les fonds. C'est là que s'était réfugiée une flore variée et brillante dont le sol était caché; riche moisson pour l'ami des fleurs sauvages, où les lis entre tous se faisaient remarquer. L'arète fracturée et encombrée de rhododendrons et d'arbousiers, se perdait plus bas dans un fourré qui nous coûta bien des efforts avant d'atteindre, près de la dernière cabane de l'Esponne, le bon chemin qui longe son Adour. Cette course m'avait fixé sur le chemin du Montaigu : le plus facile est de remonter à cheval par la vallée jusqu'au-dessus du pré d'Espis, d'où l'on n'a plus qu'à gravir le pic même, par de fortes pentes, sans obstacle; mais si on veut jouir de délicieux points de vues et connaître mieux le groupe qu'il surmonte, on doit prendre par la plaine d'Eskiou jusqu'au plateau du Couret; gagner de là le col de Trébons par le versant de l'ouest, et monter ensuite d'écharpe la montagne, ainsi que je l'ai fait.

Le soleil se couchait lorsque nous débouchions sur la route auprès de la délicieuse villa de Saint-Paul, d'où Lesponne est si frais et le Montaigu si beau; et l'ombre arriva sur Bagnères en même temps que nous.

CHAPITRE XX.

Vallée d'Aure. — Désastre de Saint-Lary. — Val et hospice de Rioumajou. — Port de Plan. — Beaux aspects des montagnes. — Scènes locales.

Dans mes courses diverses je n'avais pu que jeter de furtifs coup-d'œils sur la grande vallée d'Aure. En remontant de Monréjeau celle de la Neste qui en est le prolongement, fraiche et riante, entre le plateau stérile de Lannemezan et un fouillis de basses montagnes, j'avais vu ce torrent grossi de tous les affluents d'Aure et de Louron, déboucher comme d'une gorge entre les premiers monts, et sous la butte qui porte le manoir ruiné des vicomtes de Labarthe, changer brusquement de direction pour courir à

Monréjeau s'unir à la Garonne, comme le Gave, sous le rocher de Lourde, se détourne à l'opposite pour s'enfuir en Béarn. Jusqu'à Arreau, chef-lieu de la vallée, ce n'est qu'un défilé dont la petite ville de Sarrancolin occupe le point le plus étroit et le plus triste; mais dans ces mornes où le gris du calcaire alterne avec la verdure des buis, sont les belles carrières de marbre de Sarrancolin, de Camous et de Beyrede, où j'ai vu des blocs à demi taillés dans la roche, gissant oubliés depuis les dernières exploitations de 1771. J'avais vu le bassin d'Arreau, digne péristyle de cette belle plaine d'Aure, qui s'ouvre davantage et se peuple à mesure qu'elle s'enfonce sous de plus hautes masses; et enfin du haut du col Dobert sous Neouvieille, j'avais, à vol d'oiseau, joui d'une aperçue sur le vaste éventail où s'étalent ses ramifications. Mais ce ne fut que pendant un été passé à Bagnères que je pus voir enfin de près ses derniers vallons et les crêtes qui les séparent de l'Espagne.

Le rapport entre l'*Aura* des Romains qui l'habitèrent et le nom que porte cette grande vallée, est sans doute parfait, mais quoique de doux zéphirs viennent la caresser, je crois que c'est ailleurs qu'il faut en chercher l'origine. Une des plus considérables des Pyrénées, elle tient avec ses trois voisines (Barousse, Neste et Magnoac), qui paraissent toujours lui avoir été unies d'intérêts, une grande place dans l'histoire du Bigorre. Ses premiers habitants connus furent une peuplade de ces *Convenœ* que Pompée força de s'établir en deçà des Pyrénées. Les noms d'Arreau et d'Arbas, petite ville peu éloignée à l'est, appuyent l'opinion que c'étaient des Arebaci de l'Hispanie, qui habitaient les rives du Douro, et dont la forte Numance était la ville principale. Cette peuplade passe pour avoir bâti les châteaux, autour desquels se sont formés plus tard les villages de Grézian, d'Azet, de Bourisp, d'Estansan et de Cadeac. Les eaux minérales de ce dernier, très anciennement connues, acquirent quelque célébrité lorsque la princesse Jeanne, fille du roi Jean, qui avait usé sans fruit de celles de Barèges et de Cauterets, y eut trouvé sa guérison complète de la lèpre. Après que les Sarrasins défaits à Tours se furent réfugiés dans ces contrées, les Aurois eurent longtemps des forts à bâtir et des combats à livrer contre eux, et ce ne fut qu'à la fin du même siècle, à l'aide des chrétiens aragonais, qu'ils parvinrent à les chasser. Ils se choisirent alors pour seigneur le prince Arnaud d'Aragon, et quoique toujours dépendants du comté de Bigorre, leurs intérêts mêlés à ceux des deux pays, ne firent qu'ajouter à la fréquence des relations qui ont toujours existé entre les deux versants. Deux siècles plus tard, des circonstances semblables se représentèrent. En 1012, les Sarrazins d'Espagne étant revenus dans la vallée d'Aure par le col d'Ourdisset, Sanche-Abarca, roi d'Aragon, accourut au secours des Aurois, et l'ennemi commun fut repoussé. Dans ces temps malheureux de dangers incessants, le premier intérêt était une protection assurée, aussi fut-il choisi pour seigneur, le chef valeureux qui venait de préserver la vallée d'une invasion si redoutable. Sanche bâtit alors le château de Labarthe et celui d'Abarca, entre Ancizan et Guchen, dont il ne reste plus de trace. D'autres châteaux furent construits portant comme celui de Basus, les noms de leurs fondateurs. La maison d'Aure ayant formé plus tard deux branches, les quatre vallées furent également divisées en deux seigneuries, la vicomté d'Aure comprenant l'intérieur des montagnes, et la vicomté de Labarthe s'étendant à l'extérieur. A la fin du XIVe siècle, ces vallées, de nouveau réunies, passèrent aux comtes d'Armagnac, dont l'origine remontant à Caribert, roi d'Aquitaine, se confond avec celle de nos premiers rois. C'est dans le siècle suivant que toutes ces contrées furent émues des scandaleux amours de Jean V et de sa sœur Isabelle, dont Ramond a fait un tableau si dramatique. Louis XI, dans sa politique tortueuse, habile à diviser pour se grandir, confisqua à son profit les quatre vallées que Charles VIII rendit bientôt à ses maîtres. Ceux-ci étaient bien près alors de s'effacer de l'histoire de la France, où ils occupent tant de pages sanglantes, par la mort du dernier des Armagnacs, tué sous Louis XII à la bataille de Cérignole, dans le royaume de Naples, que gagna sur lui le fameux Gonsalve de Cordoue. Enfin, sous Henri IV, ce petit pays fut réuni à la couronne, après avoir conservé dans toutes ses vicissitudes les priviléges qu'en 1300 lui avait octroyé un de ses comtes, dont le plus singulier était la composition des Etats où le peuple siégeait seul, à l'exclusion de la noblesse et du clergé.

Le 5 juillet, à trois heures du matin, sous le crépuscule, les scènes aimables de Campan, sans lumière et sans ombre, avaient un charme nouveau dont je me pénétrais sans distraction à la suite de Jean, mon guide, qui ne s'arrêta quelques minutes qu'au pont de Sainte-Marie, où se réunissent les deux Adours. Jusqu'aux Estupats, une petite fille nous amusa de son babil. L'esprit est naturel dans tout le Bigorre, mais aussi la fréquentation des étrangers y amène souvent des ombres au tableau, et tant pis pour la bergère de Campan qui ne saurait mieux faire que de s'en tenir aux grâces simples que lui donne la nature comme à son beau pays. A Ramonet, avant Paillole, existe depuis peu une auberge comfortable, qui doit attirer les visiteurs dans le vallon de la Séoube, plus varié, plus pittoresque que celui de Grip. Nous traversons la grande arène de verdure et la forêt qui la cerne, et nous profitons de l'ombre du dernier sapin pour faire auprès d'un jeune ruisseau, demi caché sous des plantes vigoureuses, un sensuel déjeuné. Nous avions mis quatre heures pour atteindre ce point depuis Bagnères, et en une demi-heure sur les pelouses qui revêtent le pied de l'Arbizon, nous fûmes à la hourquette d'Ancizan. Ici les pieds se reposent sur un sentier uni entre les pâtus supérieurs et des sapins clairsemés, d'où la vue commence à s'ouvrir sur les montagnes croisées d'Aure jusqu'au pic d'Azet, et aux crêtes voisines du port de Plan; et par delà les reins abaissés de Louron, des cimes blanches de neige et de glaciers révèlent les groupes culminants de Clarbide et de la Garonne. Mais ces plaisirs sont de courte durée : bientôt sous les roches empilées de l'Arbizon, un vallon s'approfondit et plonge sur Ancizan. On se résigne à cette fatigante chute, qui sous un soleil ardent semble ne finir jamais, et parvenu à cet amas informe de maisons, décoré du nom de ville, on court dans le triste cabaret chercher de l'ombre et un dîner sans superflu.

Nous sommes dans la plaine d'Aure, qu'un vent léger descendu des neiges raffraichissait à l'ordinaire. D'Arreau à Saint-Lary, des fonds nivelés, des berges ondulées toutes bois ou pâtis, s'allongent en un vaste berceau, et dans cette étendue de trois lieues, où pas un lopin n'est inculte, sont semés vingt-six villages, les uns au bord de la route ou de la Neste, et d'autres sur des mamelons ou demi cachés dans quelque enfoncement. Ce tableau de prospérité agricole prend un caractère de grandeur, lorsqu'au delà des talus cultivés d'Azet et d'Estansan, on voit les monts s'exhausser en se couronnant de gigantesques pitons, barrière sombre et imposante qui cache dans ses plis profonds deux ports assez faciles, et maints scabreux passages où ne s'aventure guère que le hardi *Commerçant*, car c'est ainsi qu'il se nomme, qui fut toujours ennemi de l'habit vert. Mais l'uniformité des premiers plans, tous ces carreaux sans nombre d'un immense jardin, sont loin de la riche variété des retraites ombreuses et du charme des perspectives d'Argelez.

Cette vallée est plus qu'ailleurs un pays d'activité et d'industrie. Ses jeunes gens se répandent l'hiver dans les contrées limitrophes des montagnes, même quelquefois en Espagne, pour s'y livrer aux plus rudes travaux. Plusieurs villages renferment des fabriques en grand ou en métiers disséminés, où la laine du pays est convertie en étoffes à l'usage des montagnards. Toutes ces ressources, jointes au commerce avec l'Espagne, avaient dès longtemps rendu le pays riche, lorsque la guerre de l'indépendance vint tarir cette dernière et principale source. De fortes maisons, dont les agents aux ceintures pleines de quadruples, circulaient sans cesse dans les ports; où le touriste, repoussé par de dégoutants cabarets, était sûr de trouver un patriarchal asile, sont tombées sans espoir. Heureusement la vallée d'Aure n'a pas perdu ce qui ne vient que d'elle, un sol fécond, des enfants laborieux et le goût de l'industrie; l'aisance, à défaut de la richesse, s'y est toujours maintenue.

A Guchen, on traverse le petit torrent du Lavédan qui, par un vallon grand et beau, vient du port de Bastanet, à l'ouest de l'Arbizon, d'où l'on peut à volonté descendre sur Paillole par le val de Gaube, ou sur Grip par celui de Géret ; on chemine longtemps sous les rampes redressées de l'ouest, qui vomissent à chaque pluie les débris schisteux dont elles sont composées, et bientôt la route attaquée par la Neste, les plages de graviers où elle va bondissant sur des plans toujours plus relevés, sont les premiers indices des ravages que naguères elle avait causés plus haut. Après d'humides prairies où de beaux arbres paraissent enfin, on entre à Vielle que sa position centrale, au concours de toutes les gorges qui descendent de la fontière, a fait choisir pour le bureau de la douane. C'est là que m'attendait l'*aventure* du voyage.

Un gendarme, beau-frère du guide, devait me cautionner pour mon cheval, mais il était à Barèges ; le maître de l'*Hôtel* du village, ami né des voyageurs, était à Monrejeau et je me voyais forcé de renoncer à ma course ou de la continuer à pied, lorsque je pensai à M. Fornier, ancien questeur de la chambre des députés, et grand propriétaire à Saint-Lary, village tout voisin de Vielle, qu'autrefois j'avais connu à Tarbes. J'y cours et l'ayant heureusement rencontré, avec une bonté parfaite il voulut bien se souvenir du jeune ingénieur, et par sa signature garantir mon retour. Rassuré maintenant, je pus me livrer au charme d'un pays magnifique qui m'était nouveau, en écoutant le vieillard distingué, que ses hautes fonctions avaient mis en rapport avec les personnages les plus marquants de la restauration, et qui comme tant d'autres, lassé de la vie des cours, était venu soigner ses champs, au fond des Pyrénées. Toute cette extrémité de la plaine d'Aure n'est que prairies bordées d'aulnes et de peupliers. Les villages se pressent sur les berges latérales au milieu de bonnes cultures, et les regards vont se briser contre des colosses qui, au midi, semblent fermer toute issue. Ce n'est qu'en avançant qu'on voit les monts s'entr'ouvrir sur la droite, et le dernier bassin n'être que l'avant-scène d'une imposante gorge, s'enfonçant au loin vers les pentes boisées qui précèdent le port de Bielsa, tandis que celle qui monte au port de Plan, plus serrée dans son cours direct au midi, ne se décèle que par un étroit intervalle, entre les premières masses de gauche. Le bassin principal, en se détournant obliquement à la crête, s'évase en un espace immense et désert, dont les villages de Plan et d'Aragnouet rejetés jusqu'au pied du port de Bielsa, sont le centre, et d'où descendent des vallons très-étendus. Ceux du nord apportent à la Neste le tribut des neiges et des glaces des Hautes-Pyrénées depuis le pic de Bastanet jusqu'à Troumouse. Tout cet ensemble, trop dédaigné, est cependant d'un grand intérêt sur les crêtes en regard, comme dans cet éventail de vallons qui, partant d'Aiguecluse, d'Escoubous et de Neouvieille, traversant toute la série géognostique et remplis de lacs et de bois, se réunissent sur Aragnouet. Je n'avais pu y jeter qu'un rapide coup d'œil du col Dobert. C'est par le village de Plan et le lac de Badet, qui y envoie ses eaux, que des troupes joyeuses de pélerins d'Aure courent à Héas par les affreux chemins du port de Gèdre, sous Cambièle, pour gagner, à leurs risques et périls, les saintes faveurs qui s'obtiennent dans ce lieu vénéré. Près de la route est une ancienne église portant, comme à Sassis, le monogramme des Templiers; l'intérieur seul en était ruiné et une voûte brisée y laissait voir une chapelle souterraine. La façade en avait été reconstruite, car on y voyait debout une figure qui primitivement avait dû être placée sur une tombe: un guerrier revêtu d'un manteau par dessus sa cuirasse avec l'épée d'une main, l'évangile de l'autre, et posant des pieds sur un chien symbole de douceur et de paix. C'était évidemment la figure d'un templier qui n'était pas mort au combat, car suivant l'usage de l'ordre ses pieds eussent alors posé sur un lion. Les Templiers avaient reçu des vicomtes d'Aure comme de leurs voisins, des concessions considérables dans cette vallée, d'où ils pouvaient, suivant le but de leur institution, aller combattre les Sarrazins d'Espagne. Alphonse le batailleur qui pour achever d'en purger son royaume d'Aragon, les avait appelés à son aide, ainsi que les chevaliers de Saint-Jean de Jérusalem, leur donna également de grands biens de l'autre côté des Pyrénées. Une chapelle latérale venait d'être restaurée par M. Fornier, bienfait dont tous lui tenaient compte dans un pays qui, grâce à son isolement, a conservé des mœurs religieuses dont l'heureuse influence se décèle, dès l'abord, par les manières honnêtes et bienveillantes des habitants.

Sur la colline qui forme à l'est de Saint-Lary un gracieux rideau, sont près du village de Saillan des restes de murs nommés dans le pays *Castet d'Arnaou*; sans doute ils appartinrent à quelque château des vicomtes d'Aure, dont un grand nombre a porté le nom d'*Arnaud*, depuis le prince aragonais, que dans le 8e siècle, les Aurois se prirent pour seigneur; position en effet bien choisie, d'où la vallée se développe tout entière jusqu'aux défilés qui la ferment au nord. Plusieurs maisons anciennes dont il est fait mention dans les chroniques confuses du moyen âge, étaient originaires de ce petit pays, qui dans tous les temps fut envié et disputé. Dans les chartes de l'époque, ordinairement rédigées en langue romane, parmi les seigneurs de cette maison de Moncade, d'origine française, qui fut longtemps puissante des deux côtés des Pyrénées, se trouvent désignés les *Moncados d'Estensa*, branche qui tirait son nom du château d'Estensan peu éloigné de celui d'Arnaud.

A l'approche de Saint-Lary, des espaces ravagés, des champs disparus sous des monceaux de graviers, sont les traces d'un désastre récent. Ce village, un des plus florissants de la vallée, n'était plus reconnaissable. La moitié des maisons à peine y étaient restées debout; partout ailleurs ce n'était que murs renversés, que toits gisant à demi enfouis, et tout ce qui n'avait pas été déblayé était resté couvert d'une couche épaisse de plusieurs pieds de boue durcie, de rocailles et de blocs. La maison de M. Fornier était à peine abordable et tout y était occupé par des voisins encore sans abri.

Au mois de juillet 1834, des pluies violentes inondèrent tellement les vallons supérieurs, que la Neste sortant de la gorge à une hauteur qu'on ne lui avait jamais vue, se jeta furieuse sur le territoire de Saint-Lary, situé en face et sans autre défense qu'une très-faible digue. L'énorme masse d'eau se divisa en trois courants dont celui du milieu vint frapper le village, renversant tout devant lui. C'était le soir; aux premières eaux qui y pénétrèrent, l'inquiétude fut au comble et l'alerte générale; on lâche les animaux; tous crient, tous s'enfuyent; mais en peu de temps le torrent est devenu irrésistible; les maisons battues par les eaux et par les blocs qu'elles charrient, croulent de toutes parts. Ce fut une nuit horrible, et la population réfugiée sur les hauteurs put avoir le lendemain sous les yeux la mesure de tout ce qu'elle avait perdu. Les eaux furent lentes à se retirer; ce ne fut qu'après plusieurs jours, que les habitants purent du milieu des vases et des ruines, retirer les cadavres de quelques malheureux et d'un grand nombre d'animaux qui n'avaient pu se sauver. Dans ce désastre, dont la vallée gardera longtemps le triste souvenir, il se passa un fait singulier. Dans la gorge supérieure, à deux lieues de Saint-Lary, par l'effet de l'infiltration des pluies au-dessous de la terre végétale, une forêt de sapins occupant une pente rapide glissa tout entière sur le flanc uni de la roche qui la portait, jusqu'à ce que son bord inférieur fût plongé dans le lit de la Neste. Ainsi arrêtée, la forêt n'était que déplacée et descendue; mais, battues par le torrent dont la force est décuplée, les racines sont bientôt dépouillées de la terre qui les assujettit, et les vieilles tiges renversées, sont emportées au loin. La forêt continue de descendre, et est à mesure dévorée par le torrent jusqu'au dernier sapin; il fallut un mois entier pour consommer cette ruine, pendant lequel les eaux de la Neste ne cessèrent d'être noircies par l'humus séculaire dont incessamment elles se chargeaient; couleur inusitée qui, en teignant à son tour les eaux de la Garonne, fut remarquée avec surprise dans tout son cours. De tels faits pourraient rendre compte de ces accumulations d'arbres que l'on trouve fréquemment enfouis dans le sol, ce qui aurait eu lieu ici sur quelque remous, au milieu du limon et du gravier. si les gens du pays n'eussent recueilli les sapins à mesure que le torrent les charriait.

Recommandé au seul cabaret qui se fût relevé, on m'y servit à souhait; car bientôt fut devant moi une soupière de lait dans sa douce température native. Le lit d'honneur fut aussi préparé, et je m'empressai de l'occuper, voulant partir pour l'hospice de Rioumajou, au pied du port de Plan, dès que la lune levée me permettrait d'y voir suffisamment dans les sentiers dangereux de la gorge qui y mène. Mais c'était le jour des désappointements. De nombreux ennemis y attendaient une proie, et dès qu'elle eut senti le parfum de chair fraîche, la horde affamée se mit en mouvement, me parcourant dans tous les sens, comme pour choisir les points d'attaque. A cette invasion imprévue, je saute en bas du lit en criant comme au feu : *Chinchas, cimets!* certain d'être compris, dans l'une ou l'autre langue, de mes hôtes, qui, suivant la coutume, étaient restés à faire jaser mon guide autour de la dernière tasse de vin. Le premier qui m'arriva, le copeau brûlant à la main, à l'aspect de mon simple costume, dont le fond blanc fourmillait de taches mobiles, s'empara d'un balai, et, me brossant dans tous les sens, m'eut bientôt rendu, et mon lit après moi, à notre couleur primitive. C'était plaisir de voir fuir les larrons, surpris par la lumière. Ce fut alors à qui s'excuserait sur un lit qui ne servait que dans les grandes occasions. Je compris un motif qui était tout à ma gloire, et promis le secret envers mon protecteur. Me faisant donner un matelas que j'étendis au plus loin, je m'y jetai pour attendre l'heure fixée, promettant bien de me défier désormais des lits d'honneur.

La vallée d'Aure, ouverte dans sa partie inférieure au travers des calcaires compactes, est plus haut creusée tout entière dans le terrain de transition. Aux hourquettes d'Arreau et d'Ancizan, on voit le schiste argileux s'effacer contre le pic d'Arbizon, dont la masse appartient à cette bande de schistes micacés étendue au long des centres granitiques qui surgissent au sud. Toutes les hauteurs n'envoient dans la plaine que des débris de schistes divers dont le mélange avec les vieux humus descendus des bois compose le sol doux et fertile qui fait sa richesse. Cette formation micacée parvient même, sur cette zône, à la plus grande hauteur qu'elle atteigne dans les Pyrénées, puisque le Pic-Long, appuyé par le rein très élevé qui monte entre les vals de Couplan et de Badet, reposant sur le granit de Néouvieille, est de schiste micacé et porte sa cime à 1668 toises. Les veines métalliques sont rares dans toute cette contrée. Sur la montagne de

Caneille, au-dessus de Saint-Lary, quelques filons de galène dans un schiste quartzeux firent croire jadis à une mine de plomb, ce qui n'amena que des entailles faites en pure perte. La face qui couvre le village a une superficie singulièrement dégradée : du haut en bas, tout semble disloqué et hors place par l'effet de quelque commotion ancienne, ce qui n'est nullement rassurant pour les habitations qui, dans leur mauvaise position, paraissent dévouées à périr par le torrent ou la montagne.

Vers une heure, j'éveillai mon guide, et mon brave homme d'hôte, ancien militaire, encore confus de son nid de *chinchas*, qu'il voulait faire oublier, fut debout aussitôt que nous. Demi-heure après, dès que la lune se montra sur la Serre d'Azet, me fiant à ma monture éprouvée, je m'engageai dans le chemin étroit qui, sur la base de Caneille, conduit à la gorge de Rioumajou. Le ciel n'était pas pur; la lune, voilée par des nuages dont la direction n'était pas rassurante, nous laissait parfois dans une obscurité qu'augmentaient les sapins sous lesquels nous rampions, et le bruit de la Neste troublait seul le silence qui enveloppait les monts et la vallée. Entre les masses qui les compriment, ses eaux torrentueuses ne jouent plus sur des rives fertiles; quelques rares cultures suspendues à des rochers ou reléguées sur des plateaux ne paient qu'à demi les travaux les plus rudes; mais la nature s'y revêt de sauvages beautés. Nous y vîmes assez pour reconnaître le seul point où nous pouvions nous fourvoyer : le sentier qui descendait au pont de Tramesaigues avant que la Neste ne l'emportât, circonstance qui m'avait empêché d'aller coucher dans ce village situé sur l'autre rive, à l'entrée du val de Rioumajou, où j'eusse été plus près du terme de ma course.

La voie devient rocailleuse, pénible, et après quelques lacets autour d'un mamelon, il faut s'arrêter en haut par la grandeur d'une scène nouvelle, plus sublime sous les pâles clartés qui lui tombaient du ciel. L'intervalle des montagnes où les lignes s'effaçaient peu à peu, indiquait en avant le prolongement de la vallée principale; sous mes pieds se groupaient le village de Tramesaigues et sa tour isolée, faiblement aperçus, près de blanches traînées, en place des bonnes terres que la Neste avait dévorées, et à ma gauche s'ouvrait, droit au midi, une haute fissure entre les masses de Caneille et du pic de Tramesaigues, toutes noires de bois, et d'un aspect tourmenté : c'est la gorge de Rioumajou, vaste bouche que d'autres torrents faisaient parler, d'où la brise d'Espagne m'apportait les bruits des chutes éloignées, confondus par moments dans le bruit unique d'une cascade sous le mamelon, tombant dans une profondeur que je ne pouvais sonder, dans un vide retentissant que l'obscurité rendait immense. Ce tableau aux lignes vagues, aux nuances effacées, de monts gigantesques où, du fond que l'imagination creusait encore, l'œil se portait à des pitons que des lueurs vaporeuses grandissaient dans le ciel ; toutes ces formes indécises, fantastiques, ces voix puissantes de la nuit et de la solitude que dans son vaste silence toute la nature semblait écouter, tout portait dans l'âme une impression méditative et profonde.

Saint-Lary se trouve à égale distance des deux ports. Il faut quatre heures de marche pour aller à l'hôpital de Rioumajou, d'où une ascension de trois heures conduit au port de Plan, et le même temps est nécessaire pour atteindre celui de Bielsa par les villages d'Aragnouet et de Plan. Nous cheminions avec prudence sur une voie qui, toujours taillée contre des parois rapides ou suspendue sur des précipices, me donnait un certain émoi sur ma monture, lorsqu'un nuage venant à passer sur la lune, la bonne bête n'avançait qu'en trébuchant. Les sommités, cependant, qui de temps à autre pointaient sur la gorge sombre, blanchissaient, se coloraient de l'aube naissante, et dans les fonds obscurs où nous étions cachés les ombres se repliaient devant nous. Peu à peu, la lumière descend, pénètre dans les mille plis de la montagne jusqu'au lit du torrent, où n'est plus seulement visible son écume jaillissante, et glisse de toutes parts sur la surface des bois. Le crépuscule, enfin, règne dans la vallée : sur ses plans di[illegible]s, sur les corniches étagées comme sur les plus hauts rochers, ses douces teintes vont partout reposant la vue fatiguée des incertitudes et des illusions de la nuit. Qu'ils ont de charme partout, ces premiers moments du jour où la pensée même puise des forces dans le réveil de la nature ! Mais plus encore, au sein de ces sublimes solitudes où, dans les vapeurs des cascades, viennent se confondre les effluves des plantes en fleurs et des arbres résineux, où l'air odorant et salubre qu'on respire, et jusqu'au moindre réduit, tout est imprégné de cette poésie indéfinissable des montagnes qui ravit les yeux et fait battre le cœur.

Nous étions descendus au torrent, et sur l'autre rive je fus frappé de l'extrême variété des sites, tous gracieux ou pittoresques, que chaque pas, chaque rayon renforcé de lumière, me faisait découvrir devant moi, sous mes pieds, sur ma tête. La route, maintenant facile, ondoyait entre des roches isolées où l'art semblait à plaisir avoir mêlé des arbustes divers. Quelquefois elle restait cachée sous de longs berceaux, dernier asile de la nuit, aboutissant à des saillies d'où quelque percée laissait plonger la vue sur des eaux écumeuses, ou allant butter contre des faces de roc nu, cercles grisâtres, encadrés de verdure, sans nulle issue visible. De fréquentes cascades, glissant sur des parois à pic presque voilées de feuillage, se décélaient par quelque jet brillant ou par des bruits subits qui dominaient un instant les sourds murmures du Rioumajou. Çà et là de majestueuses corniches s'allongeant sur nos têtes, y laissaient pendre de flexibles rameaux balancés au souffle du matin ; et les masses partout se revêtaient de beaux arbres jusqu'auprès des eaux qui mouillaient leurs racines en jaillissant contre les vieux troncs précipités d'en-haut. Une fois le chemin porté sur des tronçons implantés dans le roc se trouve suspendu sur un joli fond tout drapé d'arbustes et de fleurs où l'eau, un instant reposée, prend une teinte bleu noir, indice de sa pureté. Quels détails infinis, que d'études pour l'artiste, là où tout est beau, grand, sublime ! Que de jouissances dans cette gorge si riche de beautés alpestres, plus belle et moins affreuse, moins imposante aussi, peut-être, que celle de Pierrefitte à Luz, mais dont les mille décorations ont toujours pour cachet la grâce unie à la grandeur !

Au milieu de tous les mobiles tableaux qui peuvent lasser l'admiration, je remarquai l'excessive variété du règne végétal et l'abondance des bouleaux dont la nuance glauque, pareille à celle des champs que couvre l'olivier, diversifiait les étendues de forêts et plaisait à l'œil auprès de ces noirs sapins. Dans ce vallon de quatre lieues dont le climat leur plaît, arrosé de cent ruisseaux tombants, où sont tous les sites et toutes les expositions, tous les arbres, excepté l'if, qui peut-être y est caché, tous les arbustes et les plantes des hauteurs moyennes me parurent réunis. Groupés sur un roc isolé, agreste corbeille qui les porte comme un vaste bouquet, disséminés au long des eaux dont le souffle les agite, bordant le chemin à la lisière du bois ou étendus sur les flancs des montagnes, ces fleurs, ces arbustes, ces arbres sont partout un luxe indicible de végétation, un riant émail ou de larges harmonies. Quel regret que cet admirable vallon soit aussi éloigné des voies ordinaires des curieux, et que je me reprochais de l'avoir si longtemps négligé !

A la rencontre d'une gorge descendue de l'est, la tranchée s'évase en un petit bassin. Sur les pelouses qui s'y prolongent entre des sapins en bouquets, j'aperçois la fumée des cabanes, et des vaches, des juments sortant de leurs bivouacs à la voix d'un pasteur qui commence sa ronde. A peu de distance au-dessus des bois croisés se dressent fièrement deux cimes sillonnées de ravines à pic, drapées de neige sur leurs flancs inaccessibles et dont les plus hautes pointes brillaient sous le soleil levant. Ce sont les granges de *Frécancou*, et les pics d'Estiouerre et de Batoa, de la haute chaîne qui du port de Plan fait un retour au nord. Au revers est le port de Lapez que j'avais déjà dépassé. C'est une de ces retraites romantiques qu'on aime à se créer parfois ; un de ces rares tableaux aussi simples que grands, d'où les yeux ne peuvent s'arracher.

Nous avions encore pour une heure jusqu'à l'hôpital. Le chemin devient plus ascendant, le vallon plus ouvert et sur les monts moins abruptes, de larges intervalles tapissés de débris s'ouvrent entre les bois où les pins et les bouleaux commencent à dominer. Dans ces éboulements le marbre était confondu avec des schistes siliceux, alumineux et micacés, mais nulle part du granit. Ainsi quoique touchant à la crête, depuis le pic d'Arbizon nous n'avions pas quitté le terrain de transition. Dans cette partie je reconnus à la surface du sol une agglomération semblable à celle de Bouïs, près Bonnes, composée de fragments roulés de ces diverses roches et liés par un ciment calcaire, que le torrent a rompue, perforée et emportée par places de manière qu'il n'en reste plus que des lambeaux. Ce gravier-poudding n'a qu'une épaisseur de deux ou trois mètres; la superficie de ses lambeaux se correspond, et il est superposé aux roches en place sans qu'il y ait adhésion. Il paraît ainsi avoir couvert tout le fond où il s'en est conservé grâce à une moindre rapidité du ruisseau. Enfin les masses se reculent et au centre d'un large espace inégal, sous des bois maintenant éclaircis au pourtour, apparaissent deux habitations dont la plus grande est l'hôpital et l'autre celle des douaniers. Nous arrivons; ma bête fatiguée est lâchée sur la prairie, et nous non moins pressés d'une halte restaurante, dédaignant le salon commun un peu trop odorant, nous allons sur la pelouse ouvrir le bissac à côté d'un douanier qui ronflait dans son manteau, tandis que le robuste gardien des troupeaux de la case, civilisé par d'incessants visiteurs, venait nous flatter de l'œil et de la queue.

L'hospice de Rioumajou avec ses pâtis et ses bois, appartient aux villages de Saint-Lary et de Saillan qui font exploiter par un fermier cette ferme-hôtellerie de montagne, une des plus fréquentées de toute la ligne. Le bâtiment unique renferme plusieurs chambres dont les longues tables et les lits de camp rangés contre les murs témoignent des hôtes nombreux que le mauvais temps y accumule quelquefois, différents magasins et plusieurs étables fort propres où chaque espèce est tenue séparée. Le fermier et sa femme y étaient seuls alors. Le premier y reste tout l'hiver avec un domestique pour soigner les bêtes et recevoir les passants. Il lui arrive souvent dans ce fond où les neiges s'entassent, d'en rester plusieurs jours entièrement couvert; à part ces mauvais jours, il en est peu où il ne se présente quelque hardi piéton qui s'aventure dans les détours du port, pour peu que les neiges y soient bonnes. Cependant de l'hospice au premier abri espagnol il ne faut pas moins de six heures dans la belle saison et que de chances à courir dans la mauvaise! Quel dur exil paraît être la vie de ce fermier lorsque la neige tardive dure jusqu'en avril; mais ses longs repos, ses provisions assurées, le soin de ses bêtes, leur compagnie même et les passants qui lui payent tribut de nouvelles, rendent moins triste sa séquestration volontaire. Depuis l'insurrection des provinces basques, des motifs de surveillance contre une contrebande qui n'est jamais bien active par les ports trop âpres du centre de la chaîne, ont fait fixer au mercredi, le seul jour où il soit permis aux Espagnols de passer le port pour aller le lendemain au marché d'Arreau. Par un hasard heureux je m'y trouvai un tel jour. Vers six heures je commençai à voir déboucher du bois qui est au fond du bassin, des hommes et des femmes portant des balles de laine ou de peaux fraîches, des anes et des mulets chargés. A mesure que chacun arrivait, jettant sa balle à terre, il attendait que le douanier eût fait son inspection. Puis la charge était reprise, et tous continuant leur route disparaissaient en aval. Parties des premiers villages de la vallée de Gistaou, je fus surpris de voir des femmes, de jeunes filles même, faire une aussi forte course de 12 à 13 heures, en portant des fardeaux et par les rudes chemins d'un port aussi élevé, car il me restait encore pour l'atteindre une montée directe de trois heures.

Cette réflexion nous fit plier bagage et partir sans délai. Le sentier conduit d'abord au bas d'une apparence de vallon fortement incliné, s'élevant droit au midi jusqu'au plus haut de ce qui est en vue. C'est le chemin du port d'Ourdisset, topographiquement le principal du val de Rioumajou, que sa moindre élévation avait fait choisir pour le passage en tunnel de la route, entre Auch et Balbastro, ordonnée par Napoléon; projet qui n'est pas abandonné. Le port de Plan quoique latéral et beaucoup plus élevé est le seul qui soit fréquenté comme plus facile dans ses abords et plus direct vers le village de Plan, et autres de la vallée de Gistaou. Passant le ruisseau du Thos, source du Rioumajou, nous montons longtemps à gauche par un chemin très rapide dans les pins jusqu'à une grande combe entièrement dépouillée sous des masses arrondies, chargée de neiges ou de débris récemment découverts.

C'est le lieu d'un malheur arrivé le 5 février dernier (1836): cinq douaniers en surveillance se retiraient du port avec trois Espagnols qu'ils avaient rencontrés. Parvenus à ce point, une avalanche subite tombe, les enveloppe et les entraîne dans un ravin. Un seul eut le bonheur de se dégager de la neige. Il porte aussitôt ses regards de tout côté, mais sur ce champ nouveau était déjà l'immobilité et le silence de la mort. Désolé, éperdu, il court au hasard et des gémissements viennent frapper son oreille; c'était son brigadier qu'il parvint à dégager. Celui-ci dit qu'au moment de la chute, un espagnol était à ses côtés. Ils se mettent à fouiller la neige, heureusement sur ce point peu tassée; il était expirant, et après des efforts inouïs ils ont le bonheur de l'arracher à sa tombe glacée. Mais ce fut tout : leurs longues recherches furent vaines ; trois douaniers et deux Espagnols y sont restés ensevelis jusqu'au printemps.

Dans ce triste recoin on voit avec surprise une maison abandonnée, bâtie naguère par une compagnie qui avait entrepris d'exploiter la forêt espagnole de Lapez. Les arbres pouvaient être traînés jusques sur la hauteur qui domine immédiatement d'où une glissoire les faisait parvenir au fond, ce qui était le pas le plus difficile à franchir. En effet, la glissoire s'étant trouvée trop droite, les *roules* se précipitaient et n'arrivaient en bas que brisés la plupart. D'autres obstacles s'élevèrent, et tout fut abandonné après une perte pour la compagnie de 80,000 fr. Vaine entreprise! ainsi le pendant de celle qui, dans le siècle dernier, fit ouvrir dans la montagne de Lapez l'amorce de galerie qu'on y voit encore sous le port pour l'exploitation des mêmes forêts. Ce grand travail mal dirigé n'était qu'un faible diminutif de l'ancienne glissoire d'*Alpnach* qu'en 1818 des Suisses construisirent sur le mont Pilate pour extraire les bois de ses forêts impénétrables ; mais cette construction admirable de hardiesse et d'habileté qui déjà enrichissait le pays, fut tout à coup mise au néant par suite de revirements politiques qui fermèrent les débouchés ; déplorables résultats que l'industrie trop aventureuse ne devrait pas oublier.

Sur une haute croupe semée de pins au-dessus du premier bois était un tableau mouvant du plus joli effet : une foule d'Espagnols, avec leurs charges et leurs bêtes, descendaient à la file le long de cent zig-zags que jamais cheval de la plaine n'eût pu aborder.

Une femme y portait un izard que son mari avait tué la veille, et pour 3 ou 4 francs faisait ainsi plus de 25 lieues, tant pour les pauvres peuplades des montagnes l'argent est rare et le temps peu précieux. C'était une perspective théâtrale sur de gigantesques décorations. Au-dessus de cette rude montée où le soleil nous joignit, on domine un moment le beau fond de l'hôpital sous les rampes d'Ourdisset, et longtemps on chemine sur un dédale de croupes et de plateaux superposés où dans les intervalles de la neige les plantes alpines commençaient leur printemps. Ayant atteint le plus haut devant moi, d'où les masses espagnoles étaient en vue, je crus toucher au but lorsque de la cîme même de la montagne de l'est, je vis deux hommes descendant comme des nues. Les ayant montrés au guide, il me dit que c'était le port. Le port au sommet de la montagne! N'importe : redoublant d'efforts, je me remis à gravir en tournant le dos à la crête qui descend à l'ouest vers le col d'Ourdisset, non plus sur la pelouse naissante mais sur la neige ou sur les débris d'un schiste ardoisier micacé qui fuyait sous mes pas. L'hiver était encore le triste souverain de ces hauteurs. La dernière rampe de neige était trop rapide, il fallut louvoyer, et nous nous trouvâmes enfin sur la plus haute esplanade d'où les vents et le soleil avaient tout balayé, d'où la vue s'ouvrit immense. Là m'asseyant essoufflé, sur une de ces pierres où les passants posent leurs balles et qui dans les brouillards servent à les guider, je restai ébloui du magnifique spectacle de toutes parts ouvert : la profonde vallée de la Cinquetta sous mes pieds, les montagnes espagnoles en face, les masses noires et blanches de Clarbide à ma gauche, et les superbes *trois sœurs* (le Mont-Perdu), reflètant à l'ouest la plus éclatante lumière.

Je contemplais en repos, lorsqu'un Espagnol surgit à quelques pas du précipice, et, s'asseyant près de moi, me demanda sans façon du papier pour se faire un cigarre, objet de première nécessité chez nos voisins, et qui bientôt le deviendra pour nous. Ayant parlé de la guerre civile, il me dit que tout le Haut-Aragon était en faveur de Christine, et avait repoussé jusqu'alors tous les partisans carlistes qui avaient voulu y pénétrer. Il ne paraissait pas du reste s'en inquiéter, trouvant sans doute dans *son commerce* de suffisants dédommagements. Survint ensuite une de ces tristes familles que cette guerre atroce force de venir mendier leur pauvre vie au nord des Pyrénées. Ramenée dans son pays par un faux espoir de tranquillité, une femme âgée, tombée de lassitude sur une pierre et sans rien voir autour d'elle, les yeux tournés vers l'Espagne, se mit à dire : « *Por gracia de Dios vuelvo a ver la tierra de España;* » et une larme coulait sur sa joue amaigrie. Mot touchant de l'exilé que le sol de la patrie remplit de joie, et qui vaut bien celui du poète :

Salve, tierra de Amor! Mil veces salve!

Ces pauvres gens se louaient des Français qui leur avaient donné un peu de pain. Cette bénédiction du malheur m'était douce pour mon pays qui, aux temps durs où nous vivons, n'a que trop à secourir l'exilé.

La position avancée du port de Plan, dominant de trois côtés les dépendances de l'Espagne, lui donne une vue étendue sur les montagnes du Midi et quelques échappées vers les plaines de l'Èbre. De tels tableaux vus de si haut sont indescriptibles, et toute plume succomberait à rendre l'impression que produit leur admirable beauté sous un soleil brillant. Je me borne à faire connaître les points principaux de ce grand panorama.

Le sud-ouest est caché par deux hautes montagnes entre les deux branches de la Cinca, brusquement relevées en face du port d'Ourdisset en prolongement du rein français dont les points culminants étaient en vue, les pics d'Ourdisset, d'Ourdico, d'Arré et de Tramesaigues. La première, la Punta de Souelsa, ou pic de Biédous de près de 1,600 toises d'élévation, hérissée, granitique et d'une apparence schisteuse à sa cime, belle dans sa grandeur et son isolement, et la montagne de Plan inférieure à sa suite. Du plateau convexe du port la vue se précipite sur une combe immense, origine de la vallée de Gistaou, et le sentier s'y perd dans des profondeurs où se montrent quelques têtes de bois. Plus loin, où les chaînons perdent bientôt leur âpreté, sur une pente étendue et cultivée, sont les premiers villages espagnols, Plan et Cambo, ce qui rend remarquable combien au midi les lieux habitables sont plus rapprochés de la crète. Au-dessus, une large ouverture est le col de Sahoun qui verse dans la vallée de l'Essera, visible du port de Venasque, et par-delà les derniers rameaux croisés, paraissent les bas pays qu'arrose la Cinca. C'est sur le rein qui suit ce col vers le village de Saint-Jean, chef-lieu de Gistaou, que se trouve dans un schiste argileux le filon de cobalt arsenical exploité jusqu'à la Révolution pour la fabrique de smalt de Saint-Mamet, près Luchon.

De Sahoun les étages s'exhaussent promptement vers la crète où les masses de Clarbide, l'une sur l'autre empilées, cachent toutes les montagnes Maudites. Ce groupe colossal, même de ma hauteur, vu ainsi de côté, n'est qu'une confusion de rocs énormes au-dessus d'interstices qui commencent des gorges invisibles et se détachant en noir au milieu des neiges et des glaces. La plus haute qui doit être Batchimale, ou Clarbide même sous sa crète allongée, me présentait un glacier. En deçà de ce fouillis culminant où le granit reprend toute sa fierté, dans des pics sourcilleux qui suivent Batchimale, la crète s'abaisse comme pour l'isoler, et adoucit ses âpretés aux ports de Cavarrère et de la Pez que je dominais en arrière. Le dernier est le seul praticable aux chevaux, quoique moins que celui de Plan. Si le mien ne fût pas resté à Rioumajou, j'aurais essayé de gagner ce passage pour retourner par la vallée de Louron, ce que je présumais sans de grandes difficultés. Les ports plus éloignés sont affreux et rarement fréquentés par les contrebandiers. Dans celui de Clarbide est un passage toujours redouté : c'est une étroite corniche sur un précipice où bouillonne un torrent, où le roc vif n'a point d'arrêt, où la vie ne tient qu'à un fil. On l'a nommé le Pas-du-Chat, comme s'il fallait sa souplesse et son agilité pour le franchir.

Du côté du nord ces autres masses qui, de Troumouse à Neouvieille, jettent comme hors de la chaîne une ligne de glaciers, se cachaient derrière les cimes confondues de la haute vallée d'Aure. Seulement, dans la direction du sillon profond de Rioumajou, je reconnaissais l'humble Arbizon, la terne Hourquette, et un lopin bleuâtre de la plaine française. Mais sur tout cela je ne jetais que des coups-d'œil interrompus, ramenés sans cesse à l'ouest, car c'est là que la perspective était plus que belle, que le Mont-Perdu se déployait dans sa beauté sublime. Par l'intervalle que laissent entre eux Soueisa et le pic d'Ourdisset, au-delà des versants tourmentés du port de Bielsa, où sur des saillies du granit apparaissent des lambeaux de cette grande formation de grès rouge dont les repères existent sur presque tout le versant méridional, se détachait, majestueuse, brillante, une longue masse dont l'aspect jaunâtre sous le soleil faisait contraste aux noirs granits de Clarbide, toute bariolée de glaces et couronnée de trois sourcilleux fleurons. Ce sont bien là les trois sœurs espagnoles. Les deux latérales, de hauteur pareille, sont placées à égale distance de celle du centre, dont la prééminence n'est que sensible. A droite, sous le Cylindre, et à gauche, sous la cime terminant ce qu'on nomme la Plateforme, parce que du nord le Mont-Perdu paraît y poser, vont s'écartant à même hauteur deux espaces égaux. L'extrémité du dernier est un mamelon dominant le col de Niscle qu'un angle obtus désigne, et celle de l'autre est l'Astazou au-delà de la crête, où naît un grand glacier qui descend à l'est sur le lac du Mont-Perdu, source de la Cinca. Quelques pointes qui s'y projettent appartiennent aux plus hautes murailles d'Estaubé. Tout est symétrique dans cette masse superbe que cachait plus bas une longue et sinueuse crête rampant à droite vers une sommité à la tête allongée que je crois être Troumouse. Les fonds de Beousse se devinent, et le chalnon qui part du col de Niscle se cache derrière Soueisa. Je fus ravi de cette magnifique apparition complètant pour moi la reconnaissance du Mont-Perdu que j'avais ainsi vu sous tous ses aspects.

Une croix sur un bloc de marbre marquait la limite des deux royaumes, faible indice qui sépare deux mondes. Toute végétation n'était pas morte sur ce plateau : quelques pyrèthres, de faibles renoncules glaciales y pointaient çà et là, surtout de vives touffes de la violette alpine. On ne saurait dire le charme de ces jolies fleurs exilées sur ce sol de l'hiver que les tempêtes balaient. Les débris dont il est jonché où luit partout le mica, la montagne du Port, celle d'Ourdisset, celle de Batoa qui se recule vers la Pez, les crêtes qui suivent ce port jusqu'après Batchimale, tout ce qui m'environnait enfin, fait partie de ce vaste dépôt de schiste micacé, mêlé de calcaire qui, au nord, s'adosse au granit jusques dans la vallée d'Aran. Ce dépôt est très-distinct des schistes argileux et calcaires qui constituent presque toute la vallée d'Aure, et sur ce point la séparation s'en fait quelque part dans le val de Rioumajou; car dans sa partie haute les roches plus anciennes ont surgi et tout devient talqueux.

Les anciens projets de communication entre la France et l'Espagne par les vallées d'Aure ou de Louron, ont été repris et des traces ouvertes en 1838 et 1839. Par un premier projet on remonterait la vallée d'Aure et le val de Rioumajou jusqu'au port de Cavarrère où un tunnel de 2,800 mètres traverserait la montagne à 300 mètres au-dessous de ce port, et à une hauteur d'environ 1,400 mètres au-dessus d'Arreau. La route développée de cette ville jusqu'au tunnel, aurait une longueur de 34,000 mètres et des pentes au maximum de 35 millimètres. La descente en Espagne aurait 9,400 mètres jusqu'à l'hospice de Gistain, et des pentes pareilles.

Le second projet serait par la vallée de Louron et le port de Lapez où existe l'amorce d'un ancien tunnel abandonné.

Le développement de la route et la hauteur de la percée seraient à peu près les mêmes ; le tunnel seulement n'y aurait que 2,442 mètres. Mais dans les âpres gorges de Lapez, beaucoup plus exposées aux tourmentes et aux avalanches des montagnes de Clarbide, passage redoutable *où le fils n'attend pas son père*, le danger pendant une partie de l'année serait plus grand. L'une et l'autre voie descendrait en Espagne par le val de la Cinquetta et la vallée de Gistain.

Quelques heures s'étaient écoulées et du fond du sud-ouest, de l'horizon de la Castille, pointaient des vapeurs qui, s'allongeant toujours, paraissaient menacer les Pyrénées. Repartis vers une heure, en une heure et demie nous fûmes au bas des pentes précipitées qui nous avaient coûté trois heures à gravir. A l'hospice tout était tranquille ; plus d'Espagnols ni de douaniers. Pressé du besoin de dormir, je m'étendis sur une table où je fus bientôt pris. Je goûtais à peine depuis une heure le sommeil restaurant que ne connaît point la mollesse, lorsqu'un violent fracas me réveille en sursaut. Je cours dehors : la nue nous enveloppait ; de larges gouttes d'eau tombaient, et l'orage se promenait à l'entour. Ce n'est que dans les hautes montagnes qu'on peut voir d'aussi subits changements de décoration. Le tonnerre s'éloigna ; le soleil reparut et tout rentra dans l'ordre. Pendant ce temps, un convoi d'Aragonais était arrivé d'en bas, et le devant de l'hospice était devenu un campement. Les mulets en liberté s'éparpillaient sur ce tapis où l'herbe n'a jamais le temps de croître, et leurs maîtres, assis par groupes et fouillant aux bissacs, se préparaient à faire honneur aux gamelles que les hôtes affairés se hâtaient de distribuer. Le mercredi, jour de passage, un pauvre mouton fait les honneurs de la journée, et chacun est certain de trouver à l'hospice la soupe odorante et poivrée et le rebelle *fricot*, régal suffisamment confortable pour des estomacs puissants dans l'air affamé des hauteurs. J'en eus ma portion à mon tour. Si l'Espagnol est taciturne, ce ne fut pas alors, car les voix se croisaient d'un groupe à l'autre ; les gros quolibets étaient de la partie, et le Français en eut sa bonne part. Pour la dignité nationale je me gardai de laisser deviner que je comprenais assez leur patois, pendant que l'hôtesse à mi-voix leur imposait silence. Tous bien repus allèrent sur les lits de camp compléter leurs forces pour grimper au port ; celle-ci, sans façon, se mit à leur côté, et tout ronfla bientôt à l'unisson. Reconnaissant de la protection qu'elle m'avait accordée, comme compatriote sans doute, j'avais admiré sa prestesse de service et ses vives réparties de la main et du bec. D'une haute taille, d'un air mâle et ouvert, ses luttes journalières avec ce que le *commerce* comptait de plus actif sur les deux versants, avaient dès longtemps aiguisé son babil, exercé ses poings comme sa langue. C'était un type de virago, mi-partie de Français et d'Espagnol.

Le ciel n'était plus que voilé. Nous descendîmes lentement et je revoyais sous un nouvel aspect les beautés natives de ce val de Rioumajou que l'homme n'a pu détruire. J'allais, me félicitant de ma longue journée, de la lune qui m'avait prêté sa lumière au milieu des précipices, de ce soleil qui avait brillé sans voile sur les sublimités du port, de cet orage qui n'avait que troublé mon sommeil, et enfin de ce doux soir où je me délassais dans un air raffraichi, dans tout le plaisir des yeux. J'avais pensé trop tôt, ne découvrant que le ciel sur ma tête ; aux granges de Fréchancou, je vis des flocons vaporeux filer sous le pic d'Estiouerre, et en peu de minutes d'autres se formèrent au long des bois. La masse s'étend, grandit, couvre la vallée, et au bout d'un quart d'heure le tonnerre et la pluie m'annoncèrent que l'orage n'avait fait que préluder. Nous nous hâtons de chercher des yeux quelque abri ; mais les sapins ne le sont qu'un moment, et les rochers étaient plus loin. La pluie redoublait, une grêle épaisse vint s'y joindre, et nous eûmes le temps de la sentir avant d'arriver aux rochers où heureusement se trouva un surplomb suffisant pour nous deux et la moitié du cheval. De là je pus écouter les fortes voix de l'orage que des échos formidables répétaient de partout. Si on ne l'a entendu dans les montagnes, on ne peut se faire une idée de la force et de la durée de ses détonations. Les plis retentissants des glaciers, leurs crevasses, les escarpements des cimes, les gorges sinueuses, leurs rochers et leurs fonds caverneux offrant au bruit unique du tonnerre des milliers d'échos qui se répètent et se grossissent, donnent à ces éclats une violence, une étendue qui toujours étonne. Souvent la foudre touchant sur les pics en précipite des lavanges de pierre, et à ce fracas subit et terrible l'âme se sent forcément empreinte d'une terreur religieuse lorsque autour d'elle la terre s'émeut et que tout l'espace est rempli d'une effrayante majesté.

En une demi-heure tout fut passé. Sous le lustre de la pluie la végétation avait repris une rare vigueur de ton, et du surplomb qui nous abritait, la nature avait fait un de ces gracieux décors qu'elle seule sait peindre. Des sapins, quelques alisiers aux fruits verts formaient panache au-dessus d'une confusion de noisetiers, de sureaux, de chèvrefeuilles, de grands rosiers aux vives guirlandes, et plus bas des fleurs de toute nuance tapissaient les bords du rocher. C'était une riche corbeille sur un socle de marbre, de ce dessin large et beau qu'on ne voit qu'au désert.

Jusqu'à la nuit une pluie fine voila la montagne. Je ne fis que traverser Saint-Lary pour aller coucher dans l'hôtel de Vielle où je retrouvai des Espagnols qui, m'ayant vu au port, me traitèrent en connaissance en me laissant les honneurs du choix du lit dans la chambre unique où quatre étaient placés. Grâce à mes précautions, j'y passai une nuit réparatrice ; mais à l'aube prochaine la serre d'Azet était perdue dans des brumes pluvieuses qui ne me permirent pas de passer dans la vallée de Louron. Je repris donc vers quatre heures le chemin de Bagnères, et ce ne fut que sur la Hourquette que je revis le soleil bientôt assez fort dans sa marche ascendante pour remuer les nues dans leurs profondeurs et les soulever en larges masses. A ce grand tableau mouvant, à ces subites aperçues sur Rioumajou et les cimes aériennes où je rampais la veille, ma halte y fut prolongée avant de descendre et me cacher dans la forêt de Saint-Jean.

FIN DU TOME PREMIER.

TABLE DES MATIÈRES.

Pages.

PRÉFACE.. 1

INTRODUCTION.

Aperçus généraux. — Vues lointaines des Pyrénées. — Tables relatives aux montagnes. — Échelle végétale. — Vie dure et plaisirs du voyageur dans les montagnes. — Effets des hauteurs. — Conseils aux curieux.......... 7

PREMIÈRE PARTIE.

BASSES-PYRÉNÉES.

CHAPITRE Ier. — Plateau de landes. — Pau. — Bétharram. — Oloron.......... 71

CHAP. II. — Vallée d'Ossau. — Eaux-Bonnes. — Iscos ; Balourd. — Annouillasse. — Cat de Lordé.......... 87

CHAP. III. — Vallon du Neiss. — Pic de Ger ; Péneméda. — Pic Amoulat. — Chasse aux izards.......... 99

CHAP. IV. — Eaux-Chaudes. — Gabas. — Col d'Ance. — La baraque de l'ingénieur. — Somport ou Port-d'Aspe. — Lac d'Astains.......... 118

CHAP. V. — Basse vallée d'Aspe. — Notre-Dame de Sarrance. — Le Benou. — Exploitation des forêts.......... 139

CHAP. VI. — Case de Broussette. — Ports de Peyrelue et d'Anéou. — Pic du Midi d'Ossau.......... 153

CHAP. VII. — Bayonne et l'Adour. — L'Océan. — Les Dunes. — Biarritz. — Saint-Jean-de-Luz. — La Rhune.......... 172

CHAP. VIII. — Coup-d'œil sur les Basques. — Antiquités. — Mœurs et caractères. — Langue.......... 197

DEUXIÈME PARTIE.

HAUTES-PYRÉNÉES.

Pages.

Chapitre Ier. — Tarbes. — Château de Lourde. — Bassin d'Argelez. — Gorge de Pierrefitte 215

Chap. II. — Bassin de Luz. — Saint-Sauveur. — Val de Bastan. — Berèges 238

Chap. III. — Le Lienz. — Pic d'Ayré. — Vue des montagnes du Bastan. — Chaos de Néouvieille 253

Chap. IV. — Vallon et lacs d'Escoubous. — Col d'Aurc sous Neouvieille. — Lac Dobert et ses bois. — Le vieil André .. 297

Chap. V. — Pic du Midi. — Lac d'Oncet. — Vue immense sur les plaines et les montagnes. — Course nocturne. — Lever du soleil au pic 285

Chap. VI. — Etude des plantes. — Pic d'Ereslids. — Pic d'Asblancs. — Lac de Lheou 307

Chap. VII. — Pic de Bergonz. — Vue de la haute chaîne calcaire. — Fourche du Brada 318

Chap. VIII. — Groupe de Saint-Sauveur. — Lacs et cimes. — Pics d'Ardiden, de Candemil et de Santché 330

Chap. IX. — Gorge de Pragnères et de Héas. — Solennités montagnardes. — Gavarnie. — Le Marboré. — L'aube au val d'Ossoue 347

Chap. X. — Course à la brèche de Roland. — L'auberge de Gavarnie. — Coquilles marines. — La brèche et ses murailles 368

Chap. XI. — Cirque de Troumouse. — Port de la Canaou. — Val de Pinède et Mont-Perdu. — Couchée aux couïlas de Groutou 387

Chap. XII. — Val d'Estaubé; son cirque et ses murailles. — Montée au Pimené. — La crête calcaire 404

Chap. XIII. — Ascension de Néouvieille 430

Chap. XIV. — Gorge de Cauteretz. — Les Bains. — Cascade de Lutour. — Glacière de Péguère. — Cime du Mounné ... 441

Pages.

CHAP. XV. — Gorge du Mauhourat. — Pont d'Espagne. — Lac de Gaube. — Le vieux pêcheur........................ 460

CHAP. XVI. — Course à Vignemale. — La nuit dans la gorge. — Le Glacier. — Vue immense de la cime............. 472

CHAP. XVII. — Impressions des grandes hauteurs. — Trace des eaux anciennes sur les cimes. — Val de Lutour....... 409

CHAP. XVIII. — Le Tourmalet. — Grip et Paillole. — Hourquette d'Arreau. — Vallée de Louron et de l'Arboust. — Port de Peyresourde. — Luchon. — Vallée de Campan... 502

CHAP. XIX. — Bagnères. — Le Lhiéris et Ourdincède. — Pic de Montaigu.. 525

CHAP. XX. — Vallée d'Aure. — Désastre de Saint-Lary. — Val et Hospice de Rioumajou. — Port de Plan............. 546

FIN DE LA TABLE DU Ier VOLUME.

VUE

DE LA HAUTE CHAINE CALCAIRE, DE TROUMOUSE AU PORT DE GAVARNIE,

PRISE DU PIC DE BERGONZ.

A Montagne de Troumouse.
B Port de la Canaou et pic du Mont-Errant.
C Montagne de Héas.
D Pic d'Agudes. Port vieux.
E Pic d'Estaoubé. — Vallée d'Estaoubé.
F Port de Pinède.
G Murailles d'Estaoubé.
H Cime et pâturages du Coumélie.
I Le Mont-Perdu.
K Le Cylindre. L'Astazou. Le Piméné.
L Angle de la plate-forme. La 3me Sorella.
M Glacier d'où sort la cascade.
N Cirque et amphithéâtre du Marboré.
O Tours du Marboré. Le faux-Taillon.
P Brèche de Roland.
Q Fausse brèche. Glacier du Taillon.
R Le Taillon.
S Montagnes des Tourettes.
T Port de Gavarnie.

V Chausenque. del

Vue de la haute Chaine Calcaire.

Vue de la haute Chaine Calcaire, prise du Pic de Bergonz.

e Calcaire, prise du Pic de Bergonz.

ERRATA.

Pag.	*Ligne.*	
29	38	Au lieu de — pro-gieuse; *lisez :* prodigieuse.
79	26	Au lieu de — curieux ; *lisez :* mondain.
89	8	Au lieu de — Portes ; *lisez :* Tortes.
91	6	Au lieu de — des Deux-Ours ; *lisez* : de Deusons.
111	27	Au lieu de — cascade du Grand-Hêtre ; *lisez* : cascade d'Iscos.
112	8	Au lieu de — cascade qu'on voit ; *lisez* : cascade de la Resèque qu'on voit.
112	24	Au lieu de — col de Portes ; *lisez* : col de Tortes.
115	19	Au lieu de — les fonds d'Ormielasse et d'Artouste ; *lisez* : les fonds de Sousourou.
118	26	Au lieu de — un direct en suivant à peu près de plein pied le bas de la forêt d'Assouste, ce qui, en abrégeant de moitié la distance ; *lisez* : un plus court ouvert à force de poudre dans le tortueux canal où s'engouffre le gave, ce qui, en abrégeant la distance.
120	38	Au lieu de — val de Sahuts ; *lisez* : val de Bitet.
134	3	Au lieu de — Portalieu ; *lisez* : Portatieu.
156	14	Au lieu de — Larus ; *lisez* : Laruns.
177	10	Au lieu de — son histoire ; *lisez* : son étoile.
201	37	Au lieu de — Hébren ; *lisez* : Hébreu.
216	35	Au lieu de — Atahor ; *lisez* : Alahor.
312	7	Au lieu de — partir des prairies ; *lisez* : porter des prairies.
345	10	Au lieu de — Rioné ; *lisez* : Bioné.
358	19	Au lieu de — Swell ou ; *lisez* : Swell on.
396	8	Au lieu de — Roudo ; *lisez* : Rondo.
419	12	Au lieu de — fécond ; *lisez* : nouveau.
425	5	Au lieu de — du déchirement ; *lisez* : de déchirement.
427	31	Au lieu de — anté-historique ; *lisez* : anti-historique.
431	9	Au lieu de — du lac Dobert (nommé aussi lac de Carrère et lac Dorédon) ; *lisez* : du lac Dobert et du lac Dorédon.
470	20	Au lieu de — port d'Araillé, pics d'Araillé ; *lisez* : port d'Aratillé, pics d'Aratillé.
569	28	Au lieu de — Frécancou ; *lisez* : Fréchancou.
571	13	Au lieu de — cat de Lordé ; *lisez* : cot de Lordé.
572	10	Au lieu de — 297 ; *lisez* : 267.
573	6	Au lieu de — 409 ; *lisez* : 469.

www.ingramcontent.com/pod-product-compliance
Lightning Source LLC
LaVergne TN
LVHW010521100826
845148LV00001B/56

* 9 7 8 2 0 1 2 6 9 8 1 7 8 *